dtv

Wer sich auf Spurensuche begibt, wer wissen will, wie vergangene Gesellschaften organisiert waren, wie sie lebten, welchen Göttern sie opferten, erhält in dem ›Wörterbuch Archäologie‹ das archäologische Basiswissen zum Altertum. Der zeitliche Rahmen reicht vom 8. Jahrtausend vor Christus bis 500 nach Christus, der räumliche von Europa und Nordafrika bis zum Nahen Osten. Siedlungen und Paläste, Heiligtümer und Nekropolen, Fachbegriffe aus Architektur und Kunstgeschichte werden ebenso erklärt wie Methoden und Techniken der Archäologie. Kurzbiographien informieren über bedeutende Archäologen, 165 Lagepläne, kunsthistorische Tafeln, Grundrisse und Karten veranschaulichen den Text.

Andrea Gorys studierte Altertumswissenschaften in Göttingen, Bonn und München. Zahlreiche Studien- und Forschungsreisen führten sie in die Mittelmeerländer. Sie nahm an Ausgrabungen in Deutschland, Italien und der Türkei teil.

Wörterbuch Archäologie
Von Andrea Gorys

Mit Zeichnungen von Christel Gorys

Deutscher Taschenbuch Verlag

Originalausgabe
Juli 1997

Umschlagkonzept: Balk & Brumshagen
Umschlagabbildung: Griechische Skulptur,
Kresilas, um 430 v. Chr. – Statue des Diomedes (© AKG, Berlin)
Satz: Design-Typo-Print GmbH, Ismaning
Gesetzt aus der Times New Roman 9/10' (QuarkXPress 3.31 Mac)
Druck und Bindung: C.H. Beck'sche Buchdruckerei, Nördlingen
Gedruckt auf säurefreiem, chlorfrei gebleichtem Papier
Printed in Germany · ISBN 3-423-32504-6

Vorwort

Das vorliegende Wörterbuch zur Archäologie erläutert Fachbegriffe, denen der Interessierte beim Studium von Fachbüchern, in Museen und auf Ausgrabungsstätten immer wieder begegnet. Es führt in die Methoden der modernen Feldarchäologie ein und stellt wichtige archäologische Stätten vor.

Der zeitliche Rahmen für die im Wörterbuch erwähnten Ausgrabungsstätten reicht vom 8. Jt. v. Chr. mit den ältesten städtischen Siedlungen bis zum Ausgang der Antike (etwa 500 n. Chr.). Räumlich beziehen diese sich auf Europa und die außereuropäischen Mittelmeergebiete einschließlich Persiens, also auf jenen Lebensraum, dessen Einflüsse unsere europäische Kultur mittelbar und unmittelbar mitgeprägt haben. Einen Schwerpunkt bilden die Orte und Denkmäler der griechisch-römischen Antike.

Kurze Abschnitte über bedeutende Archäologen, Bauhistoriker und Philologen der letzten zwei Jahrhunderte, die an der Wiederentdeckung der im Wörterbuch aufgeführten Denkmäler maßgeblich beteiligt waren, bieten Einblicke in die Wissenschaftsgeschichte der Archäologie.

Die Literaturangaben am Ende vieler Artikel bieten – unter Berücksichtigung grundlegender Arbeiten und neuerer Veröffentlichungen – eine Auswahl aus der Vielzahl der Fachpublikationen. Sie sollen es dem Leser ermöglichen, sich intensiver in das jeweilige Thema einzuarbeiten.

Die Artikel zu den archäologischen Stätten sind etwas umfassender als in einem Wörterbuch üblich. Sie beinhalten neben der Beschreibung des Ausgrabungsortes auch einen kurzen geschichtlichen Überblick sowie einige Worte zur Forschungsgeschichte. Die Orte sind – soweit gesichert – nach ihrer antiken Bezeichnung aufgeführt. Verweise von dem heutigen Namen auf den ursprünglichen

(z. B. Xanten. →Colonia Ulpia Traiana) ermöglichen ein leichtes Auffinden.

Innerhalb der einzelnen Artikel stehen Sinnverweise, durch die auf weitere Informationen zu dem jeweiligen Thema hingewiesen wird. Da die im Wörterbuch verwendeten kunsthistorischen Begriffe jeweils in einem eigenen Eintrag erklärt werden, wird auf sie in den laufenden Texten nicht eigens verwiesen.

Einige exzeptionelle Bauwerke (z. B. Parthenon) erhalten eigene Wörterbucheinträge. Andere Denkmäler sind nach bautypologischen Kriterien (z. B. Bogenmonument) oder ihrem funktionalen Kontext (z. B. Asklepieion) unter den entsprechenden Stichworten zusammengefaßt.

Dieses Wörterbuch entstand auf der Grundlage des ›Kleinen Handbuchs der Archäologie‹ von Erhard Gorys (erschienen 1981 im Deutschen Taschenbuch Verlag). Durch die Einarbeitung neuer Forschungsergebnisse der letzten 15 Jahre, weiterer Ausgrabungsstätten und die Ausdehnung des Fachvokabulars hat die Verfasserin das Buch auf den aktuellen Stand gebracht. Dennoch bleiben bei einem derartig umfangreichen Thema zwangsläufig Lücken. Für Anregungen und neue Forschungsergebnisse ist die Autorin jederzeit dankbar.

Andrea Gorys

A

Abakus (lat. von griech. abax, dünne Platte, Tafel). Rechteckige Deckplatte über einem Kapitell. In der → dorischen Ordnung ist der A. ungegliedert, bei ionischen und korinthischen Kapitellen durch Hohlkehle und Leiste profiliert.

Abaton (griech. die reine Stätte, das Unbetretbare). Allerheiligster Teil vorderasiatischer und ägyptischer Tempel, der nur Priestern zugänglich war. Vgl. → Adyton des griechischen Tempels.

Abguß. Ein aus Gips, Metall, Kunstharz o.ä. über ein Negativ hergestelltes Positiv von Skulpturen, Werkzeugen u.a. Die Negativform wird dabei vom Original abgenommen. Gipsa. sind bereits aus der Antike bekannt (z.B. in Baiae). Seit dem 18. Jh. wurden in Deutschland A.sammlungen zu Studienzwecken an Kunstakademien, Universitäten und Museen angelegt (z.B. in Bonn, Göttingen, Mannheim, München).

Literatur: Verzeichnis der Abguß-Sammlung des Akademischen Kunstmuseums der Universität Bonn (hrsg. vom Deutschen Archäologischen Institut). Berlin 1981; C. von Hees-Landwehr: Griechische Meisterwerke in römischen Abgüssen. Frankfurt a.M. 1982; K. Fittschen (Hrsg.): Verzeichnis der Gipsabgüsse des Archäologischen Instituts der Georg-August-Universität Göttingen. Göttingen 1990.

Abklatsch. Der Abdruck von vertieften oder erhabenen Schrift- und Bildformen auf weiche Stoffe oder Spezialpapier.

Abu Simbel. Am Westufer des Nils, in Nubien, ließ zwischen 1264 und 1256 Pharao Ramses II. (1290–1224) zwei Felsentempel für sich und seine zweite Gemahlin Nefertari erbauen. Über 1000 km von seiner Hauptstadt im Nildelta entfernt und einsam gelegen, sollten sie die Größe seines Einflußbereichs demonstrieren.

Forschungsgeschichte: 1816 legte G.B. → Belzoni die beiden Felsentempel von A. S. frei und drang als erster Europäer in das Allerheiligste des großen Tempels ein. 1960 begann Ägyptens Staatspräsident Gamal Abd el Nasser mit dem Bau des gigantischen Assuan-Hochdammes, der 1971 eingeweiht wurde. In den Fluten des 500 km langen und 12 km breiten Stausees drohten zahlreiche altägyptische Bauwerke zu versinken, darunter auch der berühmte große Felsentempel von Ramses II. Um den eindrucksvollen Zeugen altägyptischer Blütezeit zu retten, beschloß die ägyptische Regierung, den Tempel zu verlegen. Die UNESCO finanzierte das Projekt, deutsche Ingenieure lieferten die Idee: Von 1964 bis 1968 wurde der Felsentempel in 12 bis 30 t schwere Blöcke zersägt und 180 m landeinwärts und 65 m über dem Wasser wieder zusammengesetzt. Eine mächtige Betonscha-

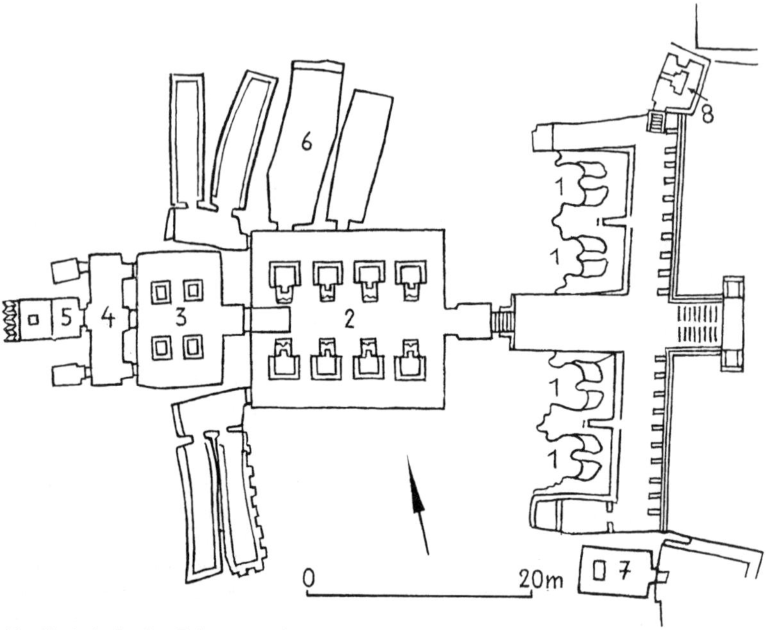

Abu Simbel: Großer Felsentempel
1 Kolossalstatuen Ramses' II. 2 Tiefe Halle 3 Vierpfeilersaal 4 Querraum 5 Allerheiligstes 6 Seitenkammern für Kultgegenstände 7 Kapelle 8 Sonnenheiligtum

le ersetzte die Felswände. Auf den Beton schütteten die Ingenieure 320 000 m^3 Steingeröll, um dem Heiligtum sein ursprüngliches Aussehen wiederzugeben. Nichts erinnert heute mehr daran, kein Betonpfeiler und keine Stahlstrebe, daß der vor über 3000 Jahren erbaute Felsentempel in unserem Jahrhundert einen neuen Standort gefunden hat.

Archäologische Stätte: Der *große Felsentempel* war der Göttertriade Re-Harachte von Heliopolis, Aumun von Theben und Ptah von Memphis sowie dem vergöttlichten Ramses II. geweiht. Den Tempeleingang flankieren vier aus dem Felsen herausgehauene, 20 m hohe Statuen des sitzenden Königs. Zu Füßen der Kolossalskulpturen stehen kleine Statuen seiner Lieblingsgattin Nefertari, seiner Mutter Tui, seiner Söhne und Töchter. Die Tempelfront krönt ein Fries mit heiligen Affen. Südlich der Terrasse, auf der sich die vier Riesenstatuen erheben, wurde eine Kapelle für Amun in den Felsen geschlagen; nördlich der Terrasse befindet sich ein kapellenartiger Hof mit dem Sonnenaltar für Re. Zwei Lehmziegelmauern schützten mit Pforten die einst bis zum Nilufer reichende Terrasse vor Versandung. Die 17,68 x 16,46 m große tiefe Halle hinter dem Tempeleingang wird von acht quadratischen Osiris-Pfeilern gestützt. An die 9,14 m hohen Pfeiler lehnen sich, in voller Höhe dem Mittelgang zugewendet, Statuen des Königs in der Haltung des Gottes Osiris an. Die Wände der Halle sind mit Reliefs der Taten Ramses' II. geschmückt, darunter großartige Darstellungen der Schlacht bei Kadesch (1285), ein Werk des Bildhauers Pyay. An die Halle schließt sich ein 7,6 x 11 m großer Saal an, der zu einem Vorraum des Allerheiligsten führt. An der Rückwand des Allerheiligsten stehen die Statuen des Re, des Königs, des Amun und des Ptah. Zweimal im Jahr, zum Zeitpunkt der Äquinoktien, am 20. Februar und am 20. Oktober, trafen die Strahlen der aufgehenden Sonne nacheinander Re, Ramses II. und Amun. Ptah, der Gott des Todes, bleibt im Dunkeln. In den Seitenkammern wurden vermutlich die Kultgeräte aufbewahrt.

Der *kleine Felsentempel* war der Göttin Hathor und Nefertari geweiht. Der Tempel lag vor seiner Umsetzung unmittelbar am Ufer des Nil. Seine Fassade ist 28 m breit und 12 m hoch. Sechs bis zu 10 m hohe Statuen des Königs und der als Hathor dargestellten Nefertari stehen in Nischen. Der Eingang in der Mitte der Felsenfassade führt in den großen Saal, dessen Decke sechs quadratische Pfeiler mit Hathor-Kapitellen stützen. Durch einen breiten, aber nicht sehr tiefen Vorraum gelangt man in das Allerheiligste. Dort steht Ramses II., beschützt von Hathor, die in Gestalt einer Kuh hinter ihm aus dem Felsen hervorzutreten scheint.

Inschriften auf den beiden Bergkuppen, in denen die Felsentempel lagen, weisen darauf hin, daß sich hier schon zur Zeit des Mittleren (2133–1786) und des Alten Reiches (2778–2263) eine Kultstätte befand.

Literatur: L.A. Christophe: Abou-Simbel et l'épopée de sa découverte. Brüssel 1965; C. Desroches-Noblecourt u. C. Kuentz: Le petit temple d'Abou Simbel. 2 Bde. Kairo 1968; C. Desroches-Noblecourt u. G. Gerster: Die Welt rettet Abu Simbel. Wien, Berlin 1968; G. Goyon: La technique de construction du grand temple d'Abou Simbel. In: Chronique d'Egypte 42 (1967). S. 269 ff.

Abusir. Neben → Giza, → Dahschur und vor allem → Sakkara gehört A., 11 km südlich von Kairo, zur riesigen Nekropole von → Memphis.

Forschungsgeschichte: Zwischen 1902 und 1908 untersuchte der Archäologe L. → Borchardt im Auftrag der Deutschen Orient-Gesellschaft die Nekropole von A.

Archäologische Stätte: In der 5. Dynastie gewannen die Priester und hohen Staatsbeamten mehr und mehr an Einfluß, während die Macht der Könige schwand. Die Grabbauten der Pharaonen waren nicht mehr wie in der 4. Dynastie, der Epoche der klassischen Pyramiden, für die Ewigkeit errichtet. Der Kern der neuen *Pyramiden* bestand aus roh behauenen Steinen; Kalksteinplatten bildeten die Verkleidung. Längst ist der Steinmantel abgebrochen und für andere Zwecke verwendet worden. Nur der unförmige Kern ist übriggeblieben. Sahu-Re erbaute als erster König seiner Dynastie eine Pyramide beim heutigen Dorf A. Teile des Totentempels stehen noch, und auch der Taltempel mit dem einst überdeckten Aufweg ist erkennbar. Sahu-Re beherrschte Nubien, führte Feldzüge gegen die Libyer und unterhielt rege Handelsbeziehungen zur syrisch-palästinensischen Küste. Sein Bruder und Nachfolger Neferirka-Re erbaute die größte Pyramide dieser Nekropole; sie war ursprünglich etwa 70 m hoch. Den zugehörigen Toten- und Taltempel vollendeten erst seine Nachfolger. Von der kleinen Pyramide des Neferef-Re ist nur noch ein unscheinbarer Steinhügel vorhanden. Die vierte Pyramide erbaute König Ne-User-Re. Er bezog kurzerhand den Taltempel des Neferirka-Re in seine Grabanlage mit ein und leitete den Aufweg zu seinem Totentempel um. In den Totentempeln des Sahu-Re und des Ne-User-Re fanden die Ausgräber Papyrusbündel- und Palmenkapitellsäulen, die ältesten und auch schönsten Beispiele dieser Säulenarten.

Die frommen Könige der 5. Dynastie nannten sich »Sohn des Re«. Sie sparten an ihren Grabbauten und errichteten dafür großartige Tempel für den Sonnengott. Die beiden ältesten bisher bekannten *Sonnenheiligtümer* liegen nordwestlich der Pyramiden beim Dorf Abu Gurôb. Vom Heiligtum des Userkaf, des ersten Königs der 5. Dynastie, sind nur noch geringe Ruinenreste erhalten. Dagegen gibt das benachbarte *Sonnenheiligtum des Ne-User-Re* ein etwas deutlicheres Bild: Von einem mächtigen Torbau führt der Prozessionsweg zu einer Terrasse hinauf und mündet in den 100 x 75 m großen, von einer Ziegelmauer umgebenen Tempelhof. Im Hintergrund dieses Hofes erhob sich über einem 20 bis 30 m hohen, gemauerten Unterbau der ebenfalls gemauerte Sonnenobelisk. Vor dem Obelisk lag ein 5,5 x 6 m großer Alabasteraltar. Das Blut der Opfertiere floß in zehn Alabasterbecken, von denen noch neun in situ erhalten sind. Die Reliefs der Hofmauer mit Darstellungen des Sed-Festes (Hebsed-Fest,

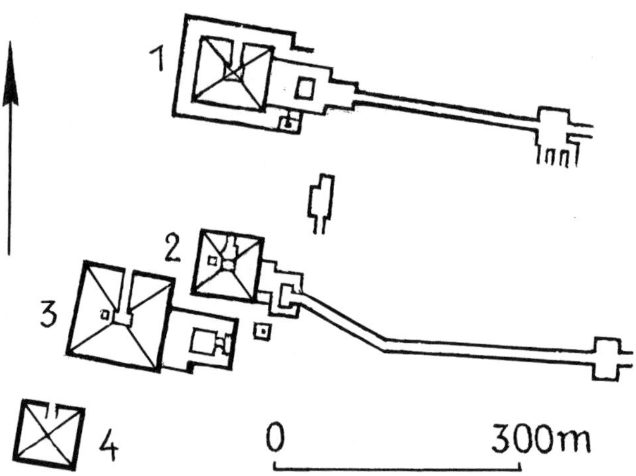

Abusir
1 Pyramide des Sahu-Re 2 Pyramide des Ne-User-Re 3 Pyramide des Neferirka-Re 4 Pyramide des Neferef-Re

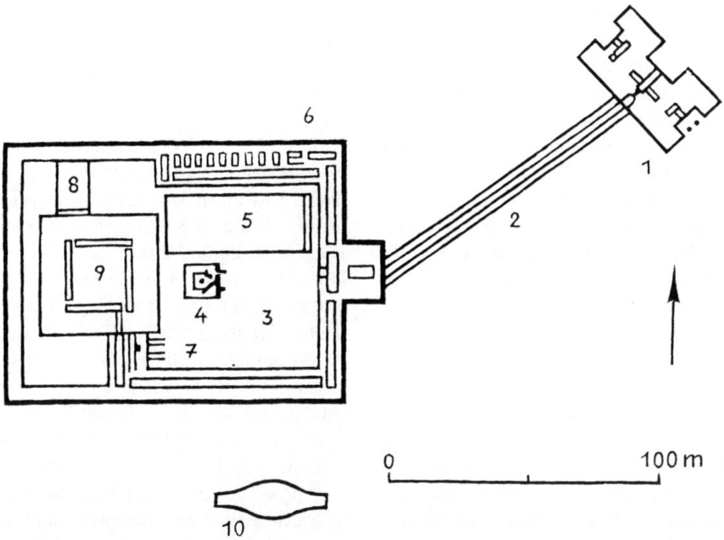

Abusir: Sonnenheiligtum des Ne-User-Re
1 Torbau im Tal 2 Aufweg 3 Hof 4 Altar 5 großer Schlachthof 6 Magazine 7 Kapelle 8 kleiner Schlachthof 9 Obelisk 10 Sonnenschiff

Fest des Regierungsjubiläums) befinden sich heute in den Ägyptischen Museen von Kairo und Berlin. Südlich der Terrasse lag das aus Ziegeln gemauerte Sonnenschiff, mit dem Re – so der Mythos – seine nächtliche Reise durch die Unterwelt antrat, um am Morgen im Osten wiederzuerscheinen.

Literatur: L. Borchardt u.a.: Ausgrabungen der Deutschen Orient-Gesellschaft in Abusir 1902–1908. 7 Bde. Leipzig 1903–1917; H. Bonnet: Ein frühgeschichtliches Gräberfeld bei Abusir. Leipzig 1928; H. Ricke: Das Sonnenheiligtum des Königs Userkaf. Bd. 1. Der Bau. Kairo 1965; E. Edel u.a.: Das Sonnenheiligtum des Königs Userkaf. Bd. 2. Die Funde. Wiesbaden 1969; E. Edel u. S. Wenig: Die Jahreszeitenreliefs aus dem Sonnenheiligtum des Königs Ne-User-Re. Berlin 1974.

Abydos. In Mittelägypten gelegen; von der Stadt selbst, die zeitweise den Charakter einer antiken Großstadt hatte, ist fast nichts mehr erhalten. Dagegen finden sich in der ausgedehnten Nekropole Grabbauten von der Frühzeit (um 3000 v.Chr.) bis zum Neuen Reich. A. entwickelte sich zum Zentrum des Osiris-Kultes. Der Osiris-Tempel des Königs Sethos I. ist ein einzigartiges Beispiel der Baukunst der 19. Dynastie.

Geschichte: Schon die ersten historischen Könige der Frühzeit, die Thiniten (sie stammten aus dem 20 km entfernten Thinis), fanden in A. unter dem Schutz des dort residierenden schakalköpfigen Totengottes Chontamenti ihre letzte Ruhestätte. Auch als die Könige es vorzogen, in der Nekropole der Reichshauptstadt → Memphis bestattet zu werden, behielt A. seine Bedeutung als Begräbnisstätte bei. Die Könige errichteten einfach zwei Grabbauten: einen in Memphis (Sakkara), den anderen als Scheingrab in A. Mit der politischen und religiösen Krise, die am Ende der 6. Dynastie über Ägypten hereinbrach, verbreitete sich vom Nildelta her lawinenartig der Osiris-Kult. Der Unterwelts- und Fruchtbarkeitsgott gab den Ägyptern die Hoffnung auf ein Weiterleben nach dem Tod. A. wurde zum Zentrum dieses neuen Kultes, der seine Kraft über mehr als zweitausend Jahre behielt, der sogar die Römer in seinen Bann schlug und schließlich auch zur Entwicklung der christlichen Religion beitrug. Jeder, der es sich leisten konnte, ließ sich in A. bestatten oder dort zumindest ein Kenotaph (Gedenkstein) aufstellen, um sich der Gnade des Osiris zu empfehlen. Um 1300 v. Chr. stiftete Sethos I. einen prachtvollen Osiris-Tempel. Die Finanzierung sicherte er sich durch die Ausbeutung der Goldminen am Roten Meer. Sein Sohn und Nachfolger Ramses II. vollendete den Bau und fügte einen kleinen Totentempel hinzu. Jährlich nahmen Tausende von Ägyptern in A. an den Mysterienspielen um Tod und Auferstehung des Osiris teil. Noch in griechischer Zeit (332–30 v. Chr.) kamen unzählige Pilger hierher, um Osiris anzurufen.

Forschungsgeschichte: 1859 legte der französische Archäologe A. → Mariette den Osiris-Tempel des Königs Sethos I. frei.

Archäologische Stätte: Die *Königsgräber* der Thinitenzeit (1. und 2. Dynastie: 3000–2778 v. Chr.) auf dem Umm el-Gaab sind relativ klein und bescheiden. Sie wurden aus Ziegeln errichtet. Das Grab des Djer, des zweiten Königs der 1. Dynastie, galt seit dem 2. Jt. als Grab des Gottes Osiris und wurde zum Mittelpunkt des Osiris-Kultes. Das Grab des Ka-a, des letzten Königs der 1. Dynastie, war 32 m lang und 25 m breit. Um die Grabkammer in der Mitte reihten sich zahlreiche Räume für Opfergaben.

Der *Tempel des Königs Sethos I.* ist eines der großartigsten Beispiele ägyptischer Kunst. Durch einen Eingangs-Pylon passierten die Prozessionen den ersten Hof und gelangten über eine Rampe zur ersten Pfeilerhalle. Durch einen weiteren Pylon überquerten sie den zweiten Hof, stiegen wieder eine Rampe empor und erreichten die zweite Pfeilerhalle, den Haupteingang des Tempels. Von den beiden Höfen sind fast nur noch die Fundamente erhalten. Durch den Haupteingang betraten die Prozessionen den ersten Säulensaal mit zwei Reihen zu je zwölf Papyrusbündelsäulen. Sieben Durchgänge führten in den zweiten Säulensaal mit drei Reihen zu je zwölf Säulen. An diesen Säulensaal grenzten sieben Kapellen. Kapelle I war dem Gottkönig Sethos I. selbst geweiht. Kapelle II diente dem Kult des Ptah, des Schöpfergottes von Memphis. In Kapelle III wurde der Sonnengott Re verehrt. Kapelle IV war dem obersten Gott Amun, Kapelle V dem Totengott Osiris, Kapelle VI seiner Schwestergemahlin Isis und Kapelle VII dem Horus, dem Sohn von Isis und Osiris, geweiht. An die Kapelle V schlossen sich Kulträume des Osiris an; drei Kammern nordwestlich der Osiris-Halle waren der Göttertriade Isis, Osiris und Horus zugedacht. Diese Kammern sind mit herrlichen Farbreliefs ausgekleidet.

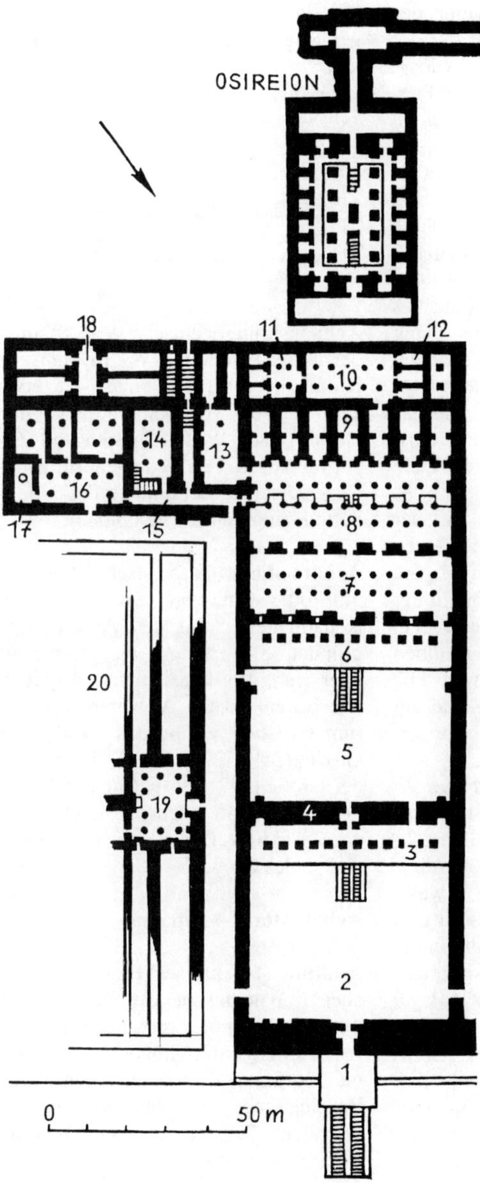

Abydos:
Tempel des Königs Sethos I. und Osireion
1 Eingangspylon
2 erster Hof
3 erste Pfeilerhalle
4 zweiter Pylon
5 zweiter Hof
6 zweite Pfeilerhalle
7 erster Säulensaal
8 zweiter Säulensaal
9 sieben Kapellen
10 große Osiris-Halle
11 kleine Osiris-Halle
12 Kapellen für Horus, Osiris und Isis
13 Ptah-Sokar-Halle
14 Barkensaal
15 Königsgalerie
16 Schlachthof
17 Brunnenraum
18 Schatzräume
19 Zehnsäulensaal
20 Magazine

Ein Anbau beherbergte die Halle des Ptah-Sokar, die Königsgalerie mit der berühmten »Königsliste von Abydos«, einer Liste mit den Namen von 76 Pharaonen, von Menes bis Sethos I., einen sechssäuligen Saal für die Opfergaben, das Schatzhaus und den Schlachthof für die Opfertiere.
Hinter dem Tempel liegt in 8 m Tiefe das *Osireion*, ein Scheingrab Sethos I. Der König war in Theben beigesetzt, doch wollte er auch in der Nähe des Osiris sein. Ein 110 m langer Gang führte in die unterirdische Grabanlage. Ein Wassergraben umgab den etwa 30 x 20 m großen Mittelsaal wie das Urmeer den Urhügel, aus dem einst der Kosmos entstand. In 17 m Tiefe führte ein Kanal das Wasser des Nil heran. Zwei Vertiefungen auf der »Insel« enthielten vermutlich den Scheinsarg und einen Kasten für die → Kanopen. Zehn quadratische Pfeiler aus rotem Granit stützten die Decke, über der ein künstlicher, mit Bäumen bepflanzter Hügel angelegt war. Die Wände der Gänge und Räume sind mit mythologischen Texten und Darstellungen bedeckt.
Den kleinen *Tempel von Ramses II.* ließ der König als junger Mann für sich und seinen Vater Sethos I. errichten. Das Heiligtum, das der Götterdreiheit Osiris, Isis und Horus geweiht war, ist nur noch teilweise bis zu 2 m Höhe erhalten. Dennoch vermitteln die vorhandenen Ruinen ein ausgezeichnetes Bild der ganzen Tempelanlage, die eine gewisse Ähnlichkeit mit dem Ramesseum, dem eigentlichen Grabbau von Ramses II., in → Theben hat. Als Baumaterial diente in A. feinkörniger Sandstein sowie roter und schwarzer Granit. Die großartigen Reliefs lassen hier noch nicht den Verfall der Kunst während der 67jährigen Regierungszeit des Pharaos erkennen.

Literatur: A. H. Gardiner (Hrsg.): The Temple of King Sethos I. at Abydos. 4 Bde. Chicago, London 1933–1958; J. B. Kemp: The Osiris Temple at Abydos. In: Mitteilungen des Deutschen Archäologischen Instituts, Abteilung Kairo 23 (1968). S. 138 ff.; R. David: A Guide to Religious Rituals at Abydos. Warminster 1981.

Achäer. Frühgriechischer Volksstamm, der in der Peloponnes die mykenische Kultur hervorbrachte und seit etwa 1200 v. Chr. vor den andrängenden Doriern nach Westkleinasien und Zypern auswich. Die bedeutendste achäische Dynastie begründete der sagenhafte König Pelops (Pelopiden).

Achämeniden. Altpersische Dynastie, um 700 v. Chr. von dem sagenhaften Achaimenes, Sohn des Perseus, begründet. Sie erlangte die Herrschaft über Iran, Vorderasien und Ägypten. Die bedeutendsten A. waren Kyros I. (um 640–600 v. Chr.), Kyros II. der Große (559–529 v. Chr.), Dareios I. der Große (522–486 v. Chr.) und Xerxes I. (486–465 v. Chr.). Die Dynastie erlosch 330 v. Chr. (Siegeszug Alexanders des Großen).

Achet-Aton. → Amarna.

Ädikula (lat. kleines Haus, Tempelchen). Wandnische in Form einer Tempelfront mit Stützgliedern (Säulen, Pfeilern) und Giebel zur Aufnahme von Statuen oder Gemälden. Auch Bezeichnung für entsprechend geschmückte Fensterumrahmung und die Bekrönung eines Grabes.

Adyton (griech. das Unbetretbare). Heiliger Raum im Tempel, der nur von befugten Personen zu bestimmten Zeiten betreten werden durfte. So war das A. z. B. der eigentliche Kultraum des griechischen Tempels, in dem die Statuen des Gottes oder der Götter standen, oder der Raum, in dem das Orakel erteilt wurde. Das A. griechischer Tempel befand sich meist im rückwärtigen Teil des → Naos und war durch Säulen oder Mauern abgeteilt.

Agia Triada. → Phaistos.

Ägina. → Aigina.

Agora (griech.). Griechischer Marktplatz. Ursprünglich bezeichnete A. die Heeres- und Volksversammlung der griechischen Stadt. Später ging die Bezeichnung auf den Platz über, auf dem die Versammlungen stattfanden und auch Markt abgehalten wurde. Die A. war Mittelpunkt der Stadt. Unter dem Einfluß der schachbrettartigen Stadtplanung des Architekten → Hippodamos von Milet entwickelte sich die A. zu einem rechteckigen, von Säulenhallen ganz oder teilweise umschlossenen Platz.

Agora, Athen. Im 19. Jh. lokalisierten griechische und deutsche Archäologen mittels kleinerer Untersuchungen die A. nordwestlich der Akropolis. Die American School of Classical Studies, Athen, widmet sich seit 1931 mit kurzer Unterbrechung während des Krieges der vollständigen Freilegung des Marktplatzes.

Das politische Zentrum entstand Anfang des 6. Jh. v. Chr. auf dem ältesten, mykenischen Friedhof von → Athen. Aber erst unter Kleisthenes am Ende des 6. Jh. v. Chr. wurden die wichtigsten Verwaltungsgebäude errichtet. Bis zur Plünderung Athens durch die Perser 480 v. Chr. waren die Heiligtümer des Zeus Eleutherios, des Apollon Patroos und der Göttermutter, das Buleuterion und das Prytaneion sowie der Zwölf-Götter-Altar fertiggestellt. Letzterer, von Peisistratos dem Jüngeren 521 v. Chr. in Auftrag gegeben, diente als Asylstätte und Bezugspunkt aller Entfernungsmessungen in Attika. Im Zuge des Wiederaufbaus nach der Perserzerstörung wurde das Prytaneion 465 v. Chr. durch einem Rundbau ersetzt. Diesen nutzten die Prytanen (Ratsherren) als Opfer- und Speiseraum (→ Tholos, Athen). Weiterhin wurden das Hephaisteion (→ Peripteros, Athen) und die Stoa Poikile errichtet. Unter dem Redner Lykurg, der von 338 bis 326 v. Chr. die Staatsfinanzen leitete, wurde die A. in großem Umfang ausgebaut. Im 2. Jh. v. Chr. erhielt sie ihre endgültige, für diese Zeit typische Form einer geschlossenen Platzanlage. Die Ostseite begrenzte eine von dem pergamenischen Herrscher Attalos II. gestiftete Stoa (→ Stoa, Athen). Sie wurde zwischen 1953 und 1956 wieder aufgebaut und als A.-Museum eingerichtet. In römischer Zeit veränderten Neubauten, die wie das Odeion des Agrippa (→ Odeion, Athen, 2) auf dem freien Zentrum errichtet wurden, das Raumgefüge der A. Ihre Geschichte endete mit dem Herulersturm 267 n. Chr.

Literatur: The Athenian Agora. Results of Excavations (hrsg. von American School of Classical Studies at Athens). Bd. I ff. Princeton, N.J. 1953 ff.; J.M. Camp: Die Agora von Athen. Mainz 1989; The Athenian Agora. A Guide to the Excavation and Museum (hrsg. von American School of Classical Studies at Athens). Athen ^{4}1990.

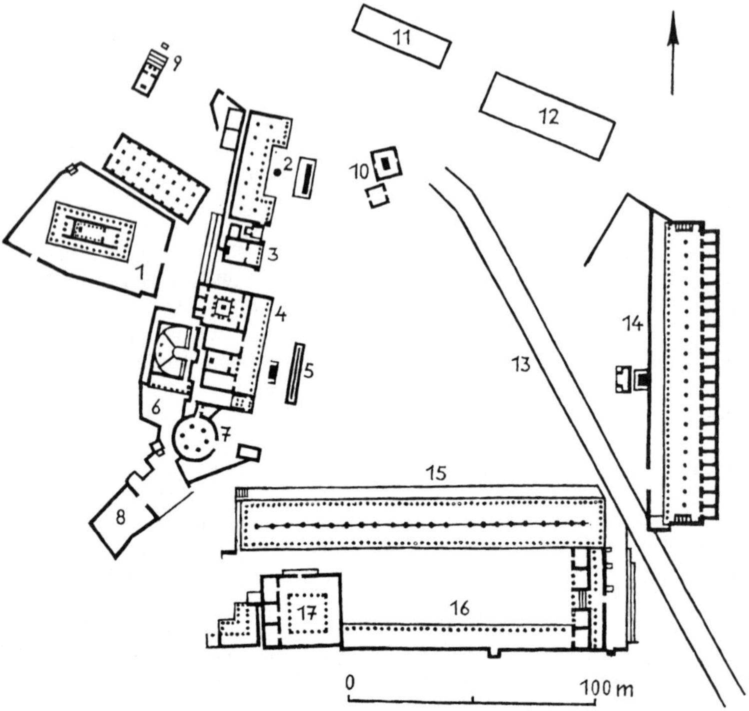

Athen: Griechische Agora (2.–1. Jh. v. Chr.)
1 Hephaistos-Tempel 2 Stoa des Zeus Eleutherios 3 Tempel des Apollon Patroos 4 Metroon 5 Eponyme Heroen 6 Buleuterion 7 Tholos 8 Strategeion 9 Tempel der Aphrodite Urania 10 Altar der Zwölf Götter 11 Stoa des Hermes 12 Stoa Poikile 13 Panathenäen-Straße 14 Stoa des Attalos 15 Mittlere Stoa 16 Südstoa 17 Heliaia

Agrigent. → Akragas.

Aigai. → Vergina.

Aigina. Griechische Insel mit dem gleichnamigen Hauptort im Saronischen Golf auf Höhe der Küsten von Athen und Epidauros gelegen. Durch ihre günstige Lage war sie lange Zeit eine führende Handelsmacht.
Geschichte: Erste Siedlungsspuren weisen in das 4. Jt. v. Chr. zurück. Um 2000 v. Chr. läßt sich ein Einwanderungsschub von Achäern nachweisen. Im 10. Jh. v. Chr. besiedelten Dorier die Insel. Unter ihnen entwickelte sich A. zu einem bedeutenden Umschlags- und Handelsplatz, der seine Blüte im 6. Jh. v. Chr. erreichte. Aiginetische Schiffe fuhren nach Italien, Spanien, Ägypten, Syrien und in das Schwarze Meer. In dieser Zeit blühte auf A. auch die Bildhauerkunst. Die nahe Konkurrenz dieses mächtigen Wirtschafts-

zentrums führte 488/87 v. Chr. zur ersten kriegerischen Auseinandersetzung zwischen A. und Athen, die mit einer Niederlage Athens endete. Der Inselstaat beteiligte sich erfolgreich an den Perserkriegen: 480 v. Chr. nahmen 30 aiginetische Schiffe an der Schlacht bei Salamis teil. Auch zu den Schlachten am Mykale und bei Plataä (479 v. Chr.) entsandte A. Streitkräfte. Als 477 v. Chr. Athen die Führung der Griechen übernahm, loderte der Streit der beiden Rivalen wieder auf. 458 v. Chr. besiegten die Athener vor Kekryphaleia und A. die verbündeten Flotten von A., Epidauros und Korinth. 456 v. Chr. zwangen sie A. zur Auslieferung der Flotte und zum Eintritt in den Attischen Seebund. 429 v. Chr., also nach Beginn des Peloponnesischen Krieges zwischen Athen und Sparta, vertrieb Athen die Ägineten von ihrer Insel, um ein Zusammengehen von A. mit Sparta zu verhindern, und siedelte dort athenische Bürger an. Nach dem Sieg Spartas brachte Lysander 404 v. Chr. die vertriebenen Ägineten wieder in ihre Heimat zurück. Die Bedeutung von A. als Handels- und Seemacht aber war für alle Zeiten erloschen. 318 v. Chr. wurde die Insel makedonisch, 210 v. Chr. kam sie unter die Herrschaft der Könige von Pergamon, 133 v. Chr. fiel sie, zusammen mit dem Pergamenischen Reich, an Rom.

Forschungsgeschichte: Die Ruinen von A. wurden erstmals 1675 von englischen Reisenden erwähnt. Anfang des 19. Jh. legten der englische Archäologe C.R. Cockerell und der deutsche Architekt C. → Haller von Hallerstein Giebelskulpturen des Aphaia-Tempels frei. M. von Wagner erwarb sie für den Kronprinzen Ludwig von Bayern, der sie 1816/17 von dem dänischen Bildhauer B. Thorvaldsen ergänzen ließ und in der Münchner Glyptothek aufstellte. 1901 bis 1907 untersuchte der deutsche Archäologe A. → Furtwängler den Aphaia-Tempel und entdeckte weitere Giebelskulpturen. Zur gleichen Zeit fanden durch ihn auch Grabungen in Alt-A. (Kolonna) statt, die P. Wolters und G. Welter von 1924 bis 1941 fortführten. Von 1966 bis 1979 forschte D. Ohly im Aphaia-Heiligtum, H. Walter in Kolonna.

Archäologische Stätte: Der Hügel *Kolonna* war von 3000 v. Chr. bis in das 9. Jh. n.Chr. besiedelt. Für die prähistorische Zeit (bis 1000 v. Chr.) konnten die Ausgräber elf Siedlungsschichten mit Häusern aus Feldsteinen und Lehm nachweisen. Seit dem 1. Jt. v. Chr. verwendete man rechtwinklig zugeschlagene und geglättete Kalksteinquader. Von den Kultstätten in Alt-A. sind nur die Fundamentreste eines *Antentempels für Artemis* und eines dorischen *Peripteros für Apollon* vorhanden. Der Apollontempel aus dem späten 6. Jh. v. Chr. hatte zwei direkte Vorgängerbauten: einen Antentempel um 570/60 v. Chr. und einen Peripteros aus der Mitte des 6. Jh., der gegen 520 v. Chr. niederbrannte.

10 km nordöstlich von Alt-A. erhebt sich auf einem Bergrücken das gut erhaltene *Aphaia-Heiligtum.* Ein Kult für die der Sage nach von Kreta geflohene Nymphe (sie wurde auf A. als Schutzgöttin der Frauen und Geburtshelferin verehrt) ist hier seit dem 2. Jt. v. Chr. nachgewiesen. Um 500 v. Chr. wurde das Gelände eingeebnet, die Mauer des Temenos erweitert und auf den Fundamenten eines Vorgängerbaus ein dorischer Peripteros errichtet (→ Peripteros, Aigina). Ein Pflasterweg ver-

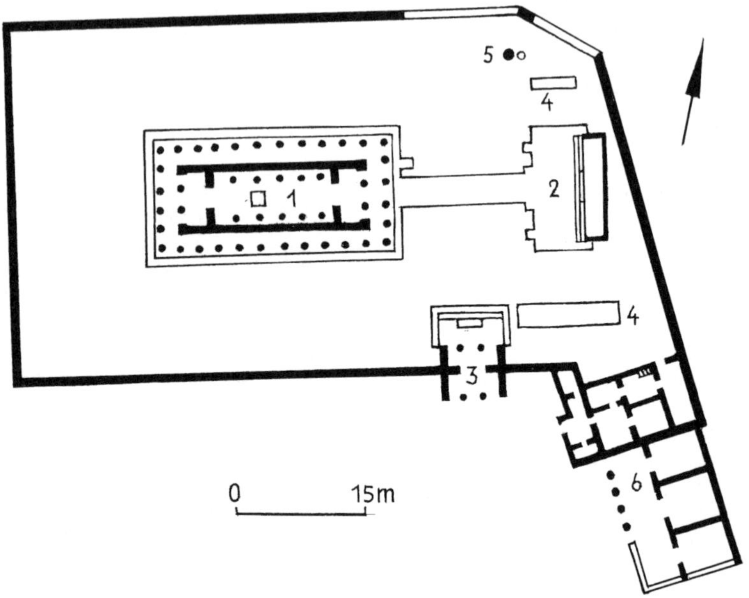

Aigina: Tempelbezirk der Aphaia
1 Tempel 2 Altar mit Rampe 3 Propylon 4 Basen 5 Sphinxbasis
6 Häuser (Priesterwohnungen?)

band das Gotteshaus mit dem großen Brandopferaltar. Nach dem Ende des Peloponnesischen Krieges wurde dieses Heiligtum dem Verfall überlassen, was eventuell seinen Status als Phylenheiligtum, als religiöses Zentrum einer aiginetischen Stammesgemeinschaft (Phyle), erklären könnte.

Literatur: H. Walter (Hrsg.): Alt-Ägina. Bd. I ff. Mainz 1974 ff.; U. Sinn: Aphaia und die »Aigineten«. Zur Rolle des Aphaiaheiligtums im religiösen und gesellschaftlichen Leben der Insel Aigina. In: Mitteilungen des Deutschen Archäologischen Instituts, Athenische Abteilung 102 (1987). S. 131 ff.; H. Walter.: Die archäologische Geschichte einer griechischen Insel. München 1993.

Ain Schahat. → Kyrene.

Akanthus. Distelartige Pflanze, deren Blätter als Vorlage für ein weit verbreitetes Schmuckmotiv in der griechischen und römischen Bauornamentik und Plastik dienten. In der zweiten Hälfte des 5. Jh. v. Chr. wurde das Motiv erstmalig als Bekrönung von Tempelgiebeln und Grabstelen verwendet. Besonders typisch ist es für das korinthische → Kapitell.

Akkader. Semitische Dynastie im mittleren Mesopotamien, begründet um 2330 v. Chr. von Sargon von Akkad. Die Dynastie bestand bis etwa 2170

v. Chr. Die Hauptstadt Akkad konnte bisher nicht lokalisiert werden.

Akragas (lat. Agrigentum; auch Agrigent). An der Südküste Siziliens gelegen, berühmt wegen seiner einzigartigen Tempel aus dem 5. Jh. v. Chr.
Geschichte: Das Stadtgebiet von A. am Südhang eines bis auf 320 m ansteigenden Kalksteinplateaus war schon in prähistorischer Zeit bewohnt. Um 580 v. Chr. gründeten hier Siedler aus Gela (Sizilien) die griechische Stadt A., benannt nach Akragante, einer Tochter des Zeus und der Nymphe Asterope. Um 570 v. Chr. übernahm der Baumeister Phalaris, der mit dem Bau des Zeus-Tempels beauftragt war und daher über große Geldmittel verfügte, in A. die Macht und dehnte den Einflußbereich der Stadt bis Nordsizilien aus. Über die Grausamkeit dieses Tyrannen berichten viele Legenden: So soll er z.B. seine Widersacher in einem hohlen Bronzestier bei lebendigem Leibe verbrannt haben. Unter Theron (488–472 v. Chr.) erlebte A. seine größte Blüte. Theron eroberte Himera an der Nordküste Siziliens und setzte dort seinen Sohn Thrasydaios als Statthalter ein. Terillos, der vertriebene Tyrann von Himera, rief daraufhin die Karthager zu Hilfe. Der karthagische Feldherr Hamilkar schloß 480 v. Chr. die Truppen Therons in Himera ein. Therons Verbündetem Gelon von Syrakus aber gelang es, den Belagerungsring zu sprengen und die Karthager in die Flucht zu schlagen. Die Schlacht bei Himera war der größte Sieg der Griechen über die Weltmacht Karthago. Für ein dreiviertel Jahrhundert blieb der Einfluß Karthagos auf Westsizilien begrenzt. Ein lebhafter Handel mit Karthago und ein Bündnis mit Syrakus förderten die Entwicklung von A. zur zweitgrößten Stadt Siziliens (nach Syrakus). Der griechische Historiker Diodor (1. Jh. v. Chr.) schätzte die Einwohnerzahl auf 200 000. Aus A. stammte der griechische Philosoph, Arzt und Dichter Empedokles (um 490–430); er bezeichnete Liebe und Haß als die beiden Urkräfte des Kosmos und war Mitautor der demokratischen Verfassung der Stadt nach dem Sturz des Tyrannen Thrasydaios im Jahre 471 v. Chr. 405 v. Chr. wurde A. von den Karthagern zerstört. Erst als Timoleon von Korinth im späten 4. Jh. v. Chr. die Ordnung in Syrakus und in den anderen griechischen Städten wiederhergestellt hatte, kam auch A. noch einmal zu bescheidener Blüte, vor allem zwischen 286 und 280 v. Chr. unter dem Tyrannen Phintias. Während der Punischen Kriege hatte die Stadt entsetzlich zu leiden: 261 v. Chr. zogen die Römer ein und verschleppten 25 000 Einwohner, die mit den Karthagern kollaboriert hatten, in die Sklaverei. 255 v. Chr. fiel die Stadt wieder in die Hände Karthagos, das sich an den Freunden Roms rächte. 210 v. Chr. wurde A. unter dem Namen Agrigentum endgültig eine römische Stadt. Die Ausfuhr landwirtschaftlicher Erzeugnisse (Getreide, Öl, Wein) sicherte ihr lange Zeit einen gewissen Wohlstand, aber ihre einstige Bedeutung konnte sie nicht zurückgewinnen.
Forschungsgeschichte: Im Jahre 1748 begannen die Restaurierungsarbeiten am Concordia-Tempel, der seit 597 als Kirche gedient hatte und daher außergewöhnlich gut erhalten war. Im selben Jahrhundert begann auch die systematische Erforschung der antiken Stadt. Die in A. ausgegrabenen Fund-

stücke werden im örtlichen Museo Archeologico Nazionale aufbewahrt.

Archäologische Stätte: Das Stadtgebiet des antiken A. nimmt eine Fläche von etwa 625 Hektar ein. Eine 12 km lange Mauer, von der noch bedeutende Reste erhalten sind, umgab seit dem 6. Jh. v. Chr. die griechische Stadt. Die meisten Tempel sind hinter der Südmauer aufgereiht. Das *Heiligtum der chthonischen Gottheiten* (Erdgötter) diente schon vor der Stadtgründung durch die Griechen den Sikulern, den Ureinwohnern Siziliens, als religiöser Mittelpunkt der Siedlung.

Der *Herakles-Tempel* (Tempel A) entstand gegen Ende des 6. Jh. v. Chr. In der schmalen Cella stand eine Bronzestatue des Herakles, deren Schönheit noch der römische Politiker Cicero (106–43) rühmte. Möglicherweise war dieser Tempel ursprünglich Apollon geweiht (→ Peripteros, Akragas, 1).

Der *Tempel des Olympischen Zeus* (Tempel B) zählt zu den größten Tempelbauten der griechischen Welt. Er hat eine Grundfläche von 113,5 x 56 m. Theron begann 480 v. Chr. mit dem Bau dieses Olympieion, als Dank für die siegreiche Schlacht bei Himera. Die gewaltigen Außenwände schmückten 18 m hohe und 4 m breite Halbsäulen, je 14 an den Langseiten und je sieben an den Schmalseiten. Zwischen diesen Halbsäulen trugen in der oberen Hälfte 7,75 m hohe Giganten das Gebälk des Tempels. Diese Gebälkträger sollten an den siegreichen Kampf der olympischen Götter gegen die Giganten erinnern und zugleich ein Symbol des Sieges der griechischen Städte über das mächtige Karthago sein. Der Innenraum war durch zwei Pfeilerreihen, deren Zwischenräume wahrscheinlich mit halbhohen Schranken geschlossen waren, in drei annähernd gleich große Schiffe geteilt. Der Tempel wurde nie fertiggestellt.

Der *Juno-Lacinia-Tempel* (Tempel D) stammt aus der Zeit um 450 v. Chr. In vorrömischer Zeit diente er vermutlich dem Hera-Kult. Der Tempel wurde

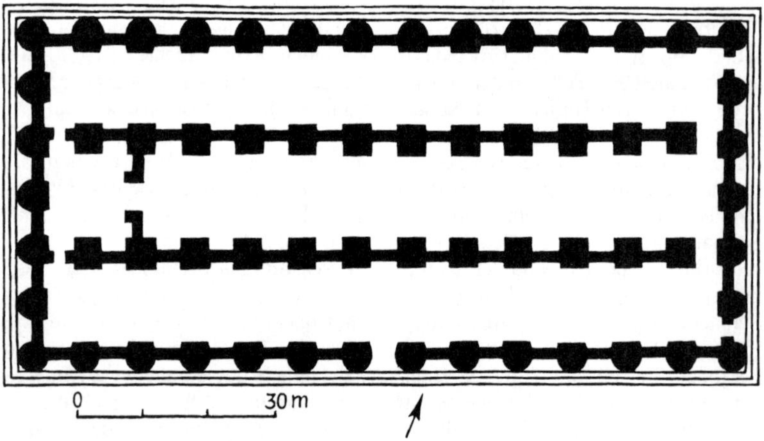

Akragas: Zeus-Tempel (Tempel B)

406 v. Chr. durch Feuer beschädigt, später aber von den Römern wieder hergerichtet (→ Peripteros, Akragas, 2).
Fast vollständig erhalten ist der *Concordia-Tempel* (Tempel F). Er entstand um 430 v. Chr. Wem dieser Tempel einst geweiht war, ist unbekannt. Aus der römischen Inschrift »Concordiae Agrigentinorum sacrum Res publica . . .«, die in der Nähe des Bauwerks gefunden wurde, leitet sich sein heutiger Name ab. Der heilige Gregorius von Girgenti (Agrigent) wandelte den Tempel 597 in eine Kirche um und bewahrte ihn so vor der Zerstörung.
Das *Höhlenheiligtum der Demeter* stammt aus dem 7. Jh. v. Chr. und dürfte vor der griechischen Kolonisation einer sikulischen Wassergottheit geweiht gewesen sein. Dieses Heiligtum umfaßte zwei Grotten, die nach außen durch Galerien verlängert waren. Anfang des 5. Jh. v. Chr. entstand in der Nähe der *Demeter-Tempel* (Tempel C), ein kleiner, säulenloser Bau. Der *Castor- und Pollux-Tempel* (Tempel I), ein dorischer Peripteros mit je 13 Säulen an den Langseiten und je sechs an den Schmalseiten, dürfte um 550 v. Chr. erbaut worden sein. Vier Säulen mit einem Architravbruchstück wurden 1836 wieder aufgerichtet. Der Name des Tempels entstammt einer Ode des Pindar. Vermutlich verehrten die Einwohner von A. hier die Göttinnen Demeter und Persephone. Vom *Vulkan-Tempel* aus dem 5. Jh. v. Chr. zeugen nur noch zwei Säulenstümpfe, Reste des Mauerwerks und die Fundamente. Der kleine *Asklepios-Tempel* wurde ebenfalls im 5. Jh. v. Chr. erbaut. Von ihm sind nur noch geringe Mauer- und Fundamentreste erhalten. Der Tempel hatte keinen Säulenumgang, sondern war von einer geschlossenen Mauer begrenzt. Der Dom der heutigen Stadt Agrigento wurde im 12. Jh. auf den Fundamenten eines griechischen *Zeus-Tempels* aus dem 6.Jh. v. Chr. errichtet. Auch die Kirche Sta. Maria dei Greci erhebt sich seit dem 12. Jh. über einem dorischen Tempel. Von dem *Athena-Tempel* sind noch einige Säulenstümpfe und das Fundament zu sehen. Das hellenistisch-römische Wohnviertel innerhalb der Stadtmauern hatte breite, sich rechtwinklig schneidende Straßen. Wasserleitungen, Abflußkanäle, Häuser mit Wandmalereien und Mosaikfußböden zeugen von einem hohen Wohlstand.

Literatur: P. Marconi: Agrigento. Topografia ed arte. Florenz 1929; J.A. de Waele: Die historische Topographie des griechischen Akragas auf Sizilien. Bd. I. Historischer Teil. Rom 1971; Ders.: Der Entwurf der dorischen Tempel von Akragas. In: Archäologischer Anzeiger (1980). S. 180 ff.; C. Höcker: Planung und Konzeption der klassischen Ringhallentempel von Agrigent. Frankfurt a.M. 1993.

Akrolith (griech.). Statue, deren nackte Teile (Kopf, Hände, Füße) aus Marmor, Elfenbein o.ä. und deren bekleidete Teile aus bemaltem oder vergoldetem Holz bestehen. Ersatz für Goldelfenbeintechnik (→ chryselephantine Technik).

Akropolis (griech. Oberstadt). Stadtburg griechischer Städte, aus Sicherheitsgründen auf einem steil aufragenden Felsplateau errichtet. Die sich anschließende Unterstadt entstand erst später aufgrund von Bevölkerungszunahme, wobei die A. eine besondere Bedeutung erhielt, z.B. als Tempelbezirk (→ Akropolis, Athen), als Residenz (→ Akropolis, Pergamon) oder als Fluchtburg (→ Akropolis, Korinth).

Akropolis, Athen. 300 m lang und 150 m breit, erhebt sich das gewaltige Felsmassiv etwa 100 m über der Stadt → Athen (156 m ü. M.). Steile Abstürze auf drei Seiten, nur vom Westen der Zugang sowie Quellen am Fuße des Plateaus boten ideale Voraussetzungen für eine verteidigungsfähige Siedlung.

Forschungsgeschichte: Zwischen 1803 und 1812 brachte Lord → Elgin, zuvor britischer Gesandter in Istanbul, mit Genehmigung des türkischen Sultans fast den gesamten plastischen Schmuck des Parthenon, u.a. 12 Giebelskulpturen, 15 Metopen und 56 Teile des Frieses, nach London, außerdem eine Kore des Erechtheion und Teile des Nike-Tempels. 1816 verkaufte er die Kunstwerke für 36 000 Pfund an das Britische Museum, wo sie seitdem als Elgin marbles eine Kostbarkeit der Londoner Antikensammlung sind. 1834 begannen die Restaurierungsarbeiten am Parthenon; 1835 bis 1837 erfolgte der Wiederaufbau des Tempels der Athena Nike; 1836 bis 1840 wurde das Erechtheion restauriert. 1852/53 untersuchte der französische Archäologe E. Beulé das Gelände westlich der Propyläen; 1875 ließ H. → Schliemann den mittelalterlichen Frankenturm vor den Propyläen abtragen, um das griechische Bauwerk voll zur Geltung zu bringen; die umfangreichen Arbeiten des griechischen Archäologen P. Kavvadias führten 1885 bis 1891 zur Entdeckung mehrerer Bauwerke und Skulpturen auf der A. Der griechische Architekt M. Balanos führte Restaurationen an den Propyläen (seit 1909), am Erechtheion (seit 1920) und am Parthenon (seit 1922) durch; 1929/30 richtete er die nördliche Säulenreihe des Parthenon wieder auf. 1935 bis 1939 wurde der Athena-Nike-Tempel abgerissen und nach neuesten Erkenntnissen wieder aufgebaut.

Die Bauwerke der A., die in den letzten Jahrzehnten durch Industrie- und Autoabgase mehr gelitten haben als in all den Jahrtausenden davor, werden heute mit großem Aufwand restauriert. Die Karyatiden des Erechtheion kamen 1978 ins A.-Museum und wurden durch Kopien ersetzt. Die Eisenklammern, die seit den Restaurierungsarbeiten von 1900 bis 1910 die Marmorblöcke des Tempels zusammenhalten und inzwischen völlig rostzerfressen sind, werden durch nichtrostende Titanklammern ersetzt, wozu der ganze Bau Stein um Stein abgetragen und wieder zusammengesetzt werden muß.

Die reichen Funde sind in Athen im

Athen: Akropolis mit Umgebung
1 Propyläen 2 Tempel der Athena Nike 3 Pinakothek 4 Heiligtum der Artemis Brauronia 5 Chalkothek und Heiligtum der Athena Ergane 6 Basis für das Standbild der Athena Promachos 7 Archaischer Tempel der Athena Polias 8 Parthenon 9 Pandroseion 10 Erechtheion 11 Altar der Athena 12 Heiligtum des Zeus Polieus 13 Tempel der Roma und des Augustus 14 Heroentempel des Pandion 15 Pelasgische Mauer 16 Quelle Klepsydra 17 Odeion des Herodes Atticus 18 Portikus des Eumenes 19 Asklepieion 20 Dionysos-Theater 21 Odeion des Perikles 22 Denkmal des Nikias

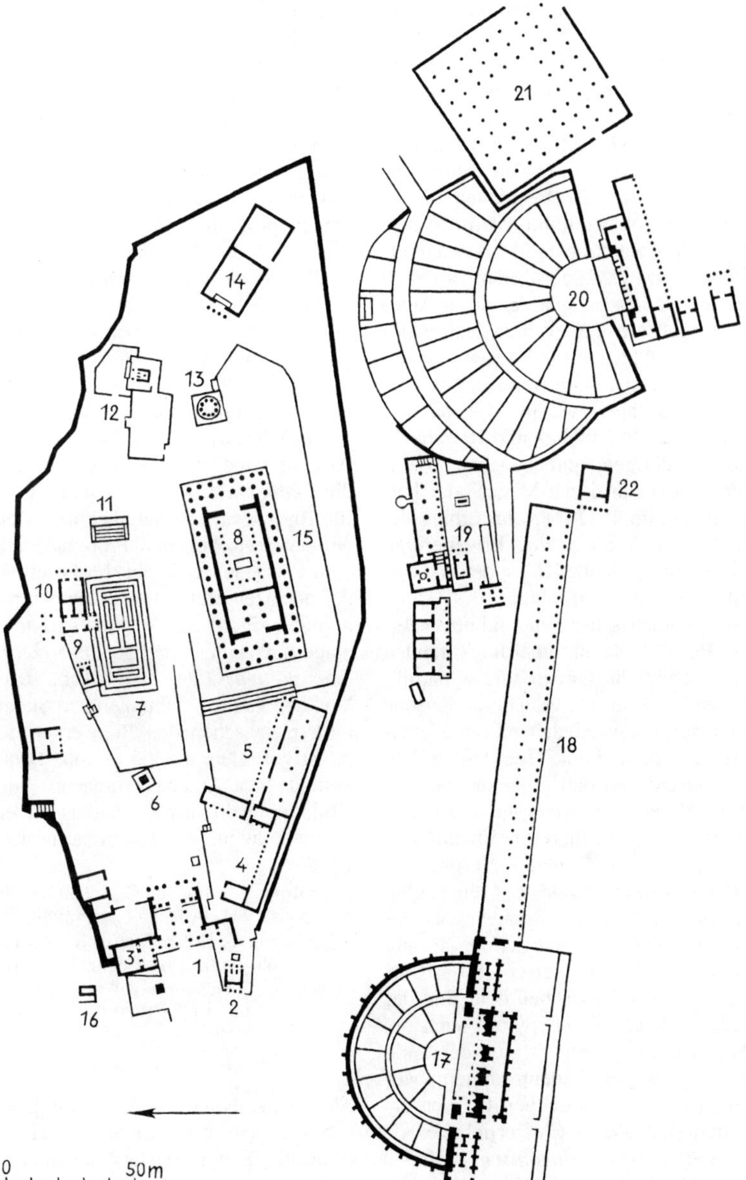
21
14
20
13
12
22
11
8
15
19
10
9
7
18
5
6
4
3
1
2
16
17
0
50m

Archäologischen Nationalmuseum, im A.-Museum, im Agora-Museum (Stoa des Attalos), im Kerameikos-Museum und im Benaki-Museum untergebracht.

Archäologische Stätte: Keramikfunde aus prähistorischer Zeit weisen auf eine kontinuierliche Besiedlung der A. seit dem Spätneolithikum hin. In mykenischer Zeit diente der Felsen als Fürstensitz. Der Palast erstreckte sich an der Stelle des späteren alten Athenatempels. In der zweiten Hälfte des 13. Jh. v. Chr. entstand gegen die Doriergefahr eine erste Befestigung, eine Kyklopenmauer wie in Mykene und Tiryns, bis zu 5 m dick und 10 m hoch, aus mächtigen, unbehauenen Steinblöcken (Pelasgische Mauer oder Pelargikon). Im 10. Jh. v. Chr. erhielt die Mauer im Westen eine Erweiterung, die auch die Quelle Klepsydra und den Aufgang zur A. umschloß.

Aus geometrischer Zeit sind nur wenige Reste bekannt, allerdings fanden sich zahlreiche Gräber und Keramikfunde rund um die A. Die archaische Zeit ist mit verschiedenen Porosgiebelgruppen, die auf eine rege Bautätigkeit hinweisen, und den Fundamenten des *Tempels der Athena Polias* (→ Peripteros, Athen) südlich des Erechtheion vertreten. Erst nach der Vertreibung der Peisistratiden Ende des 6. Jh. v. Chr. wurde die A. zum alleinigen Sitz der Götter erhoben. Nach der Zerstörung Athens durch die Perser 480 v. Chr. ließ Themistokles neben dem Bau der *Langen Mauer* (→ Dipylon) auch die Mauer der A. erneuern, von der Teile mit eingebauten Säulentrommeln, Metopen usw. im nördlichen Bereich erhalten sind. 468 v.Chr. errichtete Kimon eine neue *(Kimonische) Mauer* (18 m hoch und bis zu 7,5 m dick) im Süden und Osten der A.; den Raum zwischen den beiden Mauern ließ er mit Perserschutt, mit Trümmern zerstörter Tempel und Skulpturen, auffüllen. Der Kalliasfrieden mit den Persern (448 v.Chr.) und der Dreißigjährige Frieden mit den Spartanern (445 v.Chr.) brachte ein umfassendes Neubauprogramm der A. unter Perikles: Aus der Zeit stammen u.a. der → *Parthenon*, die *Propyläen* (→ Propyläen, Athen), das → *Erechtheion* und der *Athena-Nike-Tempel* (→ Amphiprostylos, Athen) als die bedeutendsten noch erhaltenen Bauwerke. Das hallenumsäumte *Heiligtum der Artemis Brauronia* mit der berühmten Artemisstatue des → Praxiteles und die *Chalkothek*, der Aufbewahrungsort für Bronzewaffen und -gerätschaften, wurden zwischen den Propyläen und dem Parthenon errichtet. Im Osten, an der höchsten Stelle der A., zeugen polygonale Fundamente und Tuffsteinmauern von dem heiligen *Bezirk des Zeus Polieus* (des Stadtbeschützers). Von den vielen Weihungen und Standbildern zwischen den Bauwerken der A. ist vor allem die 7,5 m hohe Bronzestatue der Athena Promachos (der Vorkämpferin) des → Phidias zu erwähnen, die um 454 v. Chr. aufgestellt wurde.

Literatur: U. Muss u. C. Schubert: Die Akropolis von Athen. Graz 1988; L. Schneider u. C. Höker: Die Akropolis von Athen. Köln 1990; H.-R. Goette: Restaurierungen und Forschungen auf der Akropolis von Athen. In: Antike Welt 22, 3 (1991). S. 165 ff.

Akropolis, Korinth. Akrokorinth erhebt sich 576 m ü.M. und war seit archaischer Zeit eine stark umkämpfte Festung, da ihre exponierte Lage die

Herrschaft über die Peloponnes sichern konnte. Die A. umgibt eine 2,5 km lange mittelalterliche Mauer, die weitgehend auf antiken Resten ruht. Sie diente vor allem als Fluchtburg für die Einwohner von → Korinth. Ihre höchste Erhebung nahm ein *Heiligtum für Aphrodite* ein, von dem nur noch wenige Mauerreste erhalten sind. Im südlichen Bereich der A. befindet sich die obere *Peirene-Quelle*, ein unterirdisches Brunnenhaus mit gewölbtem Dach aus hellenistischer Zeit. Byzantinische, venezianische und türkische Bauten beherrschen heute das Bild der A.

Akropolis, Pergamon. Auf dem Burgberg reihten sich entlang der Ostmauer die *Paläste* der hellenistischen Könige. Es waren vorwiegend Peristylhäuser, deren Räume um einen offenen Hof lagen. Die Baugruppe I aus der Zeit des Dynastiegründers Philetairos (281–263 v. Chr.) lag ganz im Norden. Sie wurde im 2. Jh. v. Chr. in eine Kaserne umgebaut. Die Baugruppe II bezeichnet eine Reihe von Räumen, die vor den Wasserturm lagen und vermutlich Kontrollfunktion hatten. Die vorhandenen Mauerstrukturen der Baugruppe III scheinen älter zu sein und vielleicht als Wohnsitz der vorhellenistischen Fürsten gedient zu haben. Sie lassen keine Rekonstruktion als Peristylhaus zu, während in den Baugruppen IV und V eindeutig hellenistische Peristylhäuser mit reicher Wand- und Bodendekoration nachgewiesen werden konnten. Die Baugruppe V entspricht mit 2420 m^2 Grundfläche auch räumlich der Vorstellung eines Königspalastes. Da in den Mauern für den Pergamonaltar verworfene Architekturstücke verbaut wurden, muß dieser Palast in die zweite Hälfte des 2. Jh. v. Chr. datiert werden. Als Bauherren kämen dann Eumenes II. oder Attalos II. in Frage. Von der Baugruppe VI gleich hinter dem Burgtor sind nur Mauerzüge der Kellerräume erhalten. In ihnen fand man große Vorratsgefäße. Die oberen Räume dienten als Quartiere für das Wachpersonal. Auf der Nordspitze des Burgberges waren *Arsenale* als lange Hallenbauten errichtet worden, in denen Vorräte, vor allem Getreide, und militärische Güter aufbewahrt wurden. In hellenistischen und vorkaiserzeitlichen Mauerzügen unterhalb des Trajaneums (→ Neokorietempel, Pergamon) konnten bisher zu den Palästen gehörende Wirtschaftstrakte bzw. bescheidene Wohnbebauungen erkannt werden.
Das *Heiligtum für Athena* begrenzte die Burg an ihrer Südseite. Der Tempel wurde im späten 4. Jh. v. Chr. wohl unter Barsine, einer Konkubine Alexanders des Großen, während ihres Aufenthaltes in der Stadt errichtet. Das Gotteshaus für Athena Polias Nikephoros (die siegbringende Stadtgöttin) war ein dorischer Peripteros mit je sechs Säulen an den Schmalseiten und je zwölf an den Langseiten. Die Cella war durch eine Mauer in zwei Räume geteilt. Ob hier deswegen zwei Gottheiten verehrt wurden, kann nicht bewiesen werden. Eumenes II. gestaltete das Heiligtum, den Athena-Tempel ausgenommen, vollkommen neu. Im Norden und Osten ließ er zweigeschossige, architektonisch aufwendige marmorne Hallenbauten sowie ein neues Propylon errichten. Eine Südhalle wurde später hinzugefügt. Auf dem Platz standen viele Inschriften- und Statuenweihungen an Athena sowie Siegesmonumente, die seit Attalos I.

die Siege der Pergamener über die Gallier verherrlichten. Hinter der Nordhalle des Athena-Bezirks liegen die Räumlichkeiten der berühmten *Bibliothek* (→ Bibliothek, Pergamon). → Pergamon. Abb. S. 327.

Literatur: G. Kawerau u. T. Wiegand: Die Paläste der Hochburg. Altertümer von Pergamon. Bd. V, 1. Berlin 1930; A. von Szalaỳ, E. Boehringer u. F. Krauss: Die hellenistischen Arsenale. Altertümer von Pergamon. Bd. X. Berlin 1937. W. Raeck: Zur hellenistischen Bebauung der Akropolis von Pergamon. In: Istanbuler Mitteilungen 38 (1988). S. 201 ff.

Akroter (griech. der äußerste, vorragende Teil). Bekrönendes Schmuckelement aus Ton oder Marmor, vor allem auf Giebeln bedeutender Bauten (Firsta., Ecka.), auf Grabstelen, Ädikulä usw. In der griechischen Baukunst hatte der A. die Form einer ornamentgeschmückten Scheibe, später bestand er aus Palmetten oder figürlichen Darstellungen (z.B. Sphinx, Nike).

Ala (meist im Pl. Alae, lat. Flügel). Die beiden zum Atrium geöffneten, einander gegenüberliegenden Seitenräume des römischen Wohnhauses.

Alabastron (griech.). Kleines beutelförmiges Salb- und Parfümgefäß mit engem Hals, abgeflachter Mündung, ohne Henkel und Standfläche. Häufig mit Ösen für ein Tragband versehen; ursprünglich aus Alabaster, später auch aus Ton oder Glas gefertigt. Der Gefäßtyp stammt aus Ägypten. Abb. S. 510.

Alaça Hüyük. Vorhethitische und hethitische Ruinenstätte, in Kappadokien (Kleinasien) gelegen. Hier kamen frühbronzezeitliche Fürstengräber mit außergewöhnlich kostbaren Grabbeigaben aus dem 3. Jt. v. Chr. zum Vorschein.

Geschichte: A. H. war schon in der Mitte des 4. Jt. v. Chr. besiedelt. Im späten 3. Jt. v. Chr. übernahmen Hethiter die Stadt, die jetzt vermutlich Kuššara hieß. Unter ihrer Herrschaft entwickelte sich die kleine Ansiedlung zu einer Residenzstadt von Fürsten. In Gräbern aus der Zeit zwischen 2500 und 2100 v. Chr. fanden Archäologen Geräte und Schmuck aus Gold, Silber, Elektron, Kupfer, Bernstein und dem damals noch seltenen Eisen, Standartenaufsätze in Form durchbrochener Metallscheiben (Sonnenscheiben), gekrönt von Hirschen, Stieren usw., ferner einen Eisendolch mit Goldgriff, eine der frühesten Eisenwaffen überhaupt. Ende des 19. Jh. v. Chr. gelang es den Stadtfürsten von Kuššara, die hethitischen Völkerstämme unter ihrer Oberhoheit zu einigen. Um 1720 v. Chr. eroberte Anitta, König von Kuššara und Neša, das benachbarte Hattuŝ, das ein halbes Jahrhundert später unter dem Namen Hattušas Metropole des Hethiterreiches werden sollte. Von da an stand Kuššara im Schatten der neuen Hauptstadt. Als gegen 1200 v. Chr. das Hethiterreich unter dem Ansturm von Seevölkern zerbrach, war Kuššara nur noch eine kleine, unbedeutende Ortschaft.

Forschungsgeschichte: Die erste Beschreibung der Ruinenstätte lieferte 1836 der Engländer W.J. Hamilton. 1859 veröffentlichte der deutsche Forschungsreisende H. Barth einen Bericht über A. H. 1906/07 untersuchten H. Winckler und T. Makridy den Ruinenhügel. 1926/27 arbeitete H.H. von

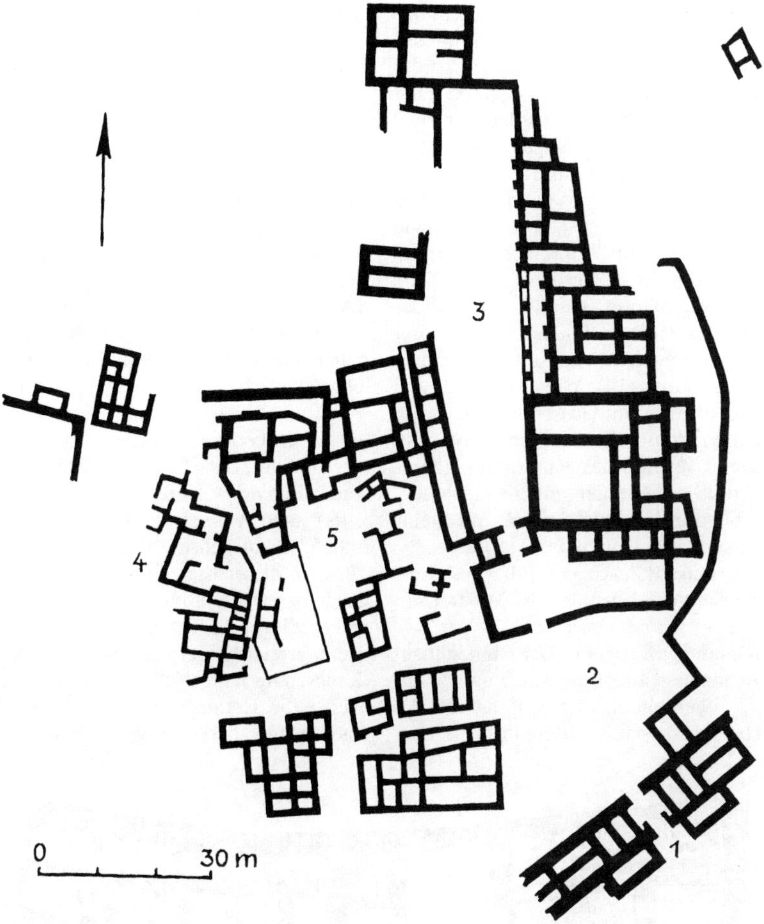

Alaça Hüyük
1 Sphinxtor 2 Platz 3 Tempelpalast 4 Wohnhäuser 5 Königsgräber

der Osten hier. Von 1936 bis 1967 führten die türkischen Archäologen H.Z. Kosay und R.O. Arik im Auftrage der Türk Tarili Kurumu (Türkische Historische Gesellschaft) Ausgrabungen in A. H. durch. Die Funde aus den Fürstengräbern befinden sich in den archäologischen Museen von Ankara und A. H.

Archäologische Stätte: Das eindrucksvollste Monument von A. H. ist das 10 m breite *Sphinxtor*. Es war Teil der hethitischen Stadtmauer, die sich einst auf einem mächtigen Erd- und

Steinwall erhob. Die Torlaibungen bildeten zwei Basaltblöcke mit Sphinxreliefs von 4 m Höhe. Das Relief auf der Innenseite der rechten Sphinx zeigt einen doppelköpfigen Adler, der zwei Hasen in seinen Fängen hält. Zwei Türme flankierten das Tor. Reliefs auf ihren unteren Orthostatenplatten geben Jagd- und Opferszenen wieder sowie eine Göttin mit Adoranten und Herrscher mit ihrem Gefolge. In der Nähe des Sphinxtores wurden die Fundamentreste eines *Tempel-Palastes* mit langgestrecktem Hof aus späthethitischer Zeit (14. oder 13. Jh.) und Wohnhäuser mit Gassen freigelegt.

Die *Fürstengräber* wurden in etwa 6 m Tiefe westlich des Palasthofes gefunden. Sie bestehen aus rechteckigen, 3 bis 6 m langen Kammern mit Steinwänden und Holzbalkendecken.

Literatur: H.Z. Kosay u. M. Akok: Ausgrabungen von Alaça Hüyük. Ankara 1966.

Alalah (Tell Açana). Der Ruinenhügel Açana liegt am Orontesknie unweit der syrischen Grenze. Er barg das alte A., Hauptstadt des altorientalischen Fürstentums Mukisch und heißumkämpfter Warenumschlagplatz. Hier verschmolzen die kulturellen Einflüsse Mesopotamiens, Ägyptens, Kleinasiens und der Ägäis.

Geschichte: Das Stadtgebiet von A. war schon in der Mitte des 4. Jt. v. Chr. bewohnt. Eine Schrift aus dem späten 3.Jt. v. Chr. erwähnte erstmals das Fürstentum Mukisch. Um 1785 v.Chr. errichtete Yarimlim, König von Yamhad (Aleppo), in A. einen Palast. Bald darauf wurde die Stadt von den Assyrern unter ihrem König Schamschi Adad I. überfallen. Im 17. Jh. v.Chr. gehörte A. zum Reich Mitanni. Um 1595 v.Chr. eroberte Muršili I., Großkönig der Hethiter, die Stadt auf seinem Zug nach Babylon. Von etwa 1525 bis 1460 stand A. unter ägyptischer Herrschaft. Dann kehrten die Mitanni zurück. In dieser Epoche erbaute Niqme Pa, Fürst von Mukisch, in der Stadt einen Palast. Gegen 1370 v. Chr. kam A. zum Hethiterreich. Nach der Schlacht bei Kadesch im Jahre 1285 v. Chr., aus der weder die Hethiter noch die Ägypter als Sieger hervorgingen, plünderte

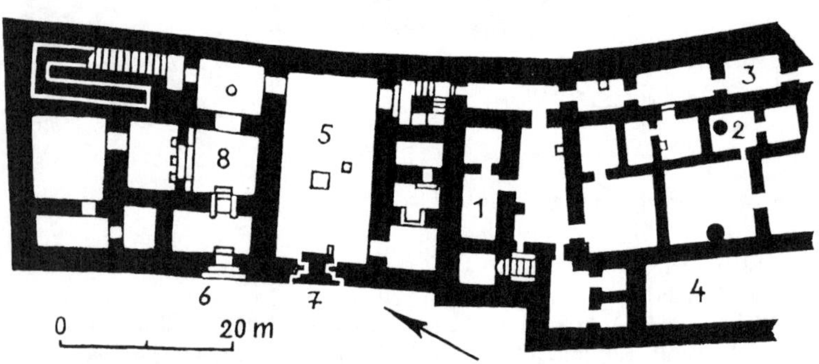

Alalah: Palast des Yarimlim (Untergeschoß)
1 Gesindekammern mit eingebauten Waschbecken 2 Werkstatt für Steinmetzen 3 Topflager 4 Hof 5 Mittelhof 6 Eingang 7 ursprünglicher Eingang

der Pharao Ramses II. die Stadt, die aber im hethitischen Einflußbereich verblieb. Mit dem Zusammenbruch des Hethiterreiches um 1200 v. Chr. endet auch die Geschichte von A., das vor allem dem Holzexport und dem Transithandel seinen Wohlstand verdankte.

Forschungsgeschichte: In den Jahren 1937 bis 1939 und 1946 bis 1949 untersuchte der englische Archäologe C.L. → Woolley die 17 Siedlungsschichten von A., die er dem Zeitraum von etwa 3400 bis 1200 v. Chr. zuordnen konnte.

Archäologische Stätte: In dem Ruinenhügel von A. legte Woolley die Fundamente mehrerer Paläste mit hethitischen Basreliefs frei. Die Reliefs, darunter ein Sitzbild des Königs Idrimi mit autobiographischer Inschrift aus dem 15. Jh. v. Chr., befinden sich heute im Britischen Museum, London, und im Archäologischen Museum von Antakya. Der *Palast des Yarimlim* wurde direkt an der Stadtmauer errichtet, mit der er zwei Außenmauern gemeinsam hat. Er war in einen privaten und einen öffentlichen Bereich geteilt. In der Gestaltung, vergleichbar den Palastanlagen auf Kreta, und der Ausschmückung mit Wandmalereien ist mittelmeerischer Einfluß erkennbar. Reste einiger Tempel stammen ebenfalls aus dem 15. Jh. v. Chr.

Literatur: C. L. Woolley: Ein vergessenes Königreich. Wiesbaden 1954; M. Heinz: Tell Atchana – Alalakh. Die Schichten VII-XVII. Kevelaer 1992.

Al Hiba. → Lagasch.

Altsteinzeit. → Paläolithikum.

Amarna (Achet-Aton). Das 280 km südlich von Kairo am Nil gelegene Ruinen- und Gräberfeld Tell el-Amarna, meist kurz A. genannt, ist das kümmerliche Relikt von Echnatons Hauptstadt Achet-Aton. Bekannt wurde die Ausgrabungsstätte durch die Büste der Königin Nofretete und vor allem durch die sog. Amarnabriefe, die wichtigste historische Quelle für Palästina und Syrien vor der israelitischen Einwanderung.

Geschichte: Die Geschichte der Stadt Achet-Aton ist unlösbar mit dem Schicksal des Königs Amenophis IV. verbunden, der 1364 v. Chr. nach dem Tode seines Vaters Amenophis III. den ägyptischen Thron bestieg. Ägypten war damals der mächtigste Staat der Alten Welt, das Reich erstreckte sich von Nubien bis zum Euphrat. Amenophis III. hatte mangels außen- und innenpolitischer Probleme nur seine privaten Interessen verfolgt und sich auf die Vergötterung seiner Person schon zu Lebzeiten konzentriert. Der Bau monumentaler Tempel und Paläste, die Jagd und ein unvorstellbar großer Harem waren Ausdruck dieser Haltung. Die Priesterschaft des Reichsgottes Amun reagierte entsprechend: Sie eignete sich riesige Ländereien an und verstärkte ihren Einfluß auf den Hof. In diese Welt trat nun sein spätgeborener kränklicher Sohn Amenophis IV., der sich vornahm, die Macht der Amun-Priester zu brechen und an die Stelle des Reichsgottes und all der anderen Götter Ägyptens einen einzigen Gott zu setzen: Aton, die Sonne. Bald nach seinem Regierungsantritt heiratete der 13jährige König die schöne 17jährige Nofretete (Nafteta, die Schöne, die da kommt). Nofretete war vermutlich jene Tadukhepa, um deren Hand sein Vater Amenophis III. kurz vor seinem Tode den Großkönig von Mitanni gebeten hatte. Amenophis IV. löste den riesigen Harem seines Vaters auf und machte Nofretete zu seiner »großen königlichen Gemahlin«. Inwieweit das Aufbegehren gegen die einflußreiche Amun-Priesterschaft, auf die starke Persönlichkeit Nofretetes zurückgeht, ist umstritten. 1359 v. Chr. gab der junge König den Befehl, 300 km nördlich der bisherigen Residenz → Theben die neue Reichshauptstadt Achet-Aton (Lichtort des Aton) zu erbauen. Sie war die erste Stadt der Welt, die am Reißbrett entstand. Schon zwei Jahre später hatten die über 100 000 Arbeiter die neue Metropole des Aton aus Felsgestein und Nilschlammziegeln fertiggestellt.

Inzwischen hatte Amenophis IV. (Amun ist zufrieden) seinen Namen in Echnaton (Aton will es) geändert. Er entzog den Amun-Priestern alle Staatszuschüsse, zerstörte die Bilder der alten Kulte und entließ alle Beamten, die ihm ihre Loyalität versagten.

Mit der Religion hatte sich auch die Kunst aus ihrer vielhundertjährigen Erstarrung gelöst. In lebendiger, schonungslos realistischer Darstellung zeigen sich auf den Reliefs der Amarnaepoche Echnaton und seine Familie, Echnaton als Sohn des Aton und zugleich als sein Prophet (Amarnakunst). Mehr und mehr widmete sich der »Ketzerkönig« nur noch seinen religiösen Reformen. Er verlor allen Sinn für die politischen Realitäten. Die Wirtschaft stagnierte, der Verwaltung fehlte die Führung, das Militär zog sich an die Grenzen Ägyptens zurück. Nur das reiche Goldland Nubien zögerte noch mit dem Austritt aus dem Reichsverband. 1352 v. Chr. verstieß Echnaton Nofretete, die daraufhin in den Nordpalast zog. Im Jahre darauf wurde Semenchkare Mitregent des Pharaos. Er versuchte wohl vergeblich, eine Einigung mit den Amun-Priestern Thebens herbeizuführen. 1346 v. Chr. starb Semenchkare, kurz danach auch Echnaton. 1346 v. Chr. kam Tutanchaton, vielleicht ein Schwiegersohn Echnatons, auf den Pharaonenthron. Er änderte seinen Namen in Tutanchamun und verlegte die Residenz wieder nach Theben. Der Aton-Kult wurde verboten; die Ägypter beteten wieder zu Amun und seinen Mitgöttern. Die Bewohner verließen das verhaßte Achet-Aton, nur Nofretete blieb im Nordpalast zurück, wo sie 1344 v. Chr. starb. Auf Tutanchamun (1346–1338) folgte Eje, einst »Wedelträger zur Rechten des Königs« und »Vorsteher des königlichen Marstalls«. Nach Ejes Tod im Jahre 1334 v. Chr. bestieg der Reichsfeldherr Haremhab den Thron. Er vernichtete auf Betreiben der Priesterschaft des Amun alles, was an die »Irrlehre« des Echnaton erinnerte. Er verwüstete Echnatons Metropole Achet-Aton und strich seine Vorgänger Echnaton, Tutanchamun und Eje von der Königsliste, indem er seine Regierungszeit formell bereits 1364 v. Chr., dem Todesjahr Amenophis' III., beginnen ließ.

Forschungsgeschichte: Im Jahre 1886 entdeckten einheimische Raubgräber unter den Trümmern des Auswärtigen Amtes Hunderte von Tontafeln mit Keilschrifttexten. Der Wiener Antiquitätenhändler T. Graf kaufte in Kairo einen Teil der Tafeln für einen Stückpreis von zehn Piastern auf und gab sie den Berliner Museen. Weitere Tafeln erwarb W. → Budge im Auftrag des Britischen Museums, London. Die fast ausschließlich in Akkadisch,

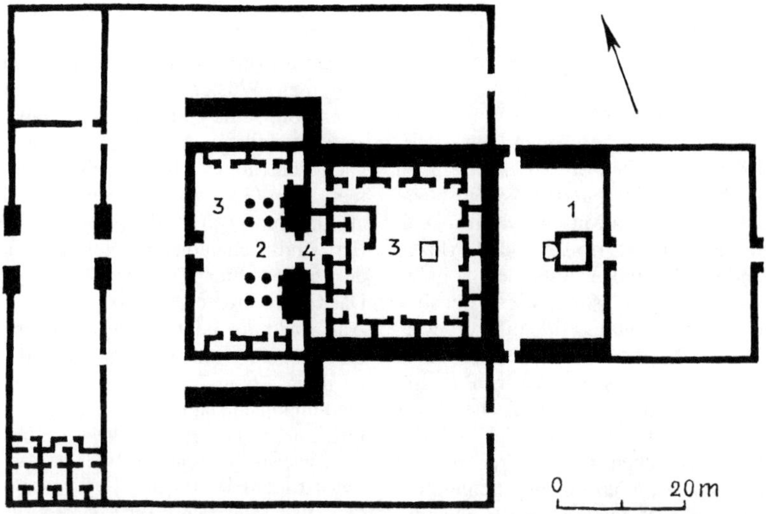

Amarna: Sanktuar des Großen Aton-Tempels
1 Großer Altar 2 Portikus 3 Höfe mit rund 175 Opfertischen 4 Großer Pylon

der damaligen Diplomatensprache, abgefaßten Texte waren Schreiben der benachbarten Großkönige und vorderasiatischer Kleinfürsten an Amenophis III. und Echnaton sowie Doppel der ägyptischen Antwortschreiben (Amarnabriefe). 1892 begann der britische Ägyptologe W.M.F. → Petrie mit ersten wissenschaftlichen Untersuchungen des Stadtgebietes. Zu Beginn des 20. Jh. untersuchte N. de G. Davies die Felsengräber von Achet-Aton. 1911 bis 1914 grub die Deutsche Orient-Gesellschaft unter L. → Borchardt in A. Dabei stießen die Archäologen 1912 in den Werkstätten des Bildhauers Thutmosis auf die bemalte Kalksteinbüste der Nofretete, die sich heute im Ägyptischen Museum in Berlin befindet. 1921 bis 1936 setzte die Egypt Exploration Society die Ausgrabungen fort.

Archäologische Stätte: 14 in den Felsen gehauene Grenzinschriften markierten das Stadtgebiet von Achet-Aton, drei davon fand man westlich des Nilkanals Bahr Jûsuf. Mittelpunkt der Hauptstadt Echnatons war der große *Aton-Tempel.* Innerhalb eines 800 x 275 m großen Temenos lag das Sanktuar, dessen Kern aus vier offenen Höfen bestand. Drei Pylonen waren von Westen her zu durchschreiten, bevor man im ersten Hof den Haupteingang erreichte. Ein Portikus aus je vier Säulen flankierte den gewaltigen Hauptpylon. Zwischen den Säulen erhoben sich vier Statuen des Königs. In den beiden ersten Höfen standen rund 175 Opfertische. Der dritte Hof enthielt den Großen Altar. Wie die Sonnenheiligtümer der 5. Dynastie war auch der Aton-Tempel von Achet-

Aton ein offener, also dachloser Tempel. Von der ganzen Anlage sind nur noch die Fundamentgräben vorhanden. Eine Reliefdarstellung im Grab des Merire (s. unten) gibt eine Vorstellung vom einstigen Aussehen des Aton-Heiligtums. Vom *Königspalast* zeugen noch Teile des Fußbodens, die heute im Ägyptischen Museum, Kairo, sind. Im Nordpalast wohnten die Prinzen und Prinzessinnen. Außerdem konnten weitere Tempel sowie die Wohnsitze hoher Würdenträger identifiziert werden, z.B. das Haus des Kanzlers Panehsi und das des Wesirs Râmose, dessen Grabanlage in Theben-West (→ Theben) den Stilwandel von der hochklassischen Periode zur revolutionären Amarnazeit zeigt. Schließlich konnten noch Spuren einer Universität und einer Kaserne für die Leibgarde des Königs ausgemacht werden.

Die *Nekropolen* lagen im Norden und Süden der Stadt. Die meisten Gräber wurden nie vollendet, weil Achet-Aton bereits nach elf Jahren wieder aufgegeben wurde. Zur nördlichen Nekropole gehören die Gräber 1–6, zur südlichen die Gräber 7–25. Die interessanteren Gräbern mit aufschlußreichen Wandmalereien über das Leben der königlichen Familie sind: (1) Grab des Huia, Aufseher des Königlichen Harems und Kämmerer der Königinmutter Teje. (4) Grab des Merire, Hoherpriester des Aton. Sein Grab zeigt u.a. Grund- und Aufrisse von Tempeln und Palästen der neuen Residenzstadt. (9) Grab des Mahu, Polizeichef von Achet-Aton. (25) Grab des Eje, Wedelträger des Königs, Prinzenerzieher und persönlicher Sekretär Echnatons. Nach Tutanchamuns Tod wurde er Pharao (1338–1334). Sein Grab in Achet-Aton blieb unvollendet; Eje wurde im Tal der Könige beigesetzt (Grab 23).

11 km ostwärts erreicht man in einem einsamen Wüstental das *Grab des Echnaton*, eine umfangreiche, aber stark verfallene Anlage. Ein langer Gang führt unmittelbar zur Grabkammer. Vom Gang zweigen Seitenflügel ab, die zum Teil eindrucksvoll reliefiert sind: Echnaton und Nofretete an der Bahre ihrer Tochter Beketaton. Das Grab wurde nie benutzt.

Am Stadtrand liegt die geschlossene Siedlung der Nekropolenarbeiter, die in ihrer Anlage der entsprechenden Siedlung in Theben-West gleicht.

Literatur: K. Lange: König Echnaton und die Amarnazeit. München 1951; J. Assmann: Palast oder Tempel? Überlegungen zur Architektur und Topographie von Amarna. In: Journal of Near Eastern Studies 31 (1972). S. 143 ff.; J. Samson: Amarna. City of Akhenaten and Nefertiti. London 1972; B.J. Kemp u.a.: Amarna Reports. Bd. 1 ff. London 1984 ff.

Amazonomachie (griech.). Darstellung des Kampfes der Griechen gegen die Amazonen, ein sagenhaftes kriegerisches Frauenvolk. Nachweisbar seit dem 6. Jh. v. Chr. Berühmt sind die A.-Friese am → Parthenon und am Hephaistos-Tempel (Theseion) in Athen sowie am Mausoleum von Halikarnassos (→ Mausoleum, Halikarnassos).

Amoriter. Semitisches Nomadenvolk, das am Ende des 3. und zu Beginn des 2. Jt. aus dem syrisch-phönikischen Raum in Mesopotamien eindrang und dort 1894 v. Chr. die 1. Dynastie von Babylon begründete.

Amphiktyonie (griech.). Verband von

Stämmen und Städten zum Schutz und zur Pflege eines gemeinsamen Heiligtums. Am bedeutendsten waren die A. des Demeter-Heiligtums an den Thermopylen und der Apollon-Heiligtümer von → Delphi und → Delos.

Amphiprostylos (griech.). Griechischer Tempeltypus mit vorgestellten Säulenhallen an den beiden Schmalseiten (Fronten). Abb. S. 457.

Amphiprostylos, Athen. Der Tempel der Athena Nike (der siegreichen Athena) erhebt sich in der äußersten Südwestecke der Akropolis von Athen (→ Akropolis, Athen). Der Baubeschluß fiel in das Jahr 448 v. Chr., zur Ausführung kam ein Entwurf des → Kallikrates jedoch erst etwa 20 Jahre später. In mykenischer Zeit sicherte hier eine Festung den Zugang zur Akropolis. Der Kult der Athena-Nike ist auf dieser Bastion seit der Mitte des 6. Jh. v. Chr. nachgewiesen. Der neue Tempel wurde als A. aus pentelischem Marmor in ionischem Stil erbaut. Je vier monolithische Säulen stützen die Architrave der beiden Fronten. Ein 25,3 m langes Friesband schmückt den Tempel: der Ostfries zeigt eine Versammlung der olympischen Götter, die Friese der anderen Seiten stellen Kämpfe zwischen Griechen und Orientalen oder anderen Griechen dar. Die Cella öffnet sich nach Osten; sie enthielt das hölzerne Kultbild der Athena. Mit dem Bau des Tempels dankten die Athener ihrer Göttin für die siegreichen Schlachten gegen die Perser.

Amphitheater. Römisches Theater für die Darbietung von Tierhetzen, Gladiatorenkämpfen und seltener von Naumachien (Seeschlachten). Es hat eine elliptische bzw. polyzentrische Arena und ringsum stufenförmig ansteigende Sitzreihen. Als Kaiser Honorius im Jahre 404 n. Chr. die Gladiatorenkämpfe verbot, sank die Beliebtheit der A. Mit der Umwandlung des Todesurteils »ad bestias« (durch Raubtiere) in das Urteil »ad metalla« (durch Schwert/Eisen) im Jahre 681 verlor diese Einrichtung völlig ihre Bedeutung.

Literatur: J.-C. Golvin: L'Amphithéâtre Romain. Paris 1988; Ders.: Amphithéâtres & Gladiateurs. Paris 1990.

Amphitheater, Arelate (Arles). Das Bauwerk mit einer Ausdehnung von 136 x 107 m wurde im späten 1. Jh. n.Chr. von dem Architekten T. Crispus Reburrus erbaut. Die 21 m hohe Außenfassade schmücken zwei übereinanderliegende Arkadengeschosse. Den Arkadenpfeilern des unteren Geschosses sind dorische Pilaster, denen des Obergeschosses korinthische Halbsäulen vorgeblendet. Die Arena ist etwa 70 bis 40 m groß. Der Zuschauerraum mit ursprünglich 34 Rängen, die durch schmale Ringmauern in vier Bereiche geteilt waren, konnte 21 000 bis 25 000 Zuschauer aufnehmen. Das A. von → Arelate war das größte Galliens.

Amphitheater, Colonia Ulpia Traiana (Xanten). Das A. wurde um 120 n. Chr. im Südosten der Stadt erbaut. Die Zuschauerränge bestanden zunächst aus Holz, seit dem Ende des 2. Jh. aus Stein. Über 10 000 Zuschauer fanden auf den insgesamt 18 umlaufenden Sitzstufen Platz. Die Länge des ovalen Bauwerks beträgt fast 100 m, die Breite 87 m. In die 60 x 48 m große Arena führten zwei in ihrer Längsachse liegende Eingänge, die »portae pompae« (Tore des Einzugs) für die Gladiatoren. Hinter der Arenamauer verlief ein gedeckter Gang, der zu den Tierkäfigen und zu den Aufenthaltsräumen der Gladiatoren führte. → Colonia Ulpia Traiana.

Amphitheater, Nemausus (Nîmes). Das A. wurde zu Beginn des 1. Jh. n. Chr. errichtet. Seine größte Länge beträgt 133 m, seine größte Breite 105 m. Zwei Arkadengeschosse mit je 60 Bogen erreichen eine Höhe von 21 m. Im Untergeschoß flankieren Pilaster die Bogen, im Obergeschoß verwendete der Baumeister T. Crispius Reburrus dorische Halbsäulen. 120 Konsolen am oberen Rand des Bauwerks hielten die Holzmaste für die Sonnensegel. Die 34 Sitzreihen boten etwa 21 000 Zuschauern Platz. Über 162 Treppen und durch 124 Ausgänge konnten die Besuchermassen das Theater in kürzester Zeit verlassen. → Nemausus.

Amphitheater, Pola. Wahrscheinlich im 1. Jh. n. Chr. am westlichen Abhang eines Hügels erbaut, auf der Seeseite umfaßt ein dreistöckiger, rund 30 m hoher Mauermantel die ganze Anlage. Die beiden unteren Stockwerke werden von 72 monumentalen Arkadenbögen gebildet. Das obere Geschoß weist 64 rechtwinklige Fensteröffnungen auf. Der größte Durchmesser des Bauwerks beträgt 132,50 m. Die polyzentrische, also nicht elliptische Arena hat eine Länge von 68 m und eine Breite von 42 m. 30 konzentrisch umlaufende Sitzreihen boten Platz für 23 000 Zuschauer. Charakteristisch für das A. von Pola sind vier in den Mauermantel eingefügte Türme mit Wasserreservoirs für zahlreiche Springbrunnen im Inneren des A. → Pola.

Literatur: Š. Mlakar: Das Amphitheater in Pula. Pula 1980.

Amphitheater, Pompeji. Nach der Aussage zweier Inschriften ließen die Duoviri C.Q. Valgus und M. Porcius das A. im 1. Jh. v. Chr., in sullanischer Zeit, aus eigenen Mitteln errichten. Im Westen der Stadt lehnt es sich unter Ausnutzung des Erdwalls an die dahinter aufragende Stadtmauer. Im Westen und Norden waren Terrassierungen nötig, die durch Stützpfeiler verstärkt wurden. Über diesen erhoben sich Arkaden, die, ausgenommen die Zugänge zu den einzelnen Zuschauerrängen, zugemauert waren. Die Arkaden schlossen oben mit einem offenen Umgang ab. Zu diesem gelangte man über Treppen an den Außenmauern des A. Von dem offenen Umgang führten 40 Arkaden in einen schmalen überwölbten Gang, der den Eintritt in die Cavea ermöglichte. Darüber lag ein weiterer Umgang mit kleinen Logen. In steinernen Ringen steckten die Holzbalken zur Befestigung des Segeldachs während der Veranstaltungen. Über vier Zugänge erreichte man die tonnengewölbte »Crypta«, die einerseits den Erddruck ableitete, andererseits zur Lenkung des Zuschauerstroms in die drei Ränge diente. Von hier hatten die Wagenfahrer auch direkten Zugang zur Arena. Die nicht ganz gleichmäßige elliptische Arena mit 66,8 m Länge und 34,5 m Breite war von einer etwa 2,18 m hohen Brüstung umgeben. → Pompeji.

Amphitheater, Puteoli. Das A. wurde in flavischer Zeit erbaut. Die Ellipse von etwa 149 x 116 m umschließt eine ca. 75 x 42 m große Arena. Der Zuschauerraum war in drei Ränge unterteilt und bot etwa 40 000 Personen Platz. Die Außenfront des A. war in drei Arkadengeschosse gegliedert, die mit einer Attikazone abschlossen. Eine nachweisliche Wasserzufuhr in die Arena ist ein Beleg dafür, daß das A. in früher Zeit auch für Naumachien verwendet wurde. Später, im frühen 2. Jh. n. Chr., wurden unterirdische Gewölbe eingebaut, durch die wilde Tiere direkt in die Arena gebracht werden konnten. → Puteoli.

Literatur: A. Maiuri: Studi e ricerche sull' anfiteatro flavio puteolano. Neapel 1955.

Amphitheater, Rom (Kolosseum). Das A. wurde von Kaiser Vespasian (69–79 n. Chr.) in Auftrag gegeben, aber erst unter seinen Nachfolgern Titus (79–81 n. Chr.) und Domitian (81–96 n. Chr.) vollendet. Mit einer Höhe von 55 m und einem Durchmesser der Ellipse von 188 m in der Länge und 156 m in der Breite ist es das größte A. der römischen Welt. Die Außenwände sind mit Travertin verkleidet. Die drei unteren Geschosse bestehen aus Arkaden und Halbsäulen im dorischen, ionischen und korinthischen Stil (von unten nach oben). Das vierte, arkadenlose Geschoß ist mit korinthischen Pilastern geschmückt. Die 80 Arkaden des Untergeschosses dienten als Eingänge. Zahlreiche Treppenaufgänge ermöglichten so einen reibungslosen Ein- und Austritt der Zuschauer zu den fünf Rängen. Auf dem obersten Mauerring konnte an 240 Masten ein riesiges Zeltdach als Sonnen- und Regenschutz angebracht werden. Unter der 86 x 54 m großen hölzernen Arena befanden sich Raubtierkäfige, Gladiatorenräume, Kammern für Geräte und Waffen, sanitäre Anlagen und Hebemaschinen. Das A. faßte, je nach Berechnung der Gesamtlänge der Sitzstufen, zwischen 40 000 und 70 000 Zuschauer. → Rom.

Literatur: Anfiteatro Flavio. Immagine, Testimonianze, Spettacoli. Rom 1988.

Amphora (griech.; auch Amphore). Zweihenkliges bauchiges Vorratsgefäß für Öl, Wein, Fisch, Getreide usw. Im sakralen Bereich auch Verwendung als Aschenurne. Typen: Die Henkel der *Bauchhenkel-A.* sitzen waagerecht am Bauch, die der Hals-A. verlaufen parallel zum Hals, die *Bauch-A.* hat keinen abgesetzten Hals, die *Spitz-A.* hat keinen Fuß und war somit durch ihre leichte Stapelbarkeit das wichtigste Transportgefäß. Abb. S. 510.

Amphoriskos (griech.). Bezeichnung für einen kleinen Krug.

Anaktoron (griech. anax, Herrscher). Urspr. Bezeichnung für eine Herrscherwohnung, später der als Allerheiligstes dienende Raum in den Mysterientempeln.

Anaktoron, Samothrake. Den nördlichen Bereich des Osthügels des Heiligtums nahm ein rechteckiger, 28,7 x 13,3 m großer Hallenbau ein, der bereits von seinem Ausgräber K. Lehmann-Hartleben als A. erkannt wurde. Der Bau stammt aus dem frühen 1. Jh. n. Chr. und ruht auf den Fundamenten eines frühhellenistischen Vorgängerbaus. Drei Türen in der Südwestwand und eine dreistufige Treppe im Inneren ermöglichten den Eintritt. Vor den Längswänden standen acht Wandpfeiler, auf denen die tragenden Holzbalken für den hölzernen Dachstuhl auflagen. Entlang der nordöstlichen Wand liefen zweistufige Holzpodien, auf denen Nichteingeweihte an dem Kultgeschehen teilnehmen konnten. Laut einer Inschrift war ihnen untersagt, das Adyton, einen kleinen Raum im nordwestlichen Bereich des A., zu betreten. Das Gebäude unterlag mehreren Restaurierungsphasen, bis es in frühchristlicher Zeit nur noch als Lagerstätte für Marmorbruchstücke diente und kurze Zeit später durch ein Erdbeben ganz zerstört wurde. → Samothrake.

Anastilosis (griech.). Wiederaufstellung antiker Gebäude unter größtmöglicher Vermeidung moderner Ergänzungen.

Andrae, Walter. Am 18.2.1875 wurde A. in Anger bei Leipzig geboren. Nach dem Architekturstudium ging er als Mitarbeiter R. → Koldeweys nach Babylon und grub von 1903 bis 1914 zusammen mit J. Jordan und anderen Assur, die erste Hauptstadt des assyrischen Reiches, aus. 1921 wurde A. Kustos der Vorderasiatischen Abteilung der Staatlichen Museen in Berlin. Seit 1923 lehrte er Baugeschichte an der Technischen Hochschule Berlin, 1928 wurde er zum Direktor der Vorderasiatischen Abteilung berufen. A. starb am 28.7.1956 in Berlin.

Hauptwerke: Hatra. Nach Aufnahmen von Mitgliedern der Assur-Expedition der Deutschen Orient-Gesellschaft. 2 Bde. Leipzig 1908–1912; Das Festungswerk von Assur. Leipzig 1913; Das wiedererstandene Assur. Leipzig 1938; Babylon. Die versunkene Weltstadt und ihr Ausgräber Robert Koldewey. Berlin 1952; K. Bittel und E. Heinrich (Hrsg.): Lebenserinnerungen eines Ausgräbers. Berlin 1961.

Andron (griech.). Speise- und Gesellschaftsraum der Männer im griechischen Wohnhaus.

Ankyra (Ankara). In Galatien gelegen, seit 1923 Hauptstadt der Türkei.

Geschichte: Besiedlungsspuren im Gebiet von A. sind bereits aus prähistorischer Zeit bekannt. Auch die Hethiter hatten hier kleinere Ortschaften, aber Bedeutung erlangte die Stadt erst unter den Phrygern (12.–6. Jh. v. Chr.). Aus dieser Zeit ist ein großes Gräberfeld bekannt. Eine Stadt namens A. wird erstmals im 6. Jh. v. Chr. als Station der berühmten persischen Königsstraße von Susa nach Sardes erwähnt. 334 v. Chr. besiegte Alexander der Große am Granikos die Perser und befreite A. von der über 200 Jahre währenden Herrschaft der Achämeniden. Im 3. Jh. v. Chr. zogen die von den Pergamenern besiegten Galater in diesen Landstrich und gründeten dort den Galatischen Bund. Einer der drei Galatastämme, die Tektosagen, bestimmte A. zu seiner Hauptstadt und gab ihr den Namen Galatia. Im 2. Jh. v. Chr. kam die Stadt unter römischen Einfluß. 25 v. Chr. wurde Galatien zur römischen Provinz erklärt. In der römischen Kaiserzeit entwickelte sich A. zu einer großen blühenden Stadt. In byzantinischer Zeit setzte sich die Aufwärtsentwicklung der Stadt fort, bis 554 die Araber kamen.

Forschungsgeschichte: 1926 stießen Arbeiter beim Bau des neuen Verteidigungsministeriums auf Mauerteile römischer Thermen. 1931 fand man die Fundamente der Palästra, woraufhin der deutsche Archäologe H.H. von der Osten und sein türkischer Kollege R.O. Arik von 1937 bis 1941 im Auftrag der Universität Ankara Ausgrabungen durchführten. Der Zitadellenhügel konnte wegen seiner dichten Bebauung bisher noch kaum untersucht werden.

Archäologische Stätte: Der *Tempel für Augustus und Roma* wurde wahrscheinlich im späten 1. Jh. v. Chr., kurz nach der Ernennung Galatiens zur römischen Provinz errichtet. Seine Ausrichtung nach Westen läßt vermuten, daß er den Platz eines älteren Heiligtums für Kybele einnahm (→ Neokorietempel, Ankyra).

Die 14,5 m hohe *Julianssäule* wurde zu Ehren des römischen Kaisers Julian (Julianus Apostata) errichtet, der im Jahre 362 n. Chr. die Stadt besuchte. Die Säule aus 15 horizontal geriffelten Trommeln erhebt sich auf einem quadratischen Sockel und wird von einem byzantinischen Kapitell gekrönt.

Die römischen *Thermen* stammen vermutlich aus der ersten Hälfte des 3. Jh. n. Chr. Das Untergeschoß der spiegelsymmetrischen Badeanlage ist noch relativ gut erhalten und hat zehn Räume, darunter ein Apodyterium (Umkleideraum), ein Caldarium (Warmwasserbad) auf Hypokausten, ein Tepidarium (lauwarmes Bad) ebenfalls auf Hypokausten und ein Frigidarium (Kaltwasserbad). Die Thermen waren Asklepios geweiht. An die Thermen schloß sich eine von Säulenhallen umgebene Palästra (Sportstätte) aus dem 2. Jh. n. Chr. an, die mit einer Piscina (Schwimmhalle) verbunden war. Von diesen Bauwerken sind nur noch die Fundamente erhalten.

Literatur: E. Bosch: Quellen zur Geschichte der Stadt Ankara im Altertum. Ankara 1967.

Antakya. → Antiocheia am Orontes.

Ante (lat.). Ursprünglich die Holzverkleidung, die die Vorraumwände des altgriechischen Wohnhauses (Megaron) vor Witterungseinflüssen schützen sollte. Später ging die Bezeichnung auf die vorgezogenen Seitenwände der → Cella über.

Antecella (lat.). Verbindungsraum zwischen Hof und → Cella in vielen Heiligtümern, vor allem Mesopotamiens.

Antefix (lat.). Der mit plastischem oder gemaltem Dekor verzierte Randziegel an Dächern in der griechischen, etruskischen und römischen Baukunst.

Antentempel. Form frühgriechischer Tempel, die dem mykenischen Wohnhaus (Megaron) nachgebildet ist. Die Seitenwände des Hauptraumes sind vorgezogen und bilden eine Vorhalle, deren Dach von Säulen gestützt wird. Beim Doppela. sind Vorder- und Rückfront mit Anten versehen. Abb. S.x.

Anthemion (griech.). Ornamentfries der griechischen Baukunst, aus Palmetten und Lotosblüten über einer Rankenkette gebildet.

anthropomorph (griech.). In der Gestalt eines Menschen, z.B. eine a. Stele.

Antiocheia am Orontes (Antakya). Residenzstadt der Seleukiden. Unter den Römern wurde A. Hauptstadt der Provinz Syria und konnte an Bedeutung und Pracht bald mit den Weltstädten Alexandria und Rom wetteifern. Sie beherbergte die erste Christengemeinde außerhalb Palästinas.

Antiocheia am Orontes

Geschichte: 301 v. Chr. gründete der Diadoche Seleukos I. Nikator (etwa 358–280 v. Chr.) am linken Ufer des Orontes die Stadt A. Unmittelbar davor hatte Seleukos gemeinsam mit Lysimachos bei Ipsos das Heer des Antigonos vernichtet, was die endgültige Aufteilung des alexandrinischen Weltreiches unter den Diadochen zur Folge hatte. Der Herrschaftsbereich des Seleukos umfaßte Syrien, Mesopotamien, Iran sowie die kleinasiatischen Gebiete Großphrygien, Kommagene und Kilikien. A. wurde Hauptstadt des Seleukidenreiches. Als Seleukos 281 v. Chr. seinen westlichen Nachbarn Lysimachos besiegte und damit wesentliche Teile von dessen Reich annektierte, stieg A. zu einer blühenden Metropole auf. Mit seinem Hafen Seleukeia wurde die Stadt zum Haupthandelszentrum zwischen Orient und Okzident. In dem 9 km entfernten Daphne (heute Harbiye) schuf Seleukos I. ein einzigartiges Kulturzentrum. Als der Seleukidenherrscher Antiochos III. der Große (222–187 v. Chr.) 190 v. Chr. in der Schlacht bei Magnesia am Sipylos den Römern unter Scipio unterlag, begann der Verfall des Reiches. Dennoch wuchs A. mehr und mehr. Im 2. Jh. v. Chr. hatte die Stadt bereits 500000 Einwohner: Griechen, Makedonier, Syrer, Armenier, Juden usw. Antiochos IV. (175–164 v. Chr.) erweiterte A. um einen vierten Stadtteil. Alle Stadtteile waren von einer Mauer umgeben, und eine große Hauptmauer umschloß die gesamte Tetrapolis (Viererstadt) nochmals. In Daphne gab es inzwischen zahlreiche Tempel für Apollon, Zeus, Artemis, Aphrodite, Isis und andere Gottheiten, die Orakelstätte war im ganzen Orient berühmt. Jeder Bewohner von A., der es sich leisten konnte, hatte in Daphne ein Landhaus. Im Stadion fanden neben sportlichen Wettkämpfen auch Theater- und Musikwettbewerbe statt. Kunst und Wissenschaft blühten. Je mehr das Reich zerfiel, desto üppiger und ausschweifender wurde das Leben in der Hauptstadt und vor allem in Daphne. 83 v. Chr. besetzte der armenische König Tigranes der Große (95–54 v. Chr.) A. 64 v. Chr. erklärte Pompejus die Reste des Seleukidenreiches zur römischen Provinz Syria. A. blieb weitgehend selbständig und behielt seine Bedeutung als Zentrum von Handel, Kunst und Wissenschaft. Jüdische Flüchtlinge brachten schon kurz nach Christi Tod die neue Religion nach A. Hier wirkten die Apostel Paulus und Petrus, und hier wurde erstmals der Name »Christen« (Christianoi) gebraucht. 260 n. Chr. plünderten die Perser A. und verschleppten die meisten seiner Bewohner. Der römische Kaiser Diokletian (284–305) verfolgte die Christen der Stadt und ließ ihre Kirchen zerstören. Konstantin der Große (306–337) baute sie wieder auf. Nachdem er 330 seine Residenz nach Byzanz verlegt hatte, betrieben die Patriarchen von A. die Loslösung ihrer Kirche von Rom. 526 zerstörte ein heftiges Erdbeben die Stadt. 538 kamen erneut die Perser. Nach ihrer Befreiung durch Kaiser Justinian I. (527–565) hieß die Stadt Theoupolis (Gottesstadt).

Archäologische Stätte: A. wurde etliche Male durch Erdbeben und Kriegseinwirkungen zerstört, so daß kaum mehr sehenswerte Ruinen erhalten sind. Außerdem ist heute der interessanteste Teil der Stadt, das Ostufer des antiken Orontes und die Flußinsel, wieder dicht bebaut. Nur hin und wie-

der gelingt es den Archäologen, eine Baustelle für einen kurzen Blick in die Vergangenheit zu nutzen. So fand man unter einigen Gassen die einst 6 km lange *Hauptstraße* aus dem 2. Jh. n. Chr. Diese Straße war 9 m breit und von Säulengängen eingefaßt. Die vierbogige *Brücke* über den Orontes entstand unter Kaiser Diokletian (284–305). Der *Aquädukt* wurde unter Kaiser Trajan (98–117) erbaut. Von der *Stadtmauer* des Justinian (527–565) sind nur noch geringe Reste auf den Höhen des Mons Silpius (heute Habib Neccar) vorhanden. Sie war aus Kalkstein und soll so breit gewesen sein, daß auf ihr Vierergespanne fahren konnten. 360 bis zu 25 m hohe Türme sollen einst die Mauer verstärkt haben. Von der Hafenstadt *Seleukeia*, 300 v. Chr. ebenfalls von Seleukos I. gegründet, und heute ein beliebtes Seebad, sind u.a. noch Teile der antiken Molen des inzwischen verlandeten Hafens, die Stadtmauer, ein Nymphäum und ein Aquädukt zu erkennen. Interessant ist der 1100 m lange *Felsenkanal*, der unter Kaiser Vespasian (69–79) angelegt wurde und der Ableitung eines Wildbaches diente, um Überschwemmungen der Hafenstadt zu vermeiden. Zwei Tunnel, der eine davon 130 m lang und 7 m hoch, mußten dazu aus dem Felsen gebrochen werden. Mit einem Stauwerk im Wildbach konnte die Ableitung reguliert werden.
Vom antiken *Kulturzentrum Daphne* sind lediglich einige Säulenschäfte und Mauerstücke übriggeblieben. Ein reizvoller Hain mit Lorbeerbäumen, Eichen und Zypressen inmitten von plätschernden Kaskaden erinnert an Apollon, der einst die schöne Nymphe Daphne bis hierher verfolgt haben soll. Daphne bat Zeus, sie in einen Lorbeerbaum zu verwandeln. Der Göttervater entsprach ihrer Bitte und tröstete Apollon mit dem Versprechen, ihm einen Tempel zu bauen. Mit dem Vordringen des Christentums verfiel der von Seleukos Nikator erbaute Tempel. Der »Ketzerkaiser« Julianus Apostata (361–363) restaurierte ihn wieder. Doch kurz danach brannte das Apollon-Heiligtum vollständig ab.

Literatur: G. Downey: A History of Antioch in Syria. Princeton, N. J. 1961; S. Campbell: The Mosaics of Antioch. Toronto 1988.

Anulus (meist im Pl. Anuli, lat. kleine Ringe). Die drei oder vier flachen Ringe unter dem → Echinus des dorischen Kapitells. → Dorische Ordnung.

Äoler. Griechischer Volksstamm, der in Thessalien, Böotien und auf der Peloponnes beheimatet war und vor den eindringenden Doriern auf die Inseln Lesbos und Tenedos sowie nach Nordwestkleinasien (Äolis) auswich. Hier gründeten die A. zwischen 1100 und 700 v. Chr. rund 30 Städte, deren bedeutendste Kyme und Smyrna waren.

Apadana. Repräsentationsbau, Audienzhalle des altpersischen Palastes.

Apadana, Persepolis. Die Audienzhalle wurde unter Dareios (522–486) begonnen und unter Xerxes (486–465) vollendet. Der quadratische Mittelsaal mit 6 x 6 steinernen Säulen hat eine Seitenlänge von etwa 60,5 m. Im Norden, Osten und Westen des Mittelsaales waren offene Vorhallen mit je 2 x 6 Säulen vorgelagert, die seitliche Türme flankierten. Die Konstruktion einer flachen Decke über dem weiten Mittelsaal wurde durch die Verwendung von drei nebeneinanderliegenden und damit besonders belastbaren tragenden Holzbalken möglich. Diese ruhten auf speziell konstruierten Sattelkapitellen, in deren Sattel ein Querholz eingelegt war. Geschmückt waren die Kapitelle mit Tierprotomen (Verzierungen in Form von Tierköpfen). Im Süden schlossen sich Nebenräume an. Zu der nördlichen und östlichen Vorhalle führen breite Treppen, deren Randmauern mit einzigartigen Flachreliefs geschmückt sind. Die Reliefs stellen die »Unsterblichen« (Soldaten der königlichen Leibgarde) und lange Züge von Tributpflichtigen dar. → Persepolis. Abb. S. 343.

Aphrodisias. In Karien (Kleinasien) auf den westlichen Ausläufern des Salbakosgebirges gelegen, berühmt durch sein Aphrodite-Heiligtum.

Geschichte: Siedlungsfunde reichen bis in das späte 3. Jt. v. Chr. zurück. Aber erst in römischer Zeit trat A. in den Kreis der bedeutenden Städte Kleinasiens. Vor allem als Zentrum eines Aphrodite-Kultes, aber auch wegen ihrer Treue zu Rom, stand die Stadt unter dem besonderen Schutz von Sulla, Caesar und Augustus. Alle drei Herrscher bestätigten das Asylrecht des Heiligtums und garantierten der Stadt eine gewisse Unabhängigkeit. Durch seine besondere Stellung innerhalb des römischen Imperiums kam A. im 1. und 2. Jh. n. Chr. zu großem Wohlstand. Marmorsteinbrüche und eine berühmte Bildhauerschule trugen zu seiner kulturellen Blüte bei.

Dem Aphrodite-Kult ist es zuzuschreiben, daß sich das Christentum hier erst sehr spät durchsetzen konnte. Die Byzantiner änderten den Stadtnamen in Stavropolis (Stadt des Kreuzes) und bauten den Tempel der Aphrodite in eine Kirche um. Die regionale Bedeutung der Stadt hielt sich noch bis ins 7. Jh.

Forschungsgeschichte: In den Jahren 1904/05 begann der französische Ingenieur P. Gaudin mit ersten Grabungen im Bereich der antiken Stadt. 1913 folgte sein Landsmann A. Boulanger. 1937/38 setzte der italienische Archäologe G. Jacopi die Arbeit seiner Vorgänger fort. Seit 1961 befassen sich der türkische Wissenschaftler K.T. Erim († 1990) und R.R.R. Smith von der Universität New York mit archäologischen Untersuchungen. Fundstücke aus A. befinden sich im örtlichen Museum und im Archäologischen Museum von Istanbul.

Archäologische Stätte: Die ältesten Siedlungsspuren von A. fanden sich auf dem 24 m hohen sog. Theaterhügel, der einzigen Erhebung im Stadtgebiet. In die östliche Seite des Hügels wurde in hellenistischer Zeit das *Theater* eingebettet. Die oberen nicht mehr erhaltenen Sitzreihen lagen auf Gewölbekonstruktionen. An der Theaterarchitektur können mehrere Umbauphasen abgelesen werden. So wurde z.B. im 2. Jh. n. Chr. die Orchestra für Tierhetzen und Gladiatorenkämpfe deutlich vertieft. In die Nordmauer des Szenengebäudes meißelten die Aphrodisier im 3. Jh. n. Chr. zahlreiche Dekrete, Gesetze und Briefe aus der Zeit von 39 v. Chr. bis 243 n. Chr. ein. Sie sollten die engen Bindungen der Stadt mit Rom veranschaulichen.

Der *Tempel der Aphrodite* liegt an der Stelle eines älteren Heiligtums aus der zweiten Hälfte des 4. Jh. v. Chr. Im 1. Jh. v. Chr. wurde er als Prostylos mit vier Säulen vor dem Pronaos er-

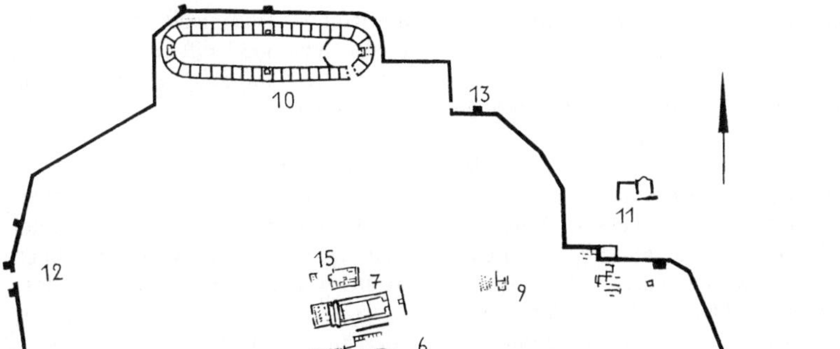

Aphrodisias
1 Theaterthermen 2 Theater 3 Agora 4 Hadriansthermen 5 Kanopus 6 Buleuterion 7 Aphrodite-Tempel 8 Sebasteion 9 Propylon 10 Stadion 11 Nymphäum 13 Westtor 13 Nordosttor 14 Südosttor 15 Nordtemenos

richtet. Später, unter Augustus oder erst unter Hadrian, kam ein Peristyl mit 8 x 13 ionischen Säulen hinzu. Dieses Hauptheiligtum der Stadt war von einer Mauer umgeben, von der nur noch das Propylon erhalten ist. Dieser sog. *Tetrapylon* aus der Mitte des 2.Jh. n. Chr. ist kürzlich wiedererrichtet worden. Er trägt über korinthischen Säulen einen gesprengten Giebel.
Südlich des Aphrodite-Heiligtums wurde im späten 1./2. Jh. n. Chr. ein *Odeion* errichtet. Es war ursprünglich überdacht und bot etwa 1000 Zuschauern Platz. Ein Fußboden aus »opus sectile« (geschnittenen Steinen) schmückt noch heute die Orchestra. Wiederum im Süden schlossen zwei Plätze an, von denen der südlichere mit einem großen Wasserbecken nach einer Weihinschrift *Porticus des Tiberius* genannt wird. Im 2. Jh. n. Chr. begrenzte im Osten ein monumentaler Torbau, der im 5. Jh. zu einem Brun-

nenhaus umgestaltet wurde, im Westen die symmetrische Anlage der Hadriansthermen diesen Platz.
Zwischen 1979 und 1981 ist im Stadtgebiet ein weiterer bedeutender Gebäudekomplex ausgegraben worden: das *Sebasteion* (griech. Sebastos, Augustus), eine Kultstätte zu Ehren der Göttin Aphrodite und des julisch-claudischen Kaiserhauses (von Augustus bis Nero). Durch ein Propylon, dessen Nischen Herrscherstatuen schmückten, betritt man einen Platz, der an beiden Seiten von dreigeschossigen Hallen mit rückwärtigen Kammern begrenzt war. Die Hallenfassaden waren durch Halbsäulen in dorischer, ionischer und korinthischer Ordnung gegliedert. Die Interkolumnien der zwei Obergeschosse trugen Reliefs mit mythologischen Szenen und heroisierende Darstellungen der Kaiserfamilien. Im Osten begrenzte ein Podiumstempel für den Kaiserkult die Anlage.
Das *Stadion* im Norden der Stadt aus dem 1. Jh. n. Chr. ist das besterhaltene in Kleinasien (→ Stadion, Aphrodisias). Die 3,5 km lange Stadtmauer mit zahlreichen Wachtürmen und vier Haupttoren stammt ihren Inschriften zufolge aus dem 4. Jh. n. Chr.

Literatur: K.T. Erim: Aphrodisias. City of Venus Aphrodite. London 1986; Aphrodisias de Carie. Kolloquium Lille1985. Paris 1987; Aphrodisias. La cité de Venus retrouvée. Les dossiers d'archéologie 139 (1989); L. Roueché u. K.T. Erim (Hrsg.): Aphrodisias Papers 1 u. 2. Ann Arbor, Mich. 1990 u. 1991.

Apodyterium (griech., lat.). Umkleideraum in Thermen, Gymnasien und Palästren.

Apollinopolis Magna. → Edfu.

apotropäisch (griech.). Magische, übelabwehrende Kraft enthaltend, z.B. Amulette, Skulpturen an Stadt- und Palasttoren.

Apsidenhaus. Haus, bei dem eine Schmalseite halbkreisförmig erweitert ist. Besonders verbreitet war dieser Haustyp in der frühen und mittleren Bronzezeit im ägäischen Raum, z.B. in Troja (Schicht Ia), Tiryns, Olympia oder auf den Kykladen.

Apsis (griech.). Halbrunder, auch polygonaler, meist halbkugelig überwölbter Raumteil. In römischen Tempeln, Thermen und Basiliken wurden die Apsiden als Nische gestaltet.

Aquädukt (lat. aquae ductus, Wasserleitung). Brückenartige Steinkonstruktion zur Versorgung der Städte mit Trinkwasser über ein natürliches Gefälle. A. erbauten schon die Phönizier und die Griechen; bei den Römern erreichten sie zum Teil Monumentalgröße.

Aquädukt, Byzanz. Kaiser Valens ließ den A. als Verlängerung einer unterirdischen Leitung, die Wasser von Flüssen und Seen außerhalb des Stadtgebietes heranführte, zwischen 368 und 373 n. Chr. errichten. Der fast 1 km lange A. überbrückte das Tal zwischen dem dritten und vierten Hügel der Stadt. Das Wasser floß in zwei Kanälen über eine zum Teil zweigeschossige Bogenarchitektur mit einem Gefälle von 1:1000 in eine große Brunnenanlage beim Forum Tauri. Von dort wurde es zielgerichtet weitergeleitet. → Byzanz.

Literatur: K.O. Dalman: Der Valens-Aquädukt in Konstantinopel. Bamberg 1933.

Aquädukt, Pont du Gard. Der A. über den Gard gehörte zu einer etwa 50 km langen Leitung, die in römischer Zeit von einer Quelle bei Uzès gespeist wurde und das Wasser nach → Nemausus (Nîmes) führte. Der mit Steinplatten bedeckte Kanal ruht auf drei Arkadenreihen, die insgesamt 49 m hoch sind. Die unterste Bogenreihe hat eine Länge von 155 m, ist 6,7 m stark und besteht aus sechs Arkaden. Die mittlere Bogenreihe ist 265 m lang, 5 m stark, 21 m hoch und setzt sich aus elf Arkaden zusammen. Die oberste Bogenreihe schließlich hat eine Länge von 277 m, eine Stärke von 3 m, eine Höhe von 8 m und wird aus 35 Bogen gebildet. Jede Arkadenreihe bildete für sich eine Brücke. Über die 6 m breite untere Brücke konnten Fußgänger den Gardon überqueren. Die Steinquader des A. wiegen bis zu 6 Tonnen und sind ohne Mörtel und Eisenklammern zusammengefügt.

Literatur: R. Chevallier: Römische Provence. Feldmeilen 1979. S. 88 ff.

Aquädukt, Rom. Von den zahlreichen Wasserleitungen, die im Laufe der Jahrhunderte zum Teil auch oberirdisch geführt wurden, ist die Aqua Claudia die längste und aufwendigste Leitung der Stadt. Sie wurde unter Caligula 38 n. Chr. begonnen und 14 Jahre später von Kaiser Claudius fertiggestellt. Vor → Rom verlief sie 10508 m über eine Bogenarchitektur und führte im Südosten in die Stadt. Ihr Wasser wurde in 68681 m Entfernung bei der Via Sublacensis gesammelt. Die Attikainschrift der Porta Maggiore, der heutigen Bezeichnung eines Doppelbogens des A., erwähnt neben dem Erbauer Claudius die Kaiser Vespasian und Titus, die 71 bzw. 81 n. Chr. Restaurierungen an der Leitung vorgenommen haben. Innerhalb der Stadt wurde sie unter den folgenden Kaisern mehrfach erweitert. Die Leitung konnte 184 280 m^3 Wasser täglich bewältigen.

Literatur: T. Ashby: The Aqueducts of Ancient Rome. Oxford 1935; S.I. Frontinius: Wasser für Rom. Die Wasserversorgung durch Aquädukte (übersetzt von M. Hainzmann). Zürich, München 1979.

Aramäer. Semitisches Nomadenvolk aus der arabischen Wüste, das seit dem 12. Jh. v. Chr. in Syrien und Mesopotamien eindrang und dort Stadtstaaten gründete. Die syrischen Staaten wurden im 9. und 8. Jh. v. Chr. von den Assyrern erobert. 626 v. Chr. schuf die A.dynastie der Chaldäer in Mesopotamien das Neubabylonische Reich. Die aramäische Sprache hatte im gesamten Vorderen Orient bis zur arabischen Eroberung im 7. Jh. n. Chr. Bestand.

Ara Pacis Augustae. → Rom.

Arausio (Orange). In der Gallia Narbonensis (Südfrankreich) gelegen.

Geschichte: A. war schon in vorrömischer Zeit vom keltischen Stamm der Kavaren besiedelt. 121 v. Chr. wurde die Siedlung unter dem Namen Arausio römisch. Um 36 v. Chr. erhob Octavian, der spätere Kaiser Augustus, die Stadt zur Colonia und siedelte hier Veteranen seiner 2. Legion an. Offiziell hieß die Stadt nun »Colonia Firma Julia Secundanorum Arausio«.

Archäologische Stätte: Die römische Stadtmauer von A., von der keine sehenswerten Reste mehr vorhanden sind und deren genauer Verlauf bis heute unbekannt ist, umschloß ein Gebiet von etwa 70 ha. Auf Marmortafeln

fand man einen Katasterplan der Colonia aus dem Jahre 77 n. Chr. Das *Theater* entstand zu Beginn der Kaiserzeit und wurde vermutlich im 2. Jh. erneuert (→ Theater, Arausio).
Neben dem Theater erheben sich die spärlichen Ruinen eines *römischen Tempels* unbekannter Bestimmung. Der Tempel bildete den Abschluß eines »Hémicycle«, der als Circus oder als Gymnasium zu deuten wäre.
Der *Triumphbogen* nördlich außerhalb der antiken Stadt verherrlicht u.a. die Siege Caesars über die Gallier im Jahre 49 v. Chr. sowie die Niederschlagung des Gallieraufstandes 21 n. Chr. Drei Bogen mit Kassettenwölbung bilden die Durchgänge. Der Bau ist 19,57 m breit, 8,40 m tief und 19,21 m hoch. Ungewöhnlich ist die Konstruktion mit zwei übereinanderliegenden Attiken. Trotz starker Verwitterung sind die militärischen und nautischen Darstellungen deutlich zu erkennen. Der Bogen dürfte um 26 n. Chr. dem Kaiser Tiberius geweiht worden sein.
Literatur: R. Amy u.a.: L'arc d'Orange. 2 Bde. Paris 1962; A. Piganiol: Les documents cadastraux de la colonie romaine d'Orange. Paris 1963; M.E. Bellet: Orange antique. Monuments et musée. Paris 1991.

archaische Kunst (griech. archaios, alt). Sie umfaßt in der griechischen Kunst den Zeitraum zwischen der geometrischen und der klassischen Periode, also vom 7. Jh. v. Chr. bis etwa um 500 v. Chr. Unter Einfluß orientalischer Vorbilder wird die monumentale Ausbildung von Architektur und Plastik bewältigt. Die plastischen Bildwerke (beliebte Motive: Kuros, Jüngling, und Kore, Mädchen) zeichnen sich durch blockhafte Gebundenheit, Frontalität und Strenge aus, die Malereien durch einen dekorativen, silhouettenhaften Stil.

Archäometrie (griech.). Sammelbezeichnung für naturwissenschaftliche Methoden zur Untersuchung von archäologischen Sachüberresten. Prospektion, Datierung, Herkunftsanalyse und Konservierung stehen dabei im Vordergrund.
Literatur: B. Herrmann (Hrsg.): Archäometrie. Naturwissenschaftliche Analyse von Sachüberresten. Berlin 1994.

Architrav (griech.-lat.; auch Epistyl). Waagrechte Balkenlage aus Stein oder Holz, die den Oberbau z.B. eines Tempels trägt. → Dorische Ordnung, → ionische Ordnung.

Arelate (Arles). Im römischen Gallien, im Mündungsgebiet des Rhodanus (Rhône) gelegen.
Geschichte: Vermutlich war A. mit der Ortschaft Theline identisch, die im 6. Jh. v. Chr. griechische Kolonisten gegründet hatten. Der römische Feldherr Marius (156–86 v. Chr.) ließ von hier aus die Fossae Marianae, einen Schiffahrtskanal, durch das versandete Rhônedelta legen. 58 v. Chr. baute Caesar die Stadt zum Flottenstützpunkt gegen Massilia aus. 46 v. Chr. siedelte er hier Veteranen seiner 6. Legion an und verlieh der Stadt den Rang einer Colonia: Colonia Julia paterna Arelate Sextanorum. A. überflügelte Massilia im Rhône- und Mittelmeerhandel und entwickelte sich zu einer der blühendsten Städte des römischen Gallien. Unter Augustus trug es stolz den Beinamen »Gallula Roma« (das kleine gallische Rom). Konstantin der Große unterhielt in A. eine Münzprägestätte. Diesem Kaiser zu Ehren nahm die

Stadt vorübergehend den Namen Constantina an. Im Jahre 395 n. Chr. verlegte die Prätorianerpräfektur für Gallia, Belgica und Hispaniae ihren Sitz von Augusta Treverorum (Trier) nach A.

Archäologische Stätte: Das gut erhaltene *Amphitheater*, die heutige Stierkampfarena, wurde im späten 1. Jh. n. Chr. erbaut (→ Amphitheater, Arelate). Im Mittelalter verwandelte man das Amphitheater in eine Festung, von der noch drei Türme erhalten sind. Das *Theater* mit einem Durchmesser von 102 m entstand im letzten Drittel des 1. Jh. v. Chr. Auf den 33 Stufenreihen, die durch zwei Umgänge in drei Bereiche unterteilt waren, konnten etwa 10000 Besucher Platz finden. Das Theater diente schon früh als Steinbruch, so daß nur noch die unteren Sitzreihen vorhanden sind. Die halbkreisförmige Orchestra war mit rotem und grünem Marmor ausgelegt.

Unter dem *Forum* befindet sich ein *Kryptoportikus* aus dem 1. Jh. v. Chr. Die U-förmigen Gänge von 89 m Länge und 59 m Breite wurden von 50 Pfeilern gestützt. Sie dienten vermutlich als staatliche Getreidespeicher. Unmittelbar am Ufer der Rhône lagen die *Konstantinsthermen* (4. Jh. n. Chr.) und die *Elysii campi*, die elysischen Gefilde, eine ausgedehnte römische und frühchristliche Begräbnisanlage am Südostrand von Arles.

Literatur: L.A. Constans: Arles Antiques. Paris 1921; J.M. Pouquette u. C. Sintès: Arles antique. Monuments et sites. O.O. 1989.

Argos. Hauptstadt der Landschaft Argolis auf der Peloponnes, zu Füßen des 289 m hohen, steilen Larisa und der 84 m hohen, flachen Aspis (griech. Schild), inmitten einer fruchtbaren, vom Inachos durchzogenen Schwemmlandebene (griech. argos, Ebene) gelegen.

Geschichte: Das Stadtgebiet von A. war schon in vormykenischer Zeit bewohnt. Hier sollen die Pelasger, später die Danaer gesiedelt haben. Im frühen 2. Jt. v. Chr. kamen die Achäer und erbauten auf dem Felsenhügel Larisa eine Burg. Heute erhebt sich dort die mittelalterliche Festung Kastro. Seine erste Blütezeit erlebte A. in der mykenischen Epoche. Im 13. Jh. v. Chr. nahmen die Argiver, die Bewohner von A., unter ihrem Anführer Adrastos am sagenhaften Zug der »Sieben gegen Theben« teil. Gegen 1100 v. Chr. erschienen die Dorier und ließen sich auf dem Aspis-Hügel nieder. Unter der dorischen Dynastie der Temeniden, besonders unter dem Tyrannen Pheidon, der die Spartaner im Jahre 669 v. Chr. bei Hysäa geschlagen hatte, war A. die führende Macht auf der Peloponnes. In den folgenden Jahrhunderten lag die Stadt in ständiger Fehde mit Sparta. Nach der Niederlage bei Sepeia, um 494 v. Chr., mußte A. größere Gebietsverluste hinnehmen. In den Perserkriegen blieb A. neutral, suchte danach aber den Anschluß an Athen. Um 460 v. Chr. siegten die Argiver bei Oinoe über Sparta. 451 v. Chr. schlossen A. und Sparta Frieden. Um diese Zeit schuf Polyklet, neben Myron aus Attika und Phidias aus Athen der größte griechische Bildhauer der klassischen Periode, in A. seine berühmten Werke: den »Doryphoros« (Speerwerfer), den »Diadumenos« (Jüngling, der sich die Siegerbinde um den Kopf legt) und die Goldelfenbeinstatue der Hera im argivischen Heraion. Die Statuen des Polyklet kennen wir leider nur aus römischen Kopien und aus Beschreibungen antiker Schriftsteller wie Plinius d.Ä. (23–79), → Pausanias (2. Jh. n. Chr.) u.a. Aus dem Peloponnesischen Krieg zwischen Sparta und Athen (431–404 v. Chr.) konnte sich A. zunächst heraushalten, ging dann aber im Jahre 420 v. Chr. ein Bündnis mit Athen ein. 418 v. Chr. schlugen die Spartaner bei Mantinea die Athener und Argiver. 395 v.Chr. verbündeten sich die Städte Athen, Korinth, Theben und A. gegen Sparta und konnten diesmal die Spartaner besiegen. 229 v.Chr. trat A. dem Achäischen Bund bei und wurde 146 v.Chr. mit allen griechischen und makedonischen Städten Teil der römischen Provinz Macedonia.

Forschungsgeschichte: 1892 bis 1895 führte die American School of Athens Ausgrabungen im heiligen Bezirk des Heraion (9 km von A. entfernt) durch. Nach dem Zweiten Weltkrieg setzte die École Française d'Athènes die archäologischen Untersuchungen fort. Die wissenschaftliche Erforschung der antiken Stadt lag von Anfang an in den Händen der Französischen Schule von Athen und konzentriert sich heute vor allem auf das Aphrodite-Heiligtum, die Agora und die römischen Thermen.

Das Museum von Argos enthält eine interessante Sammlung von Skulpturen und Gegenständen aus dem 8. bis 6. Jh. v. Chr., darunter den berühmten »homerischen Helm«, Teil einer Bronzerüstung aus dem 7. Jh. v. Chr.

Archäologische Stätte: Die *Agora* von A. stammt aus dem 5. Jh. v. Chr. und wurde in den folgenden Jahrhunderten mehrmals verändert. Noch in byzantinischer Zeit war sie Mittelpunkt des städtischen Lebens. Es sind Reste einer über 100 m langen Säulenhalle und eines Säulensaales (vermutlich das Buleuterion) aus der zweiten Hälfte des 5. Jh. v. Chr. erhalten. Die römischen *Thermen* aus dem 1. Jh. n. Chr. wurden nach der Zerstörung durch die Goten im 4. Jh. wiederhergestellt. Das *Theater* wurde um 350 v. Chr. erbaut und unter Kaiser Hadrian (117–138) erneuert. Bis zu 20 000 Zuschauer konnten in ihm Platz finden. Im 2. Jh. n. Chr. ersetzte ein römischer Backsteinbau mit Marmorverkleidung die griechische Skene. Das römische *Odeion* wurde im 1. Jh. an der Stelle eines aus dem 4. Jh. v. Chr. stammenden Versammlungsbaus errichtet. Auf den geradlinig verlaufenden Sitzstufen des alten Bauwerks könnte die argivische Volksversammlung ihre Beschlüsse gefaßt haben. Unweit des Odeions kamen die Reste des einst riesigen *Aphrodite-Tempels* zum Vorschein. Der Tempel wurde um 430 v. Chr. auf den Fundamenten eines archaischen Heiligtums erbaut.

Die *Akropolis* auf der Larisa konnte noch nicht eingehend untersucht werden. Bisher entdeckte man eine Mauer aus polygonal behauenen Steinen (6. Jh. v. Chr.) und eine Mauer aus Quadergestein (5. Jh. v. Chr.). Auf der *Aspis* kam eine mykenische Nekropole zum Vorschein. Außerdem fand man Reste einer Siedlung aus dem frühen 2. Jt. v. Chr. sowie ein Heiligtum des Apollon und der Athena. 9 km nordöstlich von A. erhebt sich auf einem terrassenförmigen Bergvorsprung am Rande der argivischen Ebene das *Heraion*, das Hauptheiligtum der Göttin Hera (→ Heraion, Argos).

Literatur: H. G. Beyen u. W. Vollgraff: Argos et Sicyone. Den Haag 1947; R. Ginouvès: Le théâtron à gradins droits et l'odéon. Études Péloponnésiennes. Bd. VI. Paris 1972; R.A. Tomlinson: Argos and the Argolid. London 1972.

Arkade (von lat. arcus, Bogen). Ein auf Säulen oder Pfeilern ruhender Bogen, auch Bezeichnung für den Bogengang. Besonders beliebt in der römischen Baukunst. Die Bogenreihe wird auch Arkatur genannt.

Arkosol (von lat. arcus, Bogen; solium, Sarkophag). Grab in einer bogenförmig überwölbten Nische, vor allem in Katakomben und Felsgräbern.

Arles. → Arelate.

Artefakt (lat.). Allgemein jeder vom Menschen geschaffene Gegenstand, archäologisch ein Werkzeug aus vorgeschichtlicher Zeit, das eine menschliche Bearbeitung erkennen läßt.

Aryballos (griech.). Kugelförmiges Salbgefäß mit kurzem, engem Hals, scheibenförmigem Mündungsrand und Henkel zur Befestigung eines Tragbandes, hergestellt aus Ton, Fayence oder Bronze. Der A. wurde von Athleten am Handgelenk getragen. Abb. S. 510.

Asklepieion (griech.). Kultstätte des griechischen Heilgottes Asklepios (lat. Aesculapius). Zunächst nur als Heros in Trikka (Thessalien) verehrt, erlangte Asklepios als Gott der Heilkunst am Ende des 5. Jh. v. Chr. in der gesamten griechischen Welt große Bedeutung. Das Zentrum seines Kultes lag in Epidauros. Von hier wurden zahlreiche Tochterheiligtümer, z.B. in Athen und Pergamon, gegründet. Auch die Römer führten anläßlich einer Epidemie 293 v. Chr. den Kult des Asklepios von Epidauros ein. Die Heilkunst basierte auf der Inkubation, dem heilbringenden Schlaf im Heiligtum des Gottes, und auf therapeutischen Methoden wie Diäten, Bädern und Gymnastik. Später wurden auch chirurgische Eingriffe vorgenommen. Noch bis ins 5. Jh. n. Chr., als sich das Christentum längst durchgesetzt hatte, lebte der Glaube an die Heilkraft des Gottes Asklepios fort.

Literatur: A. Krug: Heilkunst und Heilkult. Medizin in der Antike. München 1985.

Asklepieion, Athen. Am Südabhang der Akropolis gründete der Privatmann Telemachos anläßlich einer Pestepidemie während des Peloponnesischen Krieges 419/18 v. Chr. auf einer Felsterrasse das A. Aus der Frühzeit des Heiligtums ist nur die *ionische Halle* mit vier gleich großen quadratischen *Bankettträumen* im westlichen Bereich des A. erhalten. Den Ostteil nahmen die eigentlichen Kultbauten ein: ein kleiner *Prostylos für Asklepios und Hygieia* und die zweistöckige dorische Inkubationshalle, auch *Abaton* genannt (für Unbefugte verboten). Sie umschloß eine Quelle im Fels und einen heiligen Bothros (griech. Grube), der mit einem Baldachin überdeckt war und wahrscheinlich dem Heroenkult diente. Abgesehen von späteren Restaurierungen stammen diese Gebäude aus dem 4. Jh. v. Chr. In römischer Zeit wurde ergänzend eine *Stoa* am Südrand des Bezirks errichtet und unter Augustus das korinthische *Propylon* vollkommen neu gestaltet. Das A. war fast 1000 Jahre bis zum Ende des 5. Jh. n.Chr. in Betrieb. 1876 wurde es von der Griechischen Archäologischen Gesellschaft unter S. Koumanoudis ausgegraben. → Athen.

Literatur: J. Travlos: Bildlexikon zur Topographie des antiken Athen. Tübingen

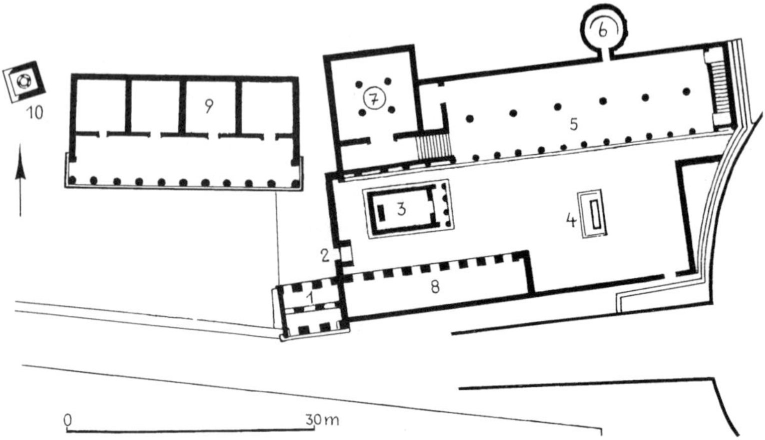

Athen: Asklepieion
1 Propylon 2 Pforte 3 Asklepios-Tempel 4 Altar 5 Abaton 6 Halirhotios-Quelle 7 Bothros (Opfergrube) 8 römische Halle 9 Bankettträume 10 Quelle

1971. S.127 ff.; S.B. Aleshire: The Athenian Asklepieion. The People, their Dedications and the Inventories. Amsterdam 1989.

Asklepieion, Epidauros. In der Argolis (Peloponnes), etwa 9 km südwestlich der alten Stadt → Epidauros, lag in einer Ebene am Fuß des Kynortion der berühmteste Kurort der Antike.
Geschichte: Das A. wurde frühestens am Ende des 6. Jh. v. Chr. in der Nähe eines älteren Heiligtums für Apollon Maleatas gegründet. Im ausgehenden 5. Jh. gewann es an Ansehen und erreichte im 4. Jh. mit einem ausgedehnten Heil- und Kurbetrieb sowie mit zahlreichen Prachtbauten seinen Höhepunkt. Athletische und musische Festspiele, die Asklepieia, fanden alle vier Jahre statt. Im 1. Jh. fiel das Heiligtum zwei Plünderungen anheim, zuerst durch Sulla (87 v. Chr.), später durch Piraten (67 v. Chr.). Neuen Aufschwung erlebte das A. im 2. Jh. n. Chr. durch eine großzügige Stiftung des Senators Sextus Iulius Maior Antoninus Pythorus aus Nysa in Kleinasien, bis es 395 n. Chr. erneut einer Plünderung ausgesetzt war, diesmal durch die Goten. Der Sieg des Christentums über die heidnischen Götter führte Mitte des 5. Jh. zur Schließung des Heiligtums.
Forschungsgeschichte: Zwischen 1881 und 1928 führte der griechische Archäologe P. Kavvadias im Auftrag der Archäologischen Gesellschaft von Athen umfangreiche Grabungen im Bereich des Heiligtums durch. J. Papadimitriou setzte die Erforschung des A. fort und untersuchte 1946 auch den nahe gelegenen archaischen Tempel des Apollon Maleatas. In den letzten Jahren erfolgten Nachgrabungen und Restaurierungsarbeiten durch griechische Archäologen.

Archäologische Stätte: Das A. war nie mit einer Mauer umgeben, lediglich Grenzsteine markierten den heiligen Bezirk. Der Heilsuchende trat durch ein monumentales Propylon ein. Inmitten zahlreicher Prachtbauten stand der *Tempel des Asklepios*, ein kleiner Peripteros ohne Opisthodomos von 12,03 x 23,28 m Fläche mit je elf dorischen Säulen auf den Langseiten

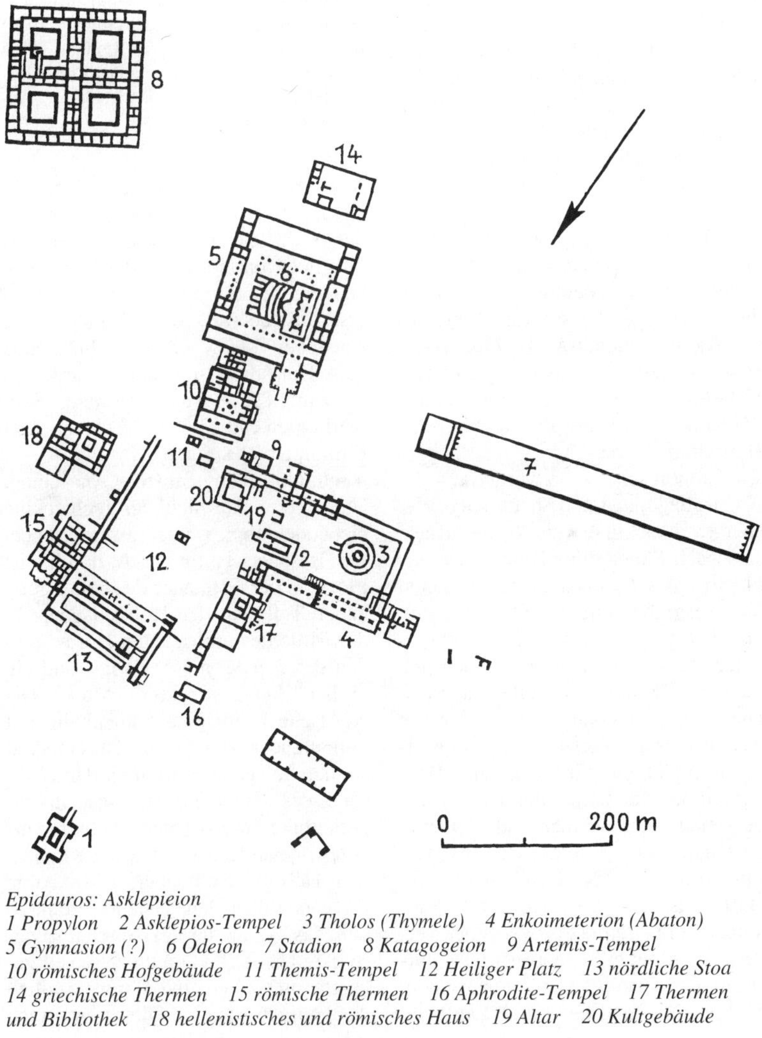

Epidauros: Asklepieion
1 Propylon 2 Asklepios-Tempel 3 Tholos (Thymele) 4 Enkoimeterion (Abaton) 5 Gymnasion (?) 6 Odeion 7 Stadion 8 Katagogeion 9 Artemis-Tempel 10 römisches Hofgebäude 11 Themis-Tempel 12 Heiliger Platz 13 nördliche Stoa 14 griechische Thermen 15 römische Thermen 16 Aphrodite-Tempel 17 Thermen und Bibliothek 18 hellenistisches und römisches Haus 19 Altar 20 Kultgebäude

und je sechs auf den Schmalseiten. Als Architekt des im frühen 4. Jh. v. Chr. erbauten Tempels wird Theodotos genannt, die Akrotere des Westgiebels fertigte → Timotheos an, der später auch am Mausoleum von Halikarnassos mitarbeitete. Das Kultbild, eine Statue aus Gold und Elfenbein nach dem Vorbild des Zeus von Olympia, schuf der Bildhauer Thrasymedes aus Paros. Dieser reich mit Skulpturenschmuck ausgestattete Tempel trug im Ostgiebel wahrscheinlich eine → Iliupersis, im Westgiebel eine Amazonomachie.

Die *Tholos*, auch Thymele genannt, ist ein Rundbau aus dem 4. Jh. v. Chr. mit unbekannter Bedeutung. Vielleicht diente sie als Heroon für Asklepios (→ Tholos, Epidauros). Im *Enkoimeterion* (Schlafhalle), auch Abaton (für Unbefugte verboten) genannt, wurden die Kranken von den Priestern auf den Heilschlaf vorbereitet. Die langgestreckte ionische Halle wurde im 4. Jh. v. Chr. begonnen und später nach Westen zweistöckig erweitert. Sie öffnete sich nach Süden zum Tempel des Asklepios. Als *Gymnasion* bezeichneten die Ausgräber ein 75,36 x 69,54 m großes Gebäude mit Propylon und säulenbestandenem Innenhof, um den sich mehrere Räume und Hallen lagerten. Die langgestreckten Hallen dienten nach neueren Untersuchungen an Festtagen größeren Gruppen als Bankettträume. Das Innere des Hofes wurde unter den Römern als Odeion gestaltet. Das größte Gebäude von Epidauros ist das *Katagogeion*, ein Gästehaus. Um vier Höfe mit Säulengängen waren über zwei Stockwerke je 16 Zimmer angeordnet. Das guterhaltene *Stadion* stammt aus dem 5. Jh. v. Chr. und hatte eine Laufbahn von etwa 180 m Länge. Das hellenistische *Theater* im Südosten des heiligen Bezirks, am Hang des Kynortion, galt bereits im Altertum als das schönste griechische Theater (→ Theater, Epidauros).

Literatur: T. Papadakis: Epidauros, das Heiligtum des Asklepios. München 1971; R.A. Tomlinson: Epidauros. London 1983; N. Yalouris: Die Skulpturen des Asklepiostempels in Epidauros. München 1992. (Antike Plastik, 21).

Asklepieion, Korinth. Der Kult für Asklepios reicht in → Korinth bis in das 5. Jh. v. Chr. zurück. Das Heiligtum liegt am Nordrand der Stadt. Die bedeutenden Baureste stammen jedoch erst aus dem 4. und 3. Jh. v. Chr. Nachdem 146 v. Chr. L. Mummius ganz Korinth zerstört hatte, wurde das A. zum Teil wiederhergestellt. Sein Kurbetrieb endete 396 n. Chr. mit dem Einfall der Westgoten.

Archäologische Stätte: An einem Hang erstreckte sich der rechteckige Gebäudekomplex über zwei Ebenen. Der Besucher betrat das A. durch eine Pforte in der Ostmauer des höher gelegenen Teils mit den Kultgebäuden. In der Mitte des umfriedeten Hofes standen der *Tempel für Asklepios* und ein großer langgestreckter Altar. Die Nordseite nahm eine Säulenhalle mit umlaufender Bank ein. Durch zwei seitlich gelegene Pforten an der Westseite des Hofes konnte man in das geräumige *Abaton* (für Unbefugte verboten) gelangen, wo sich die Kranken dem Heilschlaf hingaben. Das Abaton lag genau über dem Geländeabfall, so daß das A. in diesem Bereich zweistöckig ausfiel. In den unteren Teil gelangte man über eine Rampe südlich des heiligen Bezirks. Dieser entsprach

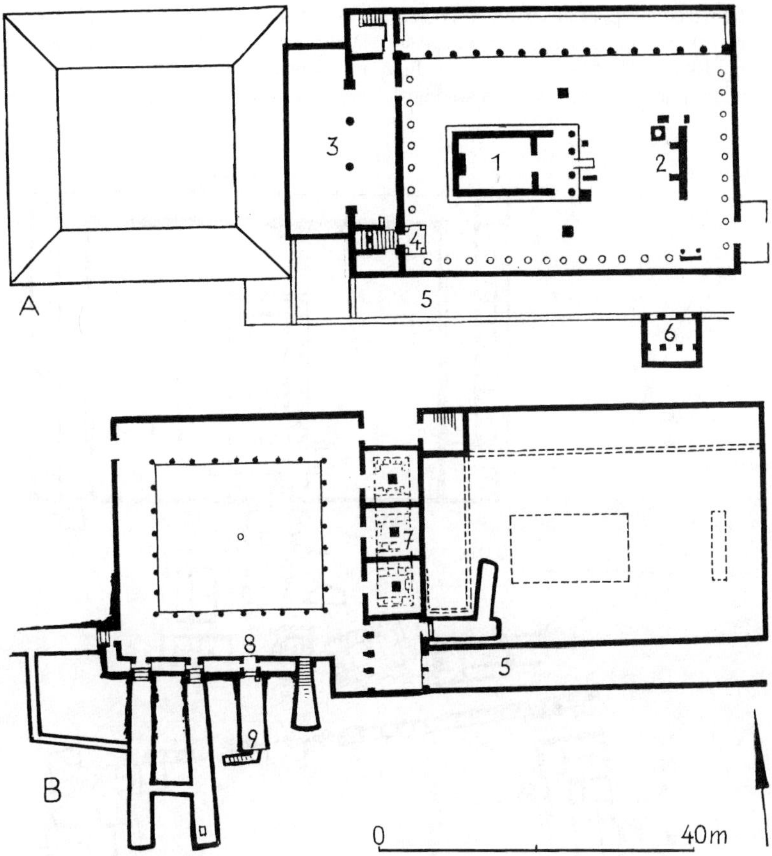

Korinth: Asklepieion
1 Asklepios-Tempel 2 Altar 3 Abaton 4 Wasserbecken 5 Rampe 6 Brunnen 7 Bankettträume 8 Quellhaus der Lerna 9 Reservoirs

der Form eines Peristylhauses: Der Hof war auf allen vier Seiten mit Säulenhallen umgeben, in denen Ruhebänke standen. An der Ostseite, unterhalb des Abatons, schlossen drei quadratische *Bankettträume* an. Im Süden lag das *Quellhaus der Lerna* mit mehreren langgestreckten Wasserreservoirs.

Literatur: M. Lang: Cure and Cult in Ancient Corinth. A Guide to the Asklepieion. Princeton, N. J. 1977.

Asklepieion, Kos. An der Nordostspitze der Insel → Kos etwa 4 km von der 366 v. Chr. neugegründeten Hauptstadt entfernt gelegen. Der einheimische Arzt Hippokrates (um 460–370 v. Chr.) gilt als Zeuge, daß der Asklepioskult auf Kos bis in das 5. Jh. v. Chr. zurückreichte. Spuren sind aus dieser frühen Zeit bisher nicht bekannt. Während des 4. Jh. v. Chr. schuf man mit dem Bau eines Altars in der Nähe von eisen- und schwefelhaltigen Quel-

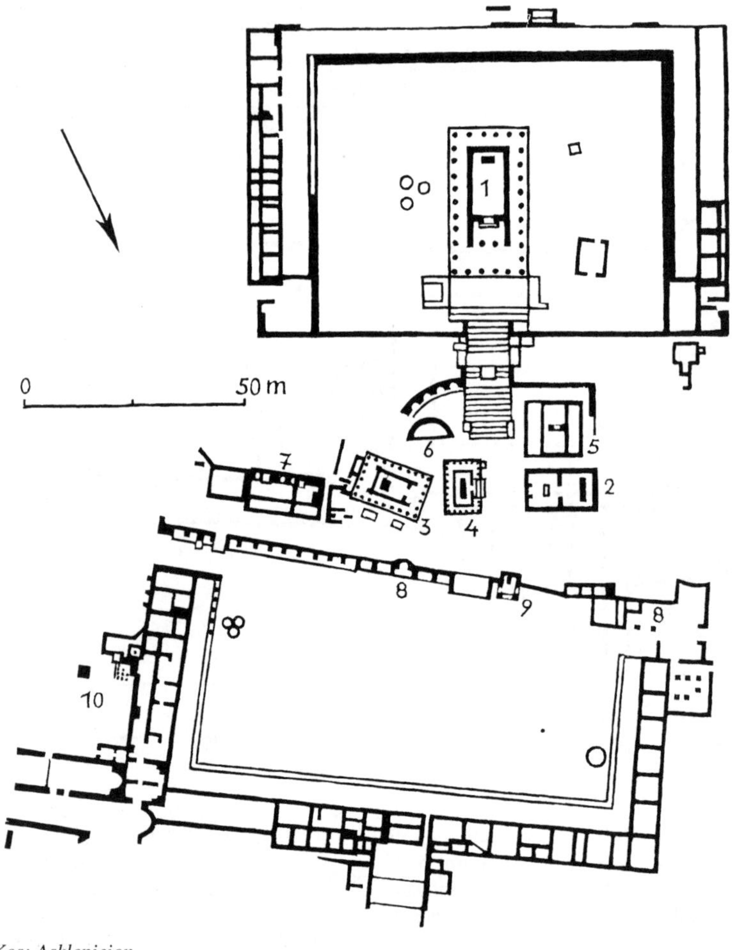

Kos: Asklepieion
1 Tempel A 2 Tempel B 3 Tempel C 4 Altar des Asklepios
5 Gebäude D (»Haus des Priesters«) 6 Exedra 7 Gebäude E (Lesche?)
8 Heilquellen 9 Naiskos 10 Thermen

len im Nordosten der Insel ein Heiligtum für den Gott Asklepios, das sich im 3. und 2. Jh. v. Chr. zu einer monumentalen Terrassenanlage entwickelte.
Forschungsgeschichte: Das A. wurde 1898 bis 1907 im Auftrag des Deutschen Archäologischen Instituts von dem Altphilologen R. Herzog ausgegraben. Nach dem Zweiten Weltkrieg arbeiteten italienische Archäologen auf der Insel.
Archäologische Stätte: Das A. erstreckt sich über drei Terrassen, die durch breite Freitreppen bzw. eine Rampe miteinander verbunden waren. Durch den Eingang im Norden betrat der Besucher einen großen Hof, hinter dessen Säulenhallen sich an drei Seiten Kammern entlangzogen. Das kultische Zentrum mit dem *Altar des Asklepios* aus dem 4. Jh. v. Chr. lag auf der mittleren Terrasse. Hier brachte der Besucher seine Opfer dar und entrichtete eine angemessene Geldspende. Der Altar wurde im 2. Jh. v. Chr. in Anlehnung an die großen Prunkaltäre von Pergamon und Magnesia am Mäander umgestaltet. Ihm gegenüber lag ein ionischer *Antentempel* aus dem frühen 3. Jh. v. Chr., der die Kultbilder für Asklepios und Hygieia bewahrte. Auf der mittleren Terrasse erhob sich ein zweiter Tempel, der wahrscheinlich dem Gott Apollon geweiht war. In römischer Zeit wurde er zu einem korinthischen Ringhallentempel umgebaut. Auf der obersten Terrasse wurde im 2. Jh. v. Chr. ein dorischer *Peripteros* errichtet, der in Form und Säulenzahl dem Tempel des Asklepios in Epidauros glich, aber wesentlich größere Maße hatte. An drei Seiten umgaben ihn dorische Säulenhallen von etwa 6 m Tiefe, hinter denen sich, wie auf der ersten Terrasse, im Osten und Westen Kammern für die Heilsuchenden befanden.

Literatur: R. Herzog u. P. Schatzmann: Kos. Bd. I. Asklepieion. Berlin 1932; G. Gruben: Die Tempel der Griechen. München [4]1986. S. 401 ff.

Asklepieion, Pergamon. Das A. wurde im 4. Jh. v. Chr. außerhalb des antiken Stadtgebiets in einer wasserreichen Talsenke gegründet. Ein niedriger Felsrücken, die sog. *Felsbarre*, bildete den Kern des Heiligtums. Darauf fanden sich Fundamentreste von drei kleinen Kultgebäuden, deren südlicher, ein ionischer Tempel, dem Asklepios Soter (dem Retter) geweiht war. Gleich daneben schlossen die Inkubationsbauten an. Eine *dorische Halle* aus Andesit, die im Westen auf den römischen Bezirk stößt, läßt erkennen, das das A. im 2. Jh. v. Chr. räumlich erheblich ausgeweitet wurde. Zahlreiche *Wohnhäuser*, von denen Reste z.B. unter dem römischen Theater ausgegraben wurden, zeugen von der Bedeutung des A. als Asylstätte seit dem 3. Jh. v. Chr. Nach einem kurzzeitigen Niedergang erlangte das Heiligtum seine höchste Blütezeit im 2. und 3. Jh. n. Chr., als die Kaiser Hadrian (123 und 129) und Caracalla (214) hier zur Kur weilten.
Das kaiserzeitliche A., ein Hof von etwa 120 x 90 m, war an drei Seiten von ionischen Säulenhallen umgeben. Im Westen begrenzten ein monumentales Propylon und der neue *Tempel für Zeus Asklepios Soter* den Bezirk. Letzterer war dem Pantheon in Rom nachgebildet. Die *Bibliothek* in der nordöstlichen Ecke des Heiligtums stiftete eine Pergamenerin namens Flavia Melitine in hadrianischer Zeit. An der Nordseite des A. lag ein *Theater*

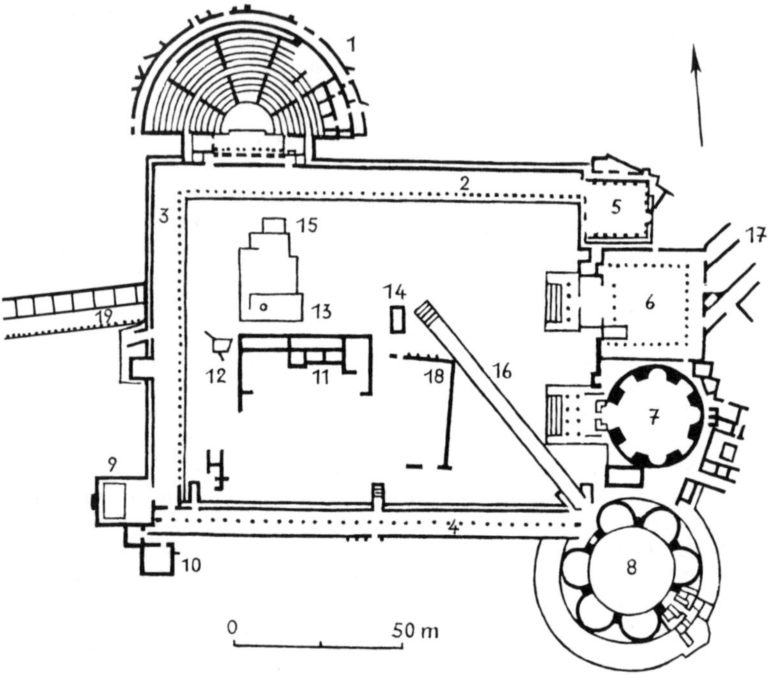

Pergamon: Asklepieion
1 Theater 2 Nordhalle 3 Westhalle 4 Südhalle (unterirdisch) 5 Bibliothek 6 Propylon mit Hof 7 Zeus-Asklepios-Tempel 8 Kurbau (Unterer Rundbau) 9 Westhallensaal 10 Latrine 11 Inkubationsbezirk 12 Brunnen 13 Tempel des Asklepios Soter 14 Heilige Quelle 15 Badebrunnen 16 Heiliger Tunnel (unterirdischer Gang) 17 Heilige Straße 18 hellenistische Mauer 19 Hellenistische Lange Halle

mit zwei Rängen, in dem etwa 3500 Zuschauer Platz fanden. Hier wurden die panegyrischen Reden des Rhetors Aelius Aristides auf die »heiligen Quellen« von → Pergamon erstmals vorgetragen. Eine Säulengalerie bildete den oberen Abschluß des Zuschauerraums. Das Bühnengebäude hatte eine dreistöckige, reich durch Ädikulä und Nischen gegliederte und mit Statuen geschmückte Fassade. In der Südostecke des Heiligtums befanden sich die Latrinen. Etwa um 200 n. Chr. wurde der sog. *Untere Rundbau* errichtet. In ihm wurden wahrscheinlich Schlaf- und Wasserkuren durchgeführt. Er bestand aus einem tonnenüberwölbten Unterbau und einem hohen Aufbau, dessen runder Mittelsaal von sechs Apsiden mit je 11 m Weite umrahmt wurde. Ein unterirdischer Gang führte von diesem

Kurbau bis zur Mitte des Heiligtums in die Nähe der Heiligen Quelle. Das Heiligtum wurde 262 n. Chr. durch ein Erdbeben zerstört, was seinen Niedergang besiegelte.
In Pergamon wirkte der berühmte Arzt und Philosoph Galenos (131–201), später Leibarzt des Kaisers Mark Aurel in Rom. Er lernte bei einem Arzt im A. und erprobte seine medizinischen Fähigkeiten an den Gladiatoren im Amphitheater von Pergamon. Seine Schriften beeinflußten bis ins 16. Jh. die medizinische Wissenschaft.
Literatur: O. Ziegenhaus u. G. de Luca: Das Asklepieion. Altertümer von Pergamon. Bd. XI, 1–4. Berlin 1968–1984; W. Radt: Pergamon. Köln 1988. S. 250 ff.

Askos (griech.). Kleines, schlauchförmiges Gefäß, von dessen enger Mündung ein bügelförmiger Henkel über den flach aufliegenden Körper verläuft. Häufig auch figürlich gebildet, diente der A. wahrscheinlich als Ölfläschchen. Abb. S. 510.

Aspendos. In Pamphylien, an der türkischen Südküste gelegen.
Geschichte: Nach der Überlieferung wurde A. um 1000 v. Chr. von dem griechischen Siedler Mopsos gegründet. Die Lage bot alle Voraussetzungen für eine Stadtgründung: ein Fluß (Eurymedon), der in seinem Unterlauf schiffbar war, ein mächtiger, steiler Tafelberg für den Bau der Akropolis und ringsum fruchtbares Ackerland. A. entwickelte sich zur bedeutendsten Stadt der kleinasiatischen Südküste. 465 v.Chr. besiegte hier der Athener Kimon Flotte und Heer der Perser. Söldner aus A. kämpften auf der Seite der Perser. 333 v.Chr. besetzte Alexander der Große die Stadt. Danach geriet sie abwechselnd unter die Herrschaft

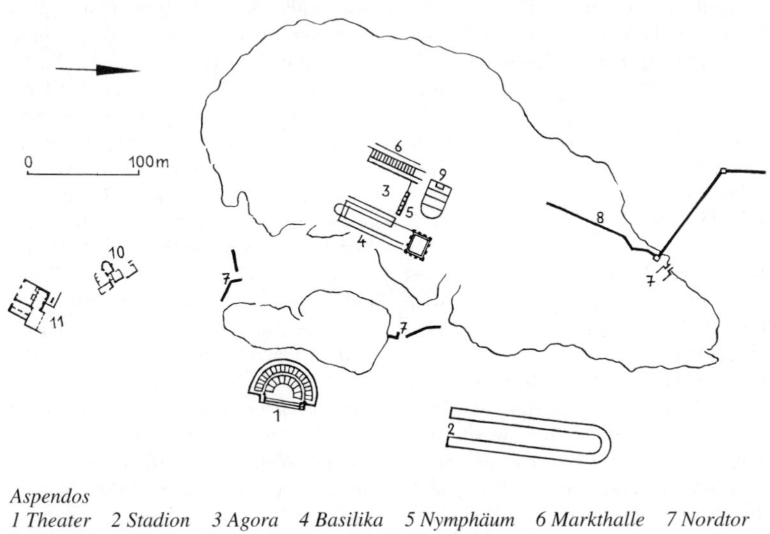

Aspendos
1 Theater 2 Stadion 3 Agora 4 Basilika 5 Nymphäum 6 Markthalle 7 Nordtor 8 Aquädukt 9 Buleuterion 10 Thermen 11 Gymnasion

der Ptolemäer und der Seleukiden. Seit 188 v. Chr. bewahrte A. im Bunde mit Pergamon eine gewisse Unabhängigkeit. Nach dem Tod des letzten Königs von Pergamon fiel die Stadt 133 v. Chr. an die römische Provinz Asia. Unter der Herrschaft der Römer erlebte sie ihre größte Blüte. In spätrömischer Zeit versandete der Hafen; die Stadt verfiel.

Archäologische Stätte: Auf der *Akropolis* von A. fanden sich Reste der *Agorabauten*. Um einen freien Platz reihten sich eine 70 m lange zweistöckige Markthalle, die etwa 105 m lange und 27 m breite Basilika, ein Fassadennymphäum und das Buleuterion. Östlich der Akropolis schmiegt sich ein Theaterbau an den Hang eines kleinen Hügels. Das römische *Theater* stammt aus dem 2. Jh. n. Chr. und ist eines der besterhaltenen Kleinasiens (→ Theater, Aspendos). Nördlich der Akropolis verläuft ein *Aquädukt*, der ein schmales Tal nach dem Prinzip der kommunizierenden Röhren überwand: An beiden Talenden erhebt sich je ein etwa 30 m hoher Wasserturm.

Literatur: H. Lauter: Die hellenistische Agora von Aspendos. In: Bonner Jahrbücher 170 (1970). S. 77 ff.; M.E. Özgür: Aspendos. Istanbul 1988.

Assur. Die zeitweilige Hauptstadt des assyrischen Reiches lag hoch über dem Tigris, auf einem Ausläufer des Dschebel Hamrin.

Geschichte: Erste Siedlungsspuren im Stadtgebiet von A. weisen in das frühe 3. Jt. zurück. Der Name A. wurde erstmals um 2500 v. Chr. erwähnt. Seine Bewohner nannten sich Assyrer. Diese Bezeichnung ging später auf die semitische Bevölkerung des sich allmählich entwickelnden Reiches über. Gegen 2300 umgab der assyrische König Kikkia die Stadt mit einem mächtigen Mauerwall. Kurz nach 2000 lösten sich die Assyrer aus der Abhängigkeit von Babylon. In Kleinasien gründeten sie ein dichtes Netz von Handelsniederlassungen. Šamši Adad I., der zur Zeit des großen babylonischen Königs Hammurabi (1792–1750) in A. residierte, erneuerte die Befestigungsanlagen. Seit dem 14. Jh. v. Chr. verstärkte sich der politische Einfluß der Assyrer im Mittleren Osten. Adadnirari I. (1307–1275) und Šalmanassar I. (1272–1243) machten aus Assyrien eine Großmacht. Šalmanassar I. verlegte die Residenz seines Reiches von A. nach → Kalach. Aber schon sein Nachfolger Tukultininurta I. (1244–1208) kehrte wieder nach A. zurück. Er verstärkte die gefährdete Landmauer durch einen tiefen, breiten Graben, errichtete der Stadtgottheit Aššur als Dank für seinen Sieg über Babylon einen Tempel und erneuerte die uralte Ziqqurrat. Da A. zur Landseite hin trotz Doppelmauer und Graben kaum zu verteidigen war, verlegte Aššurnasirpal II. (884–858) die Residenz seines Reiches nach → Ninive. Trotzdem behielt A. seine Bedeutung als religiöses Zentrum des Reiches. Die Könige Sargon II. (721–705) und Sanherib (705–681) bauten die Tempelanlagen aus. 614 v. Chr. wurde A. von den Medern erobert und zerstört. 140 v. Chr. bauten die Parther die Stadt, die sie Libanae nannten, wieder auf. Sie errichteten Tempel und Paläste und führten die Stadt zu einem gewissen Wohlstand. 116 n. Chr. plünderte sie der römische Kaiser Trajan. 198 n. Chr. brandschatzte Septimius Severus die Stadt, die schließlich

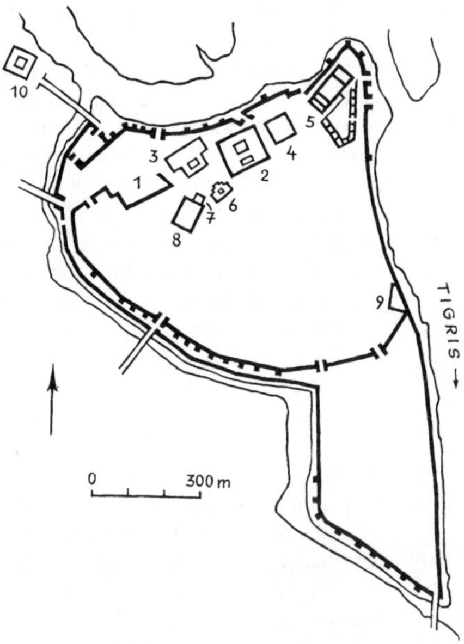

Aššur
1 Neuer Palast
2 Alter Palast
3 Anu-Adad-Tempel
4 Enlil-Aššur-Ziqqurrat
5 Aššur-Tempel
6 Sin-Schamasch-Tempel
7 Ischtar-Tempel
8 Nabû-Tempel
9 Sanherib-Palast
10 Bit Akitu

257 von Schahpur I. vollends zerstört wurde.

Forschungsgeschichte: In den 40er Jahren des 19. Jh. grub A.H. Layard in A. Nach ihm suchte der Franzose V. Place hier nach Antiquitäten für den Louvre. 1852 erschien der Syrer H. Rassam im Auftrag des Britischen Museums, wobei es zu Schießereien zwischen den beiden Ausgrabungsmannschaften kam, bis man sich einigte, daß die Briten am westlichen und die Franzosen am östlichen Hügel graben sollten. 1903–1914 führte die Deutsche Orient-Gesellschaft umfangreiche Ausgrabungen in A. durch, 1903 unter Leitung von R.J. → Koldewey, danach unter W. → Andrae und J. Jordan.

Archäologische Stätte: Die eindrucksvollste Ruine von A. ist die *Ziqqurrat*. Sie diente zunächst der Verehrung des assyrischen Hauptgottes Enlil. Seit dem 13. Jh. v. Chr. war sie dem neuen Hauptgott Aššur geweiht. Der heute stark verfallene Stufenturm hatte einen quadratischen Grundriß von 60 m Seitenlänge. Er bestand aus Lehm und war mit Ziegeln verkleidet. Der *Aššur-Tempel* an der Nordspitze der Stadt stammt aus dem 3. Jt. Er wurde mehrmals umgebaut, vor allem unter den Königen Sargon II. und Sanherib. Im 1. Jh. n. Chr. errichteten die Parther auf den alten Fundamenten einen neuen Tempel. Der *Doppeltempel für Anu und Anad* wurde im 12. Jh. v. Chr. erbaut. Er besaß zwei kleinere dreistöckige Ziqqurrats von je 36,6 x 35,1 m Grundfläche. Šalmanassar III. (858–824) ließ den Tempel erneuern.

Ein zweiter *Doppeltempel* war den Gottheiten *Sin und Schamasch* geweiht. Er entstand im 16. Jh. v. Chr. unter dem König Assurnirari I. Sanherib gestaltete den Tempel vollständig um. Weitere Tempel dienten den Gottheiten Ischtar und Nabû. Vor den Mauern im Nordwesten lag der *Bit Akitu*, ein Festhaus, in dem A. alljährlich im Frühling das Neujahrsfest beging.

Literatur: W. Andrae: Das wiedererstandene Assur. Leipzig 1938; P.A. Milgus: Zur großen Ziqqurrat in Assur. In: Mitteilungen der Deutschen Orient-Gesellschaft zu Berlin 117 (1985). S. 21 ff.; O. Petersén: Archives and Libraries in the City of Assur. Uppsala 1985.

Astragal (griech. Wirbelknochen). Perlstab, architektonisches Schmuckmotiv mit plastischen oder gemalten alternierenden Halbkugeln und Scheibchen, im 7. Jh. v. Chr. in Griechenland aus der altägyptischen und minoisch-mykenischen Vorform des glatten Rundstabs entwickelt.

Athen. Hauptstadt von Griechenland, im Altertum geistiges und künstlerisches Zentrum der griechischen Welt.

Geschichte: Erste Siedlungsspuren um die Wende vom 4. zum 3. Jt. v. Chr. auf dem mächtigen Kalksteinfelsen der Akropolis nachgewiesen; im 17. oder 16. Jh. v. Chr. gründete der sagenhafte schlangenfüßige König Kekrops am Südfuß der Akropolis eine Stadt (Kekropia) und residierte in einem Palast mykenischer Bauart auf der Akropolis. Erechtheus (Erichthonios), einer seiner Nachfolger, begründete den Athena-Kult und errichtete für die Göttin auf der Akropolis einen Tempel. Die Bewohner der Stadt, die Kekropiden, nannten sich daraufhin Athener, ihre Stadt hieß fortan Athen. Der bedeutendste König von A. war Theseus (wohl 16. Jh. v. Chr.), ein Nachfahre des Erechtheus. Er vereinigte die Städte Attikas unter der Zentralgewalt von A.; die Göttin Athena wurde die Schutzgöttin von ganz Attika.

In den folgenden Jahrhunderten entwickelte sich die staatliche Ordnung in A. von der Monarchie zur Aristokratie, der Herrschaft der Großgrundbesitzer. Ein gewählter Archont stand an der Spitze des Stadtstaates. Soziale Unruhen veranlaßten den Archont Solon, 594 v. Chr. eine neue Verfassung einzuführen, die bereits demokratische Grundsätze enthielt. 561 v. Chr. setzte sich Peisistratos, militärischer Oberbefehlshaber von Athen und Anführer der Kleinbauern, an die Spitze des Staates und richtete eine Tyrannis (Alleinherrschaft) ein. Unter ihm und seinen Söhnen Hipparchos und Hippias gelangte Athen zu hoher Blüte. Zahlreiche Tempel und öffentliche Gebäude entstanden; die Tyrannen förderten die Wissenschaften, Kunst und Dichtung. Das Zentrum der Stadt verlagerte sich von der Akropolis, die nunmehr allein kultischen Zwecken diente, in den Bereich der Agora. 507 v. Chr. führte Kleisthenes eine neue demokratische Verfassung ein. Als 499 v. Chr. A. den Aufstand der ionischen Kolonien in Kleinasien gegen die Perser unterstützte, entsandte der Perserkönig Dareios eine Strafexpedition nach A., die jedoch 490 v. Chr. bei Marathon von den Athenern unter Führung des Miltiades zurückgeschlagen wurde. 480 v. Chr. drangen die Perser unter ihrem König Xerxes in Griechenland ein, bezwangen den Engpaß der Thermopylen (Opfer des Spartanerkönigs

Leonidas I.), eroberten Attika und zerstörten das evakuierte A. (→ Perserschutt). Doch bei Salamis gelang es den Athenern, die weit überlegene persische Flotte zu vernichten, und im Jahre darauf besiegten die Griechen unter Spartas Führung bei Plataiai das persische Landheer. Nach dem Abzug der Perser ließ Themistokles um die bisher unbefestigte Stadt eine Mauer ziehen. Unter dem Strategen Kimon griffen die Athener ihrerseits die Perser an. Sie befreiten die Inseln der Ägäis und die griechischen Städte in Kleinasien, die seit 546 v. Chr. unter persischer Oberhoheit gestanden hatten.

477 v. Chr. gründete A. den Attisch-Delischen Seebund, der die befreiten Inseln und Städte zu hohen Beitragszahlungen verpflichtete, während A. ihre Sicherheit garantierte. Unter Perikles (461–429) hatte A. sein »Goldenes Zeitalter«. Die Flotte beherrschte das Mittelmeer von Karthago bis Ägypten sowie das ganze Schwarze Meer. Mit Geldern des Seebundes entstanden die herrlichen Bauten der Akropolis. A. entwickelte sich zum kulturellen Mittelpunkt der griechischen Welt. Zur Sicherung entstanden in 15jähriger Bauzeit die »Langen Mauern«, die die Stadt mit ihrem Hafen → Piräus verbanden. Aber das Perikleische Zeitalter war keine Epoche des Friedens. Immer wieder loderten Kämpfe auf, mit den Persern und mit den Spartanern, die A. eine Großmachtstellung streitig machten. Trotz zahlreicher Niederlagen erreichte Perikles im Kalliasfrieden mit Persien (449 v. Chr.) und im 30jährigen Frieden mit Sparta (445 v. Chr.) die Anerkennung der attischen Seeherrschaft. Der Frieden mit Sparta hielt aber nur 14 Jahre, im Peloponnesischen Krieg (431–404) zerschlugen Sparta und seine Verbündeten den Attisch-Delischen Seebund. A. mußte seine gesamte Flotte bis auf zwölf Schiffe ausliefern, die Langen Mauern wurden geschleift. Zu Beginn des 4. Jh. v. Chr. lehnte sich A. erfolgreich gegen Sparta auf. 394 v. Chr. besiegte es bei Knidos die spartanische Flotte, 390 v. Chr. am Isthmos die spartanische Landstreitmacht. Weitere Kämpfe mit Sparta und sogar mit den eigenen Verbündeten folgten.

357 v. Chr. erschien eine neue Macht in Griechenland: Makedonien. 338 v. Chr. mußte sich A. nach der Schlacht von Chaironeia den Makedoniern unterwerfen. 229 v.Chr. erkaufte sich A. den Abzug der makedonischen Besatzung und war fortan selbständig, aber politisch machtlos. Seit den Makedonischen Kriegen (215–205 und 200–197) stand A. auf der Seite Roms und damit unter dessen Schutz. 146 v. Chr. wurde A. Teil der römischen Provinz Macedonia. Als Mithridates IV., König von Pontos, ein neues griechisches Reich aufzubauen versuchte, fand er auch die Unterstützung von A. Daraufhin besetzten römische Legionen unter Sulla im Jahre 86 v. Chr. die Stadt und plünderten sie. Die Achtung der Römer vor der griechischen Kultur verhinderte den Verfall der Stadt. Unter den römischen Kaisern entfaltete sich eine rege Bautätigkeit. Hadrian (117–138 n. Chr.) ließ einen neuen Stadtteil südöstlich der Akropolis anlegen.

Im Jahre 49 predigte der Apostel Paulus in A. 267 plünderten die keltischen Heruler die Stadt. 396 stand der Westgotenkönig Alarich vor den Toren. 529 schloß Kaiser Justinian I.

die Philosophenschulen von A. und beendete damit dessen große Ära in der Antike.
Archäologische Stätte: Alle wichtigen Bauten sind um die Akropolis (→ Akropolis, Athen) angeordnet. Südlich von ihr liegen das *Asklepios-Heiligtum* (→ Asklepieion, Athen) und verschiedene Vortragsgebäude: das *Theater des Dionysos* (→ Theater, Athen), das *Odeion des Perikles* (→ Odeion, Athen, 1) und das *Odeion des Herodes Atticus* (→ Odeion, Athen, 3). Nördlich der Akropolis entstanden die Märkte: die griechische *Agora* (→ Agora, Athen) mit der *Pantainos-Bibliothek* (→ Bibliothek, Athen, 1) und östlich davon seit caesarischer Zeit das römische *Forum*, an das sich später die *Hadriansbibliothek* (→ Bibliothek, Athen, 2) anschloß. Unter Hadrian kam es zu einer umfangreichen Erweiterung der Stadt im Osten. Begrenzt ist dieser neue Stadtteil durch ein Tor, auf dessen der Altstadt zugewandter Seite die Inschrift steht: »Das ist Athen, die alte Stadt des Theseus.« Auf der anderen Seite steht: »Das ist die Stadt des Hadrian und nicht des Theseus.« Vor diesem Tor erhob sich einst das *Olympieion*, der größte Tempel Griechenlands. Unter dem Seleukidenkönig Antiochos IV. wurde er zwischen 175 und 164 v. Chr. auf den Fundamenten eines archaischen Zeus-Tempels aus dem 6. Jh. v. Chr. begonnen und unter Kaiser Hadrian bis 132 n. Chr. vollendet (→ Dipteros, Athen). Das *Lysikrates-Denkmal* an der Tripoden-Straße (Straße der Dreifüße) erinnert an den Choregen, (Finanzier und Leiter eines Chores) Lysikrates, dessen Chor um 335/34 v. Chr. bei den Dionysischen Spielen einen Sieg errang. Der Siegespreis, ein Dreifuß aus Bronze, krönte das 6,5 m hohe Monument.
Die Stadt war seit 479 v. Chr. von einer *Stadtmauer* umgeben, die am → *Dipylon* im Bereich des → *Kerameikos* noch gut erhalten ist. Unter dem Strategen Kimon entstand ein mauergeschützter Verbindungskorridor zwischen A. und seinem Hafen *Piräus*, den Perikles 445 v. Chr. durch eine weitere Mauer verstärken ließ. Außerhalb der Stadtmauern lag der Bezirk der *Akademie*, der von Platon gegründeten Philosophenschule.
Literatur: J. Travlos: Bildlexikon zur Topographie des antiken Athen. Tübingen 1971; S. Lauffer (Hrsg.): Griechenland. Lexikon der historischen Stätten. München 1989. S. 141 ff.; D. Willers: Hadrians panhellenisches Programm. Basel 1990.

Atlant. Stützpfeiler in Gestalt einer kraftvollen männlichen Figur, benannt nach dem Riesen Atlas, der laut Mythos das Himmelsgewölbe trägt. Solche Stützen in Menschengestalt sind seit dem 9. Jh. v. Chr. im Vorderen Orient bekannt. Die griechische Architektur kennt sie seit dem 6. Jh. v. Chr. Die Römer nannten die Atlanten Telamonen. Vgl. → Karyatiden.

Atrium (lat.). Zentraler Raum des römischen Wohnhauses mit einer rechteckigen Öffnung im Dach (compluvium). Dieser Raum enthielt urspr. den Herd; die Öffnung war Rauchabzug und Lichtquelle. Unterhalb der Dachöffnung befand sich im Boden ein Becken zum Auffangen des Regenwassers (impluvium). Später wurde das Compluvium vergrößert, und es wurden Säulen in das A. eingefügt. Dadurch gestaltete es sich zu einem repräsentativen Empfangsraum. → Vitruv (VI,3.1) bezeichnete das stützenlose A. als »atrium tuscanicum« (etruskisches A.), das mit vier Säulen als »atrium tetrastylicum« (viersäuliges A.) und das mit mehreren Säulen als »atrium corinthicum« (korinthisches A.).

Atriumhaus. Römischer Haustyp, bei dem sich die einzelnen Räume, wie Empfangsraum, Eßzimmer, Schlafzimmer usw. um das Atrium, den zentralen Innenraum, gruppieren. Der Eingang führt durch das Vestibül und die Fauces (Eingangsraum) in das Atrium.

Attasche (franz.). Die breite Fläche des gegossenen Ansatzstückes eines Henkels, der an Metallgefäße (z.B. Kessel, Kannen, Teller) angenietet oder angelötet wurde und oft ornamental oder figürlich ausgestaltet war.

Attika (lat.). Niedriger, häufig mit Inschriften oder Reliefs versehener wandartiger Aufbau über dem Hauptgesims eines Bauwerks. Bei Bogenmonumenten diente die A. auch als Statuensockel.

Augusta Emerita (Mérida). Im Jahre 25 v. Chr. ließ Kaiser Augustus durch den Legaten P. Carisius eine Koloniestadt für die Veteranen der 5. und 10. Legion des Feldzuges gegen die Cantabrer am Fluß Anas (heute Guadiana, Westspanien) erbauen. Diese Neugründung wurde Hauptstadt der Provinz Lusitania. M. Vipsanius Agrippa, Feldherr und Schwiegersohn des Augustus, hatte großen Anteil an ihrer monumentalen Ausgestaltung.
Archäologische Stätte: Da nur wenige Stücke der Stadtmauer erhalten sind, konnte die ursprüngliche Größe von A. E. bis heute nicht genau ermittelt werden. Anhand des gut überlieferten römischen Abwasserkanalsystems ließ sich jedoch ein rechtwinklig verlaufendes Straßensystem erschließen, das sich im heutigen Stadtplan spiegelt und ein Gebiet von etwa 70 ha umfaßte. Einige Ausflüsse sind in der Uferbefestigung erhalten, die im Abstand von etwa 20 m zur Stadtmauer verlief und deren Unterspülung bei Hochwasser verhinderte.
Der Decumanus maximus verlief in Verlängerung der etwa 800 m langen *Brücke* über den Guadiana. Mit ihren ursprünglich 60 Jochbögen, heute sind nur noch 56 erhalten, gehört sie zu den ersten Bauwerken der Stadt. Südöstlich des Schnittpunktes von Decumanus maximus und Cardo maximus befand sich das *Forum*, von dem nur die Reste des sog. Diana-Tempels zeugen. Dieser römische Peripteros auf hohem Podium mit je sechs korinthischen Säulen an den Schmalseiten und je elf an den Langseiten diente wohl der Kaiserverehrung. Er stand auf einem mit Granitplatten gepflasterten Platz mit länglichen Wasserbecken östlich und westlich des Tempels. An drei Seiten umgaben ihn Säulenhallen, die südliche Begrenzung ist noch unbekannt. Südöstlich des Tempels konnten Strukturen eines weiteren Forums freigelegt werden, das in seiner reichen architektonischen und statuarischen Austattung auf das Forum des Augustus in Rom (→ Forum, Rom, 3) Bezug nimmt. Stilistisch lassen sich die Funde in die spätclaudische Zeit datieren. Der Cardo maximus verlief durch den sog. *Trajansbogen*. Dieser Torbogen wird in die Gründungszeit der Stadt datiert. Ob er als Eingangstor Teil der Stadtbefestigung war, ist un-

klar. Stiftlöcher besagen, daß er in späterer Zeit mit Marmorplatten verkleidet wurde.
Im östlichen Stadtbereich schmiegen sich die Zuschauerränge des gut erhaltenen Theaters und Amphitheaters an die flachen Abhänge eines Höhenzuges. Das *Theater* ist eine Stiftung des Agrippa von 16/15 v. Chr. Fertiggestellt war es wohl aber erst in claudischer Zeit. 13 Tore ermöglichten den Zugang zu den drei Rängen des Zuschauerraums. Im Zentrum des unteren Ranges wurde in trajanischer Zeit ein kleines Kaiserheiligtum eingebaut. Die Fassade des Bühnengebäudes war durch Rund- und Rechtecknischen mit vorgestellter zweigeschossiger Säulenarchitektur reich gegliedert. Hinter dem Bühnenhaus schließt ein großes Peristyl mit Exedra im rückwärtigen Flügel an. In dieser Exedra standen Statuen des Augustus und anderer Mitglieder des Kaiserhauses. Nur durch eine Straße war das *Amphitheater* vom Theater getrennt. Weihinschriften an Augustus aus dem Jahr 8 v. Chr. waren entsprechend ihrer Fundlage im unteren Bereich des Zuschauerraums im Osten und Westen vor der Tribüne angebracht. In die 64,50 x 51,15 m große Arena war ein Becken von 50 m Länge und 1,25 m Tiefe eingelassen, das zur Veranstaltung nautischer Spiele diente. Kanäle an der Westseite und in Verlängerung der Längsachse sorgten für die Be- und Entwässerung des Beckens. In späterer Zeit wurde die Mitte des Beckens kreuzförmig auf 25 x 19,50 m erweitert und auf 3,65 m eingetieft.
Die Wasserversorgung der Stadt erfolgte über drei Leitungen, von denen eine über den eindrucksvollen *Aquädukt Los Milagros* verläuft. Sie wurde von dem Stausee Proserpina gespeist, verlief über weite Strecken unterirdisch, bis sie nach etwa 8500 m der über den Fluß Albarregas (ein kleiner Nebenfluß des Guadiana) führende Aquädukt aufnahm. Von der dreigeschossigen Anlage ist nur die untere noch augusteisch, die zwei oberen sind in trajanisch-hadrianischer Zeit restauriert worden.

Literatur: A. Blanco Freijeiro (Hrsg.): Augusta Emerita. Symposium Mérida 1975. Madrid 1976; M. Almagro Basch: Augusta Emerita. Eine hispanische Provinzhauptstadt der Römischen Kaiserzeit. In: 150 Jahre Deutsches Archäologisches Institut. 1829–1979. Kolloquium Berlin 1979 (hrsg. vom Deutschen Archäologischen Institut). Mainz 1981. S. 143 ff.; W. Trillmich: Colonia Augusta Emerita. Die Hauptstadt von Lusitanien. In: W. Trillmich u. P. Zanker (Hrsg.): Stadtbild und Ideologie. Kolloquium Madrid 1987. München 1990. S. 299 ff.; A. Velasquez Jimenez: Repertorio de Bibliografia Arqueologica Emeritense. Mérida 1992; K. Grewe: Augusta Emerita / Mérida – eine Stadt römischer Technikgeschichte. In: Antike Welt 24, 3 (1993). S. 244 ff.; W. Trillmich u.a. (Hrsg.): Hispania antiqua. Denkmäler der Römerzeit. Mainz 1993; Ders.: Gestalt und Ausstattung des ›Marmorforums‹ in Mérida. In: Madrider Mitteilungen 36 (1995). S. 269 ff.

Augusta Treverorum (Trier). Älteste Stadt Deutschlands und Residenz des weströmischen Reiches.
Geschichte: Erste Siedlungsspuren auf dem Gebiet des heutigen Trier gehen auf das Jahr 1000 v. Chr. zurück. Seit dem 3. Jh. v. Chr., also in vorrömischer Zeit, war es politisches und religiöses Zentrum des keltisch-germanischen Mischvolkes der Treverer. Zwischen 16 und 13 v. Chr. gründete Kaiser Augustus die verkehrsgünstig an der Mosella (Mosel) gelegene Stadt.

Als Umschlagplatz für Waren aller Art blühte A. T. rasch auf. Zahlreiche Manufakturen für Tuche, Waffen und Tongefäße entstanden. Claudius (41–54) verlieh der Stadt den Status einer Colonia. Seit etwa 100 n. Chr. wurde A. T. die wichtigste Nachschubbasis für die Rheinfront und Hauptstadt der Provinz Belgica. Vermutlich hatte hier auch die römische Finanzverwaltung für die drei Provinzen Belgica, Germania Inferior und Germania Superior ihren Sitz. Um 200 bestand in der Stadt bereits eine Christengemeinde. Von 260 bis 270 war A. T. Residenz der gallischen Gegenkaiser Postumus und Victorinus. Als Kaiser Gallienus 259/60 in Pannonien (heute Teil von Ungarn und Kroatien) mit der Niederschlagung eines Aufstandes beschäftigt war, ließ sich General M. Cassianius Latinius Postumus von seinen Soldaten zum Kaiser ausrufen. Er wollte ein von Rom unabhängiges gallo-römisches Reich begründen. Gallien, bald auch Britannien und Spanien gehörten zu diesem Reich. 268 wurde er von seinen Truppen ermordet. 273 konnte Kaiser Aurelian die alte Reichsordnung wiederherstellen. Als auch er 275 getötet wurde, überschritten die Alamannen und andere germanische Volksstämme den Rhein und verwüsteten Gallien. Siebzig Städte legten sie in Schutt und Asche, darunter auch das blühende A. T. 293 ernannte Kaiser Maximian seinen Schwiegersohn, den Illyrer C. Flavius Valerius Constantius, zum Caesar. A. T. wurde Constantius' Residenz und blieb es auch, als Constantius im Jahre 305 als Constantius I. Chlorus zum Augustus aufrückte. Zu dieser Zeit zählte die Kaiserresidenz, die jetzt Treveris hieß, etwa 70 000 Einwohner und war damit die größte Stadt nördlich der Alpen. Unter Konstantin dem Großen (306–337), Valentinian I. (364–375) und Gratian (375–383) erlebte die Stadt, in der die oberste Behörde des römischen Westreiches ihren Sitz hatte, eine kulturelle Blüte. Fast ein Jahrhundert lang war sie Mittelpunkt des geistigen Lebens jener Zeit. Hier wirkten die Kirchenlehrer Lactantius, Athanasius und Hieronymus sowie der Dichter Ausonius. 395 wurde der Kaiserhof angesichts der Gotengefahr nach Mediolanum (Mailand) verlegt; die Präfektur kam nach Arelate (Arles).

Forschungsgeschichte: Als Napoleon 1804 in Trier war, befahl er, die in eine Kirche umgebaute Porta Nigra wieder in ihren ursprünglichen Zustand zu versetzen. Die Arbeiten wurden durch die Kriegsereignisse unterbrochen und 1815 unter Leitung des preußischen Baurats K. Quednow wiederaufgenommen. 1815–1825 untersuchten Archäologen das Amphitheater. 1817 legten sie die Ruinen der Kaiserthermen frei. 1844–1856 befreite man die römische Palastaula, die sog. Basilika, von allen nichtrömischen An- und Innenbauten. 1852 kam der Sockel der Porta Nigra zum Vorschein. 1876 riß man das benachbarte Simeonstor ab. 1877–1885 wurden die Barbarathermen ausgegraben. Im letzten Jahr des Zweiten Weltkrieges litt Trier unter Artilleriebeschuß. Die starken Zerstörungen in der Altstadt ermöglichten nach Kriegsende archäologische Untersuchungen größeren Umfangs, vor allem Tiefgrabungen. Allein die antike Trümmerschicht war bis zu 7 m hoch. 1945 stießen die Ausgräber unter dem Dom auf eine Halle der konstantinischen Epoche. Im Schutt fanden sie

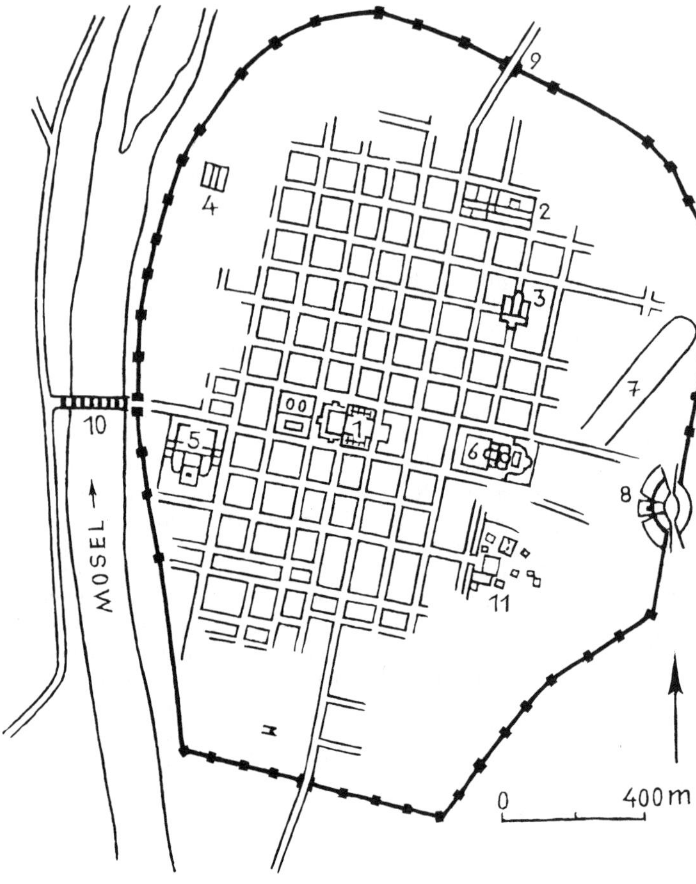

Augusta Treverorum
1 Forum 2 Kaiserpalast 3 Palastaula (Basilika) 4 Horrea 5 Barbarathermen 6 Kaiserthermen 7 Stadion 8 Amphitheater 9 Porta Nigra 10 Moselbrücke 11 Tempelbezirk (Altbachtal)

Tausende von mehr oder weniger großen Gemäldefragmenten, die einst zur Deckenmalerei dieser Halle gehört hatten. 1965–1968 bargen sie weitere Teile der Gemälde und setzten sie in mühsamer Arbeit zusammen. Heute gehören die restaurierten Deckengemälde zum Bestand des Bischöflichen Museums Trier. 1950–1956 wurde die Basilika eingehend untersucht und wieder instand gesetzt. Bei der Moselkanalisierung in den Jahren 1957–1964 nutzten die Landesdenkmalpfleger die Gelegenheit, um die beiden Römerbrücken zu untersuchen. 1960–1971 führten erneute Grabungen innerhalb der Kaiserthermen zur Entdeckung eines großen römischen Landhauses aus dem 2. Jh. 1968–1973 wurde die Porta Nigra restauriert. Die Forschungen in Trier werden noch lange nicht abgeschlossen sein.

Archäologische Stätte: Um 180 n. Chr. hatte das Stadtgebiet von A. T. eine Größe von 285 ha und wurde durch eine 6,5 km lange Stadtmauer mit zahlreichen Rundtürmen geschützt. Der Einfall der germanischen Chauken 173/74 war wohl der Anlaß, die bis dahin unbefestigte Stadt mit Verteidigungsanlagen zu versehen. Die Stadt hatte vier Tore. Das Nordtor, wegen seines dunklen Aussehens *Porta Nigra* (schwarzes Tor) genannt, ist heute das am besten erhaltene antike Stadttor überhaupt. Es wurde wie die Stadtmauer im letzten Viertel des 2. Jh. erbaut. Als 196 der Gegenkaiser Clodius Albinus in Gallien einfiel, mußten die Bauarbeiten am Nordtor abgebrochen werden. So blieb die imposante Toranlage unvollendet. Im Jahre 1037 wandelte Erzbischof Poppo von Babenberg die Porta Nigra in eine Doppelkirche zu Ehren des hl. Simeon um und bewahrte sie damit vor dem Schicksal der meisten römischen Bauten, als Steinbruch dienen zu müssen (→ Porta Nigra).

Das *Amphitheater* stammt aus der Zeit um 100 n. Chr. und ist das älteste Bauwerk der Stadt. Die in drei Ränge gestaffelten 24 Sitzstufen ruhten auf angeschüttetem Erdreich. Aus Stein waren lediglich die monumentalen Eingänge, die Umfassungsmauern und die Sitzstufen selbst. 20000 Zuschauer konnten den Gladiatorenkämpfen und Tierhatzen beiwohnen. Die unterkellerte Arena war etwa 75 m lang und 50 m breit. Eine 3,50 m hohe Mauer schützte die Zuschauer vor den wilden Tieren in der Arena. Konstantin der Große ließ hier im Jahre 306 die fränkischen Fürsten Askarich und Regais von Bären zerfleischen.

Die erste *Römerbrücke* auf Holzpfählen entstand 41 n. Chr. an der Stelle einer alten Fährverbindung. Im Abstand von etwa 17 m rammten die Brückenbauer für jeden Pfeiler 170 Eichenpfähle bis zu 5 m tief in den Fluß. Mit Ton und Gestein füllten sie den Raum zwischen den Pfählen und schützten so die Pfeiler gegen Unterspülung. Die Pfeiler verbanden sie mit Balken, die den Straßenbelag trugen. Um 140 n. Chr. bauten die Römer nur fünf Meter oberhalb der Holzbrücke eine Steinbrücke, deren Pfeiler auf dem Felsenuntergrund der Mosel auflagen. Die Pfeiler aus Basaltquadern waren insgesamt 12 m hoch. Auch hier verbanden schwere Balken die neun Pfeiler. Mit dem Bau der Stadtmauer um 180 n. Chr. wurde die Brücke um zwei Pfeiler verkürzt. Ein mächtiger Torbau kontrollierte die Einfahrt von der Brücke in die Stadt.

Die sog. *Barbarathermen* haben ihren heutigen Namen von der nahe gelegenen Kirche St. Barbara. Sie wurden in der ersten Hälfte des 2. Jh. erbaut. Marmorne Wand- und Fußbodenplatten sowie Kopien griechischer Kunstwerke (Amazone des Phidias, Jünglingstorso des Praxiteles) lassen die einst großartige Ausstattung erahnen. Zu den eindrucksvollsten Ruinen des heutigen Trier zählen die *Kaiserthermen.* Noch heute ragen die Mauern des Caldariums (Warmwasserbad) bis zu 19 m empor. Constantius I. Chlorus dürfte den Bau begonnen haben. Unter

Konstantin dem Großen war er im wesentlichen fertiggestellt. Kaiser Valentinian I. bezog die Bauteile der Thermen zweckentfremdet in seinen Palastbezirk ein. Noch heute beeindrucken die großartigen Dimensionen und das hochentwickelte technische System der Anlage (→ Thermen, Augusta Treverorum). Die sog. *Basilika* war Mittelpunkt des riesigen Palastbezirkes Konstantins des Großen. An der Stelle einer älteren Palastanlage, in der vermutlich der Präfekt residiert hatte und die im Jahre 275 von den Alamannen zerstört worden war, erhob sich seit 310 die gigantische Aula palatina, die kaiserliche Audienzhalle, heute Basilika genannt. Der Bau war 30 m hoch, 67 m lang und 27,5 m breit. Die bis zu 2,7 m starken Mauern aus gebrannten Ziegeln ruhen auf 4 m breiten und 4 bis 6 m tiefen Betonfundamenten. U-förmige Säulenhallen flankierten einst die Aula. Vor dem Eingang lag eine riesige Querhalle. Mosaiken bedeckten den Boden. Marmorintarsien und Malereien schmückten die Wände. Dort, wo heute der Altar der evangelischen Kirche steht, dürfte der Thron gestanden haben, auf dem Konstantin der Große, Konstantin II., Constans, Valentinian I. und Gratian das Reich repräsentierten. Eine nach dem neuesten Stand der damaligen Technik konzipierte Fußbodenheizung sorgte für ein angenehmes Raumklima. Fußboden und Wände waren mit Marmor verkleidet. Die Außenwände waren rot verputzt. Den guten Erhaltungszustand hat die Basilika ihrer vielfachen Verwendung zu verdanken: um 475 wurde sie fränkische Königspfalz, im 11. Jh. Bischofssitz, im 17. Jh. Teil des kurfürstlichen Schlosses, seit 1856 dient sie als evangelisches Gotteshaus.

Bei Ausgrabungsarbeiten im Trierer Dom stieß man auf einen 6,86 x 9,46 m großen Saal, dessen Decke und Wände einst mit großartigen Malereien versehen waren. Der Saal gehörte offenbar zum *Palast des Caesars Flavius Julius Crispus*. Crispus, der älteste Sohn Konstantins des Großen, wurde 326 einer unerlaubten Beziehung zu seiner Stiefmutter Fausta beschuldigt und auf Veranlassung des Kaisers mit Gift getötet. Einige Monate später mußte auch Fausta sterben. Der Palast wurde zerstört. Das Grundstück erhielt die Kirche, die mit kaiserlichen Mitteln auf den Palasttrümmern eine Doppelkirche erbaute. Die Doppelkirche bedeckte eine Fläche von 110 x 112 m. Heute erhebt sich hier der Dom von Trier. An die römischen Lagerhäuser, die *Horrea*, erinnert noch eine 28 m lange und 10 m hohe Wand in einem Altersheim nahe der Mosel. Im heutigen Altbachtal innerhalb der antiken Stadtmauer erstreckte sich ein weitläufiger *Tempelbezirk* mit etwa 70 Kultstätten für gallische und römische Gottheiten. Die Tempel und Priesterwohnungen wurden 70 n. Chr. während des Bataveraufstandes, 275 durch die Alamannen und 337 endgültig durch die Trierer Christen zerstört. Unter diesem Bezirk entdeckten die Ausgräber Spuren einer vorrömischen Siedlung aus der Zeit um 1000 v. Chr. Die meisten Ausgrabungsstücke werden im Rheinischen Landesmuseum Trier aufbewahrt.

Literatur: W. Reusch: Augusta Treverorum. Rundgang durch das römische Trier. Trier 1958; E.M. Wightman: Roman Trier and the Treveri. London 1970; Trier (hrsg. vom Rheinischen Landesmuseum Trier). 2 Bde. Mainz 1977. (Führer zu vor- und frühgeschichtlichen Denkmälern, 32); H. Cüppers: Trier. Amphitheater. Mainz 1978;

Trier. Augustusstadt der Treverer. Stadt und Land in vor- und frührömischer Zeit. Katalog Ausstellung Trier 1984. Mainz 1984; E. Simon: Die konstantinischen Deckengemälde in Trier. Mainz 1986; E. Zahn: Die Basilika in Trier. Trier 1991; H. Heinen: Trier und das Trevererland in römischer Zeit. 2000 Jahre Trier. Trier [3]1993.

Augustus-Mausoleum. → Rom.

Ausgrabung. Die A. ist ein wesentlicher Bestandteil der archäologischen Arbeit, denn erst sie stellt der Forschung das Material zur Verfügung, das sie für eine Rekonstruktion vergangener Lebensformen benötigt. Die A. zielt längst nicht mehr primär auf das Freilegen eines interessanten Bauwerks, auf die Entdeckung großartiger Kunstwerke, auf das Heben kostbarer Schätze, wenn auch goldene und silberne Grabbeigaben noch immer mehr Schlagzeilen machen als beispielsweise der Fund von Keilschrifttafeln. Dennoch können solche Schrifttafeln mehr dazu beitragen, unser Wissen über vergangene Kulturen zu vervollständigen, als noch so reiche Edelmetallfunde. Die A. soll heute alle Fragen zu beantworten suchen, die sich aus dem Wissensstand der Archäologie und ihrer Nachbardisziplinen ergeben. Die A. einer archäologischen Stätte hat daher so systematisch und sorgfältig wie irgend möglich zu erfolgen. Nichts darf übersehen werden, denn die kleinsten und unscheinbarsten Fundgegenstände, ihre Lage zueinander, die unergiebigsten Schichten, die feinsten Farbabweichungen des Bodens können von weitreichender Bedeutung sein. Diese Sorgfalt ist bei → Notgrabungen nicht immer möglich. Bei geplanten Grabungen, denen → Prospektionen, Geländebegehungen usw. vorausgehen, sollte dem Ausgräber aber immer bewußt sein, daß er unter Verfolgung einer bestimmten Fragestellung andere, für ihn zunächst unbedeutende Informationen unwiederbringlich zerstört.

B

Baalbek (Heliopolis). In einem Hochtal zwischen den Gebirgszügen des Libanon und des Antilibanon gelegen. Die Stadt verdankt ihre Berühmtheit den gewaltigen Tempelbauten aus der römischen Kaiserzeit.

Geschichte: B. wurde wahrscheinlich von den Phönikern gegründet. Assyrische Inschriften aus der Zeit um 800 v. Chr. erwähnen eine Stadt Ba'li, die mit B. identisch sein dürfte. Der Name stammt von dem semitischen Gott Baal und dem Hochtal Bekaa her. Die Griechen nannten die Stadt Heliopolis (Stadt der Sonne), da sie ihren Gott Helios dem Baal gleichsetzten. Kaiser Augustus brachte römische Siedler in die Stadt, die den Rang einer Colonia erhielt (Colonia Julia Augusta Felix Heliopolis). Die Römer setzten Jupiter an die Stelle von Baal bzw. Helios und errichteten Tempel, die alle entsprechenden Bauten des Vorderen Orients an Schönheit und Größe übertrafen. Das römische Heiligtum auf der Akropolis von B. entstand im 2. und 3. Jh. n. Chr. Diese Zeit war zugleich die Blütezeit der Stadt. Unter den byzantinischen Kaisern war das Christentum Staatsreligion geworden. Konstantin der Große (306–337) ließ die Tempel schließen. Theodosius der Große (379–395) befahl die Zerstörung der Altäre und Götterbilder und errichtete vor dem Jupiter-Tempel eine Kirche.

Forschungsgeschichte: 1898 besuchte Kaiser Wilhelm II. die Ruinenstätte von B. und gab den Anstoß, das Heiligtum archäologisch zu erforschen. Von 1900–1905 arbeiteten deutsche Archäologen unter O. Puchstein in dem Tempelbezirk.

Archäologische Stätte: Das *Heiligtum für Jupiter* auf der Akropolis betrat man über eine Freitreppe, die hinauf zu den Propyläen, einer 160 m breiten und 12 m tiefen Säulenvorhalle, führte. An die Propyläen schließt sich ein sechseckiger, 60 m langer, von Säulenhallen umgebener Vorhof an, übrigens der einzige Sechseckhof der Antike. Der Hof war mit weißem Marmor ausgelegt, die Säulenhallen hatten Mosaikfußböden. Drei Portale öffnen sich zu dem 135 x 113 m großen Altarhof, der an drei Seiten von Arkaden im korinthischen Stil eingefaßt ist. In diesen Arkaden waren Statuen römischer Gottheiten aufgestellt. Die 84 monolithischen, 8 m hohen Rosengranitsäulen der Arkaden wurden später beim Bau von Kirchen und Moscheen verwendet. An den Altarhof schließt sich der *Große Tempel* an, der dem Jupiter Heliopolitanus geweiht war. Eine 50 m breite Treppe führt zu ihm hinauf. Der 106 x 69 m große korinthische Pseudodipteros ruht auf einem 7 m hohen Podium und einem mehrstufigen Unterbau. In die Rückseite des Podiums sind drei an die 20 m lange und etwa 1000 t schwere Steine eingelassen. Der Bau des Tempels wurde in der frühen Kaiserzeit begonnen. Von den 19 m hohen Säulen aus gelblichem Syenit stehen noch sechs aufrecht. Sie vermitteln ei-

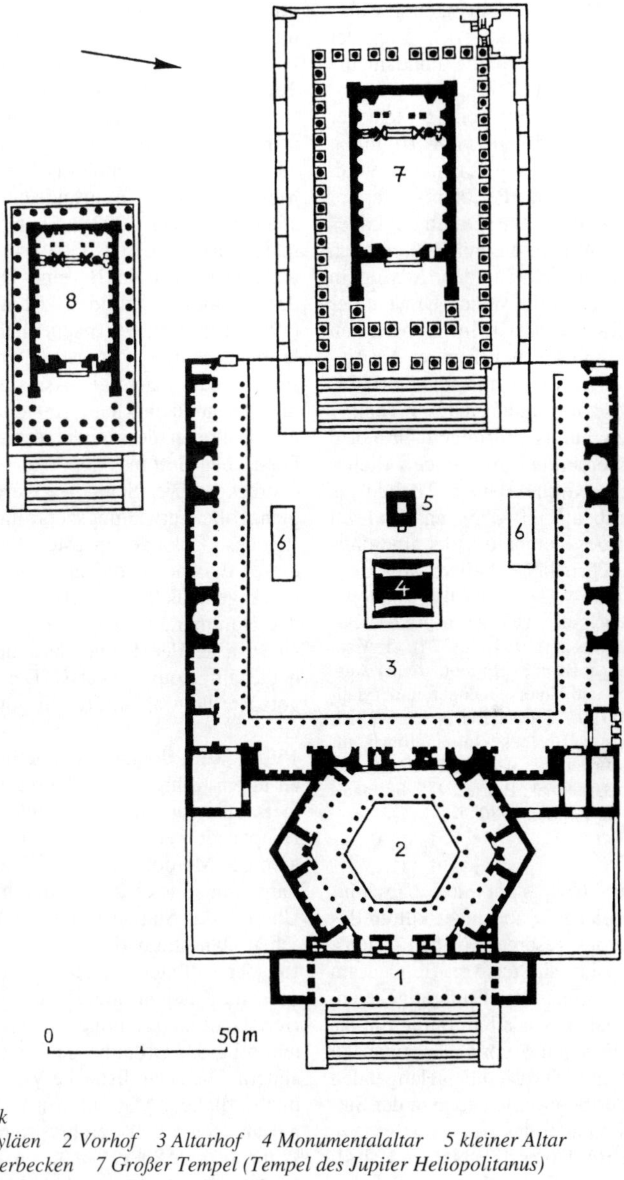

Baalbek
1 Propyläen 2 Vorhof 3 Altarhof 4 Monumentalaltar 5 kleiner Altar
6 Wasserbecken 7 Großer Tempel (Tempel des Jupiter Heliopolitanus)
8 Venus-Tempel (sog. Bacchus-Tempel)

nen Begriff von der einstigen gewaltigen Größe des Bauwerks. Von der Cella sind nur noch die Fundamente vorhanden.
Südlich vom Jupiter-Tempel steht der kleinere *Venus-Tempel*, der irrtümlich auch Bacchus-Tempel genannt wird. Der korinthische Peripteros stammt aus dem 2. Jh. n. Chr. Durch ein hohes Portal betritt man die mit Reliefs reich geschmückte Cella mit dem Adyton, in dem das Kultbild stand. Unweit der Akropolis erhebt sich im Nordwesten der Stadt ein zweiter Tempel der Venus (oder Fortuna) mit acht korinthischen Monolithsäulen. Dieser Tempel hat einen hufeisenförmigen Grundriß und beherbergte in frühchristlicher Zeit eine Kirche. Unter Theodosius dem Großen (379–395) entstand im Altarhof des Tempelbezirks eine dreischiffige christliche Pfeilerbasilika.

Literatur: E. Weigand: Baalbek und Rom. In: Jahrbuch des Deutschen Archäologischen Instituts 29 (1914). S. 37 ff.; T. Wiegand (Hrsg.): Baalbek. Ergebnisse der Ausgrabungen und Untersuchungen in den Jahren 1898–1905. 3 Bde. Berlin 1921–1925; E. Weigand: Baalbek. In: Jahrbuch für Kunstwissenschaft (1924). S. 77 ff., 165 ff.; N. Jidejian: Baalbek. Beirut 1975; F. Ragette: Baalbek. London 1980.

Babylon. Hauptstadt des babylonischen Reiches und einst kulturelles Zentrum des gesamten Nahen Ostens. Etwa 125 km südlich von Bagdad am früheren Flußlauf des Euphrat gelegen. Bekannt ist B. vor allem durch die biblische Erzählung vom »Turmbau zu Babel« und durch die »Hängenden Gärten der Semiramis«, einem der Sieben Weltwunder des Altertums.

Geschichte: Unter dem Namen Bab-ili (akkadisch) wurde der ursprünglich von den Sumerern besiedelte Ort erstmals erwähnt, als der Herrscher Šarkališarri (etwa 2223–2198) hier einen Tempel für die Göttin Ischtar erbaute. Im 21. Jh. überschwemmten westsemitische Völkerschaften (Amoriter) aus dem syrisch-phönikischen Raum Mesopotamien; sie gründeten Dynastien in Larsa (2023), Isin (2022) und Mari (um 2015). 1894 v. Chr. hatte sich auch in B. eine Dynastie der Amoriter gebildet. Hammurabi (1792–1750) stürzte nacheinander alle benachbarten Amoriter-Dynastien, schlug das mächtige Assyrien und machte aus dem kleinen Stadtstaat B. ein Großreich, dessen Gebiet sich vom Persischen Golf bis Aleppo und Ninive erstreckte. Die Stadt B. wurde das glanzvolle Verwaltungszentrum dieses Reiches. Das großartigste Dokument dieser Epoche ist die in einen Dioritblock gemeißelte »Gesetzessammlung des Hammurabi«; sie wurde 1902 in → Susa entdeckt und befindet sich heute im Louvre, Paris. Der Stadtgott Marduk war zum Reichsgott avanciert.
1595 v. Chr. drangen die Hethiter unter ihrem König Muršili I. (1620–1590) in Babylonien ein. Sie plünderten die Hauptstadt, verschleppten u.a. die Statuen des Marduk und seiner Gemahlin Sarpanitu und führten durch ihren Überfall den Sturz der ersten babylonischen Dynastie herbei. Nach dem Abzug der Hethiter kamen aus dem Zagros die Kassiten. Sie übernahmen die Herrschaft in B., ohne die politische und religiöse Ordnung des Reiches zu ändern. Die zentralistische Verwaltung blieb erhalten. Marduk wurde weiterhin als Reichsgott verehrt. Agum Kakrime (um 1580 v. Chr.), ein kassitischer König auf dem babylonischen

Thron, holte sogar die von den Hethitern verschleppten Götterstatuen zurück. Aber die Bedeutung des Reiches war nur noch gering. Seit dem 14. Jh. v. Chr. machte das wiedererstarkte Assyrien den Königen von B. sehr zu schaffen. 1160 v. Chr. endete die Kassitenherrschaft mit dem Einfall der Elamiter.
Das babylonische Erbe trat bald darauf die 2. Dynastie von Isin an, deren bedeutendster Herrscher Nebukadnezar I. (1124–1103) das Land Elam eroberte. Um 1100 v. Chr. nahm der Assyrerkönig Tiglatpileser I. (1115–1077) B. ein. Von da an stand Babylonien unter assyrischer Gewalt. Im Jahre 689 v. Chr. beendete der Assyrerkönig Sanherib einen Aufstand mit der völligen Zerstörung von B. Aber sein Sohn Asarhaddon, dessen Mutter eine babylonische Priesterin war, baute die Stadt wieder auf. Nach dem Tode des letzten großen Assyrerkönigs Assurbanipal im Jahre 626 v. Chr. vernichtete der Chaldäer Nabupolassar (626–606), Vizekönig von B., das assyrische Reich. Er begründete die neubabylonische Dynastie. Sein Sohn Nebukadnezar II. (605–562), zu dessen Großreich nun auch Assyrien gehörte, eroberte im Jahre 586 v. Chr. Jerusalem und deportierte die Bevölkerung (»Babylonische Gefangenschaft der Juden«). Unter Nabupolassar und Nebukadnezar II. entstanden die prächtigsten Bauwerke von B. Im Jahre 550 v. Chr. half Nabonid (555–539) dem Perserkönig Kyros II., dessen Schwiegervater und Lehnsherrn, den Mederkönig Astyages, zu stürzen. Als sich Nabonid 539 v. Chr. mit seinen Truppen auf einem Kriegszug in Arabien befand, dankte ihm Kyros die Hilfe mit dem Einmarsch seiner Truppen in Mesopotamien. Noch ehe Nabonid die Hiobsbotschaft erreicht hatte, stand Kyros vor den Toren von B. In der Nacht des Neujahrsfestes überquerten die Perser das trockengelegte Flußbett des Euphrat und nahmen die Stadt. Kyros sah von einer Plünderung ab, schonte die Bevölkerung und ließ die prächtigen Gebäude unversehrt. B. wurde Hauptstadt einer Satrapie des Achämenidenreiches, des Großreiches der Perser und Meder. Die von Nebukadnezar II. verschleppten Juden durften wieder nach Jerusalem zurückkehren. 479 v. Chr. ließ Xerxes I. nach der Niederschlagung eines Aufstandes die Stadtmauern schleifen und die Tempel zerstören. Alexander der Große besetzte B. 331 v. Chr. und wollte die Stadt zum Mittelpunkt seines Weltreiches machen. Doch er starb 323 v. Chr., bevor er seine Pläne verwirklichen konnte. In der Diadochenzeit verlor B. durch die neue Residenzstadt Seleukeia, die Seleukos I. um 300 v. Chr. etwa 90 km nördlich von B. am Tigris gegründet hatte, seine Bedeutung. Im 1. Jh. n. Chr. war die einst größte Stadt der Welt nahezu verlassen.

Forschungsgeschichte: Die eindrucksvollen Ruinen des Nebukadnezar-Palastes zogen schon immer interessierte Reisende an. 1616 entdeckte der Italiener P. della Valle die ersten Keilschrifttafeln. In den Jahren 1811/12 und 1821 erstellte der Engländer C.J. → Rich die erste genaue topographische Aufnahme der Ruinenstätte. 1852 erhielt F. Fresnel, französischer Konsul in Bagdad, den Auftrag, B. auszugraben. Er fiel jedoch in Ungnade und wurde von J. Oppert und F. Thomas abgelöst, die bis 1855 in B. wirkten. Die wesentlichen Ausgrabungen fanden zwischen 1899 und 1917 im Auftrage der Deutschen Orient-Gesellschaft unter Leitung von R. → Koldewey statt. Freigelegt wurden vor allem die Bauten der neubabylonischen Epoche (7. und 6. Jh. v. Chr.), während die älteren Bauwerksreste aus der Zeit des Hammurabi wegen ihrer Lage unterhalb des Grundwasserspiegels und wegen ihres hohen Zerstörungsgrades bislang noch nicht erforscht werden konnten. Heute setzen irakische Archäologen die Ausgrabungen und Restaurierungen in B. fort.

Archäologische Stätte: Das Stadtgebiet der neubabylonischen Epoche entspricht mit einer Fläche von rund 12 km² dem des kaiserzeitlichen Rom. Die Kernstadt hatte die Form eines 2600 x 1500 m großen Rechtecks. Die Altstadt mit den Tempeln und dem Palast Nebukadnezars II. lag östlich, die Neustadt westlich des Euphrat. Eine *Brücke* aus der Zeit Nabopolassars verband diese beiden Stadtteile. Sie war 123 m lang und 10,5 m breit. Die Brückenpfeiler aus gebrannten Ziegeln hatten eine Länge von 21 m, eine Breite von 9 m und waren 9 m voneinander entfernt. Palmenholzbalken verbanden die Pfeiler. Der Straßenbelag bestand aus Zedern- und Zypressenholz.

Die Kernstadt umschloß eine doppelte *Lehmziegelmauer* mit Graben. Die äußere Mauer war etwa 4 m, die innere 6,5 m dick. Beide Mauern lagen im Durchschnitt 7,2 m voneinander entfernt. Zum Euphrat hin schützte die Altstadt eine fast 8 m dicke Mauer. Sechs nach Göttern benannte Tore führten in die Altstadt. Farbige Glasurziegelreliefs schmückten die Fassaden des *Ischtar-Tores*, ein monumentales Doppeltor. Die Reliefs stellen geheiligte Tiere dar: schlangenköpfige Drachen des Reichs- und Stadtgottes Marduk und Stiere des Wettergottes Adad.

Babylon: Ischtar-Tor und Umgebung
1 Ischtar-Tor 2 Ninmach-Tempel 3 Südburg (Stadtpalast Nebukadnezars II.) 4 Prozessionsstraße 5 Doppelmauer

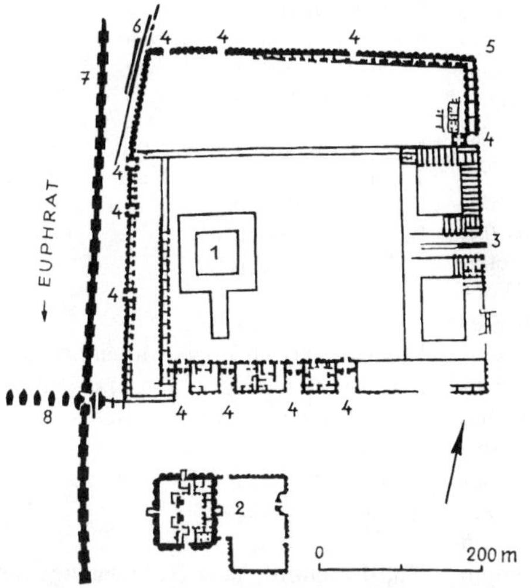

Babylon: Heiliger Bezirk
1 Ziqqurrat Etemenanki
2 Marduk-Tempel
3 Heilige Pforte
4 Tore zum Heiligen Bezirk
5 Prozessionsstraße
6 Mauer des Nebukadnezar
7 Mauer des Nabonid
8 Euphratbrücke

Beim Ischtar-Tor begann die *Prozessionsstraße*, die zum heiligen Bezirk führte. Die 16 m breite, gepflasterte Straße war zu beiden Seiten von einer 7 m starken Mauer eingefaßt. Ein hoher Fries aus glasierten Ziegeln mit schreitenden Löwen zwischen Rosettenbändern zog sich an dieser Mauer entlang. Der Löwe war das Symbol der Göttin Ischtar. Einen Teil des Ischtar-Tores und der Prozessionsstraße ließ Koldewey im Vorderasiatischen Museum, Berlin, wieder aufbauen. Tor und Straße wurden um 580 v. Chr. unter Nebukadnezar II. umgestaltet.
Im heiligen Bezirk erhob sich die *Ziqqurrat Etemenanki* (Grundstein von Himmel und Erde), der berühmte Turm zu Babel. Die erste Ziqqurrat dürfte im 18. Jh. v. Chr. erbaut worden sein. Sanherib zerstörte sie 689 v. Chr. Die Neubabylonier Nabopolassar und Nebukadnezar II. bauten den Stufenturm wieder auf. 479 v. Chr. zerstörte Xerxes I. die Ziqqurrat endgültig. Alexander der Große wollte sie neu errichten; er ließ die gewaltige Trümmermasse wegräumen – und starb. Heute ist daher nichts mehr von dem babylonischen Turm zu sehen. Nach Herodot soll der Turm eine quadratische Grundfläche von 91,55 m Seitenlänge gehabt haben. Er war vermutlich sieben Stufen (Stockwerke) hoch, die letzte Stufe trug einen Tempel.
Der *Marduk-Tempel Esagila* zählt zu den ältesten Bauwerken von B. Er bestand schon im 3. Jt. Seine Grundfläche maß 79,3 x 85,8 m. Sein Inneres bestand u.a. aus einem 31,3 x 37,6 m großen Hof, der Cella des Marduk, der Cella seiner Gemahlin Sarpanitu und den Cellae anderer Gottheiten. Weitere religiöse Bauwerke sind der *Ninurta-Tempel Epatutila* mit 3 m dicken Mauern, die auf eine besondere Höhe des Gebäudes schließen lassen, der *Ischtar-Tempel*, eines der ältesten Heilig-

tümer der Stadt, der *Ninmach-Tempel Emach*, unter dem Assyrerkönig Assurbanipal (669–626) errichtet, heute rekonstruiert, und der *Gula-Tempel.*
Der *Stadtpalast Nebukadnezars II.*, die sog. Südburg, hat eine Gesamtgröße von 190 x 322 m. Bemerkenswert ist der riesige Thronsaal (52 x 17 m) mit 6 m dicken Wänden und einer tiefen Nische für den Königsthron. Die Wände zum Hof waren mit glasierten Ziegeln verkleidet. Eine große Terrassenanlage auf 14 überwölbten Räumen läßt vermuten, daß sich hier die berühmten »*Hängenden Gärten zu Babylon*« befanden, die die Griechen der sagenhaften Königin Semiramis zuschrieben. Semiramis aber war in Wirklichkeit die assyrische Königin Samuramat, die im 9. Jh. v. Chr. lebte. Die Anlage, die erst im 6. Jh. v. Chr., vermutlich von Nebukadnezar II., geschaffen wurde, gilt als eines der Sieben Weltwunder. Der Terrassenbau, der die Gärten trug, war hervorragend isoliert: Bleiplatten schützten die gemauerten Decken, darüber waren Schilfrohrmatten gebreitet und mit Asphalt wasserdicht ausgegossen. Von Sklaven oder Eseln betriebene Hebewerke sorgten für die Bewässerung der Gärten.
Nebukadnezar II. umgab die Außenstadt mit einer dreifachen, etwa 7,5 km langen Mauer. In der Nordecke dieser Außenstadt lag unmittelbar am Euphratufer der *Sommerpalast* des Königs. Die Trümmer dieses Palastes bilden einen Tell von 22 m Höhe, der noch heute den Namen Babil trägt.

Literatur: R. Koldewey: Das wieder erstehende Babylon. Leipzig 1913; W. Andrae: Babylon. Die versunkene Weltstadt und ihr Ausgräber Robert Koldewey. Berlin 1952; E. Unger: Babylon. Die heilige Stadt nach der Beschreibung der Babylonier. Berlin ^{2}1970; W. Ekschmitt: Die sieben Weltwunder. Mainz 1984. S. 13 ff.; K. Kohlmeyer u.a. (Hrsg.): Wiedererstehendes Babylon. Eine antike Weltstadt im Blick der Forschung. Katalog Ausstellung Bonn-Bad Godesberg 1991. Berlin 1991; E. Klengel-Brandt: Der Turm von Babylon. Leipzig ^{2}1992.

Baitylos (griech.). Unbearbeiteter heiliger Stein, der vor allem in orientalischen Kulten Verehrung fand.

Balaneion (griech.). Badezimmer eines griechischen Hauses.

Baptisterium (lat.). Bezeichnung für die Kaltwasserbecken in den römischen Thermen. Seit dem 3. Jh. n. Chr. wird die christliche Taufstätte als selbständiges Bauwerk oder als Anbau der Kirche so genannt.

Barbotine-Technik. Plastische Verzierung keramischer Gefäße durch Herausarbeiten von Reliefs oder durch Auftragen zähflüssigen Tonschlicks, oft farbig bemalt oder vergoldet. Die Technik war schon den minoischen Künstlern um 2000 v. Chr. bekannt.

Basilika (griech.-lat. königliche (Halle); auch Basilica). Großes, langgestrecktes, rechteckiges Gebäude, das häufig durch Säulenreihen in ein meist höheres Mittelschiff und zwei Seitenschiffe eingeteilt war. Die B. entstand Anfang des 2. Jh. v. Chr. in Italien. Sie diente als Markthalle, Wechselbank, Gerichtsstätte, Behördensitz, in Palästen auch als Thronsaal. Die christliche Architektur übernahm die Bauform der B. für die mehrschiffige Kirche.

Literatur: P. Zanker: Basilica. In: Reallexikon der Germanischen Altertumskunde. Bd. 2. Berlin 1976. S. 81 ff.; A. Nünnerich-Asmus: Basilika und Portikus. Köln 1994.

Basilika, Pompeji. In der zweiten Hälfte des 2. Jh. v. Chr. wurde die B. an der Südwestecke des Forums errichtet. Den Mittelsaal umgab eine Halle mit geziegelten Säulen, die Seitenwände waren durch ionische Halbsäulen im unteren Bereich und durch korinthische im oberen Bereich gegliedert. Hauptraum und Umgang waren gemeinsam überdacht, d.h. es gab kein erhöhtes Mittelschiff. Die Eingangsseite mit fünf Durchgängen lag ungewöhnlicherweise im Osten. Vor der Westwand erhob sich ein etwa 2 m hohes Podium mit sechs Säulen. Seitliche Treppen führten zu einem Raum unterhalb des Podiums. Zu beiden Seiten schlossen je ein rechteckiger Raum an. Hier war vielleicht das Tribunal (Amtssitz der obersten Magistrate) untergebracht. → Forum, Pompeji. Abb. S. 158.

Literatur: K. Ohr: Die Basilika in Pompeji. Berlin 1991.

Basilika, Rom. **1)** Die *Basilica Aemilia* auf dem Forum Romanum (→ Forum, Rom, 1) wurde im Auftrag der Zensoren M. Aemilius Lepidus und M. Fulvius Nobilior 179 v. Chr. errichtet. Der Mittelraum des etwa 100 m langen Bauwerks war durch Säulen in drei Schiffe geteilt, von denen das nördliche zur besseren Ausnutzung des Platzes mit einer zusätzlichen Säulenstellung in zwei kleine Schiffe unterteilt war. Die zweigeschossige Südfassade bestand aus Pfeilern mit vorgelagerten Halbsäulen, auf denen je 16 Arkaden ruhten. Kleine Räume, zwischen denen sich drei Eingänge in das Innere der B. befanden, säumten den Portikus. Um das Gebälk der inneren unteren Ordnung der B. lief ein Fries mit der Darstellung mythischer und auch realer Ereignisse aus der Geschichte Roms. Abb. S.x.

Literatur: P. Kränzle: Der Fries der Basilica Aemilia. München 1994. S. 93 ff. (Antike Plastik, Lieferung 23).

2) Mit dem Bau der *Basilica Iulia* auf dem Forum Romanum (→ Forum, Rom, 1) begann Caesar wohl schon 54 v. Chr. an der Stelle der früheren Basilica Sempronia (170 v. Chr.). Unter Augustus wurde das gewaltige Gerichtsgebäude 12 v. Chr. vollendet und unter Diokletian nach einem Brand wieder instand gesetzt. Das Gebäude maß 49 x 101 m. Durch je zwei Säulenhallen, die an allen vier Seiten umliefen, war das Innere der B. in fünf Schiffe gegliedert. Die zum Forum weisende Nordseite war zweistöckig, der Mittelsaal ragte mit einem weiteren Stockwerk darüber hinaus. An der Rückwand der B. lagen Läden, die sich wohl auf eine Straße hin öffneten. Abb. S. 161.

3) Die *Basilica Ulpia* auf dem Trajans-Forum (→ Forum, Rom, 5) ist in ihren Maßen, 170 m lang und etwa 60 m breit, die größte B. Roms. Durch Säulenreihen war sie in fünf Schiffe geteilt. Ihre Schmalseiten endeten in Apsiden. Im Südwesten führten drei Stufen zu den drei Eingängen. Entsprechend ihrer Darstellung auf einer trajanischen Münze schmückte ein Fries die Attika. Die am Konstantinsbogen (→ Bogenmonument, Rom, 3) sekundär verwendeten trajanischen Reliefs stammen mit großer Wahrscheinlichkeit von diesem Fries. Die Form der B. und besonders ihre Lage

(Abschluß des Forums) sind von den zentralen Plätzen in Militärlagern (Principia) übernommen. Abb. S. 163.
4) Die gewaltige *Konstantins- oder Maxentius-B.* war durch ihre Lage eng mit dem Forum Romanum verbunden. Sie wurde unter Maxentius (306–312) begonnen und unter Konstantin dem Großen vollendet. Der 100 m lange und 76 m breite, dreischiffige Hallenbau war ganz aus Backstein ausgeführt. Das West-Ost-orientierte Mittelschiff erreichte eine lichte Höhe von 35 m und endete auf seiner Westseite in einer Apsis. Der Eingang sollte ursprünglich im Osten liegen, für den man über die ganze Breite der B. eine Vorhalle zog. Drei kassettierte Gewölbe des nördlichen Seitenschiffes sind noch heute erhalten; sie erreichen eine Höhe von 24,5 m und sind jeweils 20,5 m breit und 17,5 m tief. Der mittlere Raum hat ebenfalls eine Apsis, was auf eine Planänderung unter Konstantin schließen läßt. Ein prachtvoller Eingang mit vorgelagerter viersäuliger Vorhalle wurde dementsprechend in der Mitte der Südseite errichtet. In den Wandnischen der Räume waren Statuen aufgestellt. In der Westapsis stand jene 12 m hohe Kolossalstatue Konstantins, deren Überreste heute im Hof des Konservatorenpalastes zu sehen sind. → Rom.

Basis (griech. Schritt, Fuß, Grund). Allgemein Sockel einer Statue oder eines Denkmals. In der Architektur Fuß einer Säule oder eines Pfeilers, der das Gewicht des Bauwerks auf eine größere Fläche verteilt. Bei den Basen der ionischen Säulen können folgende Formen unterschieden werden: Die *attische B.* weist eine Abfolge von Wulst (Torus), Kehle (Trochilus) und Torus auf. Die *ephesische B.* hat eine zylindrische, durch zwei Hohlkehlen gegliederte Spira (Rundglied) mit einem gewölbten Torus als Abschluß. Die *samische B.* besteht aus einer mehrfach gegliederten zylindrischen Spira und einem gewölbten Torus.

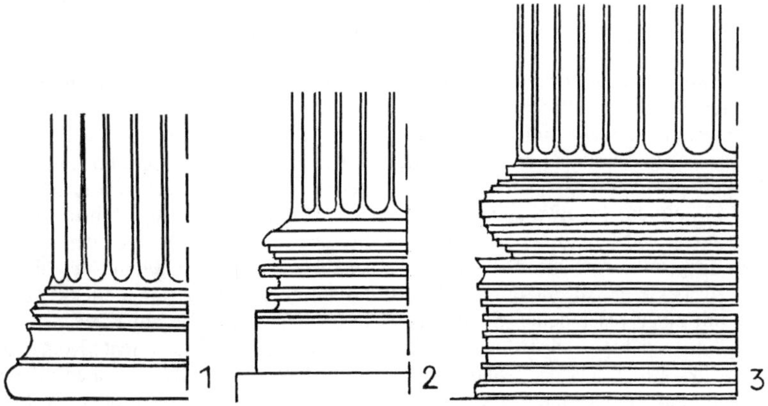

Basis:
1 attisch 2 ephesisch 3 samisch

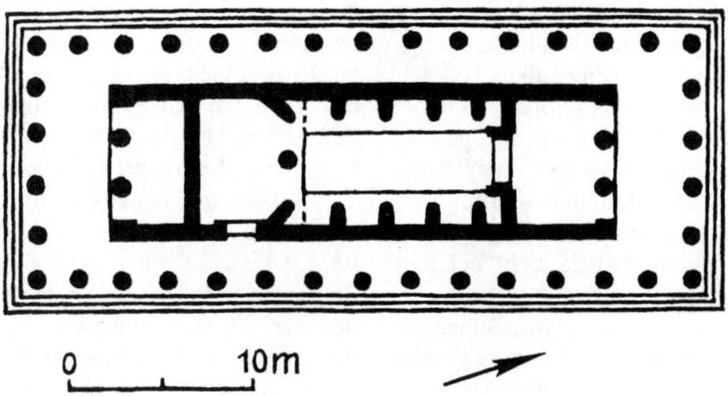

Bassai: Tempel des Apollon Epikurios

Basrelief. Bezeichnung für das Flachrelief.

Bassai. In Arkadien (Griechenland), etwa 7 km nordöstlich des antiken Phigaleia, erhebt sich in 1130 m Höhe der Tempel des Apollon Epikurios (des Helfers).

Geschichte: Nach → Pausanias (VIII 41, 7 ff.) weihten die Einwohner von Phigaleia dem Gott Apollon diesen Tempel, da er ihnen bei einer Pestepidemie während des Peloponnesischen Krieges (431–404 v. Chr.) hilfreich zur Seite gestanden war. Als Architekten nennt er den berühmten → Iktinos, der kurz zuvor den Parthenon in Athen erbaut hatte.

Forschungsgeschichte: Den Tempel entdeckte 1765 der Franzose J. Bocher. 1812/13 untersuchte ihn der englische Archäologe C.R. Cockerell unter Mitarbeit des deutschen Architekten C. Haller von Hallerstein und des baltischen Barons O.M. von Stackelberg. Den Skulpturenschmuck, insbesondere die Marmorplatten des Cellafrieses, verkauften sie an das Britische Museum in London. In den vergangenen Jahrzehnten hat die Griechische Archäologische Gesellschaft den Apollon-Tempel weitgehend restauriert. Griechische und amerikanische Archäologen stießen bei Grabungen im Umfeld des Tempels auf Fundamentreste eines Vorgängerbaus.

Archäologische Stätte: Über einem dreistufigen Unterbau von 38,24 x 14,48 m erhebt sich der Peripteros mit je sechs dorischen Säulen an den Schmalseiten und je fünfzehn an den Längsseiten. Der völlig ungewöhnlich von Norden nach Süden ausgerichtete *Apollon-Tempel* besteht aus heimischem grauem Kalkstein, nur der Skulpturenschmuck, die Kassettendecke im Pronaos, die Innenkapitelle und das Dach sind aus weißem Marmor. Die Cella schmücken acht ionische Dreiviertelsäulen, die durch Zungenmauern mit der Wand verbunden sind. Zwei schräg verlaufende Zungenmauern und eine frei stehende Säule mit korinthischem Kapitell begrenzen die Cella zum Adyton. Dieses korinthische Kapitell gilt als ältestes Beispiel dieser Architekturform, die in der folgenden Zeit unter den Baumeistern große Beliebtheit erlangte. Ein Fries mit Amazonen- und Kentaurenkämpfen umzog die Innenwand der Cella. Die Bedeutung des Adytons konnte bis heute nicht zufriedenstellend geklärt werden, da keine Spuren einer Kultbildbasis vorhanden sind und die östliche Wand eine breite Türöffnung aufweist, deren Zweck nicht bekannt ist.

Literatur: F.A. Cooper: The Temple of Apollo at Bassai. A Preliminary Study. New York 1978; B.C. Madigan: The Temple of Apollo Bassitas. Bd. 2. The sculpture. Princeton 1992.

Bathron (griech. Grundlage, Bank). Bankartiges Podium für Weihgeschenke.

Befund. Bezeichnung für einen ungestörten Fundzusammenhang archäologischer Relikte sowie für eine von Menschen verursachte Bodenverfärbung, wie z.B. eine Abfallgrube. Der B. muß jeweils vor der Entnahme aus dem Boden zeichnerisch und fotografisch genau dokumentiert werden, damit eine spätere Auswertung zu exakten Ergebnissen kommt.

Belevi. → Mausoleum, Belevi.

Belzoni, Giovanni Battista. Am 5.11.1778 als Sohn eines Barbiers in Padua geboren. Seine Jugend verbrachte er in Rom, wo er sich vor allem mit Hydraulik beschäftigte. Eigentlich sollte der 1,98 m große Hüne Priester werden, aber als die Franzosen in Rom einmarschierten, ging er nach England. In London verdiente er sich seinen Lebensunterhalt als Handlanger und trat schließlich als »Patagonischer Samson« in einer Kraftakt-Nummer auf. B. heiratete eine Londonerin und zog mit ihr nach Malta. Dort lernte er einen Ägypter kennen, der das Land am Nil in den glühendsten Farben schilderte. 1815 ging B. nach Kairo, um der ägyptischen Regierung seine Erfindung, eine hydraulische Bewässerungsmaschine, anzubieten. Die Regierung lehnte ab.

Zu dieser Zeit tobte in Ägypten ein erbitterter Raubgräberkrieg zwischen dem französischen Konsul Drovetti, dem britischen Konsul H. Salt, den türkisch-ägyptischen Behörden und den Fellachen. Es ging dabei um Grabschätze, die die Franzosen für den Louvre und die Engländer für das Britische Museum haben wollten, um Bestechungsgelder für die Beamten und um möglichst hohe Gewinne für die Fellachen. B. stellte sein Allroundtalent dem britischen Konsul zur Verfügung und bekam von ihm den Auftrag, den Kopf Ramses' II., der von einem der beiden Memnonskolosse abgefallen war, von → Theben nach London zu schaffen. Trotz zahlreicher Intrigen der Franzosen konnte er 1816 den Auftrag erfolgreich durchführen. B. erkannte, daß die Suche nach Antiquitäten trotz mancher Risiken eine interessante und vor allem einträgliche Aufgabe war, und schaffte alles, was das Britische Museum anforderte, heran. Als ihn die Franzosen mit Hilfe der Behörden aus der Nekropole von Theben vertrieben, reiste er nilaufwärts, schaufelte den Felsentempel von → Abu Simbel frei und drang dort als erster Europäer in das Allerheiligste ein. 1817 kehrte B. nach Theben zurück und fand im Tal der Könige das Grab des Pharaos Sethos I. mit herrlichen Wandmalereien und einem prächtigen Alabastersarkophag, den er

nach London sandte. 1818 entdeckte er den Eingang der Chephren-Pyramide von → Giza und grub in → Edfu, Elephantine und → Philae. 1819 ging B. nach London, um die Ausstellung seiner zahlreichen Funde zu überwachen und seine Tagebücher zu veröffentlichen. Am 3.12.1823 starb er in Gato (Nigeria) auf einer Reise nach Äquatorialafrika an einer Tropenkrankheit.
B. war kein Archäologe, kein Forscher im heutigen Sinne, er war – wie die meisten seiner Zeitgenossen, die sich mit Altertümern befaßten – ein Schatzsucher. Neben dem Geld reizte ihn aber auch der Ruhm, und so verkaufte er aus Enttäuschung darüber, daß England seine Arbeit nicht genügend würdigte, seine umfangreiche Privatsammlung an den Louvre. Durch seine skrupellose Ausbeutung der Fundstätten richtete er unvorstellbaren Schaden an. Andererseits aber bereicherte er den Louvre und vor allem das Britische Museum um viele ihrer kostbarsten Stücke.

Hauptwerk: Narrative of the Operations and recent Discoveries within the Pyramids, Temples, Tombs and Excavations in Egypt and Nubia. London 1821.

Benevent. → Bogenmonument, Benevent.

Bergama. → Pergamon.

Bibliothek. Sammlung von Schriftwerken. Als erste B. können die Tontafelarchive Mesopotamiens im 3. Jt. v. Chr. angesehen werden. Eine der bedeutendesten Tontafelsammlungen bestand in der Hethiterhauptstadt Hattušas. Berühmt sind die Keilschrifttontafeln aus dem Palast des Assyrerkönigs Assurbanipal in → Ninive (7. Jh. v. Chr.). Die wichtigsten griechischen B. (Papyrussammlungen) befanden sich in Alexandria und Pergamon (→ Bibliothek, Pergamon). Die erste öffentliche B. gründete Asinius Pollio 39 v. Chr. in Rom.

Bibliothek, Athen. **1)** Die nach ihrem Stifter, dem Sohn des Leiters einer Philosophenschule, benannte *Pantainos-B.* wurde um 100 n. Chr. an der Panathenäen-Straße, direkt südlich der Stoa des Attalos, nahe der Agora errichtet. Ihre Identifizierung beruht auf einer Weihinschrift, die am Türsturz des Haupteingangs der B. angebracht war. Um einen 13,5 x 20 m großen Hof, in den später ein Peristyl eingefügt wurde, und einen großen quadratischen Saal gruppierten sich an drei Seiten kleinere Geschäftsräume. Diesen war jeweils an den Außenfassaden eine ionische Stoa vorgelagert. → Athen.

Literatur: J.M. Camp: Die Agora von Athen. Mainz 1986. S. 211 ff.

2) Die *Hadriansb.* wurde um 132 n. Chr. nördlich der römischen Agora errichtet. An ein etwa 74 x 98 m großes Peristyl schlossen im Osten der Hauptraum mit Nischen für Buchrollen und seitlich von ihm Leseräume und ein Auditorium an. Ihre Innenwände waren wie auch die des Peristyls mit Marmorinkrustationen ausgestattet. Im Peristyl sollen nach → Pausanias (I 18, 9) ursprünglich 100 Säulen aus phrygischem Stein gestanden haben. Diese wurden jedoch spätestens während des Herulereinfalls 267 n. Chr. fortgeschafft und erst Anfang des 5. Jh., als man die B. wieder aufbaute und im Hof einen Apsidenraum für Vorlesungen errichtete, durch neue Säulen auf hohen Postamenten ersetzt. → Athen.

Literatur: D. Willers: Hadrians panhellenisches Programm. Basel 1990. S. 14 ff.

Bibliothek, Ephesos. Die Celsus-B. ist eine Stiftung des Tiberius Julius Celsus Polemaeanus, der zwischen 103 und 105 n. Chr. Statthalter der Provinz Asia war. Der Bau diente nicht nur als B., sondern war zugleich auch das Grabmal des Stifters. Der stützenfreie Büchersaal maß 11 x 17 m und konnte in den Wandnischen im Erdgeschoß und in zwei weiteren Geschossen, die über Galerien zugänglich waren, etwa 12000 Schriften fassen. In einer Gruft unter der Apsis an der Rückwand der B. befand sich der Sarkophag des Stifters. Die zweigeschossige Fassade des Gebäudes war ähnlich wie Nymphäen- und Bühnenfassaden durch Ädikulen, Nischen, Fenster- und Türöffnungen reich gegliedert. Statuen des Stifters standen in den Nischen des Obergeschosses, Personifizierungen seiner Tugenden im Erdgeschoß. Die Bauinschrift befindet sich am Architrav. Inschriften an den Wänden berichten von seiner Ämterlaufbahn sowie von Kosten und Zweck dieser Stiftung. → Ephesos.

Literatur: F.J. Hueber u. V.M. Strocka: Die Bibliothek des Celsus. Eine Prachtfassade in Ephesos und das Problem ihrer Wiederaufrichtung. In: Antike Welt 6, 4 (1975). S. 3 ff.; V.M. Strocka: Römische Bibliotheken. In: Gymnasium 88 (1981). S. 322 ff.

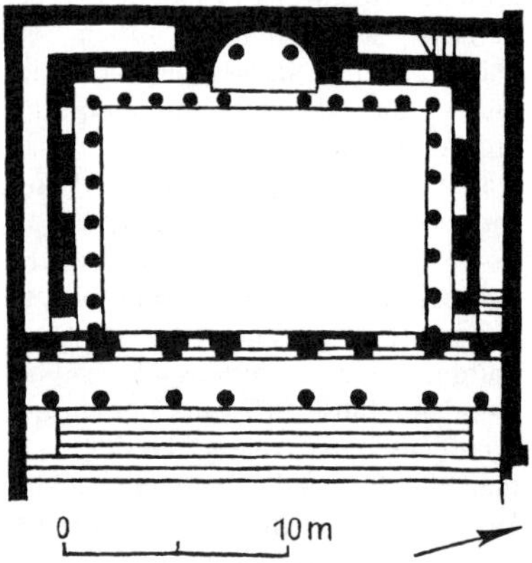

Ephesos: Celsus-Bibliothek

Bibliothek, Pergamon. Eumenes II. ließ innerhalb des Athena-Heiligtums eine B. errichten, die im Jahre 41/40 v. Chr., als Antonius sie der Königin Kleopatra zum Geschenk machte, 200000 Buchrollen umfaßte. Die B. befand sich in den Räumen hinter dem Obergeschoß der Nordhalle. Im vierten und größten Raum, der im Osten lag, stand auf einem Podium eine verkleinerte, etwa 3 m hohe Nachahmung der Athena Parthenos. Dübellöcher in Wänden und im Boden geben Hinweis auf die Aufstellung der Bücherschränke. → Pergamon.

Literatur: H. Mielsch: Die Bibliothek und die Kunstsammlung der Könige von Pergamon. In: Archäologischer Anzeiger (1995). S. 765 ff.; W. Hoepfner: Zu griechischen Bibliotheken und Bücherschränken. In: Archäologischer Anzeiger (1996). S. 25 ff.

Bibliothek, Rom. Die Bibliotheca Ulpia befindet sich in zwei Räumen zu Seiten der Trajanssäule auf dem Forum des Trajan. Die Bibliotheksräume öffneten sich jeweils hinter einer doppelten Säulenstellung. Ein an den drei Wandseiten umlaufendes Stufenpodium ermöglichte den Zugang zu den Wandnischen, in denen die Buchrollen aufbewahrt wurden. Sie hatten eine Breite von 2 m und eine Tiefe von 0,75 m. Die B. war eine der wichtigsten → Roms. In ihr lagerten wohl auch die Bestände der B. des Asinius Pollio, die 39 v. Chr. wahrscheinlich in der Nähe der Kurie errichtet wurde. Die lateinische und die griechische Literatur wurde vermutlich getrennt in den zwei Gebäuden aufbewahrt.

Literatur: B. Götze: Antike Bibliotheken. In: Jahrbuch des Deutschen Archäologischen Instituts 52 (1937). S. 238 ff.; C. Callmer: Antike Bibliotheken. In: Opuscula Archaeologica 3 (1944). S. 162 ff.; V.M. Strocka: Römische Bibliotheken. In: Gymnasium 88 (1981). S. 310 f.

Biga (lat). Von zwei Pferden gezogener, einachsiger römischer Streit-, Jagd-, Renn- oder Triumphwagen.

Bilingue. Zweisprachige Inschrift, manchmal auch in zwei verschiedenen Schriften, wertvoll für die Entzifferung unbekannter Schriften und Sprachen.

Bittel, Kurt. Am 5.7.1907 in Heidenheim an der Brenz als Sohn eines Bankiers geboren. Er studierte in Heidelberg, Berlin, Wien und Marburg und promovierte 1929/30 mit dem Thema »La Tène in Württemberg«. B. wurde wissenschaftlicher Mitarbeiter beim → Deutschen Archäologischen Institut (DAI) in Frankfurt und in Kairo. Als Stipendiat des DAI bereiste er 1931 zum ersten Mal die Türkei, in der fortan sein Schaffens- und Lebensschwerpunkt liegen sollte. B. übernahm von 1931 bis 1977 die Grabungsleitung von Boğazköy (→ Hattušas), der Hauptstadt des Hethiterreiches. Seit 1933 war er Referent des DAI in der Abteilung Istanbul, 1938 wurde er dort zum Zweiten, 1942 zum Ersten Direktor ernannt. Diese Stelle hatte er bis 1945 und von 1953 bis 1960 inne. 1948 folgte B. einem Ruf als Professor für Vor- und Frühgeschichte an die Universität Tübingen. 1960–1972 war er Präsident des DAI mit Sitz in Berlin. In seinen Werken immer die »Erfassung und Deutung der gesamten Hinterlassenschaften vergangener Menschengeschlechter« anstrebend, verstarb er am 30.1.1990 in seinem schwäbischen Heimatort Heidenheim.

Hauptwerke: Die Kelten in Württemberg. Berlin, Leipzig 1934; Prähistorische Forschungen in Kleinasien. Istanbul 1934; Kleinasiatische Studien. Istanbul 1942; Grundzüge der Vor- und Frühgeschichte Kleinasiens. Tübingen ²1951; Die Heuneburg an der Oberen Donau. Stuttgart 1951; Boğazköy. Bd. I-V. Berlin 1937–1975; Das hethitische Felsheiligtum Yazılıkaya. Berlin 1975; Der Donnersberg, eine keltische Stadtanlage. Mainz, Wiesbaden 1981; Hattuscha. Hauptstadt der Hethiter. Köln 1983.

Blegen, Carl William. Am 27.1.1887 in Minneapolis, Minnesota, geboren. 1913–1927 grub er mit der American School of Classical Studies, Athen, im Nordosten der Peloponnes mehrere prähistorische Stätten aus. 1916–1918 entwickelte er mit A.J.B. Wace anhand von Tongefäßen eine neuartige Methode zur Datierung der vormykenischen Kultur. 1927 wurde B. Professor der klassischen Archäologie an der Universität von Cincinnati, Ohio. 1932–1938 leitete er die Ausgrabungen dieser Universität in → Troja. Er unterteilte die neun Hauptschichten Trojas, die W. → Dörpfeld festgestellt hatte, in 46 Besiedlungsphasen und datierte die Stadt des Königs Priamos, Schauplatz von Homers ›Ilias‹, (Hauptschicht VIIa) ungefähr auf das Jahr 1250 v. Chr. 1939 ging B. nach Griechenland und fand bei → Pylos die erste Tontafel mit der Linearschrift B, die man bislang nur von Kreta her kannte. 1952 setzte er die Grabungen fort und entdeckte ein ganzes Archiv mit mehr als tausend solcher Schrifttafeln. Das Archiv gehörte zum Palast des mykenischen Königs Nestor. B. forschte noch bis 1964 in Pylos und konnte zahlreiche Gräber mit reichen Beigaben aufdecken. Er starb am 24.8.1971 in Athen.

Hauptwerke: Troy. Excavations Conducted by the University of Cincinnati, 1932–1938. 4 Bde. Princeton 1950–1958; Troy and the Trojans. London 1963; The Palace of Nestor at Pylos in Western Messinia. Bd.1 u. 3. Princeton, N. J. 1966 u. 1973.

Bodenwiderstandsmessung. Die B. beruht auf der Erkenntnis, daß die elektrische Leitfähigkeit des Erdbodens von Einschließungen verändert wird, daß also unterschiedliche Meßergebnisse archäologische Fundstellen anzeigen können. Die Methode entwickelten Geophysiker, um Erzadern zu orten. Der britische Prähistoriker R.C. Atkinson wandte sie 1946 erstmalig bei der Untersuchung einer neolithischen Siedlung in Dorchester an. 1958 lokalisierte der italienische Ingenieur C.M. Lerici nach Auswertung von Luftbildern mit B. Tausende etruskischer Gräber, die etwa 1–5 m unter der Erdoberfläche liegen.
Das Verfahren ist im Prinzip sehr einfach: Zwischen zwei Metallsonden, die man in geringem Abstand in die Erde steckt, fließt ein elektrischer Strom. Eine Grube oder ein Graben mit feuchtem Lockermaterial setzt dem Strom weniger Widerstand entgegen als normaler, gewachsener Boden. Mauerfundamente und dergleichen zeigen dagegen einen größeren Widerstand an. Die Meßergebnisse werden karthographisch erfaßt. Die Abweichungen von den Normalwerten des untersuchten Terrains ergeben ein genaues Bild der verschütteten Siedlung. Um natürliche Erdströme auszuschalten, bildet man heute mit vier Sonden eine Meßbrücke. An die beiden äußersten Sonden legt man eine Niederfrequenz-Wechselstromspannung, zwischen den beiden inneren Sonden liest man den Widerstandswert ab. Die B. eignet sich besonders für die Lokalisierung langgestreckter Relikte wie Stadtmauern, Straßen oder Gräben.

Bodrum. → Halikarnassos.

Boehringer, Erich. Am 10.8.1897 in Hamburg als Sohn eines Chemikers geboren. Seine Kindheit und Jugend verbrachte er in Basel, bis er sich mit 17 Jahren freiwillig zum Kriegsdienst meldete. 1919 holte er das Abitur nach und studierte Archäologie, Griechisch und Alte Geschichte. 1925 promovierte er bei H. Bulle in Würzburg mit einer Arbeit über die Münzprägung in Syrakus auf Sizilien. Es folgten ein Reisestipendium des → Deutschen Archäologischen Instituts, auf dem er an Ausgrabungen auf Samos und in Pergamon teilnahm, sowie eine Assistententätigkeit für dieses Institut in Rom. Während dieser Zeit nahm er immer wieder an den Ausgrabungen unter T. → Wiegand in → Pergamon teil und vertrat ihn dort in dessen Abwesenheit. Mit der Publikation der hellenistischen Arsenale auf dem Burgberg habilitierte sich B. 1932 an der Universität in Greifswald. Als Vertreter des Ordinarius und Privatdozent war er dort bis 1939 tätig. 1940 ging er für drei Jahre als Kulturreferent der Deutschen Botschaft nach Athen. Es folgten die Stelle eines Ordinarius an der Universität Greifswald, wo seine organisatorischen Fähigkeiten bei der Evakuierung von Universitätsbeständen von großem Nutzen waren. Von 1946 bis 1954 lehrte er nebenbei an der Universität antike Ikonographie und Numismatik. 1954 wurde B. erster Nachkriegs-Präsident des Deutschen Archäologischen Instituts (DAI). Sein organisatorisches Talent bewirkte Enormes bei der Wiederbelebung und Neugründung von zahlreichen Auslandsinstituten, -stationen und Grabungen des DAI. 1960 legte er sein Präsidentenamt nieder und widmete sich nur noch der Forschung sowie der Intensivierung seiner Grabungstätigkeiten in Pergamon, die er bis 1968 fortführte. An den Folgen einer schweren Krankheit starb B. nur wenige Jahre später, am 3.4.1971 in Hamburg.

Hauptwerke: Die Münzen von Syrakus. Berlin 1929; Der Temenos für den Herrscherkult. Altertümer von Pergamon. Bd. IX (mit F. Krauss). Berlin 1937; Die hellenistischen Arsenale. Altertümer von Pergamon. Bd. X (mit A. von Szalay u. F. Krauss). Berlin 1937; Homer. Bildnisse und Nachweise. Bd. 1. Rundwerke (mit R. Boehringer). Breslau 1939.

Boğazköy. → Hattušas.

Bogenmonument. Das B. erfreute sich vor allem in der römischen Kaiserzeit besonderer Beliebtheit und diente in der Form eines Einzelmonuments häufig als Statuenträger. Mit Inschriften und gegebenenfalls Bilderschmuck stellte das B. die politischen Leistungen des Geehrten heraus. Das B. war demnach auch Propagandainstrument. Für militärische Erfolge wurden häufig offizielle B. mit einer triumphalen Ausgestaltung in Auftrag gegeben, die unter dem Begriff Triumphbogen (arcus triumphalis) zusammengefaßt werden können.

Literatur: M. Oppermann: Römische Kaiserreliefs. Leipzig 1985; E. Künzl: Der römische Triumph. München 1988.

Bogenmonument, Benevent. Der Trajansbogen steht an der Stadtgrenze von Benevent, am Beginn der Via Trajana, die Kaiser Trajan (98–117) beim Ausbau des Straßennetzes als direkte Fortsetzung der Via Appia erbauen ließ. Er wurde auf Beschluß des Senates errichtet und war nach der Attikainschrift Ende 114 n. Chr. fertiggestellt. Vom Aufbau her entspricht er weitgehend dem Titusbogen in Rom (→ Bogenmonument, Rom, 1), weist aber einen wesentlich umfangreicheren Skulpturenschmuck auf. Die Reliefs veranschaulichen die Tugenden des Kaisers: Die großen Reliefplatten im Durchgang des Bogens zeigen beispielsweise die »pietas« (Frömmigkeit) des Kaisers gegenüber den Göttern (in Form eines Opfers) wie auch gegenüber den Menschen (in Form einer Alimentation für bedürftige Kinder). Die Alimentation ist als Stiftung von Kaiser Trajan selbst ins Leben gerufen worden. Die beiden Frontseiten des Bogens können nach den Darstellungen auf den Reliefs in eine »innenpolitische« Stadtseite und eine »außenpolitische« Landseite unterschieden werden. Beide Seiten preisen die Wohltaten des Kaisers, die sich in der Mehrung und Sicherung des Reiches sowie in dem Wohlergehen seiner Bürger manifestieren. Militärische Themen, die bei vielen anderen Ehrenbögen vorkommen, sind hier bewußt ausgespart. Senat und Volk, aber auch die Götter, wie die Attikareliefs der Stadtseite zeigen, haben diesen Kaiser mit allen wichtigen Tugenden auserwählt. Die Idee vom »Gottesgnadentum« hat hier das erste Mal eine bildliche Darstellung gefunden.

Literatur: K. Fittschen: Das Bildprogramm des Trajansbogen zu Benevent. In: Archäologischer Anzeiger (1972). S. 742 ff.; W. Gauer: Zum Bildprogramm des Trajansbogen von Benevent. In: Jahrbuch des Deutschen Archäologischen Instituts 89 (1974). S. 308 ff.; E. Simon: Die Götter am Trajansbogen zu Benevent. In: 1./2. Trierer Winckelmannprogramm 1979/80. Mainz 1981. S. 3 ff.

Bogenmonument, Leptis Magna. Der Severusbogen wurde wahrscheinlich während oder kurz nach Septimius Severus' Afrikareise, 203 n. Chr. (?), zu Ehren des Kaisers (193–211) errichtet. Die vier großen Attikareliefs, heute im Museum von Tripolis, sind weniger als Wiedergabe historischer Ereignisse zu betrachten, sondern als bildhafte Umsetzung von »virtus« (Tapferkeit) und »gloria« (Ruhm), den Tugenden eines guten Herrschers. Im NW-Fries ist die Ankunft von Septimius Severus in einem Triumphwagen dargestellt. Im SW-Fries schließt eine Szene mit der »dextrarum iunctio« (Handschlag) zwischen den beiden Augusti Septimius Severus und Caracalla (Sohn des Severus) an – Symbol für die Solidarität der Familie. Im SO-Fries ist ein weiterer Triumphzug dargestellt, im NO-Fries eine Opferszene mit der kaiserlichen Familie. Weitere acht Figurenreliefs schmückten die Innenseiten des Bogens. → Leptis Magna.

Literatur: V.M. Strocka: Beobachtungen an den Attikareliefs des severischen Quadrifons von Lepcis Magna. In: Antiquités Africaines 6 (1972). S. 147 ff.; L. Bacchielli: L'arco severiano di Leptis Magna. In: A. Mastino (Hrsg.): L'Africa Romana. Bd. 9. Sassari 1992. S. 763 ff.

Bogenmonument, Rom. **1)** Der *Titusbogen* wurde in zentraler Lage über der Via sacra an einem der Zugangswege zum Palatin erbaut. Das Datum seiner Errichtung ergibt sich aus der Weihinschrift und dem Bildprogramm, geehrt wurde der vergöttlichte Titus. Die bildliche Wiedergabe seines Nachfolgers Domitian in einem der Durchgangsreliefs bestätigt, daß der Bogen zu dessen Regierungszeit (81–96) erbaut wurde, denn der Kaiser (79–81) verfiel später der »damnatio memoriae« (Verurteilung des Andenkens). Der Reliefschmuck hebt die Tugenden »virtus« (Tapferkeit), »honus« (Ehrhaftigkeit) und »victoria« (Sieghaftigkeit) hervor. Die Durchgangsreliefs zeigen den Triumphzug des Titus, den dieser nach seinem Sieg über die Juden im Jahre 71 n. Chr. in Rom veranstaltete. Im Scheitelrelief ist die Apotheose des Kaisers dargestellt. Auf den Schwingen eines Adlers wird er zu den Göttern getragen. Über dem Architrav läuft ein kleiner Triumphzug um den Bogen. Die Personifizierungen von Victoria, Virtus und Honus in den Reliefs, am Bogenscheitel und in den Zwickeln runden die Ehrung des Kaisers Titus ab. Mit großer Wahrscheinlichkeit bekrönte eine Elefantenquadriga dieses Bogenmonument. → Rom.

Literatur: M. Pfanner: Der Titusbogen. Mainz 1983.

2) Der *Septimius-Severus-Bogen* auf dem Forum Romanum (→ Forum,

Rom, 1) wurde, wie die Inschrift besagt, im Jahr 203 n. Chr. errichtet. Der Senat und das römische Volk ehrten mit diesem Bogen den Kaiser Septimius Severus (193–211) und seinen Sohn Caracalla für ihre verdienstvollen Taten (»die Rettung des Staates und Erweiterung des Herrschaftsbereichs«). Eine Weihung an Geta, den anderen Sohn des Kaisers, wurde aufgrund der »damnatio memoriae« (Verurteilung des Andenkens) in der Inschrift später gelöscht. Der Bogen hat drei Durchgänge, von denen die beiden seitlichen über Treppenanlagen zugänglich waren. An den Frontseiten der mächtigen Pfeiler geben vier großformatige Reliefs über den seitlichen Durchgängen Szenen wie Aufbruch, Kampf, Ansprache an das Heer, Unterwerfung aus den zwei Partherfeldzügen (195 und 197/198) wieder. Darunter befindet sich ein kleiner Fries mit der Darstellung des Triumphzuges. An den Säulensockeln sind römische Soldaten mit gefangenen Parthern wiedergegeben. Victorien, Flußgottheiten und andere Gottheiten sowie personifizierte Jahreszeiten schmücken die Bogenscheitel und Zwickel.

Literatur: R. Brilliant: The Arch of Septimius Severus in the Roman Forum. Memoirs of the American Academy in Rome 29 (1967).

3) Der *Konstantinsbogen*, zwischen Circus Maximus und Velia gelegen, ist eine Weihung des Senats und des römischen Volkes an Kaiser Konstantin (306–337) zur Erinnerung an seinen Sieg über Maxentius an der milvischen Brücke 312 n. Chr. Fertiggestellt war er knapp drei Jahre später. Große Teile des Skulpturenschmucks und einige Architekturglieder stammen von verschiedenen stadtrömischen Denkmälern des 2. Jh. n. Chr., was daran liegen mag, daß Rom zu dieser Zeit bereits seine Vormachtstellung an Byzanz abtreten hatte, und daher in der Stadt nicht mehr die entsprechenden Werkstätten zur Ausschmückung des Monuments zur Verfügung standen. Konstantinisch sind an dem dreitorigen Triumphbogen die Sockelreliefs der Säulen mit Victorien und gefangenen Barbaren, die allegorischen Figuren der Bogenscheitel, die Personifikationen von Jahreszeiten in den Zwickeln, die zwei Tondi (Rundreliefs) mit der Darstellung der Mondgöttin und des Sonnengottes an den Schmalseiten des Bogens und ein Fries, der oberhalb der seitlichen Durchgänge entlang läuft und das historische Ereignis des Feldzuges gegen Maxentius zum Thema hat. Acht Tondi, die den Kaiser bei der Jagd und beim Opfer zeigen, schließen oben an. Sie stammen von einem hadrianischen Monument. Die acht Reliefs an den Frontseiten der Attika gehörten ursprünglich zu einem Ehrendenkmal für Kaiser Mark Aurel. Sie erinnern an die Tugenden eines guten Kaisers: »virtus« (Tapferkeit), »pietas« (Frömmigkeit) und »semper victoria« (fortwährende Sieghaftigkeit). Gerahmt werden die Reliefs von rundplastischen Dakerfiguren, die vormals auf dem Forum des Trajan aufgestellt waren. Ebenfalls von dort stammen die zwei Attikareliefs an den Schmalseiten des Bogens und die beiden Reliefs im mittleren Durchgang. Sie gehörten zu einem großen Schlachtenfries, der ursprünglich ca. 35 m maß und die Feldzüge gegen die Daker zum Thema hatte. Der Kopf des Kaisers wurde in den älteren Reliefs jeweils in einen Konstantin umgearbeitet. Ausgenommen sind die hadrianischen Tondi, in denen neben Konstantin wahrscheinlich auch Konstantius Chlorus dargestellt wurde. Nach neueren Untersuchungen wird behauptet, daß der Bogen bereits aus hadrianischer Zeit stammte und unter Konstantin mit veränderter Skulpturenausstattung neue Verwendung gefunden habe. → Rom.

Literatur: H.P. L'Orange u. A. von Gerkan: Der spätantike Bildschmuck des Konstantinsbogen. Berlin 1939; A. Giuliano: Arco di Constantino. Rom 1956; G.M. Koeppel: Die historischen Reliefs der römischen Kaiserzeit III. In: Bonner Jahrbuch 185 (1985). S. 149 ff., 173 ff.

Bogenmonument, Thessaloniki. Der Galeriusbogen wurde anläßlich des Sieges über die Sasaniden (Perser), 297/98 n. Chr., zu Ehren des Kaisers Galerius (305–311) und seiner Mitregenten Diokletian, Maximianus Herculius und Konstantius Chlorus errichtet. Ursprünglich war es eine dreitorige Anlage mit doppelter Pfeilerstellung, von der heute weniger als die Hälfte erhalten ist. Der Bogen stand in baulichem Zusammenhang mit einer Palastanlage des Kaisers. Sein Bildschmuck hat den Feldzug und seine allegorische Verherrlichung zum Thema. In Friesen, die jeweils um alle vier Pfeilerseiten laufen, sind die historischen Ereignisse wiedergegeben: an einem Pfeiler wird vor allem der Kriegsverlauf geschildert, an dem anderen verherrlichen die Bilder den Sieg und Triumph des Kaisers.

Literatur: H.P. Laubscher: Der Reliefschmuck des Galeriusbogens in Thessaloniki. Berlin 1975.

Bossert, Helmuth Theodor. Am 11.9.1889 in Landau/Pfalz geboren. Er studierte Kunstgeschichte, Archäologie, Germanistik und mittelalterliche Geschichte und wurde Privatdozent. Er nahm am Ersten Weltkrieg teil, zuletzt als Offizier, und begann nach Kriegsende eine Lehre im renommierten Kunstverlag Ernst Wasmuth in Tübingen. Hier verfaßte er Werke zur Geschichte der Fotografie, zur Kunst des Mittelalters und zur Volkskunst. Nebenbei beschäftigte er sich mit Keilschriften und Hieroglyphen und vervollkommnete sein Wissen im Berliner Gelehrtenkreis um die Assyriologen E.F. Weidner und B. Meißner. 1934 erhielt B. den Lehrstuhl für Sprachen und Kultur des Nahen Ostens an der Universität Istanbul und wurde gleichzeitig Direktor des Instituts für die Erforschung dieses Bereiches. Er nahm die türkische Staatsangehörigkeit an, leitete zahlreiche Ausgrabungen in Anatolien und konzentrierte seine Forschungen auf die bis dahin noch unentzifferten hethitischen Hieroglyphen. 1946 wies ihn ein türkischer Lehrer auf Inschriftensteine auf dem → Karatepe, einem Bergrücken in der südöstlichen Türkei, hin. 1947 begann er, gemeinsam mit den türkischen Archäologen B. Alkim und H. Çambel, dort die Ruinen einer späthethitischen Stadt auszugraben, und fand dabei eine phönikisch-hethitische Bilingue, die ihm die weitgehende Entzifferung der hethitischen Hieroglyphen und die Erforschung der hethitischen Sprache ermöglichte. B. starb am 5.2.1961 in Istanbul.

Hauptwerke: Altkreta. Kunst und Kunstgewerbe im ägäischen Kulturkreis. Berlin [3]1937; Altanatolien. Kunst und Handwerk in Kleinasien von den Anfängen bis zum völligen Aufgehen in der griechischen Kultur. Berlin 1942; Asia. Istanbul 1946; Altsyrien. Tübingen 1951.

Bothros (griech. Grube). Altar mit einer Aushöhlung für Opfergaben.

Botta, Paul-Émile. Am 6.12.1802 als Sohn des italienischen Politikers und Historikers C. Botta in Turin geboren. Nach dem Medizinstudium unternahm er 1826–1829 eine Weltreise und stand danach einige Zeit als Arzt in den Diensten des ägyptischen Königs Mehmed Ali. 1842 ging B. als Konsul nach Mosul (Irak), um die untergegangenen assyrischen Städte zu suchen, die man bis dahin nur aus Keilschrifttexten und aus Hinweisen der Bibel kannte. Noch im selben Jahr begann er mit ersten Ausgrabungen auf dem Kujundschik am Ostufer des Tigris gegenüber Mosul. B. suchte altorientalische Kunstwerke, fand aber »nur« Tonziegel mit Keilinschriften und einige Reliefbruchstücke, mit denen er nichts anzufangen wußte. Er ahnte nicht, daß er im Gebiet des alten → Ninive gegraben hatte. Ein Hinweis Einheimischer führte ihn bald darauf in das Dorf Khorsabad, wo er im März 1843 zu graben begann. Trotz größter Widerstände von seiten der türkischen Verwaltung konnte B. in kurzer Zeit den großen Palast des assyrischen Königs Sargon II. freilegen und großartige Wandreliefs, mächtige Flügelskulpturen und eine große Anzahl Keilschrifttafeln nach Paris schaffen. Der Louvre war das erste Museum, das assyrische Altertümer der Öffentlichkeit vorstellte. B. irrte aber, als er annahm, in den Ruinen von Khorsabad das alte Ninive entdeckt zu haben. Khorsabad war in Wirklichkeit die von Sargon II. Ende des 8. Jh. v. Chr. gegründete Hauptstadt → Dur Scharrukin des neuassyrischen Reiches. Doch gerade sein Irrtum veranlaßte die französische Regierung, ihm weitere Ausgrabungen zu finanzieren. Der Kunstmaler E.N. Flandin zeichnete die ausgegrabenen Relikte an Ort und Stelle. So wurden zahlreiche Kunstwerke überliefert, die inzwischen zerstört bzw. auf dem Abtransport verlorengegangen sind. 1845 erhielt B. das Kreuz der Ehrenlegion. 1847 wurde er Generalkonsul in Jerusalem und widmete seine Arbeit fortan den assyrischen Keilschrifttexten. 1857–1870 wirkte B. als Generalkonsul in Tripolis. Er starb am 29.3.1870 in Achères bei Poissy (Frankreich).

Hauptwerke: Relation d'un voyage dans l'Yémen, entrepris en 1837 pour le Muséum d'Histoire naturelle de Paris. Paris 1841; Monuments de Ninive. 5 Bde. Paris 1846–1850.

Bouleuterion. → Buleuterion.

Bronzezeit. Vorgeschichtliche Kulturperiode zwischen → Neolithikum und → Eisenzeit, in der Geräte und Waffen vorwiegend aus Bronze hergestellt wurden. Während erste Bronzegeräte schon um 2500 v. Chr. auf Kreta und in Ägypten erschienen (→ Chalkolithikum), begann die eigentliche B. um 2000 v. Chr. in Vorderasien. Von dort breitete sich die Bronzetechnik in den folgenden Jahrhunderten über ganz Europa aus.

Bryaxis. Bildhauer des 4. Jh. v. Chr., vermutlich aus Karien (Kleinasien). Neben → Leochares, → Timotheos und → Skopas arbeitete er am Mausoleum von Halikarnassos (→ Mausoleum, Halikarnassos) mit. Ihm wird auch die erhaltene Statue des sog. Maussolos zugeschrieben. Eine von B. signierte Basis mit Reiterbild fand sich in

Athen. Der in römischen Kopien häufig überlieferte Serapis-Typus wird B. zugeschrieben.

Bucchero (ital.). Besondere Tonerde, die in der Ägäis und vor allem in Etrurien im 8. bis 6. Jh. v. Chr. zur Herstellung grauschwarzer Reliefgefäße verwendet wurde. Nach dieser Tonerde wird auch die Keramik so bezeichnet.

Budge, Sir Ernest Alfred Wallis. Am 27.7.1857 in Cornwall geboren. Er studierte am Christ's College, Cambridge, altorientalische Sprachen. 1883 trat er in die Dienste des Britischen Museums, das ihn nach Ägypten sandte, um dort Antiquitäten zu erwerben oder auszugraben und nach London zu expedieren. Da Handel und Ausfuhr von Altertümern in Ägypten streng verboten waren, blieb ihm jegliche offizielle Unterstützung versagt. Trotzdem gelang es ihm, unzählige Kisten mit Inschrifttafeln, ägyptischen Papyri, griechischen, koptischen, arabischen, syrischen und äthiopischen Manuskripten aus dem Land zu schmuggeln. Er grub an mehreren Plätzen bei Assuan und in Gebel Barkal, der alten Hauptstadt Äthiopiens. 1887 tauchten im Kairoer Antiquitätenhandel Tontafeln mit babylonischer Keilschrift auf, die im oberägyptischen → Amarna gefunden worden waren. B. reiste zum zweiten Mal nach Ägypten, wo sich bereits die Beauftragten der großen europäischen Museen um den einzigartigen Fund stritten. Die Tontafeln, heute als Amarnabriefe bekannt, enthalten die Korrespondenz zwischen den ägyptischen Pharaonen Amenophis III. und Echnaton und den benachbarten Großkönigen und vorderasiatischen Vasallenfürsten. B. gelang es, 82 Tafeln zu erwerben, von denen aber die meisten bei einem Überfall auf den Transport wieder verlorengingen. Die restlichen Tafeln schmuggelte er nach Mosul, wo sie zusammen mit mesopotamischen Antiquitäten im Gepäck des indischen Fürsten Ayub Khan ohne dessen Wissen nach Basra und von dort nach London gelangten. 1894 ernannte ihn das Britische Museum zum Kurator der ägyptischen und assyrischen Abteilung. B. betätigte sich fast zwei Jahrzehnte in Ägypten als Ausgräber, vor allem aber als Käufer von Antiquitäten für das Britische Museum. Seine Methoden waren weder zimperlich noch ganz sauber; er scheute sich nicht, die Gesetze zu übertreten, Beamte zu bestechen, Einheimische zum Diebstahl anzustiften. Das dreisteste Gaunerstück leistete er sich, als der große Ägyptologe G. → Maspéro 1899 das kurz zuvor geöffnete Grab des Amenemhet in Theben-West (→ Theben) einer großen Gruppe von Beamten und Wissenschaftlern zeigte. Noch während der Besichtigung verschwand der herrliche Dioritsarkophag und tauchte später im Britischen Museum wieder auf. Zu Beginn des 20. Jh. verlegte B. seinen Arbeitsbereich nach Mesopotamien und Syrien und versuchte auch hier, meist mit Erfolg, den französischen, deutschen und amerikanischen Aufkäufern mit allen Tricks zuvorzukommen. Er grub in → Ninive und Der. 1920 wurde B. für seine Verdienste um das Britische Museum in den Adelsstand erhoben. Er starb in London am 23.11.1934.

Hauptwerke: The Book of the Dead (Übersetzung ägyptischer Texte). London 1899; Coptic Homilies. London 1910; The Literature of the Ancient Egyptians. London 1914; By Nile and Tigris. London 1920; Rise and Progress of Assyriology. London 1925; The Dwellers on the Nile. London 1926.

Bukranion (griech. bous, Rind; kranion, Schädel). Meist durch Girlanden verbundene Darstellung von Rinderköpfen oder -schädeln. Das B. diente als Schmuckmotiv an antiken Bauwerken, Altären und Grabmälern. Das Motiv erinnert an das Rinderopfer.

Buleuterion (griech.; auch Bouleuterion). Rathaus, Gebäude für die Ratsversammlung (Bule) der altgriechischen Städte. Im 5. Jh. v. Chr. wurde aus dem → Telesterion der quadratische Sitzungssaal für das B. mit Π- oder ∩-förmig umlaufenden Sitzstufen übernommen.

Buleuterion, Milet. Die axialsymmetrische Anlage von 34,8 x 55,8 m wurde in den 60er Jahren des 2. Jh. v. Chr. errichtet. Sie bestand aus Propylon, Hallenhof und Sitzungssaal. Das Propylon mit vier korinthischen Säulen und Anten war über drei Stufen zu erreichen. Drei Türen führten in den Hallenhof, dessen Mitte das sog. Ehrengrab schmückte. Vom Aufbau des Hallenhofs ist nichts mehr erhalten. Durch vier Türen und einen querliegenden Flur gelangte man ins Sitzungsgebäude, dessen 18 Stufenreihen mit etwa 1200 Plätzen über schmale Treppen zugänglich waren. Anhand der Stufen konnte ein erheblicher Umbau des Saales, vielleicht nach einem Brand, festgestellt werden: Der Dreiviertelkreis der Sitzreihen wurde zu einer Hufeisenform erweitert, eine Schranke trennte den Sitzungssaal vom Flur. Vier ionische Säulen trugen

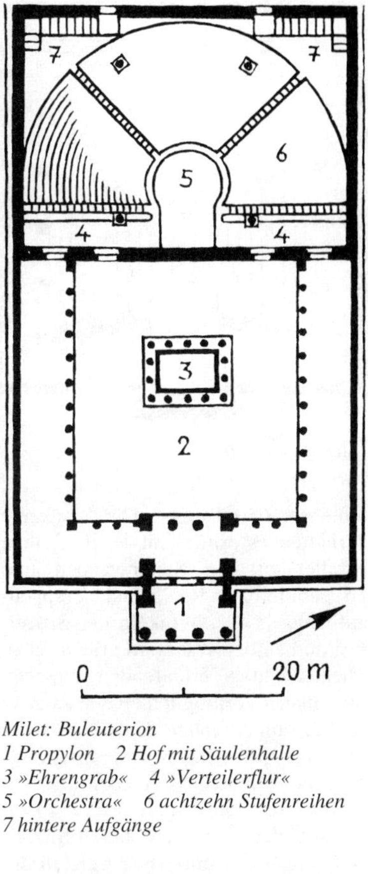

Milet: Buleuterion
1 Propylon 2 Hof mit Säulenhalle
3 »Ehrengrab« 4 »Verteilerflur«
5 »Orchestra« 6 achtzehn Stufenreihen
7 hintere Aufgänge

das aufgrund der großen Spannweite hölzerne Dach. Zwei weitere Türen an der Rückseite des Gebäudes ermöglichten den Zugang zu den oberen Rängen des Saales. → Milet.

Literatur: H. Knackfuss: Das Rathaus von Milet. Berlin 1908; K. Tuchelt: Buleuterion und Ara Augusti. In: Istanbuler Mitteilungen 25 (1975). S. 91 ff.

Buleuterion, Priene. Der fast quadratische Sitzungssaal von etwa 18 x 20 m

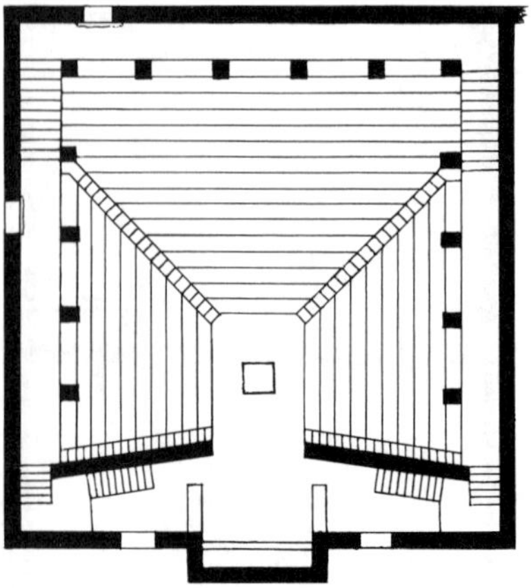

Priene: Buleuterion

faßte ca. 650 Bürger. Die Sitzbänke verlaufen P-förmig mit je 10 Reihen parallel zu den Seitenwänden und 16 parallel zur Rückwand. Treppenaufgänge in den Winkeln der Sitzreihen und an den wie beim griechischen Theater schräg verlaufenden südlichen Stützmauern ermöglichten den Zugang zu der umlaufenden Galerie. In der Mitte des B. steht ein mit Stierkopfgirlanden und Göttermedaillons geschmückter Opferaltar. Pfeiler zwischen Galerie und den oberen Sitzreihen trugen das hölzerne Dach. In der Südwand des Saales war eine breite Nische mit Sitzbänken eingelassen. Seitlich von ihr befand sich je ein Zugang zum B. → Priene.

Buschor, Ernst. Am 2.6.1886 in Hürben bei Krumbach (Württemberg) als Sohn eines Pfarrers geboren. 1912 promovierte er mit ›Beiträgen zur Geschichte der griechischen Textilkunst‹ bei Adolf → Furtwängler in München. 1919 wurde B. als Professor nach Erlangen, ein Jahr später nach Freiburg i. Br. berufen. Zwischen 1921 und 1929 war B. Direktor des Deutschen Archäologischen Instituts in Athen und übernahm 1925 die Leitung der Ausgrabungen auf Samos. Seit 1929 lehrte er in München Klassische Archäologie. Seine Untersuchungen auf Samos führte B. bis zum Beginn des Zweiten Weltkrieges fort. Durch seine zahlreichen Werke, in denen das Bedürfnis, Zusammenhänge aufzuzeigen und Lebensräume zu rekonstruieren, im Vordergrund stand, hat er der Archäologie neue Wege eröffnet. Er gehörte zu den einflußreichsten klassischen Archäologen seiner Zeit. Seine Übersetzungen der 31 erhaltenen griechischen Dramen der Tragödiendichter Euripides, Aischylos und Sophokles zeugen von seinem Wirken über die Grenzen des Faches hinaus. Er starb am 11.12.1961, nur zwei Jahre nach seiner Pensionierung, in München.

Hauptwerke: Altsamische Standbilder. 5 Hefte. Berlin 1934–1961; Die Plastik der Griechen. Berlin 1936; Griechische Vasen. München 1940; Vom Sinn der griechischen Standbilder. Berlin 1942; Phidias der Mensch. München 1948; Frühgriechische Jünglinge. München 1950; Das Porträt. Bildniswege und Bildnisstufen in fünf Jahrtausenden. München 1960.

Byblos. Die uralte Hafen- und Handelsstadt an der phönikischen Küste, 27 km nördlich von Beirut (Libanon), hat eine 7000jährige Geschichte. Seine größte Bedeutung erreichte B. in der Epoche des ägyptischen Mittleren Reiches (2040–1659) und in der Amarnazeit (14. Jh. v. Chr.). Heute liegt hier die kleine Ortschaft Dschebeil (Djebail). **Geschichte:** B. (phönikisch-hebräisch: Gebal; assyrisch: Gubla) ist der Sage nach die älteste Stadt der Welt. Hier soll sich El, der Gott der Zeit, sein Haus erbaut haben. Die ersten Siedlungsspuren (frühneolithische Töpferwaren) stammen aus dem 7. Jt. Im 4. Jt. war B. Hauptstadt der Gibliten und bereits ein bedeutendes Handelszentrum. Zedernholz aus dem Libanon und Kupfer aus dem Kaukasus wurden von hier aus nach Ägypten verschifft. Ägyptische Kaufleute errichteten in der zweiten Hälfte des 3. Jt. einen Tempel, der der semitischen Göttin Balaat geweiht war. Um 2150 wurden Stadt und Tempel gründlich zerstört. Kurz nach 2000 erstand auf den Fundamenten des alten ein neuer Tempel, aber nicht mehr für Balaat, sondern für

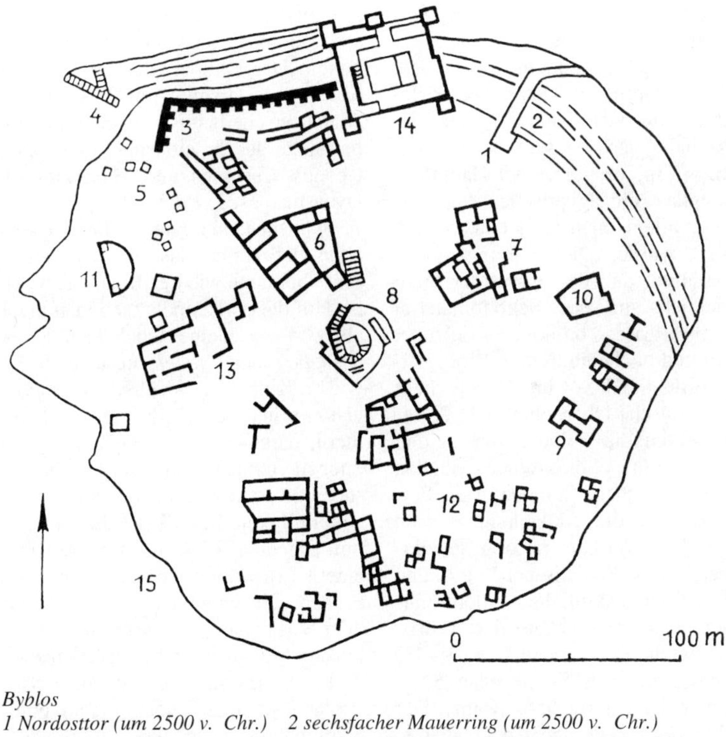

Byblos
1 Nordosttor (um 2500 v. Chr.) 2 sechsfacher Mauerring (um 2500 v. Chr.) 3 Stadtmauer (um 2000 v. Chr.) 4 Westtor (Poterne) am Hafen (um 2000 v. Chr.) 5 Königsnekropole (2. Jt. v. Chr.) 6 Balaat-Tempel (3. Jt. v. Chr.) 7 L-förmiger Tempel (3. Jt. v. Chr.) 8 Heiliger See 9 Haus der Amoriter (20. Jh. v. Chr.) 10 Obelisken-Tempel, später Reschef-Tempel 11 römisches Theater (Odeum?) 12 neolithische Siedlung 13 Amoriter-Residenz (20. Jh. v . Chr.) 14 Kreuzfahrerburg (12. Jh. n. Chr.) 15 Küste

die ägyptische Göttin Isis. Der Isis-Kult machte die Stadt fortan zu einem religiösen Zentrum für den gesamten Nahen Osten, denn in B. fand Isis die Leiche ihres ermordeten Bruders und Gatten Osiris, dessen Tod sie so sehr beweinte, daß Osiris wieder zum Leben zurückkehrte.
In B. regierten einheimische Fürsten, Vasallen der ägyptischen Pharaonen. Im 18. Jh. v. Chr. überrannten die Hyksos ganz Phönikien. Doch die Ägypter behielten ihren Einfluß während des ganzen 2. Jt. Selbst der Einbruch von Seevölkern im 12. Jh. v. Chr. war nur von kurzer Dauer. Im 8. und 7. Jh. v.Chr. stand B. unter der Herrschaft der Assyrer. Seit dem 6. Jh. v. Chr. war die Stadt Hauptumschlagplatz für ägyptischen Papyrus, der vor allem nach Griechenland exportiert wurde. Dieser Papyrus war so berühmt, daß der Name der Stadt schließlich auf das Schreibmaterial überging (griech. biblion, Schriftrolle, Buch) und bis heute in dem Wort »Bibel« fortlebt. 537 v. Chr. kam die Stadt unter persische Oberhoheit. Die Perser unterstellten die Fürsten von B. und den anderen phönikischen Städten einem persischen Satrapen. Den Persern folgten die Makedonier. Nach Alexanders Tod kam B. zum Seleukidenreich. In hellenistischer Zeit blühte in B. der Adoniskult, denn Adonis entsprach dem ägyptischen Gott Osiris. Der Feldherr Pompejus (106–48) brachte die syrisch-phönikischen Städte unter die Herrschaft Roms. Der Raubbau am Zedernholz des Libanon führte schließlich zum Niedergang der Stadt.
Forschungsgeschichte: Seit 1921 gruben französische Archäologen, zunächst unter P. Montet (1921–1924) und später unter M. Dunant (1926–1936), auf dem Gebiet der antiken Stadt.
Archäologische Stätte: Die Fundamente der *phönikischen Mauer* zeigen einen sechsfachen Mauerring, dessen einzelne Anlagen in verschiedener Zeit entstanden sind. Zwei Tore konnten freigelegt werden: eins im Nordosten der Stadt mit einem 50 m langen Gang und eins im Westen, von dem aus ein Stufenweg zum Hafen führte. Von dem *Balaat-Tempel*, dem ältesten Zeugnis phönikischer Großarchitektur, sind nur noch ausgeglühte Steine erhalten. Der Tempel, der im 4. Jt. erbaut wurde, brannte um 2150 nieder. Alabasterscherben stammen von Opfergaben der ägyptischen Pharaonen Cheops, Chephren und Mykerinos (4. Dynastie, 2723–2563). Der *Reschef-Tempel* entstand an der Stelle eines uralten Heiligtums, das etwa zur selben Zeit abbrannte wie der Balaat-Tempel. Im Hof dieses Tempels fand man mehr als zwanzig kleine Obelisken, Reste des *Obelisken-Tempels* aus dem 19. Jh. v. Chr. Zur phönikischen *Nekropole* gehören neun unterirdische Grabkammern, darunter vier Königsgräber mit reichen Grabbeigaben. Der bedeutendste Fund ist der Steinsarg des Königs Achiram von B. (13./12. Jh. v. Chr.) mit liegenden Löwen am Sockel und einem Fries opfernder und klagender Frauen. Die phönikische Inschrift auf dem Sarkophag gilt als ältestes Zeugnis der Alphabetschrift. Aus römischer Zeit stammen die Überreste eines Säulenganges, eines Theaters und eines Nymphäums. Eine *neolithische Siedlung* ist mit Fundamenten kreisrunder oder halbrunder Häuser sowie mit Grabkrügen, in denen die Verstorbenen in Hockerstellung bestattet waren, vertreten.

Literatur: M. Dunand: Byblos. Beyrouth 1963; E.J. Wein u. R. Opificius: 7000 Jahre Byblos. Nürnberg 1963; N. Jidejian: Byblos through the Ages. Beirut 1968; M. Saghieh: Byblos in the Third Millennium B.C. A Reconstruction of the Stratigraphy and a Study of the Cultural Connections. Warminster 1983.

Byzanz (heute Istanbul). Istanbul ist heute mit fast drei Millionen Einwohnern die größte Stadt der Türkei. Ihre verkehrsgünstige Lage am Schnittpunkt des Seeweges vom Mittelmeer zum Schwarzen Meer und des Landweges vom Balkan zum Nahen Osten brachte der Stadt schon früh große Bedeutung, aber auch eine wechselhafte Geschichte.

Geschichte: Erste Siedlungsspuren im Gebiet des heutigen Stadtareals sind bereits aus der Mitte des 3. Jt. v. Chr. bekannt. Die Geschichte der Stadt beginnt jedoch erst um 660/658 v. Chr., als sich dorische Kolonisten aus Megara auf der Landspitze zwischen Marmarameer und Goldenem Horn ansiedelten. Ein Mythos berichtet, daß der für die Stadt namengebende Heros Byzaz von dem delphischen Orakel den Auftrag erhielt, eine Siedlung »gegenüber der Stadt der Blinden« zu errichten. Damit war das nur wenige Jahre früher auf der asiatischen Seite gegründete Chalkedon gemeint, dessen Gründer die vorteilhafte Lage des Goldenen Horns nicht erkannt hatten. Die Ausdehnung des frühen B. ist unbekannt, jedoch muß es von einer starken Befestigungsanlage umgeben gewesen sein, da zahlreiche Kämpfe mit den benachbarten Thrakern überliefert sind und Bedrohungen aus Kleinasien und vom Meer her ebenfalls nicht ausblieben.

Die Kontrolle über den Handel der griechischen Städte im Schwarzmeergebiet, ein bedeutender Thunfischfang und das Vorhandensein von natürlich geschützten Häfen ließen B. im 6. und 5. Jh. v. Chr. zu einer großen Handelsstadt heranwachsen. 512 v. Chr. eroberte der Perserkönig Dareios I. die Stadt. Nach der Schlacht bei Plataiai 479 v. Chr. wurde B. wieder frei. In den Auseinandersetzungen zwischen Athen und Sparta konnte die Stadt durch geschickte Bündnispolitik ihre Freiheit bewahren. Es gelang ihr sogar, 340/39 v. Chr. dem Ansturm des makedonischen Königs Philipp II. zu widerstehen. Unter Alexander dem Großen und während der Diadochenkämpfe behielt B. ebenfalls seine Selbständigkeit. In den makedonisch-römischen Kriegen des 2. Jh. v.Chr. stellte sich B. auf die Seite Roms. Unter Vespasian (69–79) wurde es römische Provinz. In den Kämpfen um die Herrschaft über das Imperium stellte es sich auf die Seite des Gegenkaisers Pecennius Niger. Kaiser Septimius Severus (193–211) eroberte die Stadt nach dreijähriger Belagerung (193–196). Auf Fürsprache seines Sohnes M. Aurelius Antonius, des späteren Kaisers Caracalla (211–217), baute Septimius Severus B. wieder auf und bereicherte es mit prachtvollen Bauten.

Konstantin der Große (306–337) machte B. wegen seiner strategischen und wirtschaftlichen Bedeutung zur zweiten Hauptstadt des Römischen Reiches und nannte es Nova Roma (Neu-Rom). Unter Konstantins Nachfolgern erhielt die Stadt den Namen Constantinopolis (Konstantinopel). Theodosios der Große (379–395) führte das Christentum als Staatsreligion ein und ließ die Stadt von allen heidnischen Relikten säubern. Nach Theodosios' Tod teilten sich seine beiden Söhne Honorios und Arkadios das römische Weltreich. Arkadios (395–408) erhielt Ostrom. Konstantinopel wurde Hauptstadt des Oströmischen Reiches. 476 endete das Weströmische Reich mit der Eroberung Italiens durch den Germanen Odoaker. Das Oströmische Reich hatte sich inzwischen völlig von Rom gelöst, es war byzantinisch geworden, d.h. griechisch. Unter Justinian (527–565) erreichte Konstantinopel seine höchste Blüte.

Archäologische Stätte: Wegen der dichten Bebauung des Stadtkerns stößt die archäologische Forschung in Istanbul auf größte Schwierigkeiten. Unter dem Topkapĭ Sarayĭ, der ehemaligen Palaststadt der Sultane, der Akropolis von B., dürften noch unzählige Spuren aus griechischer Zeit zu finden sein.

Mittelpunkt des byzantinischen Volkslebens war das *Hippodrom*, die Kampfbahn für Wagenrennen. Kaiser Septimius Severus ließ sie im Zuge des Neuaufbaus der Stadt 203 n. Chr. errichten (→ Hippodrom, Byzanz). Als Konstantin der Große B. zur neuen Hauptstadt des Römischen Reiches erklärte, wurden die kaiserlichen *Palastbauten* im Gebiet zwischen Hippodrom und Marmarameer errichtet. Sie unterlagen im Laufe der Jahrhunderte zahlreichen Erweiterungen und Umbauten. In den 30er und 50er Jahren dieses Jahrhunderts sind Teile eines großen Peristylhofes mit südlich anschließendem Apsidensaal ausgegraben worden. Den Hof umgaben auf allen Seiten 8 m tiefe Säulenhallen, deren Fußböden mit Mosaiken des 6. Jh. ausgelegt waren. Neben dem *Augusteum*, dem öffentlichen Vorhof des Kaiserpalastes, stand das *Miliarium Aureum*, der Goldene Meilenstein, ein römischer Triumphbogen. Er gab, wie in Rom, die Entfernungen der einzelnen Wegstrecken innerhalb des Reiches an. An diesem Tetrapylon begann auch die *Mese*, die Hauptverkehrsstraße der Stadt.

Bei der Stadterweiterung ließ Konstantin der Große (306–337) an dieser Straße ein *Forum* errichten, dessen Mittelpunkt eine Ehrensäule für den Kaiser bildete (→ Säulenmonument, Byzanz, 1). Säulenhallen umgaben den runden, mit großen Platten gepflasterten Platz. Die Einmündungen der Mese waren mit statuengeschmückten Torbauten hervorgehoben. Kaiser Theodosios (379–395) ließ ebenfalls ein Forum (*Forum Tauri*) an der Mese errichten, das aber bislang noch nicht archäologisch erforscht werden konnte. Den Mittelpunkt markierte auch hier eine Ehrensäule, der *Theodosios-Obelisk*, die mit einem Bandrelief, das die Siege des Kaisers über die Barbaren verherrlichte, und einem Standbild des Theodosios geschmückt war (→ Säulenmonument, Byzanz, 2). Ein drittes Forum entstand unter Kaiser Arkadios (395–408) am westlichen Stadtrand, das Theodosios II. (408–450) fertigstellen ließ. Seine Einweihung erfolgte 421. Die Ehrensäule, *Arkadios-Säule*, zierte ein Bandrelief mit den Taten der Kaiser Arkadios und Theodosios (→ Säulenmonument, Byzanz, 3).

Der gut erhaltene *Aquädukt* aus der Zeit des Kaisers Valens (364–378) überbrückt das Tal zwischen drittem und viertem Hügel der Stadt (→ Aquädukt, Byzanz).

Das unter Theodosios II. erbaute *Festungswerk* bestand aus drei Teilen: der Hauptmauer, der Vormauer und –

an gefährdeten Stellen – einem Graben. 96 Türme verstärkten die 4,8 m dicke und 11 m hohe Hauptmauer. Die Vormauer, eine mächtige Kasemattenanlage, wurde im Abstand von 14,5 m errichtet und erreichte eine Höhe von 8 m. Ihre Verstärkungstürme standen auf Mitte versetzt zu denen der Hauptmauer. Vier kleinere und sieben große, beide Mauerzüge umfassende Toranlagen gewährten neben zahlreichen Pforten, die an den Seiten der Türme zu finden waren, die Ein- und Ausfahrt. Die noch aufrecht stehenden Mauerzüge theodosianischer Zeit sind sorgfältig aus Kleinquadermauerwerk mit fünfschichtigen Ziegelbändern errichtet. Der Graben war 12–15 m von der Vormauer entfernt in den Boden oder Fels eingetieft. Bei einem Angriff konnte er in kurzer Zeit mit Wasser gefüllt werden.

Literatur: W. Müller-Wiener: Bildlexikon zur Topographie Istanbuls. Tübingen 1977.

C

C-14-Methode. → Radiokarbondatierung.

Caere (Cerveteri). 40 km nordwestlich von Rom auf einem rund 80 m hohen Tuffsteinplateau nahe der tyrrhenischen Küste gelegen.

Geschichte: Die etruskische Siedlung C. (etruskisch: Chaisre) wurde im 8. Jh. v. Chr., vielleicht auch schon früher gegründet. Im Laufe der folgenden Jahrhunderte legten die Bewohner von C. drei Häfen an: Alsium (heute Ladispoli), Pyrgi (heute Santa Severa) und Punicum (heute Santa Marinella). Wohl schon im 7. Jh. v. Chr. riß C. den Erzexport aus den Tolfabergen an sich und minderte damit die wirtschaftliche Bedeutung der benachbarten Etruskerstadt Tarquinia. Im 6. Jh. v. Chr. unterhielt C. gute Handelsbeziehungen zu Karthago. 535 v. Chr. zwangen C. und Karthago mit je 60 Kriegsschiffen Kolonisten aus der mittelgriechischen Landschaft Phokis zum Verlassen ihrer um 562 v. Chr. gegründeten Niederlassung Alalia (Aleria) auf Korsika. Das hinderte die Caeretaner aber nicht daran, das Orakel von Delphi zu befragen – Delphi lag immerhin in Phokis – und dem delphischen Apollon kostbare Weihgeschenke zu stiften. Auch sonst bestanden intensive kulturelle Kontakte zu Griechenland. Die etruskische Kunst und Mythologie waren stark von griechischen Einflüssen geprägt. Die Herrschaft über das Tyrrhenische Meer gedachten die Etrusker aber nicht mit den Griechen zu teilen. So dehnten sie ihren Machtbereich bis Kampanien aus und eroberten nacheinander die griechischen Kolonialstädte mit Ausnahme von Cumae (Kyme), das sie 524 v. Chr. vergeblich belagerten. Im 5. Jh. v. Chr. bedrängten die Griechen von Syrakus C. 474 v. Chr. vernichtete Hieron I. vor Cumae die vereinigte Flotte der Etrusker. Damit begann der Niedergang der etruskischen Macht. Syrakus beherrschte fortan das Tyrrhenische Meer und unterband die Handelsbeziehungen Etruriens mit dem Osten. 384 v. Chr. überfiel der Syrakusaner Dionysios I. Pyrgi, den Haupthafen von C., zerstörte die Hafenanlagen und plünderte das Heiligtum der Leukothea, um mit den Tempelschätzen den Krieg gegen Karthago zu finanzieren. Mit Rom, das 509 v. Chr. seinen etruskischen König vertrieben hatte, blieb C. freundschaftlich verbunden. Als die Kelten 387 v. Chr. Rom einäscherten, nahm C. einen Teil der rechtzeitig evakuierten römischen Bevölkerung, besonders die Priesterschaft, auf. 353 v. Chr. wurde C. in die Auseinandersetzungen zwischen Rom und Tarquinia verstrickt und von Rom annektiert. C. war die erste Stadt, die das römische Halbbürgerrecht (civitas sine suffragio, Stadtgemeinde ohne politische Rechte) erhielt.

Forschungsgeschichte: 1836 entdeckten der Erzpriester C.A. Regolini und der General V. Galassi gemeinsam das nach ihnen benannte Etruskergrab am südlichen Rande der heutigen Ortschaft Cerveteri. 1850 fand der Antiquitätenhändler Marquis G.P. Campana in einer Grabkammer auf dem nahen Monte Abetone den berühmten Tonsarkophag, der ein Ehepaar auf dem Totenbett darstellt (heute im Louvre, Paris). Ein weiterer Sarkophag dieser Art kam Ende des 19. Jh. in Cerveteri zum Vorschein (heute im Museo di Villa Giulia, Rom). Beide Sarkophage stammen aus der Zeit um 530 v. Chr. 1911 begann unter R. Mengarelli auf dem Tuffplateau Banditaccia die systematische Freilegung einer ausgedehnten Nekropole. 1957 bis 1979 untersuchte der italienische Archäologe M. Moretti 260 Gräber dieses Bezirks. Bei den Arbeiten unterstützte ihn der Mailänder Ingenieur C.M. Lerici mit modernen technischen Hilfsmitteln. 1957–1964 wurde auf dem Gebiet der antiken Hafenstadt Pyrgi das Heiligtum der Leukothea, der etruskischen Muttergöttin Uni, ausgegraben. Dabei stießen die Archäologen auf die Fundamente zweier Tempel aus der Zeit um 500 und 470 v. Chr. 1964 fanden sie eine etruskisch-phönikische Bilingue, die aus drei Goldblechen besteht, von denen eines phönikisch und zwei etruskisch beschrieben sind. Die Inschrift berichtet, daß Thefarie Velianas, König von C., um 500 v. Chr. der phönikischen Göttin Astarte einen Tempel weihte und dem gegen Rom verbündeten Karthago gestattete, den Hafen als Flottenbasis zu benutzen.

Die in den Gräbern vorgefundenen Grabbeigaben und Ausstattungsteile befinden sich im Museo di Villa Giulia, Rom, im Museo Gregoriano Etrusco im Vatikan und im örtlichen Museum.

Archäologische Stätte: Das Stadtgebiet des antiken C. ist wie bei den meisten anderen etruskischen Städten noch kaum untersucht worden. Bis auf spärliche Überreste der Stadtmauer des 5. und 4. Jh. v. Chr. sind keine sichtbaren Ruinen vorhanden. Dagegen legen die Nekropolen von C. Zeugnis ab vom großen Reichtum und ausgeprägten Kunstsinn der Etrusker. Die Gräber stammen aus der Zeit vom 9. Jh. v. Chr. bis in hellenistisch-römische Zeit.

Die große *Nekropole auf dem Banditaccia* ist eine riesige Totenstadt mit Straßen, Plätzen und Gräbervierteln. Die Grabanlagen wurden in den leicht zu bearbeitenden Tuff gehauen. Mit einer Tuffplatte abgedeckte Brunnengräber für Körperbestattungen beherrschten die frühe Zeit in den Nekropolen. Aus ihnen entwickelten sich die einfachen Kammergräber mit Tuffsteingewölben in Kragebautechnik. Erdhügel (Tumuli) bekrönten diese Grabstätten. Monumentalere Grabanlagen wurden bald vollständig aus dem Tuff gehauen und innenarchitektonisch ausgestaltet. Für das frühe 7. Jh. bis zum späten 5. Jh. v. Chr. konnten sechs Grabtypen unterschieden werden: 1. Der Kragebautypus (ca. 680–630 v. Chr.) mit schlauchförmigem Grundriß. 2. Der Bogentürtypus (ca. 650–600 v. Chr.) wurde ganz aus dem Tuff gehöhlt, er hat einen langen Dromos (Gang) mit der charakteristischen bogenförmigen Tür. Einzelne Elemente wie Balken- und Kassettendecken wurden aus der Hausarchitektur übernommen. 3. Der Lünettentypus (ca. 625–550 v. Chr.) hat ebenfalls einen Dromos. Die Türen und Fenster der nun kleineren Räume haben Lünettenform (Bogenform). 4. Beim Dreizellentypus (ca. 575–525 v. Chr.) liegen

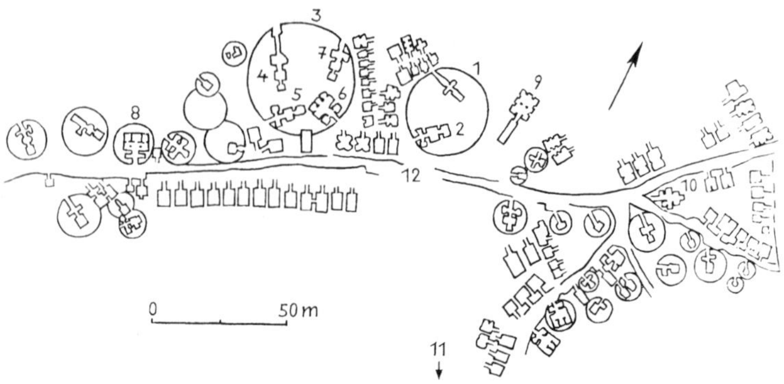

Caere: Nekropole auf dem Banditaccia
1 Grande Tumulo I   2 Tomba dei Letti lapidei   3 Grande Tumolo II
4 Tomba della Capanna   5 Tomba dei Letti funebri
6 Tomba dei Vasi attici   7 Tomba dei Dolii   8 Tomba dei Capitelli
9 Tomba dei Rilievi   10 Tomba della Cassetta
11 Tomba degli Scudi e delle Sedie   12 Via sepolcrale principale

seitlich des Dromos zwei Räume und hinter dem quergelagerten rechteckigen Vorraum drei weitere kleine Zellen. Diese Gräber wurden in großen Tumuli (Grabhügeln) oder in Würfelgräbern längs der Straße angelegt. 5. Der Zweizellentypus (ca. 550–500 v. Chr.) ist eine schlichtere Variante des vorherigen Typus, mit kurzem Dromos und nur zwei – meist würfelförmigen – Hinterkammern. 6. Der Caditoiatypus (ca. 525–4. Jh. v. Chr.) wurde in den Felsen geschlagen oder in Würfeln entlang der Straßen angelegt. Er besteht meist nur noch aus einer Kammer mit architektonisch gliedernden Elementen wie Pfeilern oder Säulen. In hellenistischer Zeit herrschen einräumige unterirdische Grabanlagen (Hypogäen) mit umlaufender Bank vor. Vor ihrem Eingang standen Cippi in Säulen- oder Hausform. Zeitlich parallel zu diesen aufwendigen Anlagen gab es für ärmere Bevölkerungsschichten Brunnen-, Steinkisten- oder Loculusgräber (Nischengräber), die jeweils in räumlicher Nähe zu den reichen Grabstätten entdeckt wurden.

Bedeutende Grabanlagen der Nekropole auf dem Banditaccia: Die *Tomba della Casetta* (Grab der Kassetten; Lünettentypus) aus dem frühen 6. Jh. v. Chr. besteht aus einem kurzen Dromos mit fünf Kammern, in denen Bänke und Klinen aufgestellt sind. Durch Rundbogentüren sind die Kammern miteinander verbunden. Die *Tomba degli Scudi e delle Sedie* (Grab der Schilde und Sessel; Dreizellentypus) aus der ersten Hälfte des 6. Jh. v. Chr. ist reich mit steinernen Schilden, Thronsesseln und Totenbetten ausgestattet. Einflüsse der etruskischen Hausarchitektur kommen hier deutlich zum Ausdruck. Die *Tomba dei Capitelli* (Grab der Kapitelle; Dreizellentypus) aus der zweiten Hälfte des 6. Jh. v. Chr. erhielt ihren Namen von zwei mehreckigen Säulen mit äolischen Kapitellen, die die Decke der mittleren Grabkammer stützen. Der riesige Tumulus II enthält vier Grabanlagen, die zwischen der ersten Hälfte des 7. Jh. und dem Ende des 5. Jh. v. Chr. angelegt wurden: Die *Tomba della Capanna* (Grab der Hütte; Bogentürtypus) ist die älteste Anlage. Hier ahmen an den Decken der zwei hintereinander liegenden Grabkammern dünne, aus dem Tuff gearbeitete Firstbalken die Dächer etruskischer Hüttenarchitektur nach. Es folgen die *Tomba dei Dolii* (Grab der Trauernden; Bogentürtypus) aus dem späten 7. Jh. v. Chr. und die *Tomba dei Letti funebri* (Grab der Totenbetten; Lünettentypus). Das jüngste Grab, die *Tomba dei Vasi attici* (Grab der attischen Vasen; Dreizellentypus), war über längere Zeit in der zweiten Hälfte des 6. Jh. v. Chr. in Gebrauch. An Grabbeigaben kamen zahlreiche attische schwarz- und rotfigurige Gefäße zum Vorschein. Die *Tomba dei Rilievi* (Grab der Reliefs), ein unterirdisches Hypogäum aus dem späten 4. Jh. v. Chr., ist mit farbigen Stuckreliefs ausgeschmückt, die Waffen, Werkzeuge und Haustiere darstellen. Eine umlaufende Bank im Hauptraum bot Platz für 32 Bestattungen. Inschriften an den Wänden und auf einem Cippus nennen Mitglieder der Familie Matuna, die hier ihre letzte Ruhestätte fanden. In das 4. Jh. v. Chr. sind auch die *Tomba dell' Alcova* (Grab der Alkoven), das Grab der Familie Tarnas, und die *Tomba dei Sarcofagi* (Grab der Sarkophage), in der die Familie Apucus bestattet wurde, zu datieren.

Das *Regolini-Galassi-Grab* (Kragebautypus) in der Necropoli del Sorbo westlich von C. ist berühmt wegen des unvorstellbar reichen Goldschmucks, den die beiden Entdecker darin fanden. Außerdem enthielt das Grab ein Bronzebett mit dem Skelett eines Fürsten, Waffen, Schilde, einen vierrädrigen Wagen und einen Thronsessel, alles ebenfalls aus Bronze. Das Grab wurde um 675 v. Chr. angelegt. Die Funde befinden sich heute im Museo Gregoriano Etrusco im Vatikan.

Auf dem Monte Abetone südlich von C. erstreckt sich eine weitere Nekropole mit zahlreichen Tumuli. In dem Tumulo Campana sind zwei Grabanlagen zum Vorschein gekommen: Die *Tomba Campana 1* (Bogentürtypus) stammt aus der zweiten Hälfte des 7. Jh. v. Chr. Seitlich des Dromos liegen jeweils eine Zelle, den Hauptraum teilen kannelierte Wandpilaster in drei Bereiche. Der vordere diente mit einem steinernen Altar in Form eines Thrones dem Totenkult. Die jüngere *Tomba Campana 2* (Dreizellentypus) schließt seitlich an die ältere Grabanlage an.

Literatur: M. Pallottino: Die Nekropole von Cerverteri. Rom [2]1960; N. Brockmeyer: Caere. Eine Metropole der Etrusker. In: Antike Welt 3, 3 (1972). S. 38 ff.; F. Prayon: Frühetruskische Grab- und Hausarchitektur. Heidelberg 1975; G. Proietti: Cerverteri. Rom 1986; B. Zapicchi: Cerverteri. Le necropoli della Banditaccia. Cerverteri 1993.

Caldarium (lat., auch Kaldarium). Warmwasserbad, zentraler Teil der römischen → Thermen.

Canabae (lat.). Ursprünglich Schenken und Läden in der Nähe römischer Militärlager, später Bezeichnung für die daraus hervorgegangenen Siedlungen mit eigener Verwaltung unter militärischer Aufsicht.

Canopus (lat. von griech. kanopos). Bassinanlage mit fließendem Wasser in den Gärten römischer Villen. Die Bezeichnung C. stammt von der gleichnamigen Stadt (Kanopus) an der Nilmündung. Den bekanntesten C. ließ Kaiser Hadrian auf seinem Ruhesitz in → Tivoli anlegen.

Capitol. → Kapitol.

Cardo maximus (lat.). Die in Nord-Süd-Richtung verlaufende Hauptstraße des Römerlagers und der römischen Stadt; der C. m. schnitt sich rechtwinklig mit dem → Decumanus maximus.

Carter, Howard. Am 9.5.1873 in Swaffham, Grafschaft Norfolk, als Sohn des Tiermalers S.J. Carter geboren. Von Privatlehrern ausgebildet, trat er als 17jähriger in die Dienste des Egyptian Exploration Fund. Er arbeitete zunächst als Zeichner an verschiedenen Ausgrabungsstätten. 1892 sammelte er Grabungserfahrungen auf dem Tell el-Amarna unter dem Archäologen F. → Petrie. Danach gehörte er bis 1899 dem Mitarbeiterstab des Archäologen E. Naville an, der in Theben-West (→ Theben) den Terrassentempel der Königin Hatschepsut ausgrub. 1899 wurde C. zum Generalinspekteur der ägyptischen Altertümerverwaltung ernannt. Er wirkte unter G. → Maspéro in → Abu Simbel und unter W. Garstin im Tal der Könige. Von 1902 an leitete er die Ausgrabungen von T.M. Davis im Tal der Könige und entdeckte die Gräber von Mentuhotep und Thutmosis IV. 1903 wurde er kurz nach seiner Ernennung zum Inspekteur von Unter- und Mittelägypten aufgrund eines unglücklichen Zusammenstoßes mit einer französischen Touristengruppe, die seine Arbeiten in → Sakkara behinderte, fristlos entlassen. Die folgenden Jahre verbrachte C. damit, die ägyptische Landschaft in Aquarellen festzuhalten. 1906 lernte C. den Sammler und Mäzen Lord Carnarvon kennen, der ihn mit Ausgrabungen in der Nekropole Theben-West beauftragte. C. entdeckte das Grab des Königs Amenhotep I., das Felsengrab der Hatschepsut und mehrere Gräber von Königinnen der 18. Dynastie. Der Erste Weltkrieg unterbrach die Grabungen, aber bald nach Kriegsende konnte C. seine Forschungen fortsetzen. Anfang November 1922 fand er einige Gegenstände mit dem Siegel des Tutanchamun und schloß daraus, daß das Grab des fast unbekannten Königs in der Nähe der Fundstelle sein müsse. Drei Tage später, am 7.11.1922 stieß er unter einem Haufen Steinschutt, der beim Ausschachten des Grabes Ramses' VI. aufgetürmt worden war, auf den Eingang des gesuchten Grabes. Das Grab war noch nicht ausgeraubt worden und barg eine Fülle von kostbaren Kunstwerken, Möbeln und Schmuck, den reichsten Schatz, den je ein Archäologe ans Tageslicht geholt hatte. Die folgenden zehn Jahre widmete C. dem Registrieren, Konservieren und der wissenschaftlichen Auswertung der Grabbeigaben, die in die Sammlung des Nationalmuseums Kairo übergingen. Am 2.3.1939 starb er in London.
1977 fiel ein Schatten auf das Werk des britischen Archäologen. T. Horing, bis 1977 Direktor des Metropolitan Museum in New York, behauptete, C. habe gemeinsam mit seinem Financier Lord Carnarvon zahlreiche Kostbarkeiten aus dem Grabe Tutancha-

muns an sich genommen und heimlich nach den Vereinigten Staaten verkauft, wo sie sich heute im Metropolitan Museum sowie in den Museen von Brooklyn, Kansas City, Cincinnati und Cleveland befinden.

Hauptwerke: The Tomb of Thutmosis IV. Westminster 1904; Tut-ench-Amun. 3 Bde. Leipzig 1924–1934.

Castellum (lat.). Kleines römisches Militärlager. Zur Verstärkung des Grenzwalls wurden im 2. und 3. Jh. n. Chr. Castella entlang des → Limes errichtet. In seiner Anlage entspricht das C. im wesentlichen dem → Castrum.

Literatur: A. Johnson: Römische Kastelle des 1. und 2. Jahrhunderts n. Chr. in Britannien und in den germanischen Provinzen des Römerreiches. Mainz 1987.

Castellum, Cilurnum (Chesters). Das C., eines der 17 großen Wallcastella, liegt beiderseits des Roman Wall (→ Limes, Hadrianswall) neben dem Durchfluß des Northern Tyne. Hier war eine Ala (Kavallerieschwadron) mit 500 Reitern stationiert. Vier Haupttore und zwei Nebentore führten in das C. Deutlich sind noch die Fundamente der Unterkünfte und Stallungen zu erkennen. Im Mittelteil des Lagers befanden sich die Werkstätten, Magazine, das Hauptquartier, das Haus des Kommandanten und ein Badehaus. Über einen gepflasterten Hof betrat man das Gebäude des Hauptquartiers, das aus einer Halle und fünf Räumen bestand. Der mittlere Raum war die Standartenkapelle. In den beiden westlichen Räumen residierten der Adjutant, in den beiden östlichen Räumen der Standartenträger (Zahlmeister) und ihre Schreiber. Neben dem C. lag unmittelbar am Ufer des kleinen Flusses ein weiteres Badehaus. Im Fluß selbst zeugen noch zwei Pfeiler von der römischen Brücke.

Castellum, Corstopitum (Corbridge). Etwa 3 km südlich des Hadrianswalls (→ Limes, Hadrianswall) gelegen. Es entstand vermutlich in den Jahren 78 bis 84, als Agricola nach Schottland vorstieß. Dank seiner günstigen Zentrallage gewann das Lager schnell an Bedeutung. Mit dem Ausbau des Hadrianswalls und seiner Kastelle entwickelte sich hier eine blühende Stadt für die entlang des Walls stationierten Truppen. Riesige Getreidespeicher, zahlreiche Läden und Gastwirtschaften, vier Tempel sowie zwei hermetisch abgeschlossene Militärlager konnten nachgewiesen werden.

Castellum, Saalburg. Im Hochtaunus, 6 km nordwestlich von Bad Homburg v. d.H. gelegen. Das C. kontrollierte eine wichtige Paßstraße, die zur römischen Stadt Nida (Frankfurt-Heddernheim) führte. 1898 bis 1917 wurde das C. auf den zum Teil gut erhaltenen Grundmauern rekonstruiert. Die beiden kleinen Schanzen A und B östlich der Saalburg stammen vermutlich aus der Zeit der Chattenkriege (83–85). 88 bis 89 entstand ein 0,7 ha großes C. aus Palisadenwänden, in dem eine kleine britische Abteilung stationiert war. Um 135 errichtete die Cohors II Raetorum Romanorum (equitata) an der Stelle des Holzc. ein 3,2 ha großes Lager. In der zweiten Hälfte des 2. Jh. wurde die ursprüngliche Holz-Stein-Mauer durch eine gemörtelte Mauer ersetzt. Das C. wurde 260 aufgegeben. Die Saalburg hatte vier Tore; das Haupttor lag im Süden, dem Limes

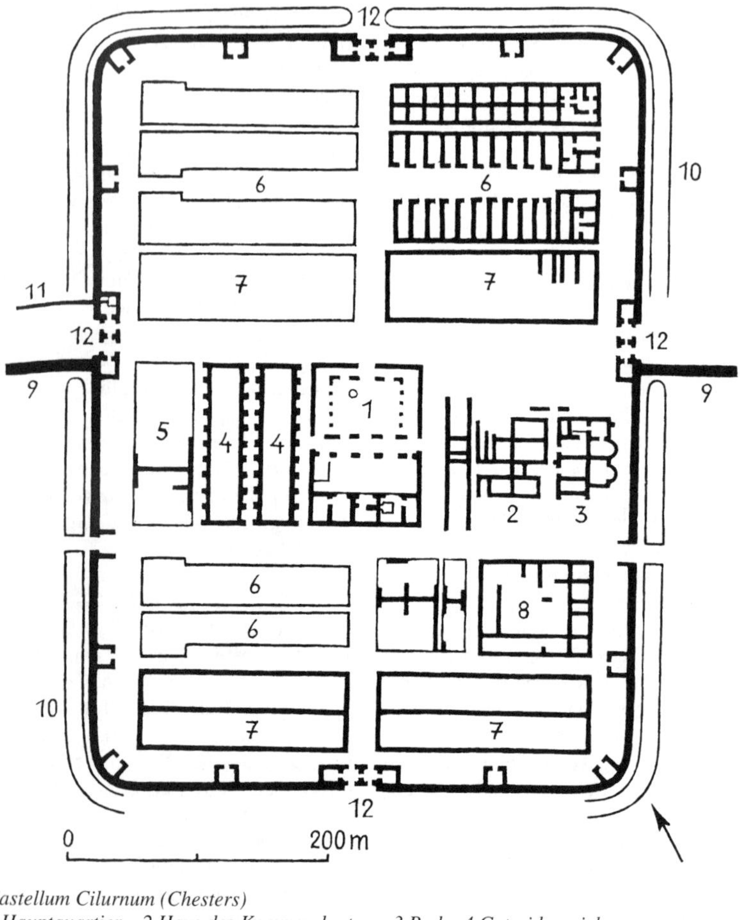

Castellum Cilurnum (Chesters)
1 Hauptquartier 2 Haus des Kommandanten 3 Bad 4 Getreidespeicher 5 Werkstätten 6 Mannschaftsunterkünfte 7 Stallungen 8 Lazarett 9 Wall 10 Graben 11 Aquädukt 12 Tor

(→ Limes, obergermanisch-rätischer) abgewandt. Je zwei Türme flankierten die Tore. Die Mauer war durch einen angeschütteten Erdwall verstärkt. Davor verlief ein doppelter Spitzgraben. Die wichtigsten Gebäude innerhalb des C. waren die *Principia* (Kommandantur), das *Horreum* (Magazin) und das *Praetorium* (Wohnhaus des Kommandanten). Die heute freien Flächen dazwischen füllten aus Holz gebaute Mannschaftsunterkünfte, Werkstätten,

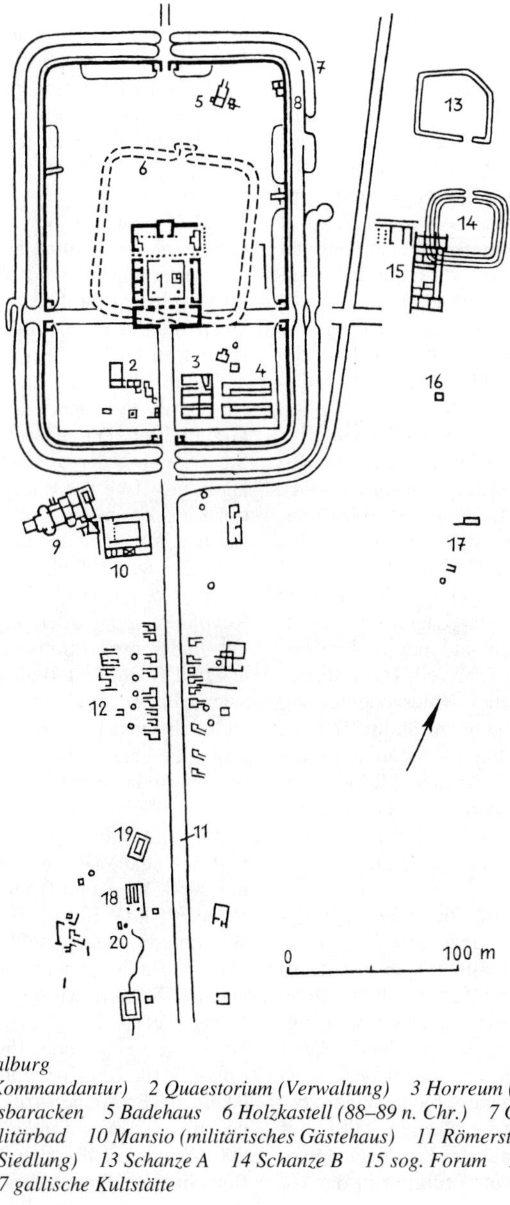

Castellum Saalburg
1 Principia (Kommandantur) 2 Quaestorium (Verwaltung) 3 Horreum (Magazin) 4 Mannschaftsbaracken 5 Badehaus 6 Holzkastell (88–89 n. Chr.) 7 Graben 8 Wall 9 Militärbad 10 Mansio (militärisches Gästehaus) 11 Römerstraße nach Nida 12 Canabae (Siedlung) 13 Schanze A 14 Schanze B 15 sog. Forum 16 Dolichenus-Heiligtum 17 gallische Kultstätte

Ställe usw. Vor dem Haupttor lagen das Badehaus und eine Mansio (militärische Unterkunft). Zu beiden Seite der Römerstraße nach Nida erstreckte sich eine Siedlung. An einer Quelle fanden die Ausgräber ein *Mithräum* (Mithras-Tempel), an anderer Stelle ein *Dolichenus-Heiligtum* und eine gallische Kultstätte. Dolichenus war ein syrischer Kriegsgott; sein Kult war seit Vespasian (69–79) unter den römischen Legionen verbreitet.

Literatur: D. Baatz: Die Saalburg. Ein Führer durch das römische Kastell und seine Geschichte. Bad Homburg [10]1991.

Castellum, Vercovicium (Housesteads). Eines der 17 großen Castella des Roman Wall (→ Limes, Hadrianswall). Hier lag eine Kohorte mit 1000 Fußsoldaten. Das C. war von einer 1,2 bis 1,5 m dicken und 3,6 bis 4,2 m hohen Steinmauer umgeben. Wachtürme flankierten die vier Lagertore. Besonders gut erhalten sind hier die Latrinen und das Wasserreservoir. Im Getreidespeicher ist die Unterbodenlüftung noch gut zu erkennen. Südlich des C. entstand im 3. Jh. eine Siedlung für die Angehörigen der Soldaten, für Händler und für Veteranen, die hier im nördlichsten Teil des Römischen Reiches eine neue Heimat gefunden hatten.

Castrum (lat.). Römisches Militärlager, das im Gegensatz zu einem Marsch- oder Sommerlager als Standlager für längere Zeit errichtet wurde. Neben Kasernen umfaßte das C. Zeughaus, Magazine, Krankenhaus, Bäder und Kultstätten. Das Lager bestand in der Regel aus einem rechteckigen, befestigten Platz, in dessen Mitte das Praetorium (Haus des Kommandanten) lag. Vier Eingänge führten in das C.: an der Frontseite die Porta praetoria, an der gegenüberliegenden Seite die Porta decumana, rechts die Porta dextra, links die Porta sinistra.
Aus der Bezeichnung C. leiten sich u.a. die Endsilben -cester und -chester vieler englischer Ortsnamen ab.

Çatal Hüyük. 50 km südöstlich von Konya, der berühmten Hauptstadt des mittelalterlichen Seldschukenreiches im Inneren Anatoliens, konnten die Überreste des frühneolithischen Ç. H. (Hügel an der Straßengabelung), eine der ältesten Städte der Menschheit, ausgegraben werden.

Geschichte: Die Geschichte dieser Stadt, deren Name unbekannt ist, kann allein mit Hilfe der Radiokarbondatierung erfaßt werden. Die ersten Siedler dürften sich ungefähr um 6700 v. Chr. an dieser Stelle niedergelassen haben, zu einer Zeit, als sich die »neolithische Revolution«, der Übergang von der Jäger- und Sammlerkultur zur Ackerbauer- und Viehzüchterkultur, in Kleinasien längst vollzogen hatte. Die zwölf übereinanderliegenden Siedlungsschichten entsprechen einer Zeitspanne von rund tausend Jahren, die beiden ältesten Schichten wurden bislang noch nicht erforscht. Schicht X um 6500, IX und VIII um 6380–6280, VII um 6050, VI A und B um 6000–5880, V um 5800, IV-II um 5790–5720.
Warum die Stadt schließlich nach 5600 v. Chr. aufgegeben wurde, ist ungeklärt. Zerstört wurde sie jedenfalls nicht, weder durch eine Eroberung noch durch Feuer oder Erdbeben. Jenseits des Flusses Çarsamba Çay gründeten die Bewohner von Ç. H. einen neuen Ort, der mindestens weitere 700 Jahre bestand, bevor er von seinen Bewohnern aufgegeben wurde.

Forschungsgeschichte: 1958 entdeckte der britische Archäologe J. → Mellaart in der Nähe der Straßengabelung Ç. H. einen gewaltigen Tell, dessen Spuren (luftgetrocknete Ziegel, Keramikscherben, Geräte und Waffen aus Obsidian sowie Menschenknochen) auf eine frühneolithische Großsiedlung schließen ließen. 1961–1963 grub Mellaart einen Hektar der rund 14 ha großen Siedlungsfläche aus und fand eine hochentwickelte Stadt, die etwa 10000 Einwohner gehabt haben könnte.

Archäologische Stätte: Der Haupthügel – ein kleiner Siedlungshügel jenseits des Flusses war erst später bewohnt – ist 450 m lang, 275 m breit und bedeckt eine Fläche von ungefähr 14 ha. Seine Höhe beträgt etwa 17,5 m; die Siedlungsschichten reichen aber noch mindestens 4 m unter das Niveau des Umlandes. Die Anlage der Stadt sowie die Bauart der Häuser sind sich – soweit bisher festgestellt – in jeder Schicht gleich. Die rechteckigen Häuser schmiegen sich eng aneinander. Ihre Mauern bestanden aus luftgetrockneten Ziegeln. Die flachen Dächer wurden aus Holzbalken und Rohrgeflecht erbaut und mit einer dicken Lehmschicht abgedichtet. Außen- und Innenwände, Decken und Fußböden erhielten einen feinen, weißen Tonputz. Die Häuser waren nur über das Dach zu erreichen, wie sich überhaupt der gesamte innerörtliche Verkehr mangels Straßen oder Wegen über die Dächer abwickelte. Haustüren fehlten also. So brauchte die Stadt nicht durch eine besondere

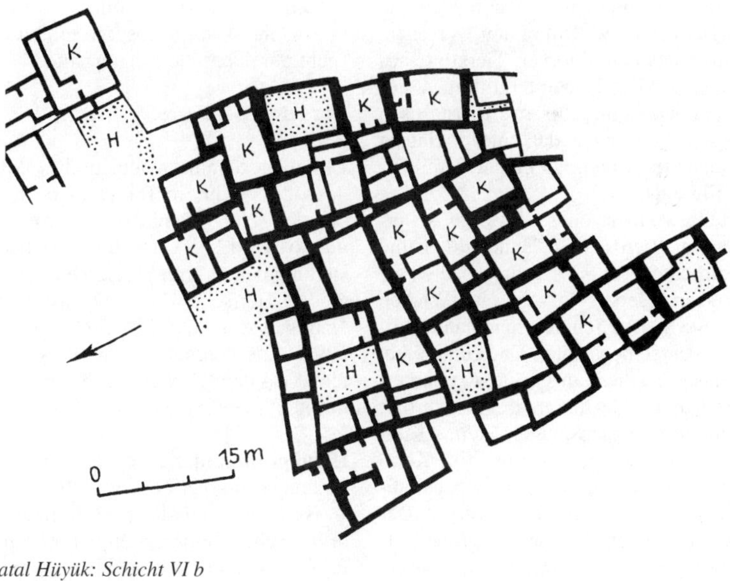

Çatal Hüyük: Schicht VI b
K Kultstätte   H Hof

Mauer geschützt zu werden. Nebenräume, die als Speicher, Korridor oder Lichtschacht dienten, waren nur durch niedrige Luken zu betreten. In der Nähe der Dachluke standen Herd und Backofen. Erhöhte Plattformen an den Wänden dienten zum Sitzen und Schlafen. Unter den Plattformen wurden die Toten der Familie beigesetzt, genauer ihre Skelette, da man die Toten zuvor den Geiern und Raubtieren überließ. Die Skelette, vor allem die Schädel, wurden vor der Bestattung rot, blau oder grün bemalt und mit Tüchern, Matten oder Rohrgeflecht umwickelt. Holzgefäße und Körbe, niemals aber Tongefäße, enthielten Nahrung für das Weiterleben im Jenseits. Die Männer nahmen ihre Waffen, die Frauen ihren Schmuck mit ins Grab. Auffallend viele Häuser waren größer als die normalen Wohnhäuser und mit wunderbaren Wandmalereien, Gipsreliefs und Bukranien versehen. Tierschädel und -hörner, Tierköpfe aus Gips, gebärende Muttergöttinnen aus Ton oder Stein, stilisierte Brüste usw. lassen vermuten, daß diese Häuser Kultstätten waren, vielleicht Familienheiligtümer.

Die Bewohner von Ç. H. waren Ackerbauern, Viehzüchter, Handwerker und Kaufleute. Vor 8000 Jahren bauten sie Weizen, Gerste, Erbsen und Wicken an. Sie hielten Schafe, Ziegen und Rinder. Hunde bewachten Haus und Vieh. Feinste Tuche, kunstvolle Korbarbeiten und Flechtwaren, meisterhaft polierte Obsidianspiegel, Stein-, Kupfer- und Bleiperlen, hochwertige Keramik zeugen von einem hohen technischen Niveau des Handwerks. Der Handel überbrückte bereits große Entfernungen: Feuerstein kam aus Syrien, Kaurimuscheln wurden vom Roten Meer importiert, weißen Marmor lieferte die Ägäis, Alabaster und Obsidian kamen aus dem Gebiet des Vulkans Erciyas Dağ (beim heutigen Kayseri). Dafür gingen hochwertige Obsidiangeräte und -waffen nach Zypern und vermutlich auch nach Mesopotamien.

Literatur: J. Mellaart: Çatal Hüyük. Stadt aus der Steinzeit. Bergisch Gladbach 1967; E. Heinrich u. U. Seidl: Zur Siedlungsform von Çatal Hüyük. In: Archäologischer Anzeiger (1969). S. 113 ff.; I.A. Todd: Çatal Hüyük in Perspective. Menlo Park, California, 1976.

Cavea (lat.). Zuschauerraum des → Theaters, der aus terrassenartig aufsteigenden Sitzreihen bestand und in größeren Theatern in mehrere Absätze oder Stockwerke gegliedert war.

Cella (lat.). Hauptraum des → Tempels, in dem das Götterbild stand. Die C. war meist fensterlos und erhielt ihr Licht nur durch die Eingangstür.

Cerveteri. → Caere.

Chaldäer. Semitisch-aramäisches Volk, das 626 v. Chr. in Babylon die neubabylonische Dynastie begründete und 614–612 v. Chr. die Vormachtstellung der Assyrer brach. Der bedeutendste Herrscher dieser Dynastie war Nebukadnezar II. (605–562 v. Chr.). 539 v. Chr. übernahmen die Perser unter Kyros dem Großen das Neubabylonische Reich.

Chalkolithikum. Kupfersteinzeit, Kupferzeit. Kulturperiode zwischen dem → Neolithikum und der → Bronzezeit, in der neben Steingeräten bereits Kupfergegenstände gebräuchlich waren. Die Bezeichnung C. wird vor allem in der prähistorischen Archäologie des östlichen Mittelmeerraumes verwendet. In dieser Periode entstanden die ersten Hochkulturen.

Champollion, Jean François. Am 23.12.1790 in Figeac, Departement Lot, geboren. Schon früh fiel seine erstaunliche Sprachbegabung auf, die ihn befähigte, als 16jähriger vor der Akademie von Grenoble einen sprachwissenschaftlichen Vortrag zu halten. Neben seiner Lehrtätigkeit – er hatte seit 1809 eine Assistenzprofessur in Grenoble inne – studierte C. zahlreiche Schriftsysteme der Welt mit dem Ziel, die ägyptischen Hieroglyphen zu entziffern. Eines Tages erhielt C. die Kopie einer Inschrift vom »Stein von Rosette«, den Napoleons Soldaten 1799 in der Nähe von Rosette (Ägypten) gefunden hatten. Die Inschrift, ein Dekret des Königs Ptolemaios V. aus dem Jahre 196 v. Chr., war in ägyptischen Hieroglyphen, in Demotisch, der ägyptischen »Volksschrift«, und in Griechisch gehalten. C. brütete 14 Jahre lang über dieser Kopie, bis er 1822 erkannte, daß die Hieroglyphen keine Symbolschrift, sondern eine Lautschrift sind. Das Wort »Ptolemaios« war der Schlüssel für die Entzifferung. Er rekonstruierte den Königsnamen vom Griechischen und Koptischen über das Demotische zum Hieratischen, der sakralen Schrift, und schließlich zur Hieroglyphenschrift. Das Ergebnis war: p-t-o-l-m-y-s. Damit hatte er das Rätsel der Hieroglyphen gelöst. 1824 trat C. mit seiner Erkenntnis an die Öffentlichkeit und stieß auf heftige Opposition. Aber trotz mancher Irrtümer konnte ihm die Fachwelt die Zustimmung nicht lange versagen. 1828 sandte ihn Karl X. nach Ägypten, um die Schriftdokumente an Ort und Stelle zu lesen. Er studierte zwei Jahre lang die altägyptischen Monumente und war entsetzt, als er an vielen Plätzen, wo 30 Jahre zuvor noch vollständige Tempel gestanden hatten, nur noch einige Steinblöcke fand. Er beschwor Mehmed Ali, den türkischen Statthalter und Begründer des ägyptischen Herrscherhauses, der Verwüstung altägyptischer Kulturstätten Einhalt zu gebieten. Auf das Bemühen von C. dürfte das Dekret des Jahres 1835 zurückzuführen sein, das »die Zerstörung der antiken Bauwerke« in Ägypten sowie »die Ausfuhr von Altertümern« verbot. 1831 erhielt er den ersten Lehrstuhl für Ägyptologie am Collège de France. Am 4.3.1832 starb C. in Paris.

Hauptwerke: Précis du système hiéroglyphique. 2 Bde. Paris 1827; Monuments de l'Égypte et de la Nubie. 4 Bde. Paris 1835–1845; Grammaire égyptienne. 3 Bde. Paris 1836–1841.

Cheops-Pyramide. → Giza.

Chephren-Pyramide. → Giza.

Cherub (hebr., Pl. Cherubim). Götterähnliches Mischwesen, im alten Vorderasien als Wächter vor Tempel- und Palasteingängen (vor allem in Assyrien).

Choenkännchen. Kleine, gedrungene Kannen mit Kleeblattmündung, die besonders in Athen während des Choenfestes (Kannenfest), dem Haupttag der Anthesteria (dreitägiges Frühlingsfest im Monat Anthesterion (Februar/März), bei dem Dionysos die heilige Hochzeit feiert), an Kleinkinder verschenkt wurden.

Chresmographeion (griech.). Raum des griechischen Tempels, in dem die Orakelsprüche von besonderen Priestern (Exegeten) abgefaßt wurden.

Chronologie (griech. Lehre von der Zeit; auch Datierung). Zeitliche Einordnung von archäologischen Funden und Befunden. Die relative C. kann über die Stratigraphie eines Grabungsplatzes erkannt werden, da die jeweils untere Kulturschicht älter als die darüberliegende ist. Das gilt ebenso für die Fundobjekte in jeder Schicht. Bei der relativen C. geht es also um die zeitliche Reihenfolge einzelner Funde oder Fundgruppen zueinander, um ihre Vor-, Gleich- oder Nachzeitigkeit. Auch die Typologie der Fundobjekte aus verschiedenen Ausgrabungsstätten erlaubt in ihrer Entwicklung eine relative Datierung, die lediglich aussagt, daß das Gefäß A älter ist als das Gefäß B, vielleicht sogar, um wie viele Jahre es älter ist.
Für eine absolute Datierung, d.h. für Zeitangaben, die auf unsere Zeitrechnung zurückgeführt werden können, stehen der Forschung historische (Münzfunde, Inschriften) und naturwissenschaftliche Methoden (→ Dendrochronologie, → Radiokarbondatierung, → Thermolumineszenzmethode) zur Verfügung.

chryselephantin. In Goldelfenbeintechnik gearbeitet. Die Statuen, vor allem Götterstatuen, trugen über einem Holzkern eine Hülle aus Elfenbeinplättchen (für die nackten Körperteile) und aus Goldblech (für Gewand und Haare); daneben wurden Edelsteine, Glas usw. verarbeitet. Die berühmtesten Statuen dieser Technik entstanden in der zweiten Hälfte des 5. Jh. v. Chr.: die Athena Parthenos in Athen und der Zeus in Olympia, beide von → Phidias, die Hera in Argos von Polyklet. Wegen ihres hohen Materialwerts ist keine dieser Statuen erhalten geblieben.

Churriter. Volk aus der Gegend des Van-Sees (östliche Türkei), das um 1600 v. Chr. nach Mesopotamien und Syrien vordrang und im Euphrat-Bogen das mächtige Reich von den Mitanni gründete. Im 14.Jh. v. Chr. wurde das Reich von den Hethitern zerstört. Vermutlich führten die C. den pferdebespannten Streitwagen im Vorderen Orient ein.

Chytra (griech.). Bauchiger Kochtopf, der an zwei kleinen Henkeln über dem Feuer aufgehängt oder in einem Ständer auf das Herdfeuer gestellt wurde; in Ton oder Bronze.

Ciborium (lat.). Von Säulen getragenes, kreisförmiges Schutzdach für freistehende Altäre, Götterstatuen usw. Die Christen übernahmen das C. u.a. als Überdachung für das Taufbecken.

Cippus (lat.). Grenz- oder Grabstein, vor allem im etruskischen Bereich beheimatet. Als Grabaufsatz kann der C. zylindrische, phallische oder kugelige Form haben. Die ausgearbeiteten Abschlüsse der pfeilerförmigen Grabcippi weisen auf das Geschlecht des Bestatteten hin. Für Frauen sind häufig die Spitzen der Grabsteine als Häuschen gebildet.

Circus (lat.). Römische Bahn für Wagen- und Pferderennen. An den beiden Längsseiten und einer halbrunden Schmalseite erhoben sich die ansteigenden Sitzreihen für die Zuschauer. Das Eingangstor mit Start und Ziel (porta pompae) lag an einer Schmalseite, an der gegenüberliegenden befand sich das Tor für den Sieger (porta triumphalis). Die Bahn verlief um eine niedrige Mittelmauer (spina), an den beiden Enden markierten je drei Säulen die Wendepunkte (metae). Vgl. → Hippodrom.

Circus, Rom. Der Bau des Circus Maximus am Fuß des Aventin zog sich über mehrere Jahrhunderte hin. Eine erste, hölzerne Anlage soll Tarquinius Priscus (616–578 v. Chr.), der erste König Roms, errichtet haben. Nach einigen Umbauten wurden 174 v. Chr. die ersten steinernen Startboxen (carceres) fertiggestellt. Weitere bedeutende Neuerungen waren Kaiser Augustus zu verdanken, der u.a. einen Obelisken von Ramses II. auf der Mittellinie aufstellen ließ (heute steht der fast 24 m hohe Obelisk auf der Piazza del Popolo). Der C. konnte zu dieser Zeit bis zu 150 000 Zuschauer fassen. Nach Bränden mußte er immer wieder neu aufgebaut werden. Unter Nero soll er dann mit erweitertem Zuschauerraum 250 000 Personen Platz geboten haben. Bis zum Ende des 4. Jh. n. Chr. unterlag der C. weiteren Umbauten und Erweiterungen, bis er schließlich ca. 600 m in der Länge und 200 m in der Breite maß. Die Zuschauersitze verteilten sich über drei Geschosse, von denen das oberste aus Holz war. Auf der etwa 340 m langen Mittelmauer standen zwei Obelisken (die Aufstellung des zweiten Obelisken von Thutmosis III. erfolgte unter Konstantius II. 357 n. Chr.), sieben Marmoreier und sieben Delphine, mit denen die Runden beim Wagenrennen gezählt wurden, sowie mehrere Schreine und kleine Heiligtümer. → Rom.

Literatur: J.H. Humphrey: Roman Circuses. London 1986. S. 56 ff.

Circus Maximus. → Circus, Rom.

Cista (lat.). Zylindrisches Gefäß, meist aus Bronze, mit Deckel zur Aufbewahrung von Schmuck, Kleidern, Büchern, Geld. Erhalten sind zahlreiche etruskische Cisten, berühmt ist die C. Ficoroni (Rom, Villa Giulia).

Cista mystica (lat.). Korb zur Aufbewahrung für die geheimgehaltenen heiligen Symbole des eleusinischen und bacchischen Mysterienkultes.

Cloisonné (frz.). Goldschmiedetechnik. Goldfäden oder winzige Metallbänder werden auf eine Platte, Schale, Vase oder dergleichen gelötet und bilden so Zellen, die mit farbiger Emailmasse (Glasfluß) oder kleinen, farbigen Steinen ausgefüllt werden. C. war schon den Assyrern bekannt.

Colonia (lat.). Urspr. Bezeichnung für römische Siedlungen, die gegründet wurden, um das eroberte Land zu sichern. Später wurde C. zu einem Titel für bereits bestehende größere Orte.

Colonia Ulpia Traiana (Xanten). In der niederrheinischen Stadt Xanten liegt die Ausgrabungsstätte der Römerstadt C. U. T. Sie ist die einzige antike Stadt nördlich der Alpen, die nicht überbaut wurde und daher ein vollständiges Bild einer römischen Kolonialstadt vermittelt.

Geschichte: Um 15 v. Chr. errichtete Drusus (38–9 v. Chr.), Stiefsohn des Kaisers Augustus und römischer Feldherr, südlich der heutigen Stadt Xanten gegenüber der Mündung der Lippe in den Rhein auf dem 70 m hohen Fürstenberg das Legionslager Vetera. Castra Vetera war einer jener Stützpunkte, von denen aus das rechtsrheinische Germanien erobert werden sollte. 9 n. Chr. drangen drei römische Legionen aus Vetera und aus Neuß (oder Köln) unter dem Befehl des Varus nach Osten vor, wo sie – wahrscheinlich im Teutoburger Wald – in einen Hinterhalt des Cheruskerfürsten Arminius gerieten und vernichtet wurden. Damit war der Plan, die Grenze des Römischen Reiches bis zur Elbe vorzuschieben, gescheitert. Der Rhein wurde für Jahrhunderte zur Grenze zwischen dem Imperium Romanum und den germanischen Territorien. 43 n. Chr. baute Kaiser Claudius das Castra Vetera als Standlager für zwei Legionen (rund 12000 Soldaten) aus. Das Lager hatte jetzt eine Größe von 56 ha. Die Holzgebäude wurden durch Steinbauten ersetzt. Außerhalb des Lagers war inzwischen eine Zivilsiedlung entstanden, in der Handwerker, Kaufleute und Veteranen lebten, eine Mischbevölkerung aus Römern, Kelten und Germanen. Im Jahre 70 überfielen die germanischen Bataver unter ihrem Anführer Julius Civilis Lager und Siedlung. Nach Rückeroberung und Bau eines neuen Lagers, Vetera II, am Rheinufer wuchs die Siedlung so schnell und planlos, daß Kaiser Trajan um das Jahr 100 zwei Kilometer nördlich des Römerlagers an der Stelle eines Cugernerdorfes eine neue Siedlung gründete, der er die Rechte einer Colonia verlieh und seinen Namen gab. C. U. T. war eine total geplante Stadt, mit einem schachbrettartigen Grundriß, mit Verwaltungsgebäuden, Tempeln, Bädern, Wohnvierteln und einem Amphitheater, umgeben von einer ausreichend starken Mauer, alles auf einer Fläche von 83 ha. C. U. T. hatte rund 10000 Einwohner.

Nach dem Abzug der römischen Truppen im 4. Jh. verließen auch die Bewohner die Stadt. C. U. T. verfiel. Über dem Grab zweier christlicher Märtyrer, die um 361 das Opfer der letzten blutigen Christenverfolgung im römischen Imperium geworden waren, entstand rund 30 Jahre später eine Kapelle, um die sich später eine mittelalterliche Stadt entwickelte, die Stadt Xanten (aus lat. ad sanctos, zu den Heiligen). Aus den Steinen der Trajansstadt wurden neue Bauten errichtet, darunter der prächtige Xantener Dom. Die Fundamente verschwanden unter Äckern und Wiesen.

Forschungsgeschichte: Im 19. Jh. gruben Xantener »Privat-Archäologen« in der Römerstadt und fanden Münzen, Gebrauchsgegenstände, Schmuck und Plastiken. 1935 nahm das Rheinische Landesmuseum Bonn die wissenschaftliche Untersuchung des Terrains auf. Dabei stieß man auf die Fundamente des Amphitheaters. Mitte der fünfziger Jahre wurden die Grabungen in aller Eile wiederaufgenommen, da sich im Westteil der Römerstadt Gewerbebetriebe ansiedelten. Mit ersten systematischen Ausgrabungen konnte das Landesmuseum erst 1972 beginnen. Der wissenschaftlichen Erforschung der C. U. T. folgt seitdem die Rekonstruktion der gefundenen Bauwerke. Aus den Ruinen wächst ein moderner »Archäologischer Park«.

Archäologische Stätte: Die 3,4 km lange *Stadtmauer* wurde gleich nach Gründung der C. U. T. erbaut. Sie war etwa 6,6 m hoch und 1,8 m stark;

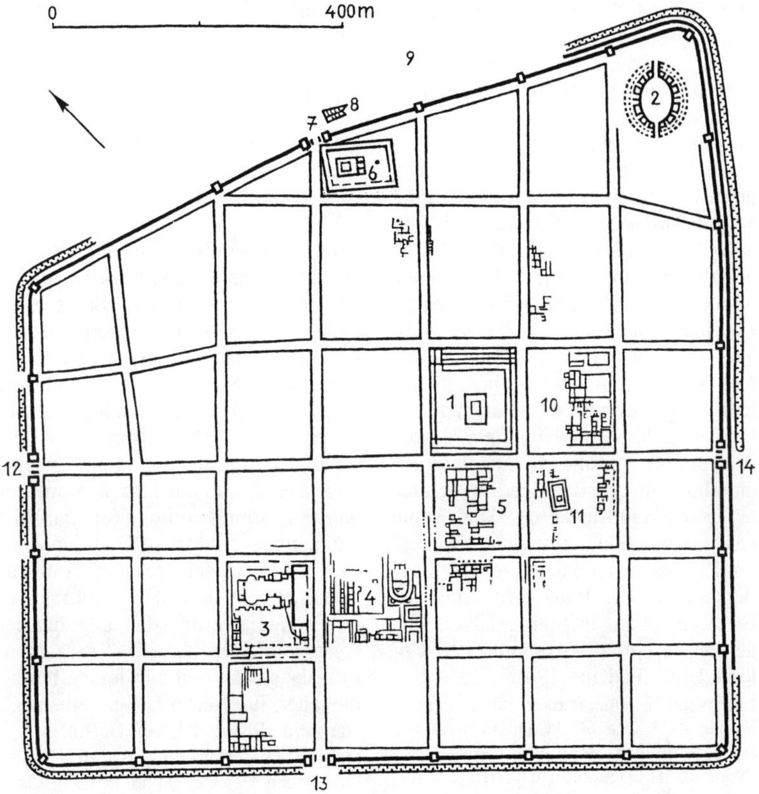

Colonia Ulpia Traiana
1 Kapitol und Forum 2 Amphitheater 3 Thermen 4 Verwaltungspalast 5 Wohnhäuser und Läden 6 Hafentempel 7 Hafentor 8 Kaianlage 9 Hafen 10 Handwerkerviertel 11 Tempel der Matronen 12 Burginatium-Tor 13 Maas-Tor 14 Vetera-Tor

22 rechteckige Wehrtürme verstärkten sie. Vor der Mauer verliefen zwei Gräben als Annäherungshindernisse. Auf der Rheinseite begnügten sich die Römer mit nur einem Graben. Das *Große Hafentor* am Ostende des Decumanus maximus war der Hauptzugang zum Hafen, der sich vor der Stadtmauer an einem inzwischen versandeten Nebenarm des Rheins hinzog. Zentrum der Stadt war das Forum mit dem anschließenden *Kapitolstempel*. Über einem Unterbau von 30 x 40 m stand die dreigeteilte Cella für die drei hier verehrten Gottheiten: Juppiter Optimus Maximus, Juno und Minerva. Vom *Hafentempel* aus der Mitte des 2. Jh. ist lediglich eine 24 x 36 m große und

über 2 m starke Fundamentplatte erhalten. Aus den Abdrücken mächtiger Steinquader auf dieser Fundamentplatte konnte man die Gestalt des Tempels rekonstruieren: Auf einem 3 m hohen Sockel erhob sich die Cella, umgeben von 24 korinthischen Säulen (je acht an den Langseiten und je sechs an der Vorder- und Rückseite). Welcher Gottheit dieser Tempel geweiht war, ist noch unbekannt. Außer diesen Bauten wurden noch *Thermen* (→ Thermen, Colonia Ulpia Traiana), Verwaltungsgebäude und Wohnviertel mit Läden und Werkstätten ausgegraben. Innerhalb der Wohnviertel fand sich ein kleines *Matronenheiligtum,* dessen Fruchtbarkeits- und Schutzgöttinnen die einheimische Bevölkerung verehrte. In der Südostecke der Stadt stand das monumentale *Amphitheater,* dessen Zuschauerraum urspr. aus Holz errichtet war, der Bau wurde aber am Ende des 2. Jh. in Stein vollkommen neu ausgeführt (→ Amphitheater, Colonia Ulpia Traiana).

Literatur: H. Hinz: Xanten zur Römerzeit. Xanten 1973; Ders.: CUT. Die Entwicklung eines römischen Zentralorts am Niederrhein. In: H. Temporini u.a. (Hrsg.): Aufstieg und Niedergang der römischen Welt. Bd. II, 4. Berlin 1975. S. 825 ff.; Colonia Ulpia Traiana. Arbeitsberichte zu den Grabungen und Rekonstruktionen (hrsg. vom Landschaftsverband Rheinland, Köln). Bd. 1 ff. Bonn 1978 ff.

Columbarium (lat. Taubenschlag). Römische und frühchristliche Gemeinschaftsgrabanlage des 1. und 2. Jh. n. Chr. In den über- und nebeneinander angeordneten Wandnischen wurden die Urnen aufgestellt. Manche C. enthielten 700 und mehr Gräber.

Comitium (lat.). Gebäude oder Platz für die Volksversammlung. Hier wurden die Beamten der römischen Städte gewählt.

Compluvium (lat.). Die rechteckige Dachöffnung über dem Atrium des römischen Wohnhauses.

Conze, Alexander. Am 10.12.1831 in Hannover geboren. Seit 1863 lehrte er an der Universität Halle. 1869 ging er nach Wien, wo er die Keramik als Leitform archäologischer Chronologie entdeckte. 1873–1875 leitete C. die österreichischen Grabungen auf → Samothrake. Die Publikation dieser Forschungen gilt als der erste Ausgrabungsbericht im modernen Sinne; er wurde erstmals durch fotografische Aufnahmen ergänzt. 1877 wurde C. zum Direktor der Berliner Antikensammlung ernannt. 1878 beauftragte er C. → Humann mit der Leitung der Ausgrabungsarbeiten in → Pergamon. Es gelang ihm, den berühmten Pergamonaltar für Berlin zu erwerben. C. starb am 19. Juli 1914 in Berlin.

Hauptwerke: Reise auf den Inseln des thrakischen Meeres. Hannover 1860; Melische Tongefäße. Leipzig 1862; Archäologische Untersuchungen auf Samothrake. 2 Bde. Wien 1875–1880; Die attischen Grabreliefs. 4 Bde. Berlin, Leipzig 1893–1922; Stadt und Landschaft. Altertümer von Pergamon. Bd. I. Berlin 1912–13.

Cubiculum (lat.). Kleines Schlaf- bzw. Ruhezimmer.

Cumae (griech. Kyme). Die älteste griechische Stadtgründung auf dem italienischen Festland (nordwestlich von Neapel), bis zum 5. Jh. n. Chr. die bedeutendste Hafenstadt am Tyrrhenischen Meer. Berühmt war die Stadt als Orakelstätte der Sibylle und als Vermittlerin griechischer Kultur an die Etrusker und Römer.

Geschichte: Um 1050 v. Chr. soll eine Taube Apollons die beiden Griechen Megasthenes und Hippocles an die üppigen Gestade der Phlegräischen Felder geführt haben, um hier eine Siedlung zu gründen. Nach der Historie dürfte die Gründung der Kolonie Kyme jedoch erst um 750 v. Chr. stattgefunden haben. Ionische Griechen aus Chalkis (Euböa) verdrängten die einheimische Bevölkerung und schufen eine Stadt, die im 7. und 6. Jh. v. Chr. die Küste Kampaniens beherrschte. Um 680 v. Chr. gründeten kymenische Siedler die Nachbarkolonie Parthenope, aus der das heutige Neapel hervorging. 524 und 504 v. Chr. wehrte die Stadt unter dem Tyrannen Aristodemos erfolgreich die andrängenden Etrusker ab. Bald nach der Ermordung des Aristodemos im Jahre 490 v. Chr. griffen die Etrusker erneut an. Mit Hilfe des Tyrannen Hieron I. von Syrakus gelang es Kyme 474 v. Chr., die etruskische Flotte in der berühmten Seeschlacht bei Kyme zu vernichten. Dieser Sieg bedeutete das Ende der etruskischen Expansion in Italien. Den allmählichen Niedergang der etruskischen Macht nutzten die Samniten, eine italische Völkerschaft im südlichen Apennin, um in Kampanien einzufallen und gegen 420 v. Chr. auch Kyme zu erobern. Zwar vermochte die Stadt ihr griechisches Erbe noch lange zu bewahren, aber sie blieb fortan in politischer Abhängigkeit. 338 v. Chr. kam sie unter römischen Einfluß und erhielt 334 das römische Halbbürgerrecht (civitas sine suffragio, Stadtgemeinde ohne politische Rechte). Mit der Entwicklung der Nachbarstadt → Puteoli zum Hafen Roms verlor C. immer mehr an Bedeutung. 37 v. Chr. baute Agrippa, Feldherr Octavians, des späteren Kaisers Augustus, die Stadt zu einer gewaltigen Flottenbasis aus.

Forschungsgeschichte: Erste Zufallsfunde tauchten auf dem Stadtgebiet von C. schon im 17. Jh. auf. Die systematische Erforschung begann jedoch erst zu Beginn des 20. Jh. 1925 gelang es, die verschüttete Krypta Romana freizulegen. 1932 stießen die Ausgräber auf die Höhle der Sibylle.

Archäologische Stätte: Auf der Akropolis von C., wo noch Teile der griechischen Mauer zu sehen sind, erhebt sich der *Jupiter-Tempel.* Er stammt aus dem 5. Jh. v. Chr., wurde mehrmals umgebaut und im 5. Jh. n. Chr. in eine fünfschiffige Basilika verwandelt. Von 532 bis 542 bewahrten hier die Ostgoten ihren Kronschatz auf. Der Tempel ist 29,6 m lang und 24 m breit. In griechischer Zeit war er Zeus geweiht. Der *Apollon-Tempel* unterhalb der Akropolis entstand ebenfalls im 5. Jh. v. Chr. und wurde unter Augustus (31 v. Chr.–14 n. Chr.) völlig neu erbaut. Unter dem Apollon-Tempel befindet sich die *Höhle der Sibylle*, das bekannteste Orakelheiligtum auf italienischem Boden. Ein 131 m langer Gang, der im 5. Jh. v. Chr. in den Tuffstein gehauen wurde, führt zu einem rechteckigen Raum, in dem die Sibylle das Orakel verkündete. Der Gang wird durch sechs Seitengalerien beleuchtet. Auf der anderen Seite des Ganges liegen drei Baderäume, in denen die Sibylle ihre rituelle Reinigung vollzog.

Die *Krypta Romana* ist ein 180 m langer Straßentunnel, den der Baumeister Cocceius im 1. Jh. v. Chr. als strategisch wichtige Verbindung zum Meer schuf. Der in Windungen verlaufende Tunnel wurde durch Lichtschächte beleuchtet. In frühchristlicher Zeit diente der Tunnel als Begräbnisstätte (daher die Bezeichnung Krypta). Forum, Amphitheater und Thermen sind nur als unscheinbare Ruinen erhalten. Der Tempel der Giganten, vermutlich ein öffentlicher Verwaltungsbau, ist heute ein Bauernhof. Die *Grotta Pace*, ein etwa 1 km langer Tunnel, war ebenfalls Teil des ausgedehnten Verteidigungssystems, das Agrippa in den Nachfolgekämpfen nach Caesars Ermordung anlegen ließ. Der Tunnel, ebenfalls ein Werk des Cocceius, verband C. mit dem Averner See. Der Averner See wiederum wurde durch einen Kanal mit dem Meer verbunden. So konnte die römische Flotte unangreifbar in dem 3 km langen Kratersee auf ihren Einsatz warten.

Literatur: A. Maiuri: Die Altertümer der Phlegräischen Felder. Rom 41968; F. Uliamo: Cuma. Il tempio di Apollo e il dromos. Neapel 1984.

Cuneus (lat. Keil). Sektorenförmiger Teil des Zuschauerraums (Cavea) des römischen Theaters.

Curia (lat.; auch Kurie). In der Königszeit Einteilung der römischen Bürgerschaft in 30 C., nach denen die Volksversammlung gegliedert war. Dann Bezeichnung ihres Versammlungsgebäudes, später der Sitz des Senats.

Curtius, Ernst. Am 2.9.1814 in Lübeck geboren; C. studierte Theologie umd Philologie in Bonn, Göttingen und Berlin. 1837 nahm er eine Stellung als Hauslehrer bei Professor C.A. Brandis in Athen an und befaßte sich in seiner Freizeit mit der Sprache, Geographie und Geschichte Griechenlands. Das Jahr 1840 verbrachte er in Rom, er promovierte in Halle und ging dann als Lehrer nach Berlin. 1844 wurde er außerordentlicher Professor an der Universität Berlin und mit der Erziehung des späteren Deutschen Kaisers Friedrich III. betraut. 1855–1868 lehrte C. in Göttingen. 1868 ging er nach Berlin zurück, um den Lehrstuhl für Klassische Archäologie und zugleich die Leitung des Alten Museums zu übernehmen. 1872 wurde ihm auch das Antiquarium unterstellt. Seit 1852 setzte sich C. für die Idee, Olympia auszugraben, ein. Doch erst nach der Reichsgründung im Jahre 1871 waren die Voraussetzungen für eine solche gewaltige Unternehmung geschaffen. Der deutsch-griechische Vertrag von 1874 sah vor, daß die Forschungsarbeit in Olympia ausschließlich deutschen Archäologen vorbehalten sein sollte und sicherte Griechenland »das Eigentumsrecht an allen Erzeugnissen der alten Kunst und allen anderen Gegenständen, welche die Ausgrabungen zutage fördern werden«, zu. Von 1875 bis 1881 leitete C. die umfangreichen Arbeiten in Olympia, legte den Zeus-Tempel und den Hera-Tempel frei und fand viele großartige Werke der griechischen Bildhauerkunst, darunter den Hermes des Praxiteles und die Giebelskulpturen des Zeus-Tempels. Mit C. begann in Griechenland die Ära der großen Ausgrabungen. Er starb am 11.7.1896 in Berlin.

Hauptwerke: Peloponnesos. Eine historisch-geographische Beschreibung der Halbinsel. 2 Bde. Gotha 1851–1852; Die Ausgrabungen zu Olympia (Hrsg.). 5 Bde. Berlin 1876–1881; Griechische Geschichte. 3 Bde. Berlin 1887–1898; Die Stadtgeschichte von Athen. Berlin 1891.

Curtius, Ludwig. Am 13.12.1874 in Augsburg geboren. Als Schüler von A. → Furtwängler und H. Brunn nahm er an den Ausgrabungen auf → Ägina, in → Tiryns und in Boğazköy (→ Hattušas) teil. 1913 erhielt er den Lehrstuhl für Klassische Archäologie an der Universität Erlangen. 1918 ging er nach Freiburg, 1920 nach Heidelberg. 1928 wurde C. Erster Direktor des → Deutschen Archäologischen Instituts in Rom. Nach seiner Verabschiedung im Jahre 1937 blieb er in Rom und starb dort am 10.4.1954.

Hauptwerke: Die antike Kunst. 2 Bde. Berlin 1924 u.1939; Die Wandmalerei Pompejis. Leipzig 1929; Zeus und Hermes. München 1931; Das antike Rom. Wien 1943; Deutsche und antike Welt. Lebenserinnerungen. Stuttgart 1950.

D

Dahschur. Die fünf Pyramiden von D. mit der einzigartigen Knickpyramide des Snofru sind ein Teil der riesigen Nekropole von → Memphis.

Archäologische Stätte: Die *Knickpyramide* ließ Snofru, der erste König der 4. Dynastie (2723–2563) und Vater des Cheops, erbauen. Mit ihr erhielt die ägyptische Pyramidenanlage ihre endgültige Ausgestaltung mit Taltempel, Aufweg und Totentempel, mit Umfassungsmauer und Nebenpyramide. Snofru war einer der großen Pharaonen des Alten Reiches. Er regierte mindestens 48 Jahre und unternahm erfolgreiche Feldzüge nach Nubien, Libyen und Sinai. Das Einmalige am Grabbau des Snofru ist der in knapp halber Höhe stark veränderte Neigungswinkel der Seiten, der »Knick«. Vermutlich griffen die Architekten zu dieser bautechnischen Maßnahme, um das über der Grabkammer lastende Gewicht der Steinmasse zu verringern. Die Seitenlänge der Pyramide beträgt an der Basis 188,5 m, ihre Höhe 97,4 m. Der Neigungswinkel knickt von 54° 31' auf 43° 21' im oberen Teil. Die Pyramide ist vollständig von einem glatten Steinmantel umgeben. Zwei schräg abfallende Gänge führen zu den verschieden tief liegenden Grabkammern, die miteinander verbunden sind. In den Kammern sind weder ein Sarkophag noch Grabbeigaben gefunden worden.

Die kleine, im Süden an die Umfassungsmauer grenzende Pyramide war vermutlich ein Grabmal für Hetepheres, die Gemahlin des Snofru und Mutter des Cheops. Ihre vermeintlich letzte Ruhestätte fand sie bei der Pyramide ihres Sohnes in → Giza. Die *Rote Pyramide* ließ König Snofru wiederum für sich errichten. Sie ist der älteste Grabbau in reiner Pyramidenform, der unmittelbare Vorgänger der berühmten Cheops-Pyramide in Gise. Ihren Namen hat die Pyramide von dem rötlichen Kalkstein, aus dem sie erbaut wurde. Ihre Seitenlänge mißt an der Basis 213 m; ihre Höhe beträgt 104,4 m. Die Grabkammer, die von der Nordseite her durch einen Gang zu erreichen ist, hat eine Größe von 9,3 x

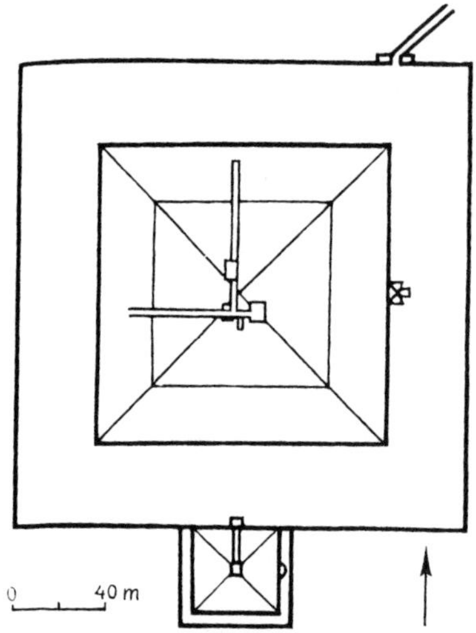

Dahschur: Knickpyramide des Snofru

4,5 x 15 m. In welcher der beiden Pyramiden Snofru beigesetzt war, ist umstritten.
Die stark verfallene *Weiße Pyramide* des Königs Amenemhet II. aus der 12. Dynastie (1991–1786) wurde aus helleuchtendem Tura-Kalkstein erbaut. Ihr Inneres besteht aus Sand und ungebrannten Ziegeln. Die Grabkammer, in der die Ausgräber einen Sandstein-Sarkophag fanden, enthält vier Nischen. Amenemhet II. herrschte über ein Reich, das seine Vorgänger Amenemhet I. und Sesostris I. zu größter Macht geführt hatten. Nubien stand unter ägyptischer Kontrolle. Auf der Halbinsel Sinai erschlossen die Ägypter reiche Kupfervorkommen. Mit den asiatischen Reichen pflegten sie gute Handelsbeziehungen. Das Kunsthandwerk blühte.
Schwarze Nilschlammziegel sind das Baumaterial der *Schwarzen Pyramide des Königs Sesostris III.* Der Grabbau hat eine Seitenlänge von 106,7 m und eine Höhe von etwa 30 m (ursprünglich 65,5 m). In der Grabkammer fand man den Granit-Sarkophag des Königs. Sesostris III. (Chakaure) bannte mit mehreren erfolgreichen Feldzügen nach Nubien die Gefahr aus dem Süden. Er kämpfte auch in Palästina und sicherte die Grenzen des Reiches nach Osten. Unter ihm erreichte das Ägypten des Mittleren Reiches seinen Höhepunkt.
Auch die *Schwarze Pyramide des Königs Amenemhet III.* war aus dunklen Nilschlammziegeln errichtet. Von der 104,4 m langen Basislinie stieg der Grabbau einst 81,5 m in die Höhe. Am Ende eines verwirrenden Gangsystems lag die Grabkammer mit dem Sarkophag des Königs aus rotem Granit. Amenemhet III. war ein Sohn Sesostris' III. Er regierte 45 Jahre lang. Seine bedeutendste Tat war wohl die Entwässerung und Kultivierung der riesigen Senke El-Fayum, der noch heute größten Oase Ägyptens. Hier lag neben seiner zweiten Pyramide der 300 x 240 m große Totentempel, der mit seinen 3000 (?) Räumen im Altertum als Labyrinth berühmt war und möglicherweise als Vorbild für die minoischen Königspaläste diente.

Literatur: D. Arnold: Der Pyramidenbezirk des Königs Amenemhet III. in Dahshur. Bd. 1. Die Pyramide. Mainz 1987; R. Stadelmann: The Pyramids of Dahshur. In: S. Kerner (Hrsg.): The Near East in Antiquity. Bd. 2. Amman, Al Kutba 1991. S. 83 ff.

Damnatio memoriae (lat. Verurteilung des Andenkens). Die D. m. traf Personen, die durch einen senatorischen Strafprozeß als Landesverräter verurteilt wurden. Dies hatte die Beseitigung ihrer Statuen, die Tilgung ihres Namens aus Inschriften und Urkunden sowie mitunter auch die Aufhebung persönlicher Regierungshandlungen zur Folge. Bekannte Personen, die der D. m. unterlagen, waren u.a. die Kaiser Caligula (37–41), Nero (54–68) sowie seine Mutter Agrippina (15–59), Geta (211/12) und Maximinus Thrax (235–238).

Datierung. → Chronologie.

Decumanus maximus (lat.). Die Hauptstraße des Römerlagers und der römischen Stadt. Meist verlief sie in Ost-West-Richtung. Sie wurde rechtwinklig vom Cardo maximus, der Hauptquerstraße, geschnitten; an der Kreuzung dieser beiden Straßen lag das Forum. Neben-Decumani und Neben-Cardines teilten Lager bzw. Stadt schachbrettartig in karreeförmige Insulae (Häuserblöcke).

Delos. Heilige, dem Gott Apollon geweihte Kykladeninsel. Die nur 3,6 km^2 große Insel liegt zwischen Mykonos und Rheneia.

Geschichte: Der 113 m hohe Bergrücken Kynthos war bereits im 3. Jt. besiedelt. In mykenischer Zeit (14.–12. Jh.) war die Insel religiöses Zentrum für alle Bewohner der Ägäis und diente seit 1000 v. Chr. auch den ionischen Inselgriechen als Kultzentrum. Neben Leto, Artemis und Apollon, der auf dieser Insel geboren sein soll, wurden auf D. auch Zeus und Hera verehrt, bis sich allmählich der Kult des Apollon durchsetzte. Seit dem 7. Jh. v. Chr. feierten die Ionier auf D. sportliche und musische Wettkämpfe. Im 6. Jh. v. Chr. gewann Athen Einfluß auf die reiche Insel, die zuvor Mittelpunkt der von Naxos geleiteten ionischen Amphiktyonie (kultisch-politischer Schutzverband) gewesen war. Gegen 525 v. Chr. kam D. unter die Herrschaft von Samos. Die Perser verschonten die Insel, weil sich ihre Bewohner den neuen Eroberern rechtzeitig unterworfen hatten.

Nach den Perserkriegen wurde D. 477 v. Chr. Mittelpunkt des ersten Attisch-Delischen Seebundes und kam damit wieder unter den Einfluß Athens. 454 v. Chr. ging die Bundeskasse, die bis dahin im Apollon-Tempel von D. verwahrt worden war, angeblich aus Sicherheitsgründen nach Athen und wurde dort zum Wiederaufbau der Akropolis verwendet. Um zu verhindern, daß sich D. zu einer mächtigen Metropole entwickeln konnte, bestimmte Athen 426 v. Chr., daß künftig niemand mehr auf der Insel geboren und bestattet werden dürfe. Nach der Niederlage Athens im Peloponnesischen Krieg erhielt D. um 401 v. Chr. von Sparta die Unabhängigkeit, doch schon sieben Jahre später kehrten die Athener wieder zurück. Ende des 4. Jh. v. Chr. kamen die Makedonier, dann die Ptolemäer, die Rhodier und 166 v. Chr. schließlich die Römer. Seit der Mitte des 3. Jh. v. Chr. unterhielten italische und orientalische Kaufleute auf der Insel Handelsniederlassungen. D. erlebte als Kultort wie als Warenumschlagplatz eine einzigartige wirtschaftliche Blüte. 166 v. Chr. wurde D. Freihafen und entwickelte sich zum größten Sklavenmarkt des Altertums. An manchen Tagen wechselten hier bis zu 10000 Sklaven ihren Besitzer. Der Überfall des Mithridates, König von Pontos, im Jahre 88 v. Chr. leitete den Niedergang von D. ein, das 69 v. Chr. durch die mit ihm verbündeten Seeräuber zerstört wurde. Das letzte Opfer für Apollon brachte 362 n. Chr. Kaiser Julian dar.

Forschungsgeschichte: Seit 1872 führen französische Archäologen systematische Ausgrabungen auf D. durch.

Archäologische Stätte: Das *Apollon-Heiligtum* nördlich des Hafens bildete den Kern der antiken Stadt. Es entstand auf einem vorgriechischen Kultzentrum, von dem Reste aus geometrischer Zeit bekannt sind. Aus dem frühen 6. Jh. v. Chr. stammt der *Oikos der Naxier*, ein langgestreckter rechteckiger Bau, dessen Bestimmung als Kultstätte oder Schatzhaus bisher nicht geklärt werden konnte. Der Haupteingang mit Vorraum lag im Westen. Eine Reihe von acht schlanken ionischen Säulen, die das Dach trugen,

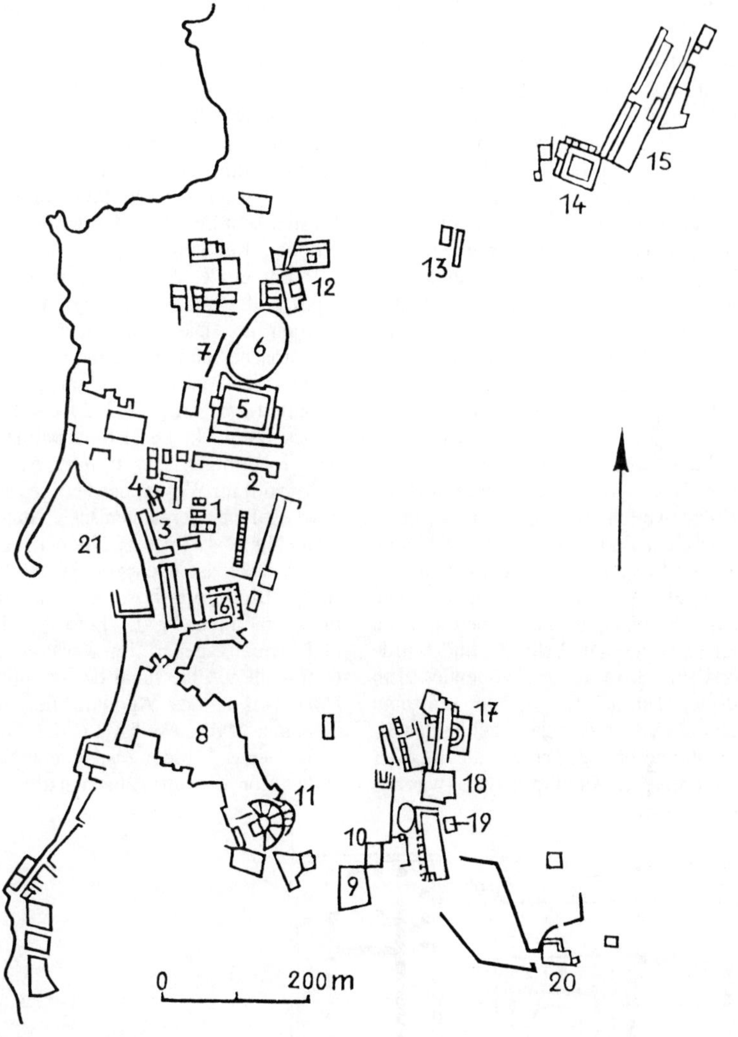

Delos
1 Apollon-Heiligtum 2 Stoa des Antigonos 3 Stoa der Naxier 4 Keraton 5 Italiker-Agora 6 Heiliger See 7 Löwen-Terrasse 8 Theaterviertel 9 Haus der Masken 10 Haus der Delphine 11 Theater 12 Palästra 13 Archegesion 14 Gymnasion 15 Stadion 16 Agora der Delier 17 Heiligtum der syrischen Götter 18 Serapeion C 19 Hera-Tempel (Heraion) 20 Kynthion 21 Hafen

teilte den Innenraum in zwei Schiffe. Im Osten befand sich ein weiterer schmaler Zugang, dem etwa in der Mitte des 6. Jh. eine Säulenhalle vorgelagert wurde. Vor der Nordwand des Oikos fanden die Archäologen ein ca. 9 m hohes Marmorstandbild des Apollon. Drei Tempel für Apollon liegen nordöstlich des Oikos. Der älteste ist im späten 6. Jh. v. Chr. erbaut worden. Von ihm sind nur noch die Fundamente erhalten, deren Grundfläche 10,1 x 15,7 m mißt. Nach der Überlieferung war der Prostylos oder vielleicht auch Antentempel aus Poros errichtet. In der Cella soll eine 8 m hohe Bronzestatue des Apollon, ein Werk der Bildhauer Tektaios und Angelion, gestanden haben. Nach 478 v. Chr. wurde der Bau eines zweiten Apollon-Tempels, eines dorischen Peripteros mit je 13 Säulen an den Langseiten und je sechs an den Schmalseiten, in Angriff genommen. Aus Geldmangel kam er bereits nach kurzer Zeit zum Erliegen und wurde erst im 3. Jh. v. Chr. vollendet. Ein dritter Tempel für Apollon entstand um 425 v.Chr zwischen den beiden älteren. Dieser sog. *Tempel der Athener,* ein dorischer Amphiprostylos, war aus pentelischem Marmor. Seine sechssäulige Front sollte mit dem Peripteros korrespondieren. In der breiten Cella standen auf einer halbrunden Basis sieben Statuen. Von dem Giebelschmuck sind die Akroterfiguren erhalten: Im Osten entführt Boreas (der Nordwind) die Königstochter Oreithyia und im Westen hebt Eos (die Morgenröte) den schönen Kephalos empor. Die 20 x 119 m große *Stoa des Antigonos* grenzte das Apollon-Heiligtum nach Norden ab. Das Hallendach trugen 47 dorische Säulen (Außenfront) und ebenso viele ionische Innensäulen. Antigonos II. Gonatas (283–239) stiftete dieses Bauwerk. Die Bronzepalme in der L-förmigen *Stoa der Naxier* (600–560) im Westen des heiligen Bezirks stiftete der athenische Staatsmann Nikias 417 v. Chr. Nur der runde Granitsockel ist noch vorhanden. Die riesige Bronzeplastik sollte an die Palme erinnern, unter der Leto Apollon und Artemis gebar. Im *Keraton* aus dem 4. Jh. v. Chr. stand der berühmte *Hörner-Altar* des Apollon, den der Gott laut Mythos selbst aus den Hörnern erlegter Widder zusammengefügt hatte. Vor diesem Altar tanzten die

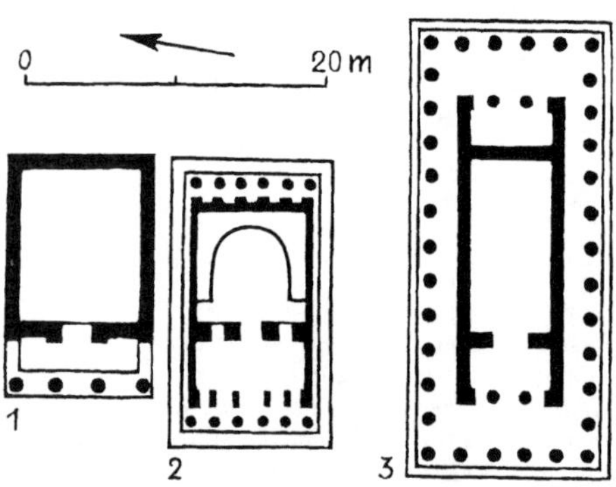

Delos: Apollon-Heiligtum
1 Porinos Naos
2 Tempel der sieben Statuen (»Tempel der Athener«)
3 Großer Tempel

Ionier bei den delischen Festen den aus Kreta stammenden Kranichtanz (Geranos). Nach einem Spruch des Orakels von D. sollten die Griechen in Zukunft von der Pest verschont bleiben, wenn es ihnen gelänge, den würfelförmigen Apollon-Altar exakt noch einmal so groß zu machen. Dieses »Delische Problem«, den Rauminhalt eines Würfels mit den Mitteln der Geometrie zu verdoppeln, beschäftigte viele Mathematiker. Eine erste Lösung fand im 5. Jh. v. Chr. Hippokrates von Chios, eine elegantere Lösung entwickelte Archytas von Tarent (um 430–345).

Die *Italiker-Agora* diente seit etwa 110 v. Chr. als Versammlungsstätte der italischen Kaufleute. Der riesige Innenhof (70 x 100 m) war ringsum von dorischen Säulenhallen mit ionischem Obergeschoß umgeben. Zahlreiche Nischen und Exedren, in denen Weihgeschenke und Statuen aufgestellt waren, säumten den Hof. Nördlich an die Agora schloß sich der *Heilige See* an, in dem einst die Schwäne des Apollon und die Gänse der Leto geschwommen sein sollen. Der See ist seit 1926 ausgetrocknet. Neben dem See erstreckt sich eine 50 m lange Terrasse mit den berühmten Löwen von D. Fünf von den ursprünglich mindestens neun archaischen Marmorlöwen aus dem späten 7. Jh. v. Chr. stehen noch an ihrer ursprünglichen Stelle. Sie säumten die Prozessionsstraße, die vom Letoon (Leto-Tempel) zum Heiligen See führte.

Im sog. Theaterviertel, der hellenistischen Wohnstadt von D., reihen sich in engen Gassen gut erhaltene Wohnhäuser. Die 166 v. Chr. von Athen und Rom gesandten Neubürger nutzen nicht die Häuser ihrer Vorgänger, sondern bauten neue Peristylhäuser, die ihren luxuriösen Vorstellungen entsprachen. Das *Haus der Masken* aus der zweiten Hälfte des 2. Jh. v. Chr. ist mit herrlichen Mosaiken geschmückt. Raum A zeigt Dionysos, auf einem Panther reitend. Im Raum B sind Masken der griechischen Komödie zu sehen. Das Mosaik in Raum C stellt einen Musikanten und einen tanzenden Silen dar. Das *Haus der Delphine* stammt ebenfalls aus der zweiten Hälfte des 2. Jh. v. Chr. Es hat seinen Namen von dem Bodenmosaik des Säulenhofes: Eroten reiten ein Delphingespann. Das *Theater* wurde im 3. Jh. v. Chr. erbaut. Auf den 43 Sitzstufen hatten etwa 5500 Zuschauer Platz. Vom mehrstöckigen Bühnenhaus sind nur noch die Fundamente erhalten.

Zahlreiche weitere Tempel, Säulenhallen, Schatzhäuser, Weihmonumente, Gilde- und Wohnhäuser, Magazine, ein Gymnasion und ein Stadion, Hafenanlagen usw. zeugen von der Größe und Bedeutung dieses religiösen und wirtschaftlichen Zentrums.

Literatur: T. Homolle u. M. Holleaux (Hrsg.): Exploration archéologique de Délos. Bd. 1 ff. Paris 1909 ff.; P. Bruneau u. J. Ducat: Guide de Delos. Paris [3]1983; M. Kreeb: Untersuchungen zur figürlichen Ausstattung delischer Privathäuser. Chicago 1988.

Delphi. Berühmtes Orakelheiligtum des Apollon, nahe am Golf von Korinth unterhalb der Phaidriaden, zweier mächtiger Felswände des Parnaß, auf einer Hangterrasse gelegen.

Geschichte: Ursprung der Orakelstätte von D. war ein Erdspalt, aus dem berauschende Dämpfe stiegen. Schon in mykenischer Zeit (14.–12. Jh.) verehrte man hier die Erdgöttin Gaia. Den Wechsel in der göttlichen Herrschaft über D. erklärt die Sage: Eines Tages kam der Knabe Apollon zum Gaia-Heiligtum und beschloß, hier seinen Tempel zu bauen. Das wollte der Drache Python, Sohn der Gaia und Wächter des Heiligtums, verhindern. Da tötete ihn der Knabe mit Pfeil und brennender Fackel. Apollon, der Gott des Lichtes, hatte über die Götter der Finsternis gesiegt. Seit der geometrischen Epoche (11.–8. Jh.) traten als Weihgaben männliche Bronzeidole an die Stelle weiblicher Tonidole. D. wurde Hauptheiligtum des Apollon, des friedlichen, versöhnenden, ausgleichenden Gottes. Die Seherin Pythia verkündete den Willen Apollons durch das Orakel, d.h., Priester deuteten die in Ekstase gestammelten Worte und versuchten, die Sitten zu verbessern, Streitigkeiten beizulegen, die Gründung von Kolonien anzuregen. Dabei waren die Priester klug genug, sich gesellschaftlichen und politischen Strömungen nicht entgegenzustellen. Sie unterstützten die Aristokratie des Lykurg wie auch die Demokratie des Kleisthenes. Im Zweifel gaben sie ein mehrdeutiges Orakel, wie jener berühmte Spruch, den der lydische König Kroisos empfing: »Wenn du den Halys überschreitest, wirst du ein großes Reich zerstören.« Kroisos überschritt 546 v. Chr. mit seinen Truppen den Halys, um die Perser zu besiegen, wurde aber selber von Kyros II. vernichtend geschlagen. Das Großreich der Lyder war zerstört. Im 7. und 6. Jh. v. Chr. erlangte das Orakel von D. den Höhepunkt seiner Berühmtheit. Die Schatzhäuser des heiligen Bezirks waren mit kostbaren Weihgaben gefüllt. 590 v. Chr. verbanden sich zwölf griechische Stämme zu einer Amphiktyonie, einer Vereinigung zum Schutze der Orakelstätte. Die Amphiktyonie veranstaltete seit 582 v. Chr. alle vier Jahre in D. die Pythischen Spiele, die zuerst aus musischen Wettbewerben, später auch aus athletischen Wettkämpfen bestanden. Obwohl sich D. in den Perserkriegen durch pessimistische Orakelsprüche auf die Seite der Aggressoren stellte, griffen die Perser 480 v. Chr. das Heiligtum an. Starke Regengüsse und herabstürzende Felsen bewegten die Perser jedoch zum Abzug. 448 v. Chr. eroberten die Phoker, selbst Mitglied der Amphiktyonie, die Orakelstätte. Spartaner und Athener vertrieben sie wieder. 356 v. Chr. nahmen die Phoker erneut D. ein und verschleppten kostbare Weihgaben, darunter den goldenen Dreifuß, den die griechischen Stämme als Dank für ihren entscheidenden Sieg bei Plataiai über die Perser gestiftet hatten. Diesmal blieb die Hilfe der anderen Amphiktyonen aus, weil eine größere Gefahr im Norden drohte: Sparta und Athen verbündeten sich mit den Phokern gegen die erstarkenden Makedonier. Erst zehn Jahre später konnte Phillipp von Makedonien die Phoker aus D. vertreiben. 279 v. Chr. wehrten die Ätoler einen Angriff der Kelten auf das Heiligtum ab.

191 v. Chr. kam D. unter römische Herrschaft. Von nun an hatte das Orakel keinen politischen Einfluß mehr. Heerführer und Kaiser bedienten sich der wertvollen Weihgeschenke: 86 v. Chr. verschleppte der römische General Sulla u.a. einen Silber-Pithos, ein Weihgeschenk des Kroisos für Apollon; 83 v. Chr. plünderten die Thraker das Heiligtum; Nero nahm 67 n. Chr. 500 Statuen nach Rom mit; Konstantin der Große entführte zahlreiche Kostbarkeiten, darunter die be-

kannte Schlangensäule, um seine Hauptstadt Byzanz zu schmücken. Nur Kaiser Hadrian, der mit dem griechischen Schriftsteller Plutarch, einem Priester des Apollon-Tempels, befreundet war und Delphi 125 und 129 n. Chr. besuchte, ließ mehrere vom Einsturz bedrohte Bauwerke wiederherstellen. Inzwischen hatte das Christentum seinen Siegeszug angetreten. Als Kaiser Theodosius I. 391 alle heidnischen Kulte verbot, verstummte auch das Orakel von D.

Forschungsgeschichte: Erste bescheidene Untersuchungen wurden in den 30er und 40er Jahren des 19. Jh. vorgenommen. 1893 begannen Archäologen der École Française d'Athènes unter T. Homolle mit systematischen Grabungen im Heiligen Bezirk. Dazu mußte erst das kleine Dorf Kastri, das inmitten der Ruinen entstanden war, abgerissen und zwei Kilometer weiter westlich wieder aufgebaut werden. Die hierfür erforderlichen Geldmittel bewilligte das französische Parlament. 1902 wurde das Museum von D. eingeweiht. Die umfangreichen Grabungen waren 1903 abgeschlossen. In den folgenden Jahrzehnten fanden nur noch kleinere Untersuchungen statt.

Die Ausgrabungsfunde sind im Museum von D. ausgestellt, darunter die Sphinx der Naxier (Mitte 6. Jh. v. Chr.), die Giebel und Friese vom Schatzhaus der Siphnier (kurz vor 525 v. Chr.), die berühmte Bronzestatue des sog. Wagenlenkers von D., ein Weihgeschenk des Tyrannnen Polyzalos von Gela, der 478 oder 474 v. Chr. im Wagenrennen siegte, und das Daochos-Weihgeschenk mit der Statue des Athleten Agias (kurz nach 338 v. Chr.).

Archäologische Stätte: Der heilige Bezirk von D. hatte eine Ausdehnung von 190 x 135 m und war von einer Mauer umgeben. Beim Haupttor beginnt die *Heilige Straße*, die sich zum Apollon-Tempel hinaufwindet. Von den zahlreichen Weihgeschenken (Statuen) zu beiden Seiten der Straße sind nur noch die Sockel vorhanden. Aus den Berichten des Herodot, Plutarch und → Pausanias, aus Sockelinschriften und anderen Quellen weiß man von den großartigen Statuen, die im 5. und 4. Jh. v. Chr. fast ausschließlich als Dank für siegreiche Schlachten von einem Zehntel der Kriegsbeute finanziert und bereits im Altertum verschleppt worden waren. Da standen die Weihgeschenke der Arkader, der Spartaner, der Argiver, der Achäer, der Tarantiner. Die Athener hatten als Dank für ihren Sieg bei Marathon über die Perser 490 v. Chr. 16 Statuen des Phidias aufgestellt.

Die zahlreichen *Schatzhäuser* am Rande der Heiligen Straße enthielten besonders wertvolle Weihgeschenke. Das Schatzhaus der Korinther ist ein langgestrecktes Gebäude von etwa 6,5 x 13 m aus dem 7. Jh. v. Chr. Es ist das älteste Schatzhaus in D. und nach Herodot (I, 14) eine Weihung des Tyrannen Kypselos. Um 550 v. Chr. ließen die Knidier ein Schatzhaus in Form eines ionischen Antentempels erbauen. Es bestand aus parischem Marmor und hatte Karyatiden anstelle der Säulen zwischen den Anten. Ebenso das Schatzhaus der Siphnier aus der Zeit um 525 v. Chr. (→ Schatzhaus, Delphi, 1). Das Schatzhaus der Sikyoner, ein dorischer Bau mit zwei Säulen zwischen den Anten, entstand Ende des 5. Jh. v. Chr. In seinem Fundament sind Reste von zwei älteren Bauten entdeckt worden: einer Tholos mit einer Peristasis von 13 dorischen Säu-

len und eines rechteckigen Gebäudes, von dessen Bauschmuck fünf archaische Metopen mit mythologischen Szenen (um 560 v. Chr.) erhalten sind. Das Schatzhaus der Athener enthielt die kostbaren Weihgeschenke, die die Athener nach der Schlacht bei Marathon Apollon verehrten (→ Schatzhaus, Delphi, 2). Das Schatzhaus der Thebaner, ein dorischer Bau, entstand nach 371 v. Chr.
Neben dem Schatzhaus der Athener stand das *Buleuterion*, ein archaischer Bau aus Poros-Kalkstein. Dahinter erhebt sich der mächtige *Fels der Sibylle.* Er war in grauer Vorzeit von den Phaidriaden heruntergestürzt. Nach der Überlieferung verkündete die Sibylle Herophyle auf diesem Felsen die ersten delphischen Orakelsprüche; sie soll sogar den Trojanischen Krieg vorausgesagt haben.
Die berühmte *polygonale Mauer* wurde nach der Zerstörung des Apollon-Tempels 548 v. Chr. errichtet, um die Terrasse, auf der der neue Tempel stehen sollte, zu stützen. Die Mauer enthält rund 800 Inschriften, zumeist Urkunden über die Freilassung von Sklaven. Vor einem Teil der Mauer erhob sich eine ionische Halle, in der die Athener nach 478 v. Chr. Trophäen aus ihren Seeschlachten mit den Persern aufbewahrten. Den großen Altar aus weißem und schwarzem Marmor weihten die Bewohner der Insel Chios um 475 v. Chr. Apollon. Dem Altar gegenüber steht noch der Sockel, der einst die Schlangensäule mit dem goldenen Dreifuß trug. Die Schlangensäule schmückt noch heute den At Meydani in Istanbul (→ Hippodrom, Byzanz); der Dreifuß ist – wie die anderen Weihgeschenke auch – verschollen.
Der *Apollon-Tempel* hatte der Sage nach vier Vorgängerbauten: der erste Tempel soll aus Lorbeer, der zweite aus Wachs und Flügeln, der dritte aus Bronze gewesen sein, bevor der vierte aus Poroskalkstein erstand. Archäologisch sind zwei Vorgängerbauten faßbar. Der erste war ein dorischer Peripteros, der 548/47 v. Chr. niederbrannte. Die Alkmaioniden, adlige Athener, die hier im Exil lebten, bauten ihn Ende des 5. Jh. v. Chr. mit Hilfe von Spenden aus der ganzen griechischen Welt wieder auf. Dieser zweite Bau mit den Stylobatmaßen von ca. 21,7 x 58,2 m hatte je sechs Säulen an den Schmalseiten und je 15 an den Langseiten. 373 v. Chr. wurde dieser Alkmaioniden-Tempel durch einen Brand oder ein Erdbeben zerstört und bis 330 v. Chr. nach den alten Plänen wiedererrichtet. Die Giebelskulpturen schufen die Bildhauer Praxias und Androsthenes aus Athen. In die Wände des Pronaos waren Sprüche der Sieben Weisen Griechenlands (Pittakos, Solon, Kleobulos, Periander, Chilon, Thales, Bias) eingehauen, z.B. »Erkenne dich selbst«, »Nichts allzu sehr«. Im Adyton, dem heiligsten Teil der Cella, soll nach Pausanias eine goldene Statue des Apollon gestanden haben. Neben der Statue lag der delphische Omphalos (Nabel), ein halbeiförmiger Stein, der das Zentrum der Welt symbolisierte. Zeus hatte zwei Adler von den entgegengesetzten Enden des Alls aufeinander zufliegen lassen, um den Mittelpunkt der Welt festzustellen; sie trafen sich in D.
Das *Theater* wurde im 4. Jh. v. Chr. aus weißem Parnassosstein erbaut und im 2. Jh. v. Chr. von König Eumenes II. von Pergamon restauriert. Auf den 35 Sitzstufen konnten 5000 Zuschauer

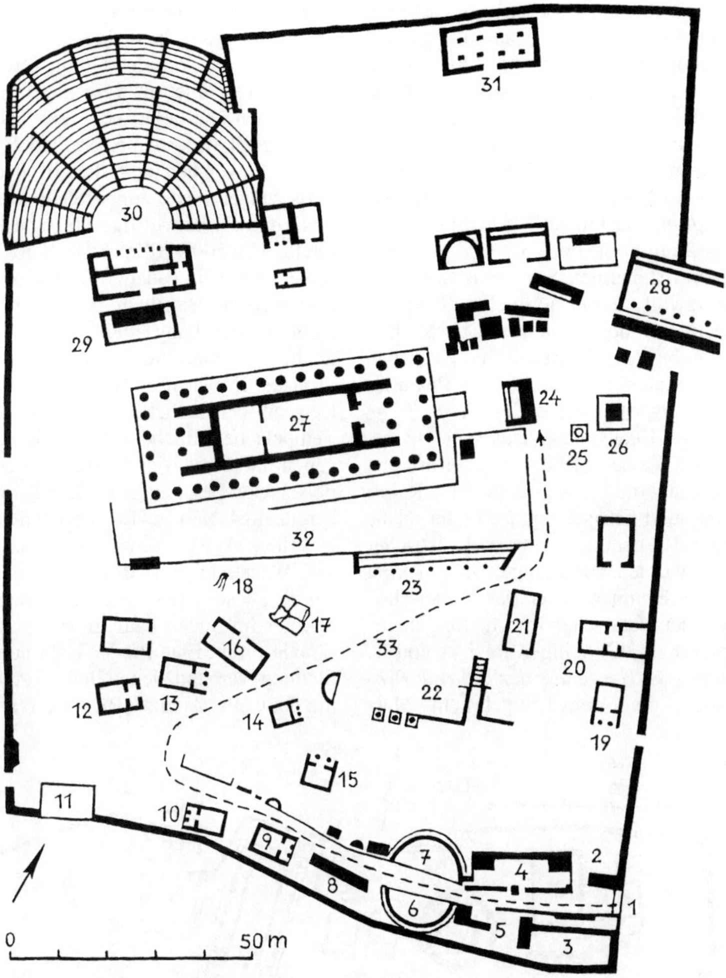

Delphi: Heiligtum des Apollon Pythios
1 Eingang zum Heiligtum 2 Sockel des Stiers von Kerkyra 3 Weihgeschenk der Arkader 4 sog. Weihgeschenk der Lakedämonier 5 Weihgeschenk der Argiver 6 Monument der Sieben Epigonen 7 Monument der Könige von Argos 8 Weihgeschenk der Tarantiner 9 Schatzhaus der Sikyoner 10 Schatzhaus der Siphnier 11 Schatzhaus der Thebaner 12 Schatzhaus der Poteidaiaten (?) 13 Schatzhaus der Athener 14 Schatzhaus der Knidier 15 Schatzhaus der Äolier (?) 16 Buleuterion 17 Fels der Sibylle 18 Quelle des Python 19 Schatzhaus von Kyrene 20 Prytaneion (?) 21 Schatzhaus der Korinther 22 Halos (»Dreschplatz«)

Platz nehmen. Die *Lesche der Knidier* war eine berühmte Versammlungs- und Diskussionshalle aus der Mitte des 5. Jh. v. Chr. Die einzigartigen Wandgemälde schuf → Polygnot aus Thasos (um 460 v. Chr.), der erste große Maler Griechenlands. Oberhalb des heiligen Bezirks liegt seit dem 5. Jh. v. Chr. das *Stadion*. Es ist innen 178 m lang und 25 bis 28 m breit. Im 2. Jh. v. Chr. wurde es mit steinernen Sitzstufen ausgestattet, zwölf auf der nördlichen Seite und sechs auf der südlichen. Das Stadion faßte bis zu 7000 Zuschauer. Zwischen den beiden Felswänden der Phaidriaden entspringt die heilige *Kastalische Quelle*. Ein Brunnenhaus schützte sie. Das Wasser floß aus bronzenen Löwenköpfen und diente zur Reinigung und Erfrischung der Pilger. Nahe dem Brunnenhaus aus hellenistischer Zeit wurden vor wenigen Jahren zwei ältere Brunnenhäuser der archaischen und der klassischen Epoche freigelegt. Unterhalb des heiligen Bezirks von D. liegt das *Heiligtum der Athena Pronaia* (die vor dem Tempel; heute Marmaria genannt). Dieses Heiligtum hatte seinen Ursprung in mykenischer Zeit; damals wurde dort eine Göttin verehrt, von der Tonidole mit weit ausgebreiteten Armen überliefert sind. Der früheste Tempel für Athena entstand Ende des 7. Jh. v. Chr.; von diesem Peripteros zeugen heute einige Säulentrommeln und zwölf wulstige dorische Kapitelle. Um 500 v. Chr. entstand an derselben Stelle ein neuer Athena-Tempel. Der dorische Bau hatte 34 Säulen, je zwölf an den Langseiten und je sechs an den Schmalseiten sowie zwei im Pronaos. Er war nach Süden orientiert. Den an der östlichen Langseite des Tempels befindlichen Hauptaltar umgaben kleinere Altäre. Herabfallende Felsblöcke beschädigten den Tempel bereits im 4. Jh. v. Chr., so daß ein neuer dritter Athena-Tempel kurz darauf am Westende des Bezirks errichtet wurde. Dieser war von außen schmucklos, nur im Süden hatte er eine sechssäulige Front. Eine Pfeiler-Halbsäulen-Stellung verband den tiefen Vorraum mit der Cella. An ihrer Rückwand stan-

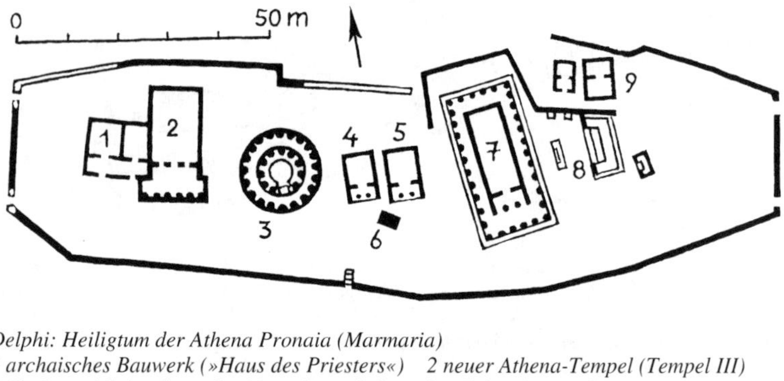

Delphi: Heiligtum der Athena Pronaia (Marmaria)
1 archaisches Bauwerk (»Haus des Priesters«) 2 neuer Athena-Tempel (Tempel III) 3 Tholos 4 Schatzhaus der Massalier 5 dorisches Schatzhaus 6 Basis einer Trophäe 7 Tempel der Athena Pronaia (Tempel II) 8 Athena-Altäre 9 Schatzhäuser oder Kapellen

den Statuen auf einer länglichen Basis. Zum Heiligtum der Athena gehörten auch zwei Schatzhäuser und die Tholos, eines der schönsten Bauwerke der Antike (→ Tholos, Delphi).
Zwischen der Quelle Kastalia und dem Heiligtum der Athena Pronaia erstreckt sich über zwei Terrassen das *Gymnasion*. Die obere Terrasse diente dem Lauftraining: eine 185 m lange Halle, der Xystos, und davor die offene Bahn, die Paradromis. Auf der unteren Terrasse befanden sich die Palästra mit Umkleideräumen, Übungsräumen für Faustkämpfer usw. sowie das Badehaus.

Literatur: Fouilles de Delphes (hrsg. von École Française d'Athènes). Bd. I ff. Paris 1908 ff.; B.C. Petrakos: Delphi. Athen 1971; G. Roux: Delphi. Orakel und Kultstätten. München 1971; M. Maass: Das antike Delphi. Orakel, Schätze und Monumente. Darmstadt 1993.

Dendera. Die altägyptische Stadt D., vorher Enet, Kultzentrum der Göttin Hathor, lag etwa 50 km nördlich von Luxor auf dem linken Nilufer.
Geschichte: D. war schon im Alten Reich eine bedeutende Stadt. Das Heiligtum der Ortsgöttin Hathor wird bereits in Schriften aus der Zeit des Cheops (um 2500) und des Pepi I. (Phiops, 23. Jh.) erwähnt. Die Könige der 12. Dynastie (1991–1786), Thutmosis III. (1490–1436), Ramses II. (1290–1224) und Ramses III. (1184–1153) restaurierten die Tempelanlagen. Das heute sichtbare Bauwerk schufen die letzten Ptolemäer im 1. Jh. v. Chr. vermutlich an der Stelle des älteren Heiligtums. Die römischen Kaiser Augustus (31 v. Chr.–14 n. Chr.) und Tiberius (14–37) vollendeten den großartigen Bau. Die älteste Darstellung der Göttin Hathor erscheint auf der Siegestafel des Narmer, der vermutlich mit Menes, dem Begründer der 1. Dynastie, identisch ist. Hathor zählt also zu den ältesten Gottheiten Ägyptens. Sie war die Geliebte und Gemahlin des Himmelsgottes Horus. Während Horus seinen Haupttempel in → Edfu hatte, residierte Hathor (Haus des Horus) in D. Ihr Sohn Ihi war der jugendliche Gott der Musik. Deshalb beherbergt der Tempel von D. eine Götterdreiheit, ähnlich wie die Triade Osiris, Isis und Horus in → Abydos. In ptolemäischer Zeit wird die Liebesgöttin Hathor mit Aphrodite gleichgesetzt, in römischer mit Venus.
Archäologische Stätte: Der *Hathor-Tempel* von D. geht auf Heiligtümer des Alten Reiches zurück. Welcher der ptolemäischen Pharaonen im 1. Jh. v. Chr. den Entschluß faßte, der Liebesgöttin einen neuen Tempel zu errichten, ist nicht bekannt. Vielleicht war es Kleopatra VII., jene bekannte Kleopatra, die seit 51 v. Chr. auf dem ägyptischen Königsthron saß, zuerst gemeinsam mit ihrem ersten Gemahl Ptolemaios XIII., dann mit ihrem zweiten Gemahl Ptolemaios XIV., seit 44 v. Chr. als Alleinherrscherin, die Geliebte Caesars und des Antonius. Baumaßnahmen am Tempel sind jedenfalls unter Kleopatra bezeugt. Den 290 x 280 m großen Tempelbezirk umgibt eine dicke Ziegelmauer. Vom großen Hof aus trat der Gläubige in die Vorhalle des Tempels ein, deren Dach von 24 Hathor-Säulen gestützt wird. Jede Säule ist mit vier Gesichtern der Göttin geschmückt und mit einem Sistrum-Kapitell versehen. An den Innenwänden der Vorhalle erkennt man die römischen Kaiser Augustus, Tiberius, Caligula, Claudius und Nero, wie sie Hathor Weihgeschenke darbringen.

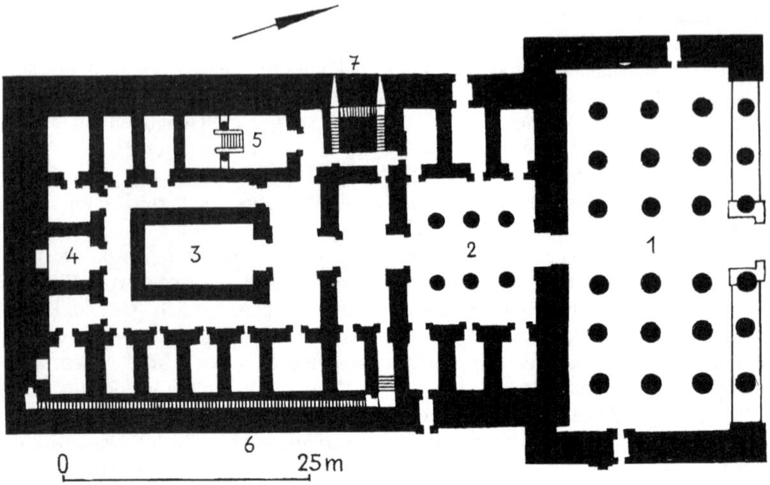

Dendera: Hathor-Tempel
1 Tor 2 Hof 3 Vorhalle 4 Säulensaal 5 Allerheiligstes 6 Hathor-Kapelle 7 Nut-Kiosk 8 Treppe zum Tempeldach 9 Treppe zur Krypta 10 Isis-Tempel 11 Heiliger See 12 Brunnen 13 Mammisi des Nektanebos 14 koptische Kirche 15 Mammisi des Augustus

Diese Reliefs dürften aus der Zeit des Kaisers Domitian (81–96 n. Chr.) stammen. Die Decke der Vorhalle zeigt astronomische Bilder. An die Vorhalle schließt sich ein kleiner Saal mit sechs Säulen an. Der Opferraum und ein kleiner Vorsaal liegen vor dem Allerheiligsten, das nur der König oder sein Oberpriester am Neujahrsfest betreten durften. Hier standen die heiligen Barken mit den Götterbildern. Der winzige Mittelraum am Südende des Tempels war allein der Hathor vorbehalten; ein Schrein enthielt ihr Bild. Das Tempeldach krönt ein kleines Osiris-Heiligtum mit dem berühmten »Tierkreis von D.« (Original im Louvre, Paris). Die südliche Außenwand des Tempels beherrscht ein gewaltiges Relief, das Kleopatra mit ihrem Sohn Caesarion zeigt, den sie von Julius Caesar empfangen hatte und der sein einziger leiblicher Sohn war. Caesars Adoptivsohn Octavian, der spätere Kaiser Augustus, ließ Caesarion nach seinem Sieg bei Actium (31 v. Chr.) ermorden, um sich selbst die Nachfolge zu sichern. Im Jahr darauf nahmen sich Kleopatra und Antonius das Leben. Vor dem Hathor-Tempel liegen zwei *Mammisi* (Geburtshäuser). Das ältere Mammisi stammt aus der Zeit des Königs Nektanebos I. (378–360), das jüngere wurde unter Kaiser Augustus erbaut. Diese kleinen Tempel symbolisieren die Geburtsstätte des Götterkindes. In den Mammisi von D. wurde alljährlich die Geburt des Ihi gefeiert.

Literatur: E. Chassinat u.a.: Le temple de Dendera. Bd. 1 ff. Kairo 1934 ff.; H.G. Fischer: Dendera in the Third Milennium B.C. down to the Theban Domination of Upper Egypt. Locust Valley, N.Y. 1968; F. Daumas: Dendera et le temple d'Hator. Notice sommaire. Le Caire 1969.

Dendrochronologie. Methode zur Datierung von Holz mit Hilfe der Jahresringe (Wachstumsringe). Klimaschwankungen rufen unterschiedliche Jahresringe hervor, so daß sich über mehrere Jahre Muster ergeben, die für alle Bäume einer Baumart innerhalb eines Klimabereichs gleich sind. Durch Vergleich solcher Muster bei Bäumen, deren Wachstumszeiten sich überschneiden, ließen sich »Jahresringkalender« aufstellen. Man ordnet die archäologische Holzprobe in solch einen Kalender ein und kann so das Alter des Holzes bestimmen. Jahresringkalender reichen heute schon bis etwa 7000 v. Chr. zurück. Die D. wird mittlerweile auch zur Überprüfung von Radiokarbontests (→ Radiokarbondatierung) eingesetzt, da Fehler dieser Methode mit Hilfe der D. in gewissem Maße relativiert werden können.

Deutsches Archäologisches Institut. 1829 gründete in Rom eine Gruppe deutscher Gelehrter, Künstler und Diplomaten das »Instituto di corrispondenza archeologica«, um der Pflege »der vernachlässigten als auch der neu gefundenen, der schriftlichen als auch der bildlichen Denkmäler früherer Epochen« zu dienen. Der wilden Suche nach antiken Schätzen sollte damit ein Ende bereitet werden, die archäologische Arbeit sollte künftig auf wissenschaftlicher Basis erfolgen. Das preußische Königshaus übernahm die Schirmherrschaft.

1832 wurde die Leitung nach Berlin verlegt. Das Arbeitsgebiet, das zunächst auf Rom und Umgebung beschränkt war, erstreckte sich bald über den gesamten Raum der antiken Welt. 1859 übernahm der preußische Staat die Finanzierung des Instituts.

Nach der Reichsgründung übernahm 1874 das Deutsche Reich die Verantwortung für die Arbeit des Instituts, das nun den Namen »Deutsches Archäologisches Institut« (DAI) erhielt. 1874 eröffnete das DAI eine Zweigstelle in Athen, später wurden die Abteilungen bzw. Stationen in Kairo (1929), Istanbul (1929), Madrid (1943), Bagdad (1955), Teheran (1961), Sanaa (1978) und Damaskus (1980) angegliedert oder auch neu gegründet. 1902 wurde in Frankfurt am Main die Römisch-Germanische Kommission eingerichtet mit der Aufgabe der Förderung vor- und frühgeschichtlicher Forschung. Die Kommission für Alte Geschichte und Epigraphik in München wurde 1967 dem DAI angeschlossen. Ihr Interessenschwerpunkt liegt bei den griechischen und lateinischen Inschriften sowie den Münzen. 1979 gründete das DAI die Kommission für Allgemeine und Vergleichende Archäologie in Bonn. Sie unterstützt und beteiligt sich an Projekten in Afrika, Asien und Amerika. 1995 wurde in Berlin die Eurasien-Abteilung eingerichtet. Sie dient der archäologischen Forschung in den GUS-Staaten und angrenzenden Ländern. 1996 fand ein Zusammenschluß der Abteilung Bagdad und der Stationen Damaskus und Sanaa zur Orient-Abteilung, ebenfalls mit Sitz in Berlin, statt.

Heute gehört das DAI mit zur Zeit neun Auslandsinstituten zum Zuständigkeitsbereich des Bundesaußenministeriums, das gemeinsam mit der »Deutschen Forschungsgemeinschaft« (DFG) für die Finanzierung der archäologischen Forschung aufkommt. Fast überall, wo deutsche Archäologen heute an größeren Grabungen beteiligt sind, wirkt das DAI mit. Seinem Betätigungsfeld sind keine Grenzen gesetzt. Ob in Olympia, Tiryns oder auf Samos, in Pompeji, Paestum oder Segesta, in Ägypten, Syrien, im Irak oder in der Türkei, in Schwarzafrika, Indien, Pakistan, China oder Japan, in Nord- oder Südamerika, überall gilt das Wirken des DAI wie zu Beginn seiner Tätigkeit »dem Suchen und Deuten des Menschen in der Vergangenheit und seines Weges vom Anbeginn an über alle Höhen und Tiefen«.

Diadochen (griech. Nachfolger). Die Feldherren Alexanders des Großen, die nach dessen Tod 323 v. Chr. das alexandrinische Weltreich unter sich aufteilten. Antipatros († 319 v. Chr.), Lysimachos († 281 v. Chr.), Antigonos († 301 v. Chr.), Ptolemaios († 283/282 v. Chr.), Seleukos († 281 v. Chr.).

Diaiterion (griech.). Wohnraum des griechischen Hauses.

Diatretgläser (griech.-lat. diatretus, durchbrochen). Kostbare römische Prunkgläser, deren Blütezeit in der ersten Hälfte des 4. Jh. n. Chr. lag. Bei einigen Exemplaren lag auf der Glaswand ein feines, meist andersfarbiges Glasnetzwerk auf, das nur durch schmale Stege mit der Gefäßwand verbunden war. Wie neuere Forschungen belegen, wurde ein großer Teil dieser D. durch Eindrehen oder Pressen der heißen Glassmasse in eine Form hergestellt und nur zum Teil später noch geschliffen. Ein perforierter Zwischenbecher aus Gips oder anderem Material ermöglichte die Verbindung von zwei Glasschichten durch dünne Stege. Weiterhin konnte festgestellt werden, daß die Glasnetzbecher mit durchweg gerundetem Boden nicht als Trinkgefäße, sondern als Lampen dienten.

Literatur: O. Doppelfeld: Das Kölner Diatretglas und die anderen Netzdiatrete. In: Gymnasium 68 (1961). S. 410 ff.; R. Lierke: Vasa diatreta. In: Antike Welt 26, 1 (1995). S. 42 ff.u. 26, 4 (1995) S. 251 ff.

Didyma. Etwa 20 km südlich von → Milet und durch die Heilige Straße mit ihm verbunden, liegt die berühmteste griechische Orakelstätte in Kleinasien.

Geschichte: Schon vor der griechischen Einwanderung gab es hier an Süßwasserquellen ein Orakelheiligtum, das nach Pausanias (VII 2, 6) dem Apollon geweiht war. Bis in das 5. Jh. v. Chr. wirkte das karische Priestergeschlecht der Branchiden als Vorsteher des Heiligtums. Nach ihnen wurde D. im Altertum auch Branchidai genannt. Weihgeschenke des Pharao Necho (610–595 v. Chr.) und des lydischen Königs Kroisos (560–546 v. Chr.) zeugen von der überregionalen Bedeutung der Orakelstätte in archaischer Zeit. Im 6. Jh. v. Chr. errichteten die Ionier anstelle einer einfachen Mauerumfassung (um 700 v. Chr.) ein großes tempelartiges Gebäude, das den Innenhof mit der heiligen Quelle und dem Lorbeerstrauch unbedacht ließ. Nach dem mißglückten Aufstand der ionischen Städte wurde dieser Tempel 494 v. Chr. von den Persern zerstört. Erst am Ende des 4. Jh. v. Chr. begann der Wiederaufbau des Heiligtums. Der neue Tempel, von den Architekten Paionios von Ephesos und Daphnis von Milet entworfen, entsprach weitgehend der alten Anlage, nur sollte er wesentlich größer werden. Der Bau wurde jedoch nie vollendet. Noch im 2. Jh. n. Chr. beteiligte sich der römische Kaiser Hadrian an der Ausgestaltung des Didymaion. Im Zuge der Goteneinfälle wurde das Heiligtum im 3. Jh. geplündert. In frühbyzantinischer Zeit beherbergte der Apollon-Tempel eine christliche Kirche. Im 15. Jh. schließlich wurde das Heiligtum durch ein Erdbeben zerstört.

Forschungsgeschichte: Bereits 1765 interessierte sich die »Society of Dilettanti«, die sich mit der Bestandsaufnahme ionischer Altertümer beschäftigte, für die Ruinen des Apollon-Tempels. 1857 untersuchte der Engländer Ch. Newton einen Abschnitt der Heiligen Straße, dessen Funde (Sitzstatuen, Branchiden genannt, und Löwenskulpturen) er nach London ins Britische Museum bringen ließ. Erste Grabungen führten die Franzosen O. Rayet und A. Thomas 1873 durch. 1895/96 folgten die französischen Archäologen B. Haussoullier und E. Pontremoli. Wenige Jahre später übernahm Th. → Wiegand im Auftrag der Königlich Preußischen Museen zu Berlin die Freilegung des Tempels (1905–1913, 1924/25). Grabungen außerhalb des Apollon-Heiligtums im Bereich der Heiligen Straße fanden erst seit 1969, verstärkt seit 1975 unter K. Tuchelt statt und dauern bis heute an. Zahlreiche Funde gelangten in die Archäologischen Museen von Istanbul und Izmir und nach Berlin.

Archäologische Stätte: Durch die örtliche Bindung an die heilige Quelle, liegt der *Apollon-Tempel* in einer Senke. Diese ungünstige Lage sollte beim heute noch zu großen Teilen aufrecht stehenden spätklassischen Bau ein hoher siebenstufiger Unterbau ausgleichen. Dieser überdeckt die Fundamente des archaischen Vorgängerbaus, der in Gestalt ähnlich, aber von geringerer Größe war. Die Schaftfüße der sechs Säulen im Pronaos (hier auch Prodomos genannt) waren bei diesem Tempel mit einem Reigen stehender Koren geschmückt, der niedrige Architrav mit Fabelwesen und Gorgonen. Der am Ende des 4. Jh. v. Chr. in Auftrag gegebene Tempel gleicht einem Dipteros. Den Kernbau umgibt eine doppelte ionische Säulenhalle von acht und zehn Säulen an den Schmalseiten und 19 und 21 Säulen an den Langseiten. Drei stehen in ihrer vollen Höhe von 19,4 m aufrecht. Vom Pronaos, dessen Dach zwölf Säulen hielten, führen seitlich zwei schmale Gänge in den tiefer liegenden unbedachten Sekos (hofartiger Kultraum), der nach Inschriften Adyton genannt wurde und nur den Priestern zugänglich war. Ein Naiskos (Tempelchen) mit vier Säulen vor den Anten markiert den Ort der heiligen Quelle. Ob hier, wie bisher angenommen, die berühmte Bronzestatue des Apollon, geschaffen von dem Bildhauer Kanachos aus Sikyon (Ende des 6. Jh. v. Chr.), aufgestellt war, ist fraglich. Pilastergegliederte Hochwände rahmen den Hof. Auf der glatten Sockelzone haben sich eingeritzte Werkzeichnungen für den Bau des Tempels im Maßstab 1:1 erhalten, die aus der Zeit Mitte des 3. Jh. v. Chr. bis zur römischen Kaiserzeit stammen. Im Osten des Hofes führt eine fast 16 m breite Freitreppe zu dem Zweisäulensaal hinauf. Drei Türen, gerahmt von korinthischen Halbsäulen, ge-

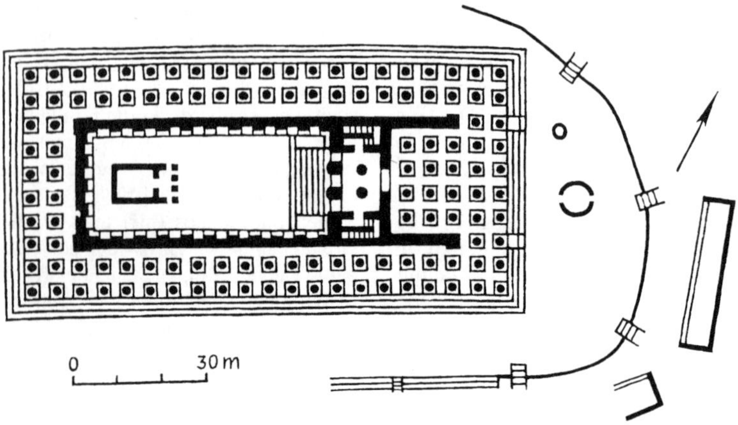

Didyma: Apollon-Tempel

währten Zugang. Zum Pronaos öffnet sich dieser Raum durch das über 14 m hohe Heilige Tor. Die Schwelle mit 1,46 m Höhe war für Menschen nicht zu überschreiten, das Portal diente rein kultischen Zwecken. Auf den im Osten liegenden, großen, von zwei Seiten zugänglichen Rundaltar war nur der archaische Bau ausgerichtet.

Im Nordwesten des Apollon-Bezirks fand sich bei Grabungen längs der *Heiligen Straße* eine 45 m lange Felsbarre mit Quellenbecken und Brunnen. Wahrscheinlich liegt hier das für D. überlieferte *Heiligtum der Artemis*, der Zwillingsschwester Apollons. Bebauungsspuren verweisen auf eine fortwährende Nutzung vom 7. Jh. v. Chr. bis in frühbyzantinische Zeit (4.–6. Jh.).

Der Kultbezirk einer milesischen Adelsfamilie des 6. Jh. v. Chr. fand sich zwischen D. und Milet an der Heiligen Straße. Statuengruppen von männlichen und weiblichen Sitzbildern sowie Sphingen schmückten diesen Temenos, der bereits im 5. Jh. v. Chr. zerstört wurde.

Literatur: Th. Wiegand: Didyma. 2 Bde. Berlin 1941 u. 1958; J. Fontenrose: Didyma. Apollo's Oracle, Cult and Companions. Berkeley 1988; K. Tuchelt: Branchidai-Didyma. Geschichte, Ausgrabung und Wiederentdeckung eines antiken Heiligtums, 1765 bis 1990. Mainz 1991; L. Haselberger: Aspekte der Bauzeichnungen von Didyma. In: Revue archéologique (1991). S. 99 ff.

Dinos (griech.). Antike Bezeichnung für eine heute nicht mehr bekannte Trinkgefäßform. In der Literatur wird der Begriff häufig fälschlich für → Lebes verwandt.

Dipteros (griech.). Griechischer Tempeltypus, dessen Cella von einem doppelten Säulenkranz umgeben ist.

Dipteros, Athen. Der Tempel des Zeus Olympios, das Olympieion, wurde in hellenistischer Zeit unter dem Seleukidenherrscher Antiochos IV. Epiphanes (175–164 v. Chr.) begonnen, aber erst unter Kaiser Hadrian im 2. Jh. n. Chr. fertiggestellt. Er hatte zwei Vorgängerbauten: einen kleineren Peripteros aus hocharchaischer Zeit und einen etwa doppelt so langen D. dorischer Ordnung, der im 6. Jh. v. Chr. unter dem Tyrannen Peisistratos begonnen worden war. Die Arbeiten an diesem Tempel wurden mit dem Sturz der Tyrannis eingestellt. Erst Antiochos IV. entschloß sich zum Weiterbau des Tempels, aber diesmal in korinthischer Ordnung. Mit seinem Tod kamen die Arbeiten wiederum zum Erliegen.

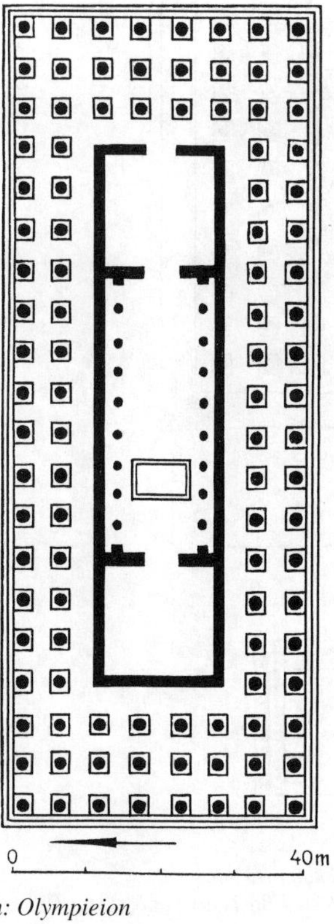

Athen: Olympieion

Der von Osten nach Westen ausgerichtete Tempel hat die Stylobatmaße von 41 x 107,75 m. Zwei Reihen von je 21 korinthischen Säulen an den Langseiten und drei Reihen von je acht Säulen an den Schmalseiten rahmten die langgestreckte Cella. Pronaos und Adyton, der geschlossene westliche Raum, waren gleich groß. Ob sie, wie die Cella, eine innere Säulenstellung besaßen, ist unklar. → Athen.

Literatur: R. Tölle-Kastenbein: Das Olympieion in Athen. Köln 1994.

Dipteros, Ephesos. Das ältere Artemision aus der Mitte des 6. Jh. v. Chr. wurde von den Baumeistern Chersiphron und Metagenes von Kreta sowie Theodoros von Samos entworfen. Über einem zweistufigen Unterbau erhob sich der Tempel auf einer Fläche von 55 x 115 m. Nach Pausanias trugen 127 Säulen das Dach, aber bisher konnte keine architektonische Lösung gefunden werden, bei der die genannte Säulenzahl plausibel untergebracht wäre. An der Westfront waren die ionischen Säulen in ihrem unteren Bereich mit Reliefs geschmückt. Auch entlang der Sima zogen sich um den ganzen Tempel Reliefs mit mythischem Kampfgeschehen. Durch den Pronaos, dessen Dach 2 x 4 Säulen trugen, erreichte man anstelle einer Cella den unbedachten Sekos (hofartiger Kultraum) mit der Kultstatue der Artemis. 356 v. Chr. brannte der Tempel ab. Das jüngere Artemision wurde nach den Plänen des älteren erbaut. Es stimmte in Säulen- und Wandstellung völlig mit ihm überein, nur wurde der neue Tempel auf einem 13stufigen Un-

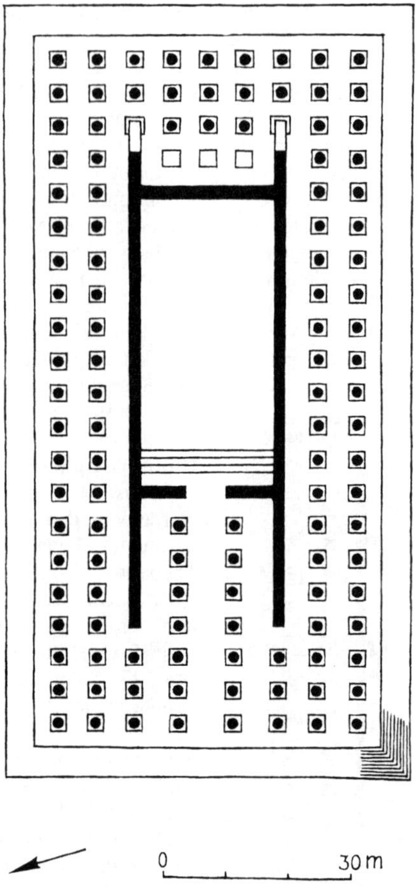

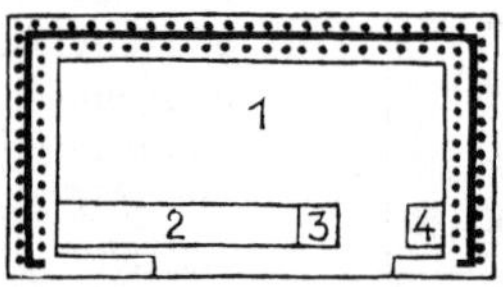

Ephesos: Artemision des Cheirokrates mit Altar (Rekonstruktion)
1 Altarhof 2 Rampe für die Opferstiere 3 »Herd« 4 Basis für die Kultstatue

terbau mit einer Höhe von ca. 2,7 m errichtet und gewann dadurch an Monumentalität. Cheirokrates überwachte die Bauarbeiten, → Skopas soll einen der reliefierten Säulenfüße geschaffen haben. Die Bauarbeiten am Artemision waren Mitte des 3. Jh. v. Chr. abgeschlossen. → Ephesos.

Literatur: A. Bammer: Das Heiligtum der Artemis von Ephesos. Graz 1984; A. Rügler: Die Columnae caelatae des jüngeren Artemisions von Ephesos. Tübingen 1988; U. Muss: Die Bauplastik des archaischen Artemisions von Ephesos. Wien 1994.

Dipteros, Samos. **1)** Der *Hera-Tempel* wurde ca. 570–560 v. Chr. von den Architekten Rhoikos und Theodoros erbaut. Mit den Ausmaßen von etwa 52 x 105 m übertraf er an Größe alle bisher errichteten Tempel in der griechischen Welt. Es war ein ionischer D., dessen langgestreckter Cella ein quadratischer Pronaos vorgelagert war. Zwei Säulenreihen teilten Cella und Pronaos in jeweils drei Schiffe. Die Säulenstellung der doppelten Säulenhalle, die den Tempel umlief, nahm im Frontbereich, d.h. auf der Ostseite, Bezug auf die innere Säulenstellung. Die Interkolumnien vergrößerten sich dementsprechend zur Mitte hin. Dieser Bau weist erstmals die samische Basis aus hoher zylindrischer Spira (Rundglied) und gewölbten Torus (Wulst) auf. Kapitelle, Gebälk und Dachstuhl bestanden aus Holz. Der Tempel stand nur wenige Jahrzehnte aufrecht. Nach seiner Zerstörung durch ein Erdbeben (?) wurden zahlreiche Bauglieder in dem neuen Hera-Tempel wiederverwendet. → Heraion, Samos.

2) Dieser unter dem Tyrannen Polykrates am Ende des 6. Jh. v. Chr. errichtete *neue Hera-Tempel* hatte annähernd die gleichen Maße (Stylobat: 55,16 x 112,20 m) wie sein Vorgängerbau. In dem mächtigen Fundament fanden sich auch Architekturglieder dieses älteren Tempels. Seine Bauzeit hat sich über mehrere Jahrhunderte hingezogen. Da keine Spuren eines Daches erhalten sind, wurde er wahrscheinlich auch nie ganz fertiggestellt. Cella und Pronaos entsprachen im Grundriß und in den Säulenstellungen dem Vorgängerbau. Die doppelte, an den Frontseiten dreifach umlaufende Säulenhalle war neu. Allerdings nahmen auch hier die Säulen der Ostfront mit ihren unterschiedlich weiten Interkolumnien Bezug auf die Wand- und Säulenstellung des Pronaos. Anhand der erhaltenen Bauglieder konnten für diesen Tempel vier verschieden dicke Säulen unterschieden werden, die von außen nach innen in ihren Proportionen schlanker wurden. Die marmornen Säulen der äußeren Peristasis standen auf samischen Basen (s.o.), waren unkanneliert und in ihrem oberen Bereich mit Ornamenten bemalt. Auf ihnen saßen ionische Kapitelle. Die innere Peristasis bestand aus Porossäulen mit Eierstabkapitellen, deren oberer Abschluß eine Abakusplatte bildete. Entsprechend, allerdings noch schlanker, waren die Innensäulen der Cella. Die des Pronaos müssen – ausgehend von der Beschaffenheit der Basen – wieder etwas dicker gewesen sein. → Heraion, Samos.

Literatur: O. Reuther: Der Heratempel von Samos. Berlin 1957; G. Gruben: Die Tempel der Griechen. München [2]1976. S. 335 ff.

Diptychon (griech. doppelt gefaltet). Zusammenklappbare, innen mit Wachs beschichtete Schreibtafel aus Metall,

Holz oder Elfenbein. In spätrömischer, frühchristlicher Zeit dienten die reich verzierten Elfenbeind. u.a. als Ernennungsurkunden oder als Geschenke z.B. beim Amtsantritt.

Dipylon (griech. Doppeltor). Haupttor von → Athen, durch das die Straßen von Eleusis und vom Piräus in die Stadt führten. Es stammt aus dem 5. Jh. v. Chr., ist jedoch am Ende des 4. Jh. v. Chr. erneuert worden. Vor dem Tor erstreckt sich das Stadtviertel Kerameikos mit dem bedeutenden Friedhof von Athen.

Djemdet Nasr-Kultur. → Dschamdat Nasr-Kultur.

Dodekastylos (griech.). Bezeichnung für eine Tempelform mit drei Reihen von je vier Säulen an der Giebelfront.

Dodona. Alte Kult- und Orakelstätte des Zeus und der Dione, etwa 22 km südlich von Ioannina in Epeiros (Nordwestgriechenland) gelegen.
Geschichte: Das Gebiet der Kultstätte auf einer Anhöhe am Fuße des Tomarosgebirges (heute Olytsikas) war bereits seit der frühen Bronzezeit (erste Hälfte des 3. Jt.) besiedelt. Die ersten Griechen, Thesproter, kamen zu Beginn des 2. Jt. nach Epeiros. Abseits der Handels- und Kulturzentren des südlichen Griechenlands gelegen und durch das Pindosgebirge schlecht zugänglich, behielten die Bewohner von D. bis in klassische Zeit ihre prähistorische Lebensform bei. Das Orakel des Zeus Naios (von griech. naiein, wohnen) und der Dione Naia war Homer (8. Jh. v. Chr.) und Hesiod (um 700 v. Chr.) bekannt. Nachweisbar geht der Kult jedoch bis in das 2. Jt. zurück. Zeus hatte wahrscheinlich schon vorher eine Kultstätte im Tomarosgebirge, wo er als Wettergott verehrt wurde. Die Erdgöttin Dione galt in D. als Gemahlin des Zeus. Die Orakelpriester (Selloi) von D. schliefen auf dem Erdboden und gingen barfuß, um in ständigem Kontakt mit der Göttin zu sein. Sie deuteten das Rauschen der heiligen Eiche und das Dröhnen eines Bronzekessels. Priesterinnen (Peleiades von griech. peleias, Taube), prophezeiten aus dem Flug und Ruf der Tauben. Später beantworteten auch das Losorakel oder Würfel die Fragen an die Götter. Im 7. Jh. v. Chr. erlangte das Orakel auf der griechischen Halbinsel allgemeines Ansehen, verlor jedoch im Laufe des 5. Jh. wieder an Bedeutung. Die finanzielle Unterstützung des Molosserkönigs Pyrrhos (297–272 v. Chr.) ermöglichte den Neuausbau des Heiligtums. Neben dem Bau eines Theaters und der Errichtung des Herakles-Tempels wurde auch der Zeus-Bezirk neu ausgestaltet. 219 v. Chr. wurde D. während der Kämpfe der Ätoler mit dem achäischen Bund geplündert und verwüstet, bald jedoch wieder aufgebaut und 168/67 v. Chr. von den Römern zerstört. Das Orakel lebte aber fort, bis Theodosios der Große (379–395) das Christentum zur Staatsreligion erklärte und alle heidnischen Kulte verbot. 391 n. Chr. soll die heilige Eiche gefällt worden sein. D. wurde Bischofssitz, und im 5. oder 6. Jh. errichtete man eine dreischiffige Basilika innerhalb des Tempelbezirks.
Forschungsgeschichte: 1875 entdeckte C. Carapanos die Stätte des Zeus-Orakels von D. und brachte bei kleineren Ausgrabungen zahlreiche Votive und dünne Bronzeplättchen mit Inschriften zum Vorschein. Von 1929–1935 wur-

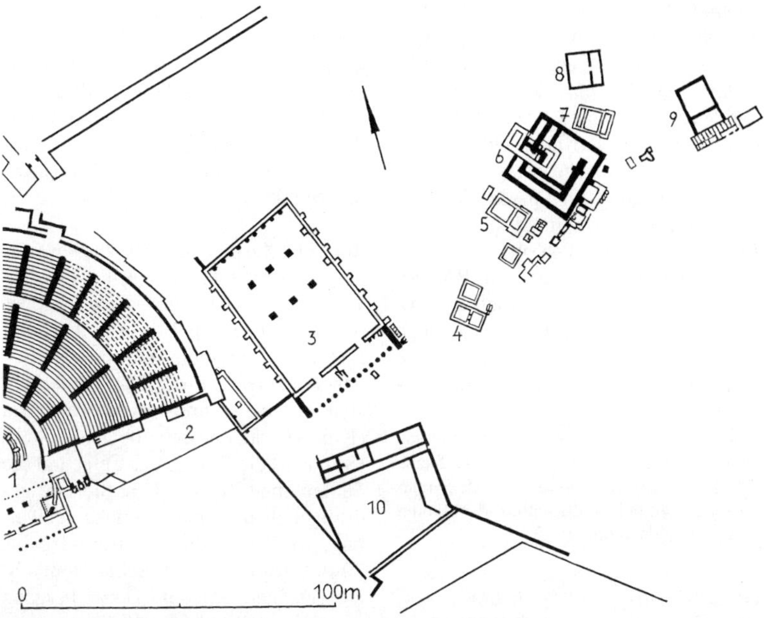

Dodona
1 Theater 2 Priesterwohnung 3 Buleuterion 4 Aphrodite-Tempel 5 Themis-Tempel 6 Zeus-Tempel 7 neuer Dione-Tempel 8 alter Dione-Tempel 9 Herakles-Tempel 10 Prytaneion

den die Arbeiten zur Erforschung des Heiligtums unter D. Evangelides weitergeführt und 1952 in größerem Umfang wiederaufgenommen. Seit dem Tod von Evangelides (1959) führt S. Dakaris die Ausgrabung von D. fort (u.a. Freilegung und Restaurierung des Theaters, Erforschung des Buleuterions und des Prytaneions).

Archäologische Stätte: Das älteste Bauwerk des Heiligtums stammt aus dem 4. Jh. v. Chr. Es war ein kleiner *Oikos* unmittelbar neben der heiligen Eiche. Wenig später wurde der Bezirk des Zeus mit einer niedrigen Temenosmauer umgeben, der Eingang lag mit Bezug auf die Eiche seitlich versetzt im Südosten. Pyrrhos vergrößerte den Tempel und versah den Hof mit einer ionischen Hallenanlage. Nach der Zerstörung von D. 219 v. Chr. ließ der Makedonenkönig Philipp V. (221–179 v. Chr.) die Orakelstätte wieder herrichten. Der Oikos im heiligen Bezirk wurde vergrößert und mit einer Vorhalle von 4 x 2 ionischen Säulen versehen, der ein entsprechend gestaltetes Propylon in der Temenosmauer gegenüberstand. Östlich des Orakeltempels stand der *Tempel der Dione* (3. Jh. v. Chr.), dem später ein zweites Gotteshaus folgte, und ein

Tempel für Herakles, mit dem Pyrrhos den mythischen Ahnen seines Geschlechts ehrte. Westlich lagen zwei *Kultbauten für Aphrodite und Themis* (beide 3. Jh. v. Chr.). Aus der Neubauphase unter Pyrrhos stammt auch das 32,3 x 43,6 m große *Buleuterion*, der Tagungsort für die Vertreter des epeirotischen Bundes, und das 18000 Besucher fassende *Theater*, dessen Orchestra unter den Römern zu einer Arena für Tierhetzen umgestaltet wurde. Die Mauerzüge schräg gegenüber des Theaters werden vom Ausgräber als Prytaneion gedeutet.

Literatur: S.I. Dakaris: Archaeological Guide to Dodona. Ioannina 1971; Ders.: Das Heiligtum von Dodona. In: E. Melas (Hrsg.): Tempel und Stätten der Götter Griechenlands. Köln [9]1985.

Dolium (lat.). Großes tönernes Vorratsgefäß, ohne Hals. Der Rand ist nach außen gebogen.

Dolmen (breton. Steintisch). Vorgeschichtliche Grabkammer aus ein oder zwei mächtigen Decksteinen auf senkrechten Tragsteinen. Ursprünglich mit Erde überdeckt.

Domus (lat.). Repräsentatives Stadthaus.

Doppelantentempel. → Antentempel.

Dorier. Frühgriechisches Volk, das seit etwa 1200 v. Chr. aus dem dalmatischen Raum einwanderte und auf der Peloponnes die Landschaften Argolis, Lakonien und Messenien, später auch die Südwestküste Kleinasiens sowie die Inseln Kythera, Thera, Rhodos und Kreta besiedelte. In Kleinasien schlossen sich die Städte Knidos, Kos und Halikarnassos sowie (auf Rhodos) Lindos, Kameiros und Ialyssos zur Hexapolis, dem Dorischen Sechsstädtebund, zusammen. Ihr Kultzentrum war das Apollon-Heiligtum bei Knidos. Die D. gründeten Kolonien in Tarent und Syrakus.

dorische Ordnung. Der älteste griechische Architekturstil (seit dem 7. Jh. v. Chr.) ist nach den → Doriern benannt. Der Tempel ruht auf einem Fundament (Stereobat), das in den Boden eingetieft wurde. Darüber erhebt sich ein meist dreistufiger Unterbau (Krepis), auf dessen oberster Stufe (Stylobat) die Wände der Cella und die Säulen ohne Basis stehen. Sie sind gedrungen, haben eine deutliche Schwellung (Entasis) und weisen 16 bis 20 scharfgratige senkrechte Hohlkehlen (Kanneluren) auf. Den Übergang zum Kapitell, aber mit diesem aus einem Stück gearbeitet, bildet der Säulenhals mit mehreren flachen Ringen (Anuli). Das Kapitell besteht aus einem Wulst (Echinus) und einer kantigen quadratischen Deckplatte (Abakus). Das Steingebälk (Architrav) erinnert an die ursprüngliche Holzbauweise. Es schließt am oberen Rand mit einer vorspringenden Leiste (Taenia) ab. Diese trägt jeweils über der Säulenmitte und über der Mitte des Säulenzwischenraums (Interkolumnium) an ihrer Unterseite kleine Leisten (Regulae) mit je sechs nagelkopfartigen Stiften (Guttae). Über der Taenia liegt der Triglyphenfries, auf dem sich Triglyphen- und Metopenfelder, die mit Reliefs geschmückt sein können, abwechseln. Da diese Felder jeweils über der Säulenmitte bzw. dem Interkolumnium liegen sollen, ergibt sich

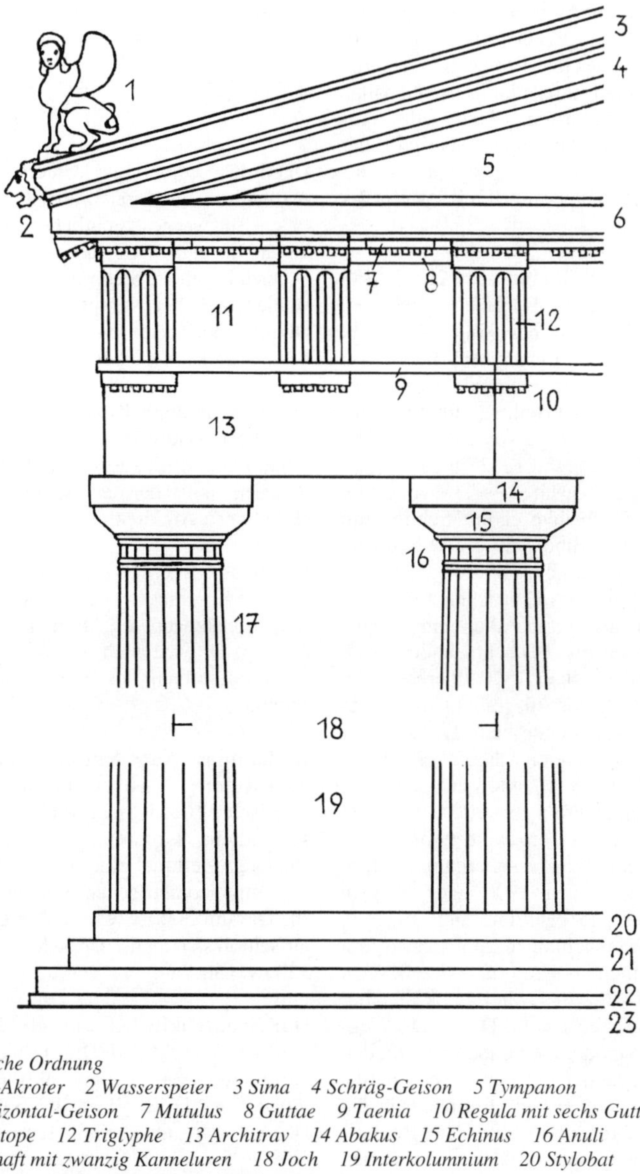

Dorische Ordnung
1 Eck-Akroter 2 Wasserspeier 3 Sima 4 Schräg-Geison 5 Tympanon 6 Horizontal-Geison 7 Mutulus 8 Guttae 9 Taenia 10 Regula mit sechs Guttae 11 Metope 12 Triglyphe 13 Architrav 14 Abakus 15 Echinus 16 Anuli 17 Schaft mit zwanzig Kanneluren 18 Joch 19 Interkolumnium 20 Stylobat 21 Krepis 22 Euthynterie 23 Fundament

an den immer mit einer Triglyphe abschließenden Ecken der → Eckkonflikt. Das Dachgesims (Geison) bildet den oberen Abschluß des Gebälks. Dieses trägt an seiner Unterseite in regelmäßigen Abständen oberhalb der Metopen und der Triglyphen rechteckige Platten (Mutuli) mit jeweils 3 x 6 Guttae.

Dörpfeld, Wilhelm. Am 26.12.1853 in Wuppertal-Barmen geboren. 1877–1881 war der junge Architekt bauwissenschaftlicher Mitarbeiter von E. → Curtius in Olympia. Seiner zuverlässigen Beurteilung antiker Bauteile hatte es D. zu verdanken, daß H. → Schliemann ihn 1882 für seine Ausgrabungen nach → Troja holte. 1884–85 arbeitete er mit Schliemann in → Tiryns und kehrte anschließend nach Troja zurück. 1887 wurde D. Erster Sekretär des Deutschen Archäologischen Instituts in Athen, eine Position, die er bis 1911 innehatte. Nach Schliemanns Tod 1890 übernahm D. die Leitung der Ausgrabungen in Troja. Ihm ist die erste klare Deutung der Siedlungsschichten dieser Stadt zu verdanken. 1894 schloß er seine Forschungen in Troja ab. 1900–1913 legte D. mit A. → Conze die Mittel- und Unterstadt von → Pergamon frei, wirkte zwischen 1906 und 1932 in Olympia und beteiligte sich 1931 an den Untersuchungen auf der Agora von Athen (→ Agora, Athen). Am 25.4.1940 starb D. auf Leukas, einer der Ionischen Inseln. D. gilt als Wegbereiter moderner Grabungsmethoden und Begründer der bauwissenschaftlichen Forschung. Sein Eintreten für die Homer-Archäologie und seine Beurteilung des Ursprungs der mykenischen Kultur waren glücklos.

Hauptwerke: Das griechische Theater. Athen 1896; Troja und Ilion. Athen 1902; Alt-Ithaka. München 1927; Alt-Olympia. 2 Bde. Berlin 1935; Alt-Athen und seine Agora. 2 Bde. Berlin 1937–1939.

Dreifuß. Dreibeiniger Untersatz zur Aufnahme von Geräten oder Opfergefäßen, seit vorgeschichtlicher Zeit bekannt. Im alten Griechenland war der D. auch begehrter Siegespreis bei Wettspielen, z.B. bei Kampfwettspielen in Olympia oder beim choregischen Wettbewerb an Dionysosfesten in Athen.

Dreikonchenbau (Konche, griech.-lat. Muschel). Bauwerk mit kleeblattförmigem Grundriß, zuerst bei römischen Palästen und Thermen, später in der christlichen Architektur.

Dromos (griech.). Eingangsweg zu einem Kammer- oder Kuppelgrab (z.B. Schatzhaus des Atreus in Mykene). Mit D. wird auch das Wettrennen und die Laufbahn des Gymnasions bezeichnet.

Dschamdat Nasr-Kultur (Djemdet Nasr-Kultur). Nach einem Hügel bei → Kisch (Irak) benannte frühgeschichtliche Kulturepoche, deren besonderes Merkmal eine bemalte Keramik mit geometrischen Verzierungen ist. Die um 3000 v. Chr. datierte Kultur schloß sich an die Uruk-Kultur (um 3200 v. Chr.) an.

Dur Scharrukin (Khorsabad). 20 km nördlich von Mosul (Irak) liegt die Ausgrabungsstätte der altorientalischen Stadt D. S. (Burg des Sargon). D. S. war nur zwei Jahre lang (707–705 v. Chr.) Hauptstadt des assyrischen Reiches, neben Assur, Kalach

(→ Nimrud) und → Ninive eine der vier Königsresidenzen in der Geschichte Assyriens.

Geschichte: Sargon II. (721–705 v. Chr.) war einer der mächtigsten Herrscher Assyriens. Er eroberte Samaria, vernichtete den Staat Israel, nahm Karkemisch ein, löschte das Reich von Urartu aus und eroberte Babylonien. Seine Macht reichte bis nach Zypern und Phrygien. Um sich ein Denkmal zu setzen, beschloß er, seinem Reich eine neue Hauptstadt zu geben. Nach nur sechsjähriger Bauzeit zog er im Jahre 707 v. Chr. in die neue Residenz um. Aber schon zwei Jahre darauf starb er. Sein Nachfolger Sanherib kehrte in die alte Hauptstadt Ninive zurück. D. S. wurde 612 v. Chr. verwüstet, als die vereinigten babylonisch-medischen Truppen das Reich der Assyrer zerschmetterten.

Forschungsgeschichte: 1843 glaubte P.E. → Botta, französischer Konsul in Mosul, in Khorsabad das alte Ninive entdeckt zu haben. Der Irrtum konnte schon nach kurzer Zeit berichtigt werden: die Ruinen von Khorsabad waren D. S., die Hauptstadt Sargons II. 1851 bis 1855 führten die französischen Archäologen V. Place und F. Thomas die Ausgrabungen fort. Leider versanken 1852 viele herrliche Reliefplatten und Skulpturen aus dem Palast Sargons II. auf dem Transport nach Paris im Schatt el-Arab. Sie konnten bis heute nicht wiedergefunden werden. 1928 nahmen Archäologen des Oriental Institute, Chicago, unter H. → Frankfort und G. Loud die archäologische Arbeit in Khorsabad wieder auf.

Die Funde befinden sich heute in den Museen von Paris (Louvre), London (Britisches Museum), Bagdad, Chicago und St. Petersburg (Eremitage).

Archäologische Stätte: Das fast quadratische Stadtgebiet von D. S. be-

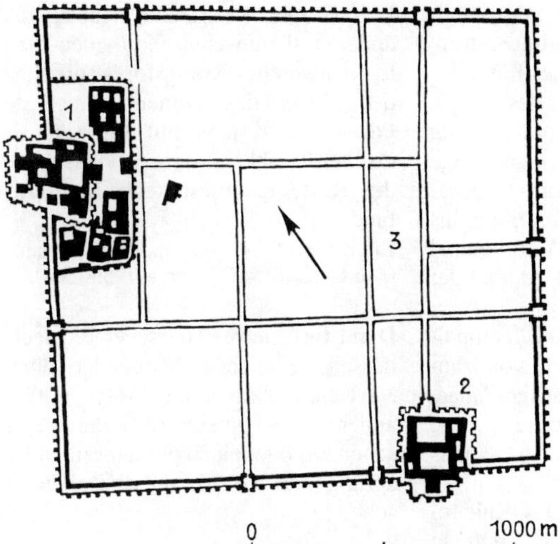

Dur Scharrukin
1 Palast Sargons II.
2 Palast F (Arsenal ?)
3 Markt

deckte eine Fläche von rund 3 km². Es war von einer mächtigen Mauer mit 183 Türmen und sieben Toren umgeben. Der riesige *Königspalast*, den Sargon II. von 713 bis 708 v. Chr. auf einer 15 m hohen Terrasse erbauen ließ, enthielt zahlreiche Repräsentations- und Wohnräume, Wirtschaftstrakte und Tempelanlagen. Eine vermutlich siebenstufige Ziqqurrat von 42,6 m Höhe beherrschte die größte orientalische Residenz, die je geschaffen wurde. Den Palast schmückten einzigartige Basreliefs mit Darstellungen der Kriegszüge Sargons sowie gewaltige Torhüterstatuen (menschenköpfige Stiere und geflügelte Mischwesen).

Literatur: G. Loud u. B. Altman: Khorsabad. 2 Bde. Chicago 1936 u. 1938; P. Albenda: The Pallace of Sargon, King of Assyria. Monumental Wall Reliefs at Dur Sharrukin, from Original Drawings Made at the Time of their Discovery in 1843–1844 by Botta and Flandin. Paris 1986.

Dur Untasch (Tschoga Zambil). D. U., 25 km südöstlich von Susa (Süd-Iran) gelegen, war das Kulturzentrum des altorientalischen Reiches Elam.

Geschichte: In der Mitte des 13. Jh. v. Chr. gründete der Elamiter-König Untasch-Napirischa das gewaltige Heiligtum von D. U. Es war religiöser Mittelpunkt des Reiches von Elam, bis der babylonische König Assurbanipal um 640 v. Chr. Reich und Tempel der Elaneiter zerstörte.

Forschungsgeschichte: Die Tempelanlage wurde 1936 bis 1939 von französischen Archäologen ausgegraben. Nach dem Zweiten Weltkrieg setzte der Franzose R. Girshman die Untersuchungen fort.

Archäologische Stätte: Das Ruinenfeld der heiligen Stadt D. U. erstreckt sich über ein Gebiet von 1200 m Länge und 800 m Breite. Innerhalb des ummauerten Tempelbezirks erhebt sich die größte Ziqqurrat Mesopotamiens. Die vier oder fünf stufenförmigen Stockwerke des Turmbaus erreichten ursprünglich eine Höhe von 44 m. Darüber erhob sich der *Hochtempel*. Die drei untersten Stockwerke sind bis zu einer Höhe von 25 m erhalten. Den Aufgang zu den einzelnen Stockwerken bildeten nicht – wie bei der babylonischen Ziqqurrat – Freitreppen, sondern überwölbte Treppen im Innern des Bauwerks. Die Ziqqurrat war der elamitischen Hauptgottheit Inschuschinak geweiht. Das zweite, 7 m hohe Stockwerk enthielt Räume für die Priesterschaft, Räume für die Aufbewahrung der Opfergaben und zwei kleine Tempel. Glasierte Ziegel schmückten das Äußere des Tempelturms. Die Ziqqurrat war von einem gepflasterten Platz umgeben. Innerhalb des heiligen Bezirks konnten außerdem noch mehrere Tempel freigelegt werden, die dem Kult von Ischnikarab, Koririscha, Huban und anderen elamitischen Gottheiten dienten. Unweit des Königstores außerhalb der Mauer des Temenos liegt der Palast des Königs mit fünf unterirdischen Grabkammern, in denen man die Reste feuerbestatteter Menschen fand.

Literatur: R. Girshman: Tchoga Zanbil (Dur Untasch). 4 Bde. Paris 1966–1970.

Dynastie (griech.). Herrschergeschlecht, dessen regierende Mitglieder durch Verwandtschaft und Erbfolge miteinander verbunden sind (z.B. die ägyptischen D.) oder einen gemeinsamen Ursprung haben (z.B. die mesopotamischen D.).

E

Echinus (griech.). Teil des dorischen → Kapitells zwischen Säulenschaft und Abakus (Deckplatte). Im 6. Jh. v. Chr. war der E. ein breiter, ausladender Wulst, im 5. Jh. v. Chr. wurde er höher und kräftiger, bis er sich im 4. Jh. v. Chr. zu einem Kegelstumpf entwickelte.

Eckkonflikt. Die → Triglyphen liegen bei der → dorischen Ordnung immer über der Mitte der Säulen bzw. der → Interkolumnien. Da sie jedoch schmaler sind als der Säulendurchmesser, wären sie an den Ecken aus der Achse verschoben. Dieser E. konnte durch Verbreiterung der letzten Triglyphe bzw. der nachfolgenden Metope oder durch die Verringerung des Eckjochs (Eckkontraktion) ausgeglichen werden.

Edfu (Apollinopolis Magna). Etwa 100 km nilaufwärts von Luxor liegt die Kleinstadt E. (Idfu), das altägyptische Tbot. Hier war das Kultzentrum des Gottes Horus, des »Vereinigers der beiden Länder« (Ober- und Unterägypten).

Geschichte: E. war seit der 9. Dynastie (22. Jh.) Hauptstadt des zweiten oberägyptischen Gaues. Schon zu dieser Zeit erhielt es seine Bedeutung aus dem Horus-Kult. Der Gott, Sohn des Osiris und der Isis, erschien in Falken- oder Menschengestalt oder als falkenköpfiger Mann. Er war seit Beginn der 1. Dynastie (um 3000) Schutzgott der Pharaonen. In Gestalt der Könige trat Horus unter die Lebenden. Die Könige führten daher oft den Titel Horus. Mit seinem Bruder Seth, der das Böse, aber auch die Macht verkörpert, lag er in ständigem Streit. Auf Befehl des Sonnengottes Re verjagte Horus den Bruder, der ihren Vater Osiris getötet hatte, aus Ägypten. Dieser letzte Kampf zwischen den beiden ungleichen Brüdern fand in E. statt. Die Liebesgöttin Hathor war die Gemahlin des Horus. Sie besuchte ihn in E., er besuchte sie in Dendera. Sie hatten zwei Kinder: Ihi in Dendera und Harsemtewe (Harsomtus) in E.

237 v. Chr. begann König Ptolemaios III. Euergetes I. in Apollinopolis Magna, wie die Stadt nun hieß, mit dem Bau eines neuen Horus-Tempels. Unter Ptolemaios IV. Philopator (221–204) stand der Rohbau. Nach längerer Unterbrechung begannen 180 v. Chr. die Bildhauer und Maler mit der künstlerischen Ausgestaltung des Tempels. Ptolemaios VIII. Euergetes II. (145–116) fügte das Mammisi (Geburtshaus) des Harsemtewe hinzu. Die Umfassungsmauer des Tempels, der Kolonnadenhof und der gewaltige Pylon wurden unter den Herrschern Ptolemaios IX. Soter II. (116–107) und Ptolemaios X. Alexandros I. (107–88) errichtet. Die letzten Reliefs kamen 57 v. Chr. an die Wände des Tempels. Die Gesamtbauzeit betrug also 180 Jahre, während die rund 2500 Jahre ältere Cheops-Pyramide in nur 20 Jahren vollendet worden war.

Forschungsgeschichte: Die Ausgrabung des Horus-Tempels von E. in den sechziger Jahren des vergangenen Jahrhunderts stand unter der Leitung des französischen Archäologen und Direktors der ägyptischen Altertümerverwaltung A. → Mariette.

Archäologische Stätte: Der *Horus-Tempel* war genau in Nord-Süd-Richtung angelegt. Den Eingang im Süden bildet ein gewaltiger Pylon, der nur noch von dem Torbau des Amun-Tempels in → Theben (Karnak) übertroffen wird. Er ist 36 m hoch und 34 m breit. Dahinter liegt der gepflasterte Hof mit Säulenhallen an den Ost-, Süd- und Westseiten. Die 32 Säulen tragen Kapitelle in vielerlei Blatt- und Blütenformen (Kompositkapitelle). In der Mitte des Hofes stand einst ein großer Altar. An den Hof schließt sich die Vorhalle mit zwölf Säulen an. Sechs weitere, durch halbhohe Schranken verbundene Säulen stehen zu beiden Seiten des Eingangs, den zwei kolossale Falken aus schwarzem Granit bewachen. Eine dicke Mauer trennt die Vorhalle vom Säulensaal. Ein weiterer Vorraum folgt. Dann betritt man den Saal mit dem Allerheiligsten: eine Kapelle für Horus, aus Granit gefügt. Die Horus-Kapelle stand bereits in dem vorptolemäischen Tempel; König Nektanebos II. (359–341) hatte sie geweiht. Das Dach des Tempels ist vollständig erhalten. Alle Wände, Decken und Säulen sind überreich mit Reliefs geschmückt. Westlich vor dem Pylon liegt das stark verfallene Mammisi, in dem die Zeremonie der Niederkunft der Muttergöttin stattfand. Die ringsum laufenden Säulen tragen Würfelkapitelle mit dem Bild des Bes, des Schutzgottes der Gebärenden.

Literatur: E. Chassinat: Le temple d'Edfou. Bd. 1 ff. Kairo 1984 ff.; S. Cauville: Edfou. Paris 1984.

Egesta. → Segesta.

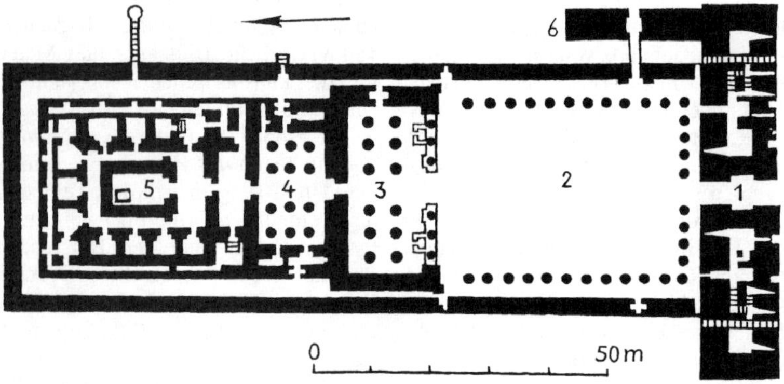

Edfu: Horus-Tempel
1 Großer Pylon 2 Hof 3 Vorhalle 4 Säulensaal 5 Allerheiligstes 6 Pylon Ramses' III.

Eierstab. Ionisches → Kymation.

Eisenzeit. Kulturperiode nach → Neolithikum und → Bronzezeit, in der Werkzeuge und Waffen vorwiegend aus Eisen hergestellt wurden. Wahrscheinlich haben die Hethiter in der Mitte des 2. Jt. v. Chr. als erste Eisen gewonnen und verarbeitet. Von Kleinasien aus verbreitete sich die Eisentechnik nach Palästina, Syrien und Griechenland und kam zu Beginn des 1. Jt. v. Chr. über Italien und den Balkan nach Mittel- und Westeuropa.

Ekklesiasterion (griech). Bau für die Volksversammlung der griechischen Stadtstaaten. Meistens fand die Versammlung jedoch an bereits vorhandenen Plätzen, wie dem Markt oder dem Theater, statt.

Elaiothesion (griech.). Raum des → Gymnasions, in dem sich die Athleten vor dem Ringen und nach dem Baden salbten.

Elamiter. Volk im südwestlichen Iran, das seit dem 3. Jt. v. Chr. das mächtige Reich Elam mit der Hauptstadt → Susa bildete. Zu Beginn des 2. Jt. stürzten die E. die 3. Dynastie von Ur und eroberten später sogar Babylon. Den Zusammenbruch ihres Reiches führten 639 v. Chr. die Assyrer unter Assurbanipal herbei. Unter Kyros dem Großen (559–529 v. Chr.) war Susa die Handelsmetropole des Persischen Reiches.

Elektron (griech.). Legierung aus Gold und Silber, meist im Verhältnis 4:1, die im Altertum hauptsächlich zu Schmuck, Münzen und kleineren Gefäßen verarbeitet wurde.

Eleusis. Berühmtes Mysterienheiligtum, etwa 20 km westlich von Athen am Saronischen Golf gelegen.
Geschichte: Die ältesten Siedlungsspuren in E. stammen aus dem 3. Jt. Diese ersten Bewohner bauten ihre Wohnstätten am Süd- und Osthang eines 63 m hohen Kalksteinhügels. Im 2. Jt. kamen die Ionier nach Attika und setzten sich auch in E. (griech. Ankunft) fest. Sie errichteten auf dem Hügel eine Burg und umgaben die Siedlung mit einem Wall. Sie verehrten die Muttergöttin Eleuthia, die vermutlich von den pelasgischen Ureinwohnern übernommen worden war. E. war wie Athen ein selbständiger attischer Stadtstaat mit eigenem König, der in seinem Palast auf der Akropolis residierte. Irgendwann im 2. Jt. kam der Demeter-Kult auf: Die Göttin Demeter irrte durch die griechischen Lande, um ihre Tochter Persephone, die Hades, der Gott des Totenreiches, entführt hatte, wiederzufinden. In E. nahm sie König Keleos gastfreundlich auf. Zum Dank dafür schenkte Demeter dem Sohn des Königs, Triptolemos, das erste Weizenkorn und lehrte ihn den Getreideanbau. Zur Erinnerung an dieses kostbare Geschenk entstanden die Eleusinischen Mysterien, ein Kult um die beiden Göttinnen Demeter und Persephone, der sich bis ins 4. Jh. n. Chr. hielt. Zweimal im Jahr fanden die Feierlichkeiten statt: die kleinen Mysterien im Frühjahr und die großen Mysterien im Herbst. Im 7. Jh. v. Chr. führte die Rivalität der beiden Nachbarstädte E. und Athen um die Vorherrschaft in Attika zu einem Krieg, in dem E. unterlag und seine Unabhängigkeit verlor. Es war jener mythische Streit zwischen Poseidon und Athena, den die Göttin für sich entschied. E.

behielt das Recht, die Mysterien zu leiten. Alljährlich im Herbst strömten Griechen nach E., um an den Prozessionen zwischen E. und Athen teilzunehmen und in die Geheimnisse dieses Kults eingeweiht zu werden. In römischer Zeit erlebte der Kult eine besonders hohe Blüte: Sulla, Cicero, Antonius, Augustus, Hadrian, Marc Aurel erfuhren die Weihe und durften sich fortan »Mysten« nennen. Hadrians Gattin Sabina wurde sogar als »Neue Demeter« verehrt. 391 n. Chr. verbot Theodosius der Große die Mysterien. Fünf Jahre darauf plünderten die Westgoten unter Alarich den Tempelbezirk. E., der Geburtsort des Aischylos (525–456), hatte aufgehört, eine heilige Stadt zu sein.

Forschungsgeschichte: 1812 fanden erste archäologische Untersuchungen durch die »Society of Dilettanti« statt. Um die Jahrhundertmitte erlangte der Franzose F. Lenormant die Erlaubnis, in dem Gebiet des Heiligtums, das aber noch von dem modernen Ort E. überbaut war, zu graben. Erst 1882, nach dem Erwerb der Häuser, konnten umfangreiche Grabungen unter Obhut der Griechisch-Archäologischen Gesellschaft beginnen, die bis heute andauern. Die Fundstücke befinden sich im örtlichen Museum und im Nationalmuseum von Athen, wo auch das berühmte »Eleusinische Weihrelief«, auf dem Demeter in Gegenwart von Kore dem Triptolemos die ersten Weizenähren überreicht, ausgestellt ist. Das Marmorrelief aus der Mitte des 5. Jh. v. Chr. wurde 1859 in E. gefunden.

Archäologische Stätte: Mittelpunkt des Demeter-Heiligtums ist das *Telesterion*, in dem die Mysterienweihe stattfand. Hier erhob sich schon in der mykenischen Epoche (14.–11. Jh.) ein Tempel der Demeter, der bis in römische Zeit mit zahlreichen Aus- und Umbauten Kultstätte der Mysten blieb (→ Telesterion, Eleusis).

Heiligtum und Akropolis waren von einer Mauer umschlossen. Die erste, innere Mauer stammt aus der Zeit der Peisistratiden. Nach der Vergrößerung des Telesterion erbaute Perikles eine neue, vorgeschobene Mauer, die unter den Römern instand gesetzt und verstärkt wurde. Lykurgos erweiterte die Mauer nach Süden hin. An der Stelle eines Tores der Peisistratiden-Mauer ließ der Prokonsul Appius Claudius Pulcher, ein Freund des Cicero, um 54 v. Chr. die *Kleinen Propyläen* bauen. Hier wurden die Teilnehmer an den Mysterien überprüft, ob sie zu den Eingeweihten gehörten, denn den Nicht-Mysten war es bei Todesstrafe verboten, den heiligen Bezirk zu betreten. Die *Großen Propyläen* entstanden unter dem römischen Kaiser Antoninus Pius (138–161) und lösten ein Tor der Mauer des Perikles ab. Der monumentale Bau dorischer Ordnung war in seiner Anlage eine Nachahmung der Propyläen der Athener Akropolis (→ Propyläen, Eleusis). Unmittelbar neben den Propyläen legten die Archäologen den *Kallichoros-Brunnen* frei, den bereits Homer im 8. Jh. v. Chr. erwähnt hatte und der vermutlich das Zentrum des ältesten Demeter-Kults war. Von Athen führte eine *heilige Straße* nach E. Diese Straße mündete in den Hof des Artemis-Tempels, eines römischen Bauwerks aus dem 2. Jh., errichtet auf den Fundamenten eines Heiligtums der geometrischen Epoche (8. Jh. v. Chr.). Von hier aus verlief die heilige Straße weiter durch die Großen und die Kleinen Propyläen bis zum Telesterion.

Literatur: G. Mylonas: Eleusis and the Eleusinian Mysteries. Princeton, N.J. 1961; K. Kerényi: Eleusis. Mythos, Mysterien, Geschichte und das Museum. Athen 1980; J. Travlos: Die Anfänge des Heiligtums von Eleusis. In: E. Melas (Hrsg.): Tempel und Stätten der Götter Griechenlands. Köln [9]1985. S. 55 ff.; D. Lauenstein: Die Mysterien von Eleusis. Stuttgart 1987; K. Preka-Alexandri: Eleusis. Athen 1991.

Elfenbeinkonservierung. Elfenbein zerfällt bei der Bergung durch allzu rasche Austrocknung leicht in millimetergroße Partikel, die dann in mühseliger Kleinarbeit wieder zusammengefügt werden müssen. Elfenbeinobjekte werden daher sofort nach der Bergung in feuchte Watte verpackt und einem langsamen Trocknungsprozeß unterworfen.

Elgin, Lord Thomas Bruce. Am 20.7.1766 geboren. Im Alter von fünf Jahren erbte er die Titel des 7. Earl of Elgin und des 11. Earl of Kincardine. Er besuchte die berühmte Harrow School und studierte an der Universität von Saint Andrews (Schottland) und in Paris. 1785 trat er in die Armee ein, wo er bis zum Generalmajor aufstieg. 1790 wechselte er in den diplomatischen Dienst über, wurde 1792 Gesandter in Brüssel und 1795 außerordentlicher Gesandter in Berlin. 1799 ging E. als Botschafter nach Konstantinopel; er hatte diese Mission angenommen, um in einem milderen Klima ein schweres Rheumaleiden zu kurieren. Vor allem aber wollte er die Kunstwerke der Athener Akropolis – Griechenland gehörte damals zum Osmanischen Reich – kopieren und möglichst auch erwerben. Sechs Künstler (Maler und Konstruktionszeichner) begleiteten E., um die antiken Kunstwerke und Bauten zu zeichnen. In Konstantinopel erwirkte E. nach langen Bemühungen die Erlaubnis, von den Skulpturen und Metopen des → Parthenon Gipsabgüsse zu fertigen und sogar einige Steine mit alten Inschriften oder Figuren abzunehmen und ins Ausland zu schaffen. Was zuvor nicht einmal den Franzosen erlaubt gewesen war, das hatte jetzt nach Napoleons »ägyptischer Expedition« ein Engländer durchsetzen können. Die Künstler gingen in Athen sofort ans Werk; sie zeichneten, vermaßen die Bauwerke der Akropolis und sammelten Antiquitäten mit großem Eifer. Der Beauftragte von E. in Athen, der Botschaftskaplan P. Hunt, packte alle erreichbaren Kunstschätze in Kisten. Er kaufte sämtliche Wohnhäuser, die auf der Akropolis unter Verwendung antiken Materials errichtet worden waren, und ließ sie abbrechen, um darunter nach Kunstwerken zu graben. Er demontierte rücksichtslos die besterhaltenen Metopen des Parthenon und beschädigte dabei die angrenzenden Bauteile. E., der die Handlungsweise seiner Beauftragten nicht nur duldete, sondern sie sogar förderte, geriet indessen in Konstantinopel in persönliche und diplomatische Schwierigkeiten und wurde krank. Obendrein wurde er in der englischen Presse wegen seines Vandalismus auf der Akropolis heftig attackiert. Nach dem Friedensschluß mit Frankreich 1802 beeilte sich E., seine umfangreiche Sammlung nach London zu verschiffen, bevor die Franzosen zurückkehrten und wieder Einfluß gewinnen konnten. Im Januar 1803 trat E. als Botschafter zurück. Auf der Heimreise durch Frankreich brach der Krieg zwischen England und

Frankreich erneut aus, und Napoleon ließ den Lord gefangennehmen. Seine Frau und einen mitreisenden Schotten ließ Bonaparte bald wieder frei. E. selbst hätte seine Freilassung erkaufen können, wenn er bereit gewesen wäre, seine Sammlung dem Louvre zu überlassen. Aber er blieb unnachgiebig. 1806 wurde er endlich entlassen und ging nach London. Der Versand der Antiquitäten durch Hunt und Lusieri, einem der sechs Künstler, stieß wegen der Kriegsereignisse, der ständigen Bemühungen Frankreichs, die Kunstwerke an sich zu bringen, und dem wachsenden Mißtrauen der türkischen Regierung auf Schwierigkeiten. Trotzdem kamen nach und nach mehr als 200 Kisten in den englischen Häfen an. Zwölf Kisten gingen bei einem Schiffbruch am Kap Malea unter und konnten erst nach dreijähriger Arbeit von Tauchern geborgen werden. Die noch nicht abgesandten Skulpturen fielen 1807 den Franzosen in die Hände; sie mußten sie aber zwei Jahre später nach Ende des Türkisch-Russischen Krieges zusammen mit zahlreichen ägyptischen Beutestücken an England ausliefern. Als 1811 die letzten Kisten in England eintrafen, war E., der die gesamte Aktion selbst finanziert hatte, bankrott. Er mußte seine gewaltige Sammlung dem Britischen Museum zum Kauf anbieten. Die Fachwelt bestritt jedoch den künstlerischen Wert der »Elgin marbles«, woraufhin ein heftiger Meinungsstreit entbrannte, den erst 1816 eine Parlamentskommission durch ihre Entscheidung für einen Ankauf beendete. Sie bewilligte dem Lord nur 36000 Pfund und damit nur wenig mehr als die Hälfte seiner Ausgaben. Die »Elgin marbles« aber, zu denen u.a. auch eine Kore vom → Erechtheion gehört, zählen seitdem zu den Kostbarkeiten der Londoner Antikensammlung. Lord E. starb am 14.11.1841 in Paris.

Literatur: W. Saint Clair: Lord Elgin and the Marbles. London 1967.

Elgin marbles. → Elgin, Lord Thomas Bruce.

Emblema (griech.). Kostbares kleines Mosaik in der Mitte des Fußbodens, später Bezeichnung für Gold-, Silber- und Bronzereliefs an Prunkgefäßen.

Empästik. Gravierte oder getriebene Metallarbeit, auch Einlegearbeit aus Edelmetalldrähten (Tauschierung) oder -stiften (Metallmosaik) in unedlem Metall (z.B. Bronze).

Emplekton (griech.). Zweischaliges Mauerwerk, das mit Feldsteinen und Kalkmörtel gefüllt ist.

Engelsburg. → Mausoleum, Rom, 2.

Engobe (frz.). Feine, tonhaltige Masse (Tonschlämme), mit der Keramikrohlinge vor dem Brennen überzogen wurden, um den Gefäßen eine andere Tönung zu geben, ihre Oberfläche zu glätten und die Wasserundurchlässigkeit zu erhöhen.

Enkaustik (griech. enkaiein, einbrennen). Antike Maltechnik. Die mit Wachs verbundenen Farben wurden heiß auf Holz, Marmor, Elfenbein oder Leinwand aufgetragen und erreichten dadurch eine hohe Widerstandsfähigkeit. Die bekanntesten Werke der E. sind die ägyptischen Mumienporträts des 1. bis 4. Jh. n. Chr.

Entasis (griech. Spannung). Die kaum

wahrnehmbare bogenförmige Verjüngung des Säulenschaftes, die die gewaltige Anspannung der tragenden Elemente unter der Last des Überbaus ausdrückt.

Ephesos. Etwa 55 km südlich von Smyrna (Izmir) an der türkischen Westküste gelegen. Unter römischer Herrschaft war E. Hauptstadt der Provinz Asia.

Geschichte: Der Ajasoluk-Hügel war schon um die Mitte des 2. Jt. v. Chr. von Karern und Lelegern besiedelt. Im späten 11. Jh. v. Chr. ließen sich ionische Griechen unter der Führung des sagenhaften Androkles in diesem Gebiet nieder. E. entwickelte sich wegen seiner günstigen Lage am Endpunkt einer Haupthandelsstraße und an der Mündung des Kaystros (Küçük Menderes) zu einer blühenden Hafenstadt. Um die Mitte des 6. Jh. v. Chr. gliederte der lydische König Kroisos die Stadt in sein Reich ein. Er zwang die Ephesier, sich rings um den Artemis-Tempel, den er wesentlich vergrößerte, anzusiedeln. Diese Stadt ist bis heute unerforscht, weil sie tief im Schlamm des Kaystros begraben liegt. In den folgenden Jahrhunderten wechselten die Herrschaftsansprüche über die Stadt zwischen den Persern und den Griechen, bis Alexander der Große nach seinem Sieg am Granikos 334 v. Chr. E. seine Selbständigkeit zurückgab. Als im 3. Jh. v. Chr. der Hafen von E. durch die Schlammassen des Flusses Kaystros zu verlanden drohte, verlegte der Diadoche Lysimachos (301–281 v. Chr.) den Hafen, siedelte die Bewohner in das 2,5 km entfernte Tal zwischen den Hügeln Koressos und Pion um und errichtete eine Mauer um Hafen und Stadt. Er legte die Stadt nach dem hippodamischen Straßensystem (→ Hippodamos von Milet) an. E. gehörte seit 189 v. Chr. zu dem Pergamenischen Reich und kam 133 v. Chr., nach dem Tod des letzten Königs von Pergamon, zu Rom. Von 88 bis 84 v. Chr. besetzte Mithridates, König von Pontos, die Stadt und erließ hier den bekannten Blutbefehl von E. (Ephesische Vesper), der zur Ermordung von 80 000 römischen Bürgern in Kleinasien führte. Nach siegreicher Rückkehr der Römer wurde E. Hauptstadt der Provinz Asia und gelangte erneut zu Wohlstand. Unter Augustus entstanden prächtige Bauwerke, die ein Erdbeben 17 oder 23 n. Chr. zerstörte. Die Schäden wurden dank großzügiger Hilfsmaßnahmen des Kaisers Tiberius bald behoben. 54 n. Chr. gründete der Apostel Paulus hier eine Christengemeinde. Unter den Kaisern Domitian, Trajan und Hadrian wurde E. weiter ausgebaut. Private Baustiftungen bezeugen den außerordentlichen Wohlstand einiger Bürger. Die Stadt hatte inzwischen 200 000 Einwohner. Ihre Plünderung durch die Goten 263 n. Chr., die zunehmende Verlandung des Hafens und die wachsende Bedeutung Konstantinopels führten zum allmählichen Niedergang der Stadt.

Forschungsgeschichte: 1863 begann der englische Ingenieur J.T. Wood, in E. an einer Stelle zu graben, wo er das Fundament des Artemis-Tempels vermutete. Tatsächlich fand er 1869 unter einer 8 m dicken Schlammschicht des Kaystros die Reste eines Tempels, die er 1871–1874 freilegte. 1904–05 setzte der Engländer D.G. Hogarth die Ausgrabungen im Auftrag des Britischen Museums fort; zahlreiche Funde, vor allem Reliefs, kamen nach

London. Zwischen 1894 und 1913 untersuchten Wissenschaftler des Österreichischen Archäologischen Instituts einen großen Teil des lysimachischen Stadtgebiets. Weitere Grabungskampagnen der österreichischen Archäologen folgten 1926–1935 und seit 1953 bis heute. Dabei beschränkten sich die Forscher nicht nur auf das Ausgraben weiterer Stadtviertel, sondern versuchten einige der interessanten Bauwerke wieder aufzurichten. Die Funde befinden sich im örtlichen Museum (Selçuk), in Izmir, Istanbul, London und Wien.

Archäologische Stätte: In einer Niederung abseits der hellenistisch-römischen Stadt befand sich das *Artemis-Heiligtum*, dessen spätklassisch-hellenistischer Tempelbau zu den Sieben Weltwundern zählte. Es wurde von den ionischen Einwanderern an der Stelle einer alten vorgriechischen Kultstätte gegründet, deren Göttin sie mit Artemis gleichsetzten. Funde lassen auf zwei Vorgängerbauten des 8. und 7. Jh. v. Chr. schließen, bevor Mitte des 6. Jh. v. Chr. ein erster großer Tempel in Angriff genommen wurde. Es war ein Dipteros, der 356 v. Chr. von einem Ephesier namens Herostratos in Brand gesteckt wurde, um seinen Namen unsterblich zu machen. Der kurz darauf in Angriff genommene Neubau glich im wesentlichen dem archaischen Tempel, nur stand er auf einem höheren Sockel (→ Dipteros, Ephesos). 263 n. Chr. beschädigten die Goten den Tempel und seit dem 4. Jh. diente er nur noch als Steinbruch.

Die Hauptverkehrsader der hellenistisch-römischen Stadt war die *Arkadiane*. Diese 530 m lange und 21 m breite, prachtvolle Säulenhallenstraße ließ der oströmische Kaiser Arcadius (395–408) erbauen. Sie verband den Hafen mit der Oberstadt. Allein die Fahrbahn war 11 m breit. An die Säulenhallen grenzten unzählige Geschäfte. Nördlich der Arkadiane erstreckt sich der riesige Komplex des *Hafengymnasions* mit Thermen, Vortrags- und Kultsälen und einem 200 x 240 m großen Sportplatz. Diese Anlage stammt aus dem 2. Jh. n. Chr. und wurde unter Konstantin dem Großen (306–337) restauriert. Das *Vedius-Gymnasion,* ebenfalls aus dem 2. Jh. n. Chr., war der Göttin Diana und dem Kaiser Antoninus Pius (138–161) geweiht. Es folgt im Bautyp den kaiserzeitlichen Thermengymnasien. Die gesamte Anlage besaß eine Fußbodenheizung. Das *Stadion* wurde im 1. Jh. n. Chr. über einem kleineren Stadion aus lysimachischer Zeit erbaut. Es ist 230 m lang und 30 m breit und wurde auch für Gladiatorenkämpfe und Tierhetzen benutzt. Das am Hang des Pion gelegene *Theater* wurde unter den Kaisern Claudius (41–54) und Trajan (98–117) auf den Fundamenten mehrerer nacheinander gebauter griechischer Theater errichtet. Das dreistöckige Bühnenhaus war 18 m hoch. Die Orchestra hatte eine Ausdehnung von 14,5 x 6 m. Auf drei Rängen zu je 22 Sitzstufen fanden 25 000 Zuschauer Platz. Die ursprünglich griechische *Agora* wurde im 3. Jh. n. Chr. umgebaut und auf 116 m Seitenlänge erweitert. Sie war von Kolonnaden mit Geschäften umgeben. Neben der Agora erhebt sich die wiedererrichtete *Celsus-Bibliothek*, ein Denkmal für den Statthalter der Provinz Asia, Tiberius Julius Celsus Polemaenus (→ Bibliothek, Ephesos). Am *Embolos*, der Straße, die vom Handelsmarkt bis zum Staatsmarkt hinaufführt (von den Ausgräbern auch Kuretenstraße genannt),

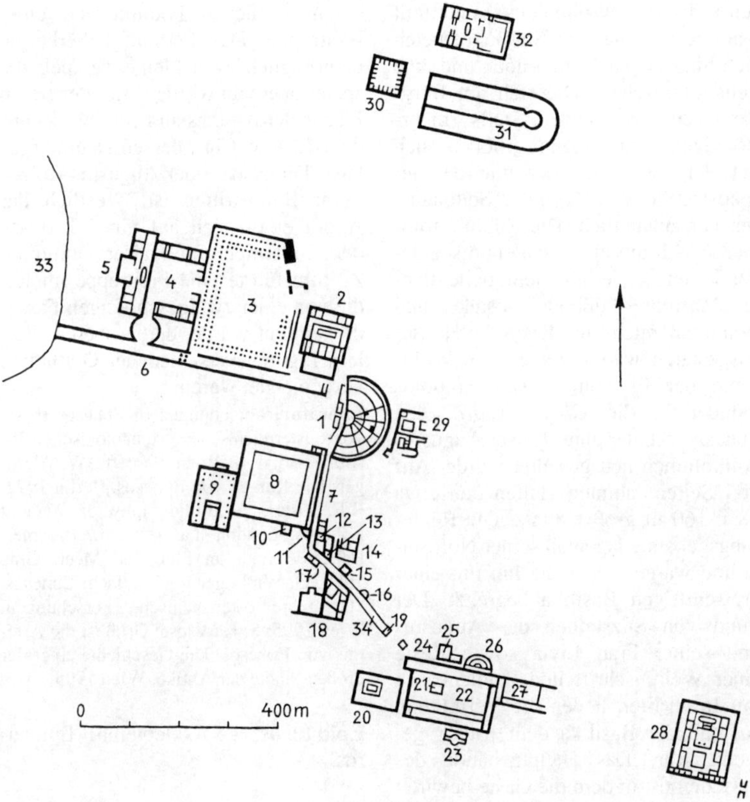

Ephesos
1 Großes Theater 2 Theatergymnasion 3 Verulanus-Hallen 4 Hafengymnasion 5 Hafenthermen 6 Arkadiane (Arkadenstraße) 7 Marmorstraße 8 Agora 9 Serapeion (?) 10 Celsus-Bibliothek 11 Auditorium 12 Freudenhaus 13 Latrine 14 Scholastika-Thermen 15 Hadrian-Tempel 16 Nymphäum des Trajan 17 Oktogon 18 Terrassenhäuser 19 Herakles-Tor 20 Domitian-Tempel 21 Isis-Tempel (?) 22 Staatsmarkt 23 Fontäne 24 Marktbasilika 25 Prytaneion 26 »Odeion« 27 Varius-Bad 28 Ostgymnasion 29 Palast über dem Theater 30 Macellum (?) 31 Stadion 32 Vedius-Gymnasion 33 Hafen 34 Kuretenstraße

reihen sich die *Scholastika-Thermen*, benannt nach ihrer Stifterin, ein kleiner *Hadrian-Tempel* und ein *Nymphäum des Trajan*. Auf der Südseite des Embolos sind in den letzten Jahren die sog. *Hanghäuser* ausgegraben worden, ein Wohnviertel der römischen Stadt, das durch schmale, steile Treppengassen in Insulae (Wohnblocks) unterteilt war. Auf Höhe der Straße öffneten sich hinter einer Halle Läden und eine Schankwirtschaft. Die sich am Berghang emporziehenden, teils mehrstöckigen Wohnungen erhoben sich auf den Gewölben der unteren Geschosse. Sie waren von den Seitengassen her zugänglich. Die Räume gruppieren sich um einen säulenumstandenen Innenhof, der als Lichtquelle diente. Marmor, Fußbodenmosaike und Wandmalereien, mit denen die Häuser ausgestattet waren, zeigen den Wohlstand der Einwohner. Der Embolos mündet in die *Obere Agora*, den Staatsmarkt, der unter Kaiser Augustus vollkommen neu gestaltet wurde. Auf drei Seiten rahmten Hallen den etwa 58 x 160 m großen Platz. Die Regierungsgebäude lagen an seiner Nordseite und waren zum Platz hin mit einer dreischiffigen Basilika begrenzt. Der Fund von Sitzstatuen des Augustus und seiner Frau Livia sowie Reste einer Weihinschrift und Statuenbasen mit Inschriften ließen die Vermutung zu, daß die Basilika dem Kaiser geweiht war. Das Hauptgebäude des Prytaneions, in dem die Gäste bewirtet wurden und das heilige Herdfeuer der Hestia brannte, war mit einer sechssäuligen dorischen Fassade geschmückt. Das sog. *Odeion*, hier diente es mit großer Wahrscheinlichkeit als Buleuterion, bot auf seiner halbrunden Cavea, die durch einen Umgang in zwei Ränge geteilt ist, etwa 1400 Personen Platz. Seine Rückwand bildete eine mehrstöckige Säulenfassade. Eine Inschrift besagt, daß P. Vedius Antoninus, der Stifter des oben genannten Gymnasions, dieses Odeion im 2. Jh. n. Chr. erbauen ließ. Zwischen Prytaneion und Odeion lag ein Hof mit einem seitlichen Podium und einer Freitreppe. Das Podium beherbergte ursprünglich zwei kleine Tempel, die später überbaut wurden. Auf der freien Fläche der Agora stand ein Tempel aus dem 1. Jh. v. Chr., dessen Deutung als Isis-, Dionysos- oder Augustus-Roma-Tempel umstritten ist. Westlich der Agora erhob sich auf einer Terrasse der Kulttempel für Kaiser Domitian. Zu ihm führte eine Freitreppe hinauf, die von einer zweigeschossigen Fassade gerahmt wurde, deren oberen Pfeilern Figuren verschiedener Gottheiten vorgeblendet waren.

Literatur: Forschungen in Ephesos (hrsg. vom Österreichischen Archäologischen Institut). Bd. 1 ff. Wien 1906 ff.; W. Alzinger: Die Ruinen von Ephesos. Berlin 1972; R.E. Oster: A Bibliography of Ancient Ephesos. London u.a. 1987; A. Bammer: Ephesos. Stadt an Fluß und Meer. Graz 1988; G. Wiplinger u. G. Wlach: Ephesos. 100 Jahre österreichische Forschungen. Wien 1995; S. Karwiese: Groß ist die Artemis von Ephesos. Die Geschichte einer der großen Städte der Antike. Wien 1995.

Epidauros. → Asklepieion, Epidauros.

Epinetron (griech.) Halbzylindrisches, auf der einen Seite geschlossenes Gerät aus Ton oder meist aus Holz zum Bearbeiten von Wolle. Es lag auf Knie und Oberschenkel auf. Die Oberfläche ist geschuppt. Epinetra aus Ton sind erhalten.

Episkenion (griech.). Oberes Stockwerk des Bühnenaufbaus beim griechischen Theater.

Epistyl, Epistylion (griech). → Architrav.

Erechtheion (griech. Stätte des Erechtheus). Das jüngste klassische Heiligtum auf der Akropolis von Athen (→ Akropolis, Athen). Das E. steht an der Stelle, an der sich Athena und Poseidon einst um die göttliche Schutzherrschaft über Attika gestritten haben sollen. Poseidon, Stadtgott von → Eleusis, schlug seinen Dreizack auf den Felsen der Akropolis, und salziges Wasser sprudelte aus dem Gestein. Daraufhin stieß Athena, Stadtgöttin von Athen, ihre Lanze in den Boden, und ein Ölbaum sproß empor. Die olympischen Götter sprachen Athena den Sieg zu, denn mit dem Ölbaum erhielt die Menschheit ein kostbares Geschenk. Diese Sage symbolisiert den Kampf der mächtigen Stadtstaaten Eleusis und Athen um die Vorherrschaft in Attika im 7. Jh. v. Chr.

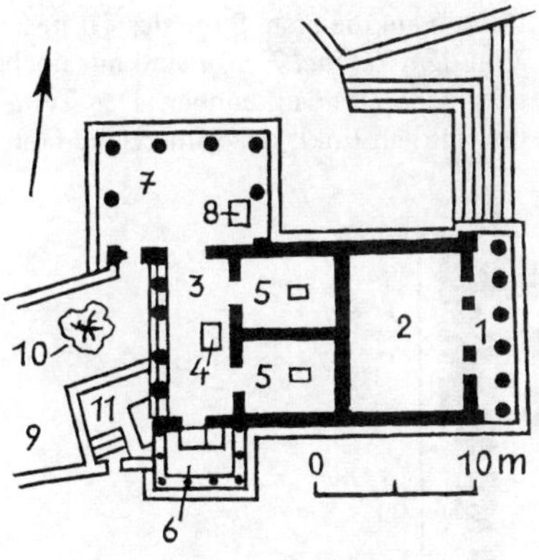

Athen: Erechtheion
1 Osthalle 2 Haus der Athena
3 Haus des Poseidon-Erechtheus
4 »Salzmeer« 5 Kultraum
6 Korenhalle 7 Nordhalle
8 »Dreizackmal« 9 Pandroseion
10 Ölbaum 11 Heiligtum und Grab des Kekrops

Das E. wurde von 421 bis 406 mit einer kurzen Unterbrechung an der Stelle eines gemeinsamen Tempels der Athena und des Poseidon erbaut, den die Perser im Jahre 480 v. Chr. niedergebrannt hatten. Es sollte nicht nur den beiden Göttern geweiht sein, sondern auch der Verehrung der athenischen Heroen Erechtheus, Kekrops und Butis dienen und außerdem den heiligen Ölbaum der Athena sowie die Spuren des Dreizacks und die Salzwasserquelle des Poseidon mit einschließen. Seine Anlage auf dem stark abfallenden Gelände weicht daher völlig von den anderen griechischen Tempelbauten ab. Das E. ist im ionischen Stil gehalten. Den Kern des Heiligtums bildet ein Bau, dessen zwei in sich geschlossene Räumlichkeiten auf unterschiedlichem Bodenniveau ruhen. In einem war das hölzerne Kultbild der Athena Polias aufgestellt, das in dem südlich angrenzenden archaischen Tempel der Göttin aus dem 6. Jh., davor vermutlich in einem Tempel der geometrischen Epoche – wahrscheinlich an der Stelle des Königspalastes aus mykenischer Zeit – gestanden hatte. Die Südseite des E. schmückt die Halle der Koren, deren Dach sechs Karyatiden oder Koren, sechs überlebensgroße marmorne Mädchenfiguren, tragen. Die tiefer gelegene Nordhalle schloß neben der Salzquelle des Poseidon auch den Zugang zum Pandroseion ein, dem Heiligtum der Pandrosos, einer Tochter des Kekrops und erste Priesterin der Athena. Hier stand der heilige Ölbaum der Athena und ein Altar des Zeus Herkeios (des Schirmherrn).

Eridu (Tell Abu Schahrain). Altorientalische Stadt, an der Mündung des

Euphrat in einer Lagune des Persischen Golfs gelegen. Hier stießen Archäologen auf den ältesten bisher entdeckten Tempelbau der Menschheit. Das Heiligtum war dem sumerischen Gott Enki geweiht.

Geschichte: E. gilt nach sumerischen Quellen als die älteste Stadt vor der Sintflut. Im Weltschöpfungsepos ›Enuma elisch‹ heißt es: »Früher befand sich alles Land unter dem Wasser; dann wurde Eridu gemacht.« Die Ausgräber drangen bis zu Siedlungsschichten des 6. Jt. vor. Die Tempelanlage stammt aus der Mitte des 5. Jt.; ihre Geschichte konnte über 18 Bauphasen verfolgt werden. Urnammu (etwa 2123–2106), der Gründer der dritten Dynastie von Ur, errichtete die Ziqqurrat. Die Veränderung des Flußlaufs und die Versandung der Lagune führten im frühen 2. Jt. zum Niedergang der Stadt. Schon zur Zeit Nebukadnezars II. (605–562) war E. vergessen.

Forschungsgeschichte: 1852 beschrieb der Engländer W.K. Loftus die Ruinen von E. 1854/55 führte der englische Konsul in Basra, J.G. Taylor, erste Untersuchungen auf dem Tell Abu Schahrain durch. 1918/19 gruben die Engländer C. Thomson und H.R. Hall auf dem Hügel. Ein amerikanisches Team fand bei Ausgrabungsarbeiten zwischen 1930 und 1936 zahlreiche Beterstatuetten aus dem Übergang vom 4. zum 3. Jt. 1946 bis 1949 setzten irakische Archäologen mit britischer Unterstützung die Erforschung des Stadtgebietes fort.

Archäologische Stätte: Die Stadt E. hatte einen Durchmesser von etwa 500 m. Sichtbar ist noch die *Ziqqurrat*, die sich auf einer 180 x 110 m großen Terrasse erhebt. Der Lehmkern des Stufenturms war mit Ziegeln verkleidet, die den Stempel des Erbauers Urnammu tragen. Der quadratische Grundriß der Ziqqurrat hat eine Seitenlänge von etwa 50 m. Drei Treppen führten auf die erste Stufe des Turms.

Von dem *Tempel Eapsu* sind nur noch geringe Spuren erkennbar. Der Tempel, in dem Enki, der sumerische Gott

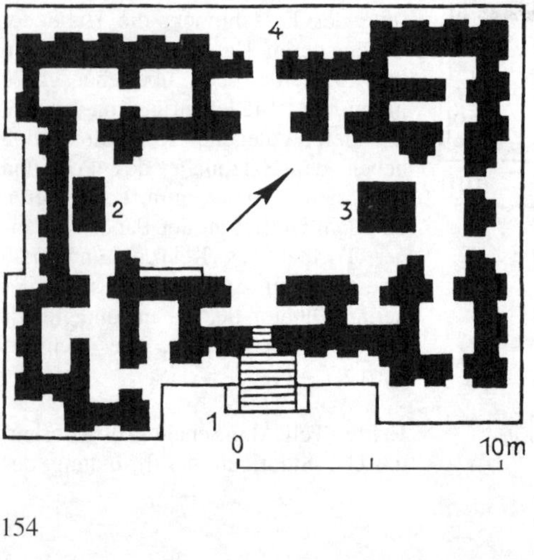

Eridu: Tempel in Schicht VII
1 Haupteingang
2 Altar
3 Opfertisch
4 Tempelterrasse

des Wassers, der Weisheit und der Heilkunst verehrt wurde, gilt in seiner ersten Bauphase als der älteste nachweisbare Tempel überhaupt. Auf einer künstlichen Terrasse erhob sich in der Schicht VII ein 24 x 12,5 m großer Bau. Der Mittelraum mit Altar und Opfertisch war von zwei Seitentrakten flankiert. Eine elfstufige Mitteltreppe führte zum Tempel empor, der in seiner Bauart als Vorstufe der Ziqqurrat gilt.

Literatur: S. Lloyd u. F. Safar: Eridu. In: Sumer 3 (1947). S. 84 ff. 4 (1948). S. 115 ff. 5 (1949). S. 116 ff u. 159 ff. 6 (1950). S. 27 ff; F. Safar u.a.: Eridu. Baghdad 1981.

Eriha. → Jericho.

Euripos (griech.). Regenwasserkanal um die Orchestra des griechischen Theaters, so benannt nach der engsten Stelle des Golfes von Euböa.

Euripus (lat.). Künstlicher Wasserlauf in den Parks und Gärten vornehmer römischer Villen.

Euthynterie (griech.). Die das Fundament der griechischen Tempel ausgleichende Steinlage. Über der E. erhob sich die meist drei Stufen hohe Krepis (Unterbau des Tempels).

Evans, Sir Arthur John. Am 8.7.1851 in Nash Mills, Grafschaft Hertfordshire, geboren. Sein Vater, Sir John E., war ein bekannter Altertumsforscher, der sich mit Veröffentlichungen über das vorrömische Münzwesen sowie über vor- und frühgeschichtliche Funde Britanniens einen Namen erworben hatte. E. studierte im Brasenose College in Harrow, in Oxford und Göttingen Neuere Geschichte. 1871 und 1872 reiste E. in den Balkan und 1873 nach Finnland, 1875 ging er als Korrespondent für den ›Manchester Guardian‹ nach Dalmatien, wo er wegen Beteiligung an einem Aufstand von der Polizei verhaftet wurde. Nach seiner Freilassung im Jahre 1882 kehrte er nach England zurück und wurde 1884 Kustos am Ashmolean Museum in Oxford. Bei der Beschäftigung mit kretischen Siegeln erwachte sein Interesse an der noch unerforschten Insel. 1894 besuchte er Kreta, um Siegel zu erwerben, die dort an bestimmten Plätzen vermehrt gefunden und von Kreterinnen als Amulett getragen wurden. Als E. in der Nähe von Candia alte Mauerreste entdeckte, vermutete er, hier in → Knossos könne der Palast des sagenhaften Königs Minos gestanden haben. Er kaufte kurz entschlossen das Land, aber die türkischen Behörden versagten ihm die Ausgrabungsgenehmigung. Als Kreta 1898 die Selbstverwaltung erhielt, war der Weg für die archäologische Erschließung der Insel frei. Im März 1900 begann E. mit den Ausgrabungen und hatte bereits nach wenigen Tagen zahlreiche Tontafeln mit einer unbekannten Schrift (Linear B), vormykenische Tongefäße und Mauern mit einzigartigen Fresken freigelegt. Am Ende der ersten Grabungskampagne hatte er etwa ein Viertel des Palastes von Knossos, des größten bisher bekannten Königspalastes, wiedererstehen lassen. In 35jähriger Tätigkeit erforschte er eine hochstehende Kultur, die er minoisch nannte. Der Vergleich mit ägyptischen Grabungsfunden ermöglichte ihm die Datierung der minoischen Epoche, die später anhand der Radiokarbondatierung bestätigt wurde. Er restaurierte den Palast von Knossos. 1911 wurde E. in Anerkennung seiner Verdienste in den Adelsstand erhoben. Am 11.7.1941 starb er in Boar's Hill bei Oxford.

Hauptwerke: Scripta Minoa. Oxford 1909 u. 1952; The Palace of Minos at Knossos. 4 Bde. London 1921–1936.

Exedra (griech.). Halbrunder oder mehreckiger nischenartiger Raum an einem Saal oder einer Säulenhalle, meist mit Sitzbank versehen. E. finden sich vor allem im griechischen Gymnasion, im hellenistischen Wohnhaus und in römischen Thermen.

ex voto (lat. aufgrund eines Gelübdes). Inschrift auf Votivgaben, dann auch Bezeichnung für die im Tempel aufgestellte Votivgabe selbst (Exvoto).

F

Fauces (lat.). Eingangsraum (Flur) vor dem → Atrium des römischen Wohnhauses.

Fenchelkap. → Ugarit.

Fibel. Gewandnadel in vielen technischen Varianten und unzähligen Formen, die diesen Gebrauchs- und oft auch Schmuckgegenstand zu einer wichtigen Datierungshilfe werden ließen. Die F. ist seit der frühen Bronzezeit aus dem nordeuropäischen Kulturkreis bekannt, während sie in Griechenland erst am Ende der mykenischen Epoche Verbreitung fand.

Filigranarbeit. Goldschmiedetechnik, in der das Muster aus geflochtenen und verlöteten Edelmetallfäden gestaltet wird. Erste F. entstanden um 2500 v. Chr. in Troja, um 1500 v. Chr. in Mykene und um 850 v. Chr. bei den Etruskern.

Flächengrabung. Großflächige Untersuchung einer Fundstätte über sämtliche Schichten bis möglichst auf den gewachsenen Boden. Wichtig sind die Beziehungen der archäologischen Relikte zueinander in der horizontalen Ebene.

Fluortest. Zur Bestimmung der relativen Datierung von Knochen. Knochen nehmen im Laufe der Zeit aus dem Grundwasser Fluor-Ionen auf. Da der Fluorgehalt des Grundwassers nicht überall gleich und auch Schwankungen ausgesetzt ist, läßt sich eine absolute Datierung nicht durchführen. Dagegen kann man aus der Höhe des Fluorgehalts sagen, welche Knochen an einer Fundstelle älter bzw. jünger als andere sind, denn je älter die Knochen sind, um so größer ist ihr Fluorgehalt. Der Fluortest dient vorwiegend zur Bestätigung des → Kollagentests.

Forma Urbis Romae (lat.). Marmorner Stadtplan → Roms, der ursprünglich mit etwa 18 m Breite und 13 m Höhe die Wand eines Nebenraumes des Templum Pacis bei den Kaiserforen in Rom bedeckte. Der Plan, von dem heute allerdings nur noch wenige Bruchstücke erhalten sind, stammt aus severischer Zeit und ist ein wichtiges Dokument für die Topographie der Stadt Rom um 200 n. Chr.

Literatur: R. Lanciani: Forma Urbis Romae. Mailand ca. 1880. Neudruck Rom 1989; E. Rodriguez Almeida: Forma Urbis Marmorea. Aggiornamento generale 1980. Rom 1981.

Forum (lat.). Marktplatz römischer Städte, meist zentral gelegen und Mittelpunkt des öffentlichen Lebens. Große Städte wie Rom besaßen mehrere Foren: Forum Romanum, Kaiserforen, ferner Spezialmärkte wie das Forum Boarium (Rindermarkt), das Forum Olitorium (Gemüsemarkt). Vielfach waren die Foren mit Statuen geschmückt und von Hallen, öffentlichen Gebäuden und Tempeln umgeben.

Forum, Pompeji. Das F., ursprünglich ein Platz an den Hauptdurchgangsstraßen der Stadt, entwickelte sich bis zum Untergang der Stadt zu einer in sich geschlossenen Anlage, die jeden Durchgangsverkehr unmöglich machte. Diese Platzgestalt mit einem durch eine Stufenanlage abgesetzten zweistöckigen Portikus und in streng axialer Ausrichtung erhielt das F. am Ende des 2. Jh. v. Chr. Der Portikus wurde im frühen 1. Jh. n. Chr. erneuert, der Platz mit Travertin gepflastert. Zahlreiche Ehrenstatuen, die den Angehörigen des Kaiserhauses und verdienten Bürgern P. gewidmet waren, schmückten das F. Allerdings sind nur die

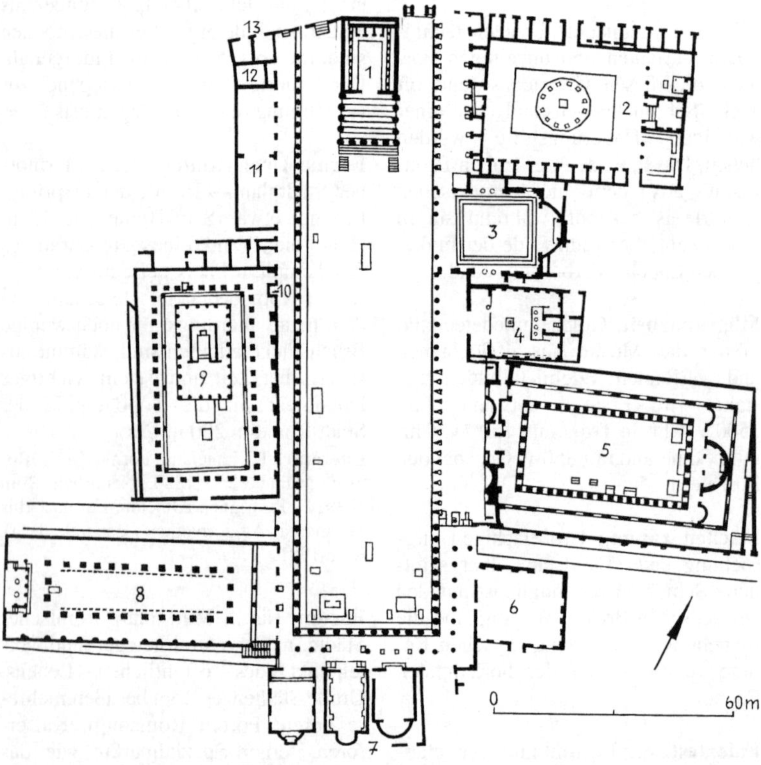

Pompeji: Forum
1 Jupiter-Tempel 2 Macellum 3 Laren-Heiligtum 4 Vespasian-Tempel 5 Gebäude der Eumachia 6 Comitium 7 Verwaltungsgebäude 8 Basilika 9 Apollon-Tempel 10 Mesa Ponderaria 11 Forum Holitorium 12 Latrine 13 Aerarium

Sockel erhalten, die zugehörigen Statuen sind wahrscheinlich bei dem Erdbeben 62 n. Chr. zerstört worden.
Das älteste Gebäude am F. ist der *Apollon-Tempel* (VII 7, 32) aus der zweiten Hälfte des 6. Jh. v. Chr. Er ruht auf einer Kultstätte, die durch Keramikfunde in das frühe 6. Jh. v. Chr. datiert werden konnte. Der Tempel wurde im späten 2. Jh. v. Chr. vollkommen erneuert. Ein Portikus mit je neun Säulen an den Schmalseiten und je 17 an den Langseiten umschließt den Tempelhof. Die kannelierten Säulen und der Architrav wurden bei den Restaurierungsarbeiten nach 62 n. Chr. mit Stuck überzogen und farbig bemalt. Der Tempel steht im rückwärtigen Bereich des Hofes, ein Altar in der Flucht seines Treppenaufganges. Der Peripteros mit je sechs korinthischen Säulen an den Schmalseiten und je neun an den Langseiten ruht auf einem hohen Podium. Durch eine tiefe Vorhalle betrat man die eher kleine Cella. Den heiligen Bezirk umschließt eine Mauer, deren Verlauf im östlichen Bereich auf die Neugestaltung des F. im 2. Jh. v. Chr. Rücksicht nimmt, d.h. parallel zum Platz des F., aber nicht zum Tempelhof verläuft. Mit unterschiedlich tiefen Mauernischen wurde diese optische Unregelmäßigkeit ausgeglichen. Die Nordseite des F. beherrschte der *Jupiter-Tempel* (VII 8, 1). Er ruht auf einem hohen Podium, darunter sind Gewölbe zur Aufbewahrung von Kultgegenständen. Zur Cella führte eine breite Treppe hinauf, die im 1. Jh. v. Chr. durch zwei schmale seitliche ersetzt wurde, zwischen denen auf einer Plattform der Altar stand. Das Dach der tiefen Vorhalle trugen je vier korinthische Säulen an den Seiten und sechs an der Front. Im 1. Jh. v. Chr. wurde die Cella durch zweistöckige Säulenstellungen in ein breites Mittelschiff und zwei sehr schmale Seitenschiffe unterteilt. An der Rückwand stand das breite Podium für die kapitolinische Göttertrias, Jupiter, Juno und Minerva, denen seit dieser Zeit der Tempel geweiht war. In der Cella fand man einen Kolossalkopf des Jupiter, der bereits beim Erdbeben 62 n. Chr. beschädigt worden war und zur Zeit der Katastrophe, 79 n. Chr., gerade restauriert wurde. Zwei Triumphbogen, vermutlich für Tiberius und Germanicus, flankierten den Tempel. Das *Macellum* (VII 9, 7. 8. 19. 52) stammt aus der zweiten Hälfte des 2. Jh. v. Chr. Es orientiert sich allerdings nicht an dem F., sondern an den seitlich verlaufenden Straßen (→ Macellum, Pompeji). Die *Basilika* (VIII 1,1) war das wichtigste öffentliche Gebäude von P. Sie diente der Rechtsprechung und war zugleich Versammlungsort der Kaufleute. Der 55 m lange und 24 m breite Bau entstand in der zweiten Hälfte des 2. Jh. v. Chr. (→ Basilika, Pompeji). Die Südseite des F. nahmen drei parallel zueinander stehende, längsrechteckige Bauten (VIII 2, 10–6) ein, die wahrscheinlich Verwaltungszwecken dienten. Ihre heutige Gestalt geht auf eine Neuerrichtung nach 62 n. Chr. zurück. Ursprünglich wurden die Apsidenbauten in samnitischer Zeit errichtet. In der Südostecke des F. stand seit dem frühen 1. Jh. v. Chr. das *Comitium* (VIII 3, 1. 32. 33). Das *Gebäude der Eumachia* (VII 9, 1. 67) wurde, nach der Stifterinschrift zu urteilen, in den zwanziger Jahren des 1. Jh. n. Chr. errichtet. Eumachia war Priesterin der Venus. Ihre Familie erwarb durch Weinanbau, Amphorenherstellung und durch den Handel mit

Wolle großen Reichtum. Die Funktion des Gebäudes ist nicht geklärt. Vielleicht fand hier ein Wollmarkt statt, oder aber es war Börsengeschäften vorbehalten. Die nach 62 n. Chr. restaurierte Fassade mit dem Eingangsportal, das noch von den ursprünglichen, reich verzierten Marmorpilastern gerahmt wird, ist durch halbrunde und eckige Nischen stark gegliedert. Der große Hof des Gebäudes orientiert sich in seiner Lage an der südlich verlaufenden Via dell'Abbondanza. Er war von einem wahrscheinlich zweistöckigen Portikus korinthischer Ordnung umgeben. An seiner Ostseite öffnete sich zwischen zwei Säulen, über denen sich ein Giebel erhob, eine große Apsis für die Statue der Concordia Augusta. Den Hof umlief an drei Seiten ein Kryptoportikus. Licht erhielt er durch Fenster in den Hofwänden. Der *Tempel des Vespasian* (VII 9, 2) und das *Heiligtum der Laren* (Schutzgötter der Stadt; VII 9, 3) rahmten die Ostseite des F. Das Heiligtum der Laren war ein annähernd quadratischer, offener Hof, dessen Wände durch Nischen und Säulenstellungen stark gegliedert waren. Farbige Marmorplatten schmückten Wände und Fußboden. 79 n. Chr. war dieses Heiligtum noch nicht fertiggestellt. → Pompeji.

Forum, Rom. 1) Durch den ständigen Ausbau des *Forum Romanum* entwickelte sich im Laufe der Jahrhunderte eine Zweiteilung des Gebietes in Marktplatz und Comitium, den Versammlungsplatz. Erst Caesar und im Anschluß Kaiser Augustus bemühten sich um eine architektonische Neugestaltung für diesen politisch und wirtschaftlich bedeutendsten Platz des Römischen Reichs. Insgesamt hatte das F. eine Ausdehnung von etwa 115 x 60 m. Es wurde von der Via Sacra, der heiligen Straße, der Länge nach durchzogen. Zu den ältesten Gebäuden gehörten der *Saturn- und der Dioskuren-Tempel*, beide aus dem frühen 5. Jh. v. Chr., und der nach 366 v. Chr. errichtete Concordia-Tempel. Den Saturn-Tempel erbaute Konsul Titus Larcius um 498 v. Chr. Zwischen 42 und 25 v. Chr. und um 300 n. Chr. wurde der Tempel erneuert. Er diente als Aerarium, d.h. als Aufbewahrungsort für den Staatsschatz. Der Dioskuren-Tempel wurde 484 v. Chr. von dem Sohn des Diktators Aulus Postumius Albinus zur Erinnerung an die siegreiche Schlacht am See Regillus über die Latiner (499 v. Chr.) errichtet. Als das römische Heer in der sagenhaften Schlacht zu unterliegen drohte, erschienen die Dioskuren Castor und Pollux (griech. Kastor und Polydeukes), die beiden Söhne des Zeus und der Leda, und wendeten das Kriegsglück. Der Tempel hatte eine große Vorhalle und war von 38 Säulen umgeben. Die drei noch aufrecht stehenden korinthischen Säulen stammen von einem Neubau aus dem Jahre 6 n. Chr. Unter dem *Lapis Niger* (schwarzer Stein), einem 3 x 4 m großen Pflaster aus schwarzem Marmor, soll nach der Überlieferung das Grab des Romulus zu suchen sein. Eine viereckige Tuffsteinstele in dem unterirdischen Raum trägt eine frühlateinische Inschrift, wohl aus dem 6. Jh. v. Chr.

Im 2. Jh. v. Chr. nahm der Platz durch den Bau von zwei Basiliken etwas Gestalt an. Die *Basilica Aemilia* an der Nordseite des F., 179 v. Chr. von den Zensoren Aemilius Lepidus und Fulvius Nobilior errichtet, ist eine der älte-

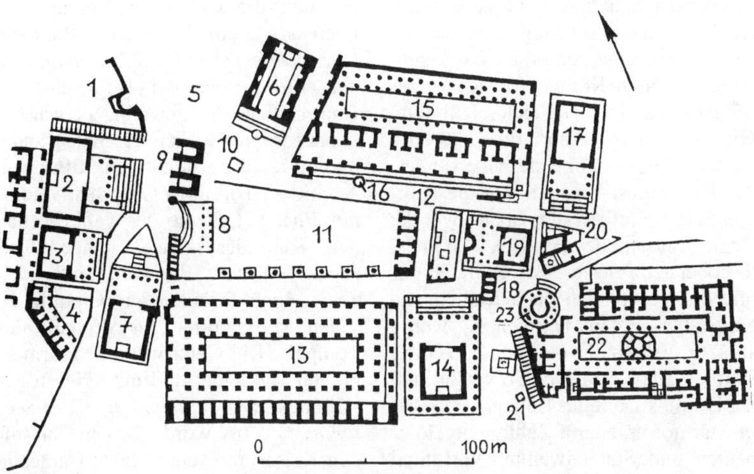

Rom: Forum Romanum
1 Mamertinischer Kerker 2 Concordia-Tempel 3 Tempel des Vespasian und Titus 4 Portikus der ratspendenden Götter 5 Comitium 6 Curia 7 Saturn-Tempel 8 Rosta 9 Bogen des Septimius Severus 10 Lapis Niger 11 Forumsplatz 12 Via Sacra 13 Basilica Iulia 14 Tempel des Castor und Pollux (Dioskuren-Tempel) 15 Basilica Aemilia 16 Heiligtum der Venus Cloacina 17 Tempel des Antoninus und der Faustina 18 Augustus-Bogen 19 Julius-Caesar-Tempel 20 Regia 21 Juturnische Quelle 22 Haus der Vestalinnen 23 Vesta-Tempel

sten römischen Basiliken (→ Basilika, Rom, 1). Die Südseite rahmte die zehn Jahre später erbaute *Basilica Sempronia.* Hier fanden überwiegend Geldgeschäfte statt. Das *Comitium* war von der *Curia Hostilia*, dem Senatsgebäude, und der *Basilica Porcia*, die 184 v. Chr. von Cato dem Älteren errichtet wurde, gerahmt. Zwischen Comitium und Marktplatz erhob sich die *Rostra*, die alte Rednertribüne. Die in der Seeschlacht bei Antium 338 v. Chr. erbeuteten Rammsporne (lat. rostra) waren an der Rednertribüne als Schmuck angebracht und gaben dieser Einrichtung ihren Namen. Die von Caesar erneuerte Rostra war 24 m lang, 12 m breit und 3 m hoch. In dem kleinen, runden *Vesta-Tempel* bei der Juturnischen Quelle hüteten die Vestalinnen (Priesterinnen der Göttin Vesta) das heilige Herdfeuer. Der Vesta-Kult ist in Rom wohl so alt wie die Stadt selbst. Da nach der Legende die Existenz Roms von dem Nichterlöschen des Herdfeuers abhing, wurde der Tempel nach jeder Zerstörung sofort wieder aufgebaut. Um 240 v. Chr. ersetzten die Römer den Holzbau durch einen Steinbau. Die heutige Tempelruine stammt von 191 n. Chr. Das *Haus der Vestalinnen* (Atrium Vestae) diente den Tempelpriesterinnen als Wohnstatt und zur Aufbewahrung sakraler Gegenstände. Der große Atriumhof mit Wasserbecken war von einem zweige-

schossigen Säulengang umgeben. Die *Regia* war das alte Königshaus, die Residenz des Numa Pompilius, des sagenhaften zweiten Königs von Rom. Der Megaronbau war zugleich Heiligtum. Hier wurde Ops verehrt, die Göttin des Erntesegens, der Fülle, des Überflusses, des Reichtums. Hier wurden die heiligen Schilde aufbewahrt. Später war die Regia Amtssitz des Pontifex Maximus, des obersten Priesters von Rom. Nur er und die Vestalinnen durften allein die Kultstätte der Ops betreten; so wurde sie zur geheimnisvollen Schutzgöttin Roms. Nach dem Brand 36 v. Chr. ließ der Pontifex Domitius Calvinus den Bau in Marmor erneuern. Zahlreiche Holzbauten und Statuenweihungen füllten die Räume zwischen den steinernen profanen und religiösen Gebäuden.
Einschneidende Änderungen erfolgten unter Caesar, als er mit dem Bau seines Forum Iulium (→ Forum, Rom, 2) begann. Dieses sollte räumlich einen Teil des Comitiums einnehmen. Dafür mußten die entsprechenden Gebäude abgerissen und an anderer Stelle wiedererrichtet werden. Die Basilica Sempronia ließ Caesar durch einen Neubau, die *Basilica Iulia*, ersetzen (→ Basilika, Rom, 2). Octavian, der spätere Kaiser Augustus, folgte Caesar in der baulichen Neugestaltung des F. Anläßlich seines Sieges bei Actium konnte er die neu errichtete *Curia Iulia* und den *Tempel für Divus Iulius* einweihen. Der Senat ehrte ihn mit einem *Triumphbogen*. Augustus ließ den ganzen Platz neu pflastern. Auch die alten Kultmale wurden architektonisch neu eingefaßt.
Erst unter Domitian erfolgte eine Änderung der augusteischen Platzkonzeption. Durch die Aufstellung einer großen Reiterstatue in der Mitte des F. erschien die Gebäudeanordnung nur noch als architektonischer Rahmen. Der spätere *Tempel des Antoninus und der Faustina* wurde 141 zunächst nur Kaiserin Faustina geweiht. Sie war bekannt für ihren lockeren Lebenswandel und durch ihre wohltätigen Stiftungen. Nach dem Tod ihres Gemahls Antoninus Pius 161 diente der Tempel auch dem Kult dieses friedliebenden Kaisers. Von dem Bauwerk sind noch zehn Monolithsäulen aus Cipollin zu sehen; sie gehörten zur Vorhalle des Tempels. Die Cella war mit Marmorplatten verkleidet und mit Friesen geschmückt. Der *Triumphbogen des Septimius Severus* wurde 203 n. Chr. für den Kaiser und seine Söhne Caracalla und Geta nach ihren Siegen über die Parther und Araber errichtet (→ Bogenmonumente, Rom, 2). Die *Curia*, Sitz des römischen Senats, ließ Diokletian um 303 an der Stelle eines niedergebrannten Vorgängerbaus errichten. Die erste Curia (Curia hostilia) soll schon unter Tullus Hostilius, dem sagenhaften dritten König Roms, hier gestanden haben. Sulla und Caesar veranlaßten den Wiederaufbau des jeweils zu ihrer Zeit zerstörten Gebäudes.
Seit dem 4. Jh. wurde durch Neubauten und Denkmäler aller Art überhaupt keine Rücksicht mehr auf die bauliche Gestaltung des Forums genommen. Ehrenmonumente, Statuen, aber auch Gebäude wurden allenthalben errichtet. → Rom.

Literatur: P. Zanker: Forum Romanum. Tübingen 1972; F. Coarelli: Il Foro Romano. Periodo Arcaico. Rom 1983; Ders.: Il Foro Romano. Periodo Repubblicano e Augusto. Rom 1985.

2) *Das Forum des Iulius Caesar* (Forum Iulium) erstreckte sich ursprünglich auf einer Fläche von 160 x 75 m. An drei Seiten war es von einer doppelten Säulenreihe gerahmt. Die westliche Schmalseite des langgestreckten Bezirks nahm der Tempel der Venus Genetrix ein. Diesen ließ Caesar 46 v. Chr. als Dank für seinen Sieg bei Pharsalos über Pompejus, 48 v. Chr., errichten und weihte ihn der Stammutter des julischen Geschlechts. Der Tempel stand auf einem hohen Podium. Der Zugang wurde über zwei schmale seitliche Treppen ermöglicht. Um die Cella liefen an der Frontseite acht und an den beiden Schmalseiten je neun korinthische Säulen. Jeweils sechs kleinere Säulen standen im Inneren der Cella dicht an den Seitenwänden. In die Rückwand war eine Apsis eingelassen, in der eine Statue der Venus Genetrix aufgestellt war. Neben anderen Statuen schmückte die Mitte des Platzes eine große Reiterstatue des Caesar. Im Westen schloß hinter dem Portikus eine Reihe von unterschiedlich großen Verkaufsläden an. → Rom.

Literatur: C.M. Amici: Il Foro di Cesare. Florenz 1991.

3) Das *Forum des Augustus* mit dem *Tempel des Mars Ultor* (des Rächers) nahm eine Fläche von 125 x 118 m ein. Augustus finanzierte es aus Kriegsbeute. Vor der Schlacht bei Philippi, 42 v. Chr., in der die zwei Caesarmörder Brutus und Cassius umkamen, soll Octavian im Falle des Sieges einen Tempel für Mars Ultor gelobt haben. Das Forum mit dem Tempel wurde 2 v. Chr. eingeweiht. Ausbesserungen fanden unter Kaiser Hadrian statt.

Das Forum war als geschlossene Anlage konzipiert. Eine zum Teil über 30 m hohe Umfassungsmauer umschloß den Bezirk. Säulenhallen, deren Attiken

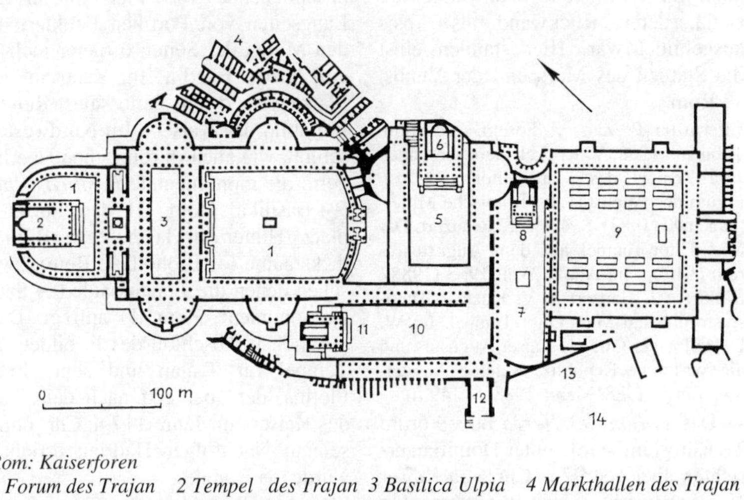

Rom: Kaiserforen
1 Forum des Trajan 2 Tempel des Trajan 3 Basilica Ulpia 4 Markthallen des Trajan 5 Forum des Augustus 6 Tempel des Mars Ultor 7 Forum des Nerva 8 Minerva-Tempel 9 Forum des Vespasian 10 Forum des Iulius Caesar 11 Tempel der Venus Genetrix 12 Curia 13 Basilica Aemilia 14 Forum Romanum

abwechselnd mit Karyatiden und Rundschilden geschmückt war, flankierten innen die Seitenwände. Den östlichen Bereich des F. nahm der sich auf einem Podium erhebene Mars-Ultor-Tempel ein. Auf Höhe des Tempels schloß hinter den Säulenhallen je eine große Exedra an, die in ihrem vertikalen Aufbau die Portiken um jeweils ein Geschoß überragte. In ihnen standen Statuen des Aeneas, des mythischen Ahnherren des Geschlechts der Iulier – er trägt auf seinen Schultern seinen Vater und führt seinen Sohn an der Hand – sowie von Romulus, dem Gründer der Stadt. Daneben waren weitere Statuen berühmter Vorfahren und Mitglieder der alten Familien Roms aufgereiht. Die Mitte des Platzes nahm eine vom Senat gestiftete Quadriga mit der Statue des Augustus ein. Eine breite Treppe führte zu der tiefen Vorhalle des Tempels. Säulen begleiteten die seitlichen Innenwände der Cella, deren Rückwand als Apsis ausgebildet war. Hier standen einst die Statuen des Mars und der Venus. → Rom.

Literatur: P. Zanker: Forum Augustum. Tübingen 1968; V. Kockel: Beobachtungen zum Tempel des Mars Ultor und zum Forum des Augustus. In: Römische Mitteilungen 90 (1983). S. 421 ff.; J. Ganzert: Der Mars-Ultor-Tempel auf dem Augustusforum in Rom. In: Antike Welt 19, 3 (1988). S. 36 ff.; J. Ganzert u. V. Kockel: Augustusforum und Mars-Ultor-Tempel. In: W. D. Heilmeyer (Hrsg.): Kaiser Augustus und die Verlorene Republik. Katalog Ausstellung Berlin 1988. Mainz 1988. S. 149 ff.

4) Das *Forum des Nerva* oder Forum Transitorium wurde unter Domitian errichtet, aber erst 97 n. Chr. von Kaiser Nerva geweiht. Seine langgestreckte Form mit einer Fläche von 120 x 45 m war durch die umliegenden Bauten bzw. Fora bedingt. Den östlichen Abschluß bildete ein Tempel, der der Minerva geweiht war. Direkt vor der Umfassungsmauer zog sich an den Langseiten je eine Säulenreihe entlang, die eine rein dekorative Funktion hatten. Den westlichen Abschluß zum Forum Romanum hin bildete ein gebogener Mauerzug. → Rom.

Literatur: R. Meneghini: Il Foro di Nerva. Rom 1991.

5) Für das zwischen 107 und 113 n. Chr. errichtete *Forum des Trajan* ließ der Kaiser einen Geländesattel zwischen den Hügeln Kapitol und Quirinal abtragen. Es sollte eine Ausdehnung von 300 x 185 m haben. Den Eintritt ermöglichte ein großer Torbogen, der die Mitte der halbrunden Abschlußmauer im Südosten des F. einnahm. Über dessen Attika stand eine Figur des Kaisers auf einem sechsspännigen Triumphwagen. Der anschließende große Platz war an den Langseiten von Portiken flankiert. In den Mitten der Seiten öffneten sich je eine große Exedra. Im Zentrum des Platzes stand ein kolossales Reiterstandbild des Kaisers. Im Nordwesten schloß, wie auch in römischen Heerlagern, die monumentale *Basilica Ulpia* (→ Basilika, Rom, 3) den Forumsplatz. Hinter ihr lagen zwei Bibliotheksräume (→ Bibliothek, Rom), zwischen denen die Trajanssäule (→ Säulenmonument, Rom, 1) aufragt. Den nördlichen Abschluß des F. bildet ein Tempel für Trajan und seine Frau Plotina, der aber erst nach dem Tod des Kaisers im Jahre 117 n. Chr. unter seinem Nachfolger Hadrian errichtet wurde. → Rom.

Literatur: P. Zanker: Das Trajansforum als Monument imperialer Selbstdarstellung. In: Archäologischer Anzeiger (1970).

S. 499 ff.; C.M. Amici: Foro di Traiano: Basilica Ulpia e Biblioteche. Rom 1982; R. Meneghini u.a.: Il Foro di Traiano. Rom 1990; M. Trunk: Das Trajansforum. Ein steinernes Heerlager in der Stadt? In: Archäologischer Anzeiger (1993). S. 285 ff.

Forum Romanum. → Forum, Rom, 1.

Frankfort, Henri. Am 24.2.1897 in Amsterdam geboren. Er studierte Geschichte, Arabisch und Archäologie und nahm 1922 an Ausgrabungen in Ägypten teil. 1922 und 1924/25 führten ihn Studienreisen in den Balkan und in den Nahen Osten. 1925–1929 grub F. in Abydos, Tell el-Amarna und Armant. 1929–1937 leitete er die Expedition des Oriental Institute der Universität Chicago in den Irak (u.a. Khorsabad). 1938–1954 lehrte er in Chicago und London und war Direktor des Warburg-Instituts der Universität London. Seine weitreichenden Kenntnisse führten F. zu vergleichenden Studien zwischen der ägyptischen und den mesopotamischen Kulturen. F. starb am 16.7.1954 in London.

Hauptwerke: Studies in Early Pottery of the Near East. 2 Bde. London 1924–1927; Cylinder Seals. London 1939; Kingship and the Gods. Chicago 1948; Ancient Egyptian Religion. New York 1949; Frühlicht des Geistes. Stuttgart 1954; The Art and Architecture of the Ancient Orient. Harmondsworth, Middlesex. 1954.

Fries. Waagrecht verlaufender Bauteil, der zur Gliederung und als Schmuck dient. Beim Tempel liegt der F. in der Regel über dem Architrav und besteht im dorischen Baustil aus Metopen und Triglyphen. Im ionischen Baustil ist er oft mit fortlaufenden Figurenreliefs geschmückt.

Frigidarium (lat.). Kaltwasserbad der römischen → Thermen.

Fritte (frz. Gebackenes). Stark siliziumhaltiger Ton als Werkstoff zur Herstellung von hochwertigen Gefäßen, Figurinen und Schmuck.

Fund. Bezeichnung für alle nicht ortsgebundenen materiellen Hinterlassenschaften des Menschen. Sie können in Siedlungs-, Grab-, Hort- und Einzelf. unterschieden werden. Mehrere gleichzeitig niedergelegte F. bilden einen geschlossenen F., der für Aussagen zur Chronologie von Bedeutung sein kann.

Fundanalyse. Wissenschaftliche Auswertung des Fundmaterials. Alle Einzelfunde einer Schicht sind durch typologischen und kunstgeschichtlichen Vergleich, durch Materialanalyse und Datierung genau zu erfassen.

Fürstengräber. → Keltische Fürstengräber.

Furtwängler, Adolf. Am 30.6.1853 in Freiburg im Breisgau geboren. 1878 nahm er unter E. Curtius an den Ausgrabungen in Olympia teil, 1880 wurde er Direktorialassistent an den Berliner Antikensammlungen, 1884 erhielt er eine Professur in Berlin. 1894 ging F. nach München, um die Leitung der dortigen Antikensammlungen zu übernehmen. 1901–1907 beteiligte er sich an den Ausgrabungen auf Ägina, in Amykla und in Orchomenes. Auf Ägina entdeckte er weitere Giebelskulpturen des Aphaia-Tempels, die später zu einer neuen Anordnung der »Ägineten« in der Münchener Glyptothek führten. Er starb am 10.10.1907 in Athen.

Hauptwerke: Beschreibung der Vasensammlung im Antiquarium der königlichen Museen zu Berlin. 2 Bde. Berlin 1885; Mykenische Vasen (mit G. Löschke). Berlin 1886; Meisterwerke der griechischen Plastik. Leipzig, Berlin 1893; Die antiken Gemmen. 3 Bde. Leipzig, Berlin 1900; Griechische Vasenmalerei (mit K. Reichhold). Berlin 1903–1932; Ägina. 2 Bde. München 1906.

G

Galater. Drei keltische Volksstämme, die 278 v. Chr. die Dardanellen überschritten und sich in Inneranatolien niederließen. Von dort aus griffen sie immer wieder die griechischen Küstenstädte Kleinasiens an. 230 und 228 v. Chr. besiegte sie Attalos I. von Pergamon. 189 v. Chr. erlitten sie eine vernichtende Niederlage durch die Römer. Pompejus machte Galatien zum Vasallenstaat; 25 v. Chr. wurde es römische Provinz.

Galeriusbogen. → Bogenmonument, Thessaloniki.

Gebälk. Gesamtheit der Balken einer Dachkonstruktion, am griechischen Tempel der aus → Architrav, → Fries und → Geison bestehende Teil zwischen Dach und Mauer.

Geison (griech.). Kranzgesims (Dachgesims) des griechischen Tempels. Über das Gebälk vorspringendes Bauglied, das der Gliederung des Bauwerks und der Ableitung des Regenwassers dient (Horizontalg.). Das Schrägg. (Giebelgesims) begrenzt die Giebel nach oben.

Gemme. Schmuckstein mit vertieft geschnittener bildlicher Darstellung (Intaglio), im Unterschied zur → Kamee.

geochemische Bodenuntersuchung. Über den Phosphatgehalt des Bodens lassen sich Kulturschichten feststellen. Bei der Zerstörung organischer Stoffe (Abfälle, Unrat, Mist) entsteht Phosphat (P_2O_5), das in nahezu unveränderter Konzentration Jahrtausende überdauert. Da normaler Humus etwa 0,3 Promille Phosphat enthält, lassen höhere Werte auf alten Siedlungsboden schließen. Mit einem hohlen Sondierbohrer werden Bodenproben entnommen und ausgewertet. Neben der Phosphatanalyse gibt das Aussehen der Probe (Textur und Farbe) Aufschluß über Stärke und Zahl der Kulturschichten.

geomagnetisches Meßverfahren. Mit dem g. M., das in der Geologie beheimatet ist, können im Erdreich verborgene Strukturen alter Gebäude erkundet werden. Die geomagnetische Feldstärke wird mit dem Protonen-Magnetometer gemessen: Schwankungen in der Feldintensität des Erdmagnetismus lassen Schlüsse auf Bodenveränderungen oder auf Fremdkörper zu. Das zu vermessende Terrain wird in ein Netz aus regelmäßigen Planquadraten aufgeteilt, die Messungen müssen in gleichmäßigen Abständen erfolgen. Sie werden in einem Computer gespeichert und als bildliche Zusammenfassung, als ein »archäologisches Röntgenbild« ausgedruckt. So kann z.B. der Grundriß einer früheren Siedlung oder Befestigunganlage dargestellt werden, ohne daß Flächengrabungen vorgenommen werden müssen, um den genauen Verlauf von Mauerzügen, Gräben usw. zu erforschen.

geometrischer Stil. Bezeichnung der Frühzeit der griechischen Kunst (etwa 1050–700 v.Chr) im Anschluß an die kretisch-mykenische Epoche. Einfache, klare, »geometrische« Ornamente wie Linien, Kreise, Dreiecke bestimmen den Stil dieser Epoche, die in folgende Abschnitte eingeteilt wird: protogeometrisch (1050–900 v. Chr.), strenggeometrisch (900–800 v. Chr.), reifgeometrisch (800–750 v. Chr.) und spätgeometrisch (750–700 v. Chr.).

Gesichtsurnen. Tongefäße mit plastischer Gesichtsdarstellung zur Aufnahme des Leichenbrandes. Bei den Etruskern seit dem 7. Jh. v. Chr. vorkommend, seit dem 6. Jh. v. Chr. in Kleinasien, vor allem aber im Oder-Weichselgebiet (Gesichtsurnen-Kultur, 6.–3. Jh. v. Chr.) verbreitet.

Gesims. Über das Gebälk vorspringendes bzw. aus der Mauer hervorstehendes Bauglied, im allgemeinen aus Steinplatten gefügt. Man unterscheidet u.a. das Kranz- oder Dachg. (→ Geison), das Giebelg., das Gurtg. zwischen den Geschossen, das Fuß- oder Sockelg. am Unterbau sowie das Tür- und Fensterg. Die G. waren mit ihrer plastischen Ausgestaltung bei den antiken Bauwerken vor allem schmückendes Element.

Gigantomachie. Darstellung des Kampfes der olympischen Götter gegen die Giganten (erdgeborene Riesen). Der Kampf wurde von Herakles zugunsten der Götter entschieden, er symbolisierte den Sieg von Kultur und Ordnung über Barbarei und Chaos. Darstellungen der G. entstanden seit dem 6. Jh. v. Chr., z.B. Nordfries des Schatzhauses der Siphnier in Delphi (um 525 v. Chr., → Schatzhaus, Delphi, 1), Ostfries des → Parthenon in Athen (um 440 v. Chr.), Fries des Zeus-Altars von → Pergamon (185–160 v. Chr.).

Giza (Gise). 13 km westlich von Kairo an der Grenze zwischen dem fruchtbaren Niltal und der Libyschen Wüste liegen die Pyramiden von G. Diese rund 4500 Jahre alten Grabbauten waren nicht nur gigantische Monumente der Pharaonen, sondern galten auch als Thron der Sonne. An ihrer Spitze sollten sich der Sonnengott Re und der ägyptische Gottkönig vereinigen. Die drei Pyramiden, die zu den größten und eindrucksvollsten architektonischen Leistungen der Menschheit zählen, tragen die Namen der Pharaonen, die in ihnen beigesetzt wurden: Cheops, Chephren und Mykerinos. Die Cheops-Pyramide, das größte je von Menschenhand geschaffene Bauwerk, bezeichneten die Griechen als eines der Sieben Weltwunder. Nicht weniger berühmt als diese Pyramide ist der gewaltige Sphinx, ein liegender Löwe mit Männerkopf, der die Gräber der Könige zu bewachen scheint.

Geschichte: Die drei Pyramiden von G. entstanden in der 4. Dynastie (2723–2563). Sie sind der Höhepunkt einer Entwicklung, die von der tafelförmigen Grabmastaba ausging, über die Stufen- und Knickpyramide führte und in der »klassischen« Pyramidenform gipfelte. Es war die Zeit der einfachen, zierlosen Monumentalbauten, eine Epoche straffer Verwaltung und hoher wirtschaftlicher Blüte.

Forschungsgeschichte: Man kann sicher nicht von einer Handlung im archäo-

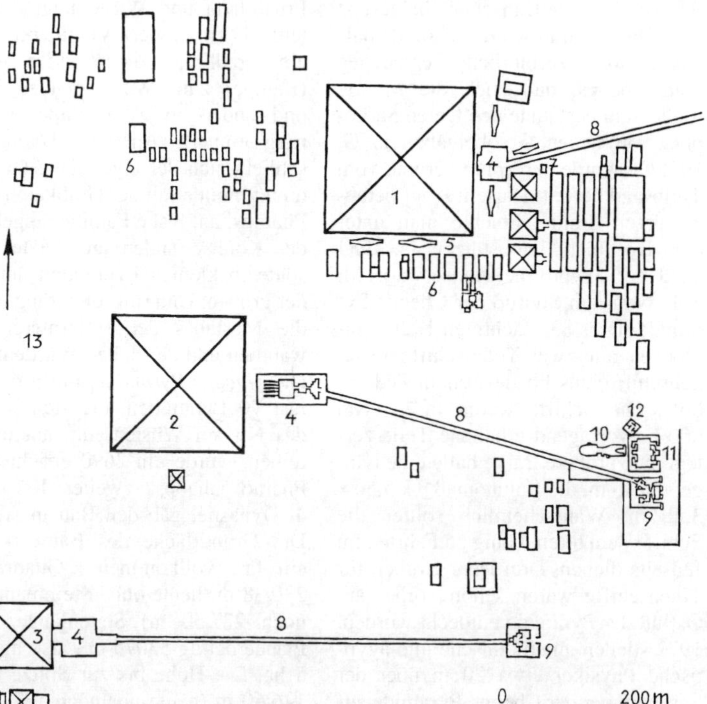

Giza: Pyramiden
1 Cheops-Pyramide 2 Chephren-Pyramide 3 Mykerinos-Pyramide 4 Verehrungstempel 5 Gruben mit Sonnenschiff 6 einige Mastabas der 4. und 5. Dynastie 7 Grab der Hetepheres 8 Aufweg 9 Taltempel 10 Sphinx 11 Sphinx-Tempel 12 Haus Amenophis' II. 13 Arbeiterquartiere

logischen Sinn sprechen, wenn die Pharaonen Amenophis II. (1438–1412) und Thutmosis IV. (1412–1402) den damals bereits über 1000jährigen Sphinx bei G. aus dem Wüstensand graben ließen. Um 200 n. Chr. schaufelten nochmals die Römer das gewaltige Felsenmonument frei. 1818 öffnete der Italiener G.B. → Belzoni die Chephren-Pyramide und drang bis zur Grabkammer des Pharaos vor. Seit 1902 widmeten sich deutsche, amerikanische und ägyptische Archäologen den Mastaba-Feldern östlich und westlich der Cheops-Pyramide. 1925 entdeckten sie in einem 25 m tiefen Schacht die Grabkammer der Hetepheres, der Mutter des Cheops. Die Grabbeigaben waren vorhanden, doch der Sarkophag war leer. 1947 fand man heraus, daß Hetepheres ursprünglich bei der Knickpyramide ihres Gatten

Snofru bei →Dahschur beigesetzt war. Dieses Grab wurde schon damals ausgeraubt. Vermutlich verschwieg man Cheops, daß auch die Mumie fehlte, und bestattete den leeren Sarkophag mit neuen Grabbeigaben in G. 1925/26 wurde der Sphinx erneut vom Treibsand befreit. Da sein Kopf herabzustürzen drohte, brachte man unter dem Kopftuch Betonstützen an. 1954 stieß der ägyptische Konservator M. Zaki Nour am Südfuß der Cheops-Pyramide unter 83 mächtigen Kalksteinblöcken auf zwei Totenschiffe (Sonnenschiffe) aus libanesischem Zedernholz. Die Schiffe waren in je etwa 600 hervorragend erhaltene Teile zerlegt. Die größere Barke hatte eine Länge von 43 m, die Kajüte maß 9 x 5,50 x 3,20 m. Wahrscheinlich sollten die Schiffe dem toten König zu Fahrten im Jenseits dienen. Drei leere Gruben für Totenschiffe waren schon vorher am Ostfuß der Pyramide entdeckt worden. 1972 stießen amerikanische und ägyptische Physiker etwa 20 m über der Sargkammer der Cheops-Pyramide auf einen weiteren Raum, dessen Bestimmung noch unklar ist. 1974 scheiterte eine Radardurchleuchtung der Chephren-Pyramide an der Undurchlässigkeit des Baumaterials; die Wissenschaftler vermuteten auch hier weitere Räume und Gänge. Im selben Jahr stieß man westlich der Chephren-Pyramide auf eine ausgedehnte Bauarbeitersiedlung. 1980 begannen umfangreiche Restaurierungsarbeiten am Sphinx. Man versucht, das Gestein zu entsalzen und wird danach ein dauerhaftes, »unsichtbares« Stützkorsett um den Hals des Sphinx legen.

Archäologische Stätte: Jede der drei Pyramidenanlagen besteht aus vier Baugliedern. An der Grenze zwischen Fruchtland und Wüste liegt der Taltempel (Tortempel). Von hier aus führt ein geradliniger, überdeckter Aufweg (Rampe) zum Wüstenplateau hinauf und endet im Totentempel (Verehrungstempel). An den Totentempel schließt sich der eigentliche Grabbau, die Pyramide mit der Grabkammer des Pharaos, an. Nahe Familienangehörige des Königs fanden ihre letzte Ruhestätte in kleinen Pyramiden am Fuße der großen. Und ringsum drängten sich die Mastabas der entfernteren Verwandten und der hohen Würdenträger. Die *Cheops-Pyramide*, die größte der fast 70 Pyramiden, die sich westlich des Nil am Wüstensaum aneinanderreihen, wurde um 2690 errichtet. Der Pharao Cheops, zweiter König der 4. Dynastie, gab den Bau in Auftrag. Die Grundfläche des Bauwerks war ein fast vollkommenes Quadrat mit 230,38 m (heute ohne Steinmantel nur noch 227,50 m) Seitenlänge. Diese Fläche betrug 53075 m^2, also mehr als 5 ha. Die Höhe bis zur Spitze betrug 146,60 m (heute nur noch 137,20 m). Die vier Seitenflächen sind um 51° 52' geneigt. Der ganze Bau besteht aus Kalksteinblöcken, die im Durchschnitt 2,5 t schwer sind und aus einem 10 km entfernten Steinbruch herangeschafft wurden. Insgesamt mußten rund 2,5 Millionen Kubikmeter Gestein aufeinandergeschichtet werden, eine Arbeit, die durchaus 100 000 Männer – wie Herodot behauptete – 20 Jahre lang (jeweils während der Nilüberschwemmungen, wenn die Feldarbeit ruhte) beschäftigte. Durch eine von Grabräubern geschaffene Öffnung auf der Nordseite betritt man 15 m über der Basis das Innere der Pyramide. Der ursprüngliche Eingang lag höher. Ein 97 m langer Gang führt abwärts zur ersten, nie vollendeten Grabkammer. Etwa 20 m vom Eingang entfernt, zweigt ein aufwärts führender Gang ab, der in die Große Galerie mündet. Die Galerie ist 47 m lang und 8,50 m hoch. Unmittelbar vor der Galerie beginnt ein waagrechter Gang, der in der sog. Königinnenkammer endet. Diese Kammer sollte ursprünglich den Sarkophag des toten Pharaos aufnehmen. Die eigentliche Grabkammer aber liegt hinter der Großen Galerie. Sie ist 10,45 x 5,20 x 5,80 m groß und mit schwarzem Granit ausgekleidet. Zwei Luftschächte ermöglichten es der Seele des Toten, ins Jenseits zu fliegen. Vom Sarkophag des Cheops ist nur noch der granitene Unterteil vorhanden. Die Mumie und sämtliche Grabbeigaben wurden vermutlich schon vor Jahrtausenden geraubt. 20 m über der Grabkammer entdeckten die Forscher eine Geheimkammer, deren Bedeutung noch unbekannt ist. Am Ostfuß der Pyramide liegen drei kleine Pyramiden, in denen vermutlich die Königin Henutsen, die Geliebte Merit-ites und, in der Mitte, die Tochter des Cheops beigesetzt waren. Nach Herodot (5. Jh. v. Chr.) verkuppelte Cheops seine attraktive Tochter an reiche Ägypter, um den Bau seiner Pyramide zu finanzieren. Sie brachte so viel Gold zusammen, daß auch für sie eine kleine Pyramide abfiel, größer noch als die Grabbauten der Königin und der Geliebten des Pharaos.

Die *Chephren-Pyramide* ließ der Pharao Chephren, ein Sohn des Cheops, erbauen. Diese Pyramide ist kleiner, wirkt aber größer, weil sie auf einem höheren Plateau angelegt wurde. Die Seiten der Grundfläche maßen 215,25 m (heute nur noch 210,50 m). Die Höhe des Bauwerks betrug 143,50 m (heute noch 136,40 m). Die Spitze der Pyramide trägt noch den ursprünglichen weißen Kalksteinmantel. Die Seitenflächen haben einen Neigungswinkel von 52° 20'. Auch hier legten die Erbauer zuerst eine unterirdische Grabkammer an, bevor sie weiter oben die endgültige Grabkammer schufen. Zwar fand man hier den Sarkophag des Pharaos mit einem zertrümmerten Deckel, aber die Mumie und die Grabbeigaben fehlten.

Die *Mykerinos-Pyramide* ist die dritte und kleinste Grabanlage in diesem Bereich. Die quadratische Grundfläche mißt 108,5 m. Die Höhe betrug einst 66,5 m (heute noch 62 m). Menkaura (griech. Mykerinos) folgte als Pharao seinem Vater Chephren. Die Grabkammer dieser Pyramide war ebenfalls ausgeraubt worden. Nur den leeren Sarkophag fanden die Archäologen noch vor. Im Totentempel des Mykerinos fanden die Ausgräber mehrere einzigartige Schieferstatuen, die den König mit der Göttin Hathor und einer Gaugottheit bzw. mit seiner Gemahlin Chamerernebti zeigen. Die Bildwerke befinden sich heute in Boston (Museum of Fine Arts) und in Kairo.

Der *Taltempel des Chephren* ist ein schlichter, wuchtiger Bau, 45 x 45 m im Grundriß und 13 m hoch. Die beiden einst von je einem Sphingenpaar flankierten Eingänge vereinigen sich in einem Querkorridor. Vom Querkorridor erreicht man die »Breite Halle«, an die sich die »Tiefe Halle« anschließt. Die Decke der beiden Hallen trugen 16 monolithische 4,1 m hohe Granitpfeiler. Die Wände waren mit polierten Rosengranit- und Alabasterplatten ausgekleidet. In den Wandnischen standen 23 Dioritstatuen des Pharaos. Die Hallen erhielten durch

Schrägluken Tageslicht. In der Nordwestecke der Breiten Halle beginnt der Zugangskorridor zum 494,6 m langen Aufweg zum Toten- oder Verehrungstempel. Im sog. Brunnenschacht dieses Tempels fanden die Ausgräber neben acht anderen Statuen des Königs die berühmte Dioritstatue des sitzenden Chephren mit dem Horus-Falken (heute in Kairo). Der *Totentempel des Chephren* grenzt an die äußere Umfassungsmauer der Pyramide. Er war ebenfalls aus mächtigen Steinquadern gefügt. Die »Breite Halle« verengt sich stufenweise und führt durch die »Tiefe Halle« in den »Großen Hof«, der mit Statuen des Königs geschmückt war und den Opferhandlungen diente. An den Großen Hof schlossen sich fünf Kapellen und das Allerheiligste an. Tal- und Totentempel der Cheops-Pyramide sind nur noch in ihren Fundamenten und einigen Mauerresten erhalten. Die Tempel der Mykerinos-Pyramide blieben unvollendet.

Das kolossale *Felsbild des Sphinx* von G. stellt einen liegenden Löwen mit Königskopf dar. Das Felsbild schlugen die ägyptischen Steinmetzen aus dem Rest des Kalkfelsens, der als Steinbruch für den Bau der Cheops-Pyramide diente. Die Pranken und die Außensteine des Löwenkörpers setzten sie aus Hausteinen an. Die Monumentalfigur ist 73,50 m lang und rund 20 m hoch. Das Gesicht ist 4,15 m, der Mund 2,32 m breit. Rotbraune Farbreste an der Wange zeigen, daß die Figur einst bemalt war. Die Uräus-Schlange auf der Stirn symbolisiert die Macht des Sonnengottes Re. Die Schäden am Gesicht des Sphinx verursachten um 1380 islamische Bilderstürmer und später schießwütige Mamelucken. Es ist umstritten, ob das Monument unter Cheops oder unter Chephren entstanden ist. Manche Forscher halten die löwenähnliche Gestalt für den Sonnengott Harmachis, andere sehen in seinem Gesicht eine Ähnlichkeit mit König Chephren.

Literatur: G. Reisner: A History of the Giza Necropolis. 2 Bde. Cambridge, Mass. 1942–1955; C.M. Zivie: Giza au deuxième millénaire. Kairo 1977; R. Stadelmann: Die großen Pyramiden von Giza. Graz 1990.

Gjölbaschi-Trysa. → Heroon, Gjölbaschi-Trysa.

Glasrestauration. Die Wiederherstellung von Glasgefäßen aus zahlreichen kleinen Scherben stellt an die Restauratoren hohe Anforderungen, da hier – im Gegensatz zur bemalten Keramik – nur kaum wahrnehmbare Hinweise auf die Zusammengehörigkeit der Scherben zur Verfügung stehen. Der schöne irisierende Überzug des Glases ist eine Erkrankung des Materials, die eine chemische Behandlung erfordert, um das Gefäß vor dem Zerfall zu schützen.

Glyptik. Steinschneidekunst. Die künstlerische Bearbeitung kleiner Steine; → Gemmen, → Kameen, → Rollsiegel, → Siegel.

Gordion. Die einstige Hauptstadt des phrygischen Reiches lag am Ufer des Sangarios (heute Sakarya), etwa 100 km südwestlich von Ankara.

Geschichte: Das Gebiet des antiken G. war schon in der Mitte des 3. Jt. (frühe Bronzezeit) besiedelt. Zu Beginn des 2. Jt. kamen die Hethiter. Um 1200 v. Chr. übernahmen Phryger, die wahrscheinlich an dem Einfall der Seevölker und an der Zerschlagung des Hethiterreiches beteiligt waren, die Siedlung und gründeten unter ihrem sagenhaften Anführer Gordios die Stadt G. Nachdem der legendäre phrygische König Midas fast das gesamte westliche Kleinasien unterworfen hatte, machte er G. zur Metropole seines Reiches. Als sich Midas 717 v. Chr. mit Karkemisch, einem hethitischen Reststaat, gegen die Assyrer verbünden wollte, marschierte der Assyrerkönig Sargon II. in Karkemisch ein und schloß mit Midas Frieden. 684 v. Chr. überrannten die Kimmerer, ein südrussisches Reitervolk, das Phrygerreich und zerstörten die Hauptstadt. Midas beging Selbstmord. Aus den Trümmern des phrygischen Reiches entstand das mächtige Reich der Lydier mit der Hauptstadt → Sardes. G. wurde auf einem benachbarten Hügel neu erbaut und hielt sich bis zum Einfall der Perser 546 v. Chr. in bescheidenem Wohlstand. Im späten 6. Jh. v. Chr. errichteten die Perser ein neues G. an der Stelle der ersten Stadt. Um 400 v. Chr. wurde die Stadt vermutlich durch ein Erdbeben zerstört, aber sofort wieder aufgebaut. 333 v. Chr. ließ Alexander der Große auf seinem Feldzug gegen die Perser die Stadt in Flammen aufgehen. 189 v. Chr. zogen keltische Galater plündernd und sengend durch die Stadt. G. sank von da an zu einem bedeutungslosen Ort herab und wurde bald nach Beginn der Römerherrschaft 129 v. Chr. aufgegeben.

Forschungsgeschichte: Seit 1900 legten A. und G. Körte im Auftrag des Deutschen Archäologischen Instituts Teile der Stadtanlage frei. 1950 begann die University of Pennsylvania unter Leitung des amerikanischen Archäologen R.S. Young mit umfangreichen Ausgrabungen. Man fand zahlreiche Bronzegegenstände (Gefäße, Fibeln usw.) aus phrygischer Zeit, nicht aber den berühmten »phrygischen Schatz« des Königs Midas, der wohl von den Kimmerern weggeschafft worden war. Die Ausgrabungen werden seit 1989 von den Amerikanern G.K. Sams und M.M. Voigt fortgesetzt.

Die Funde werden im Archäologischen Museum von Ankara und im örtlichen Museum aufbewahrt.

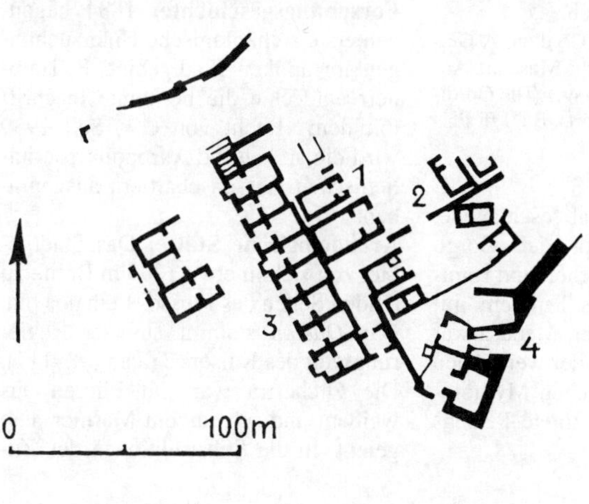

Gordion: Akropolis (um 800 v. Chr.)
1 Megara des Palastes
2 Palasthof
3 Wirtschaftsräume
4 Stadttor (Palasttor)

Archäologische Stätte: Von der Hauptstadt des phrygischen Reiches sind bisher mehrere *Megaronhäuser* mit buntem Kieselmosaikboden von 9,5 x 17,5 m Größe ausgegraben worden, die vermutlich Teil der Palastanlage des Midas waren. Ferner wurde ein *Stadttor* aus dem 8. Jh. v. Chr. freigelegt, das eine Höhe von mehr als 10 m hatte.
In der näheren Umgebung von G. konnten mehrere *phrygische Königsgräber* geöffnet werden, darunter das mächtige *Grab des Gordios*, ein Königsgrab aus der Blütezeit des phrygischen Reiches. Der Tumulus hat eine Höhe von 53 m und einen Durchmesser von 250 m, stammt aus der Zeit um 700 v. Chr. und könnte somit die Grabstätte des Midas sein. Die Grabkammer war aus Kiefernholzbohlen gearbeitet und außen mit Kalksteinblöcken verstärkt. Eine 3 m hohe Steinschicht bedeckte das hölzerne Satteldach, darüber lag eine etwa 40 m hohe Lehmschicht. Das Grab enthielt das Skelett eines etwa 60jährigen Mannes und zahlreiche Grabbeigaben, wie Bronzegefäße, Wandschirme aus Holz mit Intarsien, Fibeln usw., Waffen und Edelmetallfunde fehlen jedoch.

Literatur: R.S.G. Young: Gordion. A Guide to the Excavations and the Museum. Ankara 1968; E.L. Kohler (Hrsg.): The Gordion Excavations. Final Reports. Bd. I ff. Philadelphia 1981 ff.

Gorgoneion. Das abgeschlagene, schlangenhaarige Haupt der Gorgo Medusa, in der griechischen und römischen Kunst häufig als Emblem mit Abwehrzauber verwendet. Medusa war eine der drei Gorgonen, der weiblichen Ungeheuer der griechischen Mythologie. Mit Hilfe Athenas tötete Perseus die Medusa.

Gortyn (Gortys). Die antike Stadt, im Süden der Insel Kreta gelegen, war Hauptstadt der römischen Provinz Creta et Cyrenae (Kyrenaika).

Geschichte: Erste Siedlungsspuren reichen bis in minoische Zeit zurück. Nach der Zerstörung des minoischen Reiches zu Beginn des 14. Jh. v. Chr. legten Achäer in G. eine befestigte Siedlung an. Im 9. Jh. v. Chr. kamen die Dorier ins Land. Im 7. Jh. v. Chr. zerstörten Truppen aus G. die alte Nachbarstadt Phaistos. G. wurde Hauptort der fruchtbaren Mesara-Ebene. Im 4. Jh. v. Chr. kämpfte die Stadt mit Knossos vergeblich um die Vorherrschaft auf der Insel. Sie war mit den Makedoniern verbündet und stellte sich später auf die Seite der Seleukiden in deren Kampf gegen die Lagiden (Ptolemäer). Um 220 v. Chr. konnte sich G. gegen Knossos durchsetzen und wurde erste Stadt der Insel. Doch schon 70 Jahre später mußte es diese Rolle wieder an Knossos abtreten. 69 bis 67 besetzte der Römer C. Metellus die Insel. G. wurde Residenzstadt der römischen Provinz Creta et Cyrenae.

Forschungsgeschichte: 1884 begannen erste archäologische Untersuchungen im antiken Stadtgebiet. F. Halbherr entdeckte die berühmte Inschrift mit dem »Recht von G.«. Seit 1939 wird die archaische Akropolis von italienischen Wissenschaftlern ausgegraben.

Archäologische Stätte: Das Stadtgebiet zog sich in etwa 1700 m Breite zu beiden Seiten des Flusses Lethaios hin. Das *Odeion* stammt aus der Regierungszeit des Kaisers Trajan (98–117). Die Orchestra war mit Fliesen aus weißem und schwarzem Marmor ausgelegt. In die Substruktionen des Zuschauerraums wurden 12 Steinblöcke aus einem hellenistischen Vorgängergebäude miteinbezogen, in die eine Rechtsinschrift aus dem 5. Jh. v. Chr. eingemeißelt ist. Dieses »Recht von G.« beinhaltet straf- und zivilrechtliche Bestimmungen, die u.a. Erb- und Ehefragen regelten, sowie die Einteilung der Bevölkerung in vier Klassen. Der *Tempel des Apollon Pythios*, das Hauptheiligtum der Stadt, wurde in hellenistischer Zeit über einem archaischen Tempel des 7. Jh. v. Chr. erbaut. Dieser ruhte wiederum auf den Fundamenten eines minoischen Bauwerks. Die Römer restaurierten den Tempel und fügten in die Cella zwei Säulenreihen ein. Im *Prätorium* residierte der Statthalter der römischen Provinz Creta et Cyrenae. Der Backsteinbau wurde unter Trajan errichtet.

Literatur: E. Ziebarth: Das Stadtrecht von Gortyn. Göttingen 1942; A. Di Vita u.a.: Gortina. Bd. 1. Rom 1988; J. Wilson Myers u.a. (Hrsg.): The Areal Atlas of Ancient Crete. London 1992. S. 96 ff.

Grabungsmethoden. → Flächengrabung. → Regionsforschung. → Sondagen. → Suchschnitte.

Granuliertechnik. Goldschmiedetechnik, in der winzige Gold- und Silberkörner auf Schmuckstücke gelötet werden. Zeugnisse fanden sich in Ägypten, auf Kreta, in Troja und bei den Etruskern.

Grotefend, Georg Friedrich. Am 9.6.1775 in Hannoversch Münden geboren. Er studierte von 1795 bis 1798 in Göttingen Theologie und Philosophie und nahm danach eine Stelle als Lateinlehrer am Städtischen Gymnasium an. Das Lösen schwieriger Rätsel und mathematischer Probleme war seine Lieblingsbeschäftigung. So ging er 1802 eine Wette ein, daß er eine Inschrift entziffern könne, von der weder Schrift noch Sprache noch Inhalt bekannt seien. Sein Freund und Wettgegner Fiorillo, Sekretär der Königlichen Bibliothek zu Göttingen, legte ihm einige altpersische Keilschrifttexte aus Persepolis vor, die bis dahin jedem Entzifferungsversuch widerstanden hatten. In knapp sechs Wochen gelang es G., durch scharfsinnige Kombinationen die Texte zu entschlüsseln, zwar nicht vollständig, doch derart richtungweisend, daß damit der Entzifferung fast aller Keilschrifttexte der Weg gewiesen war. Am 4.9.1802 legte G. der Göttinger Societät (Akademie) der Wissenschaften die Schrift ›Praevia de cuneatis, quas vocant, inscriptionibus Persepolitanis legendis et explicandis relatio‹ vor, den vollständigen Bericht über seine Entzifferung. Die Göttinger Gesellschaft konnte sich zu einer Veröffentlichung der Schrift nicht entschließen, so daß seine Leistung nie ihrer Bedeutung entsprechend gewürdigt wurde. So war es möglich, daß der britische Offizier und Konsularbeamte H.C. → Rawlinson 44 Jahre nach G. seine erfolgreiche Übersetzung der altpersischen Keilschrift bekanntgab und seitdem als Entzifferer der Keilschrift gefeiert wird. G. wurde Ehrenbürger der Stadt Hannover, Ehrendoktor der Universität Marburg und in die wissenschaftlichen Gesellschaften zu Berlin, Göttingen, London, Dublin und Kopenhagen aufgenommen. 1837 und 1870 erschienen zwei Abhandlungen, in denen sich G. mit der altpersischen und babylonischen Keilschrift beschäftigte, denen aber jede Zustimmung der Fachwelt versagt blieb. G. starb am 15.12.1853 in Hannover.

Literatur: K. Brethauer u. W.R. Röhrbein: Georg Friedrich Grotefend. In: R. Borger u.a. (Bearb.): Die Welt des Alten Orients. Katalog Ausstellung Göttingen 1975. Göttingen 1975; K. Brethauer (Hrsg.): Georg Friedrich Grotefend, 1775–1853, Festschrift seiner Vaterstadt zu seinem Gedenken. Hannoversch Münden 1975.

Gutäer (Guti). Nomadenvolk aus dem Zagros-Gebirge (West-Iran), das im 22. Jh. v. Chr. das Reich von Akkad (Mesopotamien) zerstörte und eine hundertjährige Schreckensherrschaft ausübte. Die allmählich wiedererstarkten sumerischen Stadtstaaten Uruk und Lagasch erhoben sich um 2054 v. Chr. gegen die G. und trieben sie in das Zagros-Gebirge zurück. Dort machten sie noch im 1. Jt. v. Chr. den assyrischen Königen zu schaffen.

Guttae (lat. Tropfen). Zylindrische, nagelkopfartige Stifte an der Unterseite der → Mutuli und der → Regulae des dorischen Tempelgebälks. Sie sind meist in drei Reihen von je sechs Stiften angeordnet.

Gymnasion (griech.). Stätte zur körperlichen Erziehung und vormilitärischen Ausbildung der griechischen Jugend (seit dem 6. Jh. v. Chr.). Im 5. Jh. v. Chr. kam eine Palästra als Ringkampfschule hinzu. Seit dem 4. Jh. v. Chr. lehnte sich eine überdachte Laufbahn (Xystos) an die offene Laufbahn (Dromos) an. Viele G. verfügten auch über einen Ballspielplatz (Sphairisterion). Zahlreiche Räume vervollständigten die Anlage: Umkleide- und Aufenthaltsraum (Apodyterion), Salbraum (Elaiothesion), Sandraum (Konisterion), Waschraum (Lutron), Herdraum (Pyriaterion), Boxraum (Korykeion) und Exedren als Unterrichtsräume. Seit Beginn des 4. Jh. v. Chr. trat neben die körperliche auch die musische und geistige Erziehung. Bedeutende Gymnasien befanden sich u.a. in Athen, → Delphi, → Olympia, Epidauros, Milet, Priene und → Pergamon.

H

Habuba Kabira. 80 km östlich von Aleppo (Syrien) stießen Archäologen am rechten Euphratufer in der Nähe des heutigen Dorfes H. K. auf die Reste einer über 5000 Jahre alten Stadt. Die Stadt bestand nur rund 150 Jahre. Ihre Mauer gilt als die älteste bisher erforschte Stadtumwallung ihrer Art.

Geschichte: Der weit nach Westen ausholende Euphratbogen bot die kürzeste Landverbindung zum Mittelmeer. Hier wurden schon in ältester Zeit Metalle, Steine und Bauhölzer auf Schiffe umgeladen, um die großen Städte in Südmesopotamien mit den wichtigen Rohstoffen zu versorgen. Einer dieser Umschlagplätze war in der Mitte des 4. Jt. H. K. Schon nach 100 bis 150 Jahren wurde diese Stadt wie auch alle anderen Siedlungen am Euphratbogen aus unbekannten Gründen wieder aufgegeben. Da das Kultzentrum abbrannte, könnte die Stadt erobert und zerstört worden sein.

Forschungsgeschichte: Mit dem Bau des Euphrat-Staudammes (1968–1974) im Norden Syriens begann für die Forschungsteams vieler Länder ein Wettlauf mit der Zeit. Es galt, das archäologisch interessante Gebiet am Euphratknie zu untersuchen, ein Gebiet, das seit Erreichen des höchsten Stauniveaus zum größten Teil für immer unter den Wassern des Euphrat liegt. Im Frühjahr 1969 begann die Deutsche Orient-Gesellschaft mit den Ausgrabungen. In neun Kampagnen unter der Leitung von E. von Schuler (1969), E. Heinrich (1969–1971) und E. Strommenger (1971–1975) wurde das Gebiet der frühgeschichtlichen Stadt systematisch untersucht. Als das Wasser des Stausees 1976 die Ausgrabungsstätte erreichte, waren die Untersuchungen im wesentlichen abgeschlossen. Das Kult- und Verwaltungszentrum auf dem Tell Qannas wurde von belgischen Archäologen unter der Leitung von A. Finet erforscht.

Archäologische Stätte: H. K. erstreckte sich als schmaler Streifen auf einer hochwassergeschützten Uferterrasse des Euphrat. Das Stadtgebiet hatte eine Fläche von etwa 18 ha. Davon konnten 20 000 m^2 Wohnfläche eingehend untersucht werden. Man schätzt die Einwohnerzahl der altorientalischen Stadt auf 6000 bis 8000 Menschen. Auf den drei Landseiten war die Stadt von einer 3 m breiten *Mauer* umgeben, die außen durch Vor- und Rücksprünge gegliedert war. Türme verstärkten die Verteidigungsanlage. Eine kleinere Vormauer bot zusätzlichen Schutz. Zwei Tore führten in die Stadt, das *Habuba-Tor* und das *Qannas-Tor*. Beide enthielten eine Kammer für die Wachtposten und konnten durch eine zweiflügelige Tür verschlossen werden. Bewundernswert ist das Ebenmaß des Befestigungssystems: Je neun Türme erhoben sich in den drei Abschnitten der 600 m langen, schnurgerade verlaufenden Westmauer. Beide Tore waren genau spiegelverkehrt konstruiert. Von der Mau-

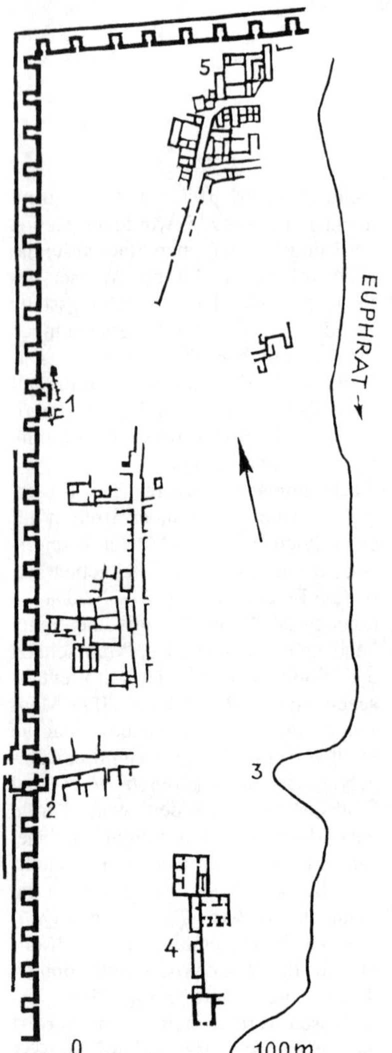

Habuba Kabira
1 Habuba-Tor 2 Qannas-Tor
3 Flußhafen 4 Tell Qannas (Kult- und Verwaltungszentrum) 5 sog. Osthaus

er aus luftgetrockneten Lehmziegeln sind nur die untersten Schichten erhalten. Im Südteil der Stadt dürfte eine Pflanzung bestanden haben, denn hier fanden die Ausgräber einen in Ost-West-Richtung verlaufenden Bewässerungskanal. Wie die damaligen Bewohner das Wasser aus dem Euphrat in den 10 m höher gelegenen Kanal leiteten, ist nicht bekannt. Vom Qannas-Tor aus erreichten die Karawanen auf kürzestem Wege durch die Stadt den Flußhafen. Die Hauptstraßen waren mit Kies gepflastert. Die *Wohnhäuser* waren relativ groß. Um einen Hof gruppierten sich die verschiedenen Gebäudeteile: Wohn-, Empfangs- und Wirtschaftstrakte. Die Wohngebäude waren sog. Mittelsaalhäuser. In der Mitte lag der große, hohe Wohnraum; links und rechts davon lehnten sich kleine, niedrige Nebenräume an. Feuerstellen fanden sich nur in den großen Wohnräumen. Vom Hof aus betrat der Besucher durch eine besonders dicke Mauer, die offenbar den Wohlstand des Besitzers dokumentieren sollte, den breiten Empfangsraum, der ebenfalls mit Feuerstellen ausgestattet war. Die Häuser wurden aus luftgetrockneten Ziegeln mit Lehmmörtel erbaut und innen wie außen mit Lehm verputzt. Die Flachdächer bestanden aus einer Balkenlage, verbunden durch Schilfmatten und mit Lehm abgedichtet. In der Mitte der Wohnsiedlung lag das *Kult- und Verwaltungszentrum* der Stadt. Drei große Mittelsaalhäuser könnten Tempel gewesen sein. 15 cm lange Mosaikstifte aus gebranntem Ton schmückten die Wände.

Literatur: E. Strommenger: Habuba Kabira. Eine Stadt vor 5000 Jahren. Mainz 1980.

Hadriansvilla. Tibur.

Hadrianswall. → Limes, Hadrianswall.

Hagia Triada. → Phaistos.

Halikarnassos (Bodrum). An der Südwestküste Kleinasiens schräg gegenüber der Insel Kos gelegen. Hier ließ der karische Herrscher Mausolos sein Grabmal errichten, das zu den Sieben Weltwundern zählt.
Geschichte: H. wurde der Sage nach im 11. Jh. v. Chr. von Doriern gegründet. Die dank ihres ideal gelegenen Hafens schnell aufblühende Handelsstadt verband sich mit Knidos, Kos und den rhodischen Städten Lindos, Kameiros und Ialyssos zum Dorischen Sechsstädtebund (Hexapolis). Im 7. Jh. v. Chr. wurde H. dem lydischen Reich eingegliedert. Nach dem Sieg des Perserkönigs Kyros über den Lydierkönig Kroisos, 546 v. Chr., wurde es persisch und unterstand dem Satrapen von Karien. Königin Artemisia I. beteiligte sich mit fünf halikarnassischen Schiffen innerhalb der persischen Flotte an der Seeschlacht bei Salamis (480 v. Chr.). Nach dem Sieg der Athener in der Schlacht von Mykale trat H. dem Attischen Seebund bei. In dieser Zeit lebte der halikarnassische Bürger Herodot (484–425 v. Chr.), der »Vater der Geschichtsschreibung«. 413 v. Chr. fiel die Stadt wieder an die Perser. 377 v. Chr. verlegte Mausolos, der von den Persern eingesetzte Satrap, die Hauptstadt Kariens von Mylasa nach H. Im Satrapenaufstand 362 v. Chr. gewann er eine gewisse Selbstständigkeit gegenüber Persien, machte Karien zu einer der größten Seemächte der Ägäis und entwickelte für H. ein umfangreiches Bauprogramm. Nach seinem Tode 353 v. Chr. ließ seine Schwester und Gemahlin, Artemisia II., das berühmte Grabmal, das »Mausoleion«, fertigstellen. 334 v. Chr. eroberte Alexander der Große auf seinem Feldzug gegen die Perser nach langer, verlustreicher Belagerung die Stadt und zerstörte sie weitgehend. Nach seinem Tod fiel die Stadt 301 an Lysimachos, 281 an Seleukos, 190 an Rhodos und 129 v. Chr. als Teil der Provinz Asia an Rom. Sie erreichte nie mehr die Bedeutung, die sie zeitweilig unter den karischen Königen erlangt hatte.
Forschungsgeschichte: 1846 entdeckte Lord Startford, britischer Gesandter an der Hohen Pforte in Istanbul, im Ortskern von Bodrum Bruchstücke von Flachreliefs und vermutete, daß an dieser Stelle das von Plinius d.Ä. beschriebene Grabmal des Königs Mausolos gestanden haben könnte. Er bat die türkische Regierung um die Erlaubnis, »einige alte Steine entfernen zu dürfen«, und brachte eine ganze Schiffsladung großartiger Bauteile nach London. 1856–1858 erforschte der englische Archäologe C.T. Newton das Gebiet von Bodrum und fand Spuren des Unterbaus, Skulpturen und weitere Reste des Grabmals. Die Vermutung Lord Stratfords war damit bestätigt. Seit 1966 forschen dänische Archäologen in Bodrum.
Zahlreiche Skulpturenfunde und einige Bauglieder befinden sich heute im Britischen Museum, London. Das örtliche Museum in der ehemaligen Kreuzritterburg beherbergt zahlreiche Funde aus der Umgebung von Bodrum und von den Unterwassergrabungen im Hafen der Stadt.
Archäologische Stätte: Das *Grabmal des König Mausolos* wurde nach 351 v. Chr. errichtet und war noch im

12. Jh. erhalten. Danach wurde es wahrscheinlich durch ein Erdbeben zerstört. Zwischen 1415 und 1437 verwendeten Johanniter die Steine des Grabmals für den Bau der Festung Sankt Peter. Heute sind nur noch die Fundamentmauern erhalten (→ Mausoleum, Halikarnassos).
Das *Theater* am Berghang oberhalb der heutigen Stadt stammt wahrscheinlich aus dem 3. Jh. v. Chr. Das zweistöckige Bühnengebäude war im unteren Geschoß mit ionischen Säulen geschmückt und hatte drei Türen. In der Mittelachse der Orchestra steht ein Altar für Dionysos.
Literatur: S. Hornblower: Mausolus. Oxford 1982; W. Hoepfner: Halikarnassos. Die Hauptstadt des Maussollos. In: Antike Welt 18, 4 (1987). S. 51 ff.

Haller von Hallerstein, Carl Freiherr. Am 10.6.1774 in Hiltpoltstein bei Nürnberg geboren. Er studierte Architektur, bezog wie K.F. Schinkel Anregungen von dem klassizistischen Baumeister F. Gilly und wurde durch seine Entwürfe für die Münchener Glyptothek und die Walhalla bei Regensburg bekannt. Später ging v.H. nach Griechenland, um die großen Bauwerke der griechischen Klassik zu studieren und Anregungen für seine klassizistischen Entwürfe zu finden. Er beteiligte sich an Ausgrabungen und untersuchte 1810 mit dem britischen Architekten C.L. Cockerell den Aphaia-Tempel von Ägina. Inwieweit der bayerische Freiherr seine Hand mit im Spiel hatte, daß die berühmten Giebelskulpturen des Tempels, die sog. Ägineten, nach München kamen und nicht nach London, ist unbekannt. Jedenfalls gelang es einem gewissen Martin von Wagner, die Skulpturengruppe auf der Insel Zakynthos für den bayerischen Prinzen, den späteren König Ludwig I., zu ersteigern. Die britische Regierung erhob Einspruch und beschlagnahmte die auf Malta zwischengelandeten »Ägineten«. Bayern bestand aber auf der Herausgabe der Skulpturen, und London gab schließlich wegen der damals gespannten politischen Lage nach. 1811/12 grub Cockerell mit v.H. und dem baltischen Baron O. von Stackelberg am Apollon-Tempel von Bassai (Phigaleia, Peloponnes). Sie fanden unter dem Schutt die meisten Platten des Tempelfrieses. Doch diesmal erhielt das Britische Museum bei der Versteigerung auf Zakynthos den Zuschlag. H. starb am 5.11.1817 in Ampelakia (Nordgriechenland).
Literatur: G. Roux: Karl Freiherr Haller von Hallerstein. Le temple de Bassae. Straßburg 1976.

Hallstattkultur. Vorgeschichtliche Epoche der älteren Eisenzeit im Bereich West-, Mittel- und Osteuropas (etwa 750–400 v. Chr.), benannt nach dem österreichischen Fundort Hallstatt im Salzkammergut. Hallstatt hatte sich dank seiner Salz- und Eisenvorkommen zu einem der bedeutendsten Handels- und Industriezentren nördlich der Alpen entwickelt. Bronze- und Eisengeräte aus Hallstatt, vor allem das lange, eiserne »Hallstattschwert«, waren in aller Welt gefragt. Vermutlich waren die Hallstattmenschen Kelten.

Hängende Gärten der Semiramis. → Babylon.

Hattušas (Boğazköy). Etwa 200 km östlich von Ankara liegt im bergigen Anatolien das Dorf Boğazkale (Paßburg). Bis 1938 hieß der Ort Boğazköy (Paßdorf), und unter diesem Namen ging er in die wissenschaftliche Literatur ein. Unmittelbar hinter dem Dorf beginnt die ausgedehnte Ruinenstätte des antiken H., der Hauptstadt des Hethiterreiches.

Geschichte: Der Ort wurde seit Beginn des 3. Jt. v. Chr., vielleicht schon früher, von Volksstämmen unbekannter Herkunft besiedelt. Er hieß damals Hattuš und war der Sitz eines Königshauses. Nach babylonischer Überlieferung soll Pamba, König von Hatti (Hattuš), im 23. Jh. v. Chr. gegen König Naramsîn von Akkad (etwa 2320–2284) gekämpft haben. Die durch Quellen belegte Geschichte der Stadt beginnt aber erst im 19. Jh. v. Chr. Zu dieser Zeit bestand in Hattuš eine assyrische Handelsniederlassung. Um 1720 v. Chr. eroberte Anitta, König von Kuššara und Neša, die Stadt und zerstörte sie. Anitta war ein Hethiter, ein Angehöriger jenes indogermanischen Volkes, das im späten 3. Jt. über den Kaukasus gekommen war. Im 17. Jh. v. Chr. machte der Hethiterkönig Labarna II. die inzwischen wiederaufgebaute Stadt zur Hauptstadt seines Reiches. Aus Hattus wurde H. Labarna nannte sich Hattušili (der von H.). Ihren Höhepunkt erreichte die Stadt unter Muršili I. (1620–1590), der sogar Babylon eroberte, nach seiner Rückkehr aber ermordet wurde. Nach einer längeren Periode der inneren Zerrissenheit und ständiger Kämpfe mit Nachbarvölkern, wobei die Stadt auch einmal gebrandschatzt wurde, einigte König Šuppiluliuma (1370–1335) das Reich wieder. Es wurde zur Großmacht, deren Einflüsse bis Ägypten reichten. Das hethitische Heer unter Muwatalli widerstand in der Schlacht bei Kadesch im Jahre 1285 v. Chr. sogar den Truppen des Pharao Ramses II. Um 1200 v. Chr. endete die Geschichte der Stadt und des Hethiterreiches abrupt. Seevölker waren so überraschend von Nordwesten her in das Land eingedrungen, daß sich nicht einmal in den sorgfältig geführten und gut erhaltenen königlichen Archiven ein Hinweis auf diese Invasion findet. Von 1200 bis 660 v. Chr. lebten Phryger in Teilen der Stadt. 546 bis 334 v. Chr. folgten Perser. Aber nie mehr erreichte sie ihre alte Bedeutung als Metropole.

Forschungsgeschichte: Am 28.7.1834 entdeckte der Franzose C. Texier auf seiner Reise durch Kleinasien die Ruinenstätte, vermochte sie aber nicht historisch einzuordnen und zu benennen. Erst der Engländer A.H. Sayce ordnete die Stadt den Hethitern zu. 1882 fertigte C. → Humann den ersten brauchbaren Stadtplan. 1894 fand E. Chantre die ersten Keilschrifttafeln. In den Jahren 1906/07 und 1911/12 führten die deutschen Archäologen H. → Winckler, T. Makridi und O. Puchstein die ersten systematischen Grabungen durch. Sie fanden den Namen, den die Stadt getragen hatte, und erkannten, daß es die Metropole des Hethiterreiches war. 1907 entdeckte Winckler das Keilschriftarchiv, das die Erschließung der hethitischen Sprache und Überlieferung ermöglichte. Den nächsten Grabungsschnitt leiteten 1931 und 1939 K. → Bittel und R. Naumann. Seit 1952 führte wiederum Bittel im Auftrag des Deutschen Archäologischen Instituts und der Deutschen Orient-Gesellschaft umfangreiche Grabungen durch.

Die Ausgrabungsfunde von H. werden im Archäologischen Museum von Ankara aufbewahrt.

Hattušas

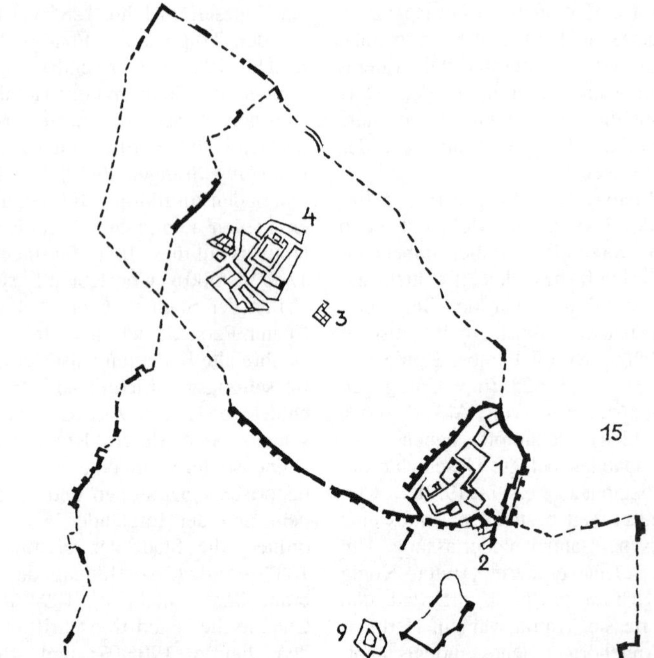

Hattušas
1 Büyükkale 2 Haupttor 3 Haus am Hang 4 Tempel I 5 Tempel II 6 Tempel III 7 Tempel IV 8 Tempel V 9 Nişantepe 10 Yenicekale 11 Königstor 12 Löwentor 13 Yerkapi 14 Poterne 15 Schlucht

Archäologische Stätte: H. war einst von einem 6 km langen *Mauerring* umgeben, der eine Fläche von 170 ha umschloß. Die kyklopische Grundmauer war bis zu 5 m breit und 6 m hoch. Zum Süden hin schützte eine Doppelmauer die Stadt. Alle 25 km verstärkten mächtige Türme die Befestigungsanlage. Türme und Mauern trugen einen Zinnenkranz. Mindestens sechs Tore führten in die Stadt. Das Königstor liegt zwischen zwei 10 x 15 m starken Türmen und bestand aus einem 6 m hohen doppelten Portalbogen aus monolithischen Pfeilern. Steinerne Wächter schützten dieses Tor. Das *Löwentor* ist wie das Königstor konzipiert. Zwei aus den Torpfeilern herausgehauene Löwen symbolisieren die einstige Macht der Stadt. 12 m unter dem südlichsten und zugleich höchsten Abschnitt der Mauer verläuft genau unter dem *Sphinxtor* ein 71 m langer, enger Tunnel (Poterne), der in friedlichen Tagen dem Fußgängerverkehr diente, in Zeiten der Belagerung aber das offensive Vorgehen der Verteidiger ermöglichte. In der Nordostecke der Stadt erhebt sich auf einem Felshügel, auf zwei Seiten von einer

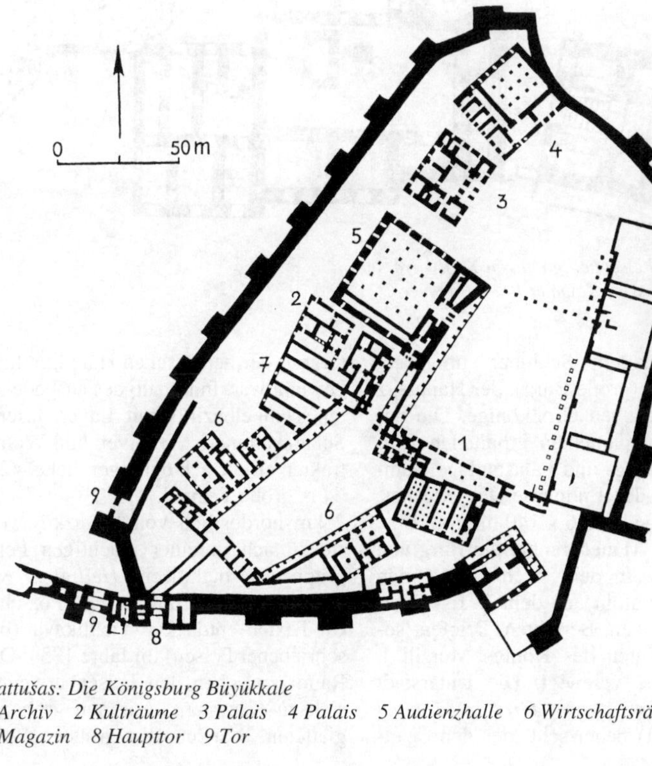

Hattušas: Die Königsburg Büyükkale
1 Archiv 2 Kulträume 3 Palais 4 Palais 5 Audienzhalle 6 Wirtschaftsräume 7 Magazin 8 Haupttor 9 Tor

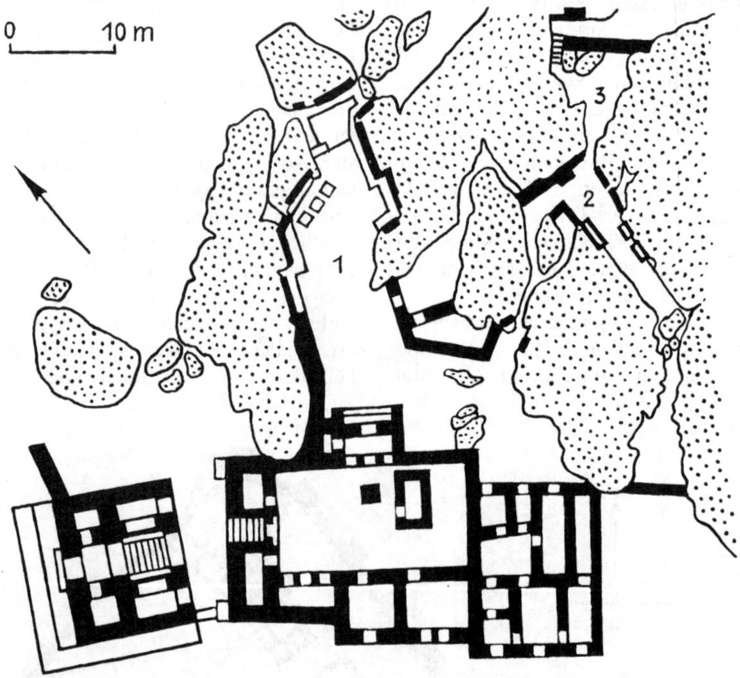

Hattušas: Felsenheiligtum von Yazılıkaya
1 Kammer A 2 Kammer B 3 Kammer C

tiefen, steilen Schlucht umgeben, *Büyükkale* (große Burg), der Hauptsitz der hethitischen Großkönige. Die nur in den Fundamenten erhaltenen Ruinen der Burg- und Palastanlage stammen aus der Endphase des Reiches. Die Anlage ist 250 x 140 m groß. Eine gewaltige Mauer trennte die Burg von der Stadt. In dem Archiv fand man 3350 Tontafeln aus dem 2. Jt. v. Chr. mit Verträgen, Berichten, Briefen; sogar die Taten des Königs Muršili I. waren hier verewigt. Die Unterstadt wurde einst vom *Großen Tempel* (Tempel I) beherrscht, der dem Wettergott, der hethitischen Hauptgottheit, geweiht war. Innerhalb des ausgedehnten Tempelbezirks mit Lagerhäusern, Schatzkammern, Archiven und Wohntrakten erhob sich der eigentliche, 42 x 64 m große Tempel.

2 km nordöstlich von Boğazköy versteckt sich in einer mächtigen Felsgruppe das hethitische *Heiligtum von Yazılıkaya*. Der französische Forscher C. Texier entdeckte Yazılıkaya (beschriebener Felsen) im Jahre 1834. Der Raum zwischen den Felsen erweitert sich zu Kammern. Aus den grob geglätteten Wänden der großen West-

kammer ist ein Fries mit einer Götterprozession herausgearbeitet, links die Götter und rechts die Göttinnen. Sie alle streben der Kammerrückwand zu, auf der die Vermählung der hethitischen Hauptgottheiten Teschub und Hepatu dargestellt ist. Die schmale Ostkammer enthält weitere Wandreliefs, u.a. von dem Großkönig Tudhalija IV. (etwa 1250–1220), der von seiner Schutzgottheit umarmt wird. Den Eingang zu den Felskammern versperrte ein Tempel, von dem nur noch die Fundamente erhalten sind. Das Heiligtum stammte aus dem späten 13. Jh. v. Chr.

Literatur: K. Bittel (Hrsg.): Boğazköy-Hattuša. Ergebnisse der Augrabungen. Bd. 1 ff. Berlin 1952 ff.; Ders.: Guide to Boğazköy. Ankara 1969; Ders.: Die Hethiter. München 1976; Ders.: Hattuscha. Hauptstadt der Hethiter. Geschichte und Kultur einer altorientalischen Großmacht. Köln 1983.

Hekatompedos (griech. hundert Fuß). Griechischer Tempel, dessen Cella 100 Fuß lang ist.

Heliopolis. → Baalbek.

Helix (griech. Windung). Rankenartige Spirale, vor allem am korinthischen Kapitell (→ korinthische Ordnung).

helladisch. Bezeichnung für die vorgeschichtlichen bronzezeitlichen Kulturen des griechischen Festlandes. Man unterscheidet drei Hauptepochen: frühh. (etwa 2500–1900 v. Chr.): Kupfer- und erste Bronzegegenstände; mittelh. (1900–1580 v. Chr.): Einwanderung indogermanischer Stämme aus dem Norden, erst primitive Palastbauten; späth. (1580–1150 v. Chr.): unter minoischem Einfluß Kretas entwickelt sich die mykenische Kultur mit Königtum und stark befestigten Burgen.

hellenistische Kunst. Sie umfaßt die griechische Kunst vom 3. Jh. v. Chr. bis zum Beginn der römischen Kaiserzeit (31 v.Chr). Diese Stilphase wird von der spätklassischen Kunst der zweiten Hälfte des 4. Jh. v. Chr. eingeleitet und läuft seit der Mitte des 2. Jh. v. Chr. parallel zur republikanisch-römischen Kunst, wobei es zu gegenseitigen Beeinflussungen kam. In Architektur und Plastik steht die Auseinandersetzung der Werke mit dem sie umgebenden Raum im Vordergrund. Bewegung und Ausdruck der Bildwerke steigerten sich im Hochhellenismus aufs äußerste.

Hellespont (griech. Meer der Helle). Alter Name der Dardanellen, der Seestraße zum Schwarzmeergebiet. Nach der griechischen Mythologie ertrank Helle, Tochter des Athamas, auf der Flucht vor ihrer Stiefmutter Ino in diesem Meer.

Heraion (griech.). Heiligtum der griechischen Göttin Hera, Schwester und Gemahlin des Zeus, Beschützerin der Ehe und der Frauen.

Heraion, Argos. Der Sage nach versammelten sich hier vor ihrem Zug nach Troja die achäischen Könige und Heerführer, um Agamemnon, dem König von Mykene, den Treueid zu leisten und der Göttin Hera ein Opfer darzubringen. Auf der obersten Terrasse, die eine Kyklopenmauer aus dem 8. Jh. v. Chr. stützt, konnten die Fundamente eines Hera-Tempels freigelegt werden. Der im 7. Jh. v. Chr. er-

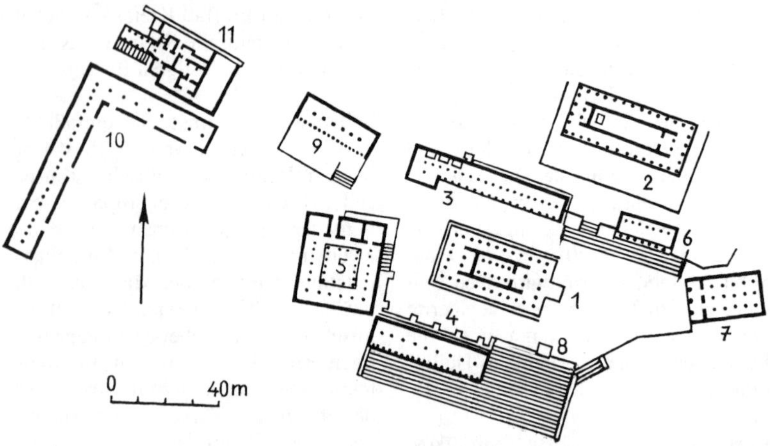

Argos: Heraion
1 neuer Hera-Tempel 2 alter Hera-Tempel 3 Nordstoa 4 Südstoa
5 Peristylhaus mit Bankettsälen 6 Nordost-Bauwerk 7 Säulensaal (Ost-Bauwerk)
8 Altar 9 Propylon (?) 10 Gymnasion 11 römische Thermen

richtete Peripteros brannte 423 v. Chr. ab. Unterhalb dieses Tempels baute laut → Pausanias der Architekt Eupolemos aus A. im ausgehenden 4. Jh. v. Chr. einen neuen Hera-Tempel, ebenfalls einen dorischen Peripteros mit je zwölf Säulen an den Langseiten und je sechs an den Schmalseiten. Die Maße des Stylobats betragen 36,9 x 17,3 m. Bruchstücke des Skulpturenschmucks lassen erkennen, daß im Ostgiebel die Geburt des Zeus, im Westgiebel Szenen aus der Iliupersis dargestellt waren. Die Metopen zeigten die Gigantomachie sowie die Amazonomachie. In der Cella war ein Kultbild der sitzenden Hera aus Gold und Elfenbein aufgestellt, ein Werk des Polyklet. Eine breite Treppe führte zum neuen Hera-Tempel hinauf. Die Treppe endete vor einem Altar. Der Tempel war von großen Gebäuden umgeben: im Osten ein Säulensaal (5. Jh. v. Chr.), im Süden eine Stoa (5. Jh. v. Chr.), im Westen ein Peristylhaus (6. Jh. v. Chr.) mit Bankettsälen, im Norden wiederum eine Stoa (6. Jh. v. Chr.). Am Westrand des heiligen Bezirks fanden sich Reste eines griechischen Gymnasions und einer römischen Thermenanlage. Vereinzelte Funde auf dem Gebiet des H. weisen auf eine Siedlung des 3. und 2. Jt. v. Chr. hin. → Argos.

Literatur: C. Waldstein: The Argive Heraeum. 2 Bde. Boston, Mass. 1902–1905; H. Lauter: Zur frühklassischen Neuplanung des Heraions von Argos. In: Mitteilungen des Deutschen Archäologischen Instituts, Athenische Abteilung 88 (1973). S. 175 ff.; C.M. Antonaccio: Terraces, Tombs and the Early Argive Heraion. In: Hesperia 61 (1992). S. 85 ff.

Heraion, Samos. Keramikfunde besagen, daß an der Stätte des Hera-Heiligtums bereits in mykenischer Zeit Kultbetrieb herrschte. Eine bauliche Ausgestaltung des Heiligtums erfolgte aber erst im 8. Jh. v. Chr., als der erste Tempel für Hera, ein Hekatompedos, errichtet wurde und der Altar eine steinerne rechteckige Form erhielt. Eine vollkommene Neugestaltung des Heiligtums erfolgte im mittleren 6. Jh. v. Chr. während der Tyrannenherrschaft. Der Architekt Rhoikos entwickelte einen monumentalen Tempel, dessen Ausmaße alles bisher in der griechischen Welt bekannte übertrafen (→ Dipteros, Samos, 1). Der Altar wurde ebenfalls ins Monumentale gesteigert und auf die Tempelachse ausgerichtet. Weiterhin erhielt das Heiligtum eine Umfassungsmauer. In dieser Zeit wurden weitere kleine Tempel errichtet und zahlreiche Weihgeschenke aufgestellt. Bauschäden am großen Hera-Tempel verlangten allerdings nur wenige Jahre später den Abriß und Neubau des Gotteshauses. Dieser erfolgte wohl unter dem Tyrannen Polykrates, dem zahlreiche andere Gebäudestiftungen zu verdanken sind. Der neue Tempel blieb aber vermutlich unvollendet (→ Dipteros, Samos, 2). In den folgenden zwei Jahrhunderten geriet Samos immer mehr in politische und wirtschaftliche Abhängigkeit, was sich auch in der Bedeutung und Ausgestaltung des H. niederschlug. Erst in hellenistischer Zeit erlebte die Insel wieder einen Aufschwung. Neben dem Weiterbau am Tempel kam der Wasserversorgung des Heiligtums mit Tonrohrleitungen große Bedeutung zu. Die Zunahme geweihter Porträtstatuen bezeugt eine Wendung in der Bedeutung

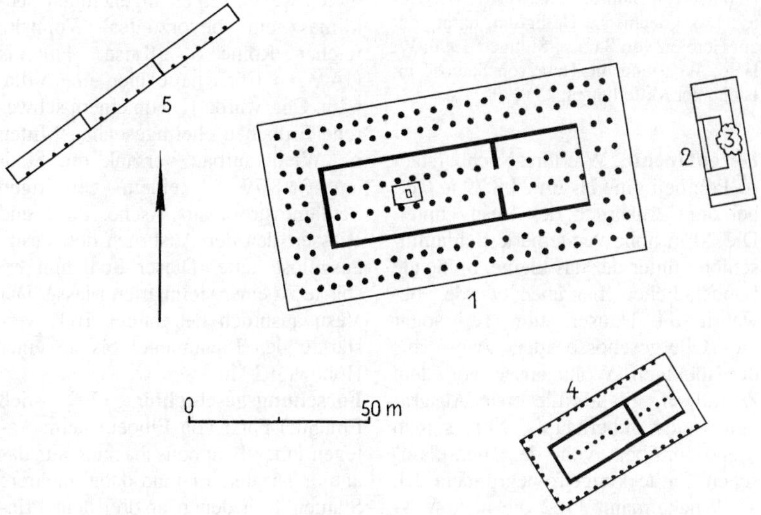

Samos, Heraion
1 Hera-Tempel des Rhoikos 2 Hera-Altar 3 Lygosbaum 4 Tempel des Hermes und der Aphrodite 5 Nordstoa

des heiligen Bezirkes zur Bühne für die politische Selbstdarstellung der samischen Bevölkerung. Im 1. Jh. v. Chr. gelangte Samos in vollkommene Abhängigkeit von den Römern. Erst Kaiser Augustus bemühte sich wieder um das Heiligtum. Er ließ für das alte Kultbild einen kleinen Ringhallentempel direkt vor dem großen, jetzt in Marmor wiedererrichteten archaischen Altar bauen. Die Ostfront des großen, nie ganz vollendeten Hera-Tempels ließ er als optischen Abschluß des Platzes stehen. Seit dem späten 1. Jh. n. Chr. verlor das Heiligtum gänzlich an Bedeutung. Im ausgehenden 2. Jh. wurde der heilige Bezirk mit Wohnhäusern zugebaut, bis in der zweiten Hälfte des 3. Jh. diese Siedlung wieder aufgegeben und die Bauten des Heiligtums geplündert wurden. → Samos.

Literatur: H. Kyrieleis: Führer durch das Heraion von Samos. Athen 1981; H. Walter: Das griechische Heiligtum, dargestellt am Heraion von Samos. Stuttgart 1990; W. Held: Wo stand die Hera von Samos? In: Istanbuler Mitteilungen 45 (1995). 113 ff.

Herculaneum. Wie ihre Nachbarstadt → Pompeji ging H. am 24.8.79 n. Chr. bei dem Ausbruch des Vesuv unter. Die 20 m hohe versteinerte Schlammschicht, unter der das kleine, blühende Landstädtchen begraben wurde, bewahrte die Häuser, zum Teil sogar die Obergeschosse der zwei- bis dreistöckigen Wohnhäuser vor dem Zerfall. H. gilt als die erste Ausgrabungsstätte überhaupt. Mit seinen ›Sendschreiben von den herkulanischen Entdeckungen‹ begründete J.J. → Winckelmann 1762 die neue Wissenschaft der Archäologie.

Geschichte: Über die Geschichte von H. gibt es bis heute nur spärliche Quellen. Vermutlich war das Vorgebirge zwischen Küste und Vesuv im 8. Jh. v. Chr. von italischen Oskern besiedelt. Im 6. Jh. v. Chr. dürfte es als Nachbarort von Kyme und Parthenope, dem heutigen Neapel, unter griechischem Einfluß gestanden haben. Der Sage nach wurde die Stadt von Herakles gegründet. In der zweiten Hälfte des 6. Jh. v. Chr. kam Herakleia zum Machtbereich der Etrusker. Im 5. Jh. v. Chr. fiel die Stadt zusammen mit ganz Kampanien unter die Herrschaft der Samniten, einer italischen Völkerschaft aus den Hochtälern der Abruzzen. 89 v. Chr. eroberten die Römer unter dem Legaten Titus Didius die Stadt. Fortan war H. römisches Municipium, d.h. eine selbständige Stadtgemeinde, deren Bewohner das römische Bürgerrecht genossen. H. war ein Fischer- und Weinbauernstädtchen, zugleich wegen seines angenehmen Seeklimas ein bevorzugter Wohnsitz reicher Römer – Kaiser Tiberius (14–37 n. Chr.) hatte hier eine Villa. 62 n. Chr. wurde H. von einem schweren Erdbeben heimgesucht. Mitten im Wiederaufbau versank die Stadt am 24.8.79 in einem gewaltigen Schlammstrom aus Asche, Lava und Wasser, den der Ausbruch des Vesuv ausgelöst hatte. Dieser Schlamm erstarrte zu einer steinharten Masse. Der Vesuvausbruch des Jahres 1631 verstärkte den Lavamantel bis zu einer Höhe von 20 m.

Forschungsgeschichte: 1709 stieß Emanuel Fürst von Elboeuf beim Anlegen eines Brunnenschachtes auf das antike Theater. Er fand dabei mehrere Statuen, von denen er drei dem Prinzen Eugen von Savoyen zum Geschenk machte. Nach dem Tode des Prinzen 1736 kamen die Statuen in den

Besitz des Kurfürsten August von Sachsen. Dessen Tochter Maria Amalia Christina war von den antiken Kunstwerken, vor allem von der sog. Kleinen Herculanerin, sehr beeindruckt. Als sie zwei Jahre später Karl III., König von Neapel und Sizilien, heiratete, veranlaßte sie erste Ausgrabungen in H. Zu diesem Zweck wurde 1738 auch die Accademia Ercolanese (Königliche Akademie von H.) gegründet, der fortan die wissenschaftliche Betreuung der Ausgrabungen oblag. Es war schwierig, durch die 15 bis 20 m hohe Lavaschlammschicht zu der antiken Stadt vorzustoßen, zumal darüber die neue Siedlung Resina entstanden war. Daher mußten Stollen in die steinharte Masse getrieben werden. Mit der Leitung der Ausgrabungsarbeiten beauftragte der König den spanischen Oberst Rocque Joaquin de Alcubierre. Alcubierre war zwar ein begabter Techniker, aber kein Archäologe. So zerstörten die als Arbeiter eingesetzten Zuchthäusler bei ihren Tiefgrabungen viele antike Kunstwerke. 1750 entdeckte der Schweizer Ingenieur K. Weber, der zum Team Alcubierres gehörte, die »Villa der Papyri«. Er vermaß die Villa und fertigte den ersten erstaunlich genauen Grundriß eines ausgegrabenen Bauwerks. Das Besondere an dieser Entdeckung waren nicht die Bronzestatuen und Marmorbüsten, sondern eine Bibliothek mit über 1800 Schriftrollen, die der riesigen Villa den Namen gaben. Das schwierige Entrollen der verkohlten Papyri besorgte Pater Biaggio, Genueser Jesuit und Leiter der Miniaturensammlung in der Vatikanischen Bibliothek. Aber die hohen Erwartungen an den Inhalt der Schriftrollen erfüllten sich nicht. Alle zumeist in Griechisch abgefaßten Manuskripte waren bereits bekannt bzw. waren Werke des Philodemus von Gadara, eines unbedeutenden Autoren. J.J. Winckelmann verfaßte über H. und die Schriftrollen der Villa der Papyri die ersten archäologischen Publikationen überhaupt. 1765 wurden die Grabungen nach einer Erdgasexplosion vorübergehend eingestellt und die Stollen wieder zugeschüttet. Nur am Theater von H. führte F. La Vega weitere Untersuchungen durch. Erst 1828 konnte der Architekt C. Bonucci die Ausgrabungen fortsetzen. In einem unbebauten Gebiet stieß er – diesmal im offenen Abbau der Lavaschicht – auf ein Wohnviertel. Nach einer Unterbrechung zwischen 1855 und 1869 war bis 1875 das ganze Ge-

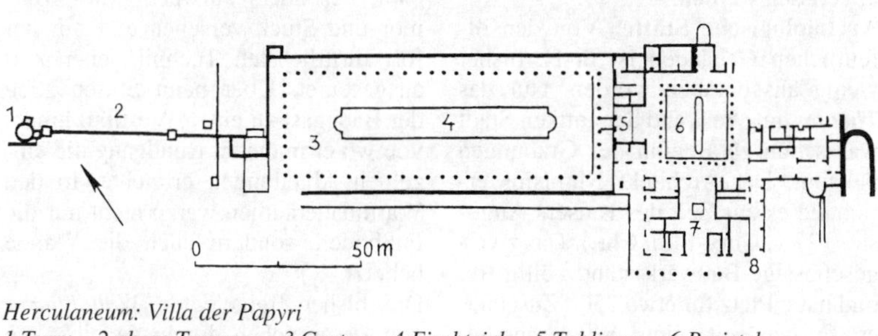

Herculaneum: Villa der Papyri
1 Turm 2 obere Terrasse 3 Garten 4 Fischteich 5 Tablinum 6 Peristyl 7 Atrium 8 Eingang

biet von H., das nicht unter Resina lag, freigelegt. Von 1903 bis 1907 bemühte sich der amerikanische Archäologe C. Waldstein vergeblich um die Genehmigung, einen Teil der Ortschaft zu verlegen. 1927 entsprach B. Mussolini den Wünschen der Archäologen und ließ das südliche Ortsgebiet von Resina abreißen. Von da an konnte A. Maiuri, seit 1924 der neue Soprintendente alle Antichità in Neapel, in mühsamer Kleinarbeit einen großen Teil von H. von den Lava- und Schlammassen befreien. Zwischen 1942 und 1952 ruhten die Ausgrabungsarbeiten. Heute sind die Archäologen im Norden bis zum Bereich des Forums vorgedrungen. Seit 1974 kamen bei Untersuchungen im Süden der Stadt im Bereich des alten Hafens über 150 Skelette zum Vorschein. Sie veranschaulichen einen verzweifelten Fluchtversuch der Bevölkerung vor dem Lavastrom 79 n. Chr. In den nächsten Jahrzehnten werden sich die Untersuchungen auf den antiken Stadtkern mit seinen öffentlichen Gebäuden konzentrieren. Bis heute ist wahrscheinlich erst ein Viertel von H. ausgegraben. Um das ganze antike Stadtgebiet erforschen zu können, müßten weitere Teile des heutigen Ercolano (Resina) enteignet und abgerissen werden.

Archäologische Stätte: Von den öffentlichen Gebäuden ist in H. bisher wenig ausgegraben worden. Nur das *Theater* am Westrand der antiken Stadt war schon zu Beginn der Grabungen bekannt. Der Architekt Numisius errichtete es zur Zeit des Kaisers Augustus (27 v. Chr.–14 n. Chr.). Das zweigeschossige Bauwerk stand völlig frei und hatte Platz für etwa 2500 Zuschauer. Es war seit seiner Wiederherstellung 62 n. Chr. reich mit Marmorplatten sowie mit Bronze- und Marmorstatuen geschmückt. Die *Palästra* im östlichen Stadtbereich hatte in etwa die Größe einer Insula (Häuserblock). Ihr Propylon, das mit zwei Säulen in der Vorhalle wie eine Tempelfront gebildet war und von einem langen Vestibül gefolgt wurde, lag an der westlichen Seite auf der Höhe des Decumanus inferior. Den Platz umlief innen eine Säulenhalle, die in der Mitte der Westseite in einen großen Apsidensaal mündete. Die Mitte der Palästra beherrschte eine kreuzförmige Piscina (Wasserbecken), in deren Zentrum eine fünfköpfige Bronzeschlange Wasser spie. Vor der großen Loggia im Norden lag eine 30 m lange Natatio (Schwimmbecken). Entlang der Straßenfront der Palästra reihten sich Läden und Werkstätten im Erdgeschoß und Mietwohnungen in den oberen Stockwerken.

Die *Zentralthermen* entstanden in der frühen Kaiserzeit. Die klar gegliederte Anlage war sehr schlicht ausgestattet. Nur das Tepidarium (lauwarmes Bad) des Männerbades und das Apoditerium (Umkleideraum) des Frauenbades waren mit figürlichen Mosaiken ausgelegt. Die *suburbanen Thermen* vor den Südtoren der Stadt wurden nach 62 erbaut, besonders aufwendig mit Marmor und Stuck versehen und mit der fortschrittlichsten Technik jener Zeit ausgestattet. Über neun Stufen stieg der Badegast zu einem Vestibül hinab, von wo er in einem Rundgang die einzelnen Abteilungen erreichte. In den Warmbaderäumen waren nicht nur die Fußböden, sondern auch die Wände beheizt.

Die bisher freigelegten *Wohnhäuser* von H. erreichen durchweg nicht die palastartige Größe und Ausdehnung der pompejanischen Wohnsitze. Die meisten von ihnen haben nicht einmal einen Garten, dafür oft Mietwohnungen im Obergeschoß mit separatem Eingang. Anders als in Pompeji ist hier das hölzerne Mobiliar zum Teil erstaunlich gut erhalten. Das *Haus der Hirsche* (Casa dei cervi) ist das größte der bisher ausgegrabenen Wohnhäuser. Es erhielt seinen Namen nach einer zierlichen Skulpturengruppe (zwei Hirsche, die von Hunden angefallen werden). Das 43 m lange, zweistöckige Gebäude erstreckt sich rings um einen Gartenhof. Das *Haus mit dem Telephos-Relief* (Casa del rilievo di Telefo) ist einer der weitläufigsten Wohnsitze von H. Einer der hocheleganten Räume war mit vielfarbigem Marmor ausgelegt. Im *Haus mit der Gemme* (Casa della gemma) weilte einmal Apollinaris, der Arzt des Kaisers Titus. Das Atrium war in roten und schwarzen Farben gehalten. Das *Samnitische Haus* (Casa sannitica) gilt als ein besonders eindrucksvolles Beispiel für den vorrömischen Baustil. Einzigartig ist das vornehme Atrium mit ionischen Säulen und einer Loggia. Als die Einwohner von H. nach dem schweren Erdbeben des Jahres 62 enger zusammenrücken mußten, wurde das Obergeschoß der Casa sannitica zu einer Mietwohnung umgebaut.

Nordwestlich von H. stieß Alcubierre 1750 auf die überaus reich ausgestattete *Villa der Papyri* (Villa dei papiri), auch Villa der Pisoni genannt, von der zur Zeit nur die über 1800 verkohlten Schriftrollen, zahlreiche Statuen und Büsten aus Bronze und Marmor und eine Grundrißzeichnung zeugen. Seit die Grabungsstollen 1765 wieder zugeschüttet wurden, ist die Villa nicht mehr zugänglich. Die Villa dei papiri ist mit einer Länge von 250 m viel weitläufiger als die größten pompejanischen Wohnsitze. Der imposanteste Teil der Anlage ist der 37 m breite und 100 m lange Säulenhof mit einem 7 x 66 m großen Euripus (künstlicher Wasserlauf). Die Villa entstand im 1. Jh. v. Chr. Ihr Erbauer war vermutlich Lucius Calpurnius Piso Caesonius, der Schwiegervater Caesars. Piso lebte mit dem epikureischen Philosophen Philodemos von Gadara zusammen und hatte ihm wohl auch die umfangreiche Bibliothek eingerichtet.

Literatur: D. Comparetti u. C. De Petra: La villa ercolanense dei Pisoni, i suoi monumenti e la sua biblioteca. Turin 1883; T. Kraus u. L. von Matt: Lebendiges Pompeji. Pompeji und Herculaneum. Köln 1973; V. Kockel: Funde und Forschungen in den Vesuvstädten II. In: Jahrbuch des Deutschen Archäologischen Instituts. Archäologischer Anzeiger (1986). S. 523 ff.; R. Neudecker: Die Skulpturenausstattung römischer Villen in Italien. Mainz 1987; L. Franchi dell'Orto (Hrsg.): Ercolano 1738–1988. 250 anni di ricerca archeologica. Kolloquium Ravello 1988. Rom 1993.

Heredium (lat. Erbgut). Der Garten des römischen Wohnhauses, der durch einen seitlichen Gang zu erreichen war.

Hermaphroditos (griech.). Zweigeschlechtliches Wesen der griechischen Mythologie, vermutlich erst in hellenistischer Zeit aus dem Orient übernommen. Weil H., Sohn des Hermes und der Aphrodite, die Liebe der Nymphe Salmakis verschmähte, verschmolzen die Götter die Körper der beiden.

Herme. Vierkantiger Pfeiler, der von einer Halbfigur oder einem Kopf gekrönt ist. Ursprünglich ein griechisches Kultmal des Hermes, mit dem bärtigen Kopf des Gottes, seitlichen Armstümpfen und Phallus, aufgestellt an Bezirksgrenzen, Wegkreuzungen, Hauseingängen und Gräbern (seit dem späten 6. Jh. v. Chr.). Seit dem 4. Jh. v. Chr. wurden auch andere Gottheiten in Form einer H. dargestellt. Häufig hatten sie auch zwei, drei oder vier Köpfe, die in verschiedene Richtungen zeigten. Porträt-H. waren unter den Römern beliebt.

Hermogenes. Bedeutender griechischer Architekt, vermutlich aus Priene, dessen Schaffenszeit im späten 3. Jh. und frühen 2. Jh. v. Chr. lag. Als Hauptwerke sind der Artemis-Tempel in Magnesia am Mäander (→ Pseudodipteros, Magnesia am Mäander) und der Dionysos-Tempel in Teos überliefert. Nach → Vitruv (III 72 f.), dessen Beschreibung der ionischen Ordnung weitgehend auf heute unbekannte Schriften des H. zurückgeht, gilt H. als Erfinder des → Pseudodipteros und des Eustylos. Letzterer Tempelform liegt eine Maßeinheit zugrunde, die sich auf den unteren Säulendurchmesser bezieht. Die Säulen haben im Abstand des Zweieinviertelfachen der Säulendicke zu stehen, an den Schmalseiten soll jedoch der Abstand zwischen den mittleren Säulen jeweils drei Säulendurchmesser betragen.

Heroon (griech.). Heiligtum bzw. Grabdenkmal eines Heros (Held, Halbgott), dem besondere Verehrung zukam.

Heroon, Gjölbaschi-Trysa. Dieser mauerumfriedete Grabbezirk wurde um 380 v. Chr. für einen bisher unbekannten Stammesfürsten auf einem Hochplateau oberhalb der Stadt Trysa in Lykien (Kleinasien) errichtet. In der Mitte des etwa 22 x 26 m großen Kultbezirks stand ein Sarkophag in Hausform für den Heros und weitere reliefgeschmückte Sarkophage für die Familienmitglieder. An Einbauten im H. konnte ein zweiräumiger Holzbau ausgemacht werden, der wahrscheinlich kultischen Zwecken diente. Die oberen Quaderschichten der 1 m dicken und etwa 3 m hohen Umfassungsmauer waren an der südlichen Eingangsseite und innen an allen vier Seiten mit Reliefs geschmückt. Die erst vor Ort in die Quader gemeißelten Reliefs liefen in zwei direkt übereinanderliegenden Zonen um die Mauer. Ihre Darstellungen nehmen in der Regel keinen Bezug aufeinander, nur hin und wieder verschmelzen die beiden Zonen zu einer Szene. Die Reliefs waren farbig ausgemalt. Bei der Wiedergabe von griechischen und einheimischen Mythen (Taten des Theseus und Stadtbelagerung) wurden nicht nur Elemente aus der griechischen Formensprache übernommen, sondern auch lykische und orientalische Motive miteinbezogen.

Literatur: O. Benndorf u. G. Niemann: Das Heroon von Gjölbaschi-Trysa. Wien 1889; F. Eichler: Die Reliefs des Heroon von Gjölbaschi-Trysa. Wien 1950; W. Oberleitner: Die Neuaufstellung des Heroons von Trysa. Geschichte in Wien und Wiener G'schichtn. In: Antike Welt 24, 2 (1993). S. 133 ff.

Heroon, Kalydon. Das H. für Leon von Kalydon und seine Frau Krateia wurde am Ende des 2. Jh. v. Chr. in der SW-Nekropole der Stadt Kalydon errichtet, die in Ätolien, am Golf von Korinth, liegt. Die Anlage entsprach architektonisch weitgehend einem Peristylhaus mit Räumlichkeiten für Versammlungen, rituelle Speisungen und Kultfeiern, die sich um den säulenumstandenen Hof reihten. Auf der Nordseite des H. öffnet sich unter dem Hauptraum mit dem Altar eine Grabkammer, in der zwei Sarkophage für Urnenbestattungen zutage kamen.

Literatur: E. Dyggve u.a.: Das Heroon von Kalydon. Kopenhagen 1934.

Heroon, Limyra. Das H. in Limyra, an der Südküste Lykiens (Kleinasien) gelegen, erhebt sich auf einem künstlich errichteten Plateau von 19 x 17,5 m, zu dem eine breite Schautreppe hinaufführt. Vermutlich ist es das Grabmal des Perikles, eines Königs von Lykien. Die Grabkammer selbst ist in einen hohen Sockel eingebettet, auf dem sich ein ionischer Amphiprostylos erhebt. Jeweils vier etwa 2,5 m hohe Karyatiden nehmen die Plätze der Säulen an den Schmalseiten ein. Die Cella ist an den Langseiten jeweils mit einem etwa 6 m langen Fries geschmückt. Der Ostfries zeigt, wie der Herrscher seinen vierspännigen Streitwagen besteigt, im besser erhaltenen Westfries führt der Grabherr, ebenfalls sein Pferdegespann besteigend, eine Heeresprozession an; an der Kleidung kann deutlich die Vermischung von persischen und griechischen Kulturelementen beobachtet werden. Stilistisch ist das H. um 370 v. Chr. zu datieren.

Literatur: J. Borchhardt: Die Bauskulptur des Heroons von Limyra. Berlin 1976.

Heroon, Pergamon. **1)** Der sog. *Temenos für den Herrscherkult* ist aus bautypologischen Gründen als H. anzusprechen. Ähnlich wie beim H. von Kalydon (→ Heroon, Kalydon) lehnt sich die räumliche Gestaltung an den Grundriß eines Peristylhauses an. Archäologisch lassen sich zwei hellenistische Bauphasen nachweisen, von der die erste unter Attalos I. (241–197 v. Chr.) nur einen Hof mit Säulenhallen an drei Seiten und die zweite unter Eumenes II. (197–159 v. Chr.) den Ausbau und die Erweiterung des Peristyls mit verschiedenen Räumlichkeiten umfaßte. Der ursprünglich längsrechteckige Kultraum an der Nordostseite des Hofes ist im 2. Jh. v. Chr. in eine breite Vorhalle umgewandelt worden, an die ein neuer Kultraum anschloß. In der zweiten Hälfte des 2. Jh. n. Chr. wurde das H. nochmals umgebaut. Die Mauern des Kultraumes wurden verstärkt und einem quadratischen Grundriß eingemessen, damit ein säulenbestandener, vom Hof aus über der Vorhalle sichtbarer Aufbau errichtet werden konnte. Das H. könnte in römischer Zeit zur kultischen Verehrung der Statthalter gedient haben. → Pergamon.

Literatur: E. Boehringer u. F. Krauss: Das Temenos für den Herrscherkult. Altertümer von Pergamon. Bd. IX. Berlin 1937.

2) Das *H. für Diodoros Pasparos*, einen angesehenen Bürger Pergamons, wurde bereits zu seinen Lebzeiten von der Bürgerschaft für ihn errichtet, auch wurde ein Priester für den Heroenkult bestellt. Dieses H. konnte mit großer Wahrscheinlichkeit in einem Gebäude, das im Bereich der philetairischen Altstadt ausgegraben wurde, wiedererkannt werden. Es besteht aus einem quadratischen Kultraum mit nebenliegendem Hörsaal (eventuell für musische Wettkämpfe). Eine Vorhalle, die zur Straße hin vermutlich mit einer durchfensterten Wand begrenzt war, verbindet diese beiden Säle. Der Kultsaal besitzt an seiner Rückwand eine tiefe rechteckige Nische von ca. 3,5 m, die in etwa 1,2 m Höhe in der Wand eingelassen war. Sie ist in Form einer Ädikula gestaltet. In ihr stand ursprünglich die Statue des Diodoros Pasparos, von der aber nur der Kopf, ein Porträt des 1. Jh. v. Chr., gefunden wurde. Die Wände waren in der Frühzeit stukkiert, der Fußboden wahrscheinlich mit einem Mosaik ausgelegt. In dem Hörsaal oder Odeion fanden 120 Zuschauer Platz. Die Sitzstufen aus Marmorblöcken waren leicht gerundet, der Zugang erfolgte über eine Treppe in der Mitte. Nach einem Erdbeben 17 n. Chr. wurden drei Räume seitlich des Odeions angefügt, die eventuell zur Aufbewahrung von kultischen Geräten dienten, und der Kultsaal dem Geschmack der Zeit entsprechend vollkommen verändert. Die Wände wurden bis auf eine Höhe von etwa 2,5 m mit zum Teil reliefierten Marmorplatten verkleidet, die rechteckige Nische zu einer Apsis umgestaltet und Marmorplatten auf dem Fußboden verlegt. → Pergamon.

Literatur: M.N. Filgis u. W. Radt: Die Stadtgrabung. Teil 1. Das Heroon. Altertümer von Pergamon. Bd. XV, 1. Berlin 1986.

Herzfeld, Ernst. Am 23.7.1879 in Celle geboren. Seit 1903 bereiste er mehrfach den Nahen Osten und beteiligte sich an den Ausgrabungen von Assur. 1911–1914 leitete er mit F. Sarre die Ausgrabungen von Samarra. 1920–1931 lehrte er an der Universität Berlin Landes- und Altertumskunde des Orients. 1931–1935 legte er im Auftrag des Oriental Institute of Chicago die Palaststadt von → Persepolis frei. 1936 emigrierte H. in die Vereinigten Staaten und lehrte bis 1944 in Princeton. Er starb am 21.1.1948 in Basel.

Hauptwerke: Archäologische Reise im Euphrat- und Tigrisgebiet (mit F. Sarre). 4 Bde. Berlin 1911–1920; Die Ausgrabungen von Samarra. 6 Bde. Berlin 1923–1948; Paikuli. 2 Bde. Berlin 1924; Archäologische Mitteilungen aus Iran. 9 Bde. Berlin 1929–1938; Iranische Denkmäler. 4 Bde. Berlin 1932/33; Altpersische Inschriften. Berlin 1938; Zoroaster and his World. 2 Bde. Princeton 1947.

Heuneburg. Bei Hundersingen an der oberen Donau (Baden-Württemberg) gelegen. Die H. war in der späten Hallstattzeit ein bedeutender keltischer Fürstensitz, der rege Handelsbeziehungen zur griechischen Kolonie Massalia (Marseille) und zu Etrurien unterhielt.

Geschichte: Der steil aus dem Donautal aufragende Bergsporn der H. war vermutlich schon in der frühen Bronzezeit (etwa 1800 v. Chr.) besiedelt. Eine Holz-Erde-Mauer schützte damals den flachen Übergang zum Hinterland. In der mittleren Bronzezeit (etwa 1600–1300 v. Chr.) ersetzten die Bewohner der H. die alte Verteidigungsanlage durch eine hölzerne Blockwerkmauer, die am besonders gefährdeten flachen Westhang auf einem 4 m hohen Erddamm verlief. Unmittelbar hinter der Mauer standen die kleinen Rechteckhäuser der Burgbewohner. Danach war der Hügel mehrere Jahrhunderte nicht bewohnt, bis sich um 1000 v. Chr. Leute der Urnenfelderkultur dort niederließen, von deren Architektur aber keine Spuren zurückgeblieben sind. Um die Mitte des 6. Jh. v. Chr. kamen Hallstattzeitleute, möglicherweise Kelten, auf die H. Eine mächtige Kastenmauer in

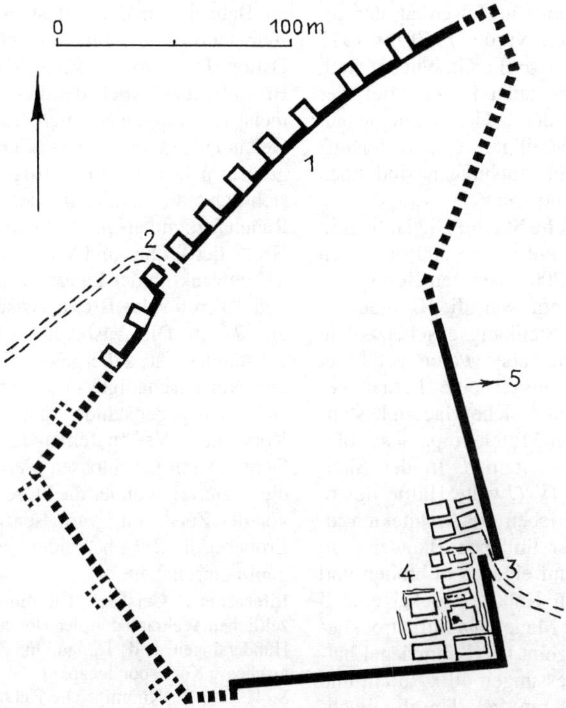

Heuneburg
1 Lehmziegelmauer mit Wohnwachttürmen 2 Nordtor 3 Osttor 4 Metallhandwerkerviertel 5 Donau

Holz-Erde-Bauweise schützte ihre Siedlung, die aus großen Wohngebäuden bestand. Enge Kontakte zum Mittelmeerraum, vor allem mit der griechischen Kolonialstadt Massalia drückten sich später in der Siedlungsschicht IV durch eine für den Norden ungewöhnliche Festungsbauweise aus: eine durch Türme verstärkte Lehmziegelmauer schützte fortan die H. Diese »mediterrane« Festung fiel einer Brandkatastrophe zum Opfer, die mit großer Wahrscheinlichkeit auf eine kriegerische Auseinandersetzung zurückzuführen ist. Die nächsten Bewohner der H. sicherten ihre Siedlung wieder durch die überlieferten Holz-Erde-Mauern. Die letzte keltische Burganlage wurde um 400 v. Chr. ebenfalls durch Feuer zerstört.

Forschungsgeschichte: Seit 1876 kamen die berühmten Hundersinger Fürstengräber (→ keltische Fürstengräber, Hohmichele) unweit der H. zum Vorschein. 1948 wandte sich das Interesse der Archäologen erstmals auch dem trapezförmigen Burgfelsen zu, der genau vermessen wurde. 1950 bis 1977 fanden systematische Grabungen statt, an denen sich auch K. → Bittel, der Erforscher der Hethiterhauptstadt Boğazköy, beteiligte. Die kostenaufwendigen Untersuchungen sind noch nicht abgeschlossen.

Archäologische Stätte: Die H. liegt in 600 m Höhe auf einem 300 m langen und 150 bis 200 m breiten Bergsporn. Zur Donau hin war die Burganlage durch einen Steilhang geschützt. Die anderen Seiten aber waren gefährdet und mußten durch eine Mauer gesichert werden. Solche Mauern bestanden damals in Mitteleuropa aus Holzpalisaden und Steinen. In der Siedlungsschicht IV (zweite Hälfte des 6. Jh. v. Chr.) wichen die Architekten jedoch von der üblichen Bauweise ab und setzten auf einen 3 m breiten und 60 cm hohen Kalksteinsockel eine 3 bis 4 m hohe Mauer aus luftgetrockneten Lehmziegeln. Die Lehmziegel hatten die Abmessungen 40 x 40 cm und waren 6 bis 8 cm dick. Um die feuchtigkeitsempfindliche Ziegelmauer vor Witterungseinflüssen zu schützen, umgaben die Erbauer das Mauerwerk mit einem dicken, wasserabweisenden Lehmverputz. Ein hölzerner Wehrgang schloß die Mauer nach oben hin ab. Mehr als zehn Türme verstärkten die Verteidigungsanlage. Die besonders gefährdete Westmauer ließen die Burgherren in der bewährten Holzrahmenbauweise mit Steinfüllung errichten. Vermutlich trauten sie der südländischen Lehmmauer doch keine allzu große Widerstandskraft zu. Die H. des 6. Jh. v. Chr. war mehr als ein befestigter Fürstensitz, sie wies bereits städtische Züge mit Wohn- und Handwerkerquartieren auf. Das zeigt z.B. die Bebauung in der Südostecke der H. sehr deutlich. Unmittelbar neben dem Osttor (Donautor) lag das Viertel der Bronzegießer. Noch deutlich sind die meist D-förmigen Schmelzöfen in den Gebäuden zu erkennen. Vierpfostengerüste neben den Öfen trugen offensichtlich die Hauben der großen Rauchabzugluken im Hallendach. Die Größe der Wohn- und Werkstattgebäude schwankt in der Länge zwischen 10 und 13 m, in der Breite zwischen 3,6 und 7,3 m. Die Ausbeute an Fundgegenständen ist außergewöhnlich mager. Nur beschädigte und zerbrochene Gebrauchsgegenstände kamen zum Vorschein; Waffen fehlen fast völlig. Daraus kann geschlossen werden, daß die letzten Bewohner die H. rechtzeitig vor der Zerstörung verlassen oder die Eroberer die Burg besonders gründlich geplündert haben.

Literatur: E. Gersbach: Die mittelbronzezeitlichen Wehranlagen der Heuneburg bei Hundersingen a. d. Donau. In: Archäologisches Korrespondenzblatt 3 (1973). S. 417 ff.; W. Kimmig: Die Heuneburg an der oberen Donau. Stuttgart [2]1983.

Hierapolis (Pamukkale). In Phrygien (Kleinasien) auf einer Terrasse im Lykostal gelegen. Eine heiße Thermalquelle mit hohem Gehalt an Kalziumbikarbonat hat hier im Laufe der Jahrtausende mächtige, leuchtend weiße Kalksinterterrassen geschaffen.

Geschichte: Die Thermalquelle war schon seit alters wegen ihrer Heilkraft bekannt. Aber erst der pergamenische König Eumenes II. gründete hier eine Stadt, vermutlich kurz nach dem Sieg der Römer über die Seleukiden 190 v. Chr. Eumenes II. nannte die Stadt nach Hiera, der Gemahlin des pergamenischen Sagenhelden Tele-

phos, und richtete einen Militärstützpunkt ein. 133 v. Chr. fiel die Stadt zusammen mit dem Königreich Pergamon durch Erbschaft an Rom. H. wurde mehrmals durch Erdbeben zerstört, aber immer wieder aufgebaut. 87 n. Chr. starb hier der Apostel Philippus den Märtyrertod.
Seine Glanzzeit erreichte H. im 2. und 3. Jh. n. Chr. Aus dieser Zeit stammen auch die meisten Bauwerke, die heute das Bild der Ausgrabungsstätte bestimmen. Vor allem die Wollindustrie verhalf der Stadt zu Wohlstand. Das heiße, mineralsalzhaltige Quellwasser wurde für die verschiedensten Bearbeitungsvorgänge verwendet. Daneben zog die heilkräftige Quelle Besucher und damit auch Händler aus ganz Kleinasien an.
Forschungsgeschichte: 1887 führten deutsche Archäologen unter der Leitung von C. Humann Ausgrabungen und Untersuchungen durch. Seit 1957 arbeiten italienische Forscher unter P. Verzone in H. Die Grabungsfunde werden im örtlichen Museum, in Izmir und Istanbul aufbewahrt.
Archäologische Stätte: Die Stadt wurde nach dem hippodamischen System, d.h. mit sich rechtwinklig kreuzenden Straßen errichtet. Ihre von Säulenhallen und Läden flankierte Hauptstraße zog sich von Nord nach Süd durch den Ort. Westlich von ihr lag eine große *Thermenanlage* mit Palästra aus dem 2. Jh. n. Chr. Die z.T. noch aufrecht stehenden Mauern einiger Gewölberäume wurden restauriert und als Museum eingerichtet. Von dem *Tempel für Apollon*, der Hauptgottheit von H., ist nur das Podium mit breiter Freitreppe erhalten. Sechs unkannelierte Säulen mit korinthischen Kapitellen bildeten seine Front. Das *Theater* stammt aus dem 2. Jh. n. Chr. Der etwas mehr als ein Halbrund umfassende Zuschauerraum ist durch ein Diazoma (Umgang) in zwei Ränge geteilt, der untere hat 25 Sitzreihen, der obere hatte ursprünglich 20. Die Front des Bühnengebäude war mit Säulen, Nischen, in denen Statuen standen, und gut erhaltenen Reliefs mit mythologischen Szenen um Apollon und Artemis reich geschmückt.
Die Hauptstraße endete im Norden beim *Domitianstor*. Julius Frontinus, 82–83 n.Chr. Proconsul der Provinz Asia, stiftete das Tor und weihte es dem Kaiser Domitian. Zwei mächtige runde Türme flankierten die drei Durchgänge. Jenseits des Tores begann an der Ausfallstraße die größte *Nekropole* der Stadt. Die Toten fanden hier im schlichten Sarkophag, im Grabnaiskos (naiskos, griech. Tempelchen) oder in dem aufwendigen Tumulus ihre letzte Ruhestätte.

Literatur: C. Humann u.a. (Hrsg.): Die Altertümer von Hierapolis. Berlin 1898; T. Ritti u.a.: Hierapolis. Scavi e ricerche. Bd. I ff. Rom 1985 ff.; N. Yardimci (Hrsg.): Hierapolis di Frigia. 1957–1987. Mailand 1987.

Hieroglyphen (griech. heilige Bildzeichen). Bilderschrift, vielleicht schon vor 3000 v. Chr. in Ägypten entstanden und dort bis ins 4. Jh. n. Chr. in Gebrauch. Noch ungeklärt ist, ob zwischen den ägyptischen H. und der ältesten mesopotamischen Bilderschrift (→ Piktographie) von Uruk ein Zusammenhang besteht. H. verwendeten u.a. auch die Hethiter. Dem Franzosen J.F. → Champollion gelang 1822 die Entzifferung der ägyptischen H. mit Hilfe mehrsprachiger Inschriften (Stein von Rosette und Obelisk aus Philae).

Hilprecht, Hermann Volrath. Am 28.7.1859 in Hohenerxleben, Bezirk Magdeburg, geboren. Er studierte an der Universität Leipzig und ging 1886 nach Philadelphia. Dort lehrte er Assyriologie und wurde Kurator der Babylonischen Abteilung des Universitätsmuseums. 1888–1900 leitete H. die Ausgrabungen in Nippur, dem religiösen Zentrum der sumerischen Stadtstaaten im heutigen Südirak. Bis 1909 war er für das Imperial Ottoman Museum in Konstantinopel, dem jetzigen Archäologischen Museum Istanbul, mit der Katalogisierung seiner zahlreichen Funde aus Nippur, das damals zum Türkischen Reich gehörte, tätig. Eine Fehlinterpretation in seiner Veröffentlichung der Nippur-Grabungen führte zu einer langjährigen peinlichen Kontroverse, die H. aber nicht dazu bewog, seinen Fehler einzugestehen. Verbittert zog er sich von der Öffentlichkeit zurück und starb am 19.3.1925 in Philadelphia. Seine bedeutende Sammlung altorientalischer Texte und Altertümer ging nach seinem Tode in das Eigentum der Universität Jena über.

Hauptwerke: Proper Names of the Time of Artaxerxes I. from Cuneiform Tablets Found in Nippur. Philadelphia 1898; The Excavations in Assyria and Babylonia. Philadelphia 1904.

Hippodamos von Milet. Griechischer Architekt und Städteplaner des 5. Jh. v. Chr.; nach Aristoteles (Politika II 8) auch Staatstheoretiker. H. gilt als Erfinder des streng rechtwinkligen Straßennetzes mit zweckorientierter Einbindung öffentlicher Bauten (»Hippodamisches System«). Das in Ionien bereits vor ihm entwickelte Plansystem mit gleich großen Baugrundstücken fand bei der Neuerrichtung des 479 v. Chr. zerstörten → Milet Anwendung. Um 450 v. Chr. baute H. den → Piräus, kurze Zeit später Thurioi (445/44 v. Chr.) am Golf von Tarent. Die Überlieferung seiner Mitarbeit bei der städtebaulichen Planung von Rhodos 408/07 v. Chr. ist aufgrund des Lebensalters umstritten.

Hippodrom (griech.). Bahn für Pferde- und Wagenrennen. Die beiden Enden der Rennstrecke, die mehrfach durchritten bzw. durchfahren werden mußte, waren durch Pfeiler oder Säulen bezeichnet. Die Länge der Bahn betrug 600 m und mehr. Die Zuschauer saßen auf Erdwällen.

Hippodrom, Byzanz. Septimius Severus ließ die Anlage 203 n. Chr. als ersten Neubau nach der Zerstörung der Stadt errichten. Kaiser Konstantin I. (324–37) vergrößerte das H. auf 400 m Länge und 150 m Breite. Unter einem Teil der Kampfbahn entstanden Stallungen für Pferde, Käfige für wilde Tiere und Unterkünfte für Wagenlenker und Gladiatoren. 40 Stufenreihen säumten die beiden Langseiten und den nördlichen Halbkreis. An das südliche Ende der Bahn grenzten weitere Stallungen und Unterkünfte. Die Spina (Mittellinie) war mit zahlreichen Denkmälern geschmückt, von denen heute noch der Theodosius-Obelisk, der sog. Gemauerte Obelisk und die Schlangensäule erhalten sind. Der *Theodosius-Obelisk*, ein 20 m hoher Porphyrmonolith, stand ursprünglich in Karnak (Ägypten) vor dem Tempel, den Pharao Thutmosis III. (1490–1436) erbauen hatte lassen. 390 n. Chr. stellte Theodosius I. (379–395) den Obelisk im H. auf. Die bronzene *Schlangen-*

säule war ein Weihgeschenk der griechischen Städte für Delphi aus Dank für den Sieg bei Plataiai (479 v. Chr.) über die Perser. Die ursprünglich 8 m hohe Säule trug einen goldenen Dreifuß, auf dem ein großes goldenes Becken ruhte. Den Dreifuß und das Becken raubten die Phoker. Die Säule ließ Konstantin nach Byzanz bringen. Die drei Schlangenköpfe zertrümmerten Christen im 9. und Mohammedaner im 18. Jh. Der 30 m hohe *Gemauerte Obelisk* wurde aus grob behauenen Steinblöcken errichtet. Entstehungszeit und Erbauer sind unbekannt. Konstantinos VII. Porphyrogennetos (912–959) ließ das Monument mit vergoldeter Bronze verkleiden. Die *Kaiserloge*, ein auf der Südseite des H. mit dem Kaiserpalast verbundenes imposantes Bauwerk, war von einer *Quadriga* gekrönt, die dem Bildhauer Lysippos (4. Jh. v. Chr.) zugeschrieben wird. Die Römer brachten sie aus Griechenland in ihre Hauptstadt, wo sie nacheinander die Triumphbögen des Nero und des Trajan schmückte. Theodosius II. (408–450) holte sie nach Konstantinopel. Auf dem 4. Kreuzzug (1201–1204) kam die Quadriga nach Venedig und wurde dort über dem Portal der Markuskirche aufgebaut. Napoleon nahm sie mit nach Paris und stellte sie auf den Arc de Triomphe. 1814 kehrte sie nach Venedig zurück. → Byzanz.

Holzkonservierung. Holz ist ein besonders schwer zu bergendes Fundobjekt. Holz kann sich in festem, brüchigem, verkohltem, völlig zerfallenem oder gar aufgelöstem Zustand befinden. Nasses Holz muß ganz vorsichtig – oft über Jahre – ausgetrocknet werden, damit es keine Trockenrisse bekommt oder zu Staub zerfällt. Kleine Holzstücke werden gefriergetrocknet. Morsches Holz wird durch bestimmte Kunststoffe gefestigt und damit vor dem Zerfall bewahrt. Holz in völlig aufgelöstem Zustand kann sich durch Bodenverfärbungen, Hohlräume oder Abdrücke zu erkennen geben. Es gilt dann, die Spuren zu sichern, z.B. durch Ausgießen mit Gips oder flüssigem Kunststoff, um das Holzobjekt rekonstruieren zu können.

Horreum (lat.). Magazin, Speicher, Lagerhaus römischer Kastelle und Städte. In den Horrea wurde vor allem Getreide gelagert.

Hortus (lat.). Der Garten des römischen Wohnhauses.

Hrozny, Bedřich. Am 6.5.1879 in Lysá nad Labem (Lissa an der Elbe) in Böhmen geboren. Er studierte in Prag, Wien, Berlin und London. 1904 nahm er an einer Forschungsexpedition durch Syrien teil. 1905 wurde er Professor in Wien und widmete sich vor allem dem Problem der hethitischen Keilschrift. 1914 erhielt er seine Einberufung zum Kriegsdienst, wurde aber beurlaubt, um seine Forschungen fortsetzen zu können. 1915 gelang es ihm, die hethitische Schrift zu entziffern und die Zugehörigkeit des Hethitischen zur indogermanischen Sprachfamilie nachzuweisen. Seine Veröffentlichung im Jahre 1916 löste zwar heftigen Widerspruch aus, erwies sich aber schließlich im Kern als richtig. 1919 folgte H. einer Berufung an die Universität Prag. 1924/25 beteiligte er sich an den Ausgrabungen in Kültepe (Türkei). Entzifferungsversuche der kretischen und altindischen Schriften schlugen fehl. H. starb am 12.12.1952 in Prag.

Hauptwerke: Die Sprache der Hethiter, ihr Bau und ihre Zugehörigkeit zum indogermanischen Sprachstamm. 2 Hefte. Leipzig 1916–1917; Hethitische Keilschrifttexte aus Boghazköi. Leipzig 1919; Code Hittite. Paris 1922; Les inscriptions Hittites hiéroglyphiques. 3 Bde. Prag 1933–1937; Die älteste Geschichte Vorderasiens und Indiens. Prag ^{2}1941; Inscriptions cunéiformes du Kultépé. Prag 1952.

Hauptwerke: Ergebnisse der Ausgrabungen zu Pergamon. 3 Bde. Berlin 1880–1888; Reisen in Kleinasien und Nordsyrien. 2 Bde. Berlin 1890; Altertümer von Hierapolis (Hrsg.). Berlin 1898; Magnesia am Mäander. Bericht über die Ergebnisse der Ausgrabungen der Jahre 1891–1893. Berlin 1904; Der Pergamonaltar. Entdeckt, beschrieben und gezeichnet. Neuausgabe Dortmund 1959.

Hügelgrab.→ Tumulus.

Humann, Carl. Am 4.1.1839 in Essen-Steele geboren. Er wurde Ingenieur und trat 1861 als Straßenbauingenieur in türkische Dienste. Bei seinen ausgedehnten Reisen durch das westliche Kleinasien kam H. eines Tages nach Bergama und sah, wie ein türkischer Arbeiter das Bein einer antiken Statue in den Kalkofen werfen wollte. So kam er auf die Spur des Pergamon-Altars. H. fuhr nach Berlin und überzeugte den damaligen Direktor der Antikensammlung, A. → Conze, von der Notwendigkeit einer Grabung in Bergama, dem antiken Pergamon, und davon, daß er der richtige Mann für diese Aufgabe sei. Conze beauftragte ihn mit der Ausgrabung des Altars. 1878–1886 legte H. den Altar und einen großen Teil der Oberstadt von Pergamon frei. 1882, also noch während der Arbeiten in Bergama, besichtigte H. die Ausgrabungsstätte Boğazköy, erstellte einen Plan des Ruinenfeldes der Hethiterhauptstadt Hattušas und fertigte erste Abgüsse einiger Reliefs des benachbarten Felsenheiligtums von Yazılıkaya an. 1891–1894 leitete er die Ausgrabungen in Magnesia am Mäander. 1895 ging er nach Priene. Am 12.4.1896 starb H. in Smyrna (heute Izmir).

Hydria (griech.). Wasserkrug mit runder Mündung, zwei Horizontalhenkeln und einem Vertikalhenkel. Die H. geometrischer Zeit waren schlank und langhalsig, im 6. Jh. v. Chr. kam die gedrungene Form mit flacher Schulter und abgesetztem Hals auf, um 500 v. Chr. entwickelte sich daraus die bauchige H. mit fließenden Konturen, auch Kalpis genannt. Abb. S. 510.

Hyksos (»Herrscher der Fremdländer«). Vermutlich → Churriter, die von 1650–1542 v. Chr. Ägypten beherrschten (15. und 16. Dynastie). Ihre Hauptstadt war Avaris im Nildelta. Die Überlegenheit der H. beruhte auf den schnellen Streitwagen, die sie nach Ägypten mitbrachten.

hypäthral (griech.). Bauwerk ohne Dach. Ein Hypäthraltempel ist ein Tempel, dessen Cella kein Dach hat (z.B. Apollon-Tempel in → Didyma).

Hypogäum (griech.). Unterirdische Grabanlage, aus mehreren Räumen bestehend, z.B. die Grabanlage der Könige der 3. Dynastie von Ur und das H. von Paola auf Malta. Auch Bezeichnung für eine unterirdische nichtchristliche Kultstätte (z.B. Mithras-Kult) im Gegensatz zu den → Katakomben.

Hypokaustum (griech., von unten geheizt). Fußbodenheizung mit Hilfe eines Heißluftkanalsystems, im engeren Sinne das aus Ziegelpfeilern gebildete Heizgewölbe unter dem Fußboden. H. waren schon im 1. Jh. v. Chr. weit verbreitet; sie wurden zunächst in Thermen, später auch in Wohnhäusern verwendet. In der Kaiserzeit beheizten die Römer über Tonrohre oder Hohlziegel auch die Wände.

Hypostyl (griech.). Innenraum mit einer von Säulen getragenen Decke.

Hypotrachelion (griech.). Säulenhals, oberster Teil des Säulenschaftes unterhalb des Kapitells, bei ionischen Säulen oft mit einem Ornamentfries (Anthemion) verziert.

I

Idol (griech. eidolon, Bild, Gestalt). Vorgeschichtliche Statuette aus Ton, Stein, Bronze usw., schematisch gestaltet, meist unbekleidet, das Geschlechtliche betonend, verwendet als Weihgeschenk oder Grabbeigabe. Berühmt sind die marmornen Kykladen-I. aus dem 3. Jt. v. Chr.

Iktinos. Griechischer Architekt des 5. Jh. v. Chr. Zusammen mit → Kallikrates erbaute er den → Parthenon auf der Akropolis von Athen, lieferte einen Entwurf für das Telesterion in Eleusis (→ Telesterion, Eleusis), das aber in veränderter Form zur Ausführung kam, und plante den Apollon-Tempel von → Bassai. Als führender Architekt seiner Zeit schuf er den attischen Mischstil, in dem dorische und ionische Bauformen sinnvoll verbunden sind sowie eine neue Raumarchitektur durch innen umlaufende Säulenstellungen.

Ilion. → Troja.

Iliupersis (griech. Zerstörung Ilions). Epos über die Eroberung Trojas. Für die darstellende Kunst, z.B. für Vasenbilder oder architektonische Reliefs, wurden häufig Szenen aus diesem Sagenkreis herangezogen.

Impluvium (lat.). Das im Atrium des römischen Wohnhauses gelegene rechteckige Sammelbecken für Regenwasser, das durch die Dachöffnung (Compluvium) eindringt.

Inkrustation. Verzierung von Flächen durch farbige Steineinlagen, vor allem von Wand- und Bodenflächen, aber auch die entsprechende Verzierung von Statuen und Skulpturen. Das Einlegen von Edelmetall in unedles Metall bei Vasen, Plastiken usw. bezeichnet man ebenfalls als I. Die Technik war schon um 3000 v. Chr. bei den Sumerern bekannt und erreichte in der hellenistischen Zeit ihren Höhepunkt.

in situ (lat. in der Lage, in der Stellung). Archäologische Bezeichnung für: in der ursprünglichen Lage.

Insula (lat. Insel). Häuserblock in einer nach dem Schachbrettmuster angelegten Stadt, später auch das mehrstöckige städtische Mietshaus für mehrere Wohnparteien.

Intaglio (ital.). Schmuckstein mit vertieft geschnittener bildlicher Darstellung im Gegensatz zur erhaben geschnittenen → Kamee. Die I.-Technik findet sich häufig bei Siegeln.

Interkolumnium (lat.). Der lichte Abstand zwischen zwei Säulen, d.h. von Säulenachse zu Säulenachse. Die Säulenwirkung wurde durch ein bestimmtes Verhältnis von I. (I) zum unteren Säulendurchmesser (D) bestimmt. Maßverhältnisse (nach → Vitruv III, 3): pyknostyl (dichtsäulig) I = 1 1/2 D, systyl (zusammensäulig) I = 2 D, eustyl (wohlsäulig) I = 2 1/4 D, diastyl (auseinandersäulig) I = 3 D, araeostyl (weitsäulig) I = 3 1/2 D. Beispiele: Parthenon in Athen 1 : 2,25 (eustyl), Zeus-Tempel in Olympia 1 : 2,32 (noch eustyl), Aphaia-Tempel auf Ägina 1 : 2,65 (zwischen eustyl und diastyl), Hera-Tempel II in Paestum 1 : 2,12 (zwischen systyl und eustyl).

Ionier. Frühgriechisches Volk, das im 2. Jt. v. Chr. Attika, Euböa, Achaia und das Gebiet zwischen Lakonien und der Argolis bewohnte. Den nachfolgenden Doriern ausweichend, besiedelten sie vom späten 11. Jh. bis zur Mitte des 9. Jh. v. Chr. die Kykladen und die mittlere Westküste Kleinasiens; nur Attika und Euböa konnten sie halten. In Kleinasien schlossen sich im 9. Jh. v. Chr. zwölf ionische Städte zum → Ionischen Bund zusammen. Von hier aus kolonisierten die I. die Schwarzmeerküste und übernahmen seit dem 6. Jh. v. Chr. die geistige und kulturelle Führung der griechischen Stämme. Weder die politische Abhängigkeit von den Lydiern noch die Unterwerfung durch die Perser konnten die kulturelle und wirtschaftliche Blüte der ionischen Städte wesentlich beeinträchtigen. Ihr Beitritt zum Attischen Seebund unter der Führung Athens (477 v. Chr.) verursachte dagegen einen wirtschaftlichen Niedergang, von dem sich Ionien erst im 4. Jh. v. Chr. wieder erholen konnte.

ionische Ordnung. Architekturstil, der hauptsächlich in den griechischen Kolonialstädten Westkleinasiens verbreitet war. Der Tempelunterbau mit Stereobat, Krepis und Stylobat entspricht weitgehend dem der → dorischen Ordnung. Die schlanken Säulen stehen auf Basen, die je nach Landschaft unterschiedlich gebildet sein können. Sie weisen bis zu 24 durch schmale Stege getrennte, tiefe Kanneluren auf. Das Kapitell besteht aus einem Echinus in Form eines Eierstabs, einem Volutenglied und einem sehr flachen Abakus. Über den Säulen liegt ein dreifach unterteilter Architrav (Dreifaszienarchitrav), der oben mit einem Perlstab (Astragal) abschließt. Bei der kleinasiatisch-ionischen Ordnung folgt über einem Kymation der Zahnschnitt. Dieser ahmt die Balkenköpfe früherer Holzkonstruktionen nach. In

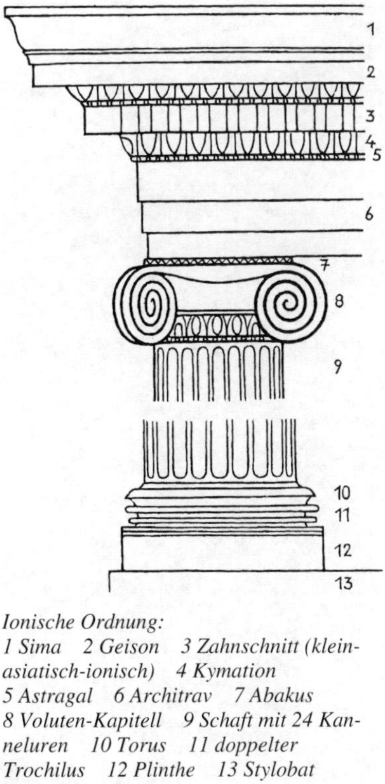

Ionische Ordnung:
1 Sima 2 Geison 3 Zahnschnitt (kleinasiatisch-ionisch) 4 Kymation 5 Astragal 6 Architrav 7 Abakus 8 Voluten-Kapitell 9 Schaft mit 24 Kanneluren 10 Torus 11 doppelter Trochilus 12 Plinthe 13 Stylobat

der attisch-ionischen Ordnung wird dieser Bereich von einem Bilderfries eingenommen. Wie bei der dorischen Ordnung bildet ein Geison den oberen Abschluß.

Ionischer Bund. Kultvereinigung der ionischen Städte an der kleinasiatischen Westküste. Mittelpunkt des Kultes war das Panionion, das Apollon-Heiligtum am Mykale-Gebirge. Der B. entstand im 9. Jh. v. Chr. und bestand zunächst aus neun, später aus zwölf Städten bzw. Inseln: Ephesos, Erythrai, Klazomenai, Kolophon, Lebedos, Milet, Myos, Priene, Teos, Chios, Phokaia, Samos. Nach → Pausanias gehörte Smyrna als 13. Stadt dem I. B. an.

Istanbul. → Byzanz.

Izmir. → Smyrna.

J

Jericho (arabisch: Eriha). Etwa 15 km nordwestlich der Mündung des Flusses Jordan in das Tote Meer gelegen. J. ist die älteste bisher bekannte Stadt der Erde.

Geschichte: Die ältesten Siedlungsspuren von J. gehen bis in das 9. Jt. zurück. Die zum Teil schon seßhaften Bewohner gehörten der Kulturstufe des Protoneolithikum bzw. des Natoufien (Natufian) an, d.h., es waren Jäger und Sammler, die sich erstmals mit Landwirtschaft befaßten. Dieses erste J. lag an einer wasserreichen Quelle (Ain As Sultan, Elisaquelle). Im 8. Jt. hatte J. bereits den Charakter einer befestigten Stadt, mit Mauer, Verteidigungsgraben und Türmen. Die Salz-, Bitumen- und Schwefelvorkommen am Toten Meer dürften sehr zur weiteren Entwicklung der Stadt beigetragen haben. Um 5500 v. Chr. wurde J. aus unbekannten Gründen von seinen Bewohnern verlassen. Neue Siedler erschienen gegen 4500 v. Chr.; sie verarbeiteten bereits Ton zu keramischen Erzeugnissen. Zwischen 1550 und 1400 v. Chr. war die Stadt wieder unbewohnt. Die im 13. Jh. v. Chr. einwandernden Israeliten fanden eine unbedeutende Ortschaft mit verfallenen Mauern vor. Da waren weder Posaunen noch Feldgeschrei nötig, um die Mauern der einst mächtigen Königsstadt zum Einsturz zu bringen (Josua 6. Kapitel). Eine befestigte Stadt war J. erst wieder im 7. Jh. v. Chr. In hellenistisch-römischer Zeit erbaute Herodes der Große (37–4 v. Chr.) etwa 2 km südwestlich der Quelle ein neues, prächtiges J. Sein Winterpalast dokumentiert den Reichtum dieser Epoche. Während des jüdischen Aufstandes 66–70 n. Chr. wurde die Stadt von den Römern zerstört.

Forschungsgeschichte: 1868 führte C. Warren erste Untersuchungen auf dem Tell es-Sultan, dem Siedlungshügel von J., durch. 1907–1909 gruben hier E. Sellin und C. Watzinger im Auftrag der Deutschen Orient-Gesellschaft. 1930–1936 arbeitete der britische Archäologe J. Garstang auf dem Tell. 1950/51 entdeckten J.L. Kelso und J.B. Pritchard auf dem nahen Hügel Tulul abu'l Alajik den Palast des Herodes. 1952–1958 nahm K.M. Kenyon die Ausgrabungen auf dem Tell es-Sultan wieder auf und stieß auf die ältesten Befestigungsanlagen der Menschheit. Der israelische Archäologe E. Netzer setzte 1973 die Arbeiten auf dem Tulul abu'l Alajik fort, wo auch heute noch gegraben wird.

Archäologische Stätte: Der 16 m hohe *Tell es-Sultan* bedeckt eine Fläche von 307 x 161 m, also etwa 4,6 Hektar. In den untersten Siedlungsschichten kamen Befestigungsanlagen aus dem 8. Jt. v. Chr. zum Vorschein: eine 2 m dicke und 6 m hohe Steinmauer (ursprünglich war sie erheblich höher), ein 9 m breiter und 3 m tiefer Graben vor der Mauer und ein aus Steinblöcken errichteter Rundturm. Der

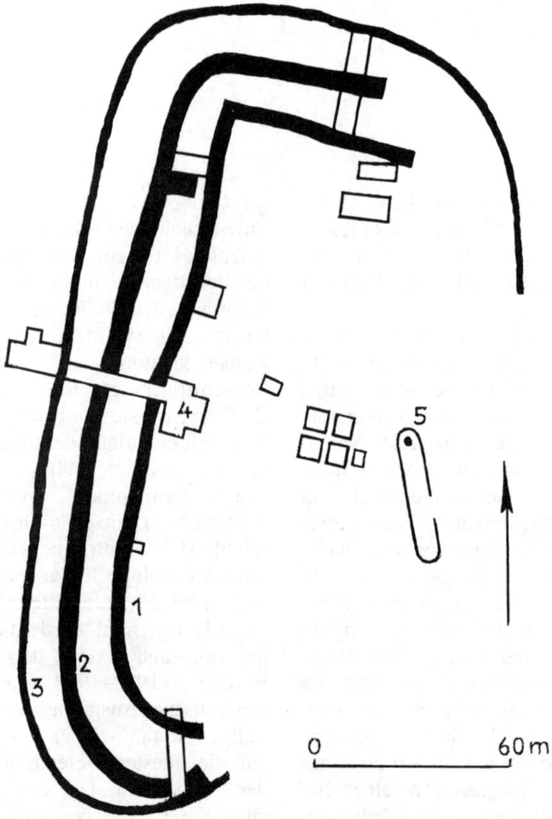

Jericho
1 neolithische Mauer 2 frühbronzezeitliche Mauer 3 mittelbronzezeitliche Mauer 4 Rundturm 5 Quelle

heute noch 9 m hohe Turm mit innen verlaufender Steinplattentreppe hatte einen Durchmesser von fast 10 m. Die *Wohnhäuser* dieser ältesten Stadt waren bienenkorbartig aus Lehmziegeln erbaut. Die Wohnhäuser des 7. Jt. v. Chr. hatten rechteckige Grundrisse. Mehrere Räume gruppierten sich um einen Hof. Wände und Fußböden waren fein verputzt und gelblich oder rötlich bemalt. Die Bewohner dieser Häuser gehörten einer neuen Siedlergruppe an. Ein größeres Gebäude mit halbrunden Nischen und einem Aschebehälter könnte einer frühen Gottheit geweiht gewesen sein. In den Trümmern eines Hauses fanden die Ausgräber mit Gips überzogene und bemalte menschliche

Schädel, die vermutlich dem Ahnenkult dienten. In einer Schicht des 5. Jt. v. Chr. kamen drei lebensgroße Tonstatuen zum Vorschein, vielleicht eine Götterfamilie. Die Figuren bestanden aus einem Schilfrohrgeflecht, das mit Ton ausgeformt worden war. Muscheln ersetzten die Augen. Um 6500 v. Chr. erschienen in J. die ersten keramischen Erzeugnisse: eine unverzierte, einfarbige, meist rote, manchmal auch braune oder schwarze Töpferware.

Der *Nordpalast des Herodes* auf dem Tulul abu'l Alajik ist ein Gebäude von etwa 85 x 35 m Größe. Er umfaßt neben einer ursprünglich prächtig mit Mosaiken und an drei Seiten umlaufenden Säulenhalle ausgestatteten Empfangshalle zwei Höfe, um die sich verschiedene Räume gruppierten, und eine große Thermenanlage. Der Südseite des Palastes war ein Portikus (Säulenhalle) vorgelagert, der einen schönen Blick über das Wadi gewährte.

Literatur: K.M. Kenyon: Digging up Jericho. London 1957; Dies. (Hrsg.): Excavations at Jericho. 5 Bde. London 1960–1983; E. Netzer: The Hasmonean and Herodian Winter Palace at Jericho. In: Israel Exploration Journal 25 (1975) S. 89 ff.; J.R. Barlett: Jericho. Guildford 1982; P. Bienkowski: Jericho in the Late Bronze Age. Warminster 1986.

Jerusalem. Die Heilige Stadt ist – mit längeren Unterbrechungen – seit 3000 Jahren die Hauptstadt Israels. Sie ist die Tempelstadt Davids und Salomos, die Passionsstätte Christi und der Ort der Himmelfahrt Mohammeds. In ihr befinden sich die heiligen Stätten dreier Religionen: die »Klagemauer« der Juden, die Grabeskirche der Christen und der Felsendom der Mohammedaner.

Geschichte: Der Hügel Ophel südlich der heutigen Altstadt von J. war schon im 3. Jt. v. Chr. von den Jebusitern besiedelt. Mehrere Quellen in dieser sonst wasserarmen Gegend, vor allem die Gichon-Quelle am Fuße des Ophel im Kidrontal, gaben vermutlich dazu Anlaß. Um 1850 v. Chr. wurde der Ort erstmals in ägyptischen Inschriften, den sog. Ächtungstexten, erwähnt. Im 15. Jh. v. Chr. kam der Ort unter die Herrschaft des Pharaos Thutmosis III. (1490–1436 v. Chr.). Die Jebusiter-Siedlung, die sich inzwischen zu einem Stadtstaat entwickelt hatte, hieß Urusalim (möge Gott für Frieden sorgen). Seit dem 14. Jh. v. Chr. wanderten die Israeliten in Gruppen und Stämmen in Kanaan, dem Land zwischen Jordan und Mittelmeer, ein. Sie schlossen sich zu einem sakralen Stämmeverband zusammen, der den Gott Jahwe verehrte und sich Israel nannte. Nach 1180 v. Chr. ließen sich die Philister, die gemeinsam mit anderen Seevölkern das Hethiterreich in Kleinasien vernichtet und Ägypten in eine bedrohliche Lage gebracht hatten, im Küstenbereich Südpalästinas nieder. Um 1000 v. Chr. begannen die Philister, ganz Kanaan zu unterwerfen. Unter dem militärischen Druck der Invasoren schlossen sich die Stämme Israels zusammen. Saul wurde ihr Heereskönig, aber es gelang ihm nicht, die Stämme von der Philisterherrschaft zu befreien. Einer der Heerführer der Philister war David, ein ehemaliger Offizier Sauls, der nach einer Auseinandersetzung mit seinem König zu den Feinden übergelaufen war. Nach Sauls Tod wurde dessen Sohn Esbaal »König von Israel«. Daraufhin ließ sich David von den Südstämmen zum »König von Juda« ausrufen und war somit der Gründer der judäischen Dynastie. Nach der Ermordung Esbaals wurde David durch Vertrag mit den Nordstämmen auch König von Israel. David brach die Vorherrschaft der Philister und eroberte eine Stadt nach der anderen. Zuletzt fiel das stark befestigte Urusalim. David erklärte die Stadt zu seinem persönlichen Besitz und machte sie unter dem Namen Jeruschalajim zur Hauptstadt und zum religiösen Mittelpunkt des Doppelreiches Israel und Juda. Sein Sohn und Nachfolger Salomo (etwa 970–922 v. Chr.) erweiterte die Stadt in nördlicher Richtung, beauftragte phönikische Architekten mit dem Bau eines Tempels und eines Palastes auf dem Mona-Hügel und umgab die gesamte Stadt mit einer mächtigen Mauer. Die prachtvolle Ausgestaltung der Stadt erforderte hohe Abgaben an den Hof, was zu Rebellionen und schließlich zum Auseinanderbrechen des Reiches nach Salomos Tod führte. Von da an war Juda in ständige Grenzkämpfe mit den Nachbarreichen verwickelt.

Im 8. Jh. v. Chr. dehnte der Assyrerkönig Tiglatpileser III. (744–727 v. Chr.) sein Reich bis nach Syrien und Palästina aus. 733 v. Chr. erkannte Ahas, König von Juda, die Oberherrschaft Assyriens an. Der Niedergang des assyrischen Weltreiches in der zweiten Hälfte des 7. Jh. v. Chr. gab Josia (639–609 v. Chr.) die Möglichkeit, das Abhängigkeitsverhältnis zu Assur zu lösen und weitreichende Reformen in Juda zu verwirklichen. Als die Ägypter 609 v. Chr. den Assyrern gegen die anrückenden Babylonier zu Hilfe eilten, stellte sich Josia ihnen entgegen und verlor die Schlacht und sein Leben. 605 v. Chr. besiegte Nebukadnezar II., zunächst noch Kronprinz, die Ägypter bei Karkemisch. Die Babylonier gewannen die Herrschaft über ganz Syrien, Phönikien und Palästina. Juda war vom Regen in die Traufe geraten. Ein Versuch, die babylonische Herrschaft abzuschütteln, endete 597 v. Chr. mit der Einnahme J. durch die Babylonier. Nebukadnezar nahm König Jojachin gefangen und setzte Zedekia als König von Juda ein. Als auch dieser einen Aufstand gegen Babylon unterstützte, eroberte Nebukadnezar 587 v. Chr. J. zum zweiten Mal, zerstörte Tempel und Palast und deportierte die jüdische Oberschicht nach Mesopotamien (babylonische Gefangenschaft). Das Königreich Juda war damit erloschen. Das Königreich Israel hatte schon 722 v. Chr. mit der Einnahme der Hauptstadt Samaria durch die Assyrer sein Ende gefunden.

539 v. Chr. zertrümmerte der Perserkönig Kyros der Große das babylonische Weltreich. Er befreite die Juden, rückte ein Jahr später in J. ein und veranlaßte den Wiederaufbau des Tempels. Innerhalb des Achämenidenreiches blieb die Tempelprovinz Juda relativ selbständig. Sie besaß sogar ein eigenes Münzrecht. An die Stelle der Könige traten Hohepriester. Alexander dem Großen ergab sich J. kampflos. 301–198 v. Chr. stand die Stadt unter ptolemäischer, danach unter seleukidischer Herrschaft. 168 v. Chr. provozierte der Seleukide Antiochos IV. Epiphanes durch die Plünderung des Tempels einen Aufstand. Er schlug den Aufstand nieder, nahm J. das Stadtrecht, gründete eine hellenistische Polis und weihte den Tempel dem Zeus Olympios. 143 v. Chr. gelang es

dem Hohenpriester Simon Makkabi, die Herrschaft der Seleukiden abzuschütteln und den Jahwe-Kult wiederherzustellen.
63 v. Chr. nahm Pompejus J. ein und brachte es unter römische Oberhoheit. 37 v. Chr. begann mit Herodes dem Großen (37–4 v. Chr.) die Blütezeit der Stadt. Er schaffte die Hierokratie (Priesterherrschaft) ab und machte sich mit Zustimmung des römischen Senats zum König von Judäa. Unter seiner Herrschaft entstanden großartige Bauwerke in griechisch-römischem Stil, z.B. der Herodes-Tempel. Die Mißwirtschaft der römischen Prokuratoren führte zur Entwicklung oppositioneller Gruppen und 66 n. Chr. schließlich zum Aufstand. 70 n. Chr. eroberte Titus J. und zerstörte die Stadt und den Tempel. Als Hadrian (117–138) in J. einen Jupiter-Tempel errichten wollte, brach 132 n. Chr. unter Bar Kochba ein zweiter Aufstand aus, den die Römer 135 niederschlugen. Hadrian machte aus J. eine Militärkolonie (Aelia Capitolina). Er verbot den Juden die Beschneidung, die Sabbatfeier, vor allem aber das Betreten ihrer Hauptstadt. Sein Nachfolger Antoninus Pius (138–161) hob die hadrianischen Verbote wieder auf. Nachdem Theodosius der Große (379–395) das Christentum zur Staatsreligion erklärt hatte, wurde J. eine blühende christliche Stadt, bis 614 die Perser einfielen und 637 der Kalif Omar I. die Stadt in das mohammedanisch-arabische Weltreich eingliederte.

Forschungsgeschichte: 1867 wurde der Palestine Exploration Fund gegründet, eine Vereinigung zur Förderung bibelarchäologischer Forschungen. Noch im selben Jahr begann C. Warren mit Grabungen auf dem Ophel-Hügel, wobei er jebusitisches Mauerwerk freilegen konnte. 1894–1897 untersuchten F.J. Bliss und E.C. Dickie die Südmauer der Stadt des Herodes Agrippa (40–44 n. Chr.) 1909–1911 arbeitete Parker im Bereich der Tunnelanlage an der Gichon-Quelle. 1913/14

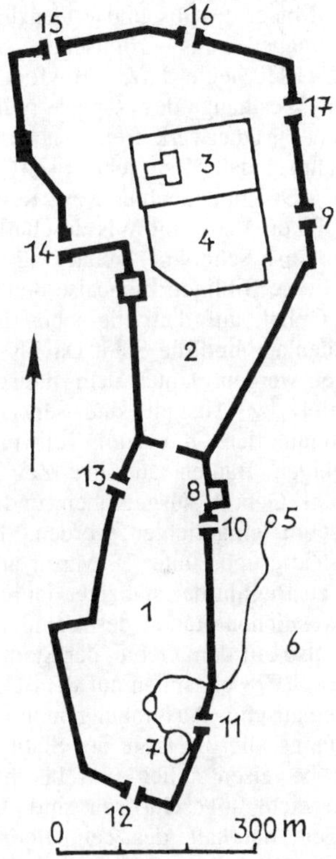

Jerusalem in alttestamentlicher Zeit
1 Stadt Davids 2 Stadt Salomos 3 Tempel Salomos (Jahwe-Tempel) 4 Palast Salomos 5 Gichon-Quelle 6 Kidron-Tal 7 Alter Siloah-Teich 8 Arsenal 9 Roßtor (?) 10 Wassertor 11 Quelltor 12 Misttor 13 Taltor 14 Ecktor 15 Fischtor 16 Schaftor 17 Wachtor (?)

und 1923/24 grub R. Weill auf dem Ophel. Zwischen 1923 und 1925 erforschten A.S. Macalister und J.G. Duncan den Palast des Herodes; das polygonale Mauerwerk des »Davidsturms« schrieb Macalister fälschlich der Königszeit zu. 1925–1927 arbeiteten E.L. Sukenik und L.A. Mayer an der »Mauer des Josephus«, der dritten Nordmauer aus römischer Zeit. 1927–1930 legte J.W. Crowfoot auf dem Westhang des Ophel hellenistisches Mauerwerk frei, von dem er annahm, daß es jebusitisch sei. 1961–1967 untersuchten K.M. Kenyon und R. de Vaux mit Wissenschaftlern der British School of Archaeology und der École Biblique Française den Hügel Ophel, auf dem die jebusitische Stadtanlage und die Stadt Davids vermutet werden. Unter dem jüdischen Viertel der Altstadt sind seit 1967 Wohnquartiere mit zum Teil mehrstöckigen Bauten aus der Zeit um Christi Geburt ausgegraben und als Museum eingerichtet worden. Eine Forschergruppe unter B. Mazar arbeitete zu Beginn der siebziger Jahre am südwestlichen Rande des Tempelberges, also auf dem Gebiet der Stadt Salomos. 1978 begannen auf dem Ophel systematische Ausgrabungen großen Umfangs, die die Lage der Stadt Davids beweisen sollen und bis heute noch nicht abgeschlossen sind. Grabungen innerhalb des Tempelbezirks scheiterten bislang an den Einsprüchen der Mohammedaner bei der UNESCO.

Archäologische Stätte: Auf dem Hügel *Ophel* südlich der Altstadtmauer von J. lag vermutlich die älteste Stadtanlage von J. Bisher konnten starke Festungsmauern der Jebusiter freigelegt werden. Die Gichon-Quelle (Marienquelle, Umm ed Daradj) im Kidrontal diente schon in jebusitischer Zeit der Wasserversorgung der Stadt. Durch den Sinnor, einen mit Treppenstufen versehenen Schachtgang, drangen vermutlich die Truppen Davids von der Quelle her in die Stadt ein. Salomo leitete das Quellwasser am Hang entlang zum Alten Siloah-Teich (hebr. Kanal). Um 701 v. Chr. erbaute König Hiskia einen 512,5 m langen *Felsentunnel*, durch den das Wasser quer durch den Berg in den Neuen Siloah-Teich, ein ebenfalls künstliches Wasserreservoir innerhalb der Stadtmauern, strömte. Der Tunnel ist 0,58–0,65 m breit und 0,45–3,0 m hoch. Die Tunnelbauer drangen gleichzeitig von Norden und Süden in den Berg vor. Daß sie sich trotz zahlreicher Biegungen in der Mitte trafen – zahlreiche Korrekturen kennzeichnen die Schwierigkeiten des Unternehmens –, zeugt vom hohen technischen Niveau jener Zeit.

Mittelpunkt von J. ist der *Tempelplatz* (Haram esch Scherif) auf dem Hügel Moria nördlich des Ophel. Bis hierhin dehnte Salomo die Stadt Davids aus. Den Unterbau des riesigen Platzes (Westseite 490 m, Ostseite 474 m, Nordseite 321 m, Südseite 283 m) ließ Herodes der Große errichten. In der Mitte des Tempelplatzes erhebt sich der achteckige *Felsendom* (Qubbet es Sakhra), 687–691 n. Chr. von dem Kalifen Abd el Malik erbaut. Der Felsendom, das größte Heiligtum der Mohammedaner nach Mekka und Medina, bedeckt einen Felsen, auf dem David einen dem Gott Israels geweihten Altar errichten ließ. Unter dem Felsen öffnet sich eine Grotte, die der Jebusiter Orna zuvor als Tenne benutzt hatte. Seit David wurde in der Grotte die Asche der Tieropfer gesammelt.

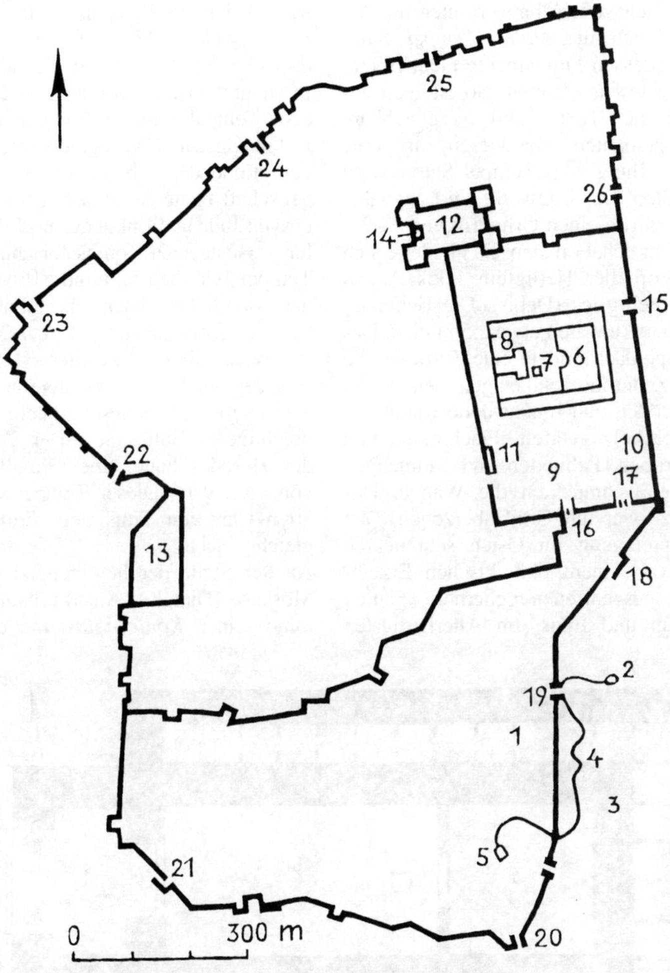

Jerusalem in neutestamentlicher Zeit
1 Hügel Ophel 2 Gichon-Quelle 3 Kidron-Tal 4 Felsentunnel 5 Neuer Siloah-Teich 6 Tempelplatz 7 Altar Davids 8 Jahwe-Tempel 9 Palast Salomos 10 Ställe Salomos 11 Klagemauer 12 Antonia 13 Palast des Herodes 14 Ecce-Homo-Bogen 15 Goldenes Tor 16 Doppeltor 17 Dreifachtor 18 Osttor 19 Wassertor 20 Südtor 21 Essener Tor 22 Jaffa-Tor 23 Neues Tor 24 Damaskus-Tor 25 Herodes-Tor 26 Stephans-Tor

Westlich vom Altar vermuten die Archäologen den *Jahwe-Tempel* Salomos, dessen Fundamente nicht freigelegt werden konnten. So ist man auf biblische Texte und vergleichbare Tempelbauten angewiesen, um eine Vorstellung vom Tempel Salomos zu erhalten. Das Bauwerk, ein Langhausbau, dürfte einen Grundriß von 31,5 x 10,5 m gehabt haben. Es gliederte sich in Vorhalle, Heiligtum (Hekal) und Allerheiligstes (Debir). Die Lehmziegelmauern waren etwa 2,5 m dick. Das Tempeldach bildete eine Terrasse, die von Zedernholzbalken getragen wurde. Fußböden und Innenwände waren mit Zedernholz getäfelt. Flachreliefs von Cheruben, Palmetten und Blumengirlanden schmückten die Wände. Das Ganze war mit Gold überzogen. Den Haupteingang im Osten schmückten die von einem phönikischen Erzgießer geschaffenen ehernen Säulen Jachin und Boas. Im Allerheiligsten befand sich die Bundeslade, der Thron Jahwes. Später erhielt der Tempel einen dreistöckigen Umbau mit Schatzkammern und Priesterwohnungen. Dieser erste Tempel wurde 587 v. Chr. durch Nebukadnezar II. völlig zerstört. Nach dem Ende der babylonischen Gefangenschaft baute Serubbabel, Stadthalter von Juda und Enkel des nach Babylon verschleppten Königs Jojachin, den Tempel zwischen 520 und 516 v. Chr. nach den alten Plänen, aber ohne Anbauten wieder auf. 63 v. Chr. zerstörte Pompejus diesen zweiten Tempel. Herodes der Große errichtete auf den Trümmern ein neues, größeres und prächtigeres Gotteshaus. Der Tempel des Herodes hatte eine Grundfläche von 45 x 9 m. Dieser Tempel wurde 70 n. Chr. von Titus dem Erdboden gleichgemacht.

An der Stelle der heutigen Al-Aksa-Moschee (Djami el Aqsa) erbaute Salomo seinen *Königspalast* mit einem

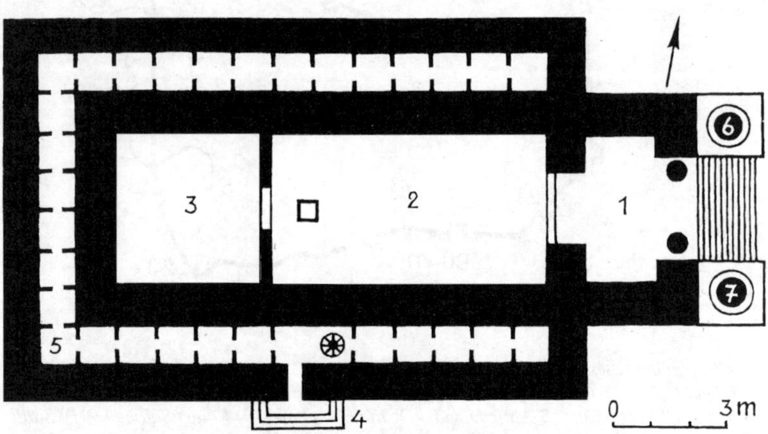

Jerusalem: Jahwe-Tempel
1 Vorhalle 2 Heiligtum (Hekal) 3 Allerheiligstes mit der Bundeslade (Debir) 4 Seiteneingang 5 Schatzkammern 6 Jachin 7 Boas

angeschlossenen Wohntrakt für angeblich 700 Fürstinnen und 300 Nebenfrauen. Auch von diesem Bauwerk hat man bisher keine Mauerreste gefunden. In der Südostecke des Tempelplatzes liegen die sog. *Ställe Salomos*: ausgedehnte Gewölbe aus der Zeit Herodes des Großen. Die »*Klagemauer*«, vor der die Juden die Zerstörung ihres Tempels beweinten, ist ein Teil der gewaltigen herodianischen Stadtmauer. Der erhaltene Mauerabschnitt ist 48 m lang und 18 m hoch. Nordwestlich vom Tempelplatz befand sich an der Stelle eines modernen Gebäudes die *Antonia*, Sitz der römischen Prokuratoren. Auch dieser Bau fiel wie die anderen öffentlichen Gebäude 70 v. Chr. der Vergeltungsaktion des Titus zum Opfer. Der *Palast des Herodes* erhob sich an der Stelle der mittelalterlichen Zitadelle und der heutigen Polizeikaserne. Aus herodianischer Zeit stammt nur noch das Fundament eines Turmes. Der Palast wurde unter Kaiser Hadrian zerstört. Der sog. Turm Davids stammt vermutlich aus späterer Zeit. Der *Ecce-Homo-Bogen* über der Via Dolorosa ist der mittlere Teil eines Triumphbogens, den Hadrian nach der Niederschlagung des zweiten jüdischen Aufstandes als Osttor zur Kolonie Aelia Capitolina errichten ließ.

Literatur: K.M. Kenyon: Jerusalem. Die heilige Stadt von David bis zu den Kreuzzügen. Ausgrabungen 1961–1967. Bergisch Gladbach 1968; N. Avigad: Discovering Jerusalem. Oxford 1984; B. Mazar u.a.: Excavations in the South of the Temple Mount. The Ophel of Biblical Jerusalem. Jerusalem 1989; K. Bieberstein u. H. Bloedhorn: Jerusalem. Grundzüge der Baugeschichte vom Chalkolithikum bis zur Frühzeit der osmanischen Herrschaft. 3 Bde. Wiebaden 1994; H. Geva (Hrsg.): Ancient Jerusalem Revealed. Jerusalem 1994.

Jungsteinzeit. → Neolithikum.

K

Kaiserkulttempel. → Neokorietempel.

Kalabsha. Der Mandulis-Tempel von K., rund 60 km südlich von Assuan (Ägypten), ist der größte der nubischen Tempel. Als er im Assuan-Stausee zu versinken drohte, ließ die Bundesrepublik den gewaltigen Tempel 1962/63 auf eine Granitkuppe über dem westlichen Nilufer versetzen.
Geschichte: Der erste Tempelbau entstand unter der Herrschaft des Königs Amenophis II. (1438/36–1412). Die Ptolemäer erneuerten und vergrößerten den Tempel. Seine heutige Gestalt erhielt er zur Zeit des Kaisers Augustus (31 v. Chr.–14 n. Chr.). Der Tempel war dem nubischen Gott Mandulis geweiht, der weitgehend dem ägyptischen Gott Horus entspricht. In frühchristlicher Zeit wurde der Tempel in eine Kirche umgewandelt und so vor der Zerstörung bewahrt.
Forschungsgeschichte: Nachdem die Mauer des Assuan-Staudamms 1912

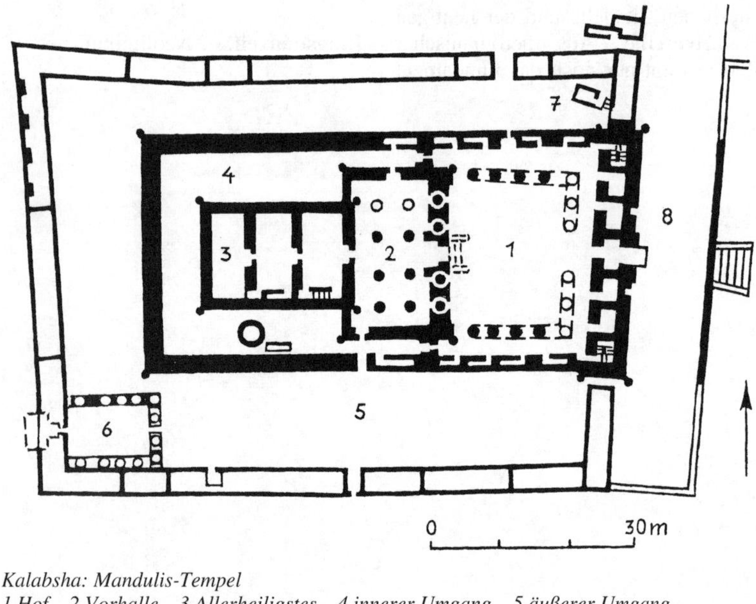

Kalabsha: Mandulis-Tempel
1 Hof 2 Vorhalle 3 Allerheiligstes 4 innerer Umgang 5 äußerer Umgang 6 Mammisi 7 ptolemäische Kapelle 8 Plattform

erhöht worden war, überflutete der Nil jeden Winter etwa neun Monate lang den Mandulis-Tempel von K. Mit dem Bau des neuen Hochdamms Sadd el-Ali schien das Schicksal des Tempels, für immer in den angestauten Wassern des Nil zu versinken, besiegelt. Da folgte die Bundesrepublik Deutschland einem Aufruf der UNESCO, den großartigen und noch gut erhaltenen Tempel »vor Überflutung zu bewahren und ihn künftigen Generationen zu erhalten«, wie eine Gedenktafel berichtet. 1962 wurde der Tempel Stein für Stein abgetragen. Schwimmkräne hoben die 13 000 oft bis zu 20 Tonnen schweren Steinblöcke auf Lastkähne. Ein Jahr später war der Tempel etwa einen Kilometer südwestlich des Sadd el-Ali wieder aufgebaut. Beim Abbau des Tempels entdeckten die deutschen Archäologen im Mauerwerk des Mandulis-Tempels 250 mit Reliefs und Hieroglyphen versehene Steinblöcke aus älteren Bauten. 1974/75 fügte das Deutsche Archäologische Institut rund 100 Blöcke auf der Nilinsel Elephantine zu einer kleinen Kapelle zusammen. Etwa 100 weitere Blöcke gehören zu einem großen Pylon, der als Geschenk Ägyptens in Westberlin wiedererrichtet wurde.

Archäologische Stätte: Den Tempelbezirk umschließt eine etwa 4 m dicke Mauer. Im Westen stieß der Bezirk ursprünglich an eine Felswand. Die Südwestecke nimmt das offene Mammisi (Geburtshaus) ein, das ursprünglich in den Felsen gehauen war. In der Nordostecke liegt etwas vertieft eine Kapelle aus ptolemäischer Zeit. Ein 37 m breiter Pylon im Osten bildet den Eingang zum Tempel. Er führt auf einen Hof, der an drei Seiten von Säulenhallen umgeben war. Acht Säulen mit verschiedenen Pflanzen- und Blumenkapitellen stehen noch aufrecht. Über eine Treppe, die von Säulen und Schranken flankiert wird, erreicht man die hohe Vorhalle des Tempels. Acht Säulen trugen einst die Decke dieser Halle. An die Vorhalle schließen sich drei Quersäle an, deren hinterster das Allerheiligste barg. Zwei Reliefs zeigen Kaiser Augustus, wie er einer Götterdreiheit Opfer darbringt. Auch die anderen Quersäle, die Vorhalle und die Außenwände des Tempels sind mit großartigen Reliefs geschmückt.

Literatur: H. Stock u. K.G. Siegler: Kalabsha. Der größte Tempel Nubiens und das Abenteuer seiner Rettung. Wiesbaden 1965; K.G. Siegler: Kalabsha. Architektur und Baugeschichte des Tempels. Berlin 1970; G.R.H. Wright: Kalabsha. The Ptolemaic Sanctuary of Kalabsha. Its Reconstruction on Elephantine Island. Mainz 1987.

Kalach (Nimrud). Die altorientalische Stadt K. wurde 40 km südöstlich von Mosul (Irak) am Ostufer des Tigris ausgegraben. K. war im 9. Jh. v. Chr. Hauptstadt des neuassyrischen Reiches.

Geschichte: Das Stadtgebiet von K. war bereits im späten 4. Jt. besiedelt. Der Assyrerkönig Salmanassar I. gründete die Stadt um 1270 v. Chr. Um 879 v. Chr. bestimmte Assurnasirpal II. K. zur neuen Hauptstadt Assyriens. 612 v. Chr. wurde die Stadt von den Medern zerstört. Ihre Geschichte endete mit dem Untergang des assyrischen Reiches.

Forschungsgeschichte: Die erste gründliche Untersuchung des weiträumigen Ruinenfeldes von Nimrud führte 1811 der Engländer C.J. → Rich durch. Er lieferte damit die Grundlagen für die erfolgreichen Ausgrabungen seines Landsmannes A.H. → Layard in den Jahren 1845 bis 1847 und 1849 bis 1851. Schon in der ersten Kampagne entdeckte Layard fünf assyrische Paläste, glaubte aber, hier das alte → Ninive gefunden zu haben. Dieser Irrtum klärte sich erst mit der Entzifferung der babylonischen Keilschrift durch H.C. → Rawlinson im Jahre 1857 auf. 1852 setzte H. → Rassam Layards Arbeit fort. 1949 nahm der britische Archäologe M.E.L. → Mallowan die Ausgrabungen wieder auf. Er fand die Festung des Königs Salmanassar III., mit Magazinen, zahlreichen Statuen, Elfenbeinarbeiten, einem reliefierten Thronsessel und der sog. Gastmahl-Stele Assurnasirpals II. Die umfangreichen Arbeiten führte später ein britisches Team unter Oates fort.

Die Ausgrabungsfunde befinden sich heute im Britischen Museum, London, und im Nationalmuseum des Irak in Bagdad.

Archäologische Stätte: Das Stadtgebiet von K. hatte eine Ausdehnung von 2100 x 1670 m und war von einer 8 km langen Mauer umgeben. Vorspringende Türme verstärkten die Mauer. Im Westen boten der Tigris, im Süden der Zab-Kanal (9. Jh. v. Chr.), im Norden und Osten tiefe Gräben zusätzlichen

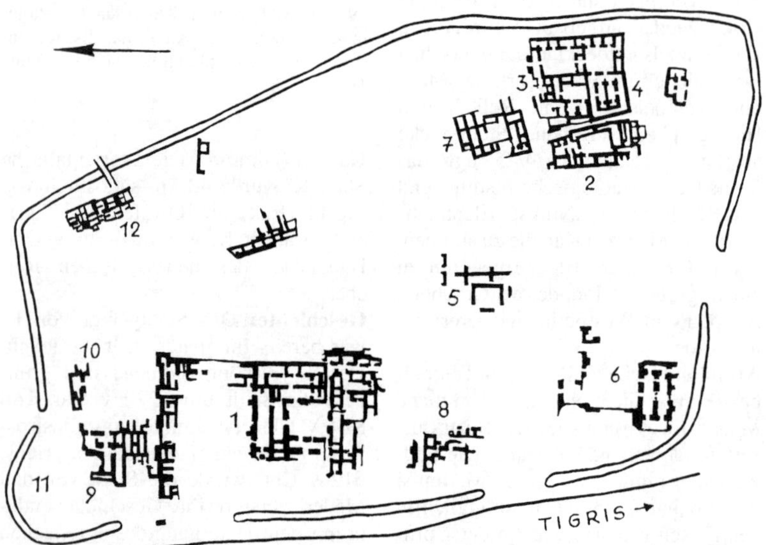

Kalach: Akropolis
1 Nordwestpalast 2 »Abgebrannter Palast« 3 E Zida 4 Nabû-Tempel 5 Mittelpalast 6 Südwestpalast 7 Statthalterpalast 8 Palast Adadniraris III. 9 Ninurta-Tempel 10 Ischtar-Tempel 11 Ziqqurrat 12 Wohnhäuser (7. Jh. v. Chr.)

Schutz. Im Südwesten der Stadt erhob sich die *Akropolis* mit den Tempeln und Palästen. Eine gewaltige, bis zu 13 m hohe Mauer schützte die Akropolis. Das großartigste Bauwerk von K. ist der sog. *Nordwestpalast*. Der Assyrerkönig Assurnasirpal II. (883–859) errichtete den Palast um 879 v. Chr. an der Stelle einer älteren Palastanlage. Im 8. Jh. v.Chr wurde der Palast mehrfach umgebaut. Zuletzt wohnte hier der Assyrerkönig Assurbanipal (669–626). Die Fassade mit zwei Monumentaleingängen wurde inzwischen wieder aufgerichtet. Im Nordwestpalast kam ein Archiv mit assyrischen Keilschrifttafeln zum Vorschein. Der sog. *Abgebrannte Palast* (Burnt Palace) stammt in seinen älteren Teilen aus dem 13. Jh. v. Chr. Gegen 800 v. Chr. brannte er nieder, wurde von Asarhaddon (680–669) wieder aufgebaut und 612 v. Chr. von den Medern zerstört. An den Abgebrannten Palast lehnt sich der größere Gebäudekomplex *E Zida* mit Nabû-Tempel, Thronsaal, mehreren Höfen und zahlreichen Räumen. König Adadnirari III. (808–782) hatte diese Anlage, die nur einen einzigen Zugang im Norden hat, errichtet. Zwei Tempel waren den Gottheiten Ischtar und Ninurta geweiht. Weitere Paläste sind u.a. der Mittelpalast, der Südwestpalast, der Statthalterpalast und ein weitläufiger Palast in der Unterstadt, der seit dem 7. Jh. v. Chr. als Kaserne diente. Um 845 v. Chr. erbaute der Assyrerkönig Salmanassar III. an der Südostecke der Unterstadt die 6 ha große *Salmanassar-Festung*, gleichzeitig Palast der Könige, Arsenal, Kaserne und Verwaltungszentrale. Sogar Tiglatpileser III. (744–727), der Gründer der neuassyrischen Großmacht, residierte zeitweise in dieser Festung. Hier fanden die Ausgräber u.a. Tausende von kostbaren Elfenbeinarbeiten, einen Thronsitz und eine Stele, auf der ein Gastmahl des Königs Assurnasirpal II. dargestellt ist, an dem 70 000 Gäste teilgenommen haben sollen. Die Stele stammt aus dem Jahre 879 v. Chr.

Literatur: M.E.L. Mallowan: Nimrud and its Remains. 3 Bde. London 1966; J. Meuszyński: Die Rekonstruktion der Reliefdarstellungen und ihre Anordnung im Nordwestpalast von Kalhu (Nimrud). Mainz 1981.

Kalathos (griech.). Ursprünglich trichterförmiger Korb, in dem die griechischen Frauen Wolle aufbewahrten (Strickkorb), später Bezeichnung für Gegenstände ähnlicher Form: Kopfbedeckung weiblicher Gottheiten, Tongefäße, Kernstück des korinthischen Kapitells.

Kaldarium. → Caldarium.

Kallikrates. Griechischer Architekt und Bauunternehmer des 5. Jh. v. Chr. Zusammen mit → Iktinos war er für die Planung und Errichtung des → Parthenon auf der Akropolis von Athen verantwortlich. Kurz zuvor, 448 v. Chr., war er mit dem Entwurf des Athena-Nike-Tempels am Aufgang der Akropolis beauftragt worden. Dieser kam jedoch erst 20 Jahre später in etwas anderer Form zur Ausführung (→ Amphiprostylos, Athen). Außerdem ist überliefert, daß er als Bauunternehmer bei der Errichtung der Langen Mauern zwischen Stadt und Piräus mitwirkte.

Kalpis (griech.). → Hydria (Wasserkrug).

Kalydon. → Heroon, Kalydon.

Kalypter (griech.). Schmaler Ziegel aus Ton oder Marmor, der die seitlichen Stöße der großen Flachziegel (→ Stroter) des Tempeldaches bedeckt. Man unterscheidet die ∧-förmigen korinthischen und die ∩-förmigen lakonischen K.

Kamee (frz.). Schmuckstein mit erhaben geschnittener bildlicher Darstellung im Gegensatz zur vertieft geschnittenen → Gemme. Die K.-Technik war schon den alten Völkern bekannt; ihre größte Verbreitung erreichte sie in hellenistischer Zeit. Die berühmteste K. ist die sog. Gemma Augustea (Wien, Kunsthistorisches Museum). Auch die großartige Portlandvase (London, Britisches Museum; 1. Jh. n. Chr.) ist in dieser Technik gearbeitet.

Kameiros. Neben Ialyssos und → Lindos eine der drei großen dorischen Städte auf der Sporadeninsel → Rhodos.

Archäologische Stätte: Reste der archaischen und klassischen Stadt sind bisher kaum bekannt. Die Ausgrabungsstätte umfaßt im wesentlichen das Zentrum der späthellenistischen Stadt, die nach einem Erdbeben von 226 v. Chr. neu aufgebaut wurde und sich an den Nordhang eines Hügels schmiegt. Über drei zum Teil künstlich hergestellte Terrassen erstrecken sich eine *Platzanlage mit Heiligtümern*, ein Wohnviertel und die Akropolis. Die Platzanlage wurde durch eine starke Stützmauer im Norden abgesichert. Zwei kleine Tempelbauten, von denen einer wahrscheinlich dem Apollon Pythios geweiht war, zahlreiche Weihgeschenke, eine Brunnenanlage, ein ummauerter Bezirk mit mehreren Altären und ein Kultplatz mit an drei Seiten umlaufender Stufenanlage rahmten den Platz. Die *Wohnquartiere* mit Badeanlagen und Atriumhäusern erstreckten sich beidseitig einer breiteren Straße, die östlich an dem Platz mit den Heiligtümern vorbei zur *Akropolis* hinaufführt. Diese dritte Terrasse wurde durch eine etwa 200 m lange Stoa zum Hang hin begrenzt. Die ca. 14 m tiefe Halle stützten zwei Reihen dorischer Säulen, hinter ihnen lagen kleine Räume, die vielleicht als Herberge für Pilger dienten. Die Akropolis bekrönte ein Tempel für Pallas Athene.

Literatur: G. Konstantinopoulos: Filerimo-Ialysos-Kameiros. Athen o.J.

Kanisch (Kültepe). Der große Ruinenhügel Kültepe erhebt sich etwa 20 km nordöstlich von Kayseri in der Zentraltürkei. Hier lag die uralte hethitische Handelsmetropole K. Hier hatte aber auch die Zentrale der altassyrischen Handelsniederlassungen in Kleinasien ihren Sitz. Tausende von Geschäftsurkunden, die sog. Kappadokischen Tafeln, vermitteln ein genaues Bild des Handelsverkehrs im 19. und 18. Jh. v. Chr.

Geschichte: Wahrscheinlich entstand die Ansiedlung schon in der Mitte des 3. Jt. v. Chr., jedenfalls lange vor der Ankunft der Hethiter. Im 24. Jh. v. Chr. mußten die Bewohner vorübergehend die Oberherrschaft des akkadischen Königs Sargon I. anerkennen. Im 23. Jh. v. Chr. trat Zipani, König von K., einem Bündnis mit 16 anderen Königen bei, um einen erneuten Angriff der Akkader abzuwehren. Im 19. Jh. v. Chr. siedelten sich vor den Toren der Stadt assyrische Kaufleute an. Die-

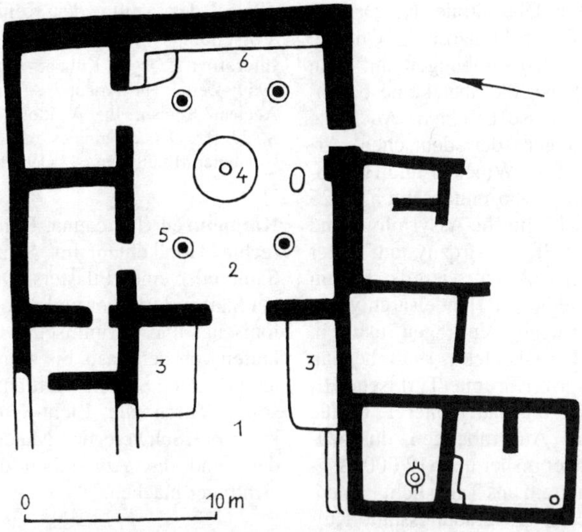

Kanisch: Tempel (?) um 2000 v. Chr.
1 Vorhalle 2 Hauptraum 3 Podest 4 Herd 5 Stütze 6 Bank

ser Stadtteil hieß Kârum und wuchs bald zur doppelten bis dreifachen Größe der eigentlichen Stadt. Kârum wurde zur Zentrale der zahlreichen assyrischen Handelsniederlassungen in Kleinasien. Es wurde Schalt- und Kontrollstelle für den gesamten Handel mit Mesopotamien. Die assyrischen Kaufleute genossen wichtige Privilegien, darunter auch das Recht auf eigene Gerichtsbarkeit. Wann die indogermanischen Hethiter nach K. kamen, ist nicht bekannt. In der zweiten Hälfte des 18. Jh. v. Chr. machte der hethitische König Anitta K. zu seinem Regierungssitz. Er nannte sich König von Kuššara und Neša (K.). Im 17. oder 16. Jh. v. Chr. ging Kârum, vermutlich bei einer kriegerischen Auseinandersetzung zwischen Hethiterfürsten, in Flammen auf und wurde danach nicht mehr bewohnt. Um 1200 v. Chr. zerbrach das hethitische Großreich unter dem Ansturm der Seevölker. Die Phryger zerstörten K., bauten die Stadt aber sofort wieder auf. Im 8. Jh. v. Chr. gehörte K. zum ostkleinasiatischen Königreich Tabal und erlebte noch einmal eine Blütezeit. In hellenistischer Zeit wurde die Stadt von dem benachbarten Mazaka (dem römischen Caesarea und heutigen Kayseri) überflügelt und verlor jede Bedeutung.

Forschungsgeschichte: 1881 tauchten im Antikenhandel Tontafeln mit altassyrischen Keilschrifttexten auf. Diese sog. Kappadokischen Tafeln, von denen andere Exemplare inzwischen auch in Alaça Hüyük und → Hattušas gefunden wurden, enthielten Hinweise auf die Handelszentrale K. Daraufhin begann der Franzose E. Chantre 1893/94 mit Ausgrabungen auf dem Hügel Kültepe, die aber keine besonderen Ergebnisse brachten. Auch die Untersuchungen der deutschen Archäologen H. → Winckler und H. Grothe im Jahre 1906 enttäuschten. 1925 fand der tschechische Assyriologe und Hethitologe B. → Hrozny auf einer Terrasse des Assyrerviertels Kârum 930 Tontafeln: ein Handelsarchiv mit Geschäftsbriefen, Verträgen usw. in altassyrischem Dialekt. 1948 begann die Türk Tarih Kurumu (Türkische Historische Gesellschaft) unter T. Özgüç umfassende Ausgrabungen durchzuführen, wobei bisher über 12 000 assyrische Tontafeln ans Tageslicht kamen. Die Funde der Ausgrabungsstätte Kültepe befinden sich in den Archäologischen Museen von Ankara und Kayseri.

Archäologische Stätte: Der 20 m hohe Ruinenhügel von Kültepe hat einen Durchmesser von 500 m und ist damit der größte Tell Kleinasiens. Zu Füßen dieses Bauschutthügels erstreckt sich das Assyrerviertel Kârum; es hat eine Ausdehnung von etwa 1000 x 700 m und war dicht besiedelt. Die meist zweistöckigen Häuser schmiegten sich eng aneinander. Die Schicht II (etwa 1850–1770) enthielt die Keilschriftarchive sowie Gebrauchskeramik, Gefäße in Tierform, Siegel usw. Auf dem Hügel wurde ein Tempel (?) ausgegraben; im großen Hauptraum stand ein runder, von Säulen umgebener Herd. Kleinere Räume umgaben diesen zentralen Raum; Treppen führten in ein Obergeschoß. Weitere Mauerstrukturen gehören zu palastähnlichen Häusern. In einem dieser Gebäude kam ein Bronzedolch mit dem Keilschrifttext »Palast des Anitta, des Königs« zum Vorschein.

Literatur: T. Özgüç: Kültepe-Kanis. Ankara 1959; Ders.: The Art and Architecture of Ancient Kanish. In: Anadolu 8 (1964). S. 27 ff.; Ders.: Temples of Kanish. In: Istanbuler Mitteilungen 43 (1993). S. 167 ff.

Kanneluren (lat. canna, Rohr). Senkrechte Hohlkehlen im Schaft einer Säule oder eines Pilasters. Die K. (20 bei Säulen dorischer und 24 bei Säulen ionischer und korinthischer Ordnung) laufen von der Basis bis zum Kapitell am gesamten Säulenschaft entlang. Sie sollen durch die Licht-Schattenwirkung die Schwere des Materials mildern und das Aufstreben der Säule sichtbarer machen.

Kanope (griech.-lat.). Steinkrug für die Eingeweide Verstorbener im alten Ägypten (seit der 4. Dynastie, etwa 2500 v. Chr.). Jeweils vier K. wurden zusammen mit der Mumie bestattet. Jede K. war einem der vier Söhne des Horus (ägyptischer Sonnengott) geweiht. Seit der 19. Dynastie (etwa 1300 v. Chr.) trugen die K.deckel die Köpfe der vier Schutzgötter: Amset (Mensch), Hapi (Pavian), Kebehsenuf (Schakal), Duamutef (Falke). Jeder Gottheit waren bestimmte Organe zugeordnet, die in der jeweiligen K. aufbewahrt wurden: Amset bewachte die Leber des Toten, Hapi seine Lunge, Kebehsenuf den Magen und Duamutef den Darm und die sonstigen Unterleibsorgane. Auch die Ascheurnen der Etrusker mit Menschenkopfdeckeln werden K. genannt. Sie traten im 7. und 6. Jh. v. Chr. vor allem in Chiusi auf. Die Bezeichnung K. geht auf den Osiriskult von Kanopos, einer Stadt an der Nilmündung, zurück. Der Gott wurde dort in Form eines bauchigen Kruges mit dem Kopf des Gottes verehrt.

Kantharos (griech.). Trinkgefäß mit zwei hochgezogenen Henkeln, meist auf hohem Fuß. Im 6. und 5. Jh. v. Chr. als Kultgefäß, seit dem 4. Jh. v. Chr. als profaner Trinkbecher verwendet. Abb. S. 510.

Kapitell (lat. capitellum, Köpfchen). Der oberste Teil einer Säule, eines Pfeilers oder eines Pilasters, Bindeglied zwischen Stütze und Gebälk. Das K. wurde schon in der assyrischen und persischen Baukunst verwendet, z.B. das achämenidische K. mit zwei im Rücken zusammengewachsenen Tierprotomen (Stiere, Löwen, Pferde). Die Griechen schufen entsprechend ihren Säulenordnungen das dorische K., das ionische Volutenk. und das korinthische Akanthusk. Aus letzterem entwickelte sich das römische → Kompositk. Die byzantinische Baukunst kannte zahlreiche neue K.formen.

Kapitol (Capitol). Einer der sieben Hügel Roms mit dem alten politischen und religiösen Zentrum der Stadt. Die Tarquinier errichteten auf der Südspitze des Hügels eine Kultstätte für die göttliche Trias Jupiter, Juno und Minerva. 509 v. Chr., im ersten Jahr der Republik, wurde der Tempel für Jupiter Capitolinus, Juno und Minerva geweiht. Hier endeten die Triumphzüge und die Konsuln opferten bei der Amtsübernahme. Nach dem Vorbild Roms errichteten zahlreiche Städte im westlichen Römischen Reich entsprechende Kultgebäude für die capitolinische Trias. → Rom.

Kap Sunion. → Sunion.

Karatepe (türk. schwarzer Berg). Ein 400 m hoher Hügel am Flusse Ceyhan (einst Pyramos) rund 80 km nordöstlich von Adana (Südtürkei). Auf diesem Hügel wurde eine späthethitische Stadt aus dem 8. Jh. v. Chr. freigelegt. In den Ruinen fanden die Ausgräber eine zweisprachige Inschrift, die die Entzifferung der hethitischen Hieroglyphen ermöglichte.
Geschichte: Vermutlich war der Hügel von K. schon im 12. Jh. v. Chr. bewohnt. In der zweiten Hälfte des 8. Jh. v. Chr. gründete hier Azitawadda (Asitawandas), späthethitischer König von Kizzuwatna (dem späteren Kilikien), eine befestigte Stadt, die er Azitawaddija nannte. Er schmückte die Stadt

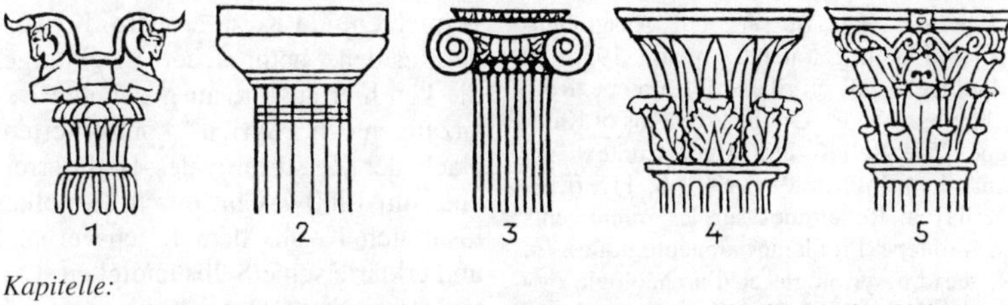

Kapitelle:
1 achämenidisches Stierprotomen-Kapitell 2 dorisches Kapitell 3 ionisches Volutenkapitell 4 korinthisches Akanthuskapitell 5 römisches Kompositkapitell

mit zahlreichen Orthostaten, die mit Reliefs und hethitischen Inschriften versehen waren. Wahrscheinlich um 680 v. Chr. wurde die Stadt von den Assyrern zerstört.

Forschungsgeschichte: 1946 entdeckte der deutsche Archäologe H.T. → Bossert aufgrund des Hinweises eines türkischen Lehrers auf dem K. einige hethitische Orthostaten. 1947 begann er zusammen mit H. Çambel und B. Alkim mit Ausgrabungen und legte die Ruinen einer Stadtanlage mit Mauer und Palast frei. Er fand eine Bilingue, eine gleichlautende Inschrift in phönikischer Schrift und in hethitischen Hieroglyphen. Diese Bilingue lieferte den Schlüssel zur Entzifferung der zahlreichen Hieroglypheninschriften, die man andernorts, vor allem in → Hattušas, gefunden hatte. Die Ruinen von K. wurden unter Leitung der türkischen Archäologin H. Çambel umfangreich restauriert.

Archäologische Stätte: Die Stadt auf dem K. war von einer 1000 m langen und 2–4 m dicken *Steinmauer* umgeben. Türme verstärkten die Mauer. Die Stadttore waren mit Skulpturen (Löwen) und Orthostatenreliefs versehen. Zu den interessantesten Reliefgruppen zählt das »Festmahl des Azitawadda«. Auf dem Gipfel erhob sich der *Palast des Königs*, in dem mehrere Basaltstatuen gefunden wurden.

Literatur: H.T. Bossert: Die Ausgrabungen auf dem Karatepe. Ankara 1950; P. Matthiae: Studi sui rilievi di Karatepe. Rom 1963; I.J. Winter: On the Problems of Karatepe. The Reliefs and Their Context. In: Anatolien Studies 29 (1979). S. 115 ff.; J. Deshayes: Remarques sur les monuments de Karatepe. Problèmes archéologiques. In: Revue d'assyriologie et d'archéologie orientale 75 (1981). S. 32 ff.

Karer. Vermutlich indogermanisches Volk an der West- und Südwestküste Kleinasiens. Im 8. und 7. Jh. v. Chr. kämpften karische Söldner in Ägypten, Nubien und Äthiopien. Ihre Schrift konnte noch nicht entziffert werden. 540 v. Chr. kamen die K. unter persische Oberhoheit und beteiligten sich u.a. an der Seeschlacht bei Salamis (480 v. Chr.). Möglicherweise ist Herodot, der »Vater der Geschichtsschreibung«, karischer Abstammung. Der berühmteste karische König ist Mausolos, dessen Grabbau als eines der Sieben Weltwunder galt.

Karkemisch. Eine bedeutende hethitisch-assyrische Stadt am rechten Ufer des Euphrat.

Geschichte: Nach einer babylonischen Urkunde gab es schon um 1720 v. Chr. Könige von K. Die günstige Lage an einer Furt des Euphrat ließ die Stadt schnell zu einem großen Handelsplatz aufsteigen, um den sich die benachbarten Reiche stritten. Der Hethiterkönig Hattušili I. (um 1640–1620) kämpfte vergeblich um die Stadt. Unter dem Pharao Thutmosis III. (1490–1436) gehörte K. zum Großreich der Ägypter. Im späten 15. Jh. v. Chr. stand es unter der Herrschaft des Königreiches Mitanni. Im 14. Jh. v. Chr. gelang es den Hethitern unter Šuppiluliuma (1370–1335), das Mitanni-Reich zu vernichten und K. zu erobern. K. wurde Residenz hethitischer Vizekönige, die von hier aus die ausgedehnten Besitzungen in Syrien kontrollierten. Nach der Zerstörung des Hethiterreiches um 1200 v. Chr. durch Seevölker löste sich K. aus dem Reichsverband und erklärte seine Selbständigkeit. Unter assyrischem Druck schlossen sich andere hethitische Nachfolgestaaten

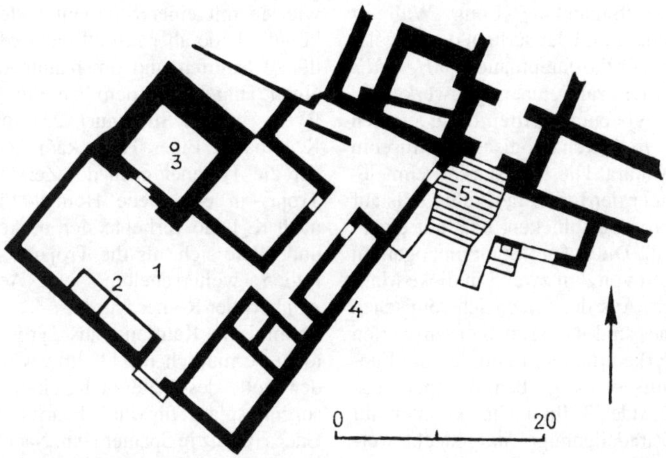

Karkemisch: Tempelbezirk des Wettergottes
1 Tempel 2 Altar 3 Thron 4 »Mauer der Skulpturen« (»Long Wall of Sculpture«)
5 Aufgang zur Akropolis

wie Sam'al und Kizzuwatna (Kilikien) K. an, das in den folgenden Jahrhunderten seine größte Bedeutung erlangte. Zeitweilig trugen die Herrscher von K. sogar den Titel Großkönig. Luhis und Katuwas, zwei dieser Großkönige, errichteten im 9. Jh. v. Chr. großartige Bauten. Araras folgte ihrem Beispiel im 8. Jh. v. Chr. Dem zunehmenden Druck der Assyrer konnte K. schließlich nur noch durch Tributzahlungen begegnen. 717 v. Chr. eroberte der Assyrerkönig Sargon II. die Stadt und setzte den letzten König von K. ab. Das Reich wurde eine assyrische Provinz. 605 v. Chr. stießen vor den Toren der Stadt die Heere der Babylonier und der Ägypter aufeinander. Die Babylonier unter dem Kronprinzen Nebukadnezar, dem späteren König Nebukadnezar II., siegten und konnten den Ägyptern Syrien, Palästina und Phönikien entreißen. In griechisch-römischer Zeit war die Stadt unter dem Namen Europos ein bedeutendes Handelszentrum und zuletzt auch ein wichtiger Militärstützpunkt. Mit dem Niedergang Roms geriet sie in Vergessenheit.

Forschungsgeschichte: 1876 besuchte der Engländer G. → Smith die Ruinenstätte bei Djerablus und erkannte sie als K. 1878 bis 1881, 1911 bis 1914 und 1919 bis 1920 führten D.G. Hogarth, T.E. Lawrence, R.C. Thompson und C.L. → Woolley Ausgrabungen für das Britische Museum in London durch.

Archäologische Stätte: Auf einem 40 m hohen Hügel lag die *Zitadelle*. Am Fuße des Zitadellenhügels erstreckte sich der Königspalast. Nahebei erhob sich im 10. und 9. Jh. v. Chr. ein *Tempel des Wettergottes* mit dem reliefgeschmückten »Long Wall of Sculpture« und der südlich davon gelegenen Orthostatenmauer »*Herald's Wall*«. Die zahlreichen Bildwerke und Hieroglypheninschriften befinden sich heute im Archäologischen Museum von Ankara. Die 5 m starke Lehmziegelmauer der Innenstadt ruhte teils auf schweren Felsblöcken, teils auf einem Erdwall. Die äußere Stadt umzogen im Abstand von 9 m zwei 5 m dicke Mauerringe. Aus der griechisch-römischen Epoche sind keine bemerkenswerten Bauwerke erhalten. Lediglich die Fundamente eines großen Tempels aus dem 2. oder 3. Jh. n. Chr. konnten auf dem Zitadellenhügel aufgedeckt werden.

Literatur: C.L. Woolley: Carchemish. Report on the Excavations at Djerabis. 3 Bde. London 1914–1953; D.J. Hawkins: Building Inscriptions of Carchemish. The Long Wall of Sculpture and Great Staircase. In: Anatolian Studies 22 (1973). S. 87 ff.

Karnak. → Theben.

Karnies (span. carnisa). Bauglied von S-förmigem Querschnitt am Gesims oder Sockel, auch Glockenleiste genannt.

Karthago. Die phönikische Kolonie in Nordafrika (im heutigen Tunesien) war die größte Handelsmetropole des Altertums.

Geschichte: Die sagenhafte Gründerin von K. war Dido (Elissa), eine tyrenische Prinzessin, die mit Hilfe aristokratischer Gruppen den König von Tyros stürzen wollte und, als der Umsturzversuch mißlang, fliehen mußte. Dido kam nach Nordafrika und bat den libyschen König Iarbas um Land. Iarbas sagte ihr höhnisch so viel Land zu, wie sie mit einer Stierhaut bedecken könnte. Dido aber schnitt das Leder in dünne Streifen und umspannte damit einen Hügel, auf dem sie die Burg Byrsa (griech. Stierhaut), das spätere K., erbaute. Eines Tages kam Aeneas, der die Trojaner nach der Zerstörung Trojas in eine neue Heimat führte, nach K. Dido verliebte sich in Aeneas und tötete sich, als die Trojaner nach Italien weitersegelten, wo Aeneas Ahnherr der Römer wurde.

Phönikische Kaufleute aus Tyros richteten vermutlich im 11. Jh. v. Chr. an der Stelle des späteren K. einen Versorgungsplatz für ihre Fahrten nach Gades (Cadiz in Spanien) ein. Nach antiken Angaben wurde K. erst 814 v. Chr., nach den bisherigen archäologischen Funden sogar erst um 750 v. Chr. gegründet. K. war zunächst nur eine Versorgungsbasis für die phönikischen Schiffe auf ihrem Weg zu den Gold, Silber und Zinn fördernden Ländern des Westens. Seine günstige Lage in der Straße von Sizilien und sein ausgezeichneter Hafen förderten den Aufstieg zur reichsten und mächtigsten der phönikischen Kolonien. Als die Griechen im 6. Jh. v. Chr. die Phöniker aus Sizilien vertreiben wollten und Tyros bereits zu schwach war, dies zu verhindern, übernahm K. den Schutz aller phönikischen Kolonien. Sein Einflußgebiet umfaßte im späten 6. und im 5. Jh. den gesamten Westraum des Mittelmeeres, von der Kyrenaika bis jenseits von Gibraltar, einschließlich Südspanien, Sardinien, Westsizilien und der Insel Malta. Karthagische Schiffe fuhren südwärts bis zum Golf von Guinea und nordwärts bis nach Britannien.

Um 537 v. Chr. vertrieben die Karthager gemeinsam mit den Etruskern die

Griechen aus Korsika. Auf Sizilien hatte sich inzwischen Syrakus, eine Gründung der Korinther, zu einer mächtigen Stadt entwickelt. 480 v. Chr. vernichtete Gelon von Syrakus bei Himera ein karthagisches Expeditionsheer. Die phönikischen Kolonien auf Sizilien konnten sich zwar halten, doch mußte K. zunächst auf weitere Angriffe gegen die Griechen verzichten. Erst als es 409 v. Chr. zu Spannungen zwischen den griechischen Städten Siziliens kam, nutzten die Karthager die Situation und eroberten alle griechischen Städte Siziliens mit Ausnahme von Syrakus. Die Pest zwang sie, 405 v. Chr. die Belagerung von Syrakus abzubrechen. Die Kämpfe zwischen Karthagern und Griechen setzten sich mit Unterbrechungen fort, bis es 264 v. Chr. zum Zusammenstoß mit Rom kam. Rom hatte seit 500 v. Chr. zu K. gute, vertraglich abgesicherte Beziehungen, mußte aber die Überlegenheit der Karthager auf See anerkennen. Äußerer Anlaß für den Konflikt waren die Mamertiner, ehemalige italische Söldner von Syrakus, die plündernd durch das griechische Sizilien zogen und 265 v. Chr. von Syrakus besiegt wurden. Sie baten daraufhin Rom und K. um Unterstützung. Rom sagte zu, weil es eine willkommene Gelegenheit sah, seinen Einfluß auf Sizilien auszudehnen, und K. versprach ebenfalls Unterstützung, weil es endlich eine Möglichkeit sah, die Griechen aus Sizilien zu vertreiben. Als sich Rom in Messina festsetzte und damit die Interessen von K. bedrohte, kam es zum Ersten Punischen Krieg (264–241 v. Chr.). Rom verbündete sich überraschend mit Syrakus, drängte die von den Römern Punier (Phöniker) genannten Karthager fast völlig von der Insel, baute eine Flotte und landete 256 v. Chr. in Nordafrika, wo sich der römische Feldherr M. Atilius Regulus allerdings nur kurze Zeit halten konnte. In der Schlacht vor den Ägatischen Inseln errangen die Römer den entscheidenden Sieg. K. bat um Frieden und mußte auf Sizilien verzichten. 238 v. Chr. verlor K. auch Korsika und Sardinien an Rom.

Um einem Vordringen der Römer zu den reichen Silberminen der Sierra Morena zuvorzukommen, eroberte der Karthager Hamilkar Barkas Südspanien bis zum Ebro. 226 v. Chr. schloß er mit Rom einen Vertrag, der den Ebro als Grenze zwischen den Interessensphären der beiden Mächte festlegte. Sein Schwiegersohn Hasdrubal baute eine gewaltige Armee auf, zu der auch 200 Elefanten gehörten. 221 v. Chr. übernahm sein Sohn Hannibal den Oberbefehl über die karthagischen Truppen. Er eroberte 219 v. Chr. die griechische Kolonie Sagunt (Valencia) und löste dadurch den Zweiten Punischen Krieg (218–201 v. Chr.) aus. 218 v. Chr. überquerte Hannibal die Alpen und siegte in den Schlachten am Ticinus (218 v. Chr.), am Trasimenischen See (217 v. Chr.) und bei Cannae (216 v.Chr.). 15 Jahre lang zog Hannibal durch Italien, doch die Römer wichen geschickt jeder entscheidenden Schlacht aus. Sein Heer war zu klein, um die Stadt Rom einzunehmen. Inzwischen eroberten die Römer Spanien (bis 206 v. Chr.) und landeten 204 v. Chr. in Afrika. Hannibal wurde zurückbeordert, unterlag aber im Jahre 202 v. Chr. in der Schlacht bei Zama den Römern unter P. Cornelius Scipio Africanus maior. Rom hatte mit dieser Schlacht die Weltherrschaft errungen. K. verlor sämtliche Kolonien und seine Flotte bis auf zehn Schiffe. Die benachbarten Nubier entrissen K. mit Billigung Roms große Teile der ihm noch verbliebenen Gebiete in Nordafrika. Dennoch gelang es der Stadt, allmählich wieder zu einem gewissen Wohlstand zu kommen.

Sein Auflehnen gegen weitere nubische Landnahmen und die Angst der Römer vor einem Wiederaufstieg der alten Handelsmetropole führten zum Dritten Punischen Krieg (149–146 v. Chr.). Drei Jahre lang hielt sich die Stadt gegen die übermächtigen Römer, mußte dann aber den Widerstand aufgeben und wurde vollständig zerstört. Die Römer deportierten die Bevölkerung in das karthagische Hinterland, das sie zur römischen Provinz Africa machten. K. wurde erst 44 v. Chr. unter Caesar wieder besiedelt. Nur das Zentrum der Stadt blieb unbebaut, da die Römer den Boden 146 v. Chr. formell verflucht hatten. Augustus hob 29 v. Chr. den Fluch wieder auf. Von da an stieg K. zu einer der bedeutendsten Städte des römischen Imperiums auf. Hadrian ließ 128 n. Chr. den 138 km langen Aquädukt bauen. Gegen 150 wurde die Stadt durch eine Feuersbrunst zerstört. Antoninus Pius befahl ihren Wiederaufbau. Commodus (180–192) verlieh der Stadt den Titel Colonia Alexandria Commodiana togata Carthago. Die Eroberung von K. durch die Vandalen 439 leitete den Niedergang der Stadt ein.

Forschungsgeschichte: In der Zeit des französischen Protektorats über Tunesien (1881–1956) wurden die wichtigsten Bauwerke der römischen und byzantinischen Epoche sowie eine punische Nekropole freigelegt. Eine systematische Untersuchung des gesamten Stadtgebietes steckt allerdings noch immer in den Anfängen. Deshalb rief die UNESCO 1974 ein internationales Forschungsprogramm ins Leben, an dem sich auch das → Deutsche Archäologische Institut sowie das Archälogische Institut der Universität Hamburg unter Leitung von H.G. Niemeyer mit Ausgrabungsarbeiten beteiligten. Diese Ausgrabungen beschränkten sich auf das Gebiet der punischen Stadt am Fuße der Burg Byrsa. Dabei wurden u.a. Hausstrukturen aus dem 8. bis 2. Jh. v. Chr. entdeckt, die auf eine Ausdehnung der archaischen Stadt über 25 Hektar schließen lassen. Die meisten Funde kamen in die Sammlungen des Musée National du Bardo in Tunis.

Archäologische Stätte: Mittelpunkt des phönikischen K. war die Akropolis, die *Burg Byrsa.* Sie hatte einen Umfang von etwa 3 km. Am Fuße der Burg lag die *Agora.* Längs des Hafens erstreckte sich das sog. *Tophet*, das Heiligtum der Tanit (Tinnit), der Stadtgöttin von K. Unweit der Burg erhob sich der *Tempel* der karthagischen Hauptgottheit *Baal-Chammon.* Dieser Gottheit sollen die Karthager sogar Menschenopfer, zumeist Kinder, dargebracht haben. Der *Handelshafen* hatte eine Ausdehnung von etwa 200 x 600 m. Ein kreisrunder Kriegshafen, mit einem Durchmesser von rund 200 m, konnte 200 Kriegsschiffe, also die gesamte punische Flotte, aufnehmen. Die *Wohnviertel* waren dicht bebaut; sie bestanden teilweise aus vier- bis sechsstöckigen Häusern. Nach dem Geographen Strabo (64 v. Chr.–20 n. Chr.) soll die nur 262 Hektar große Stadt in ihrer Blütezeit 700 000 Einwohner gehabt haben. Ein rechtwinkliges *Straßennetz* verband die einzelnen Stadtviertel. Die Römer bezogen bei ihrem Wiederaufbau der Stadt das phönikische Straßennetz in ihre Planung mit ein. 33 Nordsüdstraßen und 13 Ostweststraßen teilten das Stadtgebiet in längliche Rechtecke. Die beiden Hauptstraßen Cardo maximus und Decumanus maximus schnitten sich genau auf dem Byrsa. Auf dem Burgberg drängten sich mehrere Tempel und eine 88 x 32 m große Säulenhalle. Nördlich des Byrsa lagen Thermen, ein *Theater* aus der Mitte des 2. Jh. n. Chr. und ein *Odeion* aus der Zeit um 205 n. Chr. Die *Thermen des Antoninus Pius* (erbaut um 160 n. Chr.) an der römischen Kaimauer waren die größten ihrer Zeit. Ein 138 km langer *Aquädukt* versorgte die Thermen und mehrere große Zisternen mit Quellwasser aus dem Djebel Zaghouan. Der Aquädukt aus der Zeit Hadrians ist noch relativ gut erhalten. Im Westen der Stadt lag das *Amphitheater*, im Südwesten erstreckte sich der *Circus*. Unmittelbar am Kai stand der Palast des römischen Statthalters aus dem 4. Jh. n. Chr. Die stellenweise erkennbaren Reste der Stadtmauer stammen aus dem Jahre 425 n. Chr. Die Mauer wurde unter Theodosius II. als Schutz vor den anrückenden Vandalen erbaut.

Literatur: G. Charles-Picard: Das wiederentdeckte Karthago. Paris 1957; H.G. Niemeyer: Karthago, Stadt der Phönizier am Mittelmeer. In: Antike Welt 21, 2 (1990). S. 89 ff.; R. Rakop (Hrsg.): Karthago. Bd. 1 ff. Mainz 1991 ff.; W. Huss (Hrsg.): Karthago. Darmstadt 1992.

Kartusche. Sog. Königsring, die ovale Umrahmung des Königsnamens in ägyptischen Hieroglypheninschriften, entstanden aus den Symbolen für Sonnenscheibe und Horizont.

Karyatide (griech.). Mädchenstatue, die anstelle einer Säule das Gebälk eines Bauwerks trägt. Beispiele: → Erechtheion in Athen, Schatzhaus der Siphnier in Delphi (→ Schatzhaus, Delphi, 1). Männliche Gebälkträger heißen → Atlant oder Telamon.

Kassiten. Altorientalisches Bergvolk aus dem Zagros, das nach dem Sturz der 1. Dynastie von Babylon durch die Hethiter vom 16.–12. Jh. v. Chr. Babylon beherrschte und das Reich gegenüber den Ägyptern, Hethitern und Assyrern behauptete. Die Herrschaft der K. endete um 1160 v. Chr. mit dem Einfall der → Elamiter.

Ka-Statue. Im alten Ägypten Bezeichnung für die Grabstatue eines Verstorbenen, in der der Geist des Toten verweilen und Nahrung in Form von Totenopfern zu sich nehmen konnte. Der Begriff Ka beinhaltet die Lebenskraft, die Seele des Menschen.

Katagogeion (griech.). Herberge in größeren Städten und bei bedeutenden Heiligtümern. → Asklepieion, Epidauros, → Olympia.

Katakomben. Unterirdische Grabanlage in Rom seit dem 2. Jh. Die Verstorbenen wurden in Nischen labyrinthischer, mehrgeschossiger Stollen bestattet. Vor allem Christen, aber auch Juden bevorzugten die Kryptabestattung. Der Name geht auf den Bestattungsort des hl. Sebastian in einer Talsenke an der Via Appia zurück: ad catacumbas. In der Antike hieß die K. coemeterium (griech. Ruhestätte). K. gab es u.a. auch in Neapel, Syrakus, auf Malta und in Tunesien.

Keilschrift. Mesopotamische Schrift des 3. bis 1. Jt. v. Chr. Die Schriftzeichen wurden mit einem gespaltenen Rohr in feuchten Ton gedrückt und erhielten so ihre charkteristische Keilform. Die K. geht auf die Bilderschrift von Uruk, die älteste bekannte Schrift überhaupt, zurück. Mit ihr wurden alle altorientalischen Sprachen (Sumerisch, Akkadisch, Assyrisch, Elamisch, Hethitisch, Altpersisch usw.) geschrieben. 1802 gelang es G.F. → Grotefend, die ersten Zeichen der altpersischen K. zu entziffern. W. Hinz, H.C. → Rawlinson, E. Hincks, J. Oppert und J. Ménant setzten die Arbeit fort, so daß seit Mitte des 19. Jh. fast sämtliche vorliegenden K.texte gelesen werden konnten.

Kelten. Die indogermanische Völkergruppe unbekannter Herkunft trat erstmals in der Hallstattzeit in Erscheinung. Seit dem 6. Jh. v. Chr. förderten die K. auf zahlreichen Fürstensitzen in Süddeutschland die Herstellung von Bronze- und Eisenwaren und betrieben einen umfangreichen Handel mit der griechischen Kolonie Massalia (Marseille) und mit etruskischen Städten. Die kostbaren Beigaben in den Gräbern ihrer Fürsten lassen auf einen großen Reichtum und ein hohes Kunstempfinden schließen. Von Süddeutschland aus eroberten die keltischen Stämme Frankreich, Nordspanien, Großbritannien, Norditalien, Böhmen und den Donauraum, ohne aber jemals einen Staat zu gründen oder sich zu einer Nation zu vereinigen. In kraftvollen Feldzügen (bzw. Raubzügen) bedrängten sie die Mittelmeervölker: 387 v. Chr. äscherten sie Rom ein, 279 v. Chr. standen sie vor → Delphi, kurz danach erschienen sie in Kleinasien, wo sie 275 v. Chr. von Antiochos I. Soter in der berühmten Elefantenschlacht geschlagen und in Phrygien angesiedelt wurden. In den beiden letzten vorchristlichen Jahrhunderten entwickelten die Kelten die sog. Oppidazivilisation: sie schufen stadtartige, befestigte Siedlungen als Stammeszentren von Verwaltung, Handel und Gewerbe. Im 1. Jh. v. Chr. erlagen sie dem Ansturm römischer Legionen, wurden romanisiert oder vermischten sich mit anderen Völkern. Nur in Schottland, Irland und Wales sowie in der Bretagne konnten sie bis heute ihre Eigenart bewahren.

keltische Fürstengräber. Unter mächtigen Grabhügeln (Tumuli) kamen vor allem in Südwestdeutschland, aber auch in Burgund, in der Schweiz und in Böhmen Grabstätten aus der Hallstattzeit (um 750–400 v. Chr.) und Latènezeit (um 450 bis Ende des 1. Jh. v. Chr.), den beiden großen keltischen Kulturepochen, zum Vorschein. Die Beigaben, zum Teil Importe aus dem Mittelmeergebiet, bezeugen eine einzigartige, hochstehende Kultur. Die reiche Ausstattung läßt vermuten, daß in diesen Gräbern Fürsten beigesetzt wurden.

Literatur: K. Bittel: Die Kelten in Württemberg. Berlin, Leipzig 1934; G. Kossak: Prunkgräber. Bemerkungen zu Eigenschaften und Aussagewert. In: Studien zur Vor- und Frühgeschichtlichen Archäologie. Festschrift für J. Werner. München 1974. S. 3 ff.; K. Bittel, W. Kimmig u. S. Schiek: Die Kelten in Baden-Württemberg. Stuttgart 1981.

keltische Fürstengräber, Hochdorf. In Hochdorf an der Enz, nahe Ludwigsburg, legten Archäologen des

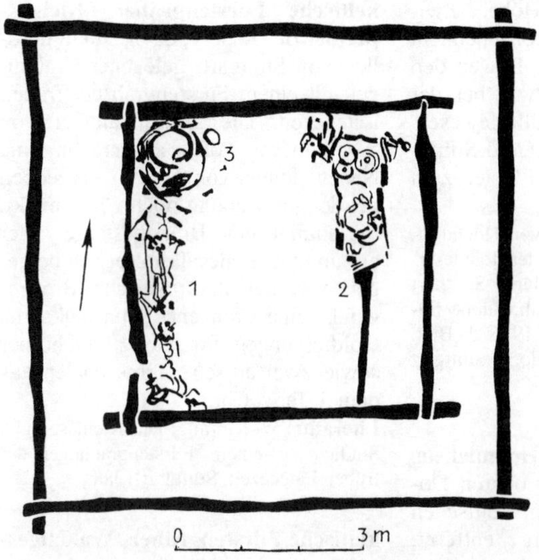

Keltisches Fürstengrab von Hochdorf
1 Skelett auf Bronzebett
2 vierrädriger Wagen
3 Bronzekessel

Landesdenkmalamtes Baden-Württemberg unter Leitung von J. Biel 1978 und 1979 ein vollständig erhaltenes keltisches Fürstengrab aus der Zeit von 550 bis 500 v. Chr. frei. 17 000 m³ Erdreich bedeckten einst bis zu einer Höhe von vielleicht 10 m die unterirdische Grabanlage. Die 7,4 x 7,5 m große äußere Grabkammer umfaßte die aus schweren Holzbohlen erbaute, 4,8 x 4,2 m große und 1,2 m hohe innere Kammer. Der Zwischenraum war mit Lehm, Gestein und mehreren Balkenlagen ausgefüllt. Schon wenige Jahre nach der Beisetzung brachen die Balken unter der ungeheuren Last des Erdhügels. Der Fürst – sein Skelett weist ihn als einen 1,83 m großen Hünen von etwa 40 Jahren aus – lag auf einem bronzenen Ruhebett von 3 m Länge und 40 cm Breite. Acht 23 cm hohe weibliche Bronzefiguren auf drehbaren Rädern bildeten die Beine des Bettes. Es ist das einzige Totenbett dieser Art, das bisher gefunden wurde. Der Tote trug einen goldenen Halsring und einen goldenen Armreif. Zwei goldene Schlangenfibeln und ein goldenes Gürtelblech zierten seine Kleidung, die zum Teil noch relativ gut erhalten ist. Mit dem gleichen feinkarierten Tuch war auch die innere Grabkammer ausgeschlagen. Neben dem Skelett lag ein sog. Antennendolch, ein Eisendolch mit goldplattiertem Gabelgriff und goldener Scheide, das Herrschaftssymbol des Fürsten. Die Füße steckten in goldbeschlagenen Schnabelschuhen. Neben dem Totenbett stand ein mit Eisenblech überzogener vierrädriger Wagen; die zehnspeichigen Räder lehnten an der Kammerwand. Ein fellüberzogenes Gestell trug einen Bronzekessel von 1 m Durchmesser und 70 cm Höhe. Zwischen drei massiven Bronzehenkeln schmückten drei liegende Löwen den Kesselrand. Der Kessel war bei der Bestattung mit Wein gefüllt gewesen. Eine Schale aus Elektron (Gold-Silber-Legierung) lud den toten Fürsten zum Trinken ein.

Literatur: Der Keltenfürst von Hochdorf, Methoden und Ergebnisse der Landesarchäologie. Katalog Ausstellung Stuttgart 1985 (hrsg. vom Landesdenkmalamt Baden-Württemberg). Stuttgart 1985; J. Biel: Der Keltenfürst von Hochdorf. Stuttgart 1985.

keltische Fürstengräber, Hohmichele. Bei Hundersingen an der oberen Donau, etwa 2 km von dem keltischen Fürstensitz → Heuneburg entfernt, liegt das Keltengrab von Hohmichele. Der Grabhügel aus dem 6. Jh. v. Chr. war ursprünglich 13,5 m hoch und hatte einen Durchmesser von etwa 50 m. Unter dem Hügel stießen die Archäologen auf die 3,5 x 5,5 m große und 1 m hohe Grabkammer. Leider war die mit Holzbohlen ausgekleidete Kammer schon in vorgeschichtlicher Zeit ausgeraubt worden. Dazu hatten die Grabräuber einen fachgerecht gesicherten Stollen in das Hügelinnere getrieben. Lediglich ein abseits liegendes Doppelgrab war noch unangetastet. Hier fanden die Ausgräber Reste eines vierrädrigen Wagens, Pferdegeschirr, Bronzefibeln, zwei Ketten – die eine aus 351 Bernsteinkugeln, die andere aus 2360 grünen Glasperlen –, einen eisernen Halsreif, ein Hiebmesser, einen 2,1 m langen Bogen und einen Lederköcher mit 51 Pfeilen.

Literatur: G. Riek u. H.J. Hundt: Der Hohmichele. Ein Fürstengrab der späten Hallstattzeit bei der Heuneburg. Berlin 1962.

keltische Fürstengräber, Kleinaspergle. Bei Asperg, etwa 20 km nördlich von Stuttgart, gelegener Grabhügel mit einem Fürstengrab der frühen Latènezeit. Die Zentralkammer von 5 x 4 m war völlig ausgeraubt. Eine Nebenkammer von 3 x 2 m war jedoch bei der Ausgrabung noch völlig intakt. Sie enthielt eine Brandbestattung, der ein umfangreiches Trinkservice beigegeben wurde: ein etruskisches Bronzegefäß, eine bronzene Schnabelkanne, Goldfassungen für zwei Trinkhörner sowie zwei attische Trinkschalen aus dem 5. Jh. v. Chr.

Literatur: W. Kimmig: Das Kleinaspergle. Studien zu einem Fürstengrabhügel der frühen Latènezeit. Stuttgart 1988.

keltische Fürstengräber, Waldalgesheim. 1851 wurden bei Weiskirchen im Saarland mehrere Tumuli mit Fürstengräbern erforscht. 1869 entdeckten Archäologen das Fürstengrab von Waldalgesheim bei Bingen. Die ursprünglich unter einem Tumulus gelegene Grabkammer enthielt das Grab einer Fürstin aus der zweiten Hälfte des 4. Jh. v. Chr. Wie die reichen Beifunde vermuten lassen, verdankte die Bestattete ihren gesellschaftlichen Rang vor allem den in dieser Gegend günstigen Bedingungen für Abbau und Verarbeitung der reich anstehenden Eisen-Mangan-Erze. Neben goldenen Hals- und Armringen, bronzenen Schmuckscheiben und einem Streitwagen fand sich auch ein Trinkgeschirr unter den Grabbeigaben, zu dem ein mit Palmetten verzierter Bronzeeimer aus der griechischen Kolonie Tarent in Süditalien gehört.

Literatur: H.-E. Joachim: Waldalgesheim. Das Grab einer keltischen Fürstin. Bonn 1995.

Kenotaph (griech.). Leer- oder Scheingrab. Grab- oder Gedächtnisstätte für einen Toten, den man aus irgendwelchen Gründen gar nicht oder nur an anderer Stelle begraben konnte.

Kentauromachie. Darstellung des Kampfes der Griechen gegen die Kentauren, sagenhafte Mischwesen aus Mann und Pferd. Peirithoos, König der Lapithen, lud die Kentauren zu seiner Hochzeit mit Hippodameia ein. Die betrunkenen Kentauren vergriffen sich an den Frauen seines Gastgebers. Ein wilder Kampf entbrannte, der von Theseus, dem Freund des Peirithoos, zugunsten der Griechen entschieden wurde. Darstellungen der K. finden sich z.B. am Zeus-Tempel in Olympia (→ Peripteros, Olympia, 2), am → Parthenon in Athen und am Apollon-Tempel in → Bassai.

Kerameikos. Stadtviertel → Athens, nordwestlich der Agora gelegen. Nach → Pausanias (I 3,1) soll sich der Name von Keramos, dem griechischen Heros der Töpfer, herleiten. Ursprünglich lag das Viertel außerhalb der Stadtmauern. Mit dem Bau der Themistokleischen Mauer wurde der K. jedoch in einen äußeren und in einen inneren Bezirk geteilt. In letzterem standen öffentliche Bauten und Heiligtümer. Der äußere K., jenseits des → Dipylon, diente auch als Begräbnisstätte für Athener und war durch die zahlreichen Staatsgräber bereits im Altertum weithin bekannt. Neben dem Dipylon durchbrach auch das sog. Heilige Tor die Stadtmauer. Hier führte der Prozessionsweg, auf dem der Festzug der Göttin Demeter nach Eleusis einherschritt, hindurch.

Literatur: U. Knigge: Der Kerameikos von Athen. Athen 1988.

Keramik (von griech. keramos, Ton, tonhaltige Erde). Sammelbezeichnung für Produkte der Töpferei. Erste Keramikschöpfungen des Menschen im Neolithikum, zunächst plastische Tonarbeiten, Idole in menschlicher Gestalt, als älteste Zeugnisse religiöser Vorstellungen, dann auch Gefäße. Verwendung der Töpferscheibe im Alten Orient seit dem 4. Jt. v. Chr. Im 3. Jt. kam in Ägypten die Glasurtechnik auf. Babylonier, Assyrer und Perser verwendeten glasierte Keramikziegel in der Baukunst. Die Griechen entwickelten die Keramik zu höchster technischer und künstlerischer Vollkommenheit. Das örtlich unterschiedliche Rohmaterial, der Formenreichtum der Gefäße, der Dekor und die weitere Behandlung, nicht zuletzt die unzähligen Funde, machen die Keramik zu einem wichtigen Hilfsmittel für die Archäologie.

Keramikrestauration. Keramisches Material ist verhältnismäßig stabil und äußerst widerstandsfähig gegen physiko-chemische Einflüsse, denen es über Jahrhunderte oder gar Jahrtausende im Boden ausgesetzt war. Tongefäße und Scherben werden daher nur mit Wasser gereinigt. Versinterungen beseitigt man mit verdünnter Salzsäure oder Ameisensäure; danach sind die Gefäße ausgiebig zu wässern, um der gefürchteten Säurekrankheit zu begegnen. Zu Ausstellungszwecken können Restauratoren unvollständiges Scherbenmaterial durch optisch deutlich abgesetzte Gips- oder Kunststoffteile ergänzen.

Kerkis (griech.). Keilförmige, durch Treppen begrenzte Abteilung des Zuschauerraumes im griechischen Theater.

Kernos (griech.). Schüsselförmiges Gefäß auf hohem Fuß mit einem Kranz kleiner Schalen. Beim Mysterienkult von Eleusis enthielt jedes Schälchen Opfergaben, die nach der Prozession vom Träger verspeist wurden. Abb. S. 510.

Kessel. Großes, bauchiges Gefäß ohne Fuß aus Bronze oder Ton. Der K. ruhte auf dreifüßigen Ständern und diente zum Erhitzen von Wasser und als Kochk. Kostbar gearbeitete K. wurden als Weihgeschenke oder als Kampfpreis verwendet.

Khorsabad. → Dur Scharrukin.

Kimbern. Germanischer Volksstamm aus Jütland, der um 120 v. Chr. südwärts wanderte, mehrere römische Heere besiegte und nach dem Zusammenschluß mit anderen Germanenstämmen für Rom zu einer ernsten Gefahr wurde, bis es dem römischen Feldherrn Marius gelang, die K. 101 v. Chr. bei Vercellae völlig zu vernichten.

Kimmerier. Nomadisierendes Reitervolk, das im 8. Jh. v. Chr. von den Skythen aus seinen Wohnsitzen verdrängt wurde und über den Kaukasus in Kleinasien einfiel. 714 v. Chr. bedrohten sie das Reich von Urartu. 680 v. Chr. von den Assyrern unter Asarhaddon besiegt, wandten sie sich nach Westen, vernichteten das Großreich der Phryger, überfielen das Lydierreich und plünderten griechische Küstenstädte in Westkleinasien. Um 660 v. Chr. gelang es dem Lydierkönig Alyattes, die K. aufzureiben.

Kiosk. Loggienartiger Bau oder Dachaufbau in spätägyptischen Tempelanlagen. Das Dach des meist rechteckigen Bauwerks wurde von Säulen getragen.

Kisch (Tell el Oheimir). Etwa 80 km südöstlich von Bagdad und 20 km östlich von Babylon gelegen. Die Könige von K. bildeten der sumerischen Königsliste zufolge die erste Dynastie Mesopotamiens nach der Sintflut.
Geschichte: K. war vermutlich schon im 4. Jt. v. Chr., in der El-Obeid-Periode (4000–3400), Hauptstadt der ersten Dynastie. Die eigentliche Blütezeit der Stadt begann aber erst nach dem Ende der Dschamdat-Nasr-Periode (3100–2900). Mesalim, ein König von K., beherrschte im 26. Jh. weite Teile Mesopotamiens. Die Bevölkerung von K. setzte sich damals aus Sumerern und Semiten zusammen. Gegen 2400 besiegte Lugalzagesi von → Uruk den König Ur Zababa von K. Wenig später riß Sargon I. die Macht an sich, nahm den König von Uruk gefangen und gründete das erste Großreich der Geschichte, das Reich von Akkade. Sargon bestimmte Akkade, eine noch nicht lokalisierte Stadt unweit von K., zu seiner Residenz. K. wurde aber nicht aufgegeben, im Gegenteil, Sargon ließ die Stadt gründlich wiederherstellen. Auch die babylonischen Herrscher, die die Dynastie von Akkade ablösten, kümmerten sich um K. Hammurabi (1792–1750) erneuerte die Tempel und die Ziqqurrat. Den Babyloniern folgten die Assyrer. Marduk Abal Idin II., Stadtfürst von K., versuchte um 710 v. Chr. vergeblich, aus dem assyrischen Herrschaftsbereich auszubrechen. In neubabylonischer Zeit restaurierte Nebukadnezar II. die Tempel der Stadt. Sein Nachfolger Nabonid verschleppte die Götterstatu-

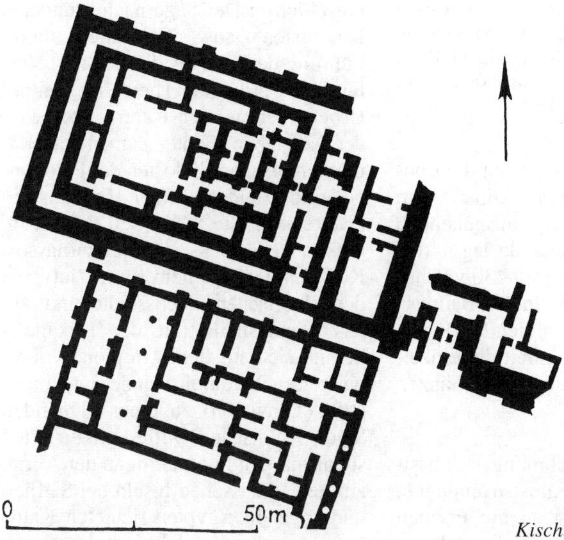

Kisch: Palast A

en der Tempel von K. nach Babylon. Kyros der Große gab sie nach der Eroberung Babylons 539 v. Chr. der Stadt zurück. Unter den Persern verlor K. allmählich seine Bedeutung, blieb aber bis in die Sassanidenzeit (224–642) bewohnt.

Forschungsgeschichte: Die Tells von K. wurden 1818 von K. Porter und 1852 von L. Fresnel und J. Oppert kurz untersucht. Eigentliche Ausgrabungen begannen aber erst 1912 unter dem Franzosen H. de Genouillac, nachdem im europäischen Antikenhandel interessante Funde aus dieser Stadt aufgetaucht waren. 1923 bis 1933 erforschten Archäologen der Universität Oxford und des Field Museum von Chicago das Stadtgebiet.

Archäologische Stätte: Auf dem Tell Inghara konnten Reste eines sumerischen Palastes freigelegt werden. Neben diesem Palast erhoben sich zwei neubabylonische Tempel aus dem 6. Jh. v. Chr. Der größere von ihnen hatte eine Ausdehnung von 92 x 83 m und war vermutlich der Göttin Ninlil geweiht. Nebukadnezar II. hatte die Tempel auf den Fundamenten älterer Heiligtümer erbauen lassen. Jedem war eine Ziqqurrat zugeordnet. 1912 waren diese Stufentürme noch über 17 m hoch, während heute nur noch wenige Meter hohe Erdaufschüttungen von ihnen zeugen. Die Ziqqurrat des Zababa-Tempels stammt, zumindest in ihrer letzten Ausführung, aus der Zeit des Assyrerkönigs Sargon II. (721–705). Sie hatte einen Grundriß von 55,5 x 62,7 m und ist noch immer etwa 19 m hoch.

Literatur: B. Hrouda u. K. Karstens: Zur inneren Chronologie des Friedhofes A in Ingharra-Chursagkalama bei Kiš. In: Zeitschrift für Assyriologie und verwandte Gebiete 58 (1967). S. 256 ff.; M. Gibson: The City and Area of Kish. Miami 1972; P.R.S. Moorey (Hrsg.): Kish Excavations, 1923–1933. Oxford u.a. 1978.

klassische Kunst. Sie umfaßt die Epoche der griechischen Kunst vom frühen 5. Jh. bis zum ausgehenden 4. Jh. v. Chr. Ihr Höhepunkt lag in den Jahrzehnten von etwa 450–430 v. Chr., der sog. Parthenonzeit. In den Bauwerken wie auch in der bildenden Kunst wurde die Ausgewogenheit der einzelnen Glieder innerhalb eines Ganzen angestrebt.

Klassizismus. Nachahmungen klassischer Perioden und Kunstströmungen, bewußte Anknüpfung an die Formen und Idealvorstellungen der Klassik.

Klepsydra (griech.). Ursprünglich ein pipettenähnlicher Flüssigkeitsheber. Später Bezeichnung für die Wasseruhr.

Kline (griech.). Im griechischen Altertum die couchartige Lagerstatt, auf der man beim Einnehmen der Mahlzeiten und bei Gelagen ruhte. Auch archäologisch die Bezeichnung einer Sitzbank schlechthin.

Knidos. Die Ruinenstätte von K. liegt auf der weit vorspringenden Südwestecke von Kleinasien, zwischen dem Golf von Kos und der Insel Rhodos. Zum Stadtgebiet gehörte das Kap Triopion (heute Deveboynu Burun), einst eine Insel, die aber schon im Altertum durch eine schmale Landenge mit dem Festland verbunden war. Zu beiden Seiten der Landenge befand sich ein größerer Handels- und ein kleinerer Kriegshafen.

Geschichte: Der Sage nach gründeten Kolonisten aus Thessalien unter Führung des Triopas die Stadt K. Vermutlich wurden die Thessalier von der Urbevölkerung, den Karern, aber wieder vertrieben. Später kamen Lakedämonier aus dem Südosten der Peloponnes und gründeten unter Hippotas ein zweites Mal die Stadt. Seit dem 7. Jh. v. Chr. gehörte K. mit Halikarnassos, Kos, Lindos, Kameiros und Ialyssos dem Dorischen Sechsstädtebund an; das Bundesheiligtum der Hexapolis befand sich auf dem Triopion. K. entwickelte sich durch Handel und Industrie (Tonwaren) zu einer blühenden Stadt. Knidische Schiffe konkurrierten sogar mit den Phönikern; an der Adria, auf den Liparischen Inseln bei Sizilien und sogar in Ägypten richteten Kaufleute aus K. Handelsniederlassungen ein. In → Delphi unterhielt K. ein reich ausgestattetes Schatzhaus. Der Wohlstand der Stadt endete mit dem Eindringen der Perser in Kleinasien. 546 v. Chr. ergab sich die Stadt Kyros dem Großen. 498 v. Chr. beteiligte sich K. am Aufstand der ionischen Städte und mußte die Zerstörung seiner Mauern durch die Perser hinnehmen. Als Mitglied des Attischen Seebundes erlebte K. noch einmal eine kurze Zeit der Blüte. Ein Asklepieion wurde gegründet, aus dem eine berühmte Ärzteschule hervorging. 412 v. Chr. fiel die Stadt von Athen ab und wurde kurz darauf Stützpunkt der Spartaner. 394 v. Chr. besiegte der in persische Dienste getretene Athener Konon bei K. die spartanische Flotte. Im 4. Jh. v. Chr. entwickelte sich die Stadt zu einem regen Kulturzentrum der griechischen Welt. Hier ersann der Astronom Eudoxos (409–356) sein Weltsystem. 334 v. Chr. zog Alexander der Große kampflos in die unbefestigte Stadt ein, deren politische, wirtschaftliche und kulturelle Bedeutung von da an ständig zurückging. Im 3. Jh. v. Chr. erbaute der knidische Architekt Sostratos im Auftrag des Lagidenherrschers Ptolemaios II. Philadelphos den berühmten Leuchtturm von Alexandria, der als eines der Sieben Weltwunder galt. Bei der Auseinandersetzung der Römer mit den Seleukiden schlug sich K. auf die Seite der Römer. Ab 129 v. Chr. gehörte die Stadt zur römischen Provinz Asia.

Forschungsgeschichte: 1858–1859 führten Wissenschaftler des Britischen Museums, London, eingehende Untersuchungen in K. durch und erstellten den ersten Plan einer antiken Stadt. 1863 grub der britische Archäologe C.T. Newton in K. 1927 führte der Deutsche K. Sudhoff die Arbeiten fort. 1930 folgte A. von Gerkan. Seit 1952 arbeiteten britische Archäologen in K. und seit 1987 setzt die Universität Konya die Forschungen fort.

Archäologische Stätte: Das eindrucksvollste Bauwerk von K. ist die fast unversehrte *Stadtmauer*, die vom Kriegshafen aus zur 284 m hohen Akropolis ansteigt; sie gilt als eines der schönsten Beispiele hellenistischer Befestigungsbauten. Die beiden Häfen mit ihren Molen sind noch deutlich zu erkennen. Von der Agora am Kriegshafen, je einem dorischen und korinthischen Tempel, dem Odeion, zwei Theatern und weiteren Bauwerken ist nur noch wenig erhalten. Im *Demeter-Tempel*, unterhalb der Akropolis, kam bei den Ausgrabungen die berühmte »Demeter von Knidos«, wohl eine Arbeit des karischen Bildhauers Bryaxis aus der Zeit um 340 v. Chr., zum Vorschein; die Statue befindet sich heute im Britischen Museum, London. In K. stand auch die nicht weniger berühmte Aphrodite-Statue des Praxiteles (um 340 v. Chr.), die allerdings nur in römischen Kopien überliefert ist.

Literatur: K. Sudhoff: Kos und Knidos. München 1927; G.E. Bean u. J.M. Cook: The Cnidia. In: Annual of the British School at Athens 47 (1952). S. 171 ff.

Knossos. Metropole des minoischen Reiches auf Kreta. Hier vermutete H. → Schliemann den riesigen Palast des sagenhaften Königs Minos, den Sir A. → Evans dann in 35jähriger Arbeit freilegte. K. war der Schauplatz der Sage von Theseus und Ariadne.

Geschichte: Erste Siedlungsspuren in den bis 8 m dicken Ablagerungsschichten von K. weisen in das 4. Jt. v. Chr. zurück. Im frühen 3. Jt. kamen aus Kleinasien indogermanische Einwanderer nach Kreta, die bereits eine hochentwickelte Kultur mitbrachten. Diese Minoer pflegten rege wirtschaftliche und kulturelle Beziehungen zu Ägypten. Gegen Ende des 3. Jt. bildeten sich auf Kreta kleinere Herrschaftsgebiete, die von Königen regiert wurden. Nach 2000 v. Chr. entstanden in mehreren Orten Kretas die ersten größeren Palastanlagen, in → Phaistos z.B. und in → Malia, besonders groß und prächtig aber in K. Zwischen 1750 und 1700 v. Chr. zerstörte ein schweres Erdbeben sämtliche Paläste der Insel. Bald darauf erhoben sich auf den alten Fundamenten neue, noch schönere Paläste. In dieser sog. zweiten Palastzeit (etwa 1630–1400 v. Chr.) erlebte K. seine größte Blüte. Es stellte sich an die Spitze der kretischen Stadtstaaten und sandte Handelsschiffe nach Griechenland, Kleinasien, Ägypten, zu den Kykladen und in den Nahen Osten. Im

16. Jh. v. Chr. herrschte der sagenhafte König Minos von K. aus über fast ganz Kreta. Minos war ein Sohn des Zeus und der Europa, der Vater der Ariadne. Er erweiterte seinen Palast zu einem riesigen Bauwerk, das in mehreren Stockwerken rund 1300 Räume enthielt. Die Stadt dürfte in dieser Zeit vielleicht 100 000 Einwohner gehabt haben. Als um 1500 v. Chr. der gewaltige Ausbruch des Vulkans von Thera mit einer riesigen Flutwelle die an der Nordküste gelegenen minoischen Paläste Kretas verwüstete, blieb K. unbeschädigt. Auch ein schweres Erdbeben, etwa fünfzig Jahre danach, konnte die Stadt fast unversehrt überstehen. Dennoch war die Macht der Minoer durch den Verlust ihrer Schiffe und die Zerstörung fast aller kretischen Häfen erheblich gemindert. Dazu kam die ständige Zuwanderung von Festlands-Achäern, die die mykenische Kultur auf der Insel verbreiteten. Zu Beginn des 14. Jh. v. Chr. vollendete eine Invasion der Achäer, vielleicht in Verbindung mit einem Aufstand der bereits auf Kreta ansässigen Achäer, den Untergang des minoischen Reiches. Die Achäer zerstörten jedenfalls alles, was Vulkan und Erdbeben verschont hatten, so auch den Palast des Minos. Diese Version des Untergangs ist allerdings nur zum Teil bewiesen und wird seit Jahren heftig diskutiert. Die Achäer hinterließen auf Kreta keine nennenswerten Spuren. Nach Homer soll die Insel um 1200 v. Chr. die meisten Schiffe für Agamemnons Zug gegen Troja gestellt haben. Im 11. Jh. v. Chr. ließen sich dorische Stämme auf Kreta nieder. Was in den folgenden siebenhundert Jahren geschah, ist noch unbekannt. Erst im 4. Jh. v. Chr. taucht der Name K. wieder auf: 343 v. Chr. sandte Sparta Truppen nach Kreta, weil sich K. mit Makedonien verbündet hatte. 323 v. Chr. kam Kreta unter die Herrschaft der Ptolemäer, 220 v. Chr. verlor K. seine Führungsposition auf der Insel an → Gortyn. 189 v. Chr. erschienen die Römer. Seit 150 v. Chr. war K. wieder die erste Stadt Kretas. 67 v. Chr. wurde Kreta Teil der römischen Provinz Creta et Cyrenae (Kreta und Kyrenaika) mit Gortyn als Hauptstadt.

Forschungsgeschichte: Die Vermutung H. Schliemanns, daß der märchenhafte Palast des Königs Minos unweit von Iraklion liegen müsse, bestätigte 1878 der kretische Kaufmann M. Kalokairinos, der die Lage des alten K. lokalisieren konnte. 1899 begann der englische Archäologe Sir A. Evans auf eigene Kosten mit Ausgrabungen im Palastbereich von K. Er grub 35 Jahre lang und legte den größten und eigenwilligsten aller Königspaläste frei. Seine kühnen Restaurierungen wurden vielfach angegriffen. Seit 1958 richten sich die archäologischen Forschungen der Britischen Archäologischen Schule in K. auf die neolithischen Siedlungsschichten.

Archäologische Stätte: Der letzte *Palast* von K. entstand im 16. Jh. v. Chr. Der gewaltige Gebäudekomplex, der bis zu fünf Stockwerke hatte, bedeckte eine Fläche von 21 000 m^2. 800 Räume konnte man bisher nachweisen, doch dürfte der Palast etwa 1300 gehabt haben. Diese Räume waren in einer solch verwirrenden Planlosigkeit aneinandergefügt, daß sich der Palast wie ein dreidimensionales Labyrinth darstellte. Hier könnte Theseus den schrecklichen Stiermenschen Minotauros getötet haben. Nach der Sage hatte Poseidon dem König Minos einen herr-

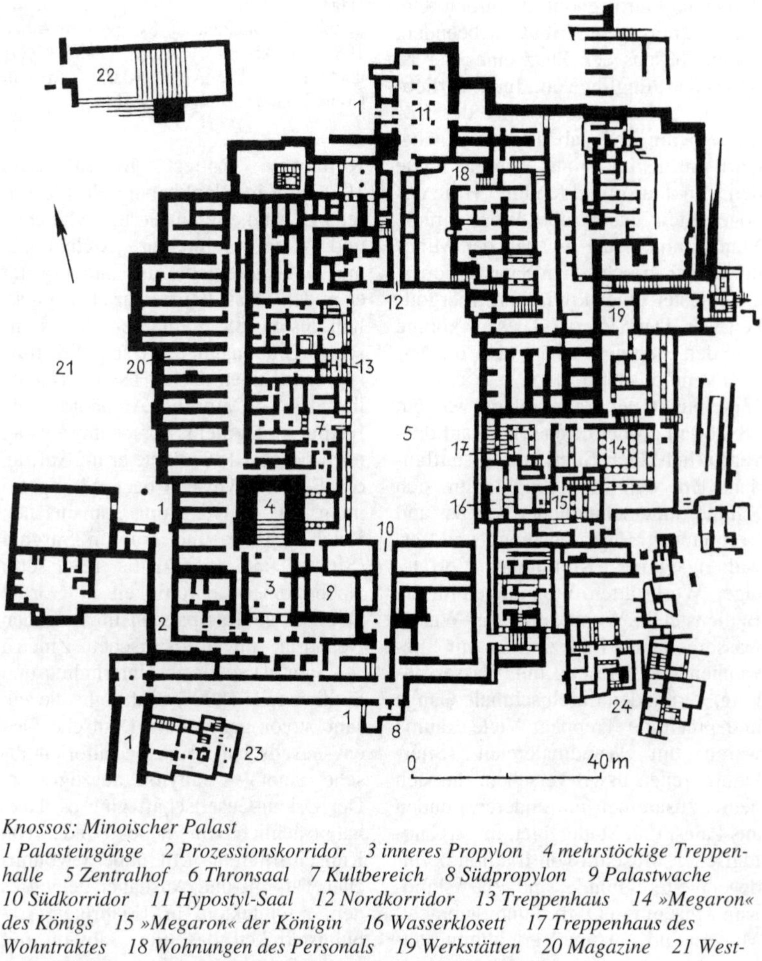

Knossos: Minoischer Palast
1 Palasteingänge 2 Prozessionskorridor 3 inneres Propylon 4 mehrstöckige Treppenhalle 5 Zentralhof 6 Thronsaal 7 Kultbereich 8 Südpropylon 9 Palastwache 10 Südkorridor 11 Hypostyl-Saal 12 Nordkorridor 13 Treppenhaus 14 »Megaron« des Königs 15 »Megaron« der Königin 16 Wasserklosett 17 Treppenhaus des Wohntraktes 18 Wohnungen des Personals 19 Werkstätten 20 Magazine 21 Westhof 22 Theater 23 »Haus des Oberpriesters« 24 Privathäuser

lichen Stier geschenkt. Minos' Gemahlin Pasiphaë verliebte sich in den Stier und gebar den Stiermenschen Minotauros. Der König beauftragte Daidalos, den Ahnherrn aller Künstler, mit dem Bau einer sicheren Behausung für das menschenfressende Ungeheuer. So entstand das Labyrinth. Als des Königs Sohn Androgeos in Attika ermordet wurde, zwang Minos die Athener, jährlich sieben Jünglinge und sieben Mädchen nach Kreta zu schicken, die

dem Minotauros geopfert wurden. Um diesen grausamen Tribut zu beenden, nahm Theseus den Platz eines der zu opfernden Jünglinge ein. In K. verliebte sich Ariadne, die Tochter des Königs, in ihn und gab ihm ein Knäuel Garn mit ins Labyrinth. Theseus tötete den Minotauros und fand mit Hilfe des abgerollten Garns den Weg zurück. Man nimmt heute an, daß der Minotauros der griechischen Sage der oberste Priester einer kretischen Stiergottheit war. Der Sieg des Theseus könnte also den Sieg der Achäer über die Minoer symbolisieren.
Mittelpunkt der Palastanlage war ein 28 x 60 m großer offener Hof, auf dem vermutlich auch Stierkämpfe stattfanden. Um den Hof gruppierten sich Räume unterschiedlicher Größe und Bestimmung: Repräsentations- und Verwaltungsräume, Kulträume, Vorratslager, Werkstätten, Wohnungen für die Bediensteten, Wohnräume mit Warmwasserheizung, Badezimmer mit Sitzwannen und Klosetts mit Wasserspülung, verbunden durch schmale Gänge und prächtige Treppen. Viele Räume waren mit Wandmalereien (Stierkampfszenen usw.) versehen, die sich heute, zusammen mit anderen Funden aus Palast und Stadtgebiet, im Archäologischen Museum von Iraklion befinden. Weitere Funde sind im Ashmolean Museum in Oxford untergebracht. Mauern und sonstige Verteidigungsanlagen gab es in K. nicht. Wahrscheinlich war das minoische Reich durch seine überlegene Flotte so stark und unangreifbar, daß sich jegliche Befestigung erübrigte.

Literatur: A. Evans: The Palace of Minos at Knossos. 4 Bde. u. Index. London 1921–1936; E. Hallager: The Mycenaean Palace at Knossos. Stockhom 1977; R. Hägg u. N. Marinatos (Hrsg.): The Function of the Minoan Palaces. Symposium Athen 1984. Stockholm 1984; J. Wilson Myers u.a. (Hrsg.): The Areal Atlas of Ancient Crete. London 1992. S. 124 ff.

Koldewey, Robert Johann. Am 10.9.1855 in Blankenburg/Harz geboren. Er studierte in Berlin, München und Wien Architektur, Archäologie und Kunstgeschichte. In Hamburg trat er in den Staatsdienst, war aber glücklich, als er 1882/83 an den amerikanischen Grabungen in Assos (Westtürkei) teilnehmen durfte. 1885 entsandte ihn das → Deutsche Archäologische Institut mit einem Forschungsauftrag nach Lesbos. 1887 reiste er im Auftrag der Berliner Museen nach Mesopotamien, das damals zum Osmanischen Reich gehörte, und grub in Surghul (Sirara) und in el-Hiba (Lagasch). Neben einer Lehrtätigkeit in Görlitz nahm er an Kampagnen im troischen Neandria, im nordsyrischen Zincirli (→ Šam'al) sowie in Unteritalien und Sizilien teil. 1899 beauftragte die ein Jahr zuvor gegründete Deutsche Orient-Gesellschaft K., die altorientalische Stadt → Babylon auszugraben. Der Orient-Gesellschaft ging es dabei hauptsächlich um neue Funde von Keilschrifttafeln. Mit außergewöhnlicher Tatkraft und Ausdauer gelang es dem Architekten, in 18jähriger Grabungstätigkeit das alte Babylon mit seinen Palästen und Tempeln, der Prozessionsstraße und dem Ischtar-Tor, den Stadtmauern und der Euphratbrücke wiedererstehen zu lassen. Über 200 Helfer und sogar eine Feldbahn zum Abtransport des Schutts standen dem deutschen Team zur Verfügung. 1917 mußte K. beim Herannahen der britischen Truppen seine Arbeit einstellen. Am 4.2.1925 starb K. nach schwerer Krankheit, ohne Babylon wiedergesehen zu haben. K. hatte die von deutschen Archäologen in Olympia entwickelten Grabungstechniken verfeinert und Erkennungsmethoden für Mauerwerk aus luftgetrockneten Ziegeln geschaffen. Er gilt als Begründer der modernen archäologischen Bauforschung. 1926 wurde die K.-Gesellschaft gegründet, eine Vereinigung zur Förderung der archäologischen Bauforschung.

Hauptwerke: Die antiken Baureste der Insel Lesbos. Berlin 1890; Neandria. Berlin 1891; Die griechischen Tempel in Unteritalien und Sicilien (mit O. Puchstein). Berlin 1899; Die Tempel in Babylon und Borsippa. Leipzig 1911; Das wiedererstehende Babylon. Leipzig 1913; Das Ischtar-Tor in Babylon. Leipzig 1918; Die Königsburgen von Babylon. Leipzig 1931/32.

Kollagentest. Kollagen ist ein Eiweiß, das sich im Bindegewebe, in Knochen und Knorpeln findet und durch Gerbsäure widerstandsfähig gegen Fäulnis wird und sich nur sehr langsam zersetzt. Aus dem Anteil von Kollagen läßt sich daher feststellen, in welcher relativen Chronologie die Knochen an einer Fundstelle zueinander stehen.

Kolosseum. → Amphitheater, Rom.

Koloß von Rhodos. → Rhodos.

Kompositkapitell. Römische Form des → Kapitells, bestehend aus einem korinthischen Kalathos (Kernstück des Kapitells) mit aufgesetzten ionischen Voluten. Abb. S.x.

Konisterion (griech.). Sandraum des → Gymnasion.

Konservierung. Erhaltung der Fundgegenstände durch entsprechende Schutzmaßnahmen, wie z.B. Entfernung von schädlichen Substanzen oder Stoppung des Alterungsprozesses. → Elfenbeinkonservierung. → Holzkonservierung. → Metallkonservierung. → Skelett-Bergung und -Konservierung.

Konstantinopel. → Byzanz.

Konstantinsbogen. → Bogenmonument, Rom, 3.

Kopie (von lat. copia, Vorrat). Annähernd getreue Nachbildung eines Kunstwerkes, die nicht vom Künstler selbst stammt. → Replik.

Kore (griech.). Festlich gekleidete Mädchenstatue der archaisch-griechischen Epoche (7. und 6. Jh. v. Chr.), meist als Grab- oder Votivstatue, auch als Gebälkträgerin (→ Karyatide) verwendet. – Beiname der Göttin Persephone, Tochter des Zeus und der Demeter, Gemahlin des Hades.

Korinth. Wegen seiner günstigen Lage an der einzigen Landverbindung vom griechischen Festland zur Peloponnes, zwischen dem Ionischen und dem Ägäischen Meer, ist K. eine der bedeutendsten Städte der Antike.

Geschichte: Seit 5000 v. Chr. war das Gebiet am Fuße des 575 m hohen Kalksteinfelsens von Akrokorinth besiedelt. In mykenischer Zeit war K. bereits eine blühende und mächtige Handelsstadt. Die schmalste Stelle des Isthmus sperrten die äolischen Korinther durch eine 6000 m lange Mauer und erhoben für alle Waren, die zwischen der Peloponnes und Mittelgriechenland auf dem Landweg transportiert wurden, Zollgebühren. Zwei Häfen, Lechaion am Korinthischen Golf und Kenchreai am Saronischen Golf, dienten dem Güterumschlag zwischen dem Ionischen Meer und der Ägäis. Um 1000 v. Chr. wurden die Äoler von den Doriern aus der Argolis vertrieben. K. stand lange Zeit unter der Herrschaft der dorischen Könige von Argos. 747 v. Chr. gelang es dem korinthischen Adelsgeschlecht der Bakchiaden, die Unabhängigkeit der Stadt zurückzugewinnen. 657 v. Chr. stürzte der korinthische Volksführer Kypselos die Bakchiaden, errichtete eine Tyrannis und förderte Handel und Gewerbe. Korinthische Kaufleute segelten bis nach Sizilien und Ägypten und gründeten die Kolonien Syrakus (um 750 v. Chr.), Kerkyra (734 v. Chr.), Kephallenia (7. Jh. v. Chr.), Poteidaia (auf der Halbinsel Kassandra; 7. Jh. v. Chr.) und Epidamnos (heute Dures in Albanien; 625 v. Chr.). Korinthisches Gewebe, Töpferwaren und Bronzen waren im ganzen Mittelmeerraum begehrt. Korinth zählte jetzt 40 000 Einwohner. Kypselos' Sohn Periander (um 625–586 v. Chr.), einer der sieben Weisen Griechenlands, ließ quer über den Isthmus einen Steinplattenweg mit Radspuren – eine Art Schienenweg – bauen, auf dem die Schiffe auf Wagen von einem Meer zum anderen gezogen werden konnten. Spuren dieses »Diolkos« sind noch am heutigen Kanal von K. zu sehen. Außerdem plante Periander schon damals den Bau einer Wasserstraße zwischen dem ionischen Meer und der Ägäis.

An den Perserkriegen nahm K. auf seiten Spartas teil. Nachdem sich Athen zu einer Seemacht entwickelt hatte, stiftete K. Sparta, das ebenfalls die Vorherrschaft Athens fürchtete, zum Peloponnesischen Krieg (431–404) an. Äußerer Anlaß für den Ausbruch dieses Krieges war der Streit zwischen K. und dem mächtig gewordenen Kerkyra um die gemeinsame Kolonie Epidamnos. Athen mußte sich beugen. Da nun Sparta das Übergewicht in Griechenland hatte, verbündete sich K. mit Athen, Theben und Argos. Im Korinthischen Krieg (395–387 v. Chr.) verlor Sparta seine Führungsposition. 337 v. Chr. kam K. unter makedonische Herrschaft. 243 v. Chr. schloß sich die Stadt dem Achäischen Bund an, der seit 196 v. Chr. seinen Sitz in K. hatte. Nach wie vor war K. eine blühende Handelsstadt, die den imperialistischen Bestrebungen Roms Widerstand entgegensetzte. Erst 146 v. Chr. gelang es den Römern, den Achäischen Bund zu zerschlagen; der römische Konsul L. Mummius vernichtete die Stadt übrigens im selben Jahr, in dem auch der andere große Widersacher Roms, Karthago, fiel. Damit war das letzte Bollwerk Griechenlands gegen die römische Expansion gefallen.

44 v. Chr. ließ Julius Cäsar K. wieder aufbauen und erhob es zur Colonia Laus Julia Corinthus. Die Stadt blühte schnell wieder auf und wurde 27 v. Chr. Hauptstadt der römischen Provinz Achaia. 51 n. Chr. gründete hier Paulus eine Christengemeinde. 66 n. Chr. proklamierte Nero in K. die Freiheit Griechenlands, natürlich innerhalb des Römischen Reiches. Im selben Jahr gab er den Befehl zum Bau des Kanals von K. Vespasian (69–79) ließ hierzu 6000 jüdische Gefangene aus Judäa herbeiholen. Aber erst über 1800 Jahre später, 1893, durchfuhr das erste Schiff den Kanal.

Im 2. Jh. n. Chr. statteten Kaiser Hadrian und der reiche Athener Herodes Atticus K. mit prächtigen Bauwerken aus. 267 plünderten die gotischen Heruler die Stadt. 375 zerstörte ein Erdbeben K. 396 wüteten die Westgoten unter Alarich in der Stadt. Seitdem verlor K. immer mehr an Bedeutung.

Forschungsgeschichte: Erste Untersuchungen im Bereich des Apollon-Tempels fanden 1886 durch den deutschen Archäologen W. → Dörpfeld statt. Seit 1895 gräbt die American School of Classical Studies, Athen, im Stadtgebiet des antiken Korinth, auf dem Akrokorinth und in Isthmia.

Archäologische Stätte: Der dorische *Apollon-Tempel* wurde um 540 v. Chr. an der Stelle eines Heiligtums aus dem 7. Jh. v. Chr. errichtet. Über einem vierstufigen Unterbau erhob sich das Gotteshaus mit einer Peristasis von 6 x 15 monolithen Säulen, deren Schäfte jeweils 6 m hoch waren. Die von gleichgestaltetem Pronaos und Opisthodomos gerahmte, langgestreckte Cella war zweigeteilt. Den von Osten her zugänglichen Hauptraum teilten 2 x 4 Innensäulen in drei Schiffe. Der kleinere, nach Westen ausgerichtete Raum mit 2 x 2 Innensäulen diente vielleicht als zweiter Kultraum für eine weitere Gottheit oder als Schatzkammer.

Die 165 m lange *Südstoa* stammt aus dem 4. Jh. v. Chr. Vermutlich erhielten in diesem gewaltigen zweistöckigen Bau die Delegierten des panhellenischen Bundes Unterkunft. Die Stoa wurde, wie alle anderen Bauwerke, 146 v. Chr. zerstört und nach Gründung der Colonia wieder aufgebaut.

Den Haupteingang zur *Agora* bildete ein Propylon aus dem 1. Jh. v. Chr., an dessen Stelle im 1. Jh. n. Chr. ein Triumphbogen trat. Vor dem Propylon begann die Straße nach Lechaion, einem der beiden Häfen von K. Säulenhallen und Läden säumten die Haupt- und Prachtstraße der Stadt. Die römische Agora hatte eine Ausdehnung von 255 x 127 m und war im Norden und Westen von Säulenhallen mit Läden eingefaßt. Den Abschluß nach Süden bildete eine Ladenreihe mit einer monumentalen Rednertribüne (Bema). Im Westteil der Agora konnten Reste mehrerer römischer Tempel freigelegt werden; sie waren Hermes, Apollon Klarios, Poseidon, Herakles und Aphrodite geweiht. Dazwischen erhoben sich einst ein kleines Pantheon und der zierliche Rundbau des Babbius. Unter dem römischen Straßenpflaster kamen Teile der griechischen Agora zum Vorschein, sogar zwei Startlinien für leichtathletische Wettkämpfe. Die um 45 n. Chr. unter Kaiser Claudius errichtete *Basilica Iulia* war das älteste römische Gerichtsgebäude von K.

Das *Brunnenhaus der Peirene*, ein riesiges, unterirdisches Wasserreservoir, hatte ein Fassungsvermögen von etwa 400 m^3. Von zwei 150 bzw. 600 m entfernten Quellen strömte das Wasser durch überwölbte Kanäle in das Reservoir und von da aus in sechs Schöpfbecken. Die Ursprünge diese Brunnenhauses sind unbekannt. Die Anlage ist ständig umgebaut, vergrößert und verschönert worden, zuletzt von Herodes Attikus. Das *Brunnenhaus der Glauke* war schon in ältester Zeit in den Felsen gehauen worden. Es wurde von einer Quelle am Fuße des Akrokorinth gespeist. Seine fünf unterirdischen Kammern hatten ein Fassungsvermögen von insgesamt 250 m^3. Das um 100 n. Chr. erbaute Odeion faßte etwa 3000 Besucher. Nach einem Brand

Korinth

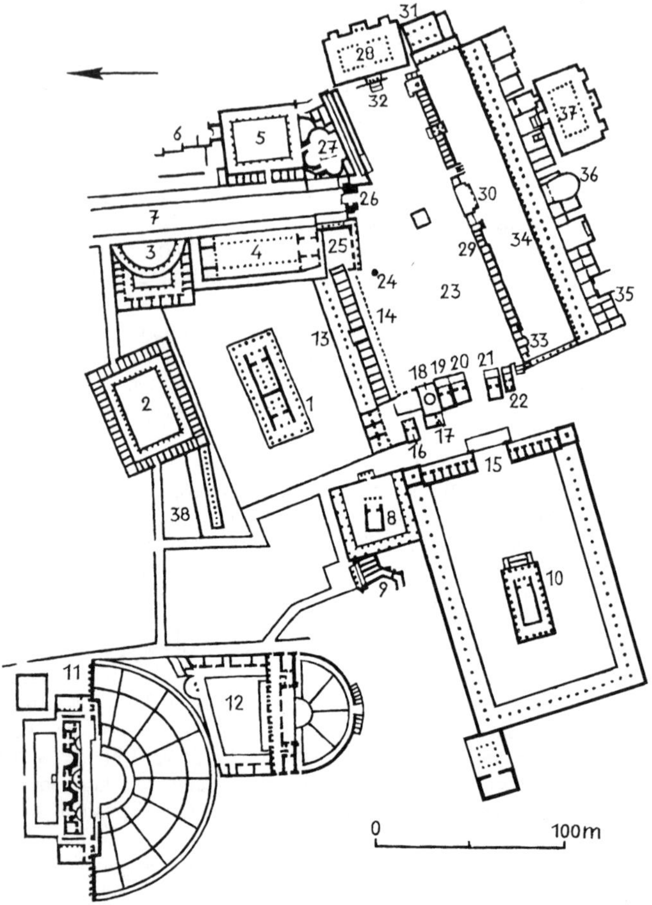

Korinth
1 Apollon-Tempel 2 Nordmarkt 3 Halbrundbau 4 römische Basilika 5 Peribolos des Apollon 6 Bäder des Eurykles 7 Straße nach Lechaion 8 Tempel C (Tempel der Hera Akraia?) 9 Brunnen der Glauke 10 Tempel E (Tempel der Octavia?) 11 Theater 12 Odeion 13 Nordwest-Stoa 14 Nordwest-Läden 15 West-Läden 16 Hermes-Tempel 17 Tempel des Apollon Klarios 18 Babbius-Monument 19 Neptun-Tempel 20 Herkules-Tempel 21 Pantheon 22 Tempel der Venus Fortuna 23 römische Agora 24 Heilige Quelle 25 Portikus 26 Propylon 27 Brunnen der Peirene 28 Basilica Iulia 29 Zentral-Läden 30 Bema (Rednertribüne) 31 Südost-Gebäude 32 Startlinie des griechischen Stadions 33 Dionysos-Heiligtum 34 Südstoa 35 Läden 36 Curia 37 Süd-Basilika 38 Nordstoa

wurde der Bau 225 n. Chr. neu errichtet. Das *Theater* stammt aus dem 5. Jh. v. Chr. Etwa 18000 Personen hatten im Zuschauerraum Platz. Die Römer bauten es zu einer Arena für Naumachien und Gladiatorenkämpfe um. Nördlich von K. liegt das *Asklepieion* mit Tempel- und Kurbauten aus dem späten 4. Jh. v. Chr. (→ Asklepieion, Korinth). Der 575 m hohe Burgberg Akrokorinth war vermutlich schon im 7. Jh. v. Chr. befestigt. Wegen seiner Höhe diente er im Altertum wohl ausschließlich als Fluchtburg und wurde nie in die antike Stadt einbezogen. Die ältesten der heute sichtbaren Mauerteile stammen aus dem 4. Jh. v. Chr. (→ Akropolis, Korinth).

Literatur: Corinth. Results of the Excavations (hrsg. von American School of Classical Studies at Athens). Bd. 1 ff. Cambridge, Mass. 1932 ff.; R. Carpenter u. O. Broneer: Ancient Corinth. A Guide to the Excavations. Athen 1954; S. di Neuhoff: Alt-Korinth und sein Museum. Athen 1971; N. Papahatzis: Das antike Korinth. Athen 1984.

korinthische Ordnung. Variante der → ionischen Ordnung mit Akanthuskapitell. Den korbartigen Kern des Kapitells umschließen Akanthusblätter, aus denen Helices (rankenartige Spiralen) emporwachsen. Das korinthische Kapitell soll angeblich von Kallimachos erfunden worden sein. → Iktinos verwendete es erstmals im Innenraum des Apollon-Tempels von → Bassai (spätes 5. Jh. v. Chr.). Durch die gleichartige Gestaltung der Ansichtsseiten gewann es besonders in der römischen Baukunst große Beliebtheit.

Koroplastik. Figürliche und dekorative Bauplastik aus Terrakotta (gebrannte Tonerde).

Korykeion (griech.). Raum für das Boxtraining in der → Palästra, die als Ringerschule dem Gymnasion angegliedert war.

Kos. → Asklepieion, Kos.

Kothon (griech.). Kleines einhenkeliges Trinkgefäß, das entsprechend antiker Quellen (Athenaeus V, 483) auch von Soldaten mitgeführt wurde.

Kotyle (griech.). Altgriechisches Hohlmaß (0,273 l) und Bezeichnung für eine zweihenkelige Trinkschale.

Kouros. → Kuros.

Kraggewölbe. Sog. falsches Gewölbe. Deckenkonstruktion aus waagerecht geschichteten Steinplatten, die jeweils etwas über die darunterliegende Schicht vorkragen (hervorragen), bis sie an der Spitze des Gewölbes zusammentreffen. Das K. findet sich vor allem in der mykenischen Architektur.

Kragstein. Aus der Mauer ragender Stein zum Tragen von Baugliedern, z.B. Deckenkonstruktionen.

Kranzgesims. → Geison.

Krater (griech.). Großes zweihenkeliges Gefäß aus Ton oder Bronze mit weiter Öffnung zum Mischen von Wasser und Wein. Formen: Aus dem *Bügelhenkel-K.*, bei dem die Henkel auf der Gefäßschulter bügelförmig stehen, entwickelte sich um 600 v. Chr. der *Kolonetten-K.*, dessen Bügelhenkel eine vom Gefäßrand abstehende quadratische Platte tragen. Der seit dem 6. Jh. v. Chr. gebräuchliche *Voluten-K.* hat hochgezogene, über den Rand hinausreichende Henkel, die in Voluten enden. In der Mitte des 6. Jh. v. Chr. entstand der *Kelch-K.* und im 5. Jh. v. Chr. der *Glocken-K.* Sie blieben bis in die Zeit des Hellenismus gebräuchlich. Abb. S. 510.

Krepis (griech.). Der meist dreistufige Unterbau des griechischen Tempels.

Krotalon (griech.). Antikes Schlaginstrument aus Holz, Metall oder Ton, den spanischen Kastagnetten ähnlich. Die K. entstanden vermutlich in Asien und dienten – meist paarweise verwendet – den Ägyptern, Griechen und Römern als Begleitinstrument zum Tanz.

Krypta (lat.-griech. unterirdischer Gang). Unterirdischer Grabraum in den frühchristlichen → Katakomben. Später christlicher Sakralraum über Märtyrergräbern.

Kryptoportikus (lat.). Unterirdischer Gewölbegang unter einer Säulenhalle oder künstlichen Terrasse, mit Fenstern an den Seiten oder in der Decke.

Kudurru. Babylonische Grenzurkunde in Form einer oben abgerundeten Steinsäule, mit Keilschrifttext versehen und mit Reliefs geschmückt. Die K. wurden in Heiligtümern aufgestellt und sollten die Unversehrtheit der jeweiligen Besitzungen garantieren. Sie waren vom 14. bis zum 7. Jh. v. Chr. üblich.

Kültepe. → Kanisch.

Kurgan (russ.). Hügelgrab des → Chalkolithikums in Osteuropa und Westsibirien, seit dem 3. Jt. v. Chr. Gewaltige, reich ausgestattete K. errichteten im 6. bis 3. Jh. v. Chr. die → Skythen. Beispiele: K. in Kostromskaja, Kul Oba, Kelermes, Pazyryk.

Kurie. → Curia.

Kuros (griech. Jüngling; auch Kouros). Moderne Bezeichnung für die Statue eines nackten Jünglings der griechisch-archaischen Epoche.

Kurvatur. Leichte, zur Mitte hinlaufende Krümmung von horizontalen Bauteilen, häufig an Tempeln (z.B. am Stylobat).

Kyathos (griech.). Bezeichnung für Schöpfbecher aus Ton mit hochgezogenem Schlaufenhenkel und für metallene Schöpfkelle mit langem Stiel.

kykladisch. Bezeichnung für Zeugnisse der bronzezeitliche Kulturepoche der ägäischen Inselwelt (etwa 2600–1100 v. Chr.). Am eigenständigsten und fruchtbarsten war die frühk. Zeit (etwa 2600–1800 v. Chr.). Charakteristisch für diese Kulturphase waren u.a. die Kykladenidole (weibliche Marmorstatuetten in knapper, schematisierter Form) und die Kykladenpfannen (scheibenförmige Kultgeräte). Die mittel- und spätk. Phase war von den kretischen und festländischen Einflüssen geprägt.

Kyklopenmauer (Zyklopenmauer). Vor- und frühgeschichtliche Festungs- und Stadtmauer aus roh behauenen, gewaltigen Steinblöcken unregelmäßigen Umrisses. Die Mauer wurde in Schalenbauweise errichtet; kleinere Steine und Lehm füllten die Zwischenräume. Darüber erhob sich ursprünglich ein Holz- und Lehmziegel-

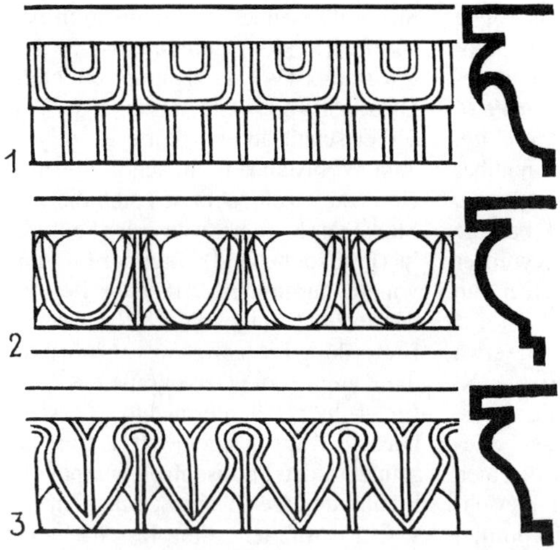

Kymation
1 dorisch
2 ionisch
3 lesbisch

aufbau. → Mykene, → Tiryns, Troja und die Pelasgische Mauer auf der Akropolis von Athen (→ Akropolis, Athen).

Kylix (griech.). Flache Trinkschale mit zwei horizontal angeordneten Henkeln und niedrigem, später hohem Fuß. Die Kylikes wurden vom 7. bis 4. Jh. v. Chr. bei Weingelagen verwendet. Abb. S. 510.

Kymation (griech.). Zierleiste aus stilisierten, gemalten oder plastischen Blattformen. Das *dorische K.* war konkav gebildet und besonders streng gehalten, das *ionische K.* bestand aus aneinandergereihten eiförmigen und spitzen Gebilden (sog. Eierstab), das *lesbische K.* setzte sich aus herzförmigen Blättern und senkrechten Stäben zusammen.

Kyme. → Cumae.

Kyrene (Ain Schahat, Ewige Quelle). Hauptstadt der Kyrenaika, einer Küstenlandschaft im heutigen Libyen.
Geschichte: 631 v. Chr. gründeten Siedler von der griechischen Insel Thera die Stadt K. Der Sage nach verliebte sich einst Apollon in K., die Tochter des Flußgottes Hypseus, und entführte sie in das Quellengebiet, das sich die theräischen Griechen als Siedlung erwählt hatten. Die Lage der Kolonie K., 15 km vom Meer entfernt, war für griechische Siedler ungewöhnlich, da sie sonst fast immer die Nähe des Meeres suchten, um am Handelsverkehr teilnehmen zu können. Den Hafenplatz Apollonia richteten sie erst sehr viel später ein. Aristoteles, (nach Herodot) der Anführer der Theräer, nahm den Namen Battos (vermutlich ein libyscher Königstitel) an und begründete als erster König von K. die Dynastie der Battiaden. Er starb um 600/590 v. Chr. Sein Sohn und Nachfolger Arkesilas (Arkesilaos) I. regier-

te bis 580/579 v. Chr. Dann folgte Battos II., der Reiche, auf dem Königsthron. Er förderte die Zuwanderung griechischer Siedler aus der Peloponnes, der Ägäis und aus Kreta, um die Stellung der Kyrenäer gegenüber den einheimischen Libyern zu stärken. Der libysche König Adikran bat die Ägypter um Hilfe, doch die Kyrenäer vernichteten das ägyptische Heer um 570 v. Chr. bei Irasa.
Unter Arkesilas II., dem Harten, (etwa 565/560–555/550 v. Chr.) erlebte K. seine erste Blüte. Es exportierte die berühmten kyrenäischen Vasen, Getreide und Silphion (Silphium), einen Pflanzensaft, der als kostbare Fleisch- und Fischwürze sowie als Heilmittel begehrt war. Aus dieser Zeit stammen auch die ältesten kyrenäischen Münzen. Streitigkeiten mit dem Adel führten zur Gründung weiterer Siedlungen in der Kyrenaika: Barka mit dem Hafen Ptolemais, Teuchiria (Arsinoë), Euphesperidae (Hesperides, Berenike) und Apollonia. Unter Battos III., dem Lahmen, und Arkesilas III. dauerte der Verfassungsstreit an. Arkesilas wurde vertrieben, warb auf Samos ein Söldnerheer an und eroberte K. und die anderen Städte des Landes zurück. 525 v. Chr. drang der Perserkönig Kambyses II. in Ägypten ein und besetzte Libyen und die Kyrenaika. Arkesilas erkaufte sich eine gewisse Unabhängigkeit seines Königreiches durch hohe Tributzahlungen. 522 v. Chr. ernannte sich der Priester Gaumata zum König von Persien und Babylonien und erzwang damit die Rückkehr von Kambyses. Auf dem Marsch durch die libysche Wüste kam das persische Heer in einem Sandsturm um. (Eine Expedition fand 1977 am Fuße des Abu Ballassa im »großen Sandmeer« Tausende von Stichwaffen persischer Herkunft und zahllose Skelette.) Battos IV., der Schöne, schüttelte kurz nach 480 v. Chr. das Joch der Perserherrschaft ab und führte K. zu großem Wohlstand. Wohl schon in seiner Herrschaftszeit schlossen sich die fünf Städte der Kyrenaika zu einer Pentapolis (Fünfstädtebund) unter der Führung von K. zusammen. Arkesilas IV. war der letzte König von K. Nach seiner Ermordung im Jahre 456 v. Chr. riefen die Kyrenäer die Demokratie aus.
Im 4. Jh. v. Chr. erreichte K. seine höchste Blüte. Gegen 390 v. Chr. begründete der Philosoph Aristippos die berühmte Kyrenäische Schule. Um 350 v. Chr. stifteten die Kyrenäer ein Schatzhaus in Delphi. 330 v. Chr. linderten sie mit großzügigen Getreidespenden eine Hungersnot in Griechenland. 331 v. Chr. unterwarf sich die Pentapolis Alexander dem Großen und ging 322 v. Chr. an die Ptolemäer über. Aus K. stammen der Dichter Kallimachos (um 305–240), der Mathematiker, Geograph und Dichter Eratosthenes (um 295/280–200) und der Philosoph Karneades (214–129). 96 v. Chr. erbte Rom K. mit der gesamten Kyrenaika. 74 v. Chr. wurde das Gebiet römische Provinz und 67 v. Chr. mit Kreta zur Provinz Creta et Cyrenaezusammengefaßt. Dem Judenaufstand 114–117 n. Chr. fielen nahezu alle öffentlichen Bauten, vor allem die Tempel, zum Opfer. Kaiser Hadrian (117–138) ließ die Stadt nach Unterdrückung des Aufstandes wieder aufbauen. Daher stammen die heutigen Ruinen fast ausschließlich aus hadrianischer Zeit.
Forschungsgeschichte: Das Stadtgebiet von K. erforschen seit 1924 italienische Archäologen. Die Ausgrabungen sind noch nicht abgeschlossen.

Archäologische Stätte: Das Ruinenfeld von K. liegt am Rande des zweiten Djebelplateaus und umfaßt das Gebiet zweier Hügel mit dem dazwischenliegenden Tal, durch das die *Via principalis*, die Hauptstraße der Stadt, verlief. Kristallisationspunkt der ersten Siedlung dürften die wasserreichen Grottenquellen unterhalb der sog. Akropolis gewesen sein. Hier entstand schon bald nach der Gründung der Siedlung das *Apollon-Heiligtum* (Apollonion), denn war es nicht der Lichtgott Apollon, der die Quellnymphe Kyrene auf einem goldenen Wagen hierher gebracht hatte? Das Zentrum dieses Heiligtums bildete der *Apollon-Tempel*, dessen ältester Steinbau um 600 v. Chr. errichtet worden war. Die beiden Reihen zu je fünf Säulen des Hauptraumes blieben im Fundament der späteren Anlage erhalten. Vier Säulen stützten das Dach des Adyton. Eine Vorhalle hatte es noch nicht gegeben. Um 340 v. Chr. wurde der Tempel durch einen Neubau, einen

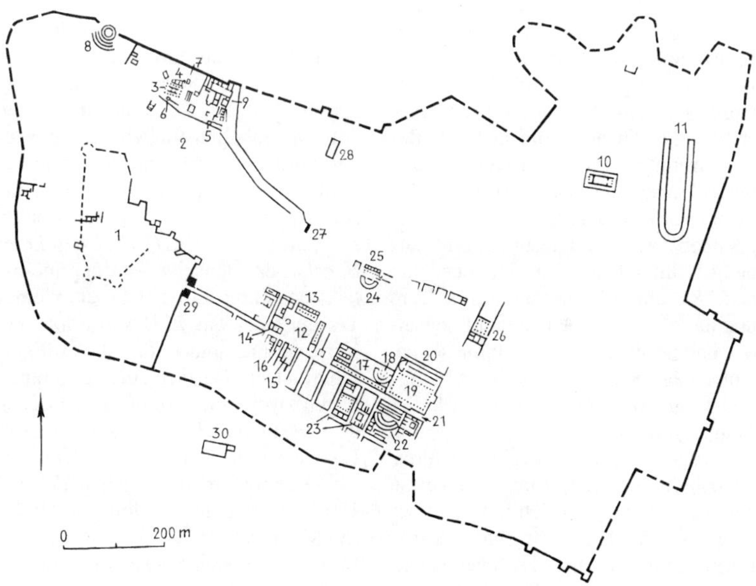

Kyrene
1 Akropolis 2 Apollon-Heiligtum (Apollonion) 3 Apollon-Tempel 4 Artemis-Tempel 5 Strategeion 6 Isis-Tempel 7 Hekate-Tempel 8 griechisches Theater (später Amphitheater) 9 Trajansthermen 10 Tempel des Zeus Lykaios 11 Circus 12 Agora 13 Zeus-Stoa (Nordstoa) 14 Demeter-Tempel 15 Prytaneion 16 Kapitol 17 Stoa der Hermen (Hermenhalle) 18 Odeion (Theater II) 19 Forum Proculi (Caesareum) 20 Basilika 21 Via principalis (Straße des Battos) 22 römisches Theater 23 Haus des Jason Magnus 24 Theater IV 25 Trajansmarkt 26 römisches Haus 27 Mark-Aurel-Bogen 28 Tempel 29 Akropolis-Tor 30 Demeter-Heiligtum

dorischen Peripteros, ersetzt. Für den alten Tuffsteinaltar stiftete ein gewisser Philon eine Umkleidung aus parischem Marmor. Der kleine *Artemis-Tempel* wurde um 400 v. Chr. auf den Fundamenten eines Kultbaus des 6. Jh. errichtet, der von Schatzhäusern umringt war. Im 4. Jh. v. Chr. weihten drei kyrenäische Feldherrn dem Apollon ein *Strategeion*. Im 3. Jh. v. Chr. entstand ein *Isis-Tempel*, zu dem wenig später ein *Persephone-Tempel* und ein *Hekate-Tempel* hinzukamen. Über dem alten Eingang zum Heiligtum erhebt sich das Propylon Kaiser Trajans. Das griechische *Theater* wurde unter Hadrian in ein Amphitheater umgewandelt. Ein gewisser Nikodamos stiftete in der frühen Kaiserzeit die Mauer, die das Theater vom heiligen Bezirk trennte. Die *Thermen* wurden unter Trajan und Hadrian erbaut. Der *Tempel des Zeus Lykaios* auf dem gegenüberliegenden Hügel stammt aus dem 5. Jh. v. Chr. Der dorische Bau bedeckte eine Fläche von 69,5 x 32 m und hatte je 17 Säulen an den Langseiten und je acht an den Schmalseiten. Unter den Kaisern Tiberius (14–37) und Mark Aurel (161–180) wurde der Tempel erneuert.

Die *Agora* von K. schmückten zahlreiche Ehren- und Siegesmonumente, so die Darstellung eines Schiffsbugs, über dem einst eine Nike schwebte, das sog. Battos-Grab und ein römischer Rundbau, das sog. Grab des Onomastos. Die Agora war von Säulenhallen umgeben: Weststoa, Oststoa, Zeus-Stoa. Die *Zeus-Stoa* stammt aus dem 5. Jh. v. Chr. und wurde im 4. Jh. v. Chr. erneuert. Auf der tiefer liegenden Talseite waren Läden eingerichtet. In römischer Zeit war die Zeus-Stoa dem Augustus und der Roma geweiht. Auf der Südseite erhob sich der *Demeter-Tempel* aus hellenistischer Zeit. Und jenseits der Straße lag das *Prytaneion*, der Gerichtshof, in dem die Ausgräber 5000 Siegel für Gesetzesrollen fanden. Zwischen beiden befand sich das *Kapitol* aus dem Jahre 138 n. Chr.

Die Römer erweiterten das griechische Stadtzentrum nach Osten. Im 1.Jh. n. Chr. bauten sie an der Via principalis (Straße des Battos) eine *Hermenhalle*. Der theaterähnliche Bau dahinter könnte ein Buleuterion oder ein Odeion gewesen sein. An die Hermenhalle schließt sich das *Forum Proculi*, auch Caesareum genannt, aus der Zeit um 10 n. Chr. an. Ein gewisser Proculus hatte dieses Forum zu Ehren des Kaisers gestiftet. Es war an drei Seiten von Säulenhallen umgeben. Die Säulen wurden inzwischen wieder aufgerichtet. Die Nordseite begrenzte eine *Basilika*. Die Mitte des Forums nahm seit 130 n. Chr. ein *Tempel des Liber Bacchus* ein. Jenseits der Via principalis entstand im 2.Jh. n. Chr. ein kleines Theater oder ein *Ekklesiasterion*, ein Versammlungsplatz für die Bürgerschaft. Der Hermenhalle gegenüber liegen zwei kleine Tempel, von denen der westliche Hermes geweiht war. Das riesige Privathaus neben dem Hermes-Tempel, erbaut zwischen 176 und 180, gehörte dem Apollon-Priester Jason Magnus.

Besonders erwähnenswert sind die *Nekropolen* entlang der Straße nach Apollonia: die Felskammergräber aus dem 6.Jh. v. Chr., die frühhellenistischen Rundgräber, die freistehenden Sarkophage (meist aus dem 4.Jh. v. Chr.) und die Kammergräber des 4. und 3.Jh. v. Chr.

Literatur: R.G. Goodchild: Kyrene und Apollonia. Zürich 1971; S. Walker: The Architecture of Cyrene and the Panhellion. In: G. Barker u.a. (Hrsg.): Cyrenaika in Antiquity. Kolloquium Cambridge 1983. Oxford 1985. S. 97 ff.; S. Stucchi u.a.: Cireni e i Libyi. Rom 1988.

Kyzikos. → Neokorietempel, Kyzikos.

L

Labyrinth (griech.). Nach der griechischen Sage die Behausung des Minotauros, eines Ungeheuers mit Menschenleib und Stierkopf. Daidalos soll das unübersichtliche Bauwerk für König Minos von → Knossos (Kreta) erbaut haben. Die Sage entstand vermutlich, als die einwandernden Griechen den riesigen Palast des Königs Minos mit Darstellungen der Doppelaxt (labrys) kennenlernten. Die Bezeichnung ging dann auch auf andere Bauwerke mit ähnlich verwirrender Gliederung über, z.B. solche auf Lemnos und Samos. Auch dem 250 x 150 m großen Totentempel des ägyptischen Königs Amenemhet III. (1844–1797 v. Chr.) bei Hawara/Al Fayum mit angeblich 3000 Räumen gaben die Griechen den Namen L.

Laconicum (lat.). Trockenschwitzbad der römischen → Thermen. Die Bezeichnung übernahmen die Römer vermutlich von den saunaartigen Heißluftbädern Lakoniens, dem Kernland von Sparta. Das Dampfschwitzbad heißt Sudatio.

Lagasch (Al-Hiba). Das Ruinengebiet der sumerischen Stadt und der zugehörigen Residenz Girsu liegt im südlichen Irak zwischen den Flüssen Tigris und Euphrat.
Geschichte: Erste Siedlungsspuren gehen bis in das 4. Jt. v. Chr. zurück. Im 25. Jh. v. Chr. löste der Stadtfürst Urnansche L. aus dem Herrschaftsbereich von Ur und nahm den Königstitel an. Eannatum, ein späterer König dieser Dynastie, besiegte die Truppen der Nachbarstadt Umma und des akkadischen Kisch. Er eroberte Ur und Uruk und herrschte schließlich über das ganze Land Sumer. Die berühmte »Geierstele« ist das Dokument seiner Größe. Sein Nachfolger Entemena festigte die führende Stellung von L. Um 2425 v. Chr. beendete Lugalzagesi, König von Umma, die erste große Epoche der Stadt. Er nahm L. ein, verwüstete die Tempel und machte sich zum neuen Herrscher über Sumer. Etwa 75 Jahre später ging Sumer im Großreich von Akkade auf, das im 22. Jh. v. Chr. dem Ansturm der Gutäer erlag. Die lockere Herrschaft dieses iranischen Nomadenvolkes ermög-

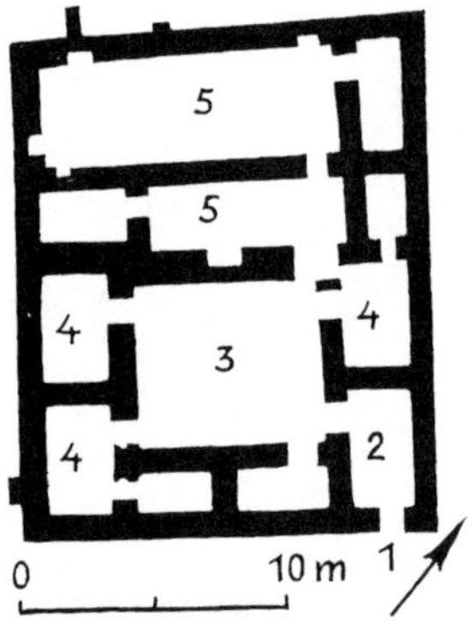

Lagasch: Wohnhaus (Anfang 2. Jt. v. Chr.)
1 Eingang 2 Vorraum 3 Hof
4 Wirtschaftsräume 5 Wohnräume

lichte das Wiedererstarken der sumerischen Stadtstaaten, vor allem der Städte Uruk und L. Nach der Vertreibung der Gutäer hatte L. seine zweite und letzte große Epoche. Der Stadtfürst Urbau leitete diese Epoche ein, die unter seinem Nachfolger Gudea ihren Höhepunkt erreichte. Gudea förderte die Künste. Statuen aus Diorit, einem dunkelgrünen Gestein, gehören zu den bedeutendsten Schöpfungen der sumerischen Bildhauerei. Aber mit der dritten Dynastie von Ur (um 2050) verlor L. jegliche politische Bedeutung. Bewohnt war das Stadtgebiet noch bis ins 2. Jh. n. Chr.

Forschungsgeschichte: Die Ausgrabungen in L. und in der benachbarten Residenz Girsu leiteten die französischen Archäologen E. de Sarzec (1877–1900), G. Cros (1903–1905 sowie 1909), H. de Genouillac (1929–1931) und A. → Parrot (1931–1933). Seit 1968 werden die Arbeiten fortgeführt.

Die meisten Funde, darunter Statuen des Gudea, die Geierstele und das Relief des Urnansche, werden im Louvre, Paris, aufbewahrt.

Archäologische Stätte: L. hatte eine Ausdehnung von etwa 4 x 1,5 km und war von einer Mauer umgeben. Die Fundamente eines Ovaltempels aus dem 25. Jh. v. Chr. und eines noch älteren Kultbaus sind die einzigen wesentlichen Architekturrelikte aus altsumerischer Zeit.

Im nahen Girsu wurde der sog. *Palast des Gudea* freigelegt, eine weiträumige Anlage mit mehreren getrennten Bauwerken, die der aramäische König Adad Nadin Akhe im 2. Jt. v. Chr. erheblich veränderte. Ob die ursprüngliche Anlage als Palast diente, ist umstritten. Sie könnte auch ein Tempel des Gottes Eninnu gewesen sein. Im Palast fanden die Ausgräber u.a. die einzigartigen Statuen des Gudea, die Geierstele des Eannatum, eine Reliefplatte des Urnansche, mehrere tausend Keilschrifttafeln aus dem 3. Jt. v. Chr. sowie zwei Zylinderinschriften, die als die bisher ältesten Zeugnisse der sumerischen Literatur gelten.

Literatur: A. Parrot: Tello. Vingt campagnes de fouilles. Paris 1948.

Lagiden. → Ptolemäer.

Lagynos (griech.). Hellenistische Flaschenform mit flacher Schulter, langem Hals und Henkel; vor allem in Alexandria und in Kleinasien verbreitet.

Laibung. Die innere Fläche der Maueröffnung bei Türen, Toren, Fenstern, Bogen. Laibungsskulpturen sind an diese Flächen angelehnte oder in ihrer Nähe befindliche Plastiken, z.B. von Schutzgottheiten an Tempel- und Palasttoren.

Lamassu. Ursprünglich akkadische Schutzdämonin, in neuassyrischer Zeit (9. und 8. Jh. v. Chr.) geflügeltes Mischwesen, das paarweise als Laibungsskulptur an Tempel- und Palasttoren aufgestellt wurde, um bösen Kräften den Eintritt zu verwehren.

Lapis Niger. → Forum, Rom, 1.

Lararium (lat.). Hausaltar des römischen Wohnhauses, auch die häusliche Kapelle zur Verehrung der Laren, der etruskisch-römischen Schutzgötter. Die Laren waren Kinder der Nymphe Lara, der Jupiter wegen ihrer Geschwätzigkeit die Zunge nahm.

Latènezeit. Auf die Hallstattzeit (→ Hallstattkultur) folgende Epoche der europäischen Eisenzeit (Mitte 5. Jh. v. Chr. bis um Christi Geburt), benannt nach dem Schweizer Fundort La Tène am Neuenburger See. Die L. ist eine ausgesprochen keltische Kulturepoche. Die Vorliebe für Prunk und schwungvolle Verzierungen ist charakteristisch für den keltischen Geschmack. Grundmotiv ist die Palmette, die in Gestalt von Ranken, Spiralen und Dreiwirbeln auf Waffen und Schmuck erscheint. Griechische, etruskische und auch skythische Einflüsse sind unverkennbar.

Layard, Sir Austen Henry. Am 5.3.1817 als Sohn eines britischen Beamten der Zivilverwaltung in Paris geboren. Seine Kindheit verlebte er in Italien, Frankreich, der Schweiz und England. L. begann eine Lehre im Büro eines Londoner Anwalts, verließ als 22jähriger London, um auf dem Landweg Ceylon zu erreichen, wo er sich eine Existenz aufbauen wollte. Doch schon im Nahen Osten blieb er hängen und übernahm einige Jahre lang inoffizielle diplomatische Missionen. Auf seinen Reisen lernte L. die Ruinen von → Nimrud, Tell Kujundschik und Babylon kennen. Sie beeindruckten ihn so, daß er die Unterstützung für eine Ausgrabung in Nimrud vom Britischen Museum erbat und auch erhielt. Innerhalb von zwei Jahren, 1845–1847, legte er in Nimrud, dem altorientalischen Kalach, fünf assyrische Paläste frei. Die dort gefundenen geflügelten Stiere und die einzigartigen Wandreliefs befinden sich heute in London. Allerdings glaubte er, das berühmte Ninive entdeckt zu haben. Im Frühjahr 1847 begann L., auf dem Tell Kujundschik bei Mosul zu graben. Hier, diesmal wirklich in → Ninive, wie sich später herausstellte, stieß er auf den großen Palast des Assyrerkönigs Sanherib und fand die Keilschriftbibliothek des Assurbanipal. 1849 setzte L. seine Grabungen in Nimrud fort und kehrte 1851 nach England zurück. Er trat in den diplomatischen Dienst, schrieb den ersten archäologischen Bestseller ›Niniveh and its Remains‹ und sammelte Gemälde italienischer Meister, die später in den Besitz der National Gallery, London, übergingen. 1878 wurde L. in den Adelsstand erhoben; er starb am 5.7.1894 in London.

Hauptwerke: Niniveh and its Remains. 2 Bde. London 1849; Inscriptions in the Cuneiform Character from Assyrian Monuments. London 1851; Early Adventures in Persia, Susiana and Babylonia. 2 Bde. London 1887.

Lebes (griech.). Kessel aus Bronze oder Ton, beliebt als Weihgeschenk und Kampfpreis. Auf dreifüßigem Ständer diente er zum Kochen und Wasserwärmen, auf massivem Fuß als Mischgefäß. *Lebes gamikos* (Hochzeitskessel): bauchiges Gefäß mit abgesetztem Hals und senkrecht aufragenden Schulterhenkeln, meist mit Hochzeitsdarstellungen dekoriert. Abb. S. 510.

Lekanis (griech.). Flache Schüssel mit zwei Horizontalhenkeln und schwerem Deckel; diente wahrscheinlich zur Aufbewahrung von Speisen. *Lekane*: Deckellose größere Schüssel. Abb. S. 510.

Lekythos (griech.). Antike Bezeichnung für Salbgefäße. Heute Verwendung des Begriffs für hohen zylindrischen oder kugeligen Krug mit schlankem Hals, trichterförmiger Mündung, einem Schulterhenkel und abgesetztem Fuß. Abb. S. 510.

Leochares. Griechischer Bildhauer aus Athen. Seine Schaffenszeit lag im zweiten und dritten Viertel des 4. Jh. v. Chr. Die genauen Lebensdaten sind nicht bekannt. Neben Timotheos, Bryaxis und Skopas arbeitete er um 350 v. Chr. am Mausoleum von Halikarnassos (→ Mausoleum, Halikarnassos). Weitere Werke wie eine Statuengruppe der Familie Philipps und Alexanders des Großen in Olympia, die er nach der Schlacht von Chaironeia 338 v. Chr. anfertigte, sowie eine Skulptur, die er gemeinsam mit dem Bildhauer Lysippos schuf, die Alexander auf der Löwenjagd wiedergibt, datieren seine Schaffenszeit bis um 320 v. Chr. Als sein berühmtestes Werk galt in der Antike der den Ganymed emportragende Adler (römische Statuettenkopie im Vatikan).

Lepsius, Karl Richard. Am 23.12.1810 in Naumburg an der Saale geboren. Er gilt als erster methodischer Ausgräber Ägyptens. Von 1842 bis 1845 leitete der Professor der Orientalistik die preußische Expedition nach Ägypten und in den Sudan, die erste große deutsche Forschungsexpedition überhaupt. Er untersuchte mit seinen Mitarbeitern 30 Pyramiden und mehr als 130 Mastabas. Die über 15 000 Fundstücke kamen in 194 Kisten nach Berlin, wo L. nach eigenen Plänen das Ägyptische Museum erbaute, dessen Direktor er 1855 wurde. 1866 führte er Untersuchungen im Nildelta durch und fand dabei eine mehrsprachige Inschrift, die seine letzten Zweifel an der Entzifferung der Hieroglyphen durch J.F. → Champollion ausräumte. 1873 bis 1884 war L. Oberbibliothekar der Königlichen Bibliothek in Berlin. Seine Forschungen bezogen sich vor allem auf die Geschichte Ägyptens; er gilt als Begründer der deutschen Ägyptologie. L. starb am 10.7.1884 in Berlin.

Hauptwerke: Das Totenbuch der Ägypter. Leipzig 1842; Denkmäler aus Ägypten und Äthiopien. 12 Bde. Berlin 1849–1859; Die Chronologie der Ägypter. Leipzig 1849; Königsbuch der alten Ägypter. Berlin 1858; Das bilingue Dekret von Kanopus. Berlin 1867; Älteste Texte des Totenbuchs nach Sarkophagen des alt-ägyptischen Reichs im Berliner Museum. Berlin 1867.

Leptis Magna. Eine der größten und bedeutendsten römischen Städte Nordafrikas (Libyen).

Geschichte: L. M. wurde um 700 v. Chr. von phönikischen Kolonisten gegründet. Die Hafenstadt an der Mündung des Wadi Lebda war Endpunkt einer wichtigen Karawanenstraße. Im 6. Jh. v. Chr. kam die vorher selbständige Stadt unter den Einfluß Karthagos. Seit 111 v. Chr. war L. M. mit Rom verbündet. Seit 25 v. Chr. gehörte es zum Imperium Romanum. L. M. wurde Hauptausfuhrort für Elefanten, Löwen und andere afrikanische Tiere, die in den zahlreichen Amphitheatern des Imperiums zu Schaukämpfen benötigt wurden, für Sklaven und für Halbedelsteine. Trajan verlieh der aufblühenden Stadt 110 n. Chr. den Status einer Colonia Ulpia Traiana. Ihre größte Blüte erreichte sie unter Kaiser Septimius Severus, der 146 in L. M. geboren wurde und unter seinem Sohn Caracalla. Gleich nach seiner Thronbe-

Leptis Magna

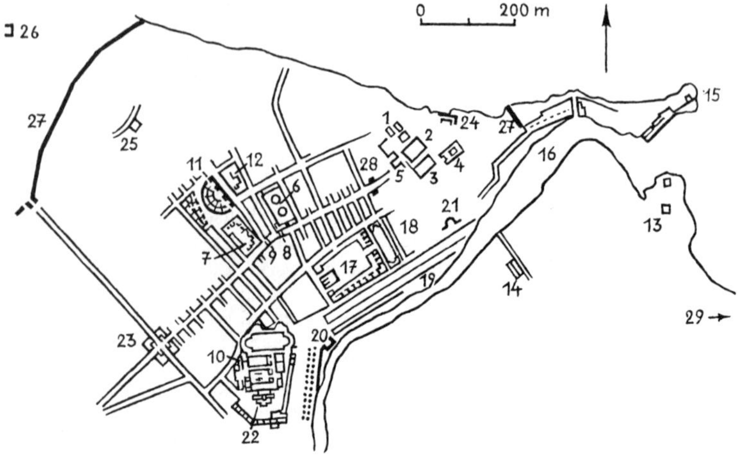

Leptis Magna
1 Tempel des Liber Pater, der Ceres Augusta, der Dei Augusti und der Magna Mater 2 Forum 3 Basilika 4 Curia 5 Tempel des Trajan 6 Agora mit Tholoi 7 Chalcidicum 8 Tiberius-Bogen 9 Trajansbogen 10 Hadriansthermen 11 Theater 12 »Foyer« mit Kaisertempel 13 dorischer Tempel 14 Tempel des Jupiter Dolichenus 15 Leuchtturm des Severus 16 Hafen 17 Kaiser-Forum 18 Basilika 19 Arkadenstraße 20 Großes Nymphäum 21 Kleines Nymphäum 22 »Palästra« 23 Severus-Bogen 24 Hafenthermen 25 Orpheus-Villa 26 Jagdthermen 27 Stadtmauern (4. Jh. n. Chr.) 28 byzantinisches Tor 29 Amphitheater und Circus

steigung sprach Septimius der Stadt das »ius italicum« zu, das heißt u.a. das Recht, keine Steuern an Rom entrichten zu müssen. Diokletian (284–305) machte L. M. zur Hauptstadt der Provinz Tripolitania. 455 eroberten die Vandalen die Stadt. 533 brachte der byzantinische Feldherr Belisar L. M. unter die Herrschaft Konstantinopels. 643 kamen die Araber. Im 11 Jh. wurde die Stadt aufgegeben.
Forschungsgeschichte: Seit 1921 schaufeln italienische Archäologen das antike L. M. aus dem Wüstensand. Gleichzeitig bemühen sie sich, die interessantesten Bauwerke sorgsam zu restaurieren. Seit 1960 arbeiten auch amerikanische Forschungsteams auf dem ausgedehnten Ruinenfeld.
Archäologische Stätte: Aus phönikischer Zeit konnten bisher nur Gräber des 4. und 3. Jh. v. Chr. freigelegt werden. Der augusteischen Epoche gehört der *Tempel des Liber Pater* an; vermutlich stand zuvor an seiner Stelle ein dem Fruchtbarkeitsgott geweihtes phönikisches Heiligtum. Neben dem Tempel des Liber Pater erhoben sich seit Tiberius (14–37) die *Tempel der Ceres Augusta* und der *Dei Augusti* sowie der *Magna-Mater-Tempel*. Gleichzeitig entstanden das *Forum* mit *Curia* und *Basilika*. Schon um 8 v. Chr. richteten die Römer in L. M. einen Markt

mit zwei Tholoi ein. Das *Chalcidicum* (um 12 n. Chr.) war wohl ein Handelshof. Der *Ehrenbogen des Tiberius* aus dem Jahre 36 schloß das römische Straßennetz dieser Zeit nach Süden ab. Weitere Ehrenbögen, von denen nur noch Reste vorhanden sind, hatten die Kaiser Titus und Vespasian.

Mit der Erhebung der Stadt zur Colonia im Jahre 110 setzte eine rege Bautätigkeit ein. Aus demselben Jahr stammt der *Ehrenbogen des Trajan*, ein Tetrapylon oder Quadrifrons (vierseitiger Bogen). 127 entstanden die großen *Hadriansthermen*, die ein Aquädukt mit Wasser versorgte. Das augusteische *Theater* über der phönikischen Nekropole wurde ausgebaut und mit reichem Säulenschmuck versehen. Gegen Ende des 2 Jh. drohte der von Klippen eingefaßte *Naturhafen* zu verschlammen. Der Fluß versumpfte und wurde zur Brutstätte der Malariamücke. Die Stadt schien dem Untergang geweiht. Da wurde Septimius Serverus, ein Bürger dieser Stadt, Kaiser von Rom. Er befahl sofort den Ausbau des Hafens und der Stadt. Die dem Hafen vorgelagerten Inseln und Klippen wurden durch breite Molen mit dem Festland verbunden. Der Flußlauf wurde begradigt und etwas nach Westen verlegt, um so das Hafenbecken tiefzuspülen. Auf den Molen wuchsen Speicheranlagen und Stallungen. Kolonnaden führten zu einem kleinen dorischen Tempel an der Spitze des Ostmole. Zwei Leuchttürme markierten die Hafeneinfahrt. Unmittelbar am Hafen erhob sich ein *Tempel des Jupiter Dolichenus*, des Kriegsgottes und Schutzpatrons der römischen Legionäre. Am Flußufer entstand bis 216 das *Kaiser-Forum*, ein 60 x 100 m großer Arkadenhof mit einem Podiumtempel, der der Gens Septimia geweiht war, also der Vergöttlichung des Kaisers diente. Eine 92 m lange dreischiffige *Basilika* schloß sich östlich an das Forum an. Eine von Arkaden flankierte Prachtstraße führte von einem *Großen Nymphäum* aus am Fluß entlang zum Hafen. Die Hadriansthermen ergänzte der Kaiser durch eine riesige Palästra. 203 errichtete die Stadt ihrem berühmten Sohn zu Ehren den *Severus-Bogen*, einen weiteren Tetrapylon (→ Bogenmonument, Leptis Magna).

Im Westen der Stadt lagen die sog. *Jagdthermen*, die vermutlich zum Wohnsitz des Statthalters gehörten. Das Frigidarium war mit herrlichen Fresken geschmückt (Leopardenjagd, Nillandschaften). Am östlichen Stadtrand legten die Ausgräber das Amphitheater und den 450 x 100 m großen *Circus* frei. Die Wohnviertel von L. M. sind bis auf einige prächtig ausgestattete Villen im Westen der Stadt noch zu untersuchen. Die Ausgrabungsstücke befinden sich in den Museen von Tripolis und L. M.

Literatur: M.F. Squarciapino: Leptis Magna. Basel 1966; J.B. Ward-Perkins: Town Planning in North Africa during the First two Centuries of the Empire, with Special Reference to Lepcis and Sabratha. Character and Sources. In: 150-Jahr-Feier Deutsches Archäologisches Institut Rom. Mitteilungen des Deutschen Archäologischen Instituts, Römische Abteilung. 25. Ergänzungsheft. Mainz 1982. S. 29 ff.; G. Caputo: Il teatro augusteo di Leptis Magna. Scavo e restauro, 1937–1951. Rom 1987.

Lesche (griech.). Altgriechisches Versammlungs- und Gesellschaftshaus (nur für Männer) am städtischen Markt oder in Heiligtümern. Berühmt war die L. der Knidier in → Delphi mit Gemälden des Polygnot.

Libatio (lat.). Römisches Trankopfer, meist Wein oder Milch, oft in Verbindung mit anderen Opfergaben (z.B. Weihrauch) in öffentlichen Kulten oder bei privaten Riten dargebracht.

Libby, Willard Frank. Am 17.12.1908 in Grand Valley, Colorado, geboren. Er studierte an der University of California in Berkeley und begann 1933 seine wissenschaftliche Laufbahn als Dozent für Chemie in Berkeley. 1945 folgte er als außerordentlicher Professor einem Ruf an die Universität von Chicago. 1954–1959 war L. Mitglied der amerikanischen Atomenergiekommission, 1959 wurde er ordentlicher Professor. 1947 veröffentlichte L. sein Verfahren zur archäologischen, geophysikalischen und geologischen Altersbestimmung mit dem Kohlenstoffisotop C 14, auch Radiokarbon-, C-14- oder Libby-Methode genannt (→ Radiokarbondatierung). 1960 erhielt er für seine Datierungsmethode den Nobelpreis für Chemie. Nach langjähriger Lehrtätigkeit an der Universität von Los Angeles starb L. am 8.9.1980.

Hauptwerk: Radiocarbon Dating. Chicago 1952 (deutsch: Zürich 1969).

Ligurer. Volk unbekannter Herkunft, das im 1. Jt. v. Chr. zwischen den Pyrenäen und der Poebene sowie auf Korsika siedelte, seit dem 6. Jh. v. Chr. von den Etruskern und im 4. Jh. v. Chr. von den Kelten in die Berge zurückgedrängt wurde. Zwischen 187 und 25 v. Chr. gelang den Römern die endgültige Unterwerfung aller ligurischen Volksstämme.

Limes (lat. Grenze, Grenzweg). Zunächst Bezeichnung für die Grenze des Römischen Reiches und seit dem späten 1. Jh. n. Chr. für deren militärische Befestigungsanlagen.

Limes, Hadrianswall (Roman Wall). Der von Kaiser Hadrian angelegte Grenzwall sollte die römische Provinz Britannia gegen Überfälle der keltischen Pikten sichern. Teile des ursprünglich fast 120 km langen Walles sind zwischen Brampton und Hexham noch sehr gut erhalten bzw. rekonstruiert worden.

Geschichte: 55 v. Chr. überquerte Julius Caesar mit zwei Legionen den Kanal, mußte aber seinen Feldzug gegen die keltischen Bewohner Britanniens erfolglos abbrechen. Ein Jahr danach landete er nochmals an der südenglischen Küste, diesmal mit fünf Legionen, konnte sich jedoch trotz seines Vorstoßes bis Verulanum, dem heutigen St. Albans, wiederum nicht auf der Insel halten. Erst rund hundert Jahre später, 43 n. Chr., gelang es Kaiser Claudius, England zu unterwerfen. Unter dem Gouverneur Agricola stießen die Römer im Jahre 78 bis Schottland vor und zogen vom Forth zum Clyde eine vorläufige Grenze, die sie bald darauf bis Stanegate zurückstecken mußten. 122 n. Chr. besuchte Kaiser Hadrian Britannien und gab dem Gouverneur Aulus Platorius Nepos den Auftrag, die zwischen den heutigen Städten Carlisle und Newcastle-upon-Tyne verlaufende Grenzlinie zu befestigen. Die Bauarbeiten dauerten bis 136 n. Chr. Drei Jahre später rückten die Römer ihre Grenze erneut nach Norden vor und errichteten zwischen Forth und Clyde den Antoninischen Wall. Etwa 20 Jahre danach zogen sie sich wieder auf den Hadrianswall zurück. Dreimal überrannten die Pikten den Roman Wall: 197, 296 und 367 bis 369. Doch jedesmal eroberten die Römer die verlorenen Gebiete zurück. Nach dem Aufstand des Maximus (383–388) gaben sie die britische Nordgrenze auf und verließen noch im selben Jahrhundert Britannien.

Archäologische Stätte: Der Hadrianswall erstreckte sich über eine Länge von 80 römischen Meilen (117 km) von Wallsend-on-Tyne bis nach Bowness-on-Solway. Die Stein- bzw. Erdmauer war bis zu 3 m dick und 4,5 m hoch. In Abständen von je einer römischen Meile (1481 m) waren kleine Meilenkastelle mit Unterkünften für je 24 Mann in die Mauer eingefügt. Wachtürme ergänzten die Verteidigungsanlage im Abstand von je einer römischen Drittelmeile (knapp 500 m). 17 große Kastelle dienten als Standorte für berittene Truppen oder Fußsoldaten. Südlich der Mauer zog sich in unterschiedlichem Abstand ein Vallum entlang, ein steiler Graben, mit je einem Erdwall zu beiden Seiten. Zwischen Mauer und Vallum verlief ein Militärweg, der die Kastelle, Meilenkastelle und Wachtürme miteinander verband. Wichtige Kastelle längs des L. sind: → Castellum, Cilurnum (Chesters); → Castellum, Corstopitum (Corbridge); → Castellum, Vercovicium (Housesteads).

Literatur: J. Forde-Johnston: Hadrian's Wall. London 1978; D.J. Breeze u. B. Dobson: Hadrian's Wall. Harmondsworth 1980; S. Johnson: Hadrian's Wall. London 1989.

Limes, obergermanisch-raetischer. Seit der Kaiserzeit sicherten die Römer die Grenzen ihres Reiches durch befestigte Bauwerke. Ein Abschnitt dieser bewehrten Reichsgrenze war der obergermanisch-raetische L., Bollwerk und Überwachungssystem gegen Übergriffe der unberechenbaren und nicht zu bezwingenden Germanenstämme. Den Durchbruch ganzer Heere wie zu Beginn der Völkerwanderung vermochte der L. freilich nicht zu verhindern.

Geschichte: Nachdem Caesar Gallien erobert hatte (58–51 v. Chr.), war der Rhein die Grenze zwischen dem Römischen Reich und den germanischen Stämmen. Um die Gefahr aus dem Norden zu bannen, plante Kaiser Augustus, die Reichsgrenze bis zur Elbe vorzuverlegen. 15 v. Chr. überquerten römische Legionen unter Tiberius und Drusus, den beiden Stiefsöhnen des Kaisers, die Alpen und besetzten das Alpenvorland bis zur Donau. 12 v. Chr. setzte Drusus über den Rhein und stieß nach Germanien vor. Doch zwangen ihn Aufstände im Balkan, die Truppen wieder zurückzunehmen. Schließlich stellte die schwere Niederlage im Teutoburger Wald im Jahre 9 n. Chr. die römischen Eroberungspläne in Frage. Arminius, Cheruskerfürst und ehemals römischer Offizier, hatte drei Legionen unter dem Kommando des Varus in einen Hinterhalt gelockt und völlig aufgerieben. Nachdem weitere Vorstöße des römischen Feldherrn Germanicus erfolglos verlaufen waren, beendete Kaiser Tiberius 16 n. Chr. kurz entschlossen die Germanenkriege.

Die Legionen ließen sich in befestigten Militärlagern (Castra) am linken Rheinufer nieder. Unter Kaiser Claudius (41–54) wurde die Donaulinie mit Kastellen (Castella) bestückt. Noch dachte die römische Führung keineswegs an eine Verteidigungslinie. Die Castra und Castella waren vielmehr Ausgangsstellungen für neue Feldzüge. Unter Vespasian (69–79) überschritten

die Römer den Oberrhein und besetzten das Neckargebiet, um die lange Rhein-Donau-Linie abzukürzen. Von Mainz aus stießen sie im Jahre 83 nach Norden vor. Dabei kam es zum Zusammenprall mit den Chatten, der aber zu keiner Entscheidung führte, weil die Chatten den römischen Legionen geschickt auswichen und ein Aufstand der Daker im heutigen Rumänien die Römer zur Zurücknahme ihrer Truppen zwang.
Nach dem Chattenkrieg begannen die Römer, die Reichsgrenze auszubauen. An der Grenzlinie und auch im grenznahen Hinterland richteten sie weitere befestigte Lager für ihre Hilfstruppen ein (Auxiliarkastelle). Hölzerne Wachtürme und Postenwege verstärkten die Linie. 98 n. Chr. verwendete der römische Historiker Tacitus erstmals den Begriff L. in der Bedeutung von »Reichsgrenze«.
Nun darf man nicht annehmen, daß das Verhältnis zwischen Römern und Germanen stets gespannt war. Im Gegenteil: Zwischen den Königssitzen der Germanenstämme und den römischen Provinzhauptstädten bestanden rege wirtschaftliche und diplomatische Beziehungen. Trotzdem geschah es immer wieder, daß plündernde Germanentrupps den L. überschritten. Daher wurde der L. unter Kaiser Trajan (98–117) nochmals verstärkt, um den römischen Territorien Germania superior und Raetia ein ungestörtes wirtschaftliches Wachstum zu ermöglichen.
Zur Zeit Hadrians (117–138) sicherte ein Palisadenzaun den Postenweg. Unter Antoninus Pius verlegten die Römer den obergermanischen L. weiter nach Osten und stellten bei Lorch an der Rems die Verbindung zum raetischen L. her. Die Kastelle wurden fortan nicht mehr aus Holz, sondern in Steinbauweise erstellt. In der Mitte des 2 Jh. kam Unruhe in den germanischen Raum. 162 und 170 stürmten die Chatten gegen den obergermanischen L. an. 167 drangen die Markomannen in die östlichen Provinzen Noricum und Pannonia ein, überrannten den raetischen L. und stießen bis Oberitalien vor. Nur unter größten Anstrengungen konnte Mark Aurel die Markomannen zurückdrängen und 170/71 die Grenze nördlich der Donau wieder festigen. 179 gründete er das Legionslager Castra Regina (Regensburg). Unter Mark Aurels Sohn und Nachfolger Commodus wurden die zerstörten Grenzanlagen instand gesetzt und vermutlich schon in dieser Zeit durch Wall bzw. Mauer und Graben verstärkt.
Zu Beginn des 3 Jh. bedrohte der Stammesbund der Alamannen die Provinzen Obergermanien und Raetien. 213 griff Kaiser Caracalla seinerseits die Alamannen an und konnte die Ruhe an der Reichsgrenze wiederherstellen. Aber als die römischen Truppen unter Severus Alexander im Osten gegen die Parther kämpften, überrannten die Alamannen den L., zerstörten die entblößten Kastelle und verwüsteten die beiden Provinzen. Severus kehrte sofort nach Germanien zurück und wurde 235, als er mit den Alamannen verhandeln wollte, in Mogontiacum (Mainz) von den enttäuschten Legionären ermordet. Sein Nachfolger Maximinus Thrax schlug zwar die Alamannen zurück, vermochte aber dem Reich keinen dauerhaften Frieden zu geben. Bürgerkriege und Grenzkämpfe erschütterten fortan das Imperium. Als Kaiser Valerian 260 in die Gefangenschaft der Parther geriet, fiel der L. endgültig in die Hand der Ala-

mannen. Rhein und Donau wurden wieder zur Grenze des Römerreiches. Die L.-Kastelle verfielen.

Forschungsgeschichte: 1748 stellte die Preußische Akademie der Wissenschaften die Preisaufgabe, wie weit die Römer wohl über den Rhein und die Donau nach Deutschland vorgedrungen seien. Dies führte zu ersten wissenschaftlichen Forschungen auf breiter Basis. Bereits Anfang des 18 .Jh. hatte sich Graf Franz zu Erbach mit dem Odenwald-L. befaßt. Altertumsvereine begannen sich für die »Teufelsmauer« und den »Heidenwall« zu interessieren und gründeten 1852 eine »Kommission zur Erforschung des limes imperii Romani«. 1892 bewilligte der Reichstag endlich ausreichende Mittel für die zahlreichen Forschungsvorhaben. Unter der Leitung des Historikers T. Mommsen setzte die Kommission ein ganzes Team von Archäologen ein, um den Verlauf des L. und die Lage der Kastelle zu ergründen. Der L. wurde in fünfzehn Streckenabschnitte aufgeteilt. Für jeden Abschnitt leitete ein Streckenkommissar die Ausgrabungen und Untersuchungen. Die Streckenbezeichnungen 1 bis 15 werden noch heute in der Fachliteratur verwendet. Bis 1901 waren 34 von über 80 L.-Kastellen freigelegt. Zwei Jahre später stellte man die Ausgrabungen ein, um erst einmal die umfangreichen Grabungsergebnisse auszuwerten. Zwischen 1894 und 1937 erschienen die Forschungsberichte in 14 Bänden. Zwischen den beiden Weltkriegen fanden kaum Ausgrabungen statt.

Erst nach 1945 wurde die Feldarbeit mit verbesserten Methoden fortgesetzt, wobei nun auch die Grundrisse von Holzbauten und sogar der Verlauf der Palisaden zum Vorschein kamen. Die heutigen Grabungen führen die Landesämter für Bodendenkmalpflege, die Römisch-Germanische Kommission des Deutschen Archäologischen Instituts in Frankfurt a. M. sowie verschiedene Museen, vor allem das Saalburg-Museum, und Universitätsinstitute durch.

Archäologische Stätte: Der obergermanisch-raetische L. war in seiner letzten Linienführung 548 km lang. Der obergermanische L. begann an der Mündung des Vinxtbaches in den Rhein (zwischen Bad Hönningen und Rheinbrohl), führte zum Taunus, umschloß die Wetterau und verlief südwärts bis Lorch an der Rems. Seine Länge betrug 382 km. Bei Lorch schloß sich der 166 km lange raetische L. an, der in Ostrichtung über Gunzenhausen führte und bei Kelheim die Donau erreichte.

Rückgrat des obergermanisch-raetischen L. waren die *Kastelle*, die im Abstand von meist 10 bis 20 km die Reichsgrenze zu sichern hatten. Sie waren keine Festungen, sondern befestigte Truppenlager. Ihre Größe schwankte je nach Bedeutung und Aufgabe zwischen 0,6 und 6 ha. Die 1000 Mann starken Reitereinheiten (Alae milliariae) benötigten eine Fläche von 5,2 bis 6,0 ha. Die kleineren, 500 Mann starken Alen, die 1000 Mann starken Fußeinheiten (Cohortes milliariae) und die gemischten Einheiten (Cohortes quingenariae equitatae) waren in Kastellen von 3,1 bis 4,2 ha Größe stationiert. Die 500 Mann starken Kohorten (Cohortes quingenariae) lagen in 1,4 bis 3,2 ha großen Kastellen. Die kleinen Kastelle der 100 bis 200 Mann starken Numeri hatten meistens eine Größe von 0,6 bis 0,8 ha.

Die Kastelle glichen in ihrem Aufbau den großen Legionslagern (Castra). Sie hatten einen rechteckigen Grundriß und waren von einer Wehrmauer umgeben, die anfangs aus Holz, Gestein und Erde, später aus Steinen, die mit Mörtel verbunden waren, bestand. Die Mauer stützte innen ein Erddamm. Vor der Mauer verliefen ein, zwei oder mehr wasserlose Gräben. Das Kastell hatte vier Tore: das Haupttor (Porta praetoria), das gegenüberliegende Tor (Porta decumana) und die beiden Seitentore (Porta principalis dextra und sinistra).

Die Mitte des Lagers nahm die *Kommandantur* (Principia) ein. Eine große Vorhalle führte zu einem offenen Hof mit Altar und Brunnen. Dahinter lag eine Querhalle, von der aus man das Fahnenheiligtum (Aedes) erreichte, das den Reichsgöttern geweiht war und dem Kaiserkult diente. Zu beiden Seiten des Fahnenheiligtums schlossen sich Schreibstuben (Tabularia) an. Versammlungsräume (Scholae) und Waffenkammern (Armamentaria) flankierten den Hof. Weitere wichtige Gebäude waren das Wohnhaus des Kommandanten (Praetorium), das Magazin (Horreum) und das Lazarett (Valetudinarium). Mannschaftsbaracken, Werkstätten und Ställe vervollständigten das Lager. In jeder Mannschaftsbaracke war eine Centurie (80 Mann) untergebracht. Am Kopfende der Baracke wohnte der Centurio.

Zu jedem Kastell gehörte ein *Badehaus* (Balineum), eine komplette Thermenanlage in Miniaturformat. Meistens lag das Bad außerhalb der Umwehrung. Die aus dem Lager kommende Straße führte durch eine *Zivilsiedlung* (Vicus) mit Geschäften, Handwerksbetrieben, Gaststätten und Wohnhäusern für die Soldatenfamilien und Veteranen. *Heiligtümer* für die verschiedensten Gottheiten boten den Soldaten die Möglichkeit individueller Andacht.

In den Kastellen waren ausschließlich Hilfstruppen (Auxilia) aus allen Teilen des Reiches stationiert: Briten, Belgier, Spanier, Schweizer, Gallier, Serben, Thraker, Syrer, Ägypter, sogar Germanen. Ihr Kommandant (Praefectus) war ein Römer, der dem Senatsadel oder dem Ritterstand angehörte.

Kleinkastelle, deren Besatzung das übergeordnete Kastell stellte, sicherten besonders gefährdete Grenzabschnitte. Alle 200 bis 1000 m, also in Sichtweite, erhoben sich Wachtürme, die anfangs aus Holz, später aus Stein erbaut waren. Sie waren durch einen Postenweg verbunden, der seit Hadrian durch eine Palisade geschützt war. Gegen Ende des 2. Jh. verstärkten Wall und Graben die Palisade. Den raetischen L. bildete auf großen Streckenabschnitten eine von Turm zu Turm verlaufende Steinmauer. Sie war 1 bis 1,2 m stark und 2,5 bis 3 m hoch. Der L. diente ausschließlich zur Überwachung der Reichsgrenze. Er sollte unerlaubte Grenzübertritte und kleinere Raubüberfälle verhindern. Im Krieg hatte er keine Bedeutung.

Im Bereich des obergermanisch-raetischen L. wurden bisher rund 80 Kastelle – die Kleinkastelle nicht eingeschlossen – festgestellt und wissenschaftlich untersucht. Da sich der Verlauf der Reichsgrenze mehrmals änderte, waren nie alle Kastelle zu gleicher Zeit mit Auxiliartruppen besetzt. Von den meisten L.kastellen sind heute kaum noch Spuren zu erkennen. Sie wurden im Mittelalter oder in der Neuzeit überbaut oder im landwirtschaftlichen Betrieb eingeebnet. Das

Holz vermoderte, die Steine dienten zum Bau neuer Häuser. Nur noch wenige Kastelle geben eine Vorstellung von ihrem einstigen Aussehen.

Das *Kastell Saalburg* wurde weitgehend wieder aufgebaut und bietet daher die beste Möglichkeit, ein typisches L.kastell kennenzulernen (→ Castellum, Saalburg).

Literatur: O. von Sarwey u.a. (Hrsg.): Der obergermanisch-raetische Limes des Römerreichs. 14 Bde. Heidelberg 1894–1937; Limesforschungen. Bd. 1 ff. Berlin 1959 ff.; D. Baatz: Der römische Limes. Berlin 1974; A. Johnson: Römische Kastelle des 1. und 2. Jh. n. Chr. in Britanien und in den germanischen Provinzen des Römerreichs. Mainz 1987.

Limyra. → Heroon, Limyra.

Lindos. An der Ostküste von → Rhodos gelegen, war L. die bedeutendste der drei dorischen Städte der Insel. Funde aus neolithischer und mykenischer Zeit legen jedoch nahe, daß der

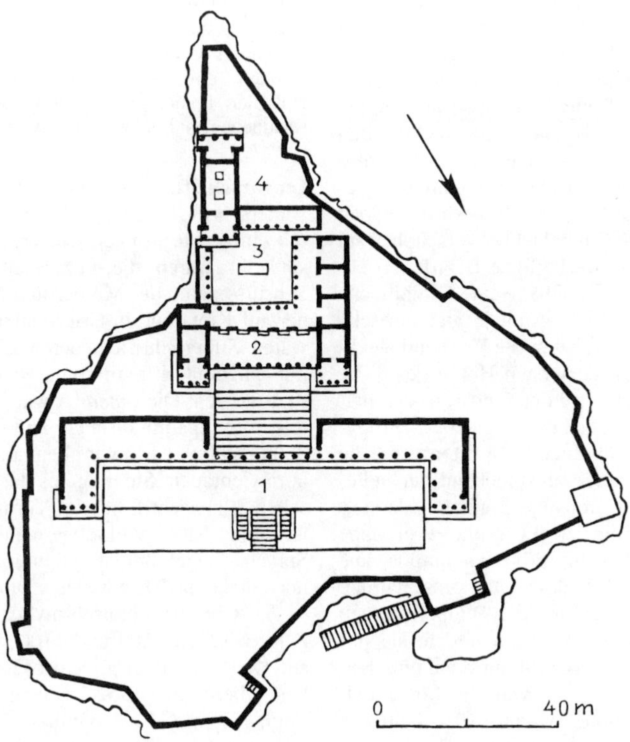

Lindos: Akropolis
1 Stoa 2 Propyläen 3 Altar 4 Tempel der Athena Lindia

Ort bereits im 2. Jt. v. Chr. besiedelt war.

Archäologische Stätte: Die höchste Stelle der Akropolis, genau über einer Felsgrotte, nahm ein frühhellenistischer *Tempel für Athena Lindia* ein. Die Grotte selbst war vermutlich eine Kultstätte für die einheimische Göttin Lindia in frühgriechischer Zeit. Im 7. Jh. v. Chr. wurde der Kult in einen Tempelbau direkt über der Grotte verlegt. Diesen ließ der Tyrann Kleobulos, der L. zu seiner Residenz erkor, Mitte des 6. Jh. v. Chr. erneuern. Als dieser 342 v. Chr. niederbrannte, wurde er kurze Zeit später als ein dorischer Amphiprostylos neu aufgebaut. Von den Vorgängerbauten ist nichts erhalten. Der Tempel wurde so nah an den östlichen Felsrand gesetzt, daß der Bau genau über der Grotte lag, sein Kult also in direkter Beziehung zu dem alten gesetzt wurde. Der Altar wurde jedoch aus der Tempelachse verschoben in der Mitte des heiligen Bezirks errichtet. Der Tempel hatte eine Grundfläche von 21,65 x 7,75 m; je vier dorische Säulen begrenzten die Vor- und Rückhalle. Seit der ersten Hälfte des 3. Jh. v. Chr. erfolgte der Eintritt in den heiligen Bezirk durch ein großes Propylon mit seitlichen Risaliten, das die ganze Anlage entsprechend der hellenistischen Zeit ins Monumentale steigerte. Eine 20 m breite Freitreppe führte zu dem Propylon empor. Die Säulenhallen des Altarhofes wurden mit Rücksicht auf die Tempellage neu angeordnet. Im Osten bildete sie mit 1 m Tiefe praktisch nur noch eine Kulisse, im Westen war sie 3,6 m tief, drei Räume waren für kultische Zwecke vorgelagert. Um 200 v. Chr. genügte das prächtige Propylon den architektonischen Ansprüchen nicht mehr, und so baute man vor die Treppe, sie praktisch umfassend, eine monumentale, 88 m breite Stoa mit vorspringenden Seitenflügeln und dorischen Säulen.

In späterer Zeit folgten kleinere Veränderungen auf der Akropolis: so wurde im 1. Jh. v. Chr. die Terrasse der langen Stoa verbreitert und damit die Treppe in deren Substruktionen eingebunden. Im 2. Jh. n. Chr. schloß eine ionische Halle den Altarhof Richtung Süden und um 300 n. Chr. nahm ein Podiumtempel wahrscheinlich für den Kaiserkult die freie Fläche unterhalb der Stoa ein.

Literatur: C. Blinkenberg u.a.: Lindos. 3 Bde. Berlin, Kopenhagen 1931–1960; H.Kähler: Lindos. Zürich 1971; G. Konstantinopoulos: Lindos. Athen 1980.

Linearschrift. Bezeichnung für eine Bilderschrift, deren figürliche Formen mit einfachen Strichen wiedergegeben sind. L. waren die bronzezeitlichen Schriftsysteme der Minoer und Mykener auf Kreta und in Griechenland. Es waren Silbenschriften, deren Zeichen mit spitzem Griffel in Tontafeln eingeritzt wurden. Die *Linear A* war in mittel- und spätminoischer Zeit (etwa 2000–1400 v. Chr.) vor allem auf Kreta in Gebrauch. Sie ging aus der kretischen Silbenschrift hervor. Vermutlich ist sie in einer vorindogermanischen Sprache abgefaßt; sie konnte bisher noch nicht entziffert werden. Die *Linear B* ist in spätminoisch-mykenischer Zeit zwischen 1500 und 1100 v. Chr. auf Kreta und dem griechischen Festland bezeugt. 1952 gelang dem Engländer M.G.F. → Ventris die Entzifferung dieser Schrift, die einen frühgriechischen Dialekt wiedergibt.

Luftbildarchäologie. Fotografische Aufzeichnung oberirdischer Auswirkungen von Störungen unter der Erdoberfläche, die von früherer menschlicher Aktivität herrühren. Die Fotografien macht man von einem erhöhten Standpunkt aus (z.B. von einem Ballon oder aus einem Flugzeug).
Es gibt drei Arten von Auswirkungen bzw. Merkmalen, die es ermöglichen, archäologische Stätten zu erkennen: 1. Schattenmerkmale (shadow marks): Bei schräg einfallendem Licht (abends oder morgens, vor allem im Winter) werden durch minimale Unebenheiten Reste von Bauten, Wällen, Gräben, Terrassen usw. sichtbar. 2. Vegetationsmerkmale (crop marks): Unterschiedlicher Bewuchs (Üppigkeit der Vegetation) weist auf unterirdische Kulturreste hin. So werden über einem aufgefüllten Schacht oder Graben die Pflanzen (vor allem Getreide wie Gerste und Hafer) größer und kräftiger, über antiken Fundamenten, Terrassierungen oder Straßen bleibt das Wachstum dagegen zurück. Das Luftbild zeigt solche Wachstumsunterschiede in klaren Linien und Flächen. 3. Bodenmerkmale (soil marks): Eine Verfärbung der Erdoberfläche deutet auf das Vorhandensein unterirdischer Kulturreste hin. Etruskische Gräber z.B., die einst von Tumuli bedeckt waren, sind auf dem Luftbild als weiße Flecken zu erkennen. Es ist Kalksteinaushub, der sich von der dunklen, humusreichen Erde deutlich abhebt.

Luterion (griech.). Großes flaches Marmorbecken auf hoher Mittelstütze zur Körperwäsche.

Lutrophoros (griech.). Amphoraähnliches, zwei- oder dreihenkliges schlankes Gefäß mit langem Hals. Es enthielt Wasser für das Brautbad. Seit dem 5. Jh. v. Chr. wurden monumentale, marmorne L. auf die Gräber unvermählt Verstorbener gestellt. Die Gefäße sind daher mit Darstellungen der Hochzeit oder der Totenklage versehen. Abb. S. 510.

Luxor. → Theben.

Lydier. Volksstamm in Westkleinasien, möglicherweise schon in vorgriechischer Zeit bedeutend. Unter seinem Herrscher Gyges, dem Begründer der Mermnadendynastie, kam Lydien im 7. Jh. v. Chr. zu hoher wirtschaftlicher Blüte. Ihre größte Machtentfaltung erlebten die L. unter ihrem König Kroisos (Krösus). Der Zusammenstoß mit Persien endete mit dem Untergang des lydischen Reiches: 546 v. Chr. wurde Kroisos von Kyros II. gefangengenommen.

Lykier. Indogermanischer Volksstamm, der vermutlich von den Hethitern abstammt. Die L. siedelten an der Südküste Westkleinasiens und besaßen eine eigene Sprache und Schrift. Die lykische Kunst war stark von ionischen Einflüssen geprägt. Bemerkenswert sind die monumentalen Grabbauten an der Südküste Kleinasiens.

M

Mäander. Nach dem windungsreichen kleinasiatischen Fluß Maiandros benanntes Ornament, das aus einem einzigen gewundenen Band bzw. einer Linie besteht. Man unterscheidet den rechtwinkligen M. (Hakenm., konzentrischer M.) und den Spiralm. (laufender Hund). M.artige Muster waren schon in frühgeschichtlicher Zeit bekannt, ihre systematische Ausprägung erfuhren sie in der geometrischen Epoche Griechenlands.

Macellum (lat.). Lebensmittelmarkt. Hofähnliches Marktgebäude mit umlaufenden kleinen Läden und einem zentralen Rundbau.

Macellum, Pompeji. Das M. am Forum stammt aus der zweiten Hälfte des 2. Jh. v. Chr. Der Haupteingang des Marktgebäudes lag nach Westen zum Forum hin. Ihm gegenüber nahmen drei Räume die Ostseite des M. ein, wobei der mittlere als Heiligtum für die Kaiserfamilie diente, der linke für Gelage gedacht war und im rechten wahrscheinlich Fische verkauft wurden. Die zwölf kreisförmig angeordneten Pfosten in der Mitte des M. wurden später hinzugefügt und trugen ein Dach, unter dem Fisch gesäubert und angepriesen wurde. Kleine Läden reihten sich entlang der inneren Südwand des M. Im Westen und Norden orientierten sich die Ladenzeilen zur Straße bzw. auf das Forum hin. Der heute erhaltene Zustand gibt die Bauphase von nach 62 n. Chr. wieder. → Forum, Pompeji. Abb. S. 158.

Macellum, Puteoli. Das sog. Serapeion wurde in flavischer Zeit errichtet und im späten 2. Jh. n. Chr. umgebaut. Der quadratische Hof ist von einem Portikus umgeben, den an drei Seiten abwechselnd nach innen und nach außen geöffnete Läden rahmen. Eine Säulenstellung markiert den südwestlichen, zum Meer hin gelegenen Eingang. Auf der gegenüberliegenden Seite öffnet sich ein apsidialer Raum, in dem eine Statue des ägyptischen Gottes Serapis, Schutzgott dieses Marktes, gefunden wurde. Seitlich des Kultraumes öffnen sich zwei große Latrinen. In der Mitte des Hofes erhoben sich auf einem runden Podium 16 Säulen mit ringförmigem Gebälk und einer Brunnenanlage. → Puteoli.

Maenianum (lat.). Erker, Balkon des römischen Mietshauses, auch die Zuschauergalerie im römischen Theater und Amphitheater.

Magnesia am Mäander. In Ionien an der Einmündung des Lethaios in den Maiandros gelegen. Berühmt durch das Heiligtum der Artemis Leukophryene (der Weißumrandeten, mit weißen Augenbrauen).
Geschichte: Von äolischen Kolonisten aus Magnesia in Thessalien (Nordostgriechenland) gegründet. Im 7. Jh. v. Chr. nahm der Lydierkönig Gyges M.

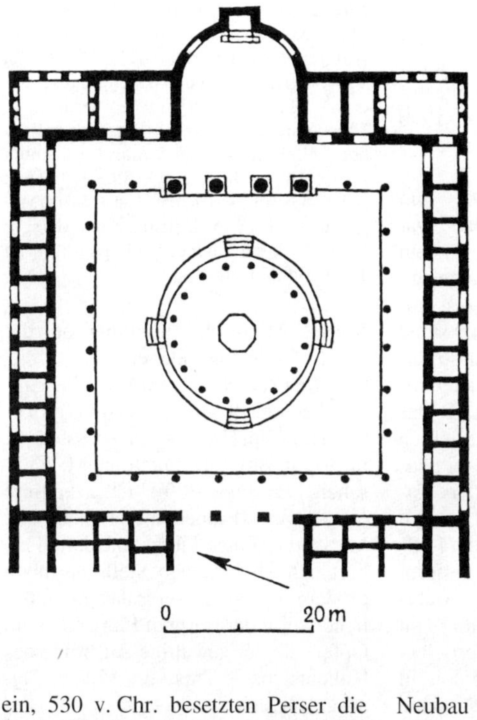

Puteoli: Macellum (»Serapeion«)

ein, 530 v. Chr. besetzten Perser die Stadt. Als Satrap setzte der Perserkönig Artaxerxes 460 v. Chr. den verbannten athenischen Staatsmann und Feldherrn Themistokles ein. Im späten 5. Jh. v. Chr. kam die Stadt unter die Oberhoheit der mit Persien verbündeten Spartaner. Sie veranlaßten die Neugründung von M. beim alten Artemis-Heiligtum, das etwas nördlich des bisherigen, ständig durch Überschwemmungen bedrohten Stadtgebietes lag. 334 v. Chr. ergab sich M. kampflos Alexander dem Großen. Am Ende des 3. Jh. v. Chr. gewann die Stadt unter den Seleukiden große Bedeutung. Um 206 v. Chr. wurden überregionale Kultspiele zu Ehren der Artemis eingerichtet, in deren Folge man auch den Neubau des Tempels beschloß. 190 v. Chr. kam M. zum Pergamenischen Reich und gehörte seit 129 v. Chr. zur römischen Provinz Asia. Als Mithridates, König von Pontos, 88 v. Chr. die Städte Kleinasiens zum Kampf gegen Rom aufrief, blieb M. auf der Seite Roms. Sulla (138–78) besiegte Mithridates und belohnte die Stadt mit weitreichenden Privilegien. In byzantinischer Zeit war M. Bischofssitz.

Forschungsgeschichte: 1842/43 bargen die Franzosen J.J. Clerget und C. Texier Teile vom Fries des Artemis-Tempels. 1890 grub F. Hiller von Gärtringen das Theater aus. 1891–1893 legten die deutschen Archäologen C. → Humann, R. Heyne und O. Kern die Agora mit dem Zeus-Tempel und das

Artemis-Heiligtum frei. Die Funde gelangten nach Paris, Istanbul und Berlin. In den letzten Jahren fanden unter türkischer Leitung kleinere Untersuchungen im Stadtgebiet statt, bis 1990 erfolgte u.a. die Freilegung eines Theatron.

Archäologische Stätte: Die um 400 v. Chr. neugegründete Stadt war nach dem hippodamischen System (→ Hippodamos von Milet) angelegt, in das die 188 x 97 m große *Agora* eingefügt ist. Etwas seitlich versetzt stand im Zentrum der Agora der kleine *Tempel des Zeus Sosipolis* (des Stadterhaltenden) aus dem ersten Jahrzehnt des 2. Jh. v. Chr. Mit vier vorgestellten Säulen an der Westfront und zwei Säulen zwischen den Anten an der Ostfront erhebt sich dieser ca. 7,5 x 16 m große ionische Tempel auf einem fünfstufigen Unterbau. Die Tempelfront konnte anhand der erhaltenen Architekturglieder wieder vollständig im Berliner Pergamon-Museum errichtet werden. Ein fünftoriges Propylon in der Osthalle der Agora ermöglichte den Zugang zum schräg angrenzenden *Heiligtum der Artemis.* Der hellenistische Pseudodipteros ionischer Ordnung, ein Werk des Hermogenes, orientiert sich in der Ausrichtung an einem archaischen Vorgängerbau. Bald nach 206 v. Chr. in Auftrag gegeben, war der Bau um 130 v. Chr., als das Kultbild im neuen Tempel aufgestellt wurde, noch nicht endgültig fertiggestellt (→ Pseudodipteros, Magnesia am Mäander). Neben einem kleinen unvollendeten Theatron und dem hellenistischen Theater sind in M. aus römischer Zeit eine Kaserne und das Gymnasium bekannt. Die Befestigungsmauer mit Verbauung antiker Spolien stammt aus byzantinischer Zeit.

Literatur: C. Humann: Magnesia am Mäander. Bericht über die Ergebnisse der Ausgrabungen der Jahre 1891–1893. Berlin 1904; O. Bingöl: Zu den neueren Forschungen in Magnesia. In: W. Hoepfner u. E.-L. Schwandner (Hrsg.): Hermogenes und die hochhellenistische Architektur. Kolloquium Berlin 1988. Mainz 1990. S.63 ff.; Ders.: Arbeitsphasen des neuen Theatron in Magnesia a. M. In: A. Hoffmann u.a. (Hrsg.): Bautechnik der Antike. Kolloquium Berlin 1990. Mainz 1991. S.17 ff.

Malia. Minoische Siedlung an der Nordküste Kretas gelegen.

Geschichte: Nach 2000 v. Chr. entstanden auf Kreta die ersten größeren Königspaläste, so in → Knossos, in → Phaistos und auch in M. Zwischen 1750 und 1700 v. Chr. zerstörte ein schweres Erdbeben den Palast von M. Schon wenige Jahrzehnte darauf erhob sich an derselben Stelle ein noch größerer Palast. Dieser Palast fiel möglicherweise der riesigen Flutwelle zum Opfer, die der gewaltige Ausbruch des Vulkans von → Thera um 1500 v. Chr. ausgelöst hatte.

Forschungsgeschichte: 1915 untersuchte der griechische Archäologe J. Hazzidakis die minoische Fundstätte. Seit 1921 werden Palast und Stadtgebiet von M. im Auftrag der École française d'Athènes ausgegraben. Die Funde sind im Archäologischen Museum in Iraklion untergebracht.

Archäologische Stätte: Das Stadtgebiet von M. hat einen Durchmesser von etwa 600 m. Freigelegt wurden bisher der *Palast* und einige Wohnviertel mit dem Marktplatz. Wie in Knossos bildet auch beim Palast von M. ein großer Hof den Mittelpunkt der Anlage, um den sich zahlreiche Räume gruppieren. Die Anordnung der Räume ist hier aber übersichtlicher, klarer,

nicht so labyrinthhaft. Die Ausstattung ist bescheidener, was auf eine geringere Bedeutung der Könige von M. schließen läßt. Vorhanden ist nur das Untergeschoß des Palastes.
Die Stadt mit einer geschätzten Ausdehnung von etwa 80 ha setzte sich aus Quartieren zusammen, die zu unterschiedlichen Zeiten bewohnt waren. Das *Quartier Mu*, etwa 200 m westlich des Palastes gelegen, scheint aufgrund seiner Funde ein administratives Zentrum gewesen zu sein.
500 m nördlich des Palastes wurde in unmittelbarer Nähe der Küste die *Nekropole von Chrysolakkos* ausgegraben, ein 30 x 38 m großes Bauwerk mit Königsgräbern aus dem 19. und 18. Jh. v. Chr. Die einzelnen Räume (Grabkammern) hatten keine Türen. Die Minoer setzten die Verstorbenen von oben her bei und verschlossen die Öffnungen mit schweren Steinplatten. Die Gräber waren bei ihrer Freilegung bereits geplündert, doch fand man einen Goldanhänger, der zwei Bienen auf einer Honigwabe zeigt.

Literatur: C. Tiré u. H. van Effenterre: Guide des fouilles françaises en Crète. Paris [3]1983; H. van Effenterre: Le palais de Mallia et la cité minoenne. 2 Bde. Rom 1980; J.C. Poursat: Guide de Malia au temps des premiers palais. Le quartier Mu. Athen 1992; J.W. Myers u.a. (Hrsg.): The Areal Atlas of Ancient Crete. London 1992. S. 175 ff.

Mallowan, Sir Max Edgar Lucien. Am 6.5.1904 in London geboren. 1925–1930 nahm er an den gemeinsamen Ausgrabungen des Britischen Museums und des Museums der Universität von Pennsylvania in Ur teil. Grabungsleiter war C.L. → Woolley. 1930 heiratete M. die schon damals berühmte Kriminalschriftstellerin Agatha Christie. 1931/32 beteiligte er sich an der Forschungsexpedition des britischen Assyriologen R.C. Thompson nach → Ninive. 1933 beauftragten das Britische Museum und die British School of Archaeology in Irak den jungen Professor mit der Leitung der Ausgrabungen in Arpachiyah (Arpatschije) bei Ninive. 1934–1936 grub M. in Chagar Bazar im Gebiet des oberen Chabur, einem Nebenfluß des Euphrat im Nordosten Syriens. 1937/38 erforschte er den Tell Brak und das Balikh Valley unweit von Chagar Bazar. 1939–1944 diente M. bei der Royal Air Force und war Berater der britischen Militärverwaltung von Tripolis. 1947 folgte er einem Ruf als Professor für westasiatische Archäologie an die Universität London und wurde zugleich mit dem Posten des Direktors der British School of Archaeology in Irak betraut. 1949–1958 leitete M. die umfangreichen Ausgrabungen des Britischen Museums in → Kalach (Nimrud). 1961 wurde M. Präsident des British Institute of Persian Studies, und 1968 erhob ihn Königin Elisabeth II. in den Adelsstand. M. starb am 19.8.1978.

Hauptwerke: Prehistoric Assyria. The Excavations at Tell Arpachiyah. London 1935; Excavations at Chagar Bazar. London 1936/37; Excavations in the Balikh Valley. London 1938; Excavations at Brak and Chagar Bazar. London 1947; 25 Years of Mesopotamian Discovery 1932–1956. London 1956; Early Mesopotamia and Iran. London 1965; Nimrud and its Remains. 3 Bde. London 1966.

Malta. Da die maltesische Inselgruppe südlich von Sizilien das Zentrum des Mittelmeeres bildet, haben fast alle

Völker, die einst dieses Meer beherrschten, auch auf M. ihre Spuren hinterlassen. Die großartigsten Zeugnisse alter Kulturen stammen aber nicht von den Phönikern, Karthagern und Römern, sondern von unbekannten Völkerschaften des 4. und 3. Jt. v. Chr.

Geschichte: Wer sich zu Beginn des 4. Jt., vielleicht auch schon im 5. Jt., auf M. niederließ, um von hier aus die Verbindung zwischen dem östlichen und dem westlichen Mittelmeer, zwischen Europa und Afrika zu kontrollieren, ist unbekannt. Vermutlich kamen diese ersten Völker vom nahen Sizilien, obwohl dort bisher keine ähnlichen Bauten gefunden wurden. Die prähistorischen Siedler bauten aus gigantischen Steinplatten einzigartige Tempel, deren Grundriß die Form eines Kleeblatts hat, d.h., drei runde Kammern umgeben einen viereckigen Mittelraum. Diese Tempel dienten wahrscheinlich dem Totenkult. In den folgenden anderthalb- bis zweitausend Jahren wuchsen die Tempel, die Zahl der Kammern vergrößerte sich, die Räume wurden kunstvoll ausgestaltet. Um 2000 v. Chr. brach die Tempelkultur unvermittelt ab. Ein neues, kriegerisches Volk hatte von dem Archipel Besitz ergriffen. Diese sog. Brandgräberkultur hielt sich bis zur Mitte des 15. Jh. v. Chr. Die daran anschließende Zeitspanne bis zum Erscheinen der Phöniker ist fast völlig in Dunkel gehüllt.

Die geschichtliche Zeit von M. begann mit den Phönikern, die etwa um 1000 v. Chr. von → Tyros aus die Inselgruppe erreichten. M. dürfte zunächst nur ein Stützpunkt der phönikischen Kaufleute auf ihren Fahrten nach Westen gewesen sein. Im 9. oder 8. Jh. v. Chr. übernahmen die Phöniker die Herrschaft über die Inselgruppe und bauten auf der höchsten Erhebung von M. die Stadt Melite (heute Mdiny). Im 8. oder 7. Jh. v. Chr. gründeten die Bewohner von Melite eigene Kolonien an der tunesischen Küste und auf Pantelleria. Die Griechen, die sich seit dem 8. Jh. v. Chr. auf Sizilien niederließen, haben wohl nie versucht, die Phöniker von M. zu vertreiben. Um 500 v. Chr. dürfte das phönikische → Karthago die Herrschaft über M. angetreten haben. Im 4. und 3. Jh. v. Chr. war M. eine reiche Insel und wegen ihrer weichen Gewebe, die sogar mit den Tuchen von Kos konkurrieren konnten, berühmt. 257 v. Chr. plünderte der römische Konsul M. Atilius Regulus M. während des Ersten Punischen Krieges. Zu Beginn des Zweiten Punischen Krieges, im Jahre 218 v. Chr., besetzte der römische Konsul Tiberius Sempronius Longus die Insel, deren karthagische Garnison sich kampflos ergab. Von da an gehörten M. und seine Nachbarinsel Gozo zur römischen Provinz Sicilia. Während der Kaiserzeit stand M. wieder in hoher wirtschaftlicher Blüte. Im Jahre 60 strandete vor M. das Schiff, das den Apostel Paulus von Kleinasien nach Rom bringen sollte, wo Paulus ein Gerichtsverfahren erwartete. Der Apostel rettete sich schwimmend an Land und blieb drei Monate auf der Insel, bis er nach Rom weiterreiste.

Forschungsgeschichte: Schon in der Mitte des 17. Jh. existierte in Valetta eine kleine Sammlung maltesischer Altertümer. Im 18. Jh. erweiterte der Franzose de Rohan die Sammlung. 1824 begannen Archäologen mit der Ausgrabung der gigantischen Tempelanlage Gigantija auf der Nachbarinsel

Gozo. 1865 entdeckte der deutsche Forscher Issels die Höhle Ghar Dalam mit den ältesten Zeugnissen einer neolithischen Kultur: Fragmente dickwandiger Keramikkrüge sowie Terrakottaköpfe von Haustieren aus der Zeit von 3800 bis 3600 v. Chr. Zu Beginn des 20. Jh. versank bei Ausschachtungsarbeiten südlich der Hauptstadt ein Bauarbeiter in der Erde. Dieser Sturz, den der Arbeiter unverletzt überstand, führte zur Entdeckung des Hypogäums von Paola. Die Erforschung des unterirdischen Heiligtums leitete der Archäologe P.E. Magri. 1914 bis 1919 wurde der Tempelkomplex von Hal Tarxien freigelegt.

Archäologische Stätte: Nordwestlich der heutigen Hauptstadt Valetta haben sich in der Minsija, einer einsamen Gegend, parallel laufende, halbmetertiefe Rinnen im Felsenuntergrund erhalten, die vermutlich von schlittenartigen Gleitkarren herrühren. Auch an anderen Stellen und auf der Nebeninsel Gozo, dem »Land der Kalypso«, sind solche »Schienenstränge« mit »Weichen« und »Kreuzungen« zu finden. Man nimmt an, daß dieses »Verkehrsnetz« in vorphönikischer Zeit, vielleicht sogar im Neolithikum entstand.

M. und Gozo beherbergen die ältesten *Steintempel* der Menschheit, rund dreißig megalithische Kultbauten aus dem 4. und 3. Jt. Besonders eindrucksvoll ist die *Gigantija* auf Gozo, die wohl im letzten Viertel des 4. Jt. erbaut und in den folgenden Jahrhunderten erweitert wurde. Die Bedeutung dieser Bauwerke ist noch immer umstritten. Es könnte sich um Heiligtümer handeln, die dem Totenkult dienten. Charakteristisch für alle diese Bauten ist die mehr oder weniger stark abgewandelte Kleeblattform des Innenraums. Gewaltige, aufrecht stehende Kalksteinblöcke – der größte mißt 5,5 x 4,5 m – bilden die Außenwand der Gigantija, die noch heute eine Höhe von über 5 m hat. Der Raum zwischen Außen- und Innenwand ist

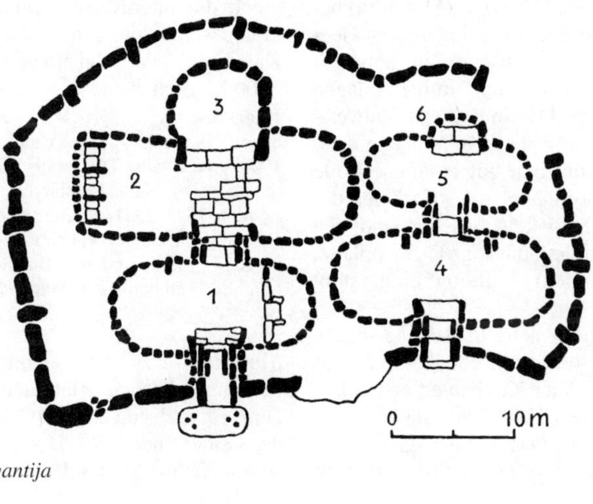

Malta: Gigantija

mit kleineren Steinen und mit Erde gefüllt. Die erste Bauphase bestand aus den Räumen 1 und 2, denen sich in der zweiten Bauphase der ovale Raum 3 anschloß. In der dritten Bauphase entstand der Komplex 4, 5, 6. Die Innenräume waren mit Mörtel verputzt und rot gestrichen.
Die *Tempelruinen von Hagar Kim* (Hagar Qim) erheben sich unweit der Südküste von M. auf einem 130 m hohen Hügel. Es sind mehrere Heiligtümer, die an dieser Stelle nacheinander errichtet, erweitert und umgebaut wurden, so daß der heute sichtbare Grundriß wirr und planlos erscheint. Als Baumaterial verwendeten die Inselbewohner den weichen und daher wenig beständigen goldfarbenen Globigerinen-Kalkstein. In einer Kultnische fanden die Ausgräber sieben Kalksteinstatuen von etwa einem Drittel Lebensgröße. Die eindrucksvolle Tempelfassade war ursprünglich 10 bis 12 m hoch. Die mächtigen Steinplatten wiegen bis zu 30 Tonnen (600 Zentner). Die benachbarte *Tempelgruppe von Mnaidra* (Minajdra) besteht wiederum aus einem älteren kleeblattförmigen Heiligtum, zu dem später zwei größere, vielräumige Anlagen hinzukamen. Das Innere des Südwest-Tempels war mit einem Wabenmuster bedeckt, von dem gut erhaltene Teile noch am Eingang zur »Kammer der Pfeiler-Tabernakel« zu sehen sind; den Eingang bildet eine sog. Türlochplatte, die von einem Trilithon eingerahmt wird.
Südlich von Valetta liegt *Hal Tarxien*, die größte megalithische Tempelgruppe von M.: Vier Kultbauten erstrecken sich über eine Fläche von mehr als einem Hektar. Das kleine, fast völlig zerstörte Heiligtum im Osten stammt vermutlich aus dem frühen 3. Jt., während die drei anderen Tempel um das Jahr 2400 und später zu datieren sind. Im Tempel II, dem jüngsten der Kultbauten, stießen die Ausgräber auf besonders interessante Funde: Steinblöcke mit wundervollen Spiralreliefs, naturalistische Darstellungen von Opfertieren, ein Opfermesser mit scharfer Feuersteinklinge, den Torso einer ursprünglich etwa zweieinhalb Meter großen, fettleibigen Kolossalstatue.
Das *Hypogäum von Paola* (Halsaflieni), südlich der Hauptstadt, ist ein riesiges, unterirdisches Heiligtum aus der Mitte des 3. Jt. Ein Labyrinth von Gängen und Räumen erstreckt sich über drei Stockwerke. Die Bedeutung der einzelnen Kammern und Hallen ist noch weitgehend ungeklärt. Etliche Räume enthalten faszinierende Wand- und Deckenmalereien. In einem dieser Räume fanden die Ausgräber zwei Kleinplastiken aus Terrakotta: schlafende Priesterinnen mit entblößtem Oberkörper. Nach dem Eindringen einer neuen Bevölkerung um 2000 diente die unterirdische Anlage als Begräbnisstätte, denn man fand in den Kammern die Gebeine von rund 7000 Menschen.

Literatur: A. Mayr: Die vorgeschichtlichen Denkmäler von Malta. München 1909; J.D. Evans: The Prehistoric Antiquities of the Maltese Islands: a Survey. London 1971; D.H. Trump: Malta, an Archaeological Guide. Valettta [2]1990; J. von Freeden: Malta und die Baukunst seiner Megalith-Tempel. Darmstadt 1993.

Mammisi. Das sog. Geburtshaus vor dem ägyptischen Haupttempel, die zum Tempel gewordene Geburtsstätte des Götterkindes (Rê, Horus, Ihi, Harsomotus). Im M. fand die Zeremonie der Niederkunft der Muttergöttin (Neith, Hathor, Isis o.a.) statt. Den Begriff führte der französische Ägyptologe J.F. → Champollion ein.

Mänade (griech. die Rasende). Ekstatische Begleiterin des Gottes Dionysos. Beliebtes Motiv in der antiken Kunst, z.B. auf Vasen und Reliefs.

Mansio (lat.). Herberge, Gästehaus römischer Militärlager.

Mari (Tell Hariri). Die altorientalische Stadt M. liegt am rechten Euphratufer in Syrien unweit der Grenze zum Irak. M. war im 3. Jt. und in altbabylonischer Zeit (1950–1700 v. Chr.) ein bedeutender Stützpunkt auf der Handelsstraße zum Mittelmeer.

Geschichte: Erste Besiedlungsspuren in M. stammen aus dem späten 4. Jt. Durch ihre günstige Lage kam die Stadt schnell zu wirtschaftlicher und politischer Bedeutung. Um 2700 drangen Truppen aus M. bis nach Südmesopotamien vor. Andererseits brandschatzten Truppen aus Lagasch die große Stadt am mittleren Euphrat. Im Gegensatz zu den sumerischen Städten lebten in M. vorwiegend Semiten. Als Sargon um 2350 das akkadische Großreich gründete, verlor auch M. seine Unabhängigkeit. Einen Aufstand gegen die Akkader schlug Naramsîn (um 2320–2284), ein Enkel des großen Sargon, nieder. Gegen Ende des 3. Jt. erneuerte Schulgi (um 2105–2058), König von Ur, die Stadt. Wenige Jahrzehnte darauf erhob sich der Amoriter Ischbi Irra, Stadtfürst von M., gegen die Herrscher in Ur und löste damit den Zusammenbruch der dritten Dynastie von Ur aus. Ischbi Irra gründete im Jahre 2022 in Isin eine neue Dynastie und teilte sich mit dem König von Larsa die Herrschaft über Sumer und Akkad. M., jetzt vorwiegend von Amoritern bewohnt und regiert, steigerte seine Bedeutung als Handelsmetropole zwischen Mesopotamien und dem Mittelmeer. Im 18. Jh. v. Chr. eroberte der Assyrerkönig Schamschi Adad I. die Stadt und setzte seinen Sohn als Stadtoberhaupt ein. Aber Zimrilim, dem Kronprinzen von M., gelang es, die Assyrerherschaft wieder abzuschütteln. Er verbündete sich mit Rimsîn, dem König von Larsa, gegen den Babylonier Hammurabi. Nach dem Tode von Rimsîn konnten die Babylonier M. bezwingen. Bald darauf töteten die Bewohner von M. die babylonische Besatzung. Hammurabi schlug den Aufstand blutig nieder; er ließ die Mauern schleifen und die Stadt plündern und brandschatzen. Von dieser Zerstörung erholte sich M. nie mehr.

Forschungsgeschichte: 1933 entdeckte der in Abu Kamal stationierte französische Leutnant Cabane auf dem nahen Tell Hariri eine kopflose Statue mit Keilschriftzeichen. Noch im selben Jahre begann ein französisches Team unter A. → Parrot mit Grabungen auf dem Tell, die bis 1939 andauerten und 1951 fortgesetzt wurden. 1965 stießen die Archäologen unter dem altbabylonischen Königspalast auf einen weiteren Palast aus dem 3. Jt. Außerdem konnten sie einen Ischtar-Tempel aus der Zeit um 2500 v. Chr. freilegen.

Die Ausgrabungsstücke befinden sich im Pariser Louvre und im Archäologischen Museum von Aleppo.

Archäologische Stätte: Das Stadtgebiet in Form eines Ovals hatte eine Ausdehnung von etwa 1000 m in der Länge und 800 m in der Breite. In der

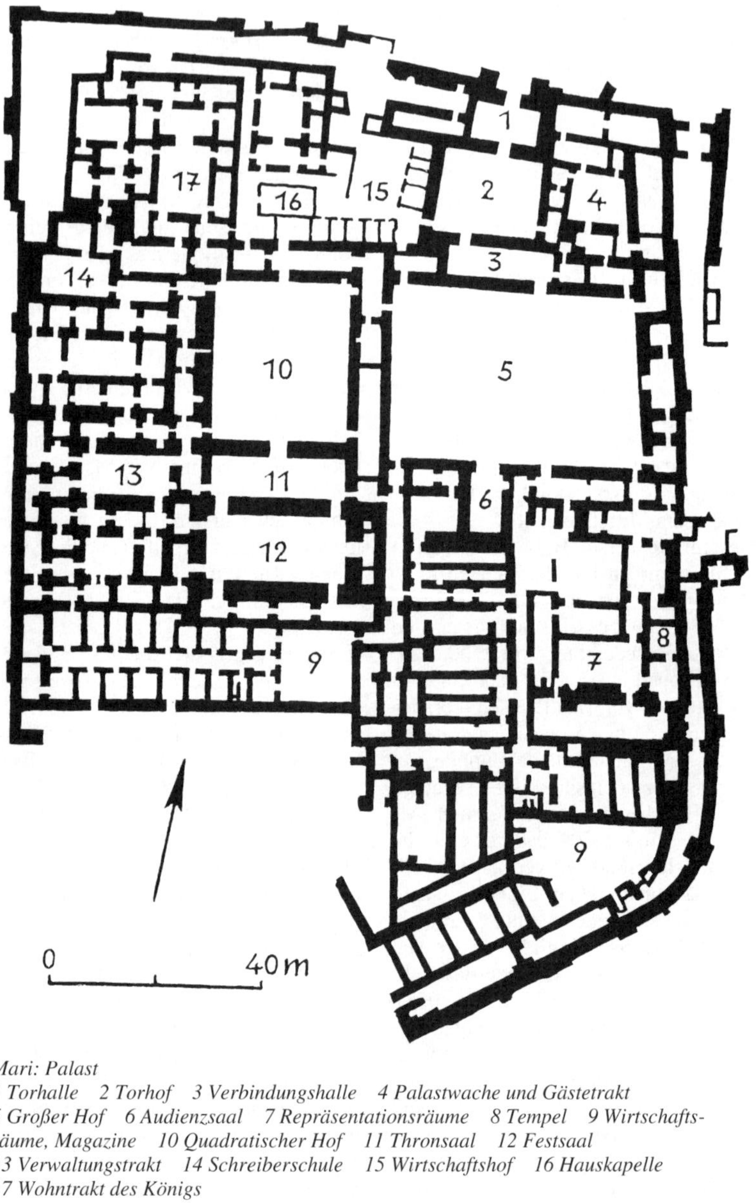

Mari: Palast
1 Torhalle 2 Torhof 3 Verbindungshalle 4 Palastwache und Gästetrakt 5 Großer Hof 6 Audienzsaal 7 Repräsentationsräume 8 Tempel 9 Wirtschaftsräume, Magazine 10 Quadratischer Hof 11 Thronsaal 12 Festsaal 13 Verwaltungstrakt 14 Schreiberschule 15 Wirtschaftshof 16 Hauskapelle 17 Wohntrakt des Königs

Mitte der Stadt erhob sich auf einer rechteckigen Grundfläche von 42 x 25 m die *Ziqqurrat* von M. Dieser Stufenturm wurde über einer rotsteinigen Ziqqurrat aus dem frühen 3. Jt. errichtet, die wiederum einen uralten Vorgänger aus grau-grünen Lehmziegeln hat. An die Ziqqurrat lehnt sich der sog. *Löwentempel*, ein heiliger Bezirk mit zahlreichen Tempeln aus vorsargonischer Zeit. Weitere Tempel im Stadtgebiet waren den Gottheiten Ninhursag, Schamasch, Nini Zaza und Ischtar geweiht. Im *Ischtar-Tempel* fanden die Archäologen zahlreiche Weihtafeln, eine Statue des Königs Lamgi Mari sowie eine des Oberaufsehers Ebih Il. Der weitläufige *Königspalast* ist die größte orientalische Residenz des 2. Jt. v. Chr., die bisher entdeckt wurde. Zimrilim, der letzte König von M., gilt als sein Erbauer. Auf einer Fläche von fast drei Hektar drängen sich mehr als 300 Räume und Höfe. Der Palast war eine Stadt für sich, mit Tempel, Thronsaal, Repräsentationsräumen, Wohn- und Verwaltungstrakten, Vorratsgebäuden, Küchen, Schulräumen. Im Verwaltungstrakt stießen die Ausgräber auf ein Archiv mit fast 25000 Tontafeln des ausgehenden 18. Jh. v. Chr. Der Palast war mit herrlichen Wandmalereien versehen. Unter dem Palast des Zimrilim kam ein Vorgängerbau aus dem 3. Jt. zum Vorschein, in dem zahlreiche Beterstatuetten, Perlmutterintarsien und der berühmte »Schatz im Tonkrug« gefunden wurden.

Literatur: A. Parrot: Mari. München 1953; Ders.: Mission archéologique de Mari. 4 Bde. Paris 1956–1968; Ders.: Mari, capitale fabuleuse. Paris 1974; P. Amiet (Bearb.): A propos d'un cinquantenaire. Mari, bilan et perspectives. Kolloquium Straßburg 1983. Paris 1985.

Mariette, Auguste Ferdinand François. Am 11.2.1821 in Boulogne geboren. Im Oktober 1850 ging M. nach Ägypten, um im Auftrag des Louvre koptische, syrische und äthiopische Manuskripte aufzukaufen. In den Klöstern stieß er jedoch auf zunehmende Ablehnung und vertrieb sich die Zeit des Wartens auf Genehmigungen mit Reisen zu den historischen Stätten in der Umgebung von Kairo. Auf einer dieser Reisen fand M. in → Sakkara einen Sphinx. Er erinnerte sich an die Beschreibung des griechischen Geographen Strabo aus dem Jahre 25 v. Chr., wonach in Sakkara ein von Sphinxen flankierter Dromos zum Serapeum, der Begräbnisstätte der heiligen Apisstiere, führte. M. beschloß, den Kauf von Manuskripten aufzugeben und die hierzu bestimmten Gelder für die Suche nach dem geheimnisvollen Serapeum zu verwenden. Er begann zu graben, ohne die behördliche Genehmigung abzuwarten, kämpfte gegen die Intrigen seiner Konkurrenten und fand im Herbst 1851 den Eingang zu dem Heiligtum. Der Louvre bewilligte M. 30000 Francs für die Ausgrabung des Serapeums und für den Abtransport der Funde. Inzwischen war die Grabungslizenz eingetroffen. Obwohl sie die Auflage enthielt, daß alle Fundgegenstände in Ägypten zu verbleiben hätten, schmuggelte M. rund 7000 Objekte nach Paris. Der Louvre ernannte ihn dafür zum Zweiten Kurator der Antikensammlungen.

1857 reiste M. zum zweiten Mal nach Ägypten, um seine Grabungen in Sakkara fortzusetzen. Er fand zahlreiche Mastabas, Gräber des Alten Reiches, die er ohne Rücksicht auf ihre architekturgeschichtliche Bedeutung mit

Sprengladungen öffnete. 1858 wurde M. vom Vizekönig Said Pascha zum Direktor des Altertümerdienstes ernannt. Im Jahr darauf gründete er in Bulak bei Kairo, im ehemaligen Verwaltungsgebäude der Flußverkehrsgesellschaft, ein Museum, das spätere Ägyptische Nationalmuseum. Von nun an sorgte M. mit aller Energie und allen ihm zur Verfügung stehenden Mitteln dafür, daß die Verordnung zum Schutze der Altertümer in Ägypten respektiert wurde und alle Funde in das Kairoer Museum kamen. Er verhinderte sogar, daß die französische Kaiserin Eugénie den kostbaren Grabschatz der Königin Ahhotep (um 1550 v. Chr.) erhielt, der im Jahre 1867 anläßlich der Weltausstellung in Paris gezeigt wurde. Die Kaiserin hatte den Khediven von Ägypten wissen lassen, daß sie die herrlichen Juwelen der toten Königin als Geschenk annehmen würde. Aber M. lehnte ab und ließ sich auch durch den ihm angebotenen Titel eines »Conservateur du Louvre« nicht bestechen.

In den folgenden Jahren leitete M., seit 1862 Bey erster Klasse, die Ausgrabungen in Memphis, erforschte die Pyramiden von Sakkara sowie die Nekropolen von → Medum, → Abydos und Theben-West und grub die bedeutenden Tempel von Dendera und → Edfu aus. Er untersuchte die archäologischen Stätten von Karnak, Deir el-Bahari, Tanis und Gebel Barkal (Sudan). Unter seiner Leitung wurde der große Sphinx von Giza vom Flugsand befreit. 1879 verlieh ihm der Khedive in Anerkennung seiner Verdienste um die ägyptische Geschichtsforschung den Titel eines Paschas. M. starb am 18.1.1881 in Kairo, zehn Jahre, nachdem in Kairo Verdis Oper ›Aida‹ uraufgeführt worden war, deren Libretto einer Erzählung von M. folgte.

Hauptwerke: Abydos. Paris 1869; Dendérah. Description génerale du grand temple de cette ville. 4 Bde. Paris 1873–1880; Aperçu de l'histoire d'Égypte. Alexandria 1874; Les Mastabas de l'ancien Empire (hrsg. von G. Maspero). Paris 1885.

Marmor (griech. marmaros, Stein, Felsblock). Geologisch gesehen kristalliner Kalkstein, dessen farbliche Äderungen durch Verunreinigung entstanden sind. Die archäologische Forschung gebraucht den Begriff M. jedoch für alle Steinarten, die poliert werden können, so auch für Granit, Porphyr, Basalt usw.

Literatur: H. Mielsch: Buntmarmore aus Rom im Antikenmuseum in Berlin. Berlin 1985; G. Fischer u.a. (Hrsg.): Antiker Marmorluxus von Rom bis zum Rhein. Funde, Fotos, Modelle. Katalog Ausstellung Köln 1994. Köln 1994.

Masada. Am Ostrand der judäischen Wüste ragt dicht am Toten Meer ein Felsmassiv steil empor. Auf dem rund 400 m hohen Plateau liegt M., eine einzigartige Ruinenstätte aus der Zeit

Masada
1 Vorratsräume 2 Palast des Herodes 3 untere Terrasse 4 mittlere Terrasse
5 obere Terrasse 6 Thermen 7 Verwaltungsgebäude 8 Wohnhaus
9 byzantinische Kapelle 10 Westpalast des Herodes 11 Villen
12 Schwimmbecken 13 unterirdische Zisterne 14 Tor zum Schlangenpfad
15 Synagoge 16 römische Rampe 17 Schlangenpfad

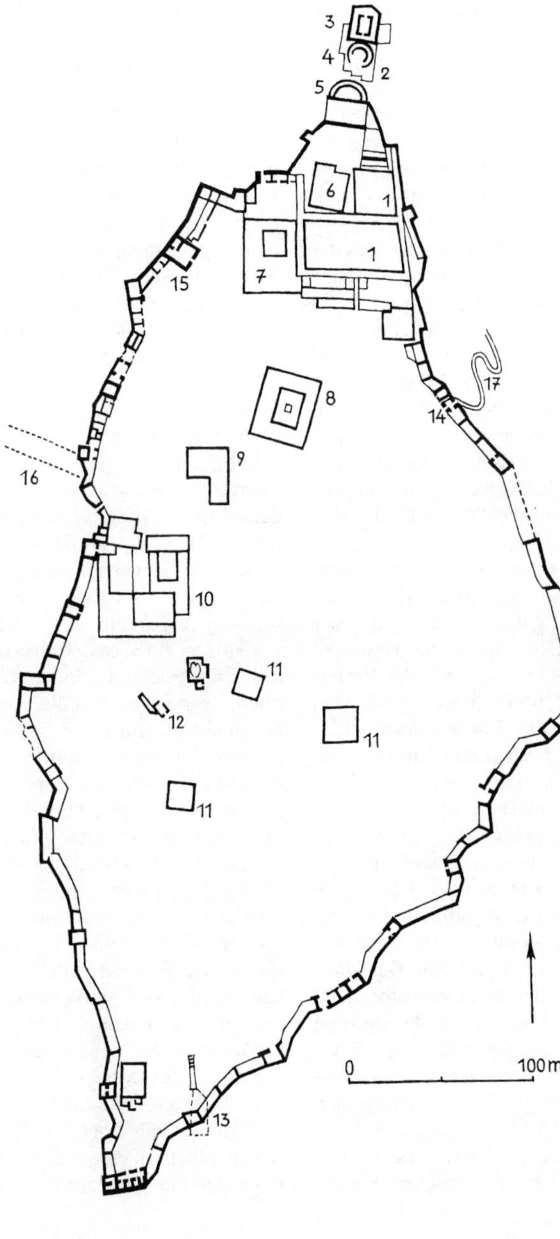
3
4
2
5
6
1
1
7
15
8
17
14
9
16
10
11
11
12
11
13
0
100m

des 1. Jh. n. Chr. Hier zerbrach im Jahr 73 n. Chr. der jüdische Widerstand gegen die Römer. Heute gilt M. als Symbol der israelischen Freiheit.

Geschichte: Schon vor rund 6000 Jahren lebten in einigen Höhlen von M. Menschen. Tonscherben zeugen von einer Besiedlung des Plateaus zwischen 1000 und 700 v. Chr. In den Jahren 36 bis 30 v. Chr. baute Herodes der Große das Plateau zu einer königlichen Festung aus. Aus dieser Zeit stammen die eindrucksvollsten Bauwerke. Später wurde M. römische Garnison. 66 n. Chr. eroberten Zeloten (Anhänger der jüdischen Nationalpartei Palästinas) die Garnison und verteidigten den mächtigen Felsen als letztes Bollwerk gegen die Römer. 72 n. Chr. begann der römische Statthalter Flavius Silva mit der Belagerung der Bergfeste und ließ eine Rampe bis zum Gipfel des Felsens aufschütten. Als es der 10. Legion gelang, am Ende der Rampe eine Bresche in die Mauer zu schlagen und die Lage für die Verteidiger damit hoffnungslos geworden war, setzten die Eingeschlossenen – 960 Männer, Frauen und Kinder – unter ihrem Anführer Eleazar ben Yair ihrem Leben selbst ein Ende.

Forschungsgeschichte: 1838 beschrieben die beiden amerikanischen Reisenden E. Robinson und E. Smith die sichtbaren Ruinen auf dem Felsplateau. Smith erkannte in der Stätte das antike M. Die erste genauere Beschreibung lieferte der amerikanische Missionar S.W. Wolcott, der die Festung aufgrund der Angaben Robinsons untersuchte. 1851 zeichnete der französische Archäologe F. de Saulcy den ersten Plan von M. Zahlreiche Archäologen, wie E. Guillaume Rey, H.B. Tristram, Warren, A. von Domaszewski, C. Hawkes, A. Schulten, vervollständigten in den folgenden hundert Jahren das Bild von der Wüstenfestung. Im Auftrag der Israel Exploration Society, der Hebräischen Universität von Jerusalem und der Altertümerverwaltung folgten 1955/56 unter J. Aviram und 1963/64 sowie 1964/65 unter Y. →Yadin drei bedeutende Grabungskampagnen.

Archäologische Stätte: Das Felsplateau von M. ist von einer 1300 m langen *Kasemattenmauer* umgeben, also von einer doppelten Mauer, deren Zwischenraum durch Trennwände in zahlreiche Kammern unterteilt ist. Dieser Mauertyp war im 1. Jh. v. Chr. sehr beliebt, da sich Truppenunterkünfte, Vorratsräume und Arsenale bequem in dem Verteidigungswerk unterbringen ließen. Die Festungsmauer von M. enthielt über 110 verschieden große Räume. In der Nordecke des Plateaus schwebt außerhalb der Mauern der großartige *Terrassenpalast des Herodes*. Er wurde erst 1955 entdeckt. Die obere Terrasse enthält die Wohnräume des Palastes und einen großen, halbrunden Balkon. Die mittlere Terrasse besteht aus einem Säulenpavillon. Auf der unteren Terrasse befindet sich eine Halle mit gut erhaltenen Wandmalereien. Die drei Terrassen sind durch eine überdachte Treppe miteinander verbunden. Südlich an die obere Terrasse schließen sich eine Thermenanlage römischen Stils, ausgedehnte Vorratshäuser und ein Verwaltungsgebäude an. Eine Besonderheit von M. ist das *Wohnhaus* mit seinen neun Apartments, die aus je zwei kleinen Räumen und einem großen Hof bestehen. Hier dürften Beamte oder Offiziere gewohnt haben. In einem der Apartments fand man eine größere Anzahl israeli-

scher Silbermünzen, zum Teil noch in prägefrischem Zustand.
Am Westtor der Mauer erhebt sich auf einer Fläche von fast 4000 m² der *Hauptpalast des Herodes* mit Wohn-, Wirtschafts-, Vorrats- und Verwaltungstrakten sowie einem prächtigen Thronsaal. Fünf Villen liegen um diesen Palast; in ihnen wohnten wahrscheinlich Angehörige des Königshauses.

Literatur: Y. Yadin: Masada. Der letzte Kampf um die Festung des Herodes. Hamburg 1967; A. Segal: Das Herodium und Masada. Eine vergleichende Studie. In: Antike Welt 8, 1 (1977). S. 21 ff.; J. Aviram u.a. (Hrsg.): Masada. The Yigael Yadin Excavations, 1963–1965. Final Reports. Bd. 1 ff. Jerusalem 1989 ff.

Maspéro, Gaston Camille Charles. Am 23.6.1846 in Paris geboren. 1869–1874 lehrte M. ägyptische Sprache und Literatur an der École des Hautes Études und erhielt 1874 den Lehrstuhl für Ägyptologie am Collège de France. 1880 ging M. als Leiter einer archäologischen Mission nach Ägypten und gründete in Kairo das Französische Institut für orientalische Archäologie. 1881 trat er als Direktor der ägyptischen Altertümerverwaltung und des Nationalmuseums die Nachfolge des verstorbenen A.F.F. → Mariette an. Er leitete bzw. veranlaßte zahlreiche Ausgrabungen, u.a. im Bereich des großen Sphinx von Giza und in Sakkara, wo er mehrere Pyramiden freilegte. 1881 führte eine Großfahndung im Gebiet der Nekropolen von Theben-West zur Festnahme eines Grabräubers, der M. auf ein bisher unbekanntes Grab in der Nähe von Deir el-Bahari aufmerksam machte. In dem Grab fand M. etwa vierzig Mumien, darunter die der Pharaonen Sethos I., Amenhotep I., Thutmosis III. und Ramses II. Die Mumien waren hier schon im Altertum vor Grabräubern versteckt worden. M. untersuchte zahlreiche Königsgräber, beschrieb die Malereien, Reliefs und Inschriften in den Grabkammern und gab eine Übersetzung und Deutung der berühmten Pyramidentexte heraus.
1886 kehrte M. nach Paris zurück, nahm aber drei Jahre später seine Forschungen in Ägypten wieder auf. Nachdem die Franzosen E. Grébaut 1886–1892, J. de → Morgan 1892–1897 und V. Loret 1897–1899 die Leitung des Altertümerdienst innehatten, übernahm M. sie 1899 zum zweiten Mal. Er gab der inzwischen größten Sammlung ägyptischer Altertümer, die von 1891 bis 1902 in einem Palast in Giza untergebracht war, ein neues Domizil in Kasr el-Nil, ebenfalls einem Vorort von Kairo, und begann, die Sammlung neu zu katalogisieren und zu ordnen. M. gilt als Begründer des wissenschaftlichen Altertümerdienstes Ägyptens. Daneben widmete er sich der Konservierung der altägyptischen Monumente und versuchte, den während seiner Abwesenheit wieder aufgeblühten illegalen Antiquitätenhandel zu unterbinden, was übrigens bis heute keinem der Direktoren restlos gelungen ist. 1914 kehrte M. nach Paris zurück und starb dort am 30.6.1916.

Hauptwerke: L'Archéologie égyptienne. Paris 1887; Études de mythologie et d'archéologie égyptienne. 8 Bde. Paris 1892–1916; Histoire ancienne des peuples de l'orient classique. 3 Bde. Paris 1895–1899; Les contes populaires de l'Égypte ancienne. Paris [4]1911; Geschichte der Kunst in Ägypten. Stuttgart 1913.

Mastaba (arab. Bank). Tafelgrab, moderne Bezeichnung für die kastenförmigen privaten Grabbauten des Alten Reiches von Ägypten. Die M. enthält die Kulträume und die Kammern für die Grabbeigaben. Die Grabkammer liegt unter der M. Bedeutende M. befinden sich z. B. in → Sakkara.

Mastos (griech.). Griechisches Trinkgefäß in der Form einer weiblichen Brust, meist mit einem horizontalen und einem vertikalen Henkel versehen. Abb. S. 510.

Mauertechnik. In griechischer und frührömischer Zeit wurden zum Mauerbau bearbeitete Steine verwendet, die man in unterschiedlichen Formen und Größen auf- und ineinanderfügte (→ Kyklopenmauer, → Polygonalmauer, → Opus quadratum). Kalk und Mörtel wurden nur in Ausnahmefällen, z.B. für Abdichtungen und Fundamentierungen, verwendet. Seit dem 2. Jh. v. Chr. verbreitete sich vor allem im italischen Raum eine neue M., das Gußmauerwerk, mit dem ein größerer Gestaltungsfreiraum gegeben war (→ Opus caementicium). Es eignete sich besonders für Gewölbebauten. Das aufgehende Mauerwerk hatte fast immer eine Steinverschalung, die unterschiedlich gestaltet sein konnte und heute den Archäologen einen Datierungsanhalt bietet (→ Opus incertum, → Opus mixtum, → Opus quasi reticulatum, → Opus reticulatum, → Opus spicatum, → Opus testaceum, → Opus vittatum).

Mausoleum (Maussolleion). Grabmal des Königs Mausolos (Maussollos), eines persischen Satrapen von Karien (377–353 v. Chr.), in Halikarnassos gelegen. Es galt als eines der Sieben Weltwunder (→ Mausoleum, Halikarnassos). Danach Bezeichnung für alle monumentalen Grabbauten.

Mausoleum, Belevi. Das Grabmal, in der Nähe von → Ephesos gelegen, hat einen Felskern, in den die Kammer für den Sarkophag eingehauen wurde. Diesen mit Marmorplatten verkleideten Felskern umgibt ein dreistufiger Unterbau. Eine Scheintür war an der Frontseite eingelassen, während die im hinteren Bereich befindliche Grabkammer selbst wohl nach der Belegung zugemauert wurde. Der massive Sockelbau hat eine Seitenlänge von etwa 24 m und eine Höhe von etwa 10 m. Oberhalb der dritten Stufe befindet sich ein Fußprofil mit lesbischem Kyma, das, wie auch andere Architekturteile, in unterschiedlichen Fertigungsstadien stehengelassen wurde. Den oberen Abschluß des Sockels bildet eine dorisches Gebälk. Darüber erhob sich wieder auf einem dreistufigen Unterbau eine Cella, die eine Peristasis mit je acht korinthischen Säulen umgab und ein ionisches Gebälk trug. Ein offener Hof mit einer Balustrade aus antithetisch um Steinvasen gruppierten Greifen und Pferden, die im rechten Winkel zueinander die Ecken bekrönten, schloß das M. ab. Wer in diesem Grabmal bestattet war, ist unklar. Äußere Datierungsanhalte, wie beispielsweise eine Inschrift, gibt es nicht. Nach einer stilistischen Einordnung der Bauornamentik kann das M. aber ziemlich sicher in das frühe 3. Jh. v. Chr., zwischen 290 und 270 v. Chr., datiert werden. Demnach könnte das Grabmal für Lysimachos von Makedonien, den Neugründer von Ephesos, bestimmt gewesen sein.

Mauertechnik
1 Polygonalmauerwerk 2 Opus quadratum 3 Opus caementicium 4 Opus incertum 5 Opus quasi reticulatum 6 Opus reticulatum 7 Opus vittatum 8 Opus testaceum 9 Opus spicatum 10 Opus mixtum (incertum) 11 Opus mixtum (reticulatum) 12 Opus mixtum (vittatum)

Literatur: C. Praschniker, M. Theurer u.a.: Das Mausoleum von Belevi. Wien 1979; W. Hoepfner: Zum Mausoleum von Belevi. In: Archäologischer Anzeiger (1993). S. 111 ff.

Mausoleum, Halikarnassos. Das Grabmal des Königs Mausolos wurde noch zu seinen Lebzeiten begonnen, aber erst nach seinem Tod, 351 v. Chr., durch Artemisia II. fertiggestellt. Nach Plinius d.Ä. bestand das ca. 46 m hohe Grabmal aus einem hohen, rechteckigen Unterbau, einem peripteralen Oberbau mit 36 ionischen Säulen und einer 24stufigen Dachpyramide, die eine Marmorquadriga des Bildhauers → Pytheos krönte. Pytheos war auch – gemeinsam mit Satyros – der Architekt des Grabbaus. Die vier größten griechischen Bildhauer jener Zeit, Skopas von Paros, Bryaxis, Leochares und Timotheos von Athen, statteten das Mausoleum mit Statuen und drei verschieden großen, umlaufenden Friesen (Amazonomachie, Gigantomachie, Wagenrennen) aus. Die Rekonstruktion des M. mit der Anordnung des Bauschmucks ist bis heute noch nicht in allen Einzelheiten geklärt.
Der überwiegende Teil des Skulpturenschmucks und auch die bekannte Statue des sog. Mausolos befinden sich im Britischen Museum, London.

Literatur: G.B. Waywell: The Free Standing Sculptures of the Mausoleum at Halicarnassus in the British Museum. London 1978; K. Jeppensen u.a.: The Mausoleion at Halikarnassus. 3 Bde. Copenhagen 1981, Aarhus 1986 u. 1991; Ders.: Zu den Proportionen des Maussolleions von Halikarnass. In: Bauplanung und Bautheorie der Antike. Kolloquium Berlin 1983 (hrsg. vom Deutschen Archäologischen Institut). Berlin 1984. S. 167 ff.; Ders.: Tot operum opus. Ergebnisse der dänischen Forschungen zum Maussolleion von Halikarnass seit 1966. In: Jahrbuch des Deutschen Archäologischen Instituts 107 (1992). S. 59 ff.

Mausoleum, Rom. **1)** Das *M. für Augustus*, nördlich des Marsfeldes gelegen, war im wesentlichen vor 27 v. Chr. fertiggestellt. Um eine Grabkammer laufen mehrere Mauerringe, dessen äußerer einen Durchmesser von etwa 89 m erreicht. Die Räume zwischen den äußeren Mauerringen waren mit Erde aufgefüllt bzw. hohl und nicht zugänglich. Durch einen Gang gelangt man in das Innere des M., dessen Korridore miteinander verbunden sind. Über dem inneren Bereich erhob sich ein gemauerter, runder Aufbau, den ein Erdkegel mit der Statue des Kaisers auf der Spitze bekrönte. Die Mitte der Grabkammer nahm die für den Halt der Statue notwendige Stütze ein. In die Wand der Grabkammer sind drei Nischen eingelassen, in denen Urnen aufgestellt waren.
Rechts und links des Eingangs wurden im Laufe der Zeit Inschriften zur Ehrung von verstorbenen Mitgliedern des Kaiserhauses angebracht. Der Rundbau war in einen quadratischen, umzäunten Bezirk eingebettet, hinter dem sich eine große Parkanlage mit dem Verbrennungsplatz für den Kaiser erstreckte. → Rom.

Literatur: H. von Hesberg: Das Mausoleum des Augustus. In: W.D. Heilmeyer: Kaiser Augustus und die Verlorene Republik. Katalog Ausstellung Berlin 1988. Mainz 1988. S. 245 ff.; Ders. u. S. Panciera: Das Mausoleum des Augustus. München 1994.

2) Das *M. für Hadrian* und die nachfolgenden antoninischen Herrscher wurde zwischen 130 und 139 n. Chr. am jenseitigen Ufer des Tiber auf Höhe des Marsfeldes errichtet. Das zylindrische M. ruht auf einem quadratischen Unterbau mit einer Seitenlänge von 89 m. In dessen Ecken sind Räume untergebracht, deren Trennwände schräg auf die Mitte des Grabbaus zulaufen. Der Eingang liegt im Süden und führt zu einem kleinen Raum, in dem eine Statue des Kaisers aufgestellt war. Von hier führt ein Gang konzentrisch zu der etwa 10 m höher gelegenen Grabkammer. Auf dem zylindrischen Monument erhebt sich ein rechteckiger Aufbau, der von außen wahrscheinlich durch einen aufgeschütteten Erdhügel unsichtbar war. Diesen bekrönte eine Statue des Hadrian im Viergespann. → Rom.

Literatur: S.R. Pierce: The Mausoleum of Hadrian and the Pons Aelius. In: The Journal of Roman Studies 15 (1925). S. 75 ff.

Maussolleion. → Mausoleum.

Medum. Rund 80 km südlich von Kairo erhebt sich die Ruine der großen Pyramide des Königs Huni, ein eindrucksvolles Bauwerk des Alten Reiches.

Geschichte: Huni, der letzte König der 3. Dynastie (2778–2723) begann mit dem Bau der Pyramide von M. Vollendet wurde der Grabbau vermutlich von Snofru, seinem Sohn, dem ersten König der 4. Dynastie. Da seine Mutter Meresanch eine Nebenfrau des Königs war, sicherte sich Snofru die Nachfolge auf dem Thron, indem er seine Halbschwester Hetepheres heiratete.

Archäologische Stätte: Die *Pyramide* von M. hat eine quadratische Grundfläche mit etwa 135 m Seitenlänge. Sie dürfte bei einem Neigungswinkel von 51° 52' eine Höhe von rund 92 m haben. Die Außenverkleidung aus Tura-Kalksteinblöcken wurde vor langer

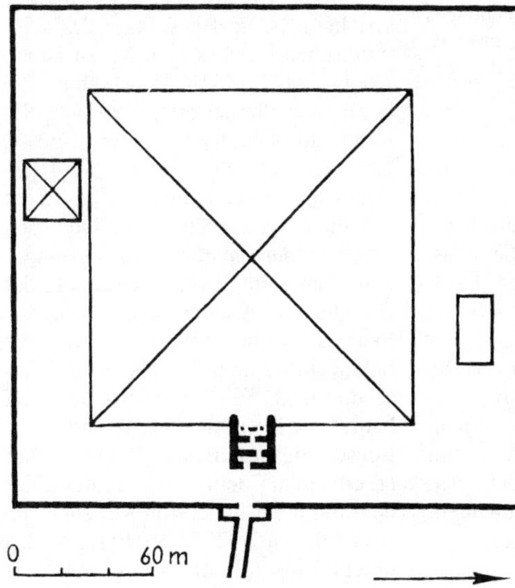

Medum: Pyramide

Zeit entfernt und als Baumaterial verwendet. Die Pyramide steht auf einem natürlichen Felsen. Der Kern ist ein achtstufiger Steinbau. Der Eingang liegt im Norden, 30 m über der Basis. Ein 57 m langer Gang führt in den Felsen hinunter und endet in einem Schacht, der senkrecht zur Grabkammer des Huni aufsteigt. Die 2,65 x 5,9 m große Grabkammer hat ein Kraggewölbe. An die Ostseite der Pyramide lehnt sich der Totentempel an. In einer nahen *Mastaba* fand der französische Archäologe A. → Mariette die großartigen, farbig bemalten Kalksteinstatuen des Prinzen Rahotep und seiner Frau Nofret. In dem *Grab des Nefermaat* entdeckte Vassali die berühmte Wandmalerei der »Gänse von M.«. Die Funde werden im Ägyptischen Museum in Kairo aufbewahrt.

Literatur: G. Wildung: Zur Deutung der Pyramide von Meidum. In: Revue de l'Égypte ancienne 21 (1969). S. 135 ff.; R. Stadelmann: Snofru und die Pyramiden von Meidum und Dahschur. In: Mitteilungen des Deutschen Archäologischen Instituts, Abteilung Kairo 36 (1980). S. 437 ff.

Megalith (griech. mega, groß; lithos, Stein). Großer Steinblock, wie er bei vorgeschichtlichen Kultanlagen und Bauten verwendet wurde. Danach erfolgte die Bezeichnung für die west- und nordeuropäischen Kulturen des 3. Jt. v. Chr. (M.-Kulturen).

Megaron (griech. Saal). Griechischer, bereits in → Tiryns und → Troja bekannter Haustyp, der aus einem Hauptraum mit überdachtem Vorraum besteht. Das M. bildete auch den Grundtypus griechischer Kultbauten, wie z.B. für den → Antentempel.

Megiddo. Am Südwestrand der Jesreel-Ebene im Norden Israels gelegen.

Geschichte: Die ältesten Siedlungsspuren von M. stammen aus dem 4. Jt. Die strategisch wichtige Lage am Paß über das Karmel-Massiv begünstigte schon um 3000 die Entwicklung der Siedlung zu einer stark befestigten Stadt. Um 1480 v. Chr. eroberten die Ägypter unter Thutmosis III. M., um den Landweg nach Syrien zu öffnen. Bis Ende des 12. Jh. v. Chr. blieb die Stadt unter ägyptischem Einfluß. Die alte Kanaanäerstadt wird in mehreren Schriften erwähnt, u.a. auch in den berühmten Amarnabriefen des 14. Jh. v. Chr. Von dem Reichtum der Stadt im 13. und 12. Jh. zeugen die Schätze, die man im Palast von M. fand: Gegenstände aus Gold und Lapislazuli und vor allem großartige Elfenbeinschnitzereien. Nach 1000 v. Chr. eroberte David die Stadt. Sein Sohn und Nachfolger Salomo baute M. aus, ließ einen neuen Palast und eine Zitadelle errichten. Nach der Teilung des salomonischen Reiches kam M. zu Israel. König Ahab (871–852) schuf die berühmten Pferdeställe, die früher Salomo zugeschrieben wurden. 733 v. Chr. kam die Stadt unter die Herrschaft der Assyrer. 609 v. Chr. stellte sich hier Josia, König von Juda, den Truppen des Pharaos Nechos entgegen, um ein Zusammengehen der Ägypter und Assyrer gegen die Babylonier zu verhindern. Josia verlor die Schlacht und fand auf rätselhafte Weise den Tod. Seit der persischen Zeit hatte M. seine Bedeutung verloren.

Forschungsgeschichte: 1903 bis 1905 arbeiteten auf dem Tell el-Mutesellim, dem Siedlungshügel von M., deutsche Archäologen. 1925 bis 1939 führte das Oriental Institute of Chicago umfangreiche Ausgrabungen durch, die 1960, 1967 und 1971/72 von israelischen Wissenschaftlern unter der Leitung von Y. → Yadin fortgesetzt wurden.

Archäologische Stätte: Der riesige *Tell* von M. barg 20 Siedlungsschichten. Zu den bedeutendsten Funden des 3. Jt. gehört der konisch gebaute, freistehende *Rundaltar*. Er ist 125 cm hoch und hat einen Durchmesser von etwa 7 m. Stufen führen zu ihm hinauf. Rings um den Altar standen mehrere schlichte Tempel des späten 3. und frühen 2. Jt. Ein in den Fels gehauener Schacht mit einem anschließenden 70 m langen *Tunnel* ermöglichte schon den Kanaanäern den ungehinderten Zugang zu einer Quelle außerhalb der Stadtmauer. Die Stadt Ahabs (9. Jh. v. Chr.) war mit starken Kasemattenmauern, einer großen Toranlage, Palast und mehreren Pferdeställen ausgestattet. In den Ställen konnten 450 Pferde untergebracht werden. Die Könige von Israel betrieben – wie auch schon Salomo – einen regen Pferdehandel. Sie importierten die Pferde aus Kleinasien und tauschten sie in Ägyp-

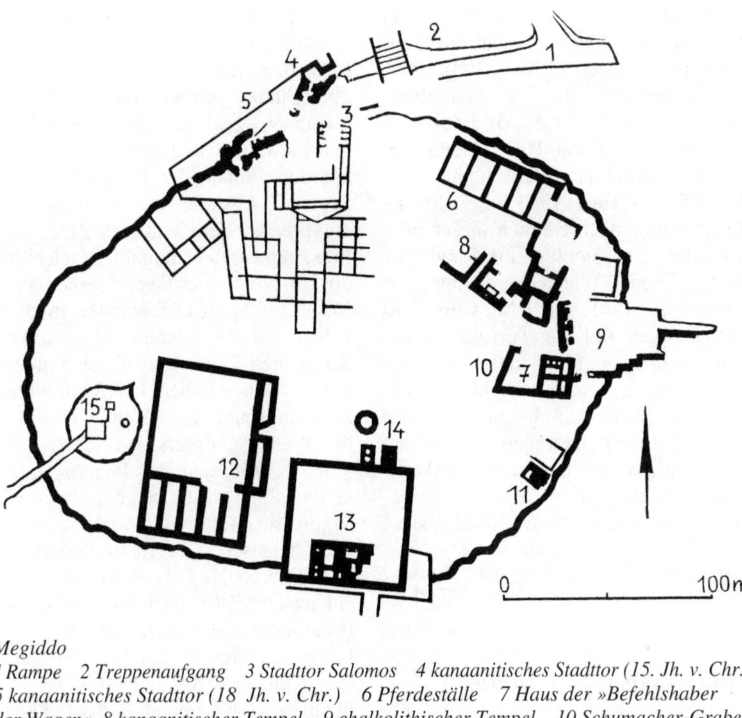

Megiddo
1 Rampe 2 Treppenaufgang 3 Stadttor Salomos 4 kanaanitisches Stadttor (15. Jh. v. Chr.) 5 kanaanitisches Stadttor (18 Jh. v. Chr.) 6 Pferdeställe 7 Haus der »Befehlshaber der Wagen« 8 kanaanitischer Tempel 9 chalkolithischer Tempel 10 Schumacher-Graben 11 Gebäude (10. Jh. v. Chr.) 12 Pferdeställe 13 Palast des Stadtoberhauptes 14 Getreidesilo 15 Wasserversorgungssystem

ten gegen Streitwagen ein, die sie wiederum in nördlichen Ländern absetzten.

Literatur: R.S. Lemon u. G. Shipton: Megiddo I. Seasons of 1925–1934. Chicago 1939; G. Loud: Megiddo II. Seasons of 1935–1939. Chicago 1948; I.G. Davies: Megiddo. Cambridge 1986; A. Kempinski: Megiddo. A City-State and Royal Centre in North Israel. München 1989.

Mellaart, James. 1925 in London geboren. Er studierte Vorgeschichte und Archäologie an den Universitäten Leiden und London. Bald nach dem Studium wurde er Mitglied des British Institute of Archaeology in Ankara. Gemeinsam mit S. Lloyd entdeckte er 1952 in Anatolien das frühbronzezeitliche Beycesultan (2700–2300), 1956 das frühneolithische bis chalkolithische Hacilar (7000–5000) und 1958 schließlich → Çatal Hüyük, eine der ältesten Städte der Menschheit (etwa 6500–5600). 1961–1963 leitete M. die Ausgrabungen im Bereich dieser neolithischen Großsiedlung am Rande der Konya-Ebene. Wie jeder erfolgreiche Ausgräber wurde auch M. vom Neid mißgünstiger Kollegen verfolgt. So behauptete man, er habe zahlreiche Funde an sich gebracht und im Ausland verkauft. M. hat durch seine sorglose Art viel dazu beigetragen, daß solche Verdächtigungen überhaupt aufkommen konnten.

Hauptwerke: Beycesultan. 3 Bde. Oxford 1962–1995; Çatal Hüyük. London 1967; The Neolithic of the Near East. London 1975; The Archaeology of Ancient Turkey. London 1978.

Memnonskolosse. → Theben.

Memphis. M., 20 km südlich von Kairo, war die Hauptstadt des Alten und Mittleren Reiches und bis zur Gründung von Alexandria die kulturelle und wirtschaftliche Metropole Ägyptens. Von der antiken Stadt künden heute nur noch spärliche Ruinen, während ihre Nekropolen in → Giza, → Abusir, → Sakkara und → Dahschur einzigartige Zeugnisse altägyptischer Kultur darstellen.

Geschichte: Um 3000 vereinigte ein König namens Menes (Horus Aha?, Narmer?) Ober- und Unterägypten zu einem Reich. Mit diesem Ereignis begann die geschichtliche Zeit Ägyptens. Menes, oberägyptischer König aus Thinis (bei Abydos) und erster Pharao, gründete die erste Hauptstadt des gesamtägyptischen Reiches, die etwa um 2800 den Beinamen »Waage der beiden Länder« erhielt. Der griechische Name M. geht auf das altägyptische Wort »Mennefru« (Men-nefer) zurück, auf den Namen der Pyramidenanlage Pepis I. (Men-nefer), nach der die Ägypter seit dem Mittleren Reich auch ihre Hauptstadt benannten. Nach Herodot soll Menes das Gebiet seiner neuen Residenz durch Deichbauten trockengelegt und mit einer gewaltigen, weiß getünchten Mauer aus Nilschlammziegeln umgeben haben. Die Stadt bildete sich rings um den Tempel des Ptah, des Weltenschöpfers und Schutzgottes von M. Während die Pharaonen der 1. und 2. Dynastie noch zeitweise in Thinis residierten – dort wurden sie auch beigesetzt –, verlegte Djoser, der erste Pharao der 3. Dynastie, seine Residenz endgültig nach M. Mit Djoser begann die Zeit der Steinbauten.

In der 5. Dynastie (2563–2423) wurde der Kult des Sonnengottes Re zur Staatsreligion erhoben. In der 6. Dynastie (2423–2263) verstärkte sich die Macht der Gaufürsten. Die politische und religiöse Ordnung zerbrach. Die erste Zwischenzeit (2263–2133) wurde von Bürgerkriegen erschüttert. Erst dem Fürsten Mentuhotep Nebhepet-Re aus Theben (11. Dynastie; 2133–1992) gelang wieder die Einigung des Reiches. Er verlegte die Residenz nach Theben. Doch schon die starken Könige der 12. Dynastie (1991–1786) kehrten wieder nach M. zurück. Nubien wurde bis zum zweiten Katarakt ägyptische Kolonie. Palästina kam unter die Herrschaft der Pharaonen. Ägypten erlebte eine hohe Blüte.

Danach folgte wieder eine Epoche des Niedergangs: die zweite Zwischenzeit (13.–17. Dynastie; 1785–1551). Hunderttausende von asiatischen Arbeitern und Handwerkern hatten sich in Ägypten niedergelassen und ebneten den semitischen Hyksos, die mit Pferd, Wagen und neuen Kriegstechniken in das Niltal einfielen, den Weg. Die Hyksos eroberten die Hauptstadt M. und setzten eigene Pharaonen ein. Ihre Residenz schufen sie sich in Avaris im nordöstlichen Nildelta. M. blieb aber nach wie vor eine wirtschaftlich und kulturell bedeutende Stadt. Nach der Vertreibung der Hyksos (seit 1600 v. Chr.) wurde Theben die neue, glanzvolle Hauptstadt Ägyptens. Im 4. Jh. n. Chr. ließ Kaiser Theodosios die Tempel von M. zerstören. In islamischer Zeit dienten die Ruinen der alten Hauptstadt als Steinbruch für das aufstrebende Kairo.

Forschungsgeschichte: 1888 entdeckten Ausgräber eine der zwei Kolossalstatuen Ramses' II.; 1954 kam das Kalksteinbildwerk nach Kairo und wurde dort auf dem Bahnhofsvorplatz aufgestellt. 1912 stieß man auf den Alabaster-Sphinx. Nach dem Zweiten Weltkrieg führten amerikanische Archäologen im Bereich des Ptah-Tempels systematische Ausgrabungen durch.

Archäologische Stätte: Von der Hauptstadt des Alten Reiches, die der arabische Schriftsteller Abdellatif als sinnverwirrend und unbeschreiblich schön beschreibt, ist nur noch wenig geblieben, was an den Glanz der einstigen Pharaonen-Metropole erinnert. Die Ausgrabungsstätte liegt rings um das kleine Dorf Mit Rahina (Mit Rahineh). Der *Tempelbezirk des Ptah*, vor fast fünftausend Jahren von der berühmten »Weißen Mauer« umgeben, zeigt sich nur noch als grandiose Anhäufung von Ziegelschutt. Einzelheiten des Ptah-Tempels sind nicht mehr feststellbar. Lediglich ein mächtiger Alabastertisch, 5,40 m lang, 3,07 m breit und 1,20 m hoch, konnte in der Südwestecke des Tempelbezirks freigelegt werden. Der etwa 50 Tonnen schwere Stufentisch diente zum Einbalsamieren der heiligen Apis-Stiere. Er stammt vermutlich aus der 26. Dynastie (663–525).

Zwei *Kolossalstatuen Ramses' II.* ließ der Pharao (1290–1224) vor dem Südtor des Tempelbezirks aufstellen. Eine dieser 13,5 m hohen Kalksteinstatuen ist umgestürzt. Brust, Gürtel und rechte Schulter sind mit Königskartuschen geschmückt, der Dolch zeigt zwei Falkenköpfe. Die zweite steht heute vor dem Kairoer Hauptbahnhof. Der *Alabastersphinx* stand ebenfalls vor dem Südeingang des Tempelbezirks. Er ist 8 m lang und 4,25 m hoch; sein Gewicht schätzt man auf rund 80 Tonnen. Der Königskopf auf dem Löwenkörper stellt wahrscheinlich den Pharao Amenophis II. (1438–1412) dar. Nur noch Steintrümmer weisen auf die Paläste der Pharaonen Merenptah

(1224–1204) und Apries (588–568) sowie auf den Siamun-Tempel hin.

Literatur: R. Anthes: Mit Rahineh 1955. Philadelphia 1959; Ders.: Mit Rahineh 1956. Philadelphia 1965; J. Kamil: Sakkara and Memphis. A Guide to the Necropolis and the Ancient Capital. London [2]1985; A.-P. Zivie (Hrsg.): Memphis et ses nécropoles au Nouvel Empire. Nouvelles données, nouvelles questions. Kolloquium Paris 1986 Paris 1988; D.J. Thompsen: Memphis under the Ptolemies. Princeton 1988.

Menhir (kelt. langer Stein). Vorgeschichtliches Denkmal in Form eines unbehauenen, aufrecht stehenden Steines, bis 20 m hoch. Die meisten M. stammen aus dem späten Neolithikum.

Meniskos (griech. Möndchen). Bezeichnung für die sichelförmige, dreizackartige oder stiftförmige Vorrichtung über den Köpfen antiker Statuen. Die Bedeutung ist umstritten; nach Aristophanes soll der M. verhindern, daß sich Vögel auf den Köpfen der Statuen niederlassen und diese beschmutzen.

Mérida. → Augusta Emerita.

Mesolitikum (Mittelsteinzeit). Übergangsperiode zwischen dem → Paläolithikum und dem → Neolithikum. Die Abgrenzung zum Paläolithikum ist nicht immer eindeutig. In den Kulturen der Jäger und Sammler hatten Steinwerkzeuge, aber auch Gerätschaften aus organischem Material, wie Holz, Knochen, Geweih, große Bedeutung.

Metallkonservierung. Fundobjekte aus Metall, vor allem aus Kupfer, Bronze oder Eisen, sind meistens stark oxidiert und dadurch mehr oder weniger brüchig. Oft sind solche Objekte (Waffen, Schmuck oder andere Metallgegenstände) aber auch vollkommen durchoxidiert und mit der umgegebenden Erde verklumpt. Solange noch ein Metallkern vorhanden ist, was sich durch Röntgenaufnahmen feststellen läßt, kann die Oxidschicht elektrochemisch oder elektrolytisch wieder zum Ursprungsmetall rückverwandelt werden. Nach gründlicher Wäsche und vollständigem Austrocknen erhalten die Objekte eine Imprägnierung, die sie vor weiterer Korrosion schützt.

Metope (griech.). Teil des Gebälkfrieses griechischer Tempelbauten (→ dorische Ordnung). Bemalte und/oder reliefierte Platte aus Terrakotta oder Stein zwischen den → Triglyphen.

Metroon (griech.). Tempel der Großen Mutter (Kybele, Rhea), z.B. in Athen (→ Agora, Athen) und in → Olympia.

Mietshaus. Seit der späten Republik wurden → Atriumhäuser in zweigeschossige Wohnhäuser umgebaut, z.B. in → Herculaneum und in → Pompeji. Das obere Geschoß besaß in der Regel einen separaten Ein- und Aufgang und wurde extern an Familien vermietet. In der Kaiserzeit errichtete man einheitliche Wohnblocks, die über mehrere Stockwerke in kleine, unterschiedlich zugängliche Wohneinheiten aufgeteilt waren (z.B. in → Ostia). Wie bei Thermenanlagen und zum Teil bei Atriumhäusern reihten sich im Erdgeschoß der M. Tabernae (Läden).

Milet (Miletos). Die berühmte ionische Handelsstadt liegt an der Westküste der Türkei, rund 130 km südlich von Izmir. Vom 8. bis 6. Jh. v. Chr. gründeten die Milesier über 80 Kolonien vom Schwarzmeergebiet bis nach Ägypten. Hier wirkten die Philosophen Thales (um 600 v. Chr.), Anaximander (611–546 v. Chr.) und Anaximenes (zweite Hälfte des 6. Jh. v. Chr.), die Historiker Kadmos (erste griechische Aufzeichnungen in Prosa) und Hekataios (um 550–480 v. Chr.) sowie Aspasia, die Dichterin, Hetäre und zweite Frau des Perikles (um 450 v. Chr.).

Geschichte: M. wurde um 1600 v. Chr. von Kretern als Hafenstadt gegründet. Im Laufe der Jahrhunderte führte der Fluß Maiandros solche Schlammassen mit sich, daß die Ruinenstätte heute etwa 9 km vom Meer entfernt liegt. Im 13. Jh. v. Chr. unterhielten die Achäer in M. eine Faktorei. Zwei Jahrhunderte später erschienen die Ionier unter dem sagenhaften Neleus und verdrängten die inzwischen zugewanderten Karer. Seit dem 8. Jh. v. Chr. entwickelte sich die Stadt zu einer der größten Handelsmetropolen der griechischen Welt. Vier Häfen dienten der Ausfuhr von Webwaren und Getreide. M. gehörte dem Ionischen Zwölfstädtebund an.

546 v. Chr. stürzten die Perser unter Kyros dem Großen das lydische Reich, dessen Druck M. als einzige ionische Stadt standgehalten hatte, mit dem es aber seit 602 v. Chr. vertraglich verbunden war. Die Stadt kam unter die Herrschaft der Perser. Von 499 bis 494 v. Chr. versuchte der Zwölfstädtebund unter der Führung von M., das persische Joch abzustreifen. Die Perser unterdrückten den Aufstand. Als letzte ionische Stadt fiel M. 494 v. Chr., nach der Schlacht bei der Insel Lade vor den Toren der Stadt, in die Hände der Perser und wurde von Dareios völlig zerstört. Nach den Siegen der Griechen bei Plataä und Mykale 479 v. Chr. mußten sich die Perser zurückziehen. M. wurde neu aufgebaut und trat dem Attischen Seebund bei. Unter dem Schutze Athens folgte eine lange Periode des Friedens und des Wohlstandes. 412 v. Chr. kam M. wieder unter fremde Herrschaft: erst Sparta, dann Persien, schließlich Karien und wieder Persien. 334 v. Chr. nahm Alexander der Große die Stadt ein. Um 300 v. Chr. erschienen die Seleukiden, 190 v. Chr. fiel M. an das Pergamenische Reich, 133 v. Chr. trat Rom das Erbe Pergamons an. M. blühte noch einmal auf, vor allem unter den Kaisern Augustus (31 v. Chr.–14 n. Chr.) und Hadrian (117–138).

Forschungsgeschichte: 1899 begann der Archäologe T. → Wiegand im Auftrag der Königlich Preußischen Museen zu Berlin mit der Freilegung des hellenistisch-römischen Stadtkerns. Vor und nach dem Zweiten Weltkrieg konzentrierten sich die Untersuchungen der deutschen Archäologen auf die Erforschung der archaischen Stadt. Dabei kamen im Bereich des Athena-Heiligtums Reste der mykenischen Vorgängersiedlung zum Vorschein. Zwischen 1975 und 1984 lag der Schwerpunkt der Arbeiten unter dem Architekten W. Müller-Wiener in der Aufnahme der frühchristlichen Bauwerke mit ihren Vorgängerbauten. Seit 1985 bemüht sich V. von Graeve um die Erfassung der archaischen Stadt auf dem Kalabaktepe. Fundstücke aus M. befinden sich im örtlichen Museum sowie in Berlin, Istanbul und Izmir.

Archäologische Stätte: Seine größte Ausdehnung erlangte M. in archaischer Zeit. Die Siedlung erstreckte sich vom Kalabaktepe, auf dem Reste der Stadtbefestigung und Hausstrukturen

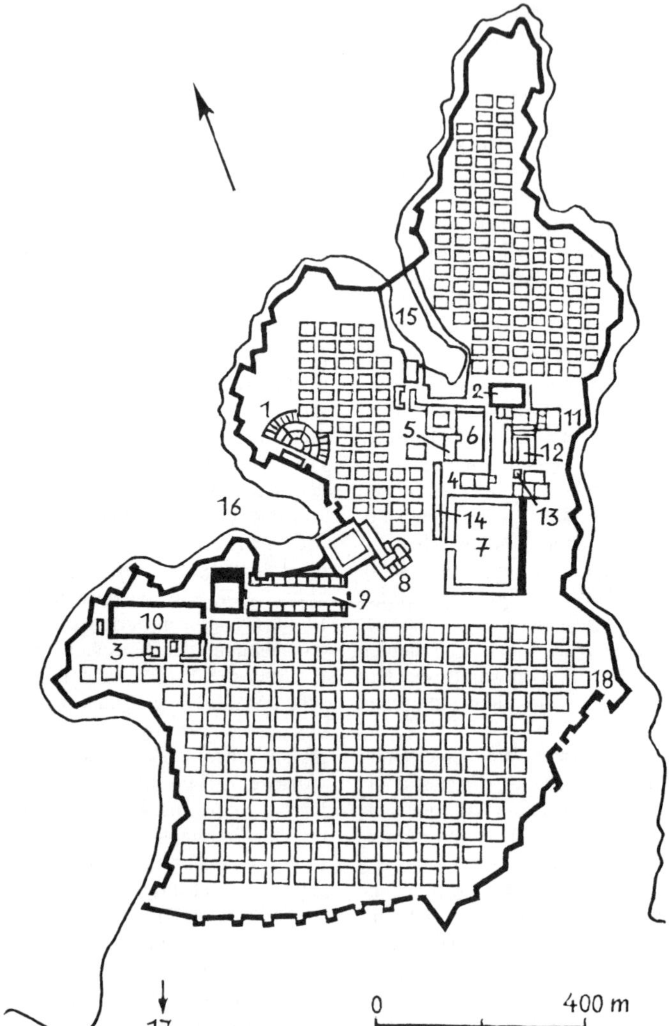

Milet
1 Theater 2 Delphinion 3 Athena-Tempel 4 Buleuterion 5 Prytaneion 6 Nordagora 7 Südagora 8 Faustina-Thermen 9 Stadion 10 Westagora 11 Thermen des Capito 12 Gymnasion 13 Nymphäum 14 Magazinhalle 15 Löwenbucht 16 Theaterbucht 17 alte Akropolis 18 Löwentor

zum Vorschein kamen, bis zur Nordspitze des Theaterberges. Nach der Zerstörung durch die Perser 494 v. Chr. wurde M. mit rechtwinkligen Straßenfluchten, d.h. nach dem sog. hippodamischen System (→ Hippodamos von Milet) wieder aufgebaut. Das Zentrum der Stadt verlagerte sich von dem Gebiet des Athena-Tempels zum großen Marktareal südlich der Löwenbucht. Der Verlauf der späthellenistischen Stadtmauer zeigt deutlich, daß der Bereich um den Kalabaktepe seit dem 5. Jh. v. Chr. vernachlässigt wurde.

Der *Kult der Athena* reicht in M. bis zur Mitte des 2. Jt. v. Chr. zurück. Unter den Fundamenten des nordsüdlich ausgerichteten ionischen Antentempels mit ringsumlaufender Säulenhalle, der bald nach 479 v. Chr. errichtet wurde, sind Reste eines archaischen Vorgängerbaus erhalten. Das Areal des klassischen Tempels wurde bereits in hellenistischer Zeit durch den Bau des Westmarkts eingeschränkt. In römischer Zeit griff der Anbau eines Hofhauses auf das Tempelgebiet über. Der Apollon Delphinios (in Gestalt eines Delphins zeigte der Gott seinen Priestern den Weg von Kreta nach Delphi) wurde nachweislich seit dem 6. Jh. v. Chr. im *Delphinion*, einem Hofheiligtum an der Löwenbucht verehrt. Hier begann die jährliche Prozession entlang der Heiligen Straße zum Orakelheiligtum nach → Didyma. Neben seiner Bedeutung als Versammlungs- und Opferplatz war das Delphinion auch eine Art Staatsarchiv. In hellenistisch-römischer Zeit schmückte ein Monopteros die Mitte des hallenumsäumten Hofs.

Dionysos wurde seit dem 6. Jh. v. Chr. in einem *Tempel* unterhalb des Theaters verehrt. Unter den Resten des ioninschen Antentempels (um 300 v. Chr.) ließen sich vier Vorgängerbauten ausfindig machen. In byzantinischer Zeit (4.–6. Jh. n. Chr.) wurde der Tempel durch Hinzufügung einer Apsis in eine Kirche umgewandelt. Zwischen Faustina-Thermen und Südmarkt lag ein *Tempel des Serapis* aus dem 3. Jh. n. Chr. Auf dem Zeytintepe, einem Hügel westlich des Kalabaktepe, ist 1990 ein *Aphrodite-Heiligtum* entdeckt worden, das seit früharchaischer Zeit existierte.

M. hatte drei *Marktplätze*. Der älteste lag am Löwenhafen, dem Haupt- und auch Kriegshafen der Stadt. Die Baugeschichte dieses Nordmarktes reicht vom 5. Jh. v. Chr. bis zum 3. Jh. n. Chr. Die Südagora ist mit 197 x 164 m der größte bisher bekannte griechische Marktplatz. Die Anlage stammt aus hellenistischer Zeit, diente aber auch in der römischen Epoche zu vorwiegend repräsentativen Zwecken. In der ersten Hälfte des 2. Jh. n. Chr. entstand das berühmte Markttor, das heute im Berliner Pergamonmuseum zu sehen ist. Die mögliche Verbindung einer Inschrift aus Didyma mit dem Südmarkt in M. besagt, daß die Einkünfte aus der von Antiochos I. (280–261 v. Chr.) gestifteten Osthalle zum Bau des Apollon-Tempels in Didyma verwendet werden sollten. Der dritte und jüngste Marktplatz von M. lag am Theaterhafen, nördlich des Athena-Tempels. Dieser etwa 197 x 79 m große Westmarkt ist gegen Ende der hellenistischen Epoche errichtet worden.

Das *Rathaus* kann aufgrund zweier gleichlautender Inschriften am Epistyl des Sitzungsgebäudes und an der Vorhalle zwischen 175 und 163 v. Chr. datiert werden. Die Brüder Herakleides und Timarchos stifteten diesen Gebäu-

dekomplex im Namen des Syrerkönigs Antiochos IV. Epiphanes (→ Buleuterion, Milet). Das *Theater* in seiner heutigen Gestalt stammt aus dem 2. Jh. v. Chr. Es wurde an der Stelle eines griechischen Vorgängerbaus errichtet. Der untere Teil des Zuschauerraums war in den Hang gebettet, der obere aufgemauert. Die drei Umgänge erreichte man durch überwölbte Treppenanlagen in den aufgemauerten Seitenflügeln. Etwa 15 000 Zuschauer fanden in dem Theater Platz. Für das Bühnenhaus lassen sich ab dem 4. Jh. v. Chr. drei griechische und zwei römische Bauphasen rekonstruieren.
Die größte *Thermenanlage* ist wahrscheinlich eine Stiftung Faustinas d. J., der Frau des Kaisers Mark Aurel (161–180) (→ Thermen, Milet). Das *Nymphäum*, den Hauptbrunnen der Stadt, stiftete 79/80 n. Chr. der Vater des Kaisers Trajan, Marcus Ulpius Trajanus (→ Nymphäum, Milet).

Literatur: T. Wiegand (Hrsg.): Milet. Ergebnisse der Ausgrabungen und Untersuchungen seit dem Jahre 1899. Bd. I ff. Berlin 1906 ff.; G. Kleiner: Die Ruinen von Milet. Berlin 1968; W. Müller-Wiener (Hrsg.): Milet 1899 – 1980. Ergebnisse, Probleme und Perspektiven einer Ausgrabung. Kolloquium Frankfurt a. M. 1980. Tübingen 1986; Ders.: Milet 1976 –1986. Ergebnisse aus 10 Jahren Ausgrabungstätigkeit. In: Antike Welt 19, 4 (1988). S. 31 ff.

minoische Kultur. Vorgeschichtliche Kultur Kretas, benannt nach dem sagenhaften König Minos. Die m. K. gliedert sich in folgende Perioden: frühm. (FM I-III), etwa 3000–2100 v. Chr., Vorpalastzeit mit Handelsverbindungen nach Griechenland, Kleinasien und Ägypten; mittelm. (MM I-III), etwa 2100–1600 v. Chr., Zeit der älteren Paläste, hochstehende Kulturen und Technik; spätm. (SM I-III), etwa 1600–1050 v. Chr., Zeit der jüngeren Paläste.

Mithräum. Heiligtum des aus Persien stammenden Gottes Mithras, des Erlösergottes, seit dem 1. Jh. n. Chr. von den römischen Soldaten bevorzugte Gottheit. Das Heiligtum befand sich meist unterirdisch in Grotten und Gewölben, aber auch in Wohnhäusern und Thermen. Der Mithras-Kult war eine Mysterienreligion.

Mittelsteinzeit. → Mesolithikum.

Model. Hohlform aus Holz oder Terrakotta, um Reliefarbeiten serienmäßig herzustellen. M. wurden in Mesopotamien seit dem Ende des 3. Jt. v. Chr. verwendet.

Monolith (von griech. monos, einzig, lithos, Stein). Aus einem einzigen Block gemeißeltes Bauglied, z.B. Säule, Pfeiler, Gebälk, Obelisk. Auch → Menhire sind M.

Monopteros (griech.). Meist runder, nur aus Säulen, Gebälk und Dach bestehender Bau, der zur Einfassung heiliger Orte (Kultmale, Gräber oder Altäre) diente.

Montelius, Oscar. Am 9.9.1843 in Stockholm geboren. Er begeisterte sich bereits als junger Mensch für die Vorgeschichtsforschung und trat im Alter von 20 Jahren in den Museums- und Staatsdienst als Assistent am Stockholmer Statens Historika Museum ein. Die intensive Beschäftigung mit Fundgegenständen aus weiten Teilen Europas, aber auch aus Ägypten und dem

Orient sowie das Suchen nach Kriterien für deren Ordnung prägten sein Schaffen. M. hat als erster die Methoden, mit denen man zu einer genauen relativen oder absoluten Datierung gelangen kann, deutlich gegeneinander abgewogen und aus ihnen zusammen ein neues System geschaffen. Ihm verdankt die Forschung die Unterteilung der Stein-, Bronze- und Eisenzeit in verschiedene Perioden, der bis heute eine hohe Bedeutung zukommt. M. starb am 4.11.1921 an einer Lungenentzündung in Stockholm.

Hauptwerke: Die Chronologie der ältesten Bronzezeit in Norddeutschland und Skandinavien. Braunschweig 1900; Die Methode. Stockholm 1903; Die ältesten Kulturperioden im Orient und in Europa. Stockholm 1903; La Grèce préclassique. Stockholm 1924.

Morgan, Jacques Jean Marie de. Am 3.6.1857 in Huisseau-sur-Cosson, Departement Loir-et-Cher, geboren. Als Bergbauingenieur bereiste er 1877 Skandinavien, 1882 Böhmen, 1886–1889 den Kaukasus und Armenien. Auf diesen Reisen erwachte sein Interesse für die Archäologie. 1891 führte er in Persien umfangreiche archäologische Forschungen durch. Im Jahr darauf wurde M. Direktor der Ägyptischen Altertümerverwaltung in Kairo. Er leitete zahlreiche Ausgrabungen in Ägypten, u.a. in Memphis. 1897 übernahm er die Leitung der französischen Délégation en Perse und erforschte die Elamiterhauptstadt → Susa und das umliegende Gebiet. Die Grabungsfunde, prähistorische Keramiken, zahlreiche Keilschrifttafeln und vor allem die berühmte Gesetzesstele des Hammurabi, befinden sich heute im Louvre. M. starb am 12.6.1924 in Marseille.

Hauptwerke: Mission scientifique en Perse. 5 Bde. Paris 1894–1904; Recherches sur les origines de l'Égypte. Paris 1896/97; Les premières civilisations. Paris 1902; L'humanité préhistorique. Paris 1921; Manuel de numismatique orientale, de l'antiquité et du moyen age. Paris 1923; La préhistoire orientale. 3 Bde. Paris 1925–1927; La numismatique de la Perse antique. Paris 1927.

Mosaik. Aus Stein-, Terrakotta- oder Glasstücken zusammengesetztes Bild oder Ornament, meist zur Ausschmückung von Fußböden, Wänden und Gewölbedecken.

Mumie (von pers. mum, Wachs). Durch natürliche oder künstliche Austrocknung vor Verwesung geschützte menschliche oder tierische Leiche. In Ägypten wurden Leichen seit Beginn des 3. Jt. mumifiziert, um der Seele des Verstorbenen ein Weiterleben zu ermöglichen. Die Eingeweide kamen in → Kanopen, das Herz blieb im Körper. Der Körper wurde siebzig Tage lang mit Natronsalz und anderen Chemikalien entwässert, danach gewaschen und eingeölt. Die Körperhöhlen wurden mit Harz oder mit harzgetränkten Leinenkissen gefüllt. Der Körper wurde mit langen Tuchstreifen eng umwickelt. Tierm. stammen hauptsächlich von Affen, Katzen, Raubvögeln, Fischen, Reptilien. Die Sitte der Mumifizierung hielt sich in Ägypten bis ins 4. Jh. n. Chr.

Mumienporträt. Gemalte Darstellung des Verstorbenen, die das Gesicht der Mumie bedeckte. Dieser Brauch war von 30 v. Chr. bis zur zweiten Hälfte des 4. Jh. n. Chr. in Ägypten verbreitet. Die Porträts wurden mit geschmolzenen Wachsfarben auf Holz oder mit Temperafarben auf Leinwand gemalt.

Literatur: B. Borg. Mumienporträts. Chronologie und kultureller Kontext. Mainz 1996.

Municipium (lat.). Selbständige Stadtgemeinde im Römischen Reich mit eigener Gesetzgebung. Nach 338 v. Chr. wurde zwischen M. mit und ohne Stimmrecht unterschieden. Seit 212 n. Chr. war jede Stadtgemeinde, außer Rom, M.

Mutulus (lat.). Bauteil des dorischen Tempels. Flache, rechteckige Platte unter dem vorspringenden Kranzgesims (Geison). Die Mutuli sind durch schmale Abstände voneinander getrennt. An ihrer Unterseite hängen meist drei Reihen von je sechs zylindrischen, nagelkopfartigen Stiften (Guttae).

Mykene. Die Ruinenstätte der bronzezeitlichen Stadt M. liegt auf einem Hügel der Peloponnes zwischen Korinth und Argos. M. gab einer großen Kulturepoche den Namen. Es war im 2. Jt. v. Chr. der mächtigste Stadtstaat Griechenlands und Schauplatz großer Dichtungen.

Geschichte: Der Burghügel von M. war schon um 3000 v. Chr., also in der frühen Bronzezeit, bewohnt. Die Sage berichtet von König Danaos, der einst das Gebiet der nordöstlichen Peloponnes eroberte. Nach seinem Tode teilten seine beiden Söhne das Reich: Akrisios residierte in Argos, sein Bruder Proitos in Tiryns. Perseus, der Enkel des Akrisios, gründete M. Bald nach 2000 v. Chr. kamen die indogermanischen Achäer ins Land und machten M. zu einer blühenden Stadt, die bald die Argolis beherrschte und ihre Vorrangstellung über die ganze Peloponnes ausdehnte. Im 16. Jh. v. Chr. entwickelte sich unter dem Einfluß des minoischen Kreta die einzigartige mykenische Kultur. Im 15. Jh. v. Chr. überflügelte M. die kretische Metropole → Knossos, dehnte seinen Herrschaftsbereich über ganz Kreta aus und kontrollierte fortan den Seehandel mit Zypern, Syrien, Palästina und Ägypten. M. wurde zum bedeutendsten achäischen Stadtstaat Griechenlands.

Der Sagenkreis um M.: König Pelops, nach dem die griechische Halbinsel Peloponnes benannt ist, begründete die Dynastie der Pelopiden. Ihm folgte sein Sohn Atreus als König von M. Der zweite Sohn Thyestes verführte die Frau des Atreus. Atreus tötete die aus dem Ehebruch hervorgegangenen Söhne und setzte ihr Fleisch Thyestes als Mahl vor. Durch diese schreckliche Tat zog er den Fluch der Götter auf sich und sein Geschlecht. Nach dem Tod seiner Frau heiratete Atreus Pelopeia, eine Tochter seines Bruders Thyestes, ohne ihre Herkunft zu kennen. Pelopeia gebar Aigisthos, den sie von ihrem Vater Thyestes empfangen hatte. Aigisthos tötete Atreus und machte sich zum König von M. Doch Agamemnon, ein Sohn des Atreus, vertrieb ihn vom Thron. Wenig später entführte der trojanische Prinz Paris Helena, die Frau des Menelaos. Menelaos, der jüngere Bruder des Agamemnon, war König von Sparta. Daraufhin versammelte Agamemnon die Heere der Achäer, um nach Troja zu ziehen und seine schöne Schwägerin zurückzuholen. Damit der Kriegszug gelänge, opferte er seine Tochter Iphigenie der Göttin

Artemis. Als Agamemnon zehn Jahre später siegreich nach M. zurückkehrte, ließ ihn seine Frau Klytämnestra durch Aigisthos, der inzwischen ihr Geliebter geworden war, töten. Klytämnestras Tochter Elektra rächte den Tod des Vaters, indem sie ihren Bruder Orestes zum Muttermord anstiftete. Auch Aigisthos fiel der Rache zum Opfer. Damit war genug Blut geflossen, und die Götter nahmen den Fluch zurück.

Historischer Hintergrund für diesen Sagenkreis dürften Bürgerkriegswirren im 12. Jh. v. Chr. und die Zerstörung der Sperrfestung Troja durch die mächtigen Achäer gewesen sein. In der zweiten Hälfte des 12. Jh. kamen die Dorier auf die Peloponnes und schleiften die mykenischen Burgen der Argolis. In geschichtlicher Zeit war M. nur noch eine unbedeutende Ansiedlung. Als sich die Bewohner von M. der Herrschaft von Argos widersetzten, zerstörten die Argiver im Jahre 468 v. Chr. die Stadt. Von M. blieben nur Ruinen, aber die Stadt Agamemnons lebt in Sage und Dichtung weiter.

Forschungsgeschichte: 1874 begann H. → Schliemann mit ersten Grabungen auf dem Burghügel. Er suchte den Palast des Agamemnon. 1876 gelang es ihm, sechs Königsgräber mit Skeletten und außergewöhnlich reichen Grabbeigaben freizulegen. 1877 bis 1878 arbeitete der Grieche Stamatakis in M. 1886 bis 1902 führte die Griechische Archäologische Gesellschaft unter Tsountas Untersuchungen durch. 1920 bis 1939 betätigte sich die Britische Archäologische Schule von Athen (British School of Athens) auf dem Gelände der achäischen Metropo-

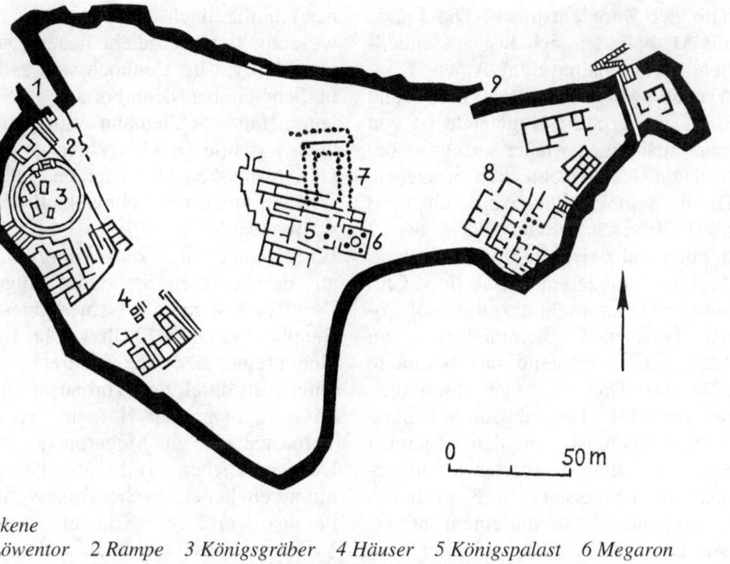

Mykene
1 Löwentor 2 Rampe 3 Königsgräber 4 Häuser 5 Königspalast 6 Megaron 7 Hellenistischer Tempel 8 Haus mit den Säulen 9 Ausfallpforte

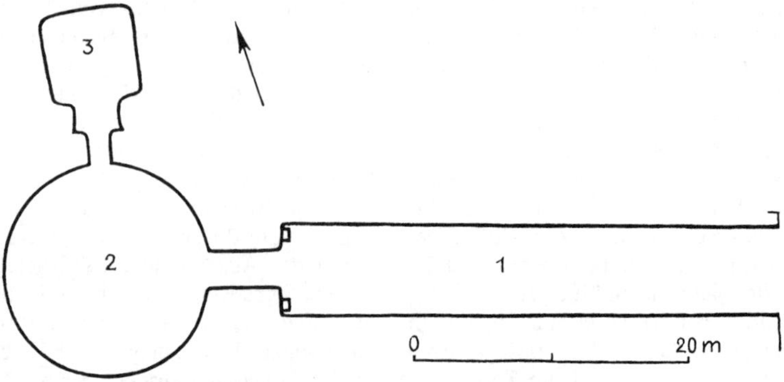

Mykene: »Schatzhaus des Atreus«
1 Dromos 2 Tholos 3 Grabkammer

le. 1950 nahmen die Briten die Grabungen wieder auf und legten 1951 den »äußeren Plattenring« frei, einen Kreis von Schachtgräbern, der in seiner Anlage dem »Plattenring« innerhalb der Burg entsprach. Die Funde aus M. befinden sich fast ausschließlich im Nationalmuseum, Athen.

Archäologische Stätte: Das rund 30000 m^2 große Burggelände ist von einer mächtigen Mauer aus grob behauenen Kalksteinblöcken umgeben. Diese *Kyklopenmauer* wurde um 1350 bis 1330 v. Chr. erbaut und ist bis 17 m hoch und zwischen 3 und 8 m stark. Argivier erneuerten im 3. Jh. v. Chr. einige Mauerabschnitte mit polygonal behauenen Steinblöcken. Um 1250 v. Chr. entstand das berühmte *Löwentor*. Drei mächtige Monolithen rahmen das Tor, dessen Öffnung 3,25 m hoch ist. Um den liegenden Block zu entlasten, sparten die mykenischen Baumeister ein 3 m hohes Dreieck aus, das sie mit einem steinernen Löwenrelief füllten. Hinter dem Löwentor fand Schliemann die *Königsgräber*, einen 26,5 m breiten Schachtgräberring mit sechs Grabstätten aus der Zeit zwischen 1600 und 1500 v. Chr. Hier vermutete Schliemann das Grab Agamemnons und seiner Familie, doch dürfte Agamemnon wesentlich später gelebt haben, wohl um 1200 v. Chr. Dennoch sind es königliche Gräber, denn bei den 19 Skeletten fand Schliemann einzigartige und wertvolle Grabbeigaben: goldene Gesichtsmasken, Trinkgefäße, Silberschalen, kostbaren Schmuck, Bronzewaffen usw.

Eine Rampe führt zum *Königspalast* auf der höchsten Stelle des Hügels. Der Palast stammt in seiner jüngsten Bauphase aus dem 13. Jh. v. Chr. Über eine breite, 22stufige Freitreppe gelangt man durch den Torbau in einen 25 x 12 m großen Hof, an den der Thronsaal und ein Megaron grenzen. Den nördlichen Teil des Palastes nimmt ein hellenistischer *Athena-Tempel* aus dem 3. Jh. v. Chr. ein, dessen Vorgänger aus dem 8. Jh. v. Chr. an der Stelle des mykenischen Palasttem-

pels erbaut wurde. Das *Haus mit den Säulen* war ein kleiner, dreistöckiger Palast, der eine verblüffende Ähnlichkeit mit dem von Homer beschriebenen Palast des Odysseus hat. Ein ursprünglich überdeckter *Stufenweg* (101 Stufen) führt außerhalb der Burgmauern zu einer unterirdischen Zisterne, die durch eine Tonröhrenleitung aus der 360 m entfernten Perseia-Quelle gespeist wurde. Diese eindrucksvolle Anlage aus dem 14. Jh. v. Chr. sicherte bei Belagerungen die Wasserversorgung der Burg.
Vor dem Löwentor wurden ein zweiter Schachtgräberring aus dem 16. Jh. v. Chr. und neun spätmykenische *Kuppelgräber* freigelegt, u.a. das »Grab des Aigisthos« (um 1500 v. Chr.), das »Löwengrab« (um 1450 v. Chr.) und das »Grab der Klytämnestra« (um 1300 v. Chr.). Das großartigste Kuppelgrab aber ist das etwa 500 m vom Löwentor entfernte sog. *Schatzhaus des Atreus*, auch »Grabmal des Agamemnon« genannt. Der Bau entstand um 1330 v. Chr. Ein 35 m langer und 6 m breiter Dromos (Eingangsweg) führt zu dem 5,5 m hohen Grabtor, das oben durch einen gewaltigen Monolithen abgeschlossen wird. Der eigentliche Kuppelbau ist 13,2 m hoch und hat einen Durchmesser von 14,5 m. Die Kuppel ist aus 33 übereinanderliegenden vorkragenden Steinringen gefügt (Kraggewölbe). Sie wurde einst von Bronzerosetten geschmückt. An den Kuppelbau grenzt die eigentliche Grabkammer, die in den Felsen gehauen wurde. Wie die anderen Kuppelgräber war auch das Schatzhaus des Atreus bei seiner Öffnung bereits ausgeraubt.
In der *Unterstadt* sind u.a. die Fundamente von drei mykenischen *Wohnhäusern* aus dem 13. Jh. v. Chr. freigelegt worden: das »Haus der Schilde«, das »Haus des Ölhändlers« und das »Haus der Sphinxe«.

Literatur: H. Schliemann: Mykenae. Leipzig 1878; K.W. Schaar: An Interpretation of the Palace at Mycenae. Ann Arbor 1981; W.D. Taylour: Well Built Mycenae. The Helleno-British Excavations within the Citadel at Mycenae, 1959–1969. Warminster 1982; K. Kilian: Der Hauptpalast von Mykene. In: Athener Mitteilungen 102 (1987). S. 99 ff.

mykenische Kultur (späthelladische Kultur). Nach der Stadt Mykene benannte Kulturepoche auf dem griechischen Festland. Die m. K. wird anhand des Keramikmaterials in drei Abschnitte (SH I-III, etwa 1600–1000 v. Chr.) eingeteilt. Ihre Glanzzeit erlebte die m. K. im 13. und 12. Jh. v. Chr.

Mykerinos-Pyramide. → Giza.

N

Naiskos (griech.). Kleiner Tempel, als Altar oder Schrein verwendet, z.B. der N. im Apollon-Tempel von → Didyma.

Naos (griech.). Tempel bzw. der Kernbau eines griechischen Gotteshauses, bestehend aus → Pronaos, → Cella und → Opisthodomos.

Natatio (lat.). Bezeichnung für das Schwimmbecken in der → Palästra und in den → Thermen.

Nekropole (griech. Totenstadt). Große Begräbnisanlage des Altertums.

Nemausus (Nîmes). Im Süden Frankreichs, in der römischen Provinz Gallia Narbonensis gelegen.
Geschichte: N. war die Hauptstadt des keltischen Volksstammes der Volcae Arecomici, bis Kaiser Augustus um 15 v. Chr. griechisch-ägyptische Veteranen hier ansiedelte und der Stadt den Rang einer Colonia verlieh: Colonia Augusta Nemausus. Ihre Blütezeit erlebte die Stadt, an der die große Heeres- und Handelsstraße von Italien nach Spanien vorbeiführte, unter Antoninus Pius (138–161).
Archäologische Stätte: Von der 6 km langen augusteischen *Stadtmauer*, die ein Gebiet von 223 ha umschloß, sind noch bemerkenswerte Reste erhalten, z.B. die nach → Arelate (Arles) führende *Porte d'Auguste* und die sich nach Süden öffnende *Porte d'Espagne*. Die *Tour Magne* (Großer Turm) dürfte schon vor der Mauer erbaut worden sein. Der mächtige Turm war ursprünglich etwa 40 m (heute noch 30 m) hoch und gehörte eventuell zu einer keltischen Befestigungsanlage. Mit seinen drei jeweils nach innen versetzten Stufen ähnelt er dem berühmten Pharos (Leuchtturm) von Alexandrien.
Das *Amphitheater* von N. gleicht fast völlig dem entsprechenden Bauwerk in Arelate. Es entstand ebenfalls zu Beginn des 1. Jh. n. Chr. Im 5. Jh. bauten die Westgoten das Amphitheater zu einer Festung aus (→ Amphitheater, Nemausus).
Die *Maison Carrée* (rechteckiges Haus) ist ein römischer Podiumtempel, den Agrippa, Schwiegersohn des Kaisers Augustus, von 20 bis 12 v. Chr. erbauen ließ (→ Pseudoperipteros, Nemausus) und der sich nach Norden zum Forum hin öffnete. An drei Seiten war die Maison Carrée von einem Portikus umgeben. Ludwig XIV. wollte den wunderbar erhaltenen Tempel in die Gärten von Versailles umsetzen. Die antiken Ruinen eines *Quellenheiligtums* – der Quellgott Nemausus gab der Stadt seinen Namen – bezog Ludwig XV. um 1750 in die großartigen *Jardins de la Fontaine* mit ein. Zum Heiligtum gehörten Thermen, ein Theater, ein Nymphäum und ein sog. Diana-Tempel. Dieser Saalbau mit Mauernischen und Tonnengewölbe diente wohl als Versammlungsraum oder Bibliothek und stammt aus dem 2. Jh. n. Chr.

Um das aufstrebende N. mit Trinkwasser zu versorgen – die Quelle des Heiligtums war nicht ergiebig genug –, ließ Agrippa um 15 v. Chr. eine 41 km lange *Wasserleitung* bauen. In N. strömte das herangeführte Wasser in das Castellum Divisorum, ein rundes Verteilerbecken, um von hier aus in die fünf Stadtbezirke geleitet zu werden. Die Wasserleitung des Agrippa überquerte das Tal des Gard auf einer hohen Brückenkonstruktion, die zu den größten und besterhaltenen römischen *Aquädukten* zählt (→ Aquädukt, Pont du Gard).

Literatur: R. Dugrand: Villes et campagnes en Bas-Languedoc. Paris 1963; R. Chevallier: Römische Provence. Feldmeilen 1979. S. 79 ff.; A.L. Rivet: Gallia Narbonensis. Southern France in Roman Times. London 1988. S. 162 ff.

Neokorietempel. Kaiserkulttempel in den Ostprovinzen des Römischen Reiches. Die Führung des begehrten Titels »Neokoros« (Tempelwart) war nur der Stadt erlaubt, die auf Antrag eine vom römischen Senat und vom Kaiser genehmigte Kultstätte zugebilligt bekam.

Literatur: B. Burrell: Neokoroi. Greek Cities in the Roman East. Diss. Harvard University 1980; S.R.F. Price: Rituals and Power. The Roman Imperial Cult in Asia Minor. Cambridge 1984.

Neokorietempel, Ankyra (Ankara). Wahrscheinlich im späten 1. Jh. v. Chr., kurz nach der Ernennung Galatiens zur römischen Provinz, errichtet. Der Tempel für Augustus und Roma erhob sich über einem vielstufigen Unterbau von 36 x 54,82 m. Ursprünglich war der Tempel als Prosty-

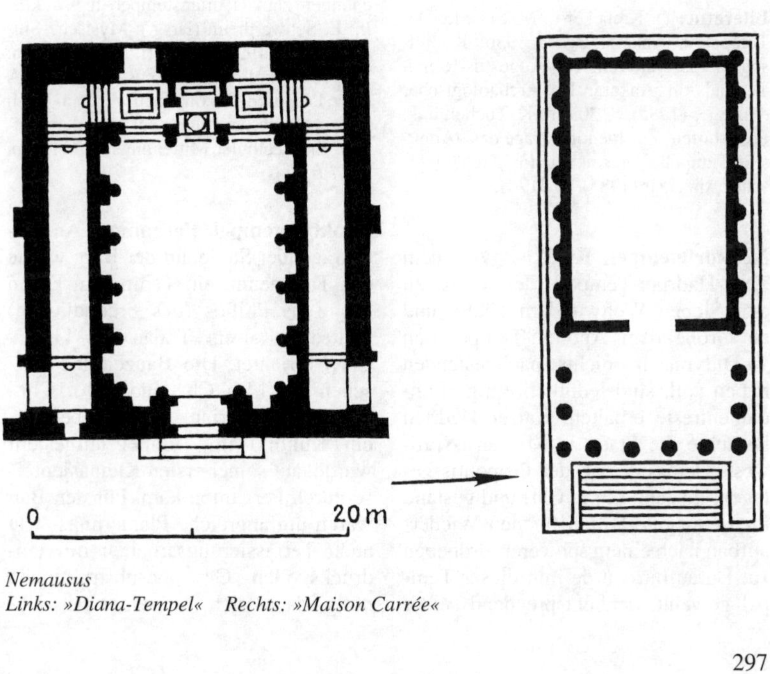

Nemausus
Links: »Diana-Tempel« Rechts: »Maison Carrée«

los mit vier korinthischen Säulen vor dem Pronaos und zwei Säulen in antis am Opisthodomos geplant. Im 2. Jh. n. Chr. umgab den Naos jedoch eine pseudodipterale Peristasis mit 8 x 15 ionischen Säulen. An den Innenwänden der beiden Pronaosanten steht der berühmte Tatenbericht des Kaisers Augustus (res gestae divi Augusti) in lateinischer Sprache. Eine griechische Übersetzung befindet sich an der Außenwand der Cella. Der Tatenbericht, auch Monumentum Ancyranum genannt, stammt aus der Zeit des Kaisers Tiberius (14–37 n. Chr.) und ist eine Kopie. Das Original war vor dem Mausoleum des Augustus in Rom angebracht, ging aber verloren. Die Seitenwand der nordwestlichen Ante trägt außerdem eine Liste der Jahrespriester in tiberischer Zeit. → Ankyra.

Literatur: D. Krencker u. M. Schede: Der Tempel in Ankara. Berlin 1936; K. Fittschen: Zur Datierung des Augustus-Roma-Tempels in Ankara. In: Archäologischer Anzeiger (1985). S. 309 ff.; K. Tuchelt u. F. Preisshofen: Zur Identitätsfrage des »Augustus-Tempels« in Ankara. In: Archäologischer Anzeiger (1985). S. 317 ff.

Neokorietempel, Kyzikos. Von dem Zeus-Hadrian-Tempel, der einst zu den Sieben Weltwundern zählte und an Größe dem Apollon-Tempel von → Didyma in nichts nachgestanden haben soll, sind lediglich einige Fundamentreste erhalten. Kaiser Hadrian besuchte die Stadt, in Mysien (Nordwest-Kleinasien) an der Propontis gelegen, im Jahr 124 n. Chr. und gestand ihr finanzielle Hilfen für den Wiederaufbau nach einem schweren Erdbeben zu. Daraufhin wurde ihm dieser Tempel geweiht, der, entsprechend seiner Überlieferung auf Münzbildern, allerdings erst nach 167 n. Chr. fertiggestellt wurde. Der Tempel schien kein Neubau zu sein, sondern die Vollendung eines bereits aus hellenistischer Zeit stammenden Zeus-Tempels. Nach der Beschreibung des italienischen Kaufmannes Cyriacus von Ancona, der 1431 und 1444 den Tempel zum Teil noch aufrechtstehend sah, war es ein korinthischer Bau mit je acht Säulen an den Schmalseiten und je 15 an den Langseiten. In den tiefen Pronaos waren weitere vier Reihen zu je vier Säulen eingestellt und in das Opisthodomos zwei Reihen zu je vier Säulen.

Literatur: B. Ashmole: Cyriac of Ancona and the Tempel of Hadrian at Cyzicus. In: Journal of the Warburg and Courtauld Institutes 19 (1956). S. 179 ff; A. Schulz u. E. Winter: Historisch-archäologische Untersuchungen zum Hadrianstempel in Kyzikos. In: E. Schwertheim (Hrsg.): Mysische Studien. Bonn 1990. S. 33 ff.; A. Barattolo: The Tempel of Hadrian-Zeus at Cyzikus. A New Proposed Reconstruction for a Fresh Architectonic and Ideological Interpretation. In: Istanbuler Mitteilungen 45 (1995). S. 57 ff.

Neokorietempel, Pergamon. An herausragender Stelle auf der Burg wurde das Trajaneum, ein Tempel zu Ehren des Zeus Philios (des Freundlichen) und des Kaisers Trajan (98–117 n. Chr.) errichtet. Die Bauzeit lag zwischen 113/14 n. Chr. und 124 n. Chr., als Kaiser Hadrian, für den ebenfalls ein Kultbild im Tempel aufgestellt wurde, auf seiner ersten Kleinasienreise durch Pergamon kam. Für den Bau waren umfangreiche Planierungs- wie auch Terrassierungsarbeiten mit eindrucksvollen Gewölbesubstruktionen nötig, da er sich mit seiner Ausrichtung an dem Straßenraster der römischen Unterstadt orientieren sollte. Die z.T. sehr langen und hohen Gewölbe liegen in zwei Reihen nebeneinander und waren zum Hang hin mit einer im oberen Bereich durchfensterten Schildmauer abgeschlossen. Ein schmaler Gang ermöglichte den Zugang zu den Gewölben. Diese Gewölbe mußten den vorderen Bereich der Hoffläche wie auch den Altar tragen. Der Peripteros stand in der Mitte des Hofes auf einem Podium. Er hatte eine Grundfläche von etwa 20 x 32 m mit je sechs korinthischen Säulen an den Schmalseiten sowie je 10 an den Langseiten. In der Cella standen drei Kultbilder, von denen sich Reste bei Arbeiten im Trajaneum gefunden haben: Trajan und Hadrian waren stehend und in Panzertracht wiedergegeben, Zeus thronend und mit nacktem Oberkörper. Der Tempel war an drei Seiten von Hallenbauten umgeben. Die nördliche erhob sich über einer Terrasse, die westliche und die östliche ersetzten etwas später zwei der den Hof abschließenden Mauern. → Pergamon.

Literatur: H. Stiller: Das Traianeum. Altertümer von Pergamon. Berlin 1895; Jährliche Vorberichte über die Ausgrabungs- und Restaurierungsarbeiten. In: Archäologischer Anzeiger (1975–1995); W. Raeck: Zeus Philios in Pergamon. In: Archäologischer Anzeiger (1993). S. 381 ff.

Neolithikum (Jungsteinzeit). Neben dem → Paleolithikum und dem → Mesolithikum ist das N. die dritte Hauptperiode der Steinzeit. In diesem jüngsten Abschnitt der Steinzeit entwickelte sich der Sammler und Jäger zum Ackerbauer und Viehzüchter. Die Keramik wurde erfunden. Polierte Steinwerkzeuge wurden hergestellt. Erste städtische Siedlungen entstanden (→ Çatal Hüyük, → Jericho). Der Handel weitete sich aus.

Niello (ital. von lat. nigellus, schwärzlich). Technik der Goldschmiedekunst. Die eingeritzte Zeichnung auf Gold- oder Silbergefäßen wird mit einer Legierung aus Silber, Blei, Kupfer, Schwefel und Salmiak ausgefüllt, erhitzt, geschliffen und poliert, so daß sich die dunkle Zeichnung wirkungsvoll von der hellglänzenden Metallfläche abhebt. Die N.-Technik (Opus Nigellum) war schon in der Antike bekannt.

Niffer. → Nippur.

Nîmes. → Nemausus.

Nimrud. → Kalach.

Ninive. Am Ostufer des Tigris, gegenüber der modernen Großstadt Mosul (Irak), erstreckt sich die Ausgrabungsstätte der altorientalischen Stadt N., der Hauptstadt des assyrischen Reiches in seiner letzten Blüte, berühmt vor allem durch die Bauwerke des Sanherib und des Assurbanipal, dessen Palast mit einzigartigen Reliefplatten geschmückt war.

Geschichte: Das Stadtgebiet von N. war schon im 5. Jt. bewohnt. Keramik der Tell-Halaf-Epoche weist auf eine Siedlung des 4. Jt. hin. Im späten 3. Jt. baute hier Manichtusu (um 2335–2321), Sohn des Akkaderkönigs Sargon, einen Tempel. Um 1800 v. Chr. wurde der Name N. auf den »Kappadokischen Tafeln« erwähnt, jenen berühmten altassyrischen Geschäftsurkunden, die vor allem in → Kanisch gefunden wurden. Zur Zeit des babylonischen Königs Hammurabi (1792–1750) stand in N. ein Tempel der Göttin Ischtar. Im 16. Jh. v. Chr. kam das assyrische N. unter die Herrschaft der Kassiten. Im 14. Jh. v. Chr. gelang es den Assyrern, sich aus dem kassitischen Herrschaftsbereich zu lösen. Um 1280 v. Chr. wurde N. durch ein Erdbeben verheert. Der Assyrerkönig Salmanassar I. (etwa 1272–1243) baute die Stadt wieder auf. Großen Aufschwung nahm N. unter Tiglatpileser I. (1115–1077), der um 1100 v. Chr. Babylon eroberte.

Sanherib (705–681) erhob 704 N. zur Hauptstadt des assyrischen Reiches, baute sie zur Weltstadt aus und errichtete einen grandiosen Palast. Sanheribs Nachfolger Asarhaddon (680–669) unterwarf 671 v. Chr. Ägypten. Aus Memphis schaffte er die Statuen des Pharaos Taharka nach N. und stellte sie vor seiner Residenz auf. Sein Sohn Assurbanipal (669–626) eroberte 648 v. Chr. Babylon und baute einen prächtigen Palast mit herrlichen Parkanlagen und einer umfangreichen Bibliothek.

Nach dem Tode Assurbanipals verbündete sich der chaldäische Vizekönig von Babylon, Nabopolassar, mit den Medern und Skythen und griff das mächtige Assyrien an. 612 v. Chr. fiel N. und wurde vollständig zerstört. Als Xenophon, griechischer Schriftsteller und Heerführer, nach der Schlacht bei Kunaxa im Jahre 401 v. Chr. mit seiner 10 000 Mann starken griechischen Hilfstruppe durch N. zog, sah er nichts mehr, was an die einstige Weltstadt erinnerte. So erfüllte sich die Verkündigung des Propheten Zephanja: »Ninive wird er (der Herr) öde machen, dürre wie eine Wüste« (Zph 2,13). Sogar Assyriens Todfeinde, die Ägypter, versuchten, den Vormarsch der babylonischen Truppen zu stoppen. Bei Karkemisch wurden sie 605 v. Chr. vom babylonischen Kronprinzen, dem späteren König Nebukadnezar II., vernichtend geschlagen. Ägypten verlor Syrien, Palästina und Phönikien. Das assyrische Weltreich war erloschen.

Forschungsgeschichte: 1820 identifizierte der Engländer C.J. → Rich die beiden Tells gegenüber Mosul als das alte N. Im Dezember 1842 untersuchte der französische Konsul in Mosul, P.E. Botta, den Tell Kujundschik. Botta suchte altorientalische Kunstwerke und war enttäuscht, als er bei einer kleinen Ausgrabung nur Tontafeln mit Keilinschriften und einige Relieffragmente fand. 1845 bis 1851, 1854 und 1876 gruben die Engländer A.H. → Layard, H.C. → Rawlinson und H. → Rassam in N. Sie fanden die Friese und die Keilschriftbibliothek. Weitere Ausgrabungen führten 1873 G. → Smith, 1888 und 1903 bis 1905 E.A. → Budge, 1903 bis 1905 L.W. King, 1927 bis 1932 M.E.L. → Mallowan und R.C. Thompson und seit 1965 T. Madhloum durch. Die Funde werden im Britischen Museum, London, und im Nationalmuseum des Irak in Bagdad aufbewahrt.

Archäologische Stätte: Das Stadtgebiet von N. war von einer 12 km langen *Stadtmauer* umgeben, deren Verlauf noch an den teils mächtigen Erdwällen zu erkennen ist. Im Westen lehnte sich die Mauer an den Tigris, dessen Flußbett heute etwa 1,5 km weiter westlich verläuft. Im Osten war die Stadt durch eine vorgelagerte zweite Mauer geschützt. Sümpfe schirmten die Stadt nach Norden und Süden ab. Fünfzehn Tore führten durch die Mauer, die heute nur noch als Lücken im Erdwall zu erkennen sind. Lediglich das *Nergal-Tor* wurde inzwischen rekonstruiert; es wird von zwei Türmen flankiert. Innerhalb des Stadtgebietes erheben sich zwei Tells: Kujundschik und Nebi Junes. Im größeren *Kujundschik* (Lämmchen) legten die Ausgräber den *Palast des Sanherib* und den *Palast des Assurbanipal* frei. Die außergewöhnliche Pracht und Schönheit dieser Paläste läßt sich aus den Grundrissen und aus den Funden nur noch erahnen. Assurbanipal schmückte seinen Palast mit kilometerlangen Reliefplatten aus Alabaster, von denen das »Bankett in der Weinlaube« und die »Verwundete Löwin« die bekanntesten sind. Geflügelte Stiermenschen (menschenköpfige Stiere) beschützten die Eingänge. Seine Tontafelbibliothek, die sog. *Kujundschik-Bibliothek*, umfaßte 25 000 Keilschrifttexte, bedeutende Werke der babylonisch-assyrischen, aber auch der sumerischen Literatur. Auf dem Hügel Kujundschik kamen noch Reste eines Tempels der Hauptgöttin Ischtar und der Gottheit Nabu ans Tageslicht.

Der kleinere Tell *Nebi Junes* ist heute besiedelt und kann daher nur begrenzt untersucht werden. Hier stand der *Palast Asarhaddons*, und hier fanden irakische Archäologen 1954 drei ägyptische Statuen, die Asarhaddon von seinem Ägyptenfeldzug mitgebracht hatte.

Literatur: R.C. Thompson u. R.W. Hutchinson: A Century of Exploration at Niniveh. London 1929; A.H. Layard: Auf der Suche nach Ninive. München 1975; D.R. Barnett: Sculptures from the North Palace of Ashurbanipal at Niniveh, 668–627 B.C. London 1976; J.E. Reade: The Architectural Context of Assyrian Sculpture. In: Baghdader Mitteilungen 11 (1980). S. 75 ff.

Nippur (Niffer). 150 km südöstlich von Bagdad liegt die Ruinenstätte der altorientalischen Stadt N. Sie war im 3. Jt. religiöses Zentrum der sumerischen Stadtstaaten.

Geschichte: Die untersten Siedlungsschichten von N. reichen bis in das 5. Jt. zurück. Ende des 4. Jt. entstand das Heiligtum des sumerischen Hauptgottes Enlil, das sich im 3. Jt. zum religiösen Mittelpunkt Sumers entwickelte. Alljährlich zogen Prozessionen aus allen sumerischen Städten zum Heiligtum in N. Seit der ersten babylonischen Dynastie (ab 1894 v. Chr.) verlor N. an Bedeutung, da der babylonische Hauptgott Marduk nun an die Stelle des sumerischen Enlil trat. In der zweiten Hälfte des 7. Jh. v. Chr. beherbergte die Stadt eine assyrische Garnison. Die Neubabylonier (7.–6. Jh.) restaurierten die Tempelanlagen des Enlil-Heiligtums. N. war zu dieser Zeit ein blühendes Handelszentrum. Auch unter den Achämeniden und den Seleukiden spielte es noch eine bedeutende Rolle. Die Parther, unter deren Herrschaft die Stadt vom 2. Jh. v. Chr. bis zum 3. Jh. n. Chr. stand, errichteten in N. einen Palast.

Forschungsgeschichte: Die Ausgrabungen der Universität von Pennsylvania unter H.V. Hilprecht, J.P. Peters und I.H. Haynes in den Jahren 1888 bis 1900 richteten sich vor allem auf das Gebiet um die Ziqqurrat und den Tempel des Enlil. In Schulen und Privathäusern des alten N. fanden die Ausgräber 50 000 Tontafeln, die die Erschließung der religiösen Literatur der Sumerer ermöglichten. Darunter befand sich auch das älteste medizinische Rezeptbuch der Welt. 1948 nahmen die Amerikaner unter D.E. MacCown und D.P. Hansen die Arbeiten in

Nippur

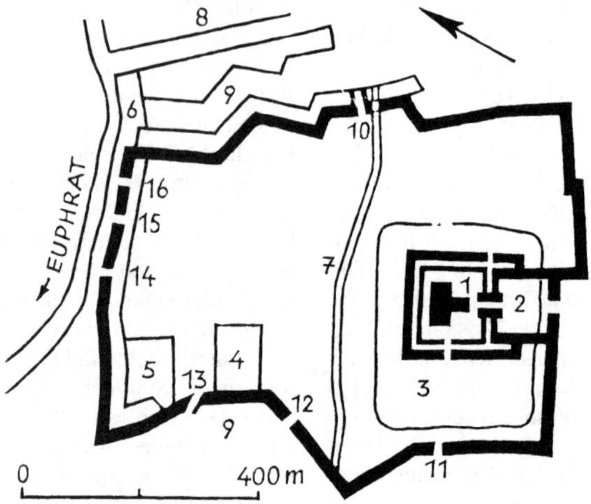

Nippur
1 Ekur (Tempel des Enlil mit Ziqqurrat) 2 Kiur (Tempel des Nergal?) 3 Inanna-Tempel 4 Einfriedung unbekannter Bestimmung 5 Kirischauru (»Stadtmittepark«) 6 Eschmah, eine Kulthöhe 7 Kanal Idschauru 8 Kanal Nunbirdu 9 Verteidigungsgraben 10 Nergal-Tor 11 Ur-Tor 12 Uruk-Tor 13 Nanna-Tor 14 Großes Tor 15 Hohes Tor 16 Tor der Unreinen

N. wieder auf. 1955 konnten sie den Inanna-Tempel über mehrere Bauphasen bis ins 3. Jt. zurückverfolgen. 1960/61 stießen sie im dritten »Nachfolgebau« des Tempels auf zahlreiche guterhaltene Beterstatuetten, Weihplatten, Alabastergefäße, Steatitvasen und Schminkdosen.

Archäologische Stätte: Die *Ziqqurrat* ist nur noch ein gewaltiger Haufen von zertrümmerten Lehmziegeln. Die Parther errichteten darüber einen Palast. Am Ostfuß der Ziqqurrat erhob sich der *Tempel Ekur* des sumerischen Hauptgottes Enlil, der im 7. Jh. v. Chr. erneuert wurde. Der *Inanna-Tempel* westlich der Ziqqurrat wurde um 2700 erbaut und im 21. Jh. von König Schulgi von Ur restauriert. Das Heiligtum nahm eine Fläche von 84 x 24 m ein und bestand aus zwei Kulträumen und drei Höfen. Die Funde (Keilschrifttafeln, frühdynastische Beterstatuetten, altbabylonische Weihreliefs usw.) werden heute in Philadelphia, Jena, Istanbul und Bagdad aufbewahrt.

Literatur: D.E. McCown u.a.: Nippur. Temple of Enlil, Scribal Quarter and Soundings. Chicago 1967; M. Gipson: Excavations at Nippur. Eleventh Season. Chicago 1975; Ders.: Excavations at Nippur. Twelfth Season. Chicago 1978; R.L. Zettler: The Ur III Temple of Inanna at Nippur. The Operation and Organization of Urban Religious Institutions in Mesopotamia in the Late Third Millennium B.C. Berlin 1992.

Notgrabung. Der überwiegende Teil heutiger Ausgrabungen sind Not- oder auch Rettungsgrabungen. Denn auf jeder Baustelle – ob beim Straßenbau, bei Ausschachtungsarbeiten oder beim Tiefbau –, auf der archäologisches Material geborgen bzw. gemeldet wird, muß das zuständige Denkmalamt eine Untersuchung einleiten, die verbliebenen Relikte aufnehmen und gegebenenfalls Grabungen durchführen. Die Zeit für eine N., wie auch die finanziellen Mittel sind in der Regel sehr knapp bemessen. Dementsprechend kann bei N. nur das Allerwichtigste mit der unter Zeitdruck bestmöglichen Präzision und Sorgfalt getan werden.

Nuraghen. Turmartige Rundbauten aus großen, unbehauenen Steinblöcken auf Sardinien. Die rund 7000 N. entstanden zwischen 1500 und 500 v. Chr., zum Teil noch später. Ihre Bedeutung ist noch immer umstritten; sie könnten Sippenfestungen, Grabbauten, auch Kultstätten gewesen sein. Typisch für die N. sind ihre hohen Kraggewölbe. – Ähnliche Bauten sind die Talayots der Balearen, die Torre Korsikas und die Trulli Süditaliens (Apulien).

Nymphäum (lat.; griech. Nymphaion). Ursprünglich Heiligtum der Nymphen, der Quellgottheiten. In der römischen Kaiserzeit prunkvolle Brunnenanlagen in Gärten, Villen, an öffentlichen Plätzen und Straßenkreuzungen.

Nymphäum, Milet. Das N. bestand aus einer dreigeschossigen Schmuckfassade mit beidseitig vorspringenden Flügelbauten, dem dahinter befindlichen Wasserwerk und zwei vorgelagerten Tiefbehältern. Die beiden Hochbehälter des Wasserwerks ruhten auf drei Kammern, die den Zugang zum Röhrensystem gewährten. Die äußeren Kammern beherbergten zudem je eine Latrine. Die Brunnenfassade war über drei Geschosse durch jeweils neun Nischen gegliedert. Eckige und halbkreisförmige Nischen wechselten einander ab. In ihnen standen unterlebensgroße Statuen von Göttern und Halbgöttern. Die unteren dienten als Wasserspeier. Die Flügelbauten rahmten den 16,2 x 6,4 m großen Tiefbehälter, der Wasser an den schmalen Schöpfbehälter abgab. Zwei Inschriften besagen, daß Marcus Ulpius Traianus als Legat der Provinz Asia dieses N. 79/80 n. Chr. stiftete und eine Ausschmückung (wahrscheinlich der Bau des 3. Geschosses) unter Kaiser Gordian III. zwischen 241 und 244 stattgefunden hat. → Milet.

Literatur: J. Hülsen: Das Nymphaion. Milet. Ergebnisse der Ausgrabungen und Untersuchungen seit den Jahren 1899. Bd. I, 5. Berlin 1919.

Nymphäum, Olympia. Die monumentale Brunnenanlage wurde, wie die Inschrift auf einem im Brunnenbecken gefundenen Marmorstier besagt, von Regilla, einer Demeter-Priesterin, um 150 n. Chr. dem Zeus geweiht. Regilla war mit Herodes Atticus, dem reichsten Athener seiner Zeit, verheiratet, von dem viele Gebäudestiftungen überliefert sind. Die Brunnenanlage bestand aus zwei großen, in der Höhe um etwa 2,5 m versetzt angelegten Wasserbecken. Das Wasser lief vom oberen, halbrunden Becken durch fünf Löwenkopfwasserspeier in das längsrechteckige untere, und von dort durch zahlreiche Abflüsse in eine gemauerte Rinne. Das untere Becken war seitlich von zwei kleinen Rundtempeln mit jeweils acht korinthischen Säulen auf quadratischen Sockeln begrenzt. In ihnen waren Springbrunnen angebracht. Die halbkreisförmige Mauer des oberen Beckens wurde durch sechs Pfeiler von hinten abgestützt. Über einem etwa 3,5 m hohen Podium erhob sich eine zweistöckige Nischenarchitektur, in der Statuen aufgestellt waren: Mitglieder des Kaiserhauses sowie Regilla und Herodes Atticus mit ihren Angehörigen. Zwei Statuen des Zeus fanden in den mittleren Nischen Aufstellung. → Olympia.

Literatur: R. Bol: Das Statuenprogramm des Herodes-Atticus-Nymphäums. Olympische Forschungen. Bd. XV. Berlin 1984.

Nymphäum, Side. In der zweiten Hälfte des 2. Jh. n. Chr. wurde dieses Fassadenn. außerhalb der Stadtmauern gegenüber dem Haupttor errichtet. Die 52 m lange und etwa 4,2 m breite Fassade war durch Säulenstellungen in drei Geschosse gegliedert, das unterste beherbergte drei große Nischen mit jeweils drei Wasserspeiern. Zahlreiche Statuen schmückten einst die Fassade. Ihr war über die ganze Länge ein Becken vorgelagert. Eine marmorne Schranke mit Reliefplatten, auf denen Götter ihren Liebesabenteuern nachgehen oder Frevler bestrafen, und kleinen Schöpfbassins schloß das Becken an seiner Front ab. → Side.

O

Obeid-Kultur. → Ubaid-Kultur.

Obelisk (griech. Bratspießchen). Hoher, schmaler, vierkantiger, sich nach oben verjüngender Steinpfeiler mit pyramidenförmiger Spitze, fast immer ein Monolith. Ursprünglich diente der O. in Ägypten als Kultsymbol des Sonnengottes (seit der 5.Dynastie, etwa 2450 v. Chr.). Die meisten und größten O. entstanden während der 18. und 19. Dynastie (16.–13. Jh. v. Chr.); sie wurden überwiegend paarweise vor der Tempelfassade aufgestellt. – Auch die Babylonier (seit 2300 v. Chr.) und die Assyrer (11.–9. Jh. v. Chr.) errichteten O.

Obsidian. Vulkanisches Glas, schwarz, dunkelgrau bis dunkelbraun; für Klingen, Schaber, Pfeilspitzen usw., dem Feuerstein überlegen. Wichtiger Werkstoff des Neolithikums. Vorkommen auf Melos (Ägäis), Pantelleria, Lipari, Ischia, Sardinien, in Mittel- und Ostanatolien und in der Ostslowakei. – Die Römer nannten das Glas nach seinem Wiederentdecker Obsius »obsianus«, woraus später das Wort O. entstand.

Odeion (griech.; auch Odeon, Odeum). Überdachtes Gebäude für musikalische und deklamatorische Aufführungen.

Literatur: R. Meinel: Das Odeion. Untersuchungen an überdachten antiken Theatergebäuden. Frankfurt a.M. 1980.

Odeion, Athen. **1)** Das erste O. wurde 443 v. Chr. unter Perikles in der Nähe des Dionysos-Theaters errichtet. Es war ein rechteckiger Bau von 62,4 x 68,6 m, dessen, der Überlieferung nach pyramidales, Dach neun Reihen zu je zehn Säulen trugen. 86 v. Chr. verbrannten die Athener das O., damit dem römischen Feldherrn Sulla kein Holz zur Belagerung der Akropolis in die Hände fiel. Kurze Zeit später wieder aufgebaut, wurde es 267 n. Chr. von den Herulern endgültig zerstört. → Athen.

2) Ein weiteres O. entstand 15 v. Chr. inmitten der Agora (→ Agora, Athen). Der Stifter war M. Vipsanius Agrippa, oberster Militär und Schwiegersohn des Kaisers Augustus. In dem quadratischen Innenraum mit schmalem Proskenion konnten auf 19 Sitzreihen etwa 1000 Zuschauer Platz finden. Ein freitragendes Dach überdeckte das Auditorium. Im Osten, Westen und Süden umgaben zweistöckige Hallen das O. Nach einer starken Beschädigung durch Einsturz des Daches wurde das Gebäude um 150 n. Chr. mit halbiertem Auditorium als Versammlungs- und Vorlesungsraum für Philosophen wieder hergerichtet. Seine ursprüngliche Funktion übernahm das O. des Herodes Atticus.

3) Am Südabhang der Akropolis ließ der Rhetoriker und reichste Mann Athens, Herodes Atticus, kurz nach 160 n. Chr. anläßlich des Todes seiner Frau Regilla das dritte O. errichten.

Hinter einer 28 m hohen Fassade erstreckte sich die durch Nischen und Säulen reich gegliederte Skene und das Halbrund des Zuschauerraums mit einem Durchmesser von 76 m. Die Cavea war durch einen Umgang in zwei Ränge geteilt und bot etwa 5000 Zuschauern Platz. Überdacht war das O. mit einer in den antiken Quellen vielbewunderten Zedernholzdecke, die 267 n. Chr. während des Herulersturms verbrannte. → Athen.

Odeon. → Odeion.

Oecus (lat. von griech. oikos, Haus). Meist am Garten gelegener Nebenraum des römischen Wohnhauses, der oft auch als Triclinium (Speisezimmer) diente.

Oikos (griech.). Haus, auch Versammlungsbau einer Kultgemeinschaft (z.B. Naxier-O. auf → Delos). In einem griechischen Haus bezeichnet O. den Hauptwohnraum.

Oinochoe (griech.). Weinkanne mit abgesetztem Hals und Kleeblattmündung. Abb. S. 510.

Oktastylos (griech.). Tempel mit je acht Säulen an den Schmalseiten.

Oktogon (griech.). Ein Bauwerk über achteckigem Grundriß.

Olpe (griech.). Weinkanne mit fließender Kontur und weiter runder Mündung. Abb. S. 510.

Olympia. Im Westen der Peloponnes, etwa 12 km von der Küste entfernt, liegt in der antiken Landschaft Elis die Altis, das Heiligtum von O. Es lehnt sich an die Abhänge des Kronoshügels an und wird von dem wasserreichen Alpheios und dessen Nebenfluß Kladeos umschlossen. Hier fanden über ein Jahrtausend lang die berühmten sportlichen Wettkämpfe statt, an denen sich die gesamte griechische Welt beteiligte.

Geschichte: Im Gebiet von O. wachsen seit Jahrtausenden Platanen, Eichen, Pappeln und wilde Olivenbäume. Daher nannte man es Altis (griech. alsos, Hain). Hier bestand schon zur Zeit des sagenhaften Königs Pelops ein Kult zu Ehren des Kronos, dessen letztgeborener Sohn Zeus war. Die Gräber des Pelops und seiner Gemahlin Hippodameia wurden zum Mittelpunkt des Kultes. Vermutlich fanden schon früh erste Wettkämpfe von zunächst örtlicher Bedeutung im Zusammenhang mit Totenehrungen statt. Bald kamen Sportler von der gesamten Peloponnes hinzu. Um 1100 v. Chr. erschienen die dorischen Ätoler in der Elis. Sie führten die Verehrung des olympischen Zeus und des Herakles ein und machten die Altis, die den Namen O. erhielt, zu einem bedeutenden religiösen Zentrum. Alle vier Jahre fanden nun die Olympischen Spiele statt, an denen Athleten aus allen griechischen Staaten teilnahmen.

776 v. Chr. schlossen die Könige Iphitos von Elis und Lykurgos von Sparta einen Vertrag, nach dem während der Wettkämpfe jede Feindseligkeit verboten war. Zugleich wurde eine Siegerliste eingeführt, so daß das Jahr 776 v. Chr. als Beginn der geschichtlichen Zeit Griechenlands gelten darf. Zum Wettkampf des Laufes über ein Stadion (192,28 m) traten nach und nach weitere Sportarten: seit 724 v. Chr. der Lauf über zwei Stadien, seit 720 v. Chr. der Langstreckenlauf über

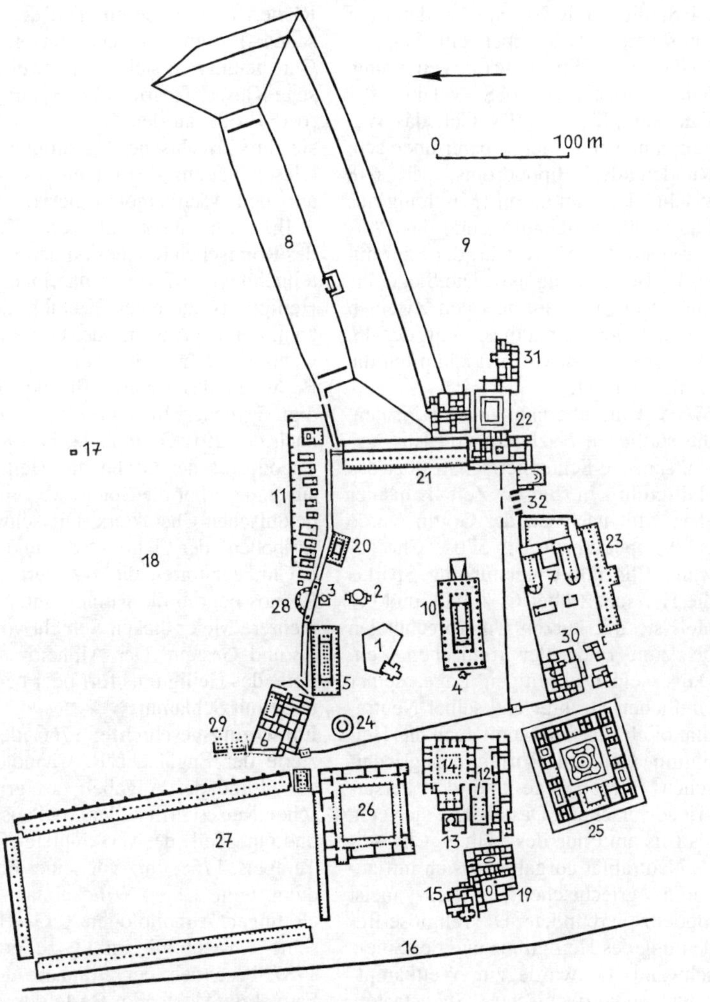

Olympia
1 Pelopion 2 Zeus-Altar 3 Hera-Altar 4 Ölbaum 5 Hera-Tempel (Heraion) 6 Prytaneion 7 Buleuterion 8 Stadion 9 Hippodrom 10 Zeus-Tempel 11 Schatzhäuser 12 Werkstatt des Phidias 13 Heroon 14 Theokoleon 15 Kladeos-Thermen 16 Ufermauer am Kladeos 17 Altar des Kronos 18 Kronos-Hügel 19 römische Gästehäuser 20 Metroon 21 Echohalle 22 griechisches Gebäude 23 Südhalle 24 Philippeion 25 Leonidaion 26 Palästra 27 Gymnasion 28 Nymphäum 29 römisches Gebäude 30 Südthermen 31 Ostthermen 32 römisches Tor

24 Stadien, seit 708 v. Chr. dann der Fünfkampf (Lauf über ein Stadion, Diskuswurf, Speerwurf, Weitsprung, Ringkampf), seit 688 v. Chr. der Faustkampf, seit 680 v. Chr. das Wagenrennen mit Viergespann über acht Runden des Hippodroms, seit 648 v. Chr. das Pankration (Mischung aus Faust- und Ringkampf) und das Pferderennen, seit 520 v. Chr. der Lauf mit voller Bewaffnung usw. Die Sieger erhielten einen Kranz aus den Zweigen des heiligen Ölbaumes. Seit der 15. Olympiade (720 v. Chr.) kämpften die Athleten nackt.

676 v. Chr. übernahmen die Pisaten, die südlichen Nachbarn von Elis, gewaltsam die Schutzherrschaft über das Heiligtum. In dieser Zeit kam der Hera-Kult nach O.; der Göttin wurde ein Tempel erbaut. Um 570 v. Chr. gewann Elis mit Unterstützung Spartas die Herrschaft über O. zurück und behielt sie mit kurzen Unterbrechungen bis zum Ende der römischen Zeit. Dank seiner abseitigen Lage, seiner ländlichen Struktur und seiner Neutralität blieb Elis und damit auch das Heiligtum von den Wirren der griechischen Bürgerkriege und der Perserkriege verschont. Das änderte sich erst, als Elis am Ende des 5. Jh. v. Chr. seine Neutralität aufgab und sich mit anderen griechischen Staaten meist glücklos verbündete. Die religiöse Bedeutung des Heiligtums und der Spiele schwand. O. wurde zur Wettkampfstätte der griechischen Stadtstaaten, die mit Bestechung, Erpressung und anderen Mitteln versuchten, möglichst viele Siege zu erringen und dadurch ihren Einfluß in der griechischen Welt zu stärken.

146 v. Chr. kam Griechenland und damit auch O. unter die Herrschaft der Römer. Elis wurde ein Teil der römischen Provinz Achaia. Im 1. Jh. n. Chr. beteiligten sich sogar zwei römische Kaiser, Tiberius (14–37) und Nero (54–68), an den Spielen, nachdem sie ihre griechische Abstammung bewiesen hatten; sie gingen als Sieger aus den Wettkämpfen hervor. Vom 3. Jh. n. Chr. an konnte jeder Bürger des Römischen Reiches an den Spielen teilnehmen. 267 wurde das Innere des Heiligtums zu einer Festung ausgebaut, um den Ansturm der Goten abzuwehren. Dabei lieferten zahlreiche Bauwerke das Material für die Verteidigungsmauer. Im Jahre 394, ein Jahr nach der 291. Olympiade, hob Kaiser Theodosius der Große das Heiligtum auf und verbot die Spiele wegen ihres heidnischen Charakters. Die schweren Erdbeben der Jahre 522 und 551 n. Chr. zerstörten die Bauwerke. Der Kronos begrub die Ruinen unter einer mehrere Meter dicken Schicht von Erde und Gestein. Der Alpheios spülte Teile des Heiligtums fort oder bedeckte sie mit Schlamm.

Forschungsgeschichte: 1766 identifizierte der Engländer R. Chandler O. auf Grund der Angaben des griechischen Reiseschriftstellers → Pausanias und fand Teile des verschütteten Zeus-Tempels. 1768, kurz vor seiner Ermordung, teilte J.J. → Winckelmann dem Göttinger Altphilologen C.G. Heyne seine Absicht mit, in O. zu graben. 1787 beschrieb der Franzose L.F.S. Fauvel die sichtbaren Reste des Zeus-Tempels, von dem die Engländer E. Dodwell und W. Gell 1806 einen Grundriß zeichneten. 1813 fertigte der britische Architekt T. Allason einen ersten genauen Plan der antiken Stätte. Im Frühjahr 1829 gruben Archäologen der Expédition Scientifique de Morée

sechs Wochen lang im Bereich des Zeus-Tempels. Die Franzosen fanden mehrere Metopen, die sie nach Paris brachten.
1875 begann E. → Curtius, das Gebiet des Heiligtums systematisch von den bis zu 8 m hohen Schlamm- und Geröllmassen zu befreien. Der junge Architekt W. → Dörpfeld hatte die örtliche Grabungsleitung. A. → Furtwängler war einer seiner zahlreichen Mitarbeiter. Das Deutsche Reich förderte das Olympia-Projekt mit 800 000 Goldmark. Bis 1881 hatte die erste wissenschaftliche Ausgrabung im modernen Sinn das antike O. wieder erstehen lassen. 1896 fanden in Athen die 1. Olympischen Spiele der Neuzeit statt, ein Ereignis, das wesentlich von den großartigen Grabungsergebnissen initiiert worden war. 1906 bis 1929 ergänzte Dörpfeld die ersten Grabungen. Er konnte nachweisen, daß O. schon in prähistorischer Zeit, also lange vor dem 8. Jh. v. Chr., Heiligtum und Wettkampfstätte gewesen war. Die Olympischen Spiele in Berlin waren der äußere Anlaß, die Grabungen 1936 unter E. Kunze und H. Schleif fortzusetzen. 1942 erzwang der Krieg den Abbruch dieser Forschungen.
1952 wurden die Grabungen von Kunze und A. Mallwitz wiederaufgenommen und werden heute von dem Präsidenten des Deutschen Archäologischen Instituts, H. Kyrieleis, fortgesetzt. Im Rahmen dieser Grabungen ist seit 1987 U. Sinn mit der Erforschung des Heiligtums während der römischen Kaiserzeit beschäftigt.
Fast alle Ausgrabungsfunde – mit Ausnahme mehrerer Metopen vom Zeus-Tempel, die sich im Louvre befinden – werden im Museum von O. aufbewahrt.

Archäologische Stätte: Das Zentrum des Heiligtums bildete seit frühester Zeit das Grab und Heroon des sagenhaften Königs Pelops sowie der große Brandopferaltar für Zeus, von dem sich allerdings bei den Ausgrabungen nur Aschespuren gefunden haben. Nach Pausanias war der Altar ein großer Aschenkegel auf einem rechteckigen, niedrigen Podium. Das *Heroon für Pelops*, das Pelopion, lag in einem umgrenzten Bezirk, auf einem Erdhügel standen Bäume und Statuen. Seit dem frühen 4. Jh. v. Chr. war es von einer Mauer mit einem großartigen Propylon umgeben.
Der *Hera-Tempel* (Heraion) ist der erste monumentale Bau in O. und zugleich einer der ältesten Steintempel Griechenlands. Er entstand um die Mitte des 7. Jh. v. Chr. in dorischem Stil, 39,5 x 10 m groß und nur mit einem Pronaos versehen. Im frühen 6. Jh. v. Chr. erhielt der Tempel einen Opisthodomos und eine umlaufende Säulenreihe (→ Peripteros, Olympia, 1). Östlich des Hera-Tempels entstanden im 6. und 5. Jh. v. Chr. zahlreiche *Schatzhäuser* für die Weihgeschenke griechischer Städte (→ Schatzhaus, Olympia). Das Schatzhaus der Sikyonier konnte inzwischen wieder aufgerichtet werden. Das *Stadion* lag im 7. und 6. Jh. v. Chr. unterhalb der Schatzhausterrasse, wurde im 5. Jh. v. Chr. etwa 100 m nach Osten verlegt und im 4. Jh. v. Chr. außerhalb des heiligen Bezirks erbaut (→ Stadion, Olympia). Das *Prytaneion* aus dem späten 6. Jh. v. Chr. war der Sitz der Würdenträger des Heiligtums. Hier stand der heilige Herd der Hestia. Und hier wurden die Sieger und Ehrengäste bewirtet. Im Prytaneion entdeckte man die Fundamente eines rautenförmigen

Altars aus dem 8. Jh. v. Chr., der vermutlich der Göttin Hestia geweiht war. Zeus wurde anfangs zusammen mit seiner Gemahlin im Heraion verehrt, bis er im 5. Jh. v. Chr. einen eigenen Tempel erhielt (→ Peripteros, Olympia, 2). Dieser beherbergte als Kultbild die von → Phidias gefertigte Goldelfenbeinstatue, eines der Sieben Weltwunder der Antike. Abbildungen auf antiken Münzen und die genaue Beschreibung des Pausanias vermitteln einen Eindruck von dem berühmtesten Kultbild der Antike. In byzantinischer Zeit kam die *Zeus-Statue* nach Konstantinopel, wo sie bei einem großen Brand vernichtet wurde. Phidias schuf seine berühmte Statue in einer eigens für diesen Zweck erbauten *Werkstatt*, die genauso groß wie die Cella des Zeus-Tempels war. Hier fanden die Archäologen einen Becher mit der Gravierung »Ich gehöre dem Phidias«. Im 6. Jh. n. Chr. wurde die Werkstatt in eine christliche Basilika umgewandelt.

Das *Metroon*, der Tempel der Göttermutter, der jüngste dorische Peripteros in der Altis mit einer Ausdehnung von 62 mal 20,7 m und je elf Säulen an den Langseiten sowie je sechs an den Schmalseiten, wurde im 4. Jh. v. Chr. errichtet. Seit Augustus diente das Metroon der Verehrung römischer Kaiser. Das *Philippeion* ließ Philipp II., König der Makedonier, nach seinem Sieg bei Chaironeia (Chäronea) über die Athener im Jahre 338 v. Chr. errichten. Sein Sohn Alexander der Große vollendete diesen zierlichen Rundbau (→ Tholos, Olympia). Die *Echohalle* schloß den heiligen Bezirk nach Osten ab. Sie wurde 330 bis 320 v. Chr. erbaut und maß 98 x 12,5 m. Zwei Säulenreihen, eine innere ionische und eine äußere dorische, trugen das Dach der Halle, deren Wände mit Malereien geschmückt waren. Sie war ein beliebter Aufenthaltsort und Treffpunkt der Besucher des Heiligtums. Im zweiten Viertel des 3. Jh. v. Chr. wurde ein Weihgeschenk für Ptolemaios II. und seine Gemahlin Arsinoe vor der Echohalle aufgestellt (→ Säulenmonument, Olympia).

Außerhalb der Temenosmauern lag das *Buleuterion* (Sitz der Ratsversammlung) aus dem 6. Jh. v. Chr. Hier wurden die Beamten des Heiligtums gewählt, aber auch die Genehmigung zur Aufstellung von Siegerstatuen erteilt. Es bestand aus einem quadratischen Mittelbau, der seitlich von sich gleichenden Apsidenräumen gerahmt wurde. Im 4. Jh. v. Chr. wurden die drei Gebäude durch eine Halle miteinander verbunden. Das *Leonidaion* schuf im 4. Jh. v. Chr. der Architekt Leonidas aus Naxos. Es war mit einer Grundfläche von 74,80 x 81,08 m nach dem Katagogeion von Epidauros (→ Asklepieion, Epidauros) das größte Gästehaus der Antike. In römischer Zeit wurde der Gebäudekomplex umgebaut. Die *Palästra* aus dem 3. Jh. v. Chr. diente den Ring- und Faustkämpfern als Übungsstätte. Der quadratische Bau, dessen Säulen inzwischen wieder aufgerichtet wurden, enthielt Umkleideräume, Bäder, Sandabreibungsräume, Lehrsäle usw. Südwestlich der Palästra stießen die Ausgräber auf eine Badeanlage des 5. Jh. v. Chr. mit Freibad, Sitz- und Schwitzbädern. Dabei entdeckten sie die älteste bekannte Hypokaustenanlage. An die Palästra schließt sich im Norden das Gymnasion an, in dem das Training für die anderen Sportarten wie Laufen, Speer- und Diskuswurf stattfand.

Die Römer errichteten in Olympia zahlreiche Thermen, Villen und Herbergen. Regilla, Priesterin der Göttin Demeter in Olympia und Ehefrau des reichen Atheners Herodes Atticus, stiftete um 150 n. Chr. ein großes Nymphäum, auch »Exedra des Herodes Atticus« genannt. Es nimmt an repräsentativer Stelle innerhalb der Altis den Platz von zwei der ursprünglich vielleicht 14 Schatzhäuser ein (→ Nymphäum, Olympia).

Literatur: E. Curtius (Hrsg.): Die Ausgrabungen zu Olympia. 5 Bde. Berlin 1890–1897; E. Kunze (Hrsg.): Bericht über die Ausgrabungen in Olympia. Bd. 1 ff. Berlin 1937 ff.; E. Kunze u. H. Schleif (Hrsg.): Olympische Forschungen. Bd. 1 ff. Berlin 1944 ff.; A. Mallwitz: Olympia und seine Bauten. München 1972; B. Fellmann u.a.: 100 Jahre deutsche Ausgrabung in Olympia. Katalog Ausstellung München 1972. München 1972; A. Mallwitz u. H.-V. Herrmann (Hrsg.): Die Funde aus Olympia. Athen 1980.

Olympieion. Tempel für den olympischen Zeus.

Omphalosschale. → Phiale.

Opaion (griech.). Lichtöffnung im Dach des Tempels.

Opisthodomos (griech.). Hintere Halle des Tempels im Gegensatz zur Vorhalle (Pronaos). Der O. stellt die Symmetrie des Bauwerks her und wurde durch die meist türlose Rückwand der Cella, durch die Anten und eine Säulenstellung begrenzt.

Oppenheim, Max Freiherr von. Am 15.7.1860 in Köln geboren. Seit 1892 führten ihn ausgedehnte Reisen durch Vorderasien, Nord- und Ostafrika bis zum Tschadsee. Auf diesen Reisen erforschte er vor allem das Leben der Beduinen. 1899 entdeckte er in Nordostsyrien den Tell Halaf. 1911–1913 leitete er die Ausgrabungen auf dem Siedlungshügel und fand den Palast eines aramäischen Kleinkönigs aus dem 9. Jh. v. Chr. mit reichem Skulpturenschmuck (reliefierte Orthostaten). 1927 und 1929 setzte O. seine Grabungen fort und stieß auf eine typische Keramik, die einer mesopotamischen Kulturepoche den Namen gab. Diese Tell-Halaf-Kultur folgte im 5. Jt. der sog. Samarra-Kultur (6. Jt.) und wurde im 4. Jt. von der Ubaid-Kultur abgelöst. O. begründete in Berlin das Tell-Halaf-Museum, das 1943 einem Bombenangriff zum Opfer fiel. Die Ausgrabungsstücke aus Tell Halaf sind heute über mehrere Museen verteilt, in Berlin, in Paris und in London. O. starb am 15.11.1946 in Schloß Ast bei Landshut.

Hauptwerke: Vom Mittelmeer zum persischen Golf. 2 Bde. Berlin 1899–1900; Rabeh und das Tschadseegebiet. Berlin 1902; Der Tell Halaf. Leipzig 1931; Die Beduinen. 4 Bde. (bearb. v. E. Bräunlich und W. Caskel). Leipzig 1939–1968; Tell Halaf. 4 Bde. Berlin 1943–1962.

Oppidum (lat. Verschanzung, Befestigung). Stadtähnliche Siedlung in den römischen Provinzen, die weder → Colonia noch → Municipium war. Seit Caesar wurde der Begriff für die Hauptorte der keltischen Stammesgebiete des 2. und 1. Jh. v. Chr. verwendet. Bedeutende Oppida waren z.B. Alesia, Magdalensberg, Manching.

Optanion (griech.). Küche des griechischen Wohnhauses.

Opus caementicium (lat.). Mauerwerk, das sich aus einer Mischung von Steinsplittern und Mörtel zusammensetzte. Besonders geeignet für den Gewölbebau.

Opus incertum (lat.). Verschalungsmauerwerk aus kleinen, kegelförmigen Rohbruchsteinen. Ihre polygonalen, meist geglätten Vorderseiten bildeten die Außenschalen der vermörtelten Mauer.

Opus mixtum (lat.). Das → Opus reticulatum wurde durch waagrechte Schichten, später auch durch seitliche Abschlüsse aus Backsteinen oder Ziegeln verstärkt.

Opus quadratum (lat.). Mauer aus regelmäßigen, quaderförmigen Steinblöcken. Seit dem 4. Jh. v. Chr. tritt die Sonderform mit einer Verlegung der Blöcke in Läufer- und Binderschichten auf (die Langseite des Läufers liegt in der Mauerflucht, die Langseite des Binders liegt quer zur Mauerflucht).

Opus quasi reticulatum (lat.). Vorstufe zum → Opus reticulatum. Die Kanten der kleinen Tuffsteine stoßen annähernd regelmäßig aufeinander.

Opus reticulatum (lat.). Verschalungsmauerwerk aus kleinen Tuffsteinen, deren Vorderseiten mit jeweils gleichen Seitenlängen quadratisch gehauen sind (Netzmauerwerk).

Opus spicatum (lat.). Verschalungsmauerwerk, bei dem die Backsteine in Form des Fischgrätenmusters versetzt sind. Das Dekorationsschema des O. fand auch beim Fußbodenmosaik Verwendung.

Opus testaceum (lat.). Verschalungsmauerwerk aus horizontal verlegten, gebrannten Backsteinen.

Opus vittatum (lat.). Verschalungsmauerwerk. Ziegel und Tuffsteine wurden abwechselnd in horizontalen Schichten verlegt.

Orange. → Arausio.

Orchestra (griech.). Ursprünglich der kultische Tanzplatz vor dem Tempel des Dionysos. In klassischer Zeit wurde die runde bis ovale Spielfläche zwischen dem Bühnenhaus und dem Zuschauerraum als O. bezeichnet. Seit Euripides bildete die O. nur noch einen Halbkreis, die Spielfläche verlagerte sich zum → Proskenion. Im hellenistischen und römischen Theater verlor die O. immer mehr an Bedeutung, bis sie schließlich zur Sitzfläche für bevorzugte Zuschauer (Magistrate) wurde.

Orthostaten (griech.). Hochkant stehende Steinquader oder -platten im Sockel monumentaler Bauten. Sie dienten zum Schutz der Mauern und oft zugleich auch zu deren Schmuck, z.B. die Reliefplatten an den Wänden assyrischer Paläste (O.reliefs).

Ossuarium (lat.). Gefäß zur Aufbewahrung der Gebeine Verstorbener (Zweitbestattung). Oft haben die O. die Form eines Wohnhauses. Sie bestehen meist aus Holz, Terrakotta oder Kalkstein. Die ältesten O. stammen aus dem 4. Jt. v. Chr.

Ostia. Der Hafen Roms an der Tibermündung. Seine Bedeutung als Welthafen gewann er erst in der Kaiserzeit.

Die Ausgrabungen der antiken Stadt brachten ein geschlossenes Gemeinwesen zum Vorschein, das mit seinen Straßenzügen, den Villen und Wohnblöcken ein eindrucksvolles Bild einer typisch römischen Stadt der Kaiserzeit vermittelt.

Geschichte: Die Gründung des Hafens O. (lat. ostium, Mündung) schreibt die Sage Ancus Mardus (etwa 642–617 v. Chr.), dem vierten König Roms, zu. Nach den bisherigen Forschungsergebnissen dürfte die Siedlung allerdings erst in der zweiten Hälfte des 4. Jh. v. Chr. auf dem linken Tiberufer entstanden sein, also nach der Zerstörung der etruskischen Städte durch die Gallier, und zwar als Castrum bei den Salinen des Mündungsgebietes und zur Sicherung des beginnenden römischen Seehandels.

266 v. Chr., kurz vor Beginn der Punischen Kriege, wurde O. zu einem römischen Flottenstützpunkt ausgebaut. O. gilt als älteste Colonia. 87 v. Chr. wurde die aufstrebende Hafenstadt im Bürgerkrieg von Marius zerstört, von Sulla aber sofort wieder aufgebaut. Als der Hafen um die Zeitenwende zu versanden drohte, baute Kaiser Claudius

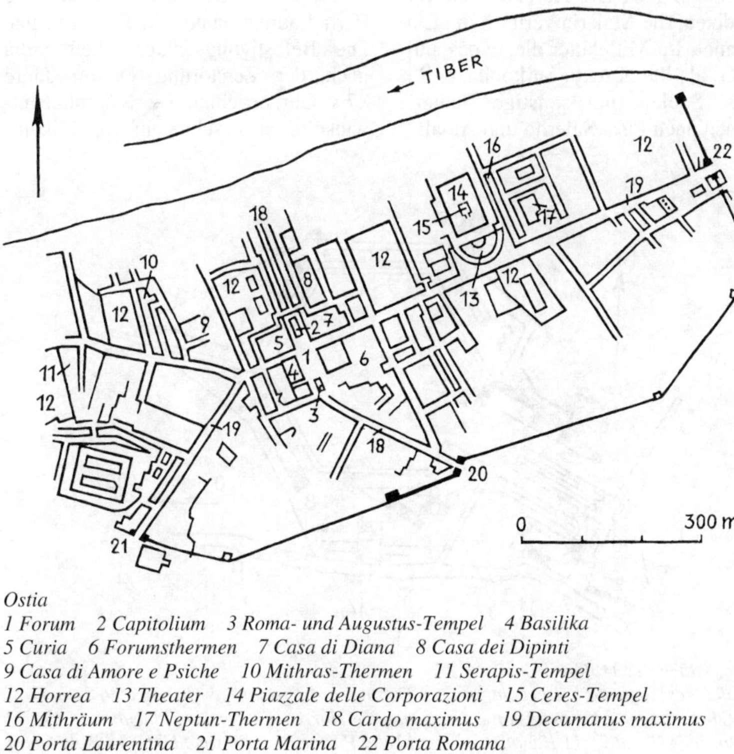

Ostia
1 Forum 2 Capitolium 3 Roma- und Augustus-Tempel 4 Basilika
5 Curia 6 Forumsthermen 7 Casa di Diana 8 Casa dei Dipinti
9 Casa di Amore e Psiche 10 Mithras-Thermen 11 Serapis-Tempel
12 Horrea 13 Theater 14 Piazzale delle Corporazioni 15 Ceres-Tempel
16 Mithräum 17 Neptun-Thermen 18 Cardo maximus 19 Decumanus maximus
20 Porta Laurentina 21 Porta Marina 22 Porta Romana

(41–54 n. Chr.) 3 km weiter nördlich einen neuen, durch Molen geschützten Hafen, den Portus Romae, der unter Trajan (98–117) um ein künstliches sechseckiges Becken mit 650 m Seitenlänge erweitert wurde. 113 entstand die Fossa Traiana, der noch heute benutzte Tiberkanal. Mit dem Aufstieg von O. zum Welthafen verlor der bisherige Haupthafen Roms, → Puteoli, seine Bedeutung. Die Stadt hatte in dieser Zeit 80 000 bis 100 000 Einwohner.

Als Konstantin der Große im Jahre 330 den Kaisersitz von Rom nach Byzanz (Konstantinopel) verlegte, begann der Niedergang O. Die Hafenbecken versandeten, die Malaria vertrieb die Einwohner. Im Mittelalter diente das antike O. als Steinbruch. Sarkophage, Reliefs, Säulen und sonstige Bauteile kamen nach Pisa, Salerno und Amalfi.

Forschungsgeschichte: 1802 begannen Archäologen im Auftrag des Papstes Pius VII. mit ersten Ausgrabungen in Ostia Antica. Systematische Untersuchungen setzten jedoch erst 1909 ein. Bis heute konnte etwa die Hälfte des 66 ha großen Stadtgebietes freigelegt werden.

Die ersten Funde sind in alle Welt verstreut. Seit 1909 kamen die Ausgrabungsstücke in das örtliche Museo Ostiense.

Archäologische Stätte: O. war an der Landseite von einer 2,8 km langen *Mauer* geschützt, die quadratische Türme verstärkten. Drei Tore führten in die Stadt: die Porta Romana, die Porta Laurentina und die Porta Marina. Die Befestigungsanlagen ließ Sulla nach der Zerstörung O. im Jahre 87 v. Chr. errichten. Der Stadtplan entwickelte sich schon in republikani-

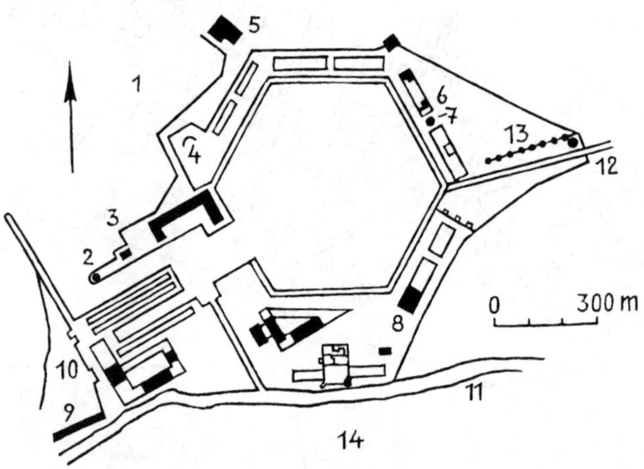

Ostia: Hafen des Trajan
1 Hafen des Augustus 2 Leuchtturm 3 Thermen 4 Theater 5 Thermen 6 Tempel des Liber Pater 7 Kolossalstatue des Trajan 8 Horrea 9 Porticus Placidiana 10 Porticus Claudii 11 Kanal Trajans 12 Via Portuense 13 Aquädukt 14 Isola Sacra

scher Zeit aus der Anlage des alten Castrum: der parallel zum Tiber verlaufende 1200 m lange und 10 m breite *Decumanus maximus* und der rechtwinklig dazu verlaufende *Cardo maximus*. Ihr Schnittpunkt lag beim Castrum, dem späteren Forum. Beide Hauptstraßen knicken im Süden der Stadt jeweils nach links ab, um den vorrömischen Landstraßen folgen zu können.

Mittelpunkt der Stadt war das *Forum*, das einst eine Säulenhalle umgab. Im nördlichen Bereich des Forums erhebt sich das *Capitolium*, der Tempel der Göttertrias Jupiter, Juno und Minerva. Dieser wuchtige Tempel auf einem hohen Podium stammt aus dem 2. Jh. Eine zweischiffige *Basilika*, die *Curia*, der *Roma- und Augustus-Tempel* aus dem 1. Jh. sowie die ausgedehnten *Forumsthermen* rahmten den Marktplatz. Das *Theater* wurde von Agrippa (64 –12 v. Chr.), dem Feldherrn und Schwiegersohn des Kaisers Augustus, errichtet und unter Septimius Severus und Caracalla restauriert. Die benachbarte *Piazzale delle Corporazioni* war das wirtschaftliche Zentrum von O. Den Platz umgab eine Säulenhalle, in der 70 Handelsunternehmen aus allen Teilen des Reiches ihre Agenturen hatten. Der Hallenumgang diente den Theaterbesuchern als Wandelhalle. In der Mitte des Platzes erhob sich der *Ceres-Tempel*.

An der Via dei Molini lagen *Mühlen* und die *Horrea*, ein riesiger Getreidespeicher mit 64 Kammern. Neben einstöckigen Peristylhäusern sind in O. vor allem auch mehrstöckige *Miethäuser*, wie z.B. die Casa di Diana aus dem 2. Jh. erhalten. Charakteristisch ist der schmale, durchgehende Balkon an der Straßenseite.

Für die zahlreichen Handelsreisenden sind im Laufe der Jahrhunderte nicht weniger als 17 Thermen in der Stadt errichtet worden.

Die *Isola Sacra* in der Nähe der Tibermündung war die Nekropole. In teilweise reich mit Marmor, Wandmalereien und Mosaiken versehenen Ziegelbauten bestatteten die Bewohner von O. ihre Toten.

Literatur: S. Calza u.a. (Hrsg.): Scavi di Ostia. Bd. I ff. Rom 1953 ff.; R. Meiggs: Roman Ostia. Oxford ^{2}1974; R. Chevallier: Ostie antique. Ville & Port. Paris 1986; V. Kockel: Ostia im 2.Jahrhundert n. Chr. – Beobachtungen zum Wandel eines Stadtbilds. In: H.-J. Schalles u.a. (Hrsg.): Die römische Stadt im 2. Jahrhundert n. Chr. Kolloquium Xanten 1990. Köln 1992. S. 99 ff.

Ostium (lat. Mündung). Verbindungstür zwischen Flur und Atrium des römischen Wohnhauses.

Ostraka (griech.). Keramikscherben, die im Altertum als billiges Schreibmaterial statt des teuren → Papyrus verwendet wurden. In Athen dienten O. auch als Stimmzettel.

P

Paestum. Die antike Ruinenstätte P. (Poseidonia) liegt 35 km südöstlich von Salerno an der Westküste Italiens. Berühmt ist die Stätte durch drei großartige griechische Tempel aus dem 6. und 5. Jh. v. Chr.

Geschichte: Das Stadtgebiet von P. war schon in neolithischer Zeit bewohnt. In der ersten Hälfte des 7. Jh. v. Chr. gründeten Auswanderer aus Sybaris, einer achäischen Kolonie am Golf von Tarent, an der Stelle einer bereits vorhandenen prähistorischen Siedlung die Stadt Poseidonia (Stadt des Poseidon). P. entwickelte sich schnell zu einer der einflußreichsten und wohlhabendsten Städte des griechischen Italien, wozu auch das fruchtbare Hinterland beigetragen haben mag. Von der Mitte des 6. Jh. v. Chr. an entstanden in P. innerhalb von hundert Jahren drei gewaltige Tempel, die den Reichtum der Stadt bezeugen.

Gegen 390 v. Chr. wurde P. von den Lukanern, einem Volksstamm der Samniten, erobert, die dem Ort den Namen Paistos gaben. 332 v. Chr. verjagte Alexander I., König der Molosser in Epirus, nach einer Schlacht vor den Toren der Stadt die Lukaner. Er war im Auftrag seines Schwagers, Alexanders des Großen (336–323 v. Chr.), nach Italien gekommen, um den Westen stärker zu hellenisieren. Den Vorwand hierfür lieferte der Hilferuf der griechischen Kolonie Tarent, die von apulischen Völkerschaften angegriffen wurde. Die anderen griechischen Städte Unteritaliens fürchteten um ihre Unabhängigkeit. Sie ließen Alexander I. 330 v. Chr. ermorden. Die Lukaner kehrten wieder nach Paistos zurück und verboten den griechischen Bewohnern, ihre Muttersprache zu sprechen. 273 v. Chr. kamen die Römer und errichteten in Paestum – wie sie die Stadt nannten – eine latinische Kolonie. Von da an war die Stadt römisch. P. wurde römischer Flottenstützpunkt und Umschlagplatz für Öl und Getreide. Da die Stadt fortan treu zu ihrer Schutzmacht Rom stand, erhielt sie das Recht, ihre eigenen Münzen zu prägen.

Forschungsgeschichte: Nachdem P. im 11. Jh. von den Normannen verwüstet worden war, verschwand die verödete Stadt inmitten einsamer Sümpfe. Als Karl III. von Bourbon im 18. Jh. die Küstenstraße baute, entdeckten Ingenieure die antike Stadt, die völlig in Vergessenheit geraten war. Daß man nicht schon vorher auf die großartigen Tempel aufmerksam geworden war, verwundert um so mehr, als die außergewöhnlich gut erhaltenen Bauwerke den Seeleuten schon immer als Landmarke gedient hatten.

Seit dem Jahre 1700 suchte man vergeblich nach dem berühmten Heraion von P., das nach Strabo an der Mündung des antiken Flusses Silaris liegen sollte. Erst 1934 stieß der italienische Archäologe U. Zanotti-Bianco auf zerbrochene Pflugscharen, die ihm den Weg zu dem mit Erdreich bedeckten Heiligtum wiesen. 1943 stießen Bauarbeiter beim Planieren eines Feldflugplatzes in Gaudo, nahe P., auf eine prähistorische Nekropole mit Schachtkammergräbern aus dem Chalkolithikum. Seit 1968 kamen bei Ausgrabungen im Süden und Westen der Stadt zahlreiche Steinkistengräber zum Vorschein, deren Innenwände griechische und lukanische Malereien zeigen, darunter die großartigen Alltagsszenen aus der Tomba del Tuffatore (Grab des Tauchers; 490–480 v. Chr.). Die Funde aus P. befinden sich im örtlichen Museum.

Archäologische Stätte: P. war seit dem 6. Jh. v. Chr., vielleicht auch schon früher, von einer 4,7 km langen *Mauer* umgeben. Die Mauer hatte eine Stärke von 5 bis 7 m und ist zum Teil noch sehr gut erhalten, zumindest die im frühen 3. Jh. v. Chr. entstandene Westmauer der römischen Stadterweiterung. Ein 6,5 m breites Glacis (flache Erdaufschüttung), ein 20 m breiter und 7 m tiefer Wassergraben und 28 Türme verstärkten die Mauer der in der Ebene liegenden und daher überaus gefährdeten Stadt. Vier Tore öffneten sich nach allen Himmelsrichtungen: im Westen die Porta Marina, im Norden die Porta Aurea, im Osten die Porta della Sirena und im Süden die Porta della Giustizia.

Der sog. *Hera-Tempel*, bekannt unter der Bezeichnung Basilika, ist der älteste Tempel von P. Er entstand um 550 v. Chr. Bei seiner Entdeckung hielt man das Bauwerk wegen seiner Abweichungen von der üblichen Bauart griechischer Tempel (ungerade

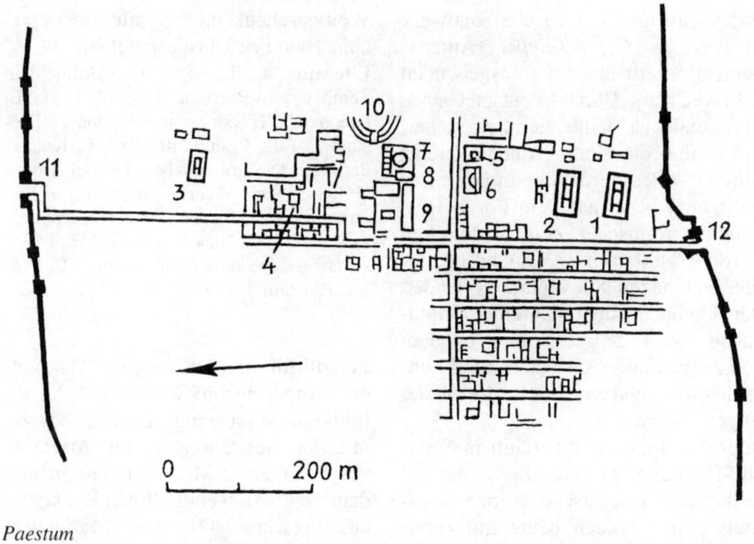

Paestum
1 »Basilika« 2 »Poseidon-Tempel« 3 »Ceres-Tempel« 4 Heroon 5 Macellum 6 Curia/Comitium 7 Buleuterion 8 Friedenstempel 9 Gymnasium 10 Amphitheater 11 Porta Aurea 12 Porta della Giustizia

Zahl der Frontsäulen, extrem breite Wandelgänge an den Seiten) für ein weltliches Gebäude und nannte es daher Basilika (Markthalle, Gerichtsstätte, Behördensitz). Heute weiß man, daß es ein Tempel war, in dem vielleicht die Göttin Hera verehrt wurde (→ Peripteros, Paestum, 1). Der sog. *Poseidon-Tempel* ist der bedeutendste Bau von P. Wem er geweiht war, ist nicht bekannt. Neben dem Stadtgott Poseidon wurde er in der Forschung auch Hera und Zeus zugesprochen. Er wurde um 450 v. Chr. aus gelbem Muschelsandstein errichtet und galt lange Zeit als der schönste griechische Tempel überhaupt, bis man die künstlerische Grö-ße des Parthenon in Athen erkannte (→ Peripteros, Paestum, 3). Beide Tempel sind von zahlreichen kleineren Tempeln, Altären und Schatzhäusern umgeben.
Das dritte große dorische Bauwerk ist der sog. *Ceres-Tempel* (Athena-Tempel), erbaut im ausgehenden 6. Jh. v. Chr. Durch entsprechende Votivfunde ist heute ziemlich sicher, daß in ihm die Göttin Athena verehrt wurde (→ Peripteros, Paestum, 2). Der *Italische Tempel* auf dem Forum entstand in römischer Zeit. Vermutlich wurde er bald nach 273 v. Chr. begonnen und gegen 80 v. Chr. vollendet. Der kleine Tempel hat eine Grundfläche von 14,5 x 26,5 m. Von dem Bau zeugen nur noch Mauer- und Fundamentreste und eine Säule, die wieder aufgerichtet wurde.
Quer durch die Stadt verläuft in Nord-Süd-Richtung die *Via sacra*, die ursprünglich griechische Prozessionsstraße; sie ist noch heute mit römischen Pflastersteinen bedeckt. In der Mitte der Stadt liegt das *Forum*, ein rechteckiger Platz von 150 m Länge und 57 m Breite. Hier befand sich in griechischer Zeit die Agora. Das Forum war von Säulenhallen und öffentlichen Gebäuden umgeben. Die Via sacra verlief durch die Porta Aurea 12 km weiter bis zum *Heiligtum der Hera Argiva* an der Mündung des Flusses Silaris (heute Sele). Hier soll schon Iason, der Führer der Argonauten, einen Tempel für Hera errichtet haben. Das ausgegrabene Heraion stammt aus dem späten 6. Jh. v. Chr. und wurde an der Stelle eines älteren Heiligtums, das wahrscheinlich schon vor der Gründung Poseidonias bestand, errichtet. Der *Hera-Tempel*, von dem nur die Grundmauern erhalten sind, hatte eine Größe von 19 x 39 m. In der Nähe des Tempels stießen die Archäologen auf einen *Thesauros* aus dem 6. Jh. v. Chr., ein 9 x 13 m großes Schatzhaus zur Aufbewahrung von Weihgeschenken, das mit einem archaischen Fries ausgestattet ist.

Literatur: C. Lamb u. L. Curtius: Die Tempel von Paestum. Leipzig 1951; E. Greco u. D. Theodorescu: Poseidonia – Paestum. 3 Bde. Rom 1980–1987; F. Krauss: Paestum. Die griechischen Tempel. Berlin [5]1984; S. Steingräber: Grabmalerei in Unteritalien – Campanien, Lukanien, Apulien. In: Antike Welt 20, 4 (1989). S. 3 ff.; F. Zevi (Hrsg.): Paestum. Neapel 1990; J.G. Pedley: Paestum. London 1990.

Paläolithikum (Altsteinzeit). Abschnitt der Vorgeschichte, die dem → Mesolithikum vorausging. Das P. begann mit der Herstellung erster Artefakte vor mehr als 2 Millionen Jahren und dauerte bis zum endgültigen Rückgang des Eises um 8300 v. Chr. Man unterscheidet drei Teilabschnitte: eine niedere, eine mittlere (Neandertaler) und eine höhere (Homo sapiens) Stufe.

Palästra (griech.). Ringerschule im antiken Griechenland, Teil des → Gymnasions, ein mit Sand bedecktes, rechteckiges, oft von Säulenhallen umgebenes Feld. Die römische P. war eine selbständige Sportanlage, später auch den Thermen angegliedert.

Palestrina. → Praeneste.

Palmetten. Ornament aus fächerförmig angeordneten Palmblättern in der griechisch-römischen Antike.

Palmyra (Tadmor). Die antike Oasenstadt liegt im Norden der syrischen Wüste. Ihre günstige Lage am Karawanenweg zwischen dem mittleren Euphrat und Damaskus machte sie in den ersten drei nachchristlichen Jahrhunderten zu einer bedeutenden Handelsstadt.

Geschichte: Die Oase wurde schon von den Kanaanitern, später von den Aramäern bewohnt. Sie nannte sich damals wie heute Tadmor. Vor allem der Handel mit Seide führte die Stadt zu Wohlstand. Marcus Antonius, der nach der Ermordung Caesars (44 v. Chr.) die östliche Hälfte des Römischen Reiches übernommen hatte, versuchte 41 v. Chr. vergeblich, Tadmor zu erobern. Um 17 n. Chr. schloß sich die Stadt, die nunmehr Palmyra (von lat. palma, Palme) hieß, freiwillig an Rom an. Kaiser Hadrian (117–138) gewährte ihr im Jahre 129 eine gewisse Selbständigkeit auf finanziellem und militärischem Gebiet. 211 wurde P. eine römische Colonia.

Um gegen die erstarkende Perserdynastie der Sassaniden ein Bollwerk zu errichten, verlieh Kaiser Gallienus (253–268) dem Stadtfürsten Odenathus (Odainath) den Titel »corrector totius orientis« (Verwaltungsbeamter für den gesamten Orient). Odenathus gründete daraufhin das Palmyrenische Reich, das sich vom Roten Meer bis zum Taurus in Kleinasien erstreckte. Nach seiner Ermordung im Jahre 267 übernahm seine Frau Zenobia für ihren unmündigen Sohn Vabalatus (Wahballat) die Herrschaft und erweiterte das Reich bis Ägypten. Für P. begann nun eine Zeit der wirtschaftlichen und kulturellen Blüte. Prächtige Bauwerke entstanden. Als die ehrgeizige Königin ihre Macht auch auf Syrien und Mesopotamien ausdehnte, sich gar den Titel Augusta gab und die völlige Loslösung von Rom betrieb, kam es zur Katastrophe. Kaiser Aurelian (270–275) vernichtete 271 ihr Heer in der Schlacht bei Emesa (Homs) und brachte Zenobia nach Rom, wo sie in der Gefangenschaft starb. Als sich die Palmyrener daraufhin gegen die Römer erhoben, ließ Aurelian P. zerstören. Zwar wurde die Stadt später wieder aufgebaut, doch erreichte sie nie mehr den Glanz und Wohlstand, den sie als Metropole des Palmyrenischen Reiches gehabt hatte. Unter Diokletian (284–305) wurde P. Legionslager.

Forschungsgeschichte: 1678 wurde P. von Angehörigen der englischen Faktorei in Aleppo wiederentdeckt. In den Jahren 1902 und 1917 untersuchte der Deutsche T. → Wiegand die Ruinenstätte. Ab 1929 führte der französische Service des Antiquités in der Oasenstadt Ausgrabungen durch. Dabei fanden die Franzosen zahlreiche Inschriften in aramäischer Sprache und palmyrenischer Schrift. 1930 wurden mehrere tausend Einwohner aus dem Tempelbezirk in die neue Ortschaft Tadmor außerhalb der Ruinen umgesiedelt, um weitergehende Untersu-

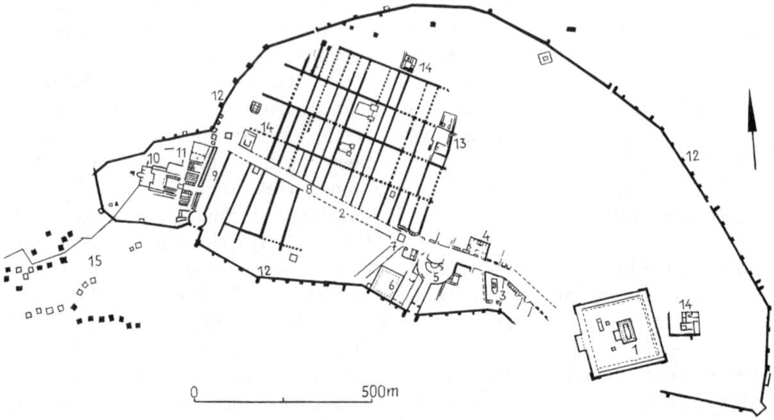

Palmyra
1 Bel-Heiligtum 2 Große Säulenstraße 3 Nabu-Heiligtum 4 Diokletiansthermen 5 Theater 6 Agora 7 Tetrapylon 8 Basilika 9 »Transversalkolonnade« 10 Principia des Diokletianslagers 11 Allat-Heiligtum 12 Diokletiansmauer 13 Baalshamîn-Heiligtum 14 Peristylhäuser 15 Nekropolen

chungen zu ermöglichen. Seither waren syrische, polnische, schweizerische, deutsche und auch japanische Wissenschaftler in P. tätig. Künftige Projekte sind der städtebaulichen Entwicklung mit Erforschung der frühen Siedlung sowie dem Ende von P. gewidmet. Grabungen im Gebiet der hellenistischen Siedlung, die südlich des Wadi lokalisiert werden konnte, bilden dabei einen archäologischen Forschungsschwerpunkt.

Archäologische Stätte: Der *Bel-Tempel*, 32 n. Chr. eingeweiht, erhebt sich über der Stätte eines Heiligtums aus hellenistischer Zeit. Der westsemitische Hauptgott Bel (Baal), von den Griechen mit Zeus gleichgesetzt, wurde hier mit Yarhibol und Aglibol, den Sonnen- und Mondgöttern, verehrt. Der Tempel steht inmitten eines großen, fast quadratischen Hofes mit den Maßen von etwa 210 x 205 m. Er ist von einer hohen Mauer umgeben, an die sich auf drei Seiten eine Kolonnade mit doppelter Säulenreihe anlehnt. Vor der westlichen Mauer mit dem Eingang zum Hof stand eine Reihe höherer Säulen. Die Propyläen wurden im 12. Jh. von den Arabern zu einer Festung umgebaut. Der Bel-Tempel selbst ist vom Grundriß her ein Pseudodipteros, 60 m lang und 31 m breit, allerdings liegt der Eingang an der westlichen Langseite. Überdacht war der Tempel mit flachen Terrassen, die eine Zinnenbalustrade begrenzte. An den Schmalseiten wies er Scheingiebel auf. Die korinthischen Kapitelle der Peristasis waren aus vergoldeter Bronze. Sie wurden im Mittelalter geraubt.

Das *Heiligtum der Göttin Allat*, einer altorientalischen Gottheit, die man

später mit Athena gleichgesetzte, wurde bereits um 50 v. Chr. gegründet. Es lag ursprünglich im Westen von P., weit außerhalb der kleinen Siedlung, und bestand nur aus einem kleinen Breitbau mit Kultnische in der Mitte eines Temenos. Der Eingang in den Bezirk war durch ein monumentales Hochrelief mit der Darstellung eines Löwen markiert. In der zweiten Hälfte des 2. Jh. n. Chr. wurde der alte Bau mit seinem Altar in einen neuen Tempel integriert. Um 300 n. Chr. errichtete man hier das große*Diokletianslager*, ein Sitz des Oberkommandos einer römischen Legion, ohne allerdings das Allat-Heiligtum zu berühren. Die Gebäude, vor allem die aufwendig gestaltete Principia (Kommandantur), wurden überwiegend aus Architekturspolien der eroberten Stadt errichtet.
Eine breite Säulenstraße, die *Via praetoria*, führt direkt auf die Principia zu. Zu ihren Seiten lagen Gebäude, die wahrscheinlich den Soldaten als Unterkunft dienten. Die Principia war über eine große Freitreppe mit viersäuligem Portal zugänglich. Sie bestand aus einem längsrechteckigen Saal, zu dem sich eine Reihe von Räumen öffneten. In deren Mitte befand sich das Fahnenheiligtum, ein Kultraum, in dem die Kaiserstatuen und Legionsadler verehrt wurden.
Das *Nabu-Heiligtum* ist ein syrisches Hofheiligtum, das gegen Ende des 1. Jh. v. Chr. gegründet wurde. Nabu ist eine ursprünglich mesopotamische Gottheit, die in P. als »Schreiber der Schicksale«, als guter und belohnender Gott verehrt und mit Apollon gleichgesetzt wurde. Der trapezförmige Hof war von einer dorischen Säulenhalle umgeben; der monumentale Eingang mit einer sechssäuligen Front lag im Süden. Auf ihn war auch der Tempel ausgerichtet. Dieser erhob sich über einem profilierten Podium mit einer Peristasis von je sechs korinthischen Säulen an den Schmalseiten und je zwölf an den Langseiten. Die Cella besaß an ihrer Nordwand eine Kultnische, die zwei zum Dach führende Treppenaufgänge flankierten. Das Dach selbst bestand aus flachen Terrassen, die mit zinnenbekrönten Mauern abgeschlossen waren. Zwischen Tempel und Propylon steht ein z.T. wieder aufgebauter, monumentaler Säulenaltar.
Das *Heiligtum des Baalshamîn*, einer palmyrenischen hohen Gottheit, die auch mit Zeus gleichgesetzt wurde, stand im nördlichen Bereich der Stadt. Es umfaßt vier Höfe, eine Grabanlage aus dem 2. Jh. v. Chr., einen Bankettsaal, der bis in das Jahr 60 zurückreicht, sowie eine kleine Cella mit prostyler Säulenstellung und Wandgliederung durch korinthische Pilaster aus dem 2. Jh. n. Chr.
Eine breite, von Säulenhallen flankierte *Straße* durchquerte seit dem Ende des 2. Jh. n. Chr. die römische Stadt von Osten nach Westen. Ihr Verlauf vom Bel-Heiligtum zum Allat-Heiligtum war nicht geradlinig, sondern richtete sich nach den öffentlichen Bauten. Die zwei Stellen, an denen sie die Richtung änderte, wurden durch monumentale Torbögen markiert und geschickt ausgeglichen. Die Portiken verliefen nicht immer parallel zur Straße; z.T. waren die Säulenhallen älterer Gebäude integriert, wie beispielsweise beim Theater, oder sie ignorierten in ihrem Lauf die Bausubstanz älterer Gebäude, wie beispielsweise beim Nabu-Heiligtum, dessen Hof im Norden von der Säulenhalle und den dahinter liegenden Läden erheblich beschnitten wurde.

Das *Theater* aus der ersten Hälfte des 2. Jh. n. Chr. ist von einem Platz mit hufeisenförmigem Portikus umgeben. Eine von Süden kommende, annähernd parallel zur Agora verlaufende Straße mit beidseitiger Säulenhalle ermöglichte den südlichen Zugang zum Hof des Theaters.
Der rechteckige, etwa 84 x 71 m große Hof der *Agora* ist an allen vier Seiten mit ionischen Portiken umgeben. Ein kleiner, in der Südwestecke anschließender Saal wurde als Bankettraum interpretiert. Der Annexbau im Osten der Agora war ungepflastert und, wie der Marktplatz selbst, von einer hohen, mit korinthischen Pilastern gegliederten Mauer umgeben. Er diente den Handelskarawanen wahrscheinlich zur Ablage ihrer Ware und Entrichtung der Zollgebühr. Die große *Thermenanlage* entstand gleichzeitig mit dem Ausbau der Hauptstraße am Ende des 2. Jh. n. Chr. Um- und Anbauten, wie das Propylon mit vier Granitsäulen in der Front, fanden um 300 n. Chr. statt. Im nordwestlichen Bereich der Hauptstraße wurde ein großer *Wohnbereich* mit rechtwinklig zueinander verlaufenden Straßen ausgegraben, an denen einige Peristylhäuser untersucht werden konnten.
Von großer archäologischer Bedeutung sind die *Nekropolen*, die sich insbesondere im Norden, Westen und Süden der Stadt ausbreiteten. Im Gegensatz zur Architektur der Stadt, in der griechisch-römische Einflüsse deutlich zu Tage treten, können in der Grabarchitektur einheimische Traditionen beobachtet werden. Die über 150 erhaltenen Grabbauten sind zum großen Teil durch Inschriften fest datiert. In ihrem Inneren konnten sich aufgrund des trockenen Klimas Gegenstände aus organischem Material, wie Stoff und Leder, gut erhalten. Die Toten wurden in unterirdischen Grabkammern (Hypogäen), in Grabhäusern (mit bis zu 380 Grabnischen) und in Grabtürmen bestattet.

Literatur: K. Michałowski (Hrsg.): Palmyre. 8 Bde. Warschau 1960–84; Le sanctuaire de Baalshamin à Palmyre (hrsg. vom Schweizerischen Institut in Rom). 6 Bde. Neuchâtel 1969–75; I. Browning: Palmyra. London 1979; K. Tanabe: Sculptures of Palmyra. Bd. 1. Tokyo 1986; K. al-As'ad u.a.: Palmyra. Geschichte, Kunst und Kultur der syrischen Oasenstadt. Katalog Ausstellung Linz 1987. Linz 1987; A. Bounni: Palmyra. Damaskus ^{2}1990; A. Schmidt-Colinet (Hrsg.): Palmyra. Kulturbegegnung im Grenzbereich. Mainz 1995.

Pamukkale. → Hierapolis.

Pantheon. Heiligtum (Kultbau) für die Gesamtheit aller Götter einer Religion, vor allem in hellenistischer, aber auch in römischer Zeit. Das berühmteste P. steht in Rom.

Pantheon, Rom. Über den Fundamenten eines von Agrippa zwischen 27 und 25 v. Chr. gestifteten Tempels für die Gesamtheit der Götter ließ Kaiser Hadrian zwischen 118 und 128 n. Chr. ein neues Gotteshaus in Form eines großen Zentralbaus errichten. Obwohl die Inschrift auf dem Architrav Agrippa als Bauherrn nennt, stammt das heute noch aufrecht stehende Gebäude aus hadrianischer Zeit. Vom Kaiser selbst ist überliefert, daß er bei seinen Gebäudestiftungen nicht inschriftlich genannt werden wollte.
Den Eingang zur Rotunde bilden an ihrer Nordseite eine große Vorhalle und ein Ziegelvorbau. Die Fassade der Vorhalle vermittelt durch ihre Säulen-

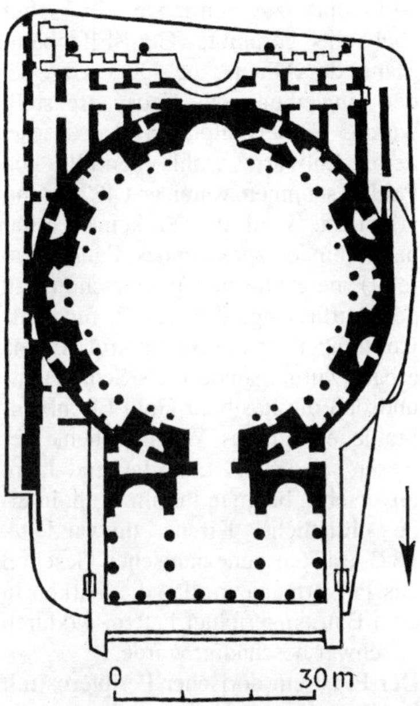

Rom: Pantheon

stellungen den Eindruck eines Peripteros. In den zwei großen Nischen des Vorbaus, rechts und links des Eingangs, standen ursprünglich Kaiserstatuen. Die Rotunde selbst hat einen inneren Durchmesser von ca. 43 m, der auch der lichten Höhe des Raumes entspricht. Der Innenraum weist die Form einer Kugel auf, die in einem Zylinder ruht und deren eine Hälfte den Raum als Kuppel überwölbt. Die Seitenwände sind durch sieben abwechselnd halbrunde und rechteckige Nischen gegliedert, die jeweils von Pfeilern mit korinthischen Kapitellen gerahmt werden. Diese tragen ein Gesims, über dem sich das Attikageschoß mit einem weiteren Gesims erhebt. Das Attikageschoß war ursprünglich durch korinthische Pilaster und quadratische Fenster gegliedert. Darüber setzt die Innenwölbung der Kuppel an. Durch eine kreisrunde Öffnung in ihrem Scheitel kann Licht in das Innere eindringen. Zwischen den Nischen stehen Ädikulen mit abwechselnd runden und spitzen Giebeln. In ihnen, wie auch in den großen Nischen, waren Götterstatuen aufgestellt. Der Fußboden des P. besteht aus geometrisch geformten, verschiedenfarbigen Marmorplatten.

Literatur: K. de Fine Licht: The Rotunda in Rome. Copenhagen 1968; A. Wandschneider: Das Pantheon. Raumerfahrung und Sakralbestimmung. In: Antike Welt 20, 3 (1989). S. 9 ff.

Papyrus (lat.; ägypt. papure, das (Material) des Königs). Antikes Schreibmaterial aus den Stengeln einer Schilfart. Der P. (das (Monopol) des Pharaos) wurde um 3000 v. Chr. in Ägypten erfunden und erst seit dem 1. Jh. n. Chr. vom Pergament verdrängt. Das deutsche Wort »Papier« geht auf das ägyptische »papure« zurück.

Paraskenion (griech.). Die vorgezogenen Seitenbauten des Bühnenhauses beim → Theater.

Parodos (griech.). Der zur Orchestra führende Korridor des griechischen → Theaters. Danach auch der Gesang des Chors bei seinem Einzug in die Orchestra.

Parrot, André. Am 15.2.1901 in Désandans, Département Doubs, geboren. Er studierte an der Sorbonne protestantische Theologie und an der École du Louvre in Paris sowie an der École Archéologique Française de Jérusalem

Altertumswissenschaften. 1931–1933 leitete Parrot die Ausgrabungen in → Lagasch (Tello) und Larsa (Irak). Seine wichtigsten Forschungen führte er seit 1933 in → Mari durch, einer Ausgrabungsstätte in Syrien, der er vierzig Jahre seines Lebens widmete. 1937 wurde P. Professor an der École du Louvre und 1946 Hauptkonservator der französischen Museen. 1968–1972 war er Direktor des Louvre. P. starb am 24.8.1980 in Paris.

Hauptwerke: Mari, une ville perdue. Paris 1936; Archéologie mésopotamienne. 2 Bde. Paris 1946–1953; Tello – vingt campagnes de fouilles (1877 bis 1933). Paris 1948; Ziggurats et tour de Babel. Paris 1949; Entdeckungen begrabener Welten. Zollikon, Zürich 1954; Mission archéologique de Mari. 4 Bde. Paris 1956–1968; Abraham et son temps. Neuchâtel 1962; Terre du Christ. Neuchâtel 1965; Sumer. Die mesopotamische Kunst von den Anfängen bis zum 12. vorchristlichen Jahrhundert. München [3]1970; Assur. Paris, München [2]1972; Mari, capitale fabuleuse. Paris 1974.

Parthenon (griech. Jungfrauengemach). Der Tempel der Athena Parthenos (der jungfräulichen Athena) wurde zwischen 447 und 432 v. Chr. auf der Akropolis von Athen (→ Akropolis, Athen) anstelle des sog. Vorparthenons errichtet, den – die Meinungen sind geteilt – entweder die Perser 480 v. Chr. in noch unvollendetem Zustand zerstörten oder der nach dem Persersturm begonnen, aber für ein neues Projekt wieder aufgegeben wurde. Den Auftrag über den ersten ganz aus Marmorblöcken errichteten Tempel Athens erteilte Perikles (461–429). Als Architekten werden → Iktinos und → Kallikrates genannt, die Oberaufsicht über alle Baumaßnahmen einschließlich der künstlerischen Ausgestaltung wird → Phidias zugeschrieben. Er schuf auch die berühmte Gold-Elfenbein-Statue der Athena, die 438 v. Chr. bei der Einweihung des Naos aufgestellt wurde. Giebelskulpturen und Friese, deren Entwürfe wohl ebenfalls von Phidias stammen, waren erst 432 v. Chr. vollendet. Weil der P. keinen Altar hatte (ein entsprechendes Fundament fehlt), neigt die neuere Forschung zu der Auffassung, daß der P. nicht als Kulttempel für die Stadtgöttin Athena erbaut wurde, sondern als Schatzhaus, und daß die kostbare Gold-Elfenbein-Statue ein großes Weihgeschenk gewesen sei. Der P. blieb tausend Jahre unversehrt, bis man ihn im 6. Jh. in eine christliche Kirche umwandelte. 1687 traf ein venezianisches Geschoß das Pulvermagazin, das die Türken in dem Bau eingerichtet hatten, wodurch er schwer beschädigt wurde.

Der P. ist ein dorischer Peripteros mit je 17 Säulen an den Langseiten und je acht an den Schmalseiten (Oktostylos). Drei hohe Stufen bilden den Unterbau. Durch eine feine Kurvatur – 6 cm an den Fassaden und 11 cm an den Langseiten – gewinnt der schwere, gedrungene dorische Bau an Leichtigkeit und scheinbar auch an Höhe. Je sechs dorische Säulen unterstützen das Dach der außergewöhnlich kurzen Vorhallen im Osten und Westen (Pronaos und Opisthodomos). Die Cella, ein rechteckiger Bau von 59 m Länge und 21,72 m Breite, war durch eine Mauer in zwei Räume geteilt: im Osten der Saal mit der über 11 m hohen Gold-Elfenbein-Statue der Athena Parthenos auf einer breiten reliefgeschmückten Basis (Licht fiel durch die breite Tür und Fensteröffnungen an der Frontseite); im Westen der P. im engeren Sinne, der Saal der Jungfrauen, in dem die

Vorbereitungen für die Panathenäen stattfanden, später dann die Schatzkammer Athens. Die Großen Panathenäen waren das Hauptfest der Athener. Sie fanden seit Peisistratos alle vier Jahre im Hochsommer statt und waren von sportlichen, literarischen und musikalischen Wettkämpfen begleitet. Die Sieger erhielten eine Amphora mit Öl vom heiligen Baum der Athena. Höhepunkt der Festlichkeiten war eine Prozession zum Kultbild der Göttin.
Gedeckt war der P. mit marmornen Dachziegeln. Der um das Gebälk laufende Skulpturenschmuck bestand aus 92 Metopen, von denen nur noch 19 leidlich erhalten sind, 15 davon befinden sich in London, drei in Athen und eine in Paris. Die Ostmetopen stellen die Gigantomachie dar, die Südmetopen eine Kentauromachie, die Westmetopen zeigen eine Amazonomachie, die Nordmetopen den Kampf um Troja (Iliupersis). Die Skulpturengruppe im Ostgiebel zeigt die Geburt der Athena im Beisein der olympischen Götter, die im Westgiebel den Streit zwischen Athena und Poseidon um den Besitz Attikas. Die wenigen Reste dieser Giebelgruppen befinden sich hauptsächlich im Britischen Museum in London. Der 160 m lange, 1,06 m hohe ionische Fries am oberen Außenrand der Cella zeigt den panathenäischen Festzug.
Literatur: F. Brommer: Die Parthenonskulpturen. Mainz ^{2}1982; E. Berger (Hrsg.): Parthenon-Kongreß, Basel 1982. 2 Bde. Mainz 1984; Ders.: Der Parthenon in Basel. Dokumentation zu den Metopen. 2 Bde. Mainz 1986; J. Boardman: The Parthenon and the Sculptures. London 1985.

Pastas (griech.). Säulenhalle, Vorhalle in einem griechischen Wohnhaus.

Pastashaus. Ein zum Teil zweigeschossiger Haustyp, der z.B. in Olynth, einer Stadt auf der nordgriechischen Halbinsel Chalkidike, im Bereich der 432 v. Chr. gegründeten Neustadt nachgewiesen wurde. Die annähernd quadratischen Grundflächen waren jeweils in drei Bereiche geteilt: einen nördlichen Wohnraumtrakt, einen mittleren Vorhallenbereich (Pastas) und einen südlichen Trakt mit Hof, zu dessen Seiten weitere Räume lagen.

Pastillage (frz.). Schmucktechnik: reliefartiges Aufsetzen von Tonplättchen und Tonkügelchen auf Keramik oder Terrakotta-Figuren.

Pausanias (genannt »der Periheget«). Griechischer Reiseschriftsteller des 2. Jh. n. Chr., wahrscheinlich stammte er aus Kleinasien. Über seine Person ist nicht viel bekannt. P. verfaßte in den 70er Jahren des 2. Jh. n. Chr. einen Reisebericht über Griechenland in zehn Büchern (›Periegesis tes Hellados‹): Buch I Attika, II Korinth, III Argos und Lakonien, IV Messenien, V und VI Elis mit Olympia, VII Achaia, VIII Arkadien, IX Boiotien, X Phokis. Neben der Orts- und Denkmälerbeschreibung beinhaltet sein Werk auch Exkurse über Geschichte, Geographie und Mythologie.

Pektorale (lat.). Brustschmuck aus wertvollem Material, meist kunstvoll verziert. In Ägypten und in Assyrien sehr beliebt.

Pelasger. Vorindogermanische Bevölkerung der Ägäis.

Pelike (griech.). Zweihenkeliges Vorratsgefäß, bauchig gedrungen, auf breitem Fuß, mit breitrandiger Mündung. Abb. S. 510.

Pendentif (franz.). Konstruktiver Übergang von einem quadratischen oder polygonalen Unterbau zur Kuppel.

Pergamon (Bergama). In Mysien, in unmittelbarer Nähe zur kleinasiatischen Westküste gelegen, war P. im 3. und 2. Jh. v. Chr. die Hauptstadt des Pergamenischen Reiches und das Kulturzentrum der hellenistischen Welt. Berühmt war seine Bibliothek, die mit einem Bestand von 200 000 Schriften als größte Sammlung der Antike galt.
Geschichte: Auf dem mehr als 300 m hohen, steilen Bergkegel der späteren Akropolis befand sich schon im 7. Jh. v. Chr. eine befestigte Ansiedlung. Später unterhielten die Perser dort eine Garnison. Die eigentliche Geschichte von P. begann aber erst unter dem Diadochen Lysimachos, der auf dem Burgberg eine Zitadelle baute, um darin den von Alexander dem Großen stammenden Kriegsschatz zu verwahren. Als Lysimachos 281 v. Chr. bei Kurupedion im Kampf gegen Seleukos I. fiel, riß Philetairos aus Tios, Kommandant der Zitadelle, den gewaltigen Schatz an sich und verteidigte ihn erfolgreich gegen die Ansprüche von Seleukos und dessen Sohn Antiochos. Nach dem Tode des Philetairos im Jahre 263 v. Chr. trat sein Neffe Eumenes I. (263–241) die Nachfolge an. Eumenes besiegte Antiochos I. in der Schlacht bei Sardes und gründete 262 v. Chr. das Pergamenische Reich. Sein Sohn und Nachfolger Attalos I. (241–197) wehrte mehrere Angriffe der Seleukiden und der keltischen Galater ab, festigte das junge Reich durch die Anlehnung an Rom und nahm schließlich den Königstitel an.
Attalos' Sohn Eumenes II. (197–159) verleibte dem Reich große Teile Anatoliens ein, nachdem 190 v. Chr. römische Legionen das Heer des Seleukiden Antiochos III. vernichtet hatten. Unter Eumenes II. erreichte das Pergamenische Reich seine größte Macht und Ausdehnung. Die Hauptstadt P. wurde ein blühendes Wirtschafts- und Kulturzentrum. Prächtige Bauten entstanden: der Zeus-Altar, das Theater, der Palast, eine neue Stadtmauer und die Bibliothek. Als die ägyptischen Ptolemäer die Ausfuhr von Papyrus stoppten, um der Bibliothek von Alexandria die geistige Vormachtstellung zu verschaffen, sollen die pergamenischen Schreiber das Pergament als Schriftträger erfunden haben.
Auf Eumenes II. folgte sein Bruder Attalos II. (159–138). Eumenes' Sohn Attalos III., eine zwielichtige Persönlichkeit, setzte Rom als Erben ein. Nach seinem Tode 133 v. Chr. ging das Pergamenische Reich in der römischen Provinz Asia auf. Unter den Römern begann für P. eine neue Epoche der Pracht und des Wohlstandes. Riesige Theater und ein weiträumiger Circus sorgten für Unterhaltung der 160 000 Einwohner. Durch die verlustreichen Partherkriege, die mit Pestepe-

Pergamon: Akropolis mit Umgebung
1 Zeus-Altar 2 Temenos für den Herrscherkult 3 Athena-Tempel 4 Burgtor 5 Theater 6 Dionysos-Tempel (Caracalla-Tempel) 7 Trajanstempel (Traianeum) 8 Baugruppe I (Kaserne) 9 Baugruppe II 10 Baugruppe III 11 Baugruppe IV 12 Baugruppe V 13 Arsenale 14 oberer Markt 15 Bibliothek 16 Theaterterrasse

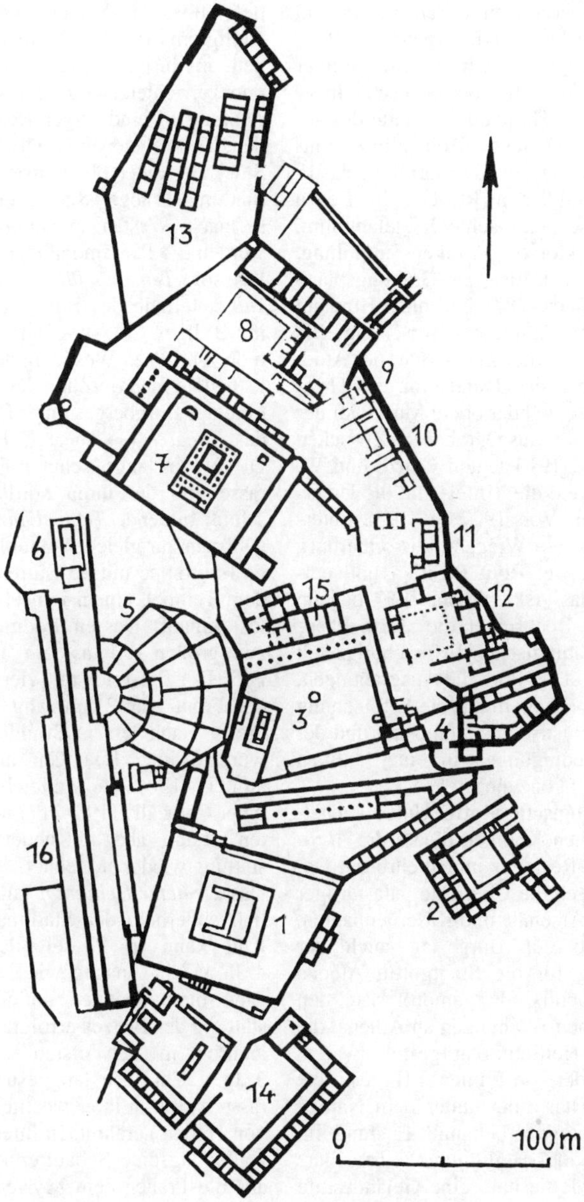
13
8
9
10
7
11
6
15
12
5
3
4
16
2
1
14
0
100m

demien verbunden waren, begann im 3. Jh. n. Chr. der Niedergang von P.

Forschungsgeschichte: Im Winter 1864/65 besuchte der deutsche Ingenieur C. → Humann die Stätte des antiken P. und fand in einer byzantinischen Mauer ein Marmorrelief, das er den Königlichen Museen in Berlin zum Geschenk machte. Es gelang ihm, den Direktor der Antiken-Sammlung, A. → Conze, für seine Grabungspläne zu gewinnen. 1878 begannen Humann und Conze mit der Erforschung. Bis 1886 wurden der Zeus-Altar, der Athena-Tempel, das Traianeum, die Theaterterrasse und der obere Markt auf der Akropolis ausgegraben. Zwischen 1900 und 1913 legten Conze und W. → Dörpfeld die Mittel- und die Unterstadt frei. Von 1927 bis 1938 untersuchte T. → Wiegand die Oberburg und die sog. Rote Basilika und entdeckte das Asklepieion. 1957 begann unter E. Boehringer die vierte Phase der archäologischen Erforschung. Seit 1973 leitet W. Radt die Ausgrabungen, die sich vor allem auf die Erforschung der hellenistischen Wohnstadt und der Lebensbedingungen in einer antiken Großstadt konzentrieren.

Archäologische Stätte: Unter den hellenistischen Königen diente die *Akropolis* als Residenz und Wehrburg. Davon zeugen die Überreste palastartiger Häuser, Arsenale und Kasernenbauten. Innerhalb der Burg lag auch der Kultplatz für die Stadtgöttin Athena (→ Akropolis, Pergamon). Zu den zahlreichen Weihungen an Athena, die in dem Heiligtum aufgestellt waren, gehörte der von Eumenes II. gestiftete Große Altar, auch unter dem Namen *Pergamonaltar* bekannt. Er fand im Temenos des Heiligtums keinen Platz und wurde deshalb eine Geländestufe tiefer über den Mauern eines kleinen Heiligtums (vielleicht ein Heroon für den mythischen Stadtgründer Telephos) errichtet. Damit er in seiner Ausrichtung in eindeutiger Beziehung zu dem Tempel stehen konnte, mußte ein Stück der unter Philetairos errichteten Stadtmauer abgerissen und die Terrasse nach Westen künstlich erweitert werden (→ Pergamonaltar).

Der sog. *Temenos für den Herrscherkult* unterhalb des Burgtores entstand im 3. Jh. v. Chr. (→ Heroon, Pergamon, 1). In den Westhang der Akropolis bettete man im Zuge der Neugestaltung des Burgberges unter Eumenes II. das *Theater* (→ Theater, Pergamon). Die 216 m lange, schmale Theaterterrasse und der ihren nördlichen Abschluß bildende *Tempel für Dionysos* gehörten zur gleichen Bauplanung. Eine Freitreppe mit 25 Stufen führte zu dem Tempel, einem ionischen Prostylos, hinauf. Dessen Podium bestand zum großen Teil aus dem anstehenden Fels. Der Prostylos mit vier Säulen an der Front war 21 m lang und 12 m breit. Nach einer Brandkatastrophe wurde er im 2. Jh. n. Chr. unter Hadrian (117–138) oder vielleicht auch erst unter Caracalla (198–217) in seiner alten Gestalt, aber mit neuer Innenausstattung wieder aufgebaut.

Das *Demeter-Heiligtum* lag ursprünglich außerhalb der Stadtmauern. Der Kult kann in P. seit dem frühen 4. Jh. v. Chr. nachgewiesen werden. Eine monumentale bauliche Ausgestaltung des Platzes erfolgte unter Philetairos in der ersten Hälfte des 3. Jh. v. Chr. Die langgestreckte Terrasse wurde in ihrer westlichen Hälfte von Hallen gerahmt. In ihrer östlichen Hälfte lag eine Schautreppe, von der aus die Frauen dem Mysterienkult zu

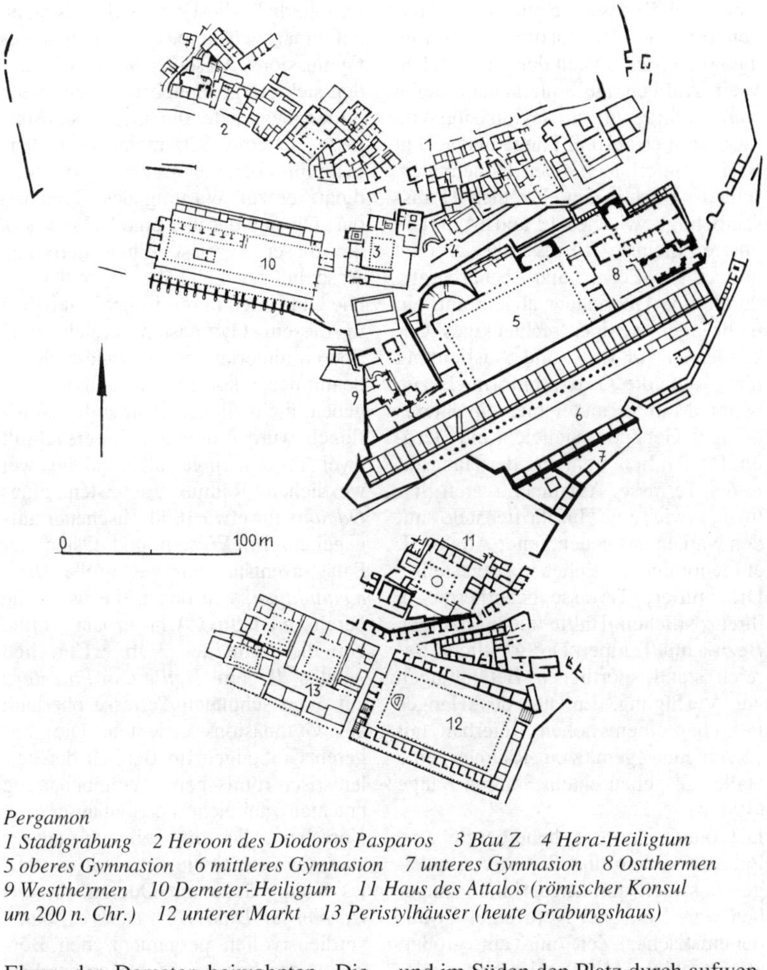

Pergamon
1 Stadtgrabung 2 Heroon des Diodoros Pasparos 3 Bau Z 4 Hera-Heiligtum 5 oberes Gymnasion 6 mittleres Gymnasion 7 unteres Gymnasion 8 Ostthermen 9 Westthermen 10 Demeter-Heiligtum 11 Haus des Attalos (römischer Konsul um 200 n. Chr.) 12 unterer Markt 13 Peristylhäuser (heute Grabungshaus)

Ehren der Demeter beiwohnten. Die Mitte der Terrasse nahmen ein ionischer Antentempel und mehrere Altäre ein, die alle nach Osten ausgerichtet waren. Eine Erweiterung des Heiligtums erfolgte unter Apollonis, der Frau von Attalos I., in den Jahren um 200 v. Chr. Sie ließ im Norden des Bezirks eine weitere lange Halle errichten und im Süden den Platz durch aufwendige Stützkonstruktionen, über denen sich eine Halle erhob, vergrößern. Ebenso wurde das Propylon neu gestaltet. Das Heiligtum erlebte in römischer Zeit noch einige Umbauten und Erweiterungen, bis es in der zweiten Hälfte des 4. Jh. n. Chr. geschlossen wurde.

Über drei Terrassen erstreckt sich das von Eumenes II. erbaute *Gymnasion*, die größte Lehranstalt der griechischen Welt. Aufwendige Stützmauersysteme waren nötig, um ein Gymnasion von insgesamt ca. 210 m Länge und 150 m Breite zu erbauen. Der Höhenunterschied zwischen den einzelnen Terrassen beträgt zwischen 12 und 14 m. Die untere, kleinste Terrasse besaß eine dreieckige Form und beherbergte, durch eine Quermauer abgetrennt, ein mehr oder weniger rechteckiges Gebäude, das in Lage und Ausrichtung nicht auf die Terrassenform Bezug nahm. Man vermutet hier ein älteres heiliges Gebäude, vielleicht ein Heroon. Podien liefen entlang der Hangseite der Terrasse. Auf ihnen waren Statuen sowie eine Inschriftenstele mit den Namen der neuen, unter Attalos II. aufgenommenen Epheben aufgestellt.

Die mittlere Terrasse beherbergte in ihrer östlichen Hälfte einen heiligen Bezirk mit Tempel. Der westliche Bereich stand sportlichen Betätigungen zur Verfügung. Entlang des Hanges lief über einem hohen Unterbau mit verschieden genutzten Räumen eine Halle mit genau einem Stadion Länge (194 m).

Die obere Terrasse beherbergte eine Palästra, die an drei Seiten von zweigeschossigen dorischen Hallen umgeben war. Von dem Nordflügel ist aus hellenistischer Zeit nur ein großer, zweistöckiger Mittelsaal erhalten, der als Ephebeion, als Haupt- oder Festsaal des griechischen Gymnasions interpretiert wird. Der Westflügel bestand aus zwei exedraartigen Räumen, die sich zur Halle durch Säulenstellungen öffneten, und einem quadratischen Mittelraum, der verschließbar war und mit seinen Waschbecken als Bad diente. Oberhalb dieses Westflügels stand auf einer Felskuppe der Tempel des Gymnasions. An seinen Wänden befanden sich einige Epheben-Listen. Nach Süden begrenzte die Gymnasionsterrasse ein etwa 220 m langer Kellergang mit hölzerner Decke. Vermutlich diente er zur Wartung des Gymnasions. Ob sich darüber eine Halle erhob, die dieser Terrasse einen optischen Abschluß gegeben hätte, ist unklar.

Die Umbauten in römischer Zeit haben in diesem Gymnasionsbereich viele Spuren hinterlassen. Die Palästra wurde mit neuen korinthischen Hallen umgeben, die östlichen Räume des Nordflügels wurden in einen Kaisersaal mit zwei Apsiden umgestaltet und die zwei westlichen Räume zugunsten eines *Odeions* für etwa 1000 Zuschauer aufgegeben. Im Westen und Osten der Palästra entstanden zwei große *Thermenanlagen*, von denen die westliche bereits im 1. Jh. v. Chr. erbaut wurde. Um die Mitte des 2. Jh. v. Chr. ließ Attalos II. ein *Heiligtum für Hera* auf einer schmalen Terrasse oberhalb des Gymnasions errichten. Die jüngeren Grabungen im Bereich der hellenistisch-römischen Wohnbebauung brachten zahlreiche Peristylhäuser zum Vorschein, die zum Teil reich ausgestattet waren, sowie ein eindrucksvolles Kultgebäude mit Odeion, das als *Heroon für Diodoros Pasparos*, einen verdienstvollen pergamenischen Bürger, angesehen wird (→ Heroon, Pergamon, 2).

In römischer Zeit wurde die Stadt erheblich ausgebaut. Neben einem großen *Theater*, einem *Amphitheater* und einem *Circus* für Wagenrennen entstanden in eindrucksvoller Lage das weithin sichtbare *Trajaneum* (→ Neokorietempel, Pergamon) auf dem

Burgberg und die sog. *Rote Halle* am Fuß des Hügels, in der römischen Unterstadt. Dieser heilige Bezirk für ägyptische Gottheiten aus der ersten Hälfte des 2. Jh. n. Chr. hatte ursprünglich eine Länge von etwa 270 m und eine Breite von 110 m. Er wurde über dem Fluß Selinos errichtet, der für das Bauvorhaben durch einen Doppeltunnel kanalisiert werden mußte. Hier stand für ein derartiges Projekt genügend Baugrund in zentraler Lage zur Verfügung, ohne daß man viele Privathäuser abreißen mußte. Die rechteckige, ganz aus Ziegeln errichtete Haupthalle wird von zwei Rundbauten flankiert, denen symmetrisch jeweils ein hallengesäumter Hof mit länglicher Brunnenanlage vorgelagert war. Die Haupthalle besitzt in ihrem hinteren Bereich ein hohes Podium für eine riesige Kultstatue. Unter dem Podium liegen eine Zisterne sowie Gänge und Treppenanlagen, die möglicherweise das Kultbild begehbar machten. Erhellt wurde die Cella durch zwei übereinanderliegende Fensterreihen in ihrem vorderen Bereich.
Von der Unterstadt P. führte eine etwa 1000 m lange, von Säulenhallen eingefaßte Straße, die *Via Sacra*, zum *Asklepieion*. Dieses Kult- und Heilzentrum entstand im 4. Jh. v. Chr. nach dem Vorbild des Asklepieion von Epidauros (→ Asklepieion, Pergamon).

Literatur: Altertümer von Pergamon (hrsg. vom Deutschen Archäologischen Institut). Bd. 1 ff. Berlin 1806 ff.; E. Boehringer u.a. (Hrsg.): Pergamenische Forschungen. Bd. 1 ff. Berlin 1972 ff.; W. Radt: Pergamon. Geschichte und Bauten, Funde und Forschungen einer antiken Metropole. Köln 1988; U. Wulf: Der Stadtplan von Pergamon. In: Istanbuler Mitteilungen 44 (1994). S. 135 ff.

Pergamonaltar. Der monumentale Altar auf dem Burgberg von → Pergamon war den beiden Stadtgöttern Zeus und Athena geweiht. Der Bau wurde in der ersten Hälfte des 2. Jh. v. Chr. unter Eumenes II. (197–159) errichtet, fand aber seinen Abschluß wohl erst in den frühen Regierungsjahren Attalos II. (159–138). An Ort und Stelle sind nur noch die gewaltigen Fundamente

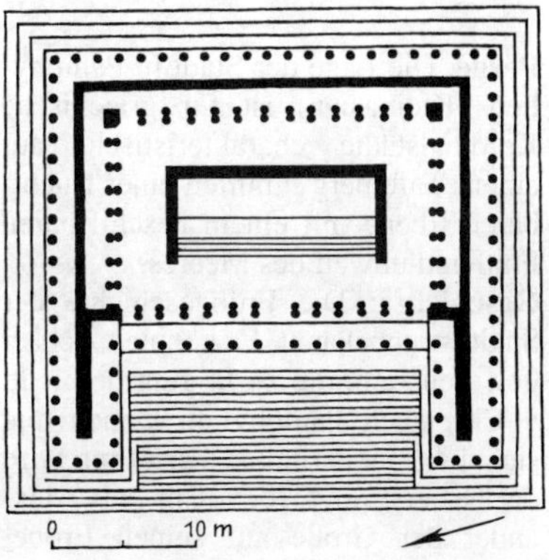

Pergamon: Zeus-Altar

zu sehen. Die erhaltenen Teile des Altars, insbesondere die großartigen Friese, befinden sich im Pergamon-Museum, Berlin. Auf dem 36,44 x 34,20 m großen Unterbau ruhte ein Podium, das mit einem 120 m langen und 2,3 m hohen Relieffries geschmückt war. Der Fries stellt eine Gigantomachie als Symbol für die Siege der Attaliden über die Galater dar. Auf dem Podium erhob sich eine ionische Säulenhalle, die den Altarhof einschloß. Eine 20 m breite Treppe führte im Westen zum Altarhof hinauf. Der nicht ganz fertiggestellte Fries an den Innenwänden des Altarhofes erzählte die Geschichte des

Telephos, des sagenhaften Gründers von P. Entlang der Innenwände war ebenfalls eine Säulenhalle geplant, die aber nicht zur Ausführung kam.

Literatur: H. Kähler: Der große Fries von Pergamon. Berlin 1948; E. Simon: Pergamon und Hesiod. Mainz 1975; H.-J. Schalles: Der Pergamonaltar zwischen Bewertung und Verwertbarkeit. Frankfurt. 1986; W. Radt: Pergamon. Geschichte und Bauten, Funde und Erforschung einer antiken Metropole. Köln 1988. S. 190 ff.

Perge. Die Lage der Stadt in Pamphylien (Kleinasien) ist für griechische Kolonialstädte charakteristisch: auf einem Tafelberg inmitten einer fruchtbaren Ebene mit einem beschiffbaren Fluß und unweit des Meeres.

Geschichte: Die Frühgeschichte der Stadt ist unbekannt. Es könnten Achäer gewesen sein, die zu Beginn des 1. Jt. v. Chr. nach Pamphylien kamen und sich hier niederließen. Erwähnt wird der Ort erst im 4. Jh. v. Chr., als Alexander der Große auf seinen Eroberungszügen mehrmals durch P. kam, das zu den Makedoniern in guten Beziehungen stand. Die Seleukiden unterhielten in der Stadt eine Garnison. In dieser Zeit hatte P. – wahrscheinlich auf dem nahen Hügel Iyilik Belen – ein berühmtes Artemis-Heiligtum. 188 v. Chr. besetzten die Römer P., nachdem sie die Truppen des Seleukiden Antiochos III. in der Schlacht bei Magnesia am Berge Sipylos geschlagen hatten. Die Römer gliederten die Stadt in das Pergamenische Reich ein. Durch Erbschaft fiel sie 133 v. Chr. an Rom. Als Teil der Provinz Asia gewann sie an Wohlstand. Der Apostel Paulus gründete in P. eine der ersten Christengemeinden Kleinasiens (»Worte zu Perge«, Apg. 14,25). In byzantinischer Zeit sank der Ort zur Bedeutungslosigkeit ab.

Forschungsgeschichte: 1946 und 1953–1957 führte der türkische Archäologe A.M. Mansel mit Unterstützung der Türkischen Historischen Gesellschaft Untersuchungen in P. durch. Seit 1967 finden jährliche Grabungen statt. Nach dem Tod Mansels 1975 setzte J. Inan von der Universität Istanbul die Arbeiten fort. Die Grabungsfunde befinden sich im Museum von Antalya.

Archäologische Stätte: Die westliche und östliche *Stadtmauer*, von der noch bedeutende Reste vorhanden sind, stammt aus hellenistischer Zeit; sie wurde wahrscheinlich unter der Seleukidenherrschaft errichtet. Die römische Mauer im Süden aus dem 4. Jh. n. Chr. erweiterte das ursprüngliche Stadtgebiet. Von der hellenistischen Südmauer zeugt nur noch das *Alte Tor*, das von zwei mächtigen Türmen flankiert wird. Im 2. Jh. n. Chr. wurde diese Toranlage zu einem hufeisenförmigen Platz umgestaltet, der mit zahlreichen Statuenweihungen geschmückt war. Mit ihnen wurden die mythischen Stadtgründer (Kalchas und Mopsos) wie auch Bürger, die mit Bauten zum Wohle der Stadt beitrugen, geehrt (so z.B. M. Plancius Varus mit Familie). Von dem Alten Tor aus verlief in nördlicher Richtung eine breite Arkadenstraße. Kurz vor dem einzigen Zugang zur Akropolis wurde diese Hauptstraße von einer zweiten Arkadenstraße gekreuzt, die das Westtor mit dem Osttor verband.

Ein *Nymphäum* am Hang der Akropolis aus dem 2. Jh. n. Chr. versorgte über einen breiten Kanal, der in der Mitte der nordsüdlich verlaufenden Arkadenstraße lag, die Stadt mit Was-

ser. Ein weiteres *Fassadennymphäum* lag beim Südtor. Es wurde durch die rückwärtigen Südthermen mit Wasser gespeist. Statuen und eine Inschriftentafel datieren es in die Zeit des Kaisers Septimius Severus (193–211). Neben den gut erhaltenen *Südthermen*, in denen zahlreiche Statuen gefunden wurden, hatte P. eine weitere Thermenanlage beim Westtor, die aber bis heute noch nicht ausgegraben ist.
Die quadratische *Agora* mit einer Seitenlänge von 75 m wurde in der ersten Hälfte des 2. Jh. n. Chr. erbaut. Hinter einer korinthischen Säulenhalle lagen die Verkaufsläden. Die Mitte des Platzes schmückte ein Rundmonument. Die hellenistische Agora unterhalb der Akropolis wurde im 1. Jh. n. Chr. zu Ehren des Kaisers Claudius (41–54) mit einer Palästra überbaut.
Südlich von P. liegen außerhalb der Stadtmauern Stadion und Theater. Das *Stadion* von 234 m Länge und 34 m Breite ist aus dem 2. Jh. n. Chr. Die zwölf Sitzstufen erheben sich über Tonnengewölben, die von außen her zugänglich waren und wahrscheinlich als Verkaufsräume dienten. Das hellenistisch-römische *Theater* faßte auf 42 Rängen etwa 14 000 Zuschauer. Nach mehreren Umbauphasen wurde im 3. Jh. eine Balustrade für die Aufführung von Tierhetzen und Gladiatorenkämpfen um die Orchestra gelegt.
Literatur: A.M. Mansel u. A. Akarca: Excavations and Researches at Perge. Ankara 1949; A.M. Mansel: Bericht über Ausgrabungen und Untersuchungen in Pamphylien in den Jahren 1957–1972. In: Archäologischer Anzeiger (1975). S.49 ff.; M.E. Özgür: Perge. Istanbul 1988.

Peribolos (griech.). Der den Tempel umgebende heilige Bezirk; umfriedeter Tempelhof.

Peripteros (griech.). Ringhallentempel, dessen Cella von einem Pteron, einer einfachen Säulenhalle, umgeben ist.

Peripteros, Aigina. Der Tempel für Aphaia wurde um 500 v. Chr. erbaut. Über einem dreistufigen Unterbau von 13,79 x 28,79 m erhebt sich der P. mit je sechs dorischen Säulen an den Schmalseiten und je zwölf an den Langseiten. Der Tempel wirkt in seinen Proportionen sehr gedrungen. Das von dem Architekten angestrebte »körperhafte Dasein« tritt besonders im Inneren der Cella zum Vorschein: Über zwei Etagen wird die Cella von nur 6,42 m lichter Breite durch zwei Reihen mit je fünf Säulen in drei Schiffe geteilt. Das Kultbild stand frei zwischen dem vierten Säulenpaar von Osten. Während der Tempel aus lokalem Kalkstein errichtet wurde, bestehen die Giebelfiguren aus parischem Marmor. Sie stellen Kampfgeschehen dar, die Kämpfer werden zumeist als aiginetische Helden vor Troja gedeutet. Die Besonderheit dieser Figuren liegt darin, daß aus ihnen drei Giebelgruppen rekonstruiert werden können. Zwei stammen aus der Erbauungszeit des Tempels und sind im spätarchaischen Stil streng symmetrisch aufgebaut. Die dritte, zwischen zehn und 20 Jahren später entstanden, ist in Komposition und Stil der Frühklassik verbunden. Wahrscheinlich zog sich die Fertigstellung des Tempels derart in die Länge, daß die Bildhauer, deren Stilempfinden sich in dieser Zeit gewandelt hatte, eine neue Gruppe für die Ostfront, die Eingangsseite des Tempels, schufen. → Aigina. Abb. S. 18.

Peripteros, Akragas. **1)** Der *Herakles-Tempel* (Tempel A), um 500 v. Chr. errichtet, ist mit seiner langgestreckten Form noch der archaischen Zeit verpflichtet. Die Maße des Stylobats betragen 67,04 x 25,28 m. Je 15 dorische Säulen an den Langseiten und je sechs an den Schmalseiten rahmen die Cella mit symmetrisch angelegtem Pronaos und Opisthodomos. Die Cella war überdacht, hatte aber bei einer lichten Breite von 11,83 m keine Innenstützen. 1924 konnten acht Säulen des P. wieder aufgerichtet werden. → Akragas.
2) Der gegen 450 v. Chr. errichtete dorische *Tempel der Juno Lacinia* (Tempel D) entspricht in seinen Ausmaßen mutterländischen Tempeln. Auf dem Stylobat von 38,10 x 16,91 m erheben sich je 13 Säulen an den Langseiten und je sechs an den Schmalseiten. Die Cella war auch hier ohne stützende Säulen überdacht. In ihrer verstärkten Eingangswand befanden sich zu beiden Seiten der Tür kleine Treppenaufgänge, die auf den Dachboden führten. → Akragas.

Peripteros, Athen. **1)** Der *Tempel der Athena Polias* (der Schützerin der Stadt), auch alter Athena-Tempel genannt, wurde um 525 v. Chr. von den Peisistratiden auf der Akropolis von Athen (→ Akropolis, Athen) erbaut. Der dorische P., ein Tuffsteinbau, hatte je zwölf Säulen an den Langseiten und je sechs an den Schmalseiten. Die Giebelskulpturen aus Inselmarmor zeigen den Kampf der Götter gegen die Giganten (Ostgiebel) und einen Tierkampf (Westgiebel). Die Cella im Ostteil des Tempels barg das Kultbild der Göttin. Der westliche Opisthodomos gliederte sich in einen großen Vorraum und zwei dahinter liegende kleinere Räume, in denen vermutlich Poseidon und die Gründerheroen Athens verehrt wurden. 480 v. Chr. zerstörten die Perser den Tempel. Nur der westliche Teil des Bauwerks blieb erhalten. Kurz nach der Einweihung des Erechtheions 406 v. Chr. brannte der Rest nieder, vielleicht beabsichtigt, denn nun erst kam die Schönheit des Erechtheions voll zur Geltung. Von dem archaischen Tempel blieben nur die Fundamente erhalten.
2) Das *Hephaisteion* auf einem Hügel an der Westseite der Agora wurde 449 v. Chr. begonnen. Der dorische P. war Athena und Hephaistos, den Schutzgöttern über Kunst und Handwerk, geweiht. Seine gute Erhaltung verdankt der Tempel dem Einbau einer Kirche im 7. Jh. n. Chr., von der heute allerdings nichts mehr zu sehen ist. Mit je 13 Säulen an den Langseiten und je sechs an den Schmalseiten erhebt sich der Tempel – beispielhaft für die klassische dorische Sakralarchitektur – über einem dreistufigen Unterbau. Kleinere Säulen säumten an drei Seiten die ursprünglich mit Gemälden ausgestatteten Innenwände der Cella. An der Innenwand des Pronaos verläuft ein Fries mit der Darstellung einer mythischen Schlacht, bei der die Götter zuschauen; der Opisthodomos-Fries zeigt eine Kentauromachie. Der außen umlaufende Metopen-Triglyphenfries ist nur in seinem östlichen Bereich skulptiert. Hier geben an der Frontseite zehn Metopen die Taten des Herakles wieder, an den Langseiten je vier Metopen die Taten des Theseus. Von dem Giebelschmuck sind nur geringe Reste erhalten, die keine Rekonstruktion zulassen. In dem Umfeld des Tempels wurden große Tontöpfe für

Sträucher und Büsche entdeckt, die ein einzigartiges nachweisbares Beispiel für die antike Begrünung von Heiligtümern darstellen. → Agora, Athen.

Peripteros, Olympia. **1)** Im frühen 6. Jh. v. Chr. errichtet, hat der dorische *Hera-Tempel* die Stylobatmaße von 18,76 x 50,01 m. Sein Grundriß weist bereits die kanonische Form mit Pronaos, Cella und Opisthodomos auf. Auf nur einer Stufe erhebt sich der äußere Säulenkranz mit je sechs Säulen von 5,21 m Höhe an den Schmalseiten und je 16 an den Langseiten. Interessant ist, daß keine Säule der anderen gleicht. Sie unterscheiden sich im Umfang wie auch in der Kapitellform. Datiert werden können sie vom 6. Jh. v. Chr. bis in die römische Zeit. Der Tempel besaß ursprünglich Holzsäulen, die nach und nach durch steinerne ersetzt wurden. Dementsprechend muß auch das Gebälk hölzern gewesen sein. Die Wand der Cella hatte einen steinernen Sockel, über dem sich eine Lehmziegelmauer erhob. Durch Säulenstellungen war sie in drei Schiffe gegliedert, wobei die äußeren jedoch durch parallel zu den Säulen gestellte Pfeiler kaum als solche in Erscheinung traten. Sie werden als altertümliches und lokales Element verstanden. Die Kultbildbasis für Hera und Zeus befindet sich ganz im Westen der Cella zwischen dem letzten Säulenpaar. Nach → Pausanias standen in der Cella viele weitere Götterbilder und andere Gegenstände, so daß der Tempel zu seiner Zeit eher einem Museum als einem Heiligtum geglichen haben muß. Cella und Peristasis deckte ein großes Satteldach ab, das sich aus lakonischen Ziegeln zusammensetzte. → Olympia.

2) Der aus einheimischem Muschelkalk errichtete *Zeus-Tempel* war nach etwa 15jähriger Bauzeit 457 v. Chr. nahezu fertiggestellt, als die Spartaner nach ihrem Sieg über die Athener in der Schlacht bei Tanagra ein goldenes Schild an den First des Tempels aufhängten. → Pausanias überliefert den Architekten Libon aus Elis als Bauherrn, dessen Name allerdings nur in Zusammhang mit diesem dorischen Ringhallentempel bekannt ist. Auf einem etwa 2,50 m hohen Fundament erhebt sich die dreistufige Krepis mit den Stylobatmaßen von 27,68 x 64,12 m. Dort läßt sich eine Kurvatur von 5–6 cm beobachten, die sich über die horizontalen Bauglieder bis unter das Dach fortsetzte. Die Säulen der umlaufenden Peristasis mit je sechs an den Schmalseiten und je 13 an den Langseiten hatten eine Höhe von etwa 10,53 m. Über ihnen erhob sich das Gebälk mit Architrav, Metopen-Triglyphenfries und Geison. Die Skulpturen im Ostgiebel beziehen sich auf das mythische Wagenrennen zwischen Pelops und Oinomaos, die im Westgiebel auf den Kampf zwischen Lapithen und Kentauren. Den Tempel bedeckte ein korinthisches Dach mit Ziegeln aus Marmor. Das Regenwasser konnte über 102 Löwenkopfwasserspeier ablaufen. Der Naos war in Cella mit gleich großem Pronaos und Opisthodomos gegliedert. Die Wände des Pronaos und Opisthodomos waren als Anten gebildet, zwischen denen jeweils zwei Säulen standen. Über ihnen ruhte ein dorisches Gebälk, dessen Metopenfelder die zwölf Taten des Herakles in Relief wiedergeben. Die Cella war durch zweistöckige Säulenreihen in drei Schiffe geteilt und mit einer flachen Holzdecke bedeckt. Erst 30 Jahre nach Fertigstellung des Tempels schuf

Peripteros

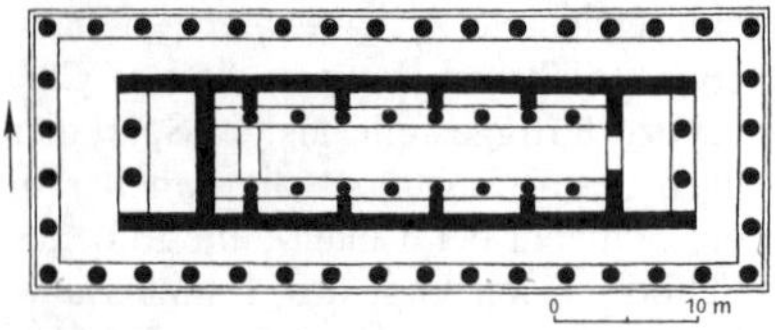

Olympia: Hera-Tempel

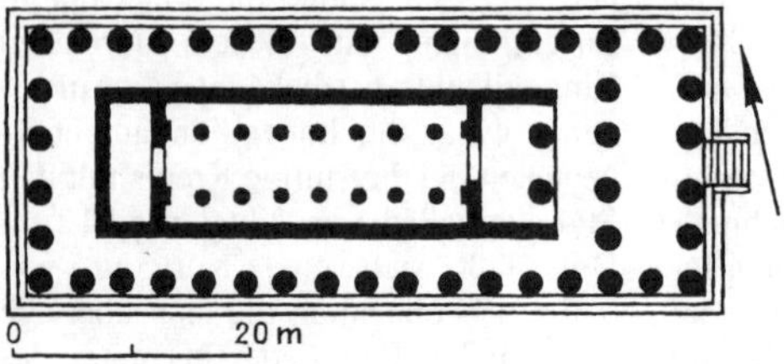

Syrakus: Apollon-Tempel

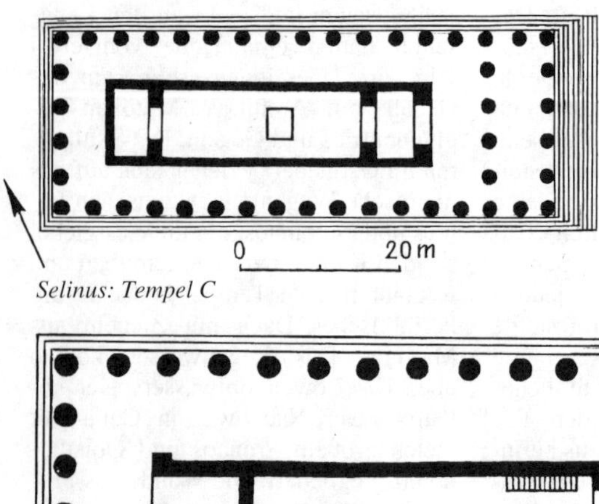

Selinus: Tempel C

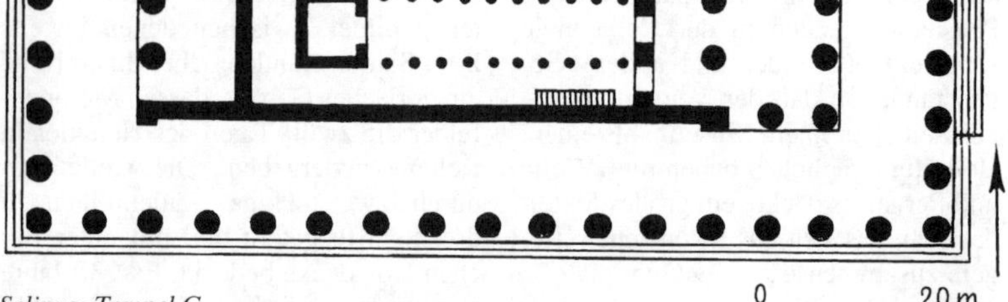

Selinus: Tempel G

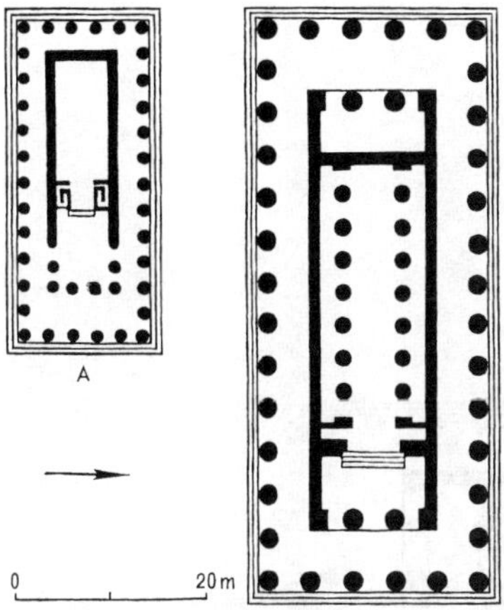

Paestum: Die drei großen Tempel
A Athena-Tempel (»Ceres-Tempel«) B Hera-Tempel II (»Poseidon-Tempel«) C Hera-Tempel I (»Basilika«)

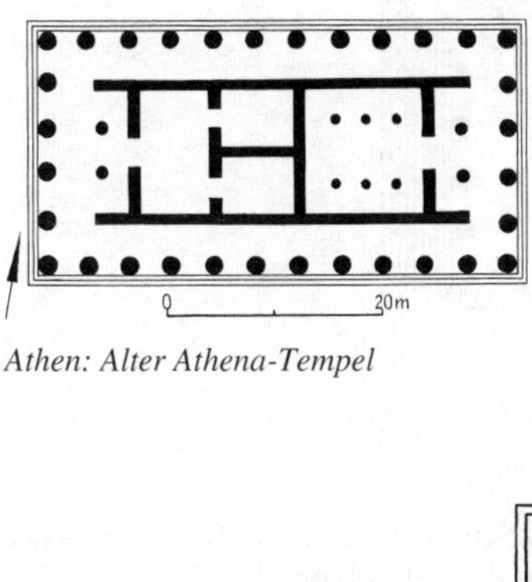

Athen: Alter Athena-Tempel

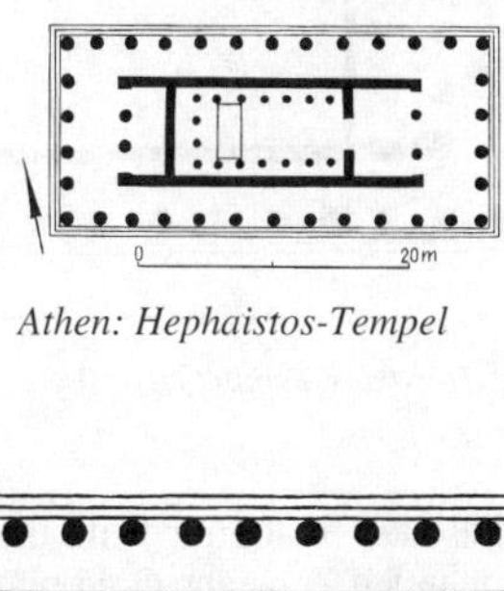

Athen: Hephaistos-Tempel

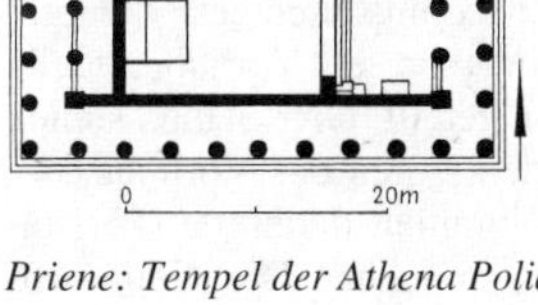

Priene: Tempel der Athena Polias

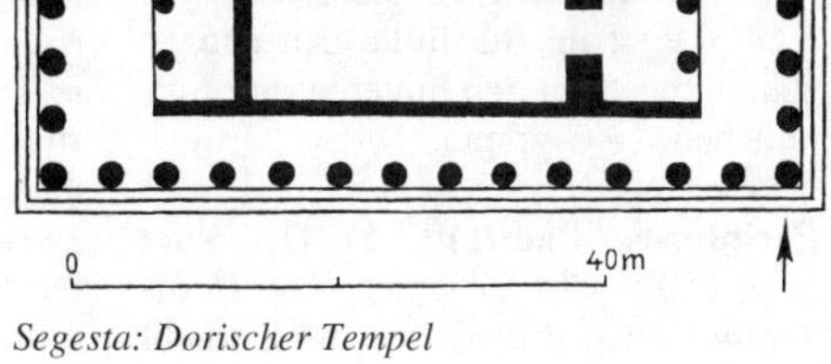

Segesta: Dorischer Tempel

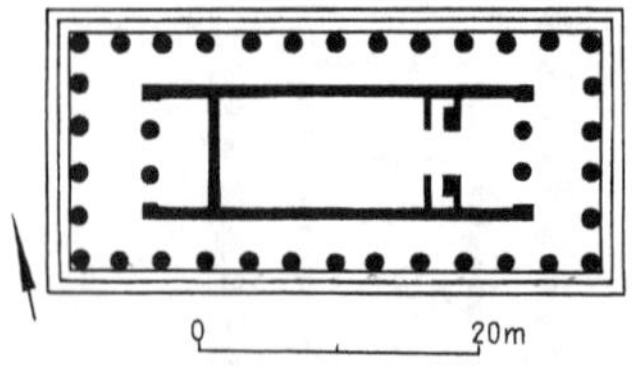

Akragas: Tempel der Juno Lacinia (D)

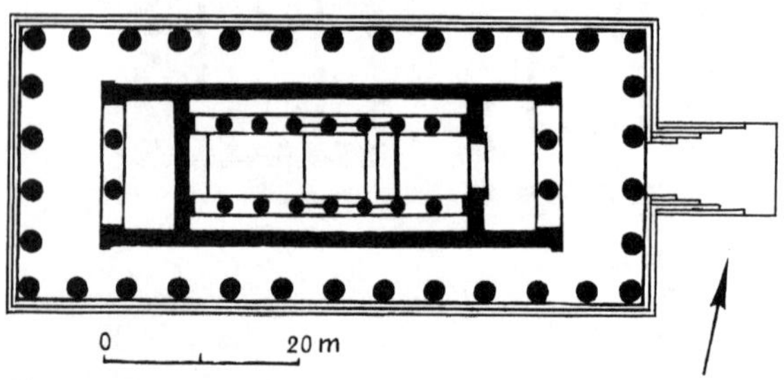

Olympia: Zeus-Tempel

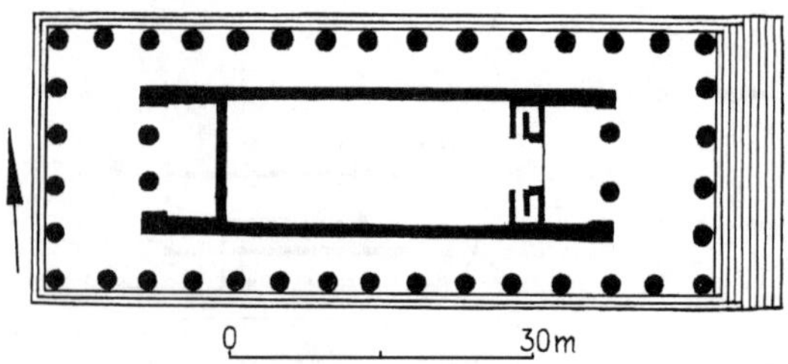

Akragas: Herakles-Tempel (A)

→ Phidias das berühmte Kultbild, einen thronenden Zeus aus Gold und Elfenbein. Die Maße der Basis betragen 6,54 x 9,82 m. Sie füllte den ganzen Raum zwischen den hinteren drei Cellajochen. → Olympia.

Peripteros, Paestum. 1) Der kurz nach 550 v. Chr. errichtete sog. *Hera-Tempel*, auch Basilika genannt, erhebt sich auf einem dreistufigen Unterbau mit den Stylobatmaßen von 24,52 x 54,27 m. Die Peristasis hat je neun dorische Säulen an den Schmalseiten und je 18 an den Langseiten. Der langgestreckte Naos ist in Vorhalle, Cella und Adyton geteilt. Drei Säulen stehen zwischen den Anten der Vorhalle, deren Interkolumnien denen der Peristasenfront entsprechen. Die Cella war durch eine längs eingestellte Säulenreihe in zwei gleich große Schiffe geteilt. Zwischen den hinteren beiden Säulen befand sich zur Aufstellung des Kultbildes ein größerer Abstand. Das Adyton war nur durch die Cella zu betreten. Die Säulen der Peristasis weisen eine deutliche Entasis auf, wobei sich die Schäfte um etwa ein Drittel vom unteren zum oberen Durchmesser verjüngen. Die Nahtstelle von Schaft und Echinus markiert eine Kehle mit plastisch ausgearbeitetem Blätterkranz. Der Echinusansatz ist mit einem leicht reliefierten Ornamentstreifen aus Lotosblüten und Palmetten geschmückt. Jedes Kapitell ist in dieser Hinsicht verschieden gearbeitet. Das Gebälk besteht aus schmucklosem Tragbalken, darüber ein Kymation aus Sandstein, gefolgt von einem dorischen Metopen-Triglyphen-Fries und einem weiteren Kymation. Die Dachränder waren mit einer aufwendigen Terrakottaverkleidung geschmückt. → Paestum.

Literatur: F. Krauss: Paestum, die griechischen Tempel. Berlin [5]1984. S. 22 ff.; D. Mertens: Der alte Heratempel in Paestum und die archaische Baukunst in Unteritalien. Mainz 1993.

2) Der *Athena-Tempel* (sog. Ceres-Tempel) aus dem späten 6. Jh. v. Chr. hat über einem dreistufigen Unterbau eine Peristasis von je sechs Säulen an den Schmalseiten und je 13 an den Langseiten. Die Stylobatmaße betragen 14,53 x 32,88 m. Die Abstände zwischen den Säulen sind auf allen vier Seiten gleich. Die Entasis an den Säulenschäften ist deutlich zu beobachten. Am Übergang von Schaft zu Echinus ist ein plastisch ausgearbeiteter Blattkranz eingefügt, der sich in seiner Gestaltung auf die 20 Kanneluren der Säule bezieht. Das Gebälk ist durch einen dorischen Metopen-Triglyphen-Fries und ionische Profile horizontal gegliedert. Die Unterseite des Geisons ist als Kassettendecke gebildet. Die Sima ist mit einem Lotusblüten-Palmetten-Fries geschmückt, der an den Traufseiten regelmäßig von Löwenkopfwasserspeiern unterbrochen wird. Die nicht weiter unterteilte Cella hatte eine ungewöhnlich tiefe, prostyle Vorhalle. Vier ionische Säulen standen an der Front und jeweils drei an den Seiten, wobei die Antensäulen nur im Dreiviertel ausgebildet sind. Gleich hinter dem Eingang in die Cella führten auf beiden Seiten schmale Treppen zum Dachboden. Die feiner profilierten Architekturglieder des Tempels bestanden aus Sandstein. → Paestum.

Literatur: F. Krauss: *Der Athenatempel.* Berlin 1959; F. Krauss: Paestum, die griechischen Tempel. Berlin [5]1984. S. 36 ff.

3) Der um 450 v. Chr. errichtete sog. *Poseidon-Tempel* ist ein reiner dorischer P. mit den Stylobatmaßen von 24,31 x 59,93 m und mit je sechs Säulen an den Schmalseiten und je 14 an den Langseiten. In seinem Grundriß gleicht er dem Zeus-Tempel von Olympia (→ Peripteros, Olympia, 2). Der Naos liegt durch einen Sockel etwa 1,4 m über dem Niveau der Peristasis. Die Fronten von Opisthodomos und Pronaos entsprachen sich mit jeweils zwei Säulen zwischen den Anten. Gleich hinter dem Eingang in die Cella führten zu beiden Seiten schmale Treppen auf den Dachboden. Die Cella selbst war durch zweistöckige Säulenreihen in drei Schiffe unterteilt. Eine Kurvatur kann in den Horizontalen vom Stufenbau bis in das Gebälk nachvollzogen werden. → Paestum.

Literatur: F. Krauss: Paestum, die griechischen Tempel. Berlin [5]1984. S. 46 ff.

Peripteros, Priene. Den Tempel für Athena Polias entwarf zwischen 350 und 330 v. Chr. der berühmte Architekt → Pytheos. Er hatte kurz zuvor das Mausoleum von Halikarnassos erbaut. Nicht zuletzt aufgrund der Überlieferung durch → Vitruv, der sich in seinem Werk auch auf Schriften des Pytheos bezog, bekam dieser klassisch-ionische P. Vorbildcharakter.
Alle Architekturglieder des Tempels stehen in einer mathematisch zu berechnenden Proportionierung zueinander. Der Grundriß unterliegt einem Rasterschema, dessen einzelne gleich große Quadrate eine Seitenlänge von 6 attischen Fuß (=1,764 m) haben. Säulenplinthe und Säulenzwischenraum nehmen jeweils die Fläche eines Planquadrats ein. Die Peristasis von je sechs Säulen an den Schmalseiten und je elf an den Langseiten erhebt sich über dem Stylobat mit den Maßen von 19,50 x 37,15 m. Sie steht mit 5 x 10 Jochen im Verhältnis 1:2 und ist an allen vier Seiten genau ein Joch von der Naoswand entfernt. Der Naos selbst ist in Pronaos, Cella und in Opisthodomos geteilt. Die Größe der Cella entspricht genau der Hälfte des Naos. Aufriß (Höhe der Säulen, des Architravs und des Gebälks) und Ausarbeitung der die Ringhalle umlaufenden Kassettendecke zeigen ebenfalls diese Maßverhältnisse. Der Tempel wurde trotz einer Stiftung Alexanders des Großen, die durch eine Bauinschrift überliefert ist, im 4. Jh. v. Chr. nicht fertiggestellt. Erst 180 Jahre später, um die Mitte des 2. Jh. v. Chr., wurde der Bau weiter ausgeführt und bekam ein Kultbild, eine verkleinerte Nachahmung der Athena Parthenos von der Akropolis in Athen, das Orophernes, König von Kappadokien, stiftete.

Literatur: W. Königs: Der Athenatempel von Priene. Bericht über die 1977–1982 durchgeführten Untersuchungen. In: Istanbuler Mitteilungen 35 (1983). S. 134 ff.; J.C. Carter: The Sculpture of the Sanctuary of Athena at Priene. London 1983.

Peripteros, Segesta. Der dorische P. wurde etwa um 430 v. Chr. begonnen, aber nie vollendet. Sein unfertiger und über die Jahrhunderte so belassener Zustand, bei dem der vierstufige Unterbau, der Säulenkranz und das Gebälk ausgeführt sind, aber die Cella und der Ansatz eines Daches vollkommen fehlen, ist einzigartig in der Überlieferung klassischer Tempel. Über dem Stylobat mit den Maßen von etwa 23 x 58 m erhebt sich die Säulenhalle mit je sechs Säulen an den Schmalseiten und je 14 an den Langseiten. Ihre Kannelierung war noch nicht ausgeführt. Ein Steg von einigen Zentimetern wurde stehengelassen, um die Säulenschäfte und auf entsprechende Weise auch die Stylobatplatten beim Einbau der Cella zu schützen. Der Tempel war nach Ausweis von Grabungen mit Pronaos und Opisthodomos geplant. In der aufragenden Architektur kann an allen vier Seiten vom Stylobat bis ins Gebälk eine Kurvatur beobachtet werden. 406 v. Chr. mußten die Bauarbeiten am Tempel abgebrochen werden, weil Segesta unter die Herrschaft Karthagos kam. Welcher Gottheit der Tempel dienen sollte, ist nicht bekannt. → Segesta.

Literatur: R.G. Adam: Der Tempel von Segesta. In: Antike Welt 12, 4 (1981). S. 3 ff.; D. Mertens: Der Tempel von Segesta und die dorische Tempelbaukunst des griechischen Westens in klassischer Zeit. Mainz 1984.

Peripteros, Selinus. **1)** Der *Tempel C* auf der Akropolis von S. wurde im zweiten Viertel des 6. Jh. v. Chr. begonnen. Den langgestreckten Naos von etwa 10,4 x 41,5 m umgibt eine dorische Säulenhalle von je sechs Säulen an den Schmalseiten und je 15 an den Langseiten. An der Ostfront ist der Peristasis eine zweite Halle mit 2 x 6 Säulen vorgelagert. Zu ihr führt eine achtstufige Freitreppe herauf, die sich über die ganze Tempelbreite erstreckt. Auffallend ist, daß die einzelnen Säulen in ihrem Durchmesser und auch in der Zahl ihrer Kanneluren unterschiedlich gearbeitet sind – was heißt, daß die Baumeister keinen großen Wert auf eine exakte Gestaltung des Tempels legten. Der Naos ist in Vorhalle, Cella und Adyton gegliedert. In der Mitte der Cella stand ein großer Opfertisch. Vom Skulpturenschmuck des Tempels sind drei archaische Metopen erhalten, die sich heute im Museo Archeologico Nazionale in Palermo befinden: eine Quadriga in Frontansicht; Perseus schneidet der Gorgo Medusa den Kopf ab; Herakles straft die Kerkopen. Giebel und Dachrand waren mit reich geschmückten, bunt bemalten Terrakottaplatten verziert.

Wahrscheinlich war der Tempel Herakles geweiht, denn man fand in seiner langgestreckten Cella einige hundert Siegel mit Darstellungen des griechischen Helden. → Selinus.

Literatur: L. Giuliani: Die archaischen Metopen von Selinunt. 1979.

2) In einem Kultbezirk östlich der Stadt befinden sich neben zwei weiteren Peripteroi die Reste des monumentalen *Tempels G*, der laut einer Inschrift Apollon geweiht war. Mit der Errichtung des P. wurde gegen 520 v. Chr. begonnen. Sie zog sich jedoch über mehrere Jahrzehnte hin, so daß sich eine zeitliche Entwicklung innerhalb einzelner Bauglieder, vor allem an den Kapitellen, nachvollziehen läßt. Um den langgestreckten, 22,50 m breiten Naos verläuft die Peristasis mit je 17 Säulen an den Langseiten und je acht an den Schmalseiten auf einem 110,12 m langen und 50,07 m breiten Stylobat. Sie bildet an allen vier Seiten eine zwei Joch tiefe Halle (= 12 m), die ohne weitere Stützkonstruktionen mit Holzbalken überbrückt werden mußte. Dem Naos wurde an der Frontseite eine Halle mit 2 x 4 Säulen vorgelagert, deren seitliche Säulen in einer Flucht mit den Anten des Pronaos stehen. Das ursprünglich geplante Adyton wurde entsprechend dem Zeitgeschmack durch die Öffnung nach Westen in ein Opisthodomos umgebaut. Zwei Reihen von dünnen Säulen gliederten die Cella in drei Schiffe. Sie sollten über drei Etagen das Dach tragen. Im westlichen Teil der Cella wurde ein kleiner Raum für das Kultbild abgeteilt. → Selinus.

Peripteros, Sunion. Der Tempel für Poseidon wurde zwischen 444 und 440 v. Chr. an der Südspitze Attikas auf den Fundamenten eines Vorgängerbaus errichtet. In Aufbau und Erscheinung gleicht er dem Hephaistos-Tempel von der Athener Agora (→ Peripteros, Athen, 2), so daß beide Bauten demselben Architekten zugeschrieben wurden. Der dorische P. mit den Stylobatmaßen von 31,12 x 13,47 m hatte je 13 Säulen an den Langseiten und je sechs an den

Schmalseiten. Je zwei stützten das Dach zwischen den Anten des Pronaos und des Opisthodomos. Die besonders schlanken Säulen ließen den Tempel vom Meer aus höher erscheinen, als er in Wirklichkeit war. 16 statt der sonst üblichen 20 Kanneluren gaben dem Säulenschaft eine größere Stabilität und erhöhten die Widerstandsfähigkeit der empfindlichen Marmorkanten gegen die aggressive Seeluft. Den Architrav der Vorhalle schmückte einst ein umlaufender Skulpturenfries mit den Taten des Theseus, mit Kämpfen zwischen Lapithen und Kentauren und zwischen Göttern und Giganten. → Sunion. Abb. S. 441.

Peripteros, Syrakus. Der Tempel für Apollon am Zugang zu der Halbinsel Ortygia wurde, wie eine Inschrift auf der obersten Stufe an seiner Front besagt, von dem Architekten Kleomenes errichtet und zwar im ersten Viertel des 6. Jh. v. Chr. Auf dem Stylobat von 21,57 x 55,33 m erhob sich der langgestreckte Naos mit einem Säulenkranz von je sechs dorischen Säulen an den Schmalseiten und je 15 an den Langseiten. Die Frontseite war durch eine zusätzliche Halle von acht Säulen betont. Eine schmale Treppe führte auf den vierstufigen Unterbau. Auffallend sind die besonders kurzen und dicken sowie engstehenden Säulen, deren Interkolumnien an den Langseiten schmaler sind als ihr Durchmesser. Die Einteilung des Triglyphen-Metopen-Frieses nimmt keine Rücksicht auf die Säulenstellungen. Der Architrav entsprach mit 2,15 m ungefähr einem Viertel der Säulenhöhe und lastete schwer auf den Säulen. Der Naos selbst ist in Vorhalle, Cella und Adyton gegliedert. Zwei Säulenreihen teilten die Cella in drei Schiffe. Insgesamt wirkte der Tempel wohl auch zu seiner Zeit schwerfällig und unharmonisch in der Zusammensetzung seiner Bauglieder. → Syrakus.

Peristasis (griech.). Der säulenbestande Umgang rings um die Cella des Tempels. Die P. trägt über einem horizontalen Gebälk das Tempeldach.
In Pergamon wurde dieser Begriff auch für schmale Gänge zwischen zwei Bauten oder zwischen der äußeren Wohnraumwand eines Hauses und einer nur in geringem Abstand hochgezogenen zweiten Außenwand verwendet. Ein Betreten und Reinigen dieser Zwischenräume, die in erster Linie Schutz gegen Feuchtigkeit boten, war möglich.

Peristyl (griech.). Die einen Platz oder Hof umgebende Säulenhalle.

Peristylhaus. Haustyp, dessen Hof auf allen vier Seiten mit einer Säulenhalle (Peristyl) umgeben ist, so z.B. auf Delos und in Pompeji.

Persepolis (Tacht e Dschamschid). 60 km nordöstlich von Schiras im heutigen Iran gelegen. Hier hatten die persischen Achämenidenherrscher vom 6. bis 4. Jh. v. Chr. ihre Residenz.
Geschichte: Dareios I., der Große (522–486 v. Chr.), König der altpersischen Dynastie der Achämeniden, verlegte 518 v. Chr. die Residenz von Pasargadae nach Parsa (griech. Persepolis, Perserstadt). Pasargadae blieb aber Krönungsstätte der Achämeniden. Dareios, sein Sohn Xerxes I. (486–465 v. Chr.) und sein Enkel Artaxerxes I. (464–424 v. Chr.) schufen die einzigartige Palaststadt.

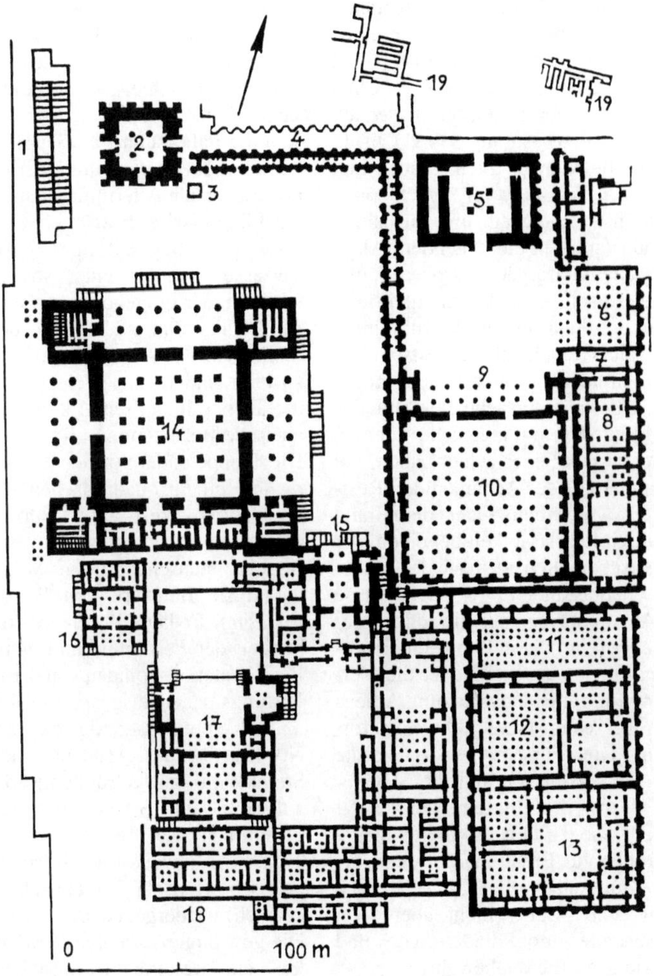

Persepolis: Palaststadt
1 Monumentaltreppe (Große Treppe) 2 Xerxes-Propyläen (»Tor aller Länder«) 3 Monolithbecken 4 Prozessionsweg 5 Monumentaltor (unvollendet) 6 Saal mit 32 Säulen 7 Wagenkammer 8 Pferdeställe 9 Vorhalle 10 Halle der Hundert Säulen (Thronsaal) 11 Hundertsäulensaal (Teil des Schatzhauses) 12 Neunundneunzigsäulensaal (Teil des Schatzhauses) 13 Magazine des königlichen Schatzhauses 14 Apadana (Audienzhalle) 15 Tripylon 16 Palast des Dareios (Taschara) 17 Palast des Xerxes (Hadisch) 18 Wohntrakt (Harem) 19 Bibliothek

Nach seinen siegreichen Schlachten gegen Dareios III. am Granikos (334 v. Chr.), bei Issos (333 v. Chr.) und bei Gaugamela (331 v. Chr.) drang Alexander der Große in Persien ein und besetzte Anfang 330 v. Chr. P. Er ließ alle Männer töten, Frauen und Kinder in die Sklaverei verschleppen und äscherte die Stadt mit Ausnahme der Palastanlagen ein. Nachdem Alexander auch Pasargadae erobert hatte, kehrte er nach P. zurück und quartierte sich in den Palästen ein. Warum kurze Zeit später auch die Palaststadt in Flammen aufging, blieb bislang ungeklärt. Über die Ursache des Brandes gibt es nur Vermutungen: So könnten die Perser das Feuer gelegt haben, um Alexander aus der Achämeniden-Residenz zu vertreiben. Oder der Brand war durch Fahrlässigkeit bei einem der orgiastischen Dionysosfeste des Makedoniers entstanden. Möglicherweise ließ Alexander bewußt die Palaststadt einäschern, um die mißtrauisch gewordenen Athener zu beruhigen, die Vergeltung für die Brandschatzung Athens durch Xerxes im Jahre 480 v. Chr. forderten. Die Forschung folgt heute mehr der letzten Vermutung. Auf jeden Fall trug die Einäscherung der Palaststadt – so paradox es klingen mag – wesentlich zur Erhaltung der einzigartigen Kunstschätze bei, die eine hohe Schutt- und Ascheschicht über zwei Jahrtausende vor Plünderungen und Witterungseinflüssen bewahrte.

Forschungsgeschichte: 1765 besuchte der deutsche Geometer C. Niebuhr P. Er fertigte hervorragende Kopien der altpersischen Keilschrift, Texte der Könige Dareios und Xerxes, die dem deutschen Gymnasialprofessor G.F. → Grotefend im Jahre 1802 eine erste Entzifferung der Keilschrift ermöglichten. 1931 bis 1939 legten die deutschen Archäologen E. Herzfeld und E.F. Schmidt im Auftrag des Oriental Institute of Chicago und unter der Schirmherrschaft des Schahs von Persien die Palaststadt frei. Seit 1960 stehen die Forschungen unter der Leitung des Iranischen Altertümerdienstes.

Archäologische Stätte: Die Palaststadt von P. liegt auf einer künstlichen Terrasse, die mit einer starken Festungsmauer umgeben war. Der einzige Zugang führte über eine doppelte *Monumentaltreppe*. Die Stufen waren so breit und flach angelegt, daß man die Treppe hinaufreiten konnte (daher auch die Bezeichnung »Reiterstiege«). Die Treppe endet vor den *Xerxes-Propyläen*, einem quadratischen Bau mit drei Toren. West- und Osttor bewachen je zwei riesige Mischwesen: geflügelte, menschenköpfige Stiere. Das wichtigste Bauwerk von P. war der *Apadana*. Er lag auf der höchsten Erhebung der Felskuppe und wurde aus Repräsentationsgründen von der starken Festungsmauer ausgespart (→ Apadana, Persepolis). An der Südost- und Nordostecke des Apadana sind 1933 Steinkisten mit Gründungsurkunden auf Gold- und Silberplatten zu Tage gekommen. Der immer gleichlautende Text ist in jeweils drei Sprachen (altpersische Keilschrift, elamisch und akkadisch) wiedergegeben.

Die gewaltige *Halle der Hundert Säulen*, ein weiterer Thronsaal, ließen Xerxes und sein Sohn Artaxerxes errichten. Das quadratische Bauwerk hat eine Seitenlänge von etwa 75 m. 10 x 10 Säulen, jede 9 m hoch, trugen das mit einer dicken Erdschicht bedeckte Zedernholzdach. Eine 11 m tiefe Vorhalle mit 2 x 8 Säulen war dem Hauptbau im Norden vorgelagert. Die zwei

Seitenwände sowie die Rückwand sind doppelt, mit einem schmalen Lagerraum dazwischen, ausgeführt. In der Halle der Hundert Säulen soll der Brand ausgebrochen sein, der zur Einäscherung der Palaststadt führte. Östlich von ihm liegen ein quergelagerter Saal, der als *Speisesaal* angesprochen werden kann, sowie die *Palastküche*. Den südlichen Bereich der Terrasse nehmen die privaten *Wohnpaläste* der Könige und das Schatzhaus ein. Der Zugang zum Wohntrakt erfolgte durch einen Torbogen, das sog. Tripylon. Es lag an der Schnittstelle des privaten und öffentlichen Bereichs des Königs sowie des Bereiches der Beamten.

Der *Palast des Dareios*, auch Taschara genannt, besteht aus einem Mittelsaal mit 3 x 4 Säulen; die Steinwände sind hochglanzpoliert, so daß man diesen Saal auch »Spiegelhalle« nennt. Im Gegensatz zu den anderen Bauwerken liegt die Eingangshalle nicht im Norden, sondern im Süden. Wohn- und Repräsentationsräume umschließen den Mittelsaal. Den *Palast des Xerxes*, auch Hadisch genannt, erreicht man über zwei Treppenanlagen vom hochgelegenen Hof aus. Der Hauptsaal hatte einen quadratischen Grundriß. 6 x 6 Säulen trugen das Dach. Auch hier bildete eine Vorhalle mit 2 x 6 Säulen den imposanten Eingang.

Im Süden und Osten des Palastes schließen die ausgedehnten Anlagen der *Beamtenwohnungen* an. Die Terrasse zwischen dem Dareios-Palast und dem sog. Tripylon beherbergte vielleicht ursprünglich das Palastheiligtum mit Altären, an denen der König opferte. Der *Schatzhaustrakt* jenseits der Beamtenwohnungen war nur durch zwei Eingänge zugänglich. Die säulengestützten Räume lagen um Innenhöfe, durch die sie Licht erhielten und belüftet werden konnten.

Östlich der Palaststadt sind die aus dem Felsen gehauenen *Gräber* der letzten Achämeniden Artaxerxes II. (404–358 v. Chr.) und Artaxerxes III. (358–338 v. Chr.) sowie ein für Dareios III. Kodomannos (336–330 v. Chr.) bestimmtes Grab, der aber auf der Flucht vor Alexanders Truppen ermordet und an unbekanntem Ort beigesetzt wurde, gefunden worden.

Literatur: D.N. Wilber: Persepolis. The Archaeology of Parsa. London 1969. E.F. Schmidt: Persepolis. 3 Bde. Chicago 1953–1970; L. Trümpelmann: Zu den Gebäuden von Persepolis und ihrer Funktion. In: Archäologische Mitteilungen aus Iran. Erg. Bd. 10, 1983. S. 225 ff.; Ders.: Ein Weltwunder der Antike. Persepolis. Katalog Ausstellung München 1988/89. Mainz 1988.

Perserschutt. Bezeichnung für einen Zerstörungshorizont in → Athen, der vor allem auf der Akropolis nachgewiesen wurde. Als Ursache für ihn wird die Eroberung Athens im Jahre 480 v. Chr. durch die Perser unter der Leitung des Königs Xerxes angenommen. Trifft diese Annahme zu, so gewinnt man für die Skulpturen und Monumente, die in dieser Schicht gefunden wurden, einen Terminus ante quem, d.h. einen Zeitpunkt, vor dem sie geschaffen wurden.

Petrie, Sir William Matthew Flinders. Am 3.6.1853 in London-Charlton geboren. Bald nach seinem Studium begann er mit einer gewissenhaften Erforschung des vorgeschichtlichen Steinkreises von Stonehenge (Südengland). 1880 ging P. nach Ägypten, grub an zahlreichen Plätzen und entdeckte 1889 ägäische Keramik, die zu dieser Zeit nicht einmal in der Ägäis vom Typ her bekannt war. Diese Funde ermöglichten es ihm, eine Chronologie der Vor- und Frühgeschichte Ägyptens zu erstellen. 1890 erkannte er bei der Ausgrabung des Tells el Hesi (Palästina) die Bedeutung der Stratigraphie. 1892 wurde er als Professor für Ägyptologie an das University College London berufen; den Lehrstuhl hatte er bis 1933 inne. 1894 gründete P. den Egyptian Research Account, seit 1906 British School of Archaeology in Ägypten. Die wichtigsten Grabungsplätze seiner 79jährigen Forschungstätigkeit waren Tanis, → Amarna, Nakada, Naukratis, Kahun, Abydos, Memphis, Giza, Medum und das Faiyum. Auch in Palästina führte P. zahlreiche Untersuchungen durch. 1923 wurde er in den Adelsstand erhoben; er starb am 28.7.1942 in Jerusalem.

Hauptwerke: The Pyramids and Temples of Gizeh. London 1883; A History of Egypt. 3 Bde. London 1894–1905; Royal Tombs of the First Dynasty. 2 Bde. London 1900–1901; Abydos. 2 Bde. London 1902–1903; Methods and Aims in Archaeology. London 1904; Arts and Crafts of Ancient Egypt. Edinburgh, London 1909; The Formation of the Alphabet. London 1912; Tools and Weapons. Illustrated by the Egyptian Collection in University College. London 1917; Corpus of Prehistoric Pottery and Palettes. London 1921; Seventy Years in Archaeology. London 1931; The Making of Egypt. London 1939.

Phaistos. Der minoische Palast von P. liegt am Hang eines Hügels, der die Mesara-Ebene im Süden Kretas beherrscht.

Geschichte: Das Gebiet von P. war bereits im Neolithikum besiedelt. In minoischer Zeit war P. ein bedeutendes Handelszentrum. Der erste Palast entstand etwa zur gleichen Zeit wie der Palast von → Knossos, also kurz nach 2000 v. Chr. Er wurde durch Feuer zerstört. Ein Neubau fiel einem Erdbeben zum Opfer. Der nächste Bau erstand auf den Trümmern, die mit einer dicken Erdschicht planiert worden waren. Dieser Palast wurde etwa um 1650 v. Chr. ein Raub der Flammen. Bald darauf erhob sich an gleicher Stelle ein neuer, wesentlich größerer Palast, der sog. Neue Palast. Zu Beginn des 14. Jh. v. Chr. endete das minoische Reich, dem auch P. angehörte, vermutlich durch eine Invasion der Achäer. Zu dieser Zeit wurde auch der »Neue Palast« von P. zerstört. Anschließend siedelten Achäer im Gebiet von P.; sie nahmen nach Homers ›Ilias‹ unter Idomeneus, einem Enkel des kretischen Königs Minos, an dem Zug Agamemnons gegen Troja teil. Später siedelten Dorier in P. Auch in hellenistischer Zeit war der Ort bewohnt. Im 2. Jh. v. Chr. wurde P. von → Gortyn zerstört.

Forschungsgeschichte: Der Palast von P. wurde zwischen 1900 und 1909 von italienischen Wissenschaftlern unter L. Pernier ausgegraben. 1950 nahm D. Levi die Forschungsarbeiten wieder auf, die bis heute fortgeführt werden.

Archäologische Stätte: Für den sog. *Alten Palast* von P. (1800–1500 v. Chr.) konnten die Ausgräber drei Bauphasen unterscheiden. Die Räume dieses Palastes gruppierten sich um fünf Höfe. Am besten erhalten ist der westliche Bereich des Palastes. Der Theaterhof wird im Norden von einer breiten Treppe begrenzt. Seine Nutzung für Aufführungen von Spielen und anderen Darbietungen, aber auch für die

Ausübung religiöser Riten wurde angenommen. Neben einer großen Anzahl mittelminoischer Keramik wurde im nordöstlichen Palastbereich der berühmte »Diskos von Phaistos« gefunden, eine Tonscheibe von etwa 16 cm Durchmesser, die beidseitig mit einer spiralförmig angeordneten Schrift versehen ist. Die Schriftzeichen konnten noch nicht entziffert werden. Der Diskos stammt aus der Zeit um 1600 v. Chr.
Der sog. *Neue Palast* wurde in spätminoischer Zeit auf den Mauern des alten mit Übernahme des großen, zentralen Hofes erbaut. Der Hof (22 x 46 m) war ringsum von Säulenhallen umgeben, von wo aus die Gäste des Königs den Stierkämpfen beiwohnen konnten. Nördlich von ihm befanden sich die Wohnräume des Königs. Rechts schlossen sich ein Waschhaus und Werkstätten an. Östlich des Hofes lagen weitere Wohnräume und westlich Vorratsräume. Das sog. *Prachttor*, wichtigster Bereich des Palastes, konnte bautypologisch als Palasttempel mit breiter Freitreppe und Portikusfassade identifiziert werden.
3 km westlich von P. liegt die Ausgrabungsstätte *Agia Triada* (Hagia Triada) mit einer Siedlung aus der Zeit nach dem Untergang des minoischen Reiches und mit einem palastartigen Landhaus, das aus derselben Zeit wie der Neue Palast von P. stammt. Die Wände mehrerer Räume des Landhauses waren mit Fresken geschmückt bzw. mit Alabasterplatten verkleidet. Im Magazin des Landhauses entdeckten die Ausgräber 19 Barren Bronze von je 29 kg Gewicht.

Literatur: L. Pernier: Il palazzo minoico di Festòs. 2 Bde. Rom 1935–1951; D. Levi: Festòs e la civiltà minoica. 2 Bde. Rom 1976; I. Beyer: Der Palasttempel von Phaistos. In: R. Hägg u. N. Marinatos (Hrsg.): The Function of the Minoan Palaces. Symposium Athen 1984. Stockholm 1987. S. 213 ff.; J. Wilson Myers u.a. (Hrsg.): The Areal Atlas of Ancient Crete. London 1992. S. 232 ff.

Phiale (griech.). Flache Schale ohne Fuß und Henkel, meist aus Bronze, aber auch aus Edelmetall und Keramik. Die Spendeschale hat in der Regel eine aufgewölbte Bodenmitte (griech. Omphalos, Nabel; Omphalosschale), in die die Finger zum besseren Halt von unten eingreifen konnten. Abb. S. 510.

Phidias (Pheidias). Bedeutendster Bildhauer und Erzgießer Athens in klassischer Zeit und künstlerischer Berater des Staatsmannes Perikles. Seine Schaffenszeit lag um die Mitte des 5. Jh. v. Chr. Genauere Angaben zu seinem Leben sind nicht überliefert. Gegen 430 v. Chr. starb er wahrscheinlich im Gefängnis, nachdem er wegen Veruntreuung von Gold, das für das Athena-Standbild im → Parthenon bestimmt war, angeklagt worden war. Seine berühmtesten Werke sind der Zeus in → Olympia und die Athena Parthenos.

Philae (altägypt. Pilak). Die »Perle Ägyptens«, eine winzige Nilinsel zwischen dem alten und dem neuen Assuan-Staudamm, war in ptolemäischer und römischer Zeit ein vielbesuchter Wallfahrtsort, die heilige Stätte der Göttin Isis, die hier ihren Sohn Horus geboren haben soll. Da die großartigen Bauwerke des Tempelbezirks nach der Fertigstellung des neuen Hochdammes im Nil versanken, wurden die Heiligtümer in einer gewaltigen internationalen Rettungsaktion auf die ungefährdete Nachbarinsel Agilkia verlegt.

Geschichte: Die ältesten Tempelbauten auf P. stammen aus der Zeit der 30. Dynastie. Nektanebos I. (378–360) errichtete hier den Göttinnen Isis und Hathor ein Hallenheiligtum, das aber bei einer Nilüberschwemmung weggerissen wurde. Ptolemaios II. Philadelphos (285–246) baute der Isis einen neuen Riesentempel. Ptolemaios III. Euergetes I. vollendete den Bau. Römische Kaiser, von Augustus bis Mark Aurel, bereicherten die Insel mit weiteren Bauten, erneuerten und ergänzten die alten Bauwerke. 391 n. Chr. verbot Theodosius der Große die heidnischen Kulte, mußte aber den Nubiern aus politischen Gründen das Wallfahrtsheiligtum P. belassen. 451 n. Chr. sah sich der byzantinische General Maximinus gezwungen, der nubischen Bevölkerung in einem Vertrag den freien Zugang zum Isis-Heiligtum zuzugestehen. Erst Kaiser Justinian I (527–565) verbot den Isis-Kult. Sein General Narses schloß das Heiligtum, verschleppte die Tempelstatuen nach Konstantinopel und richtete im Hypostyl des Tempels die christliche Anbetungsstätte St. Stephanus ein.

Forschungsgeschichte: 1828 besuchte J.F. → Champollion, der Entzifferer der ägyptischen Hieroglyphen, die Insel, um die dortigen Tempelinschriften zu übersetzen.

1899 bis 1902 entstand der Assuan-Staudamm, die damals größte Talsperre der Welt. 1907 bis 1912 und 1929 bis 1934 wurde die Mauer bis auf 51 m erhöht, so daß die Insel P. den größten Teil des Jahres von den Nilfluten bedeckt war. Das Nilwasser entsalzte den Sandstein der Mauern und machte ihn dadurch besonders hart und widerstandsfähig. Nach dem Bau des Hochdammes (Sadd el-Ali) in den Jahren 1960 bis 1971 wurde der alte Stausee zum Speichersee für ein Großkraftwerk, wodurch die Insel immer wieder im Wasser versank. Die vom Kraftwerk verursachten täglichen Wasserschwankungen drohten die aus dem See ragenden Pylone des Isis-Tempels zu zerstören. Den ursprünglichen Plan, die Insel einzudeichen, ließen die ägyptischen Behörden aus Kostengründen wieder fallen. Dann erbot sich der amerikanische Bankier J.P. Morgan, die ganze Tempelstadt auf eigene Kosten in die Vereinigten Staaten zu schaffen.

1969 entschloß sich die ägyptische Regierung schließlich, die Bauwerke mit finanzieller Unterstützung der UNESCO abzubauen und auf der 500 m entfernten Nachbarinsel Agilkia wieder zusammenzusetzen. 1973 begannen die Arbeiten. Ein Jahr später war der 732 m lange »Kofferdamm« fertig, und die 5,6 ha große Baugrube konnte leergepumpt werden. Das italienische Bauunternehmen Condotte Mazzi Estero entfernte 22 000 Tonnen Nilschlamm von den Böden und Wänden der Heiligtümer, zerlegte die Bauwerke in rund 44 000 Blöcke, jeder eine halbe Tonne bis 25 Tonnen schwer, und stellte die Tempel auf Agilkia wieder zusammen, nachdem die Nachbarinsel mit Dynamit in die Form der Insel P. gesprengt worden war. Gleichzeitig rissen Taucher ein Steintor des Kaisers Diokletian (284–305) ab, das seit 1970 am Rande der Insel überflutet war. Mit einem Schwimmkran wurden die 2000 Steinblöcke gehoben und ebenfalls auf Agilkia wieder zusammengefügt. Im Frühjahr 1980 konnte

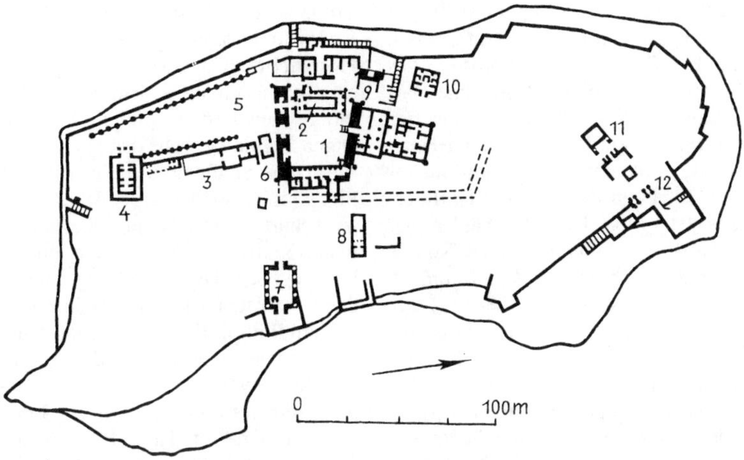

Philae
1 Großer Isis-Tempel 2 Mammisi 3 Asklepios-Tempel 4 Harensnuphis-Tempel 5 Tempelvorplatz 6 Tor Ptolemaios' II 7 Kiosk des Trajan 8 Hathor-Tempel 9 Tor des Hadrian 10 Tempel des Harendotes 11 Augustus-Tempel 12 römisches Stadttor

Präsident Sadat das wiedererstandene P. der Öffentlichkeit übergeben. Es liegt jetzt überschwemmungssicher zweieinhalb Meter über dem höchsten Wasserstand. Nur der Augustus-Tempel, das Diokletian-Tor und zwei koptische Kirchen blieben auf der alten Insel P. zurück.

Archäologische Stätte: Der *Große Isis-Tempel* war der Göttin Isis und ihrem Sohn Horus (griech: Harpokrates) geweiht. Zwei Säulenhallen säumten den Vorplatz des Tempels. Die westliche Halle wird von 32 5,10 m hohen Pflanzensäulen mit unterschiedlichen Kapitellen gestützt. Von den ursprünglich 16 Säulen der östlichen Halle stehen noch sechs aufrecht. Der Vorplatz endet im Norden vor dem ersten Pylon, der 45,50 m breit und 18 m hoch ist. Ein Riesenrelief am Ostturm zeigt Ptolemaios XII. Neos Dionysos (80–51), den Vasallenkönig Roms, in großsprecherischer Pose. Ein Tor im Westturm des ersten Pylon führt in das *Mammisi*, das an die Geburt des Göttersohnes Horus erinnert und die Gestalt eines Peripteros hat. Die Ostseite des Vorhofes schließt eine Säulenhalle mit mehreren Räumen für die Priester ab. Eine Treppe führt zum Tor des zweiten Pylon hinauf, der bei 32 m Breite eine Höhe von 12 m hat. Über zwei Säulenhallen, die 557 n. Chr. in eine Kirche umgewandelt wurden, und mehrere Vorräume erreicht der Besucher das Allerheiligste. Hier steht noch der Sockel, auf dem die Barke mit dem Kultbild der Isis ruhte. Ptolemaios III. Euergetes I. und seine Gemahlin Berenike II. stifteten den Sockel. Das Tempeldach krönt ein kleines Osiris-Heiligtum, deren schöne Reliefs den Mythos vom Tod des Osiris erzählen.

Westlich vom Isis-Tempel erhebt sich das *Tor des Hadrian* aus dem 2. Jh. n. Chr. Ein Relief an der Nordseite des Vorraums zeigt eine allegorische Darstellung der Nilquelle. Der kleine *Hathor-Tempel* entstand unter den Herrschern Ptolemaios VI. Philometor (180–145) und Ptolemaios VIII. Euergetes II. (145–116). Die Säulen der Vorhalle sind mit anmutigen Reliefs geschmückt. Der *Kiosk des Trajan*, erbaut unter Kaiser Trajan (98–117), besticht durch die Schönheit seiner Proportionen und den Reichtum der Blumenkapitelle seiner 16 Säulen. Den *Asklepios-Tempel* ließ Ptolemaios II. Philadelphos erbauen. Er diente der Verehrung des griechischen Heilgottes Asklepios und des vergöttlichten Imhotep (griech. Imuthes), Priester, Architekt und Arzt unter Pharao Djoser (um 2750 v. Chr.). Weitere Tempel waren dem Harensnuphis (Erihemsnufer, guter Lebensgefährte), dem Harendotes und Kaiser Augustus geweiht. Schließlich sei noch ein römisches Stadttor erwähnt, durch das die Prozessionen die Insel betraten.

Literatur: G. Bénédite: Le temple de Philae. Paris 1893–1895; H. Junker: Der große Pylon des Tempels der Isis in Philae. Wien 1958; E. Winter: Die Tempel von Philae und das Problem ihrer Rettung. In: Antike Welt 7, 3 (1976). S. 3 ff.; G. Haeny: A Short Architectural History of Philae. In: Bulletin de l'Institut français d'archéologie orientale 85 (1985). S. 197 ff.; E. Vassilika: Ptolemaic Philae. Leuven 1988.

Philippi. Am Strymon im östlichen Makedonien gelegen. Berühmt wurde P. durch die Schlacht im Jahre 42 v. Chr., als hier die römischen Feldherren Octavian (der spätere Kaiser Augustus) und Antonius über die Truppen der beiden Caesar-Mörder Brutus und Cassius siegten.

Geschichte: Um 365 v. Chr. gründeten Kolonisten aus → Thasos auf dem thrakischen Festland hinter ihrer einstigen Peraia (griech. das (Land) jenseits) eine Siedlung, um diesmal nicht für Thasos, sondern für Athen Gold zu schürfen. Der athenische Staatsmann Kallistratos hatte dazu den Befehl gegeben. Diese Siedlung nannten die Kolonisten Krenides. Bald darauf begann Philipp II., die makedonischen Gaufürsten zu einigen und das griechische Festland Stück für Stück unter seinen Einfluß zu bringen. 356 v. Chr. eroberte er Krenides mit den Gold- und Silberminen des Pangaion-Gebirges. Kurz danach nahm er den Königstitel an. Aus Krenides wurde P. Kampferprobte Makedonier übernahmen den Schutz der Minen und der Stadt. 148 v. Chr. wurde Makedonien römische Provinz. Nach der Schlacht des Jahres 42 v. Chr. siedelten die Römer Veteranen in P. an und erhoben die Stadt zur Colonia: »Colonia Augusta Julia Philippensium«. In P. gründete der Apostel Paulus die erste Christengemeinde auf europäischem Boden.

Forschungsgeschichte: Schon um die Mitte des 16. Jh. beschrieb der Franzose P. Belon die Ruinen von P. Französische und griechische Archäologen erforschten die antike Stadt. 1977 fanden die Griechen eine Uhr, die aus dem 4. oder 5. Jh. v. Chr. stammt und vermutlich zur Messung der Dauer von Tag, Jahr und Jahreszeiten diente. Der Makedonier Andronikos soll dieses Wunderwerk konstruiert haben.

Archäologische Stätte: Aus makedonischer und hellenistischer Zeit stammen nur wenige Ruinen. Einige Abschnitte der *byzantinischen Stadtmauer* weisen noch einen Unterbau der Mauer Philipps II. auf. Sie wurde durch viereckige Türme aus dem 4. Jh. v. Chr. verstärkt. Das Theater entstand ebenfalls in der Gründungszeit der Stadt. Die Römer bauten es im 3. Jh. n. Chr. zu einer Gladiatoren-Arena um. Südlich der Via Egnatia, der Römerstraße, die Byzanz mit Dyrrachium (heute Durrës in Albanien) verband, liegt das *Forum*. Laut einer Inschrift wurde es in der Regierungszeit Mark Aurels (161–180) neu gestaltet. An drei Seiten rahmten Säulenhallen den gepflasterten Platz. Die Ecken der Nordseite nahmen zwei Tempelbauten ein, an der Ostseite stand eine Bibliothek und im Süden des Forums wurden Mauern augusteischer Häuser, die frühesten römischen Zeugnisse dieser Stadt, aufgedeckt. Im 6. Jh. errichtete man auf den Fundamenten eines Marktgebäudes und der Palästra die große *Basilika B*, in die viele Spolien dieser früheren Gebäude aufgenommen wurden.

Literatur: P. Collart: Philippes. Paris 1937; D. Lazarides: Philippoi – Romaike apoikia. Athen 1973.

Philister. Nichtsemitisches Volk westlicher Herkunft, eines der sog. → Seevölker, das nach 1200 v. Chr. durch Palästina bis Ägypten vordrang, um 1177 v. Chr. aber von den Ägyptern in die palästinische Küstenebene zurückgedrängt wurde und dort einen Fünfstädtebund gründete (Gaza, Asdod, Askalon, Gath und Ekron). Sein Druck auf die Israeliten führte zur israelitischen Staatsgründung. Der Name »Palästina« geht auf die P. zurück (Land der P.).

Phlyakenvasen. Vasen mit Darstellung von Phlyaken, Possenspielern der dorischen Kolonien Siziliens und Unteritaliens.

Phöniker (Phönizier). Semitisches Volk von Seefahrern und Kaufleuten, Bewohner der Küstenebenen Libanons und Syriens, identisch mit den Kanaanäern. Im 3. Jt. unter ägyptischer Oberhoheit. Nach 1200 v. Chr. erfanden die P. die Buchstabenschrift, aus der sich unser Alphabet entwickelte. Seit 1100 v. Chr. Gründung von Handelsniederlassungen und Kolonien im Mittelmeerraum: Kition auf Zypern, Palermo auf Sizilien, Malta, Cadiz in Südspanien, Utica und Karthago in Nordafrika. Seit dem 8./7. Jh. v. Chr. unter assyrischer, seit 538 v. Chr. unter persischer Herrschaft.

Photogrammetrie (griech.). Die P., ein Meßverfahren, kann vom Flugzeug aus (Aerop.) oder auf der Erde (terrestrische P.) eingesetzt werden. Sie ermöglicht eine berührungsfreie Vermessung des Grabungsplatzes. Die Vermessung erfolgt anhand von Lichtbildern, die zugleich bestimmte Zeitpunkte der Grabung dokumentarisch festhalten. Die Stereop. erlaubt mit Hilfe zweier Meßbilder sogar eine dreidimensionale Vermessung.

Phryger. Indogermanisches Volk, das im 12. Jh. v. Chr. in Kleinasien eindrang und vermutlich das homerische Troja vernichtete sowie am Untergang des Hethiterreiches beteiligt war. Im 8. Jh. v. Chr. schufen die P. ein Großreich mit der Hauptstadt Gordion. Im 7. Jh. v. Chr. zertrümmerten die Kimmerer das Reich, das danach von den Lydiern annektiert wurde.

Piktographie (lat.-griech.). Bilderschrift, Vorstufe der Keilschrift. Dargestellt wurden konkrete Gegenstände oder Symbole mit Mengenangaben. Die P. entstand in Sumer; die Tontafeln aus → Uruk (Ende 4. Jt. v. Chr.) zählen zu den ältesten Schriftdenkmälern.

Pilak. → Philae.

Pilaster (lat. pila, Pfeiler). Wandpfeiler, oft wie eine Säule gegliedert, zur Versteifung und zum Schmuck der Wände sowie zur Rahmung von Fenstern und Türen.

Pinakothek (griech. Bildergalerie). Bezeichnung für den nördlichen Seitenflügel der Propyläen in Athen (→ Propyläen, Athen), in dem Bilder, vor allem von → Polygnot, aufbewahrt wurden. Im 1. Jh. v. Chr. diente der Hera-Tempel von → Samos ebenfalls als P.

Pinax (griech.). Schreibtafel, aber auch bemalte Holz- oder Tontafel, die als Weihgeschenk in Heiligtümern aufgehängt wurde. Pinakes konnten auch als Kulisse für Vorführungen im Theater dienen.

Piräus (griech. Peiraieus; lat. Piraeus). Der P. war bis in archaische Zeit durch die Sümpfe des Alipedon vom griechischen Festland abgetrennt. Erst der athenische Staatsmann Themistokles erkannte die strategisch günstige Lage des P. mit seinen drei natürlichen Hafenbuchten. Er nutzte P. für den Aufbau seiner großen Kriegsflotte und als Handelsstützpunkt. Außerdem wurde auf seine Initiative hin → Athen und die Halbinsel unter Perikles (461–429 v. Chr.) mit einer großartigen Befestigungsanlage, der *Langen Mauer*, verbunden. Am Ende des Peloponnesischen Krieges (431–404 v. Chr.) niedergerissen, ließ der Stratege Konon die Mauer, allerdings mit anderem Verlauf, 394 v. Chr. wieder aufbauen. Perikles beauftragte → Hippodamos von Milet mit der Planung einer Stadt auf dem P., die in kultureller und wirtschaftlicher Hinsicht eine Hafen- und Handelsstadt ideal verkörpern sollte. Hippodamos legte sie nach einem Schema an, in dem die Straßen rechtwinkelig und parallel zueinander verliefen und die öffentlichen wie auch privaten Gebäude je nach Bedarf integriert wurden. Die *Häfen von Mounichia und Zea*, auf der östlichen Seite von P. gelegen, dienten als Kriegshäfen. Sie beherbergten eine Reihe von Schiffshäusern und Arsenalen, in denen Schiffszubehör aufbewahrt wurde. Der größte Hafen des P., in der Antike *Großer Hafen* genannt, diente Handelszwecken. So konnten an seinem Ostufer auch das Emporion mit Hallen, Werften und dem Zollgebäude lokalisiert werden.
P. war eine blühende Handelsstadt, bis der römische Feldherr Sulla sie bei seinem Einfall 86 v. Chr. zerstörte und die Mauern schleifen ließ.
Literatur: J. Travlos: Bildlexikon zur Topographie des antiken Attika. Tübingen 1988. S. 340 ff.; K.V. von Eickstedt: Beiträge zur Topographie des antiken Piräus. Athen 1991.

Piscina (lat. Fischteich). Urspr. das künstliche Fischbecken in römischen Gärten, später auch das Schwimmbecken in römischen Thermen.

Pithos (griech.). Großes, dickwandiges Vorratsgefäß aus Ton, häufig mit zahlreichen Henkelösen für die Befestigung von Seilen. Pithoi wurden auch zur Totenbestattung verwendet.

Pitt-Rivers, Lord. Augustus Henry Lane-Fox – so hieß der spätere Lord P.-R. – wurde am 14.4.1827 in Hope Hall, Grafschaft Yorkshire, geboren. Als Sproß einer alten Offiziersfamilie schlug er ebenfalls die militärische Laufbahn ein. Mit 23 Jahren nahm er als Hauptmann im Krimkrieg an der Schlacht an der Alma (1854) teil, fiel durch seine Kühnheit auf und wurde im Heeresbericht erwähnt. 1877 erreichte er mit der Beförderung zum Generalmajor den Höhepunkt seiner militärischen Karriere. 1880 fiel Lane-Fox das Erbe seines Großonkels Lord George Pitt-Rivers zu. Er erbte die Peerswürde und riesige Besitzungen in Wiltshire und Dorset. General Lane-Fox, jetzt Lord P.-R., nahm seinen Abschied und widmete sich fortan seinen Besitzungen und den Naturwissenschaften. Als Offizier hatte er sich eine umfangreiche Waffensammlung angelegt und bei der Beschäftigung mit ihr entdeckt, daß Waffen und andere Geräte ebenso wie lebende Organismen eine Evolution, eine Entwicklung durchmachen. Nach einem Beitrag zur Analyse und Typologie von Artefakten wandte er sich der Archäologie zu. Er begann auf seinen Ländereien mit der Ausgrabung prähistorischer Relikte und entwickelte dabei eine wissenschaftliche Grabungsmethodik, die ihrer Zeit weit voraus war. Mit größter Akribie untersuchte er jedes Detail, jede Schicht, ließ jedes noch so unwichtig erscheinende Objekt in seiner Fundlage genau vermessen, zeichnen und registrieren, denn man könne ja nie wissen, welche Fragen künftige Archäologengenerationen stellen werden. Als ebenso wichtig erkannte P.-R. die vollständige und schnelle Veröffentlichung der Grabungsergebnisse. Er starb am 4.5.1900 in Rushmore, Grafschaft Wiltshire.

Hauptwerk: Excavations in Cranborne Chase. 5 Bde. London 1887–1903.

Plemochoë (griech.). Ein bisher nicht bestimmbares Opfergefäß. Fälschlich auch Bezeichnung für ein Parfüm- und Salbgefäß mit hohem Fuß und nach innen gebogenem Mündungsrand. Abb. S. 510.

Plinthe (griech.). Quadratische oder rechteckige Sockelplatte unter der Basis von Säulen, Pfeilern und Statuen.

Podanipter (griech. Waschwasser). Niedriges, dreibeiniges Metallbecken zum Waschen der Füße.

Podiumtempel. Italisch-römischer Tempeltypus. Der Tempel ruht auf einem hohen Podium, an der Frontseite führt eine Freitreppe zum Gotteshaus hinauf. Die Vorhalle ist weit und tief, eine Halle an der Rückseite fehlt.

Pola (Pula). Das römische P. ist heute die größte Stadt Istriens. Bekannt ist die Hafenstadt an der Südspitze der kroatischen Halbinsel vor allem wegen ihres gut erhaltenen Amphitheaters.

Geschichte: Nach der Mythologie wurde P. unter dem Namen »Polai« von Kolchern gegründet. Diese Kolcher hatten Iason und Medea vergeblich verfolgt, trauten sich daher nicht mehr nach Kolchis zurück und ließen sich auf Istrien nieder. Nach dem alexandrinischen Dichter Kallimachos (3. Jh. v. Chr.) bedeutet Polai »Stadt der Verbannten«. Tatsächlich hat man auf dem zentralen Hügel des heutigen Stadtgebietes Überreste einer Befestigungsmauer aus der Bronzezeit gefunden. Eine Nekropole mit Urnengräbern aus dem 6. und 5. Jh. v. Chr. weist auf eine Siedlung der Illyrer hin. In der illyrischen Sprache aber bedeutet Pola »Quelle«, und in der Nähe des späteren Amphitheaters sprudelte noch in römischer Zeit eine Quelle besten Trinkwassers.

In den folgenden Jahrhunderten, zumindest seit der Invasion der Kelten im 4. Jh. v. Chr., hatte die Stadt keine Bedeutung mehr. Selbst die Römer ließen sie auf ihren Feldzügen der Jahre 177 und 129 v. Chr. unbeachtet. Erst nachdem Octavian, der spätere Kaiser Augustus, im Jahre 40 v. Chr. die Ostküsten des Adriatischen Meeres in seine Gewalt gebracht hatte, entstand hier eine römische Kolonie unter dem Namen P., genau »Colonia Julia Pola Pollentia Herculanea«. Diese Colonia diente zunächst als Flotten- und Militärstützpunkt. Nach der Niederschlagung des Aufstandes der pannonischen Legionen begann für P. eine lange Epoche wirtschaftlicher und kultureller Blüte. Sogar die Einfälle der Markomannen und Quaden in das römische Imperium (166 und 167 n. Chr.) sowie die Eroberungszüge der Hunnen (um 400–453) brachten der abseits aller Heeresstraßen gelegenen Stadt keine Gefahr, im Gegenteil, der Zustrom reicher Flüchtlinge führte die Stadt zu noch größerem Wohlstand.

Forschungsgeschichte: Im 13. Jh. verhinderte der Patriarch von Aquileia mit einem Plünderungsverbot die vollständige Verwüstung des Amphitheaters von P. Die ersten wissenschaftlichen Forschungen führten seit Mitte des 18. Jh. der Italiener G. Rinaldo Carli und die Engländer J. Stuart und N. Revett durch. Auf Anregung von Kaiser Franz I. von Österreich unternahm der Architekt P. Nobile umfangreiche Ausgrabungen im Bereich des Amphitheaters. Es folgten die Österreicher J. Carrara und F. Bruyn, die die Galerie unter der Arena entdeckten, und schließlich der Archäologe und Konservator A. Gnirs.

Archäologische Stätte: Wohl schon zur Zeit des Augustus (31 v. Chr.–14 n. Chr.) wurde vor der Stadtmauer von P. ein *Amphitheater* erbaut, das unter Claudius (41–54) erheblich erweitert wurde und unter Vespasian (69–79) seine heutige Größe erreichte (→ Amphitheater, Pola).

P. war ringsum von einer *Mauer* umgeben, die seine Einwohner im 5. Jh. n. Chr. wegen der Hunnengefahr erheblich verstärkten. Da die Zeit drängte, verwendeten sie auch Teile benachbarter Häuser für den Mauerbau; so erkennt man noch heute Säulenschäfte, Architrave, Kranzgesimse und sogar Grabsteine darin. Das älteste Stadttor ist die *Porta Herculea* (Herkulestor) aus dem 1. Jh. v. Chr. Aus dem 2. Jh. n. Chr. stammt das sog. *Doppeltor*. Schmückender Teil der alten Stadtmauer war die *Porta Aurea*, auch Triumphbogen der Sergier genannt, erbaut um 30 v. Chr. zu Ehren der römischen Patrizierfamilie der Sergier. An der Nordseite des ehemaligen Forums erhebt sich der sorgfältig restaurierte *Augustus-Tempel*, ein 17,65 x 8,05 m großer Bau mit 8,12 m hohen Säulen. Er wurde irgendwann zwischen 2 und 14 n. Chr. geweiht. Von den beiden römischen *Theatern* sind nur noch die Fundamente erhalten. Das größere, außerhalb der Stadtmauer gelegene

Theater gehört in das 1. Jh. n. Chr., das kleinere, im Zentrum der Stadt, in das 2. Jh. n. Chr.
Literatur: S. Mlakar: Das antike Pula. Pula 1972.

Pollenanalyse. Untersuchung fossiler Pollen. Die widerstandsfähige Außenhaut des Blütenstaubs läßt Pollen Jahrtausende überdauern. Unter dem Mikroskop können Pollen nach Pflanzengattung und oft auch nach Pflanzenart unterschieden werden. Da sich die Vegetation ständig verändert, gelang es, für die einzelnen Vegetationsbereiche Kalender zu erstellen, die die vorkommenden Pollen nach Gattung, Art und Häufigkeit ausweisen. Sie geben Aufschluß über natürliche oder auch vom Menschen verursachte Veränderungen der Umwelt. Der Pflanzenbewuchs einer betreffenden Epoche, das Vorhandensein von Ackerbau, Art und Umfang des Ackerbaus usw. können mit Hilfe der P. bei Ausgrabungen erforscht werden.

Polygnot. Der berühmteste griechische Maler der Altertums stammt aus → Thasos und hatte seine Schaffenszeit um die Mitte des 5. Jh. v. Chr. Nach literarischen Überlieferungen hingen zwei Bilder von ihm in der Lesche der Knidier in → Delphi. Sie haben das eroberte Troja mit der Abfahrt der Griechen und Odysseus in der Unterwelt zum Thema (›Iliupersis‹). Der Reiseschriftsteller → Pausanias (X 25 ff.) gibt eine detaillierte Beschreibung dieser großformatigen Gemälde. Ein weiteres Bild mit der Darstellung des eroberten Troja befand sich in der Stoa Poikile zu Athen (→ Agora, Athen), zwei Bilder mit anderen mythischen Szenen in den Propyläen der Akropolis von Athen (→ Propyläen, Athen). Die Figuren in seinen Gemälden besaßen Namensbeischriften und waren allem Anschein nach lebensgroß. Die Beschreibungen legen nahe, daß es sich in seinen Werken um Stimmungsbilder handelte.

Polygonalmauer. Mauer aus Natursteinen, die nicht rechtwinklig, sondern polygonal (vieleckig) behauen sind.

pompejanischer Stil. Die Dekorationsstile der römischen Wandmalerei konnten anhand der gut erhaltenen Häuser in Pompeji in vier zeitlich aufeinanderfolgende, aber zum Teil auch nebeneinander bestehende Stile unterschieden werden. A. Mau prägte die Begriffe vom ersten, zweiten, dritten und vierten p. S.
Der erste p. S. fand seine größte Beliebtheit im 2. und frühen 1. Jh. v. Chr. im italischen Raum. Durch Stuckauftrag ahmt der rein mit geometrischen Feldern operierende Stil die Gliederung einer Außenwand mit Sockelzone, Gesimsen und Spiegelquadern nach, die aber im Laufe der Zeit einem rein ornamentalen Wandaufbau mit pseudoisodomen Feldern (unterschiedlichen Schichthöhen) wich. Die farbige Gestaltung der einzelnen Flächen imitiert die Verwendung kostbarer Gesteinsarten.
Der zweite p. S. ist seit dem frühen 1. Jh. v. Chr. in Rom und Pompeji nachweisbar. Illusionistische Architekturen beherrschen die glatten Wandflächen. Durch perspektivisch gemalte Architekturen, Verkürzungen, Licht- und Schattenangaben werden die Möglichkeiten der malerischen Darstellung von Raum- und Realitätserweiterung

voll ausgeschöpft. Die Einteilung in Sockel, mittleren Wandteil und oberen, schmalen Abschluß ist bereits bei den frühesten Malereien ausgeführt. Daneben gibt es aber auch die großformatigen mythologischen Figurenzyklen, die in einen architektonischen Rahmen eingebunden sind, sozusagen in ihm agieren (z.B. der Mysterienfries in der Villa dei Misteri bei → Pompeji). Die Entwicklung dieses Stils führt von der illusionistischen Architektur zur ornamentalen, in der zierliche Säulen mit Verkröpfungen und gemalten Schatten den nun vorherrschenden kleinen Figurenbildern einen architektonischen Rahmen verleihen.

Der dritte p. S. ist zeitlich in die augusteische und julisch-claudische Zeit zu setzen. Die im zweiten Stil vorherrschende Raumillusion wird zurückgenommen, die Architekturen rücken ins Irrationale. Die Ädikulen, schlanken Säulen, Kandelaber usw., mit denen die Wand in einzelne, meist rote und schwarze Paneele gegliedert wird, haben einen dekorativen Charakter. Vignetten (Gefäße oder Flügelwesen) schmücken häufig die Mitte der Paneele. Wichtig ist das zentrale Wandbild mit mythologischem Motiv, das sich zum reinen Tafelbild entwickelt. In diesen Wanddekorationen finden sich häufig ägyptisierende Motive, die einer Modeerscheinung gleichkommen.

Im vierten p. S., der in Rom mit Kaiser Nero aufkommt und in Pompeji in zahlreichen Häusern, die nach dem Erdbeben von 62 n. Chr. wieder errichtet wurden, zu finden ist, wird der symmetrische Wandaufbau des dritten Stils beibehalten und die Mitte weiterhin durch ein zentrales Bild hervorgehoben. Die aus dem zweiten Stil übernommenen Architekturen rahmen die meist hell grundierten Mittelfelder und tendieren deutlich zur Irrealität.

Literatur: A. Mau: Geschichte der dekorativen Wandmalerei in Pompeji. Berlin 1882; G. Cerulli Irelli u.a. (Hrsg.): Pompejanische Wandmalerei. Stuttgart 1990.

Pompeji. Am 24.8.79 n. Chr. verschüttete ein gewaltiger Ausbruch des Vesuv die blühende römische Stadt P. Eine 6 m hohe Schicht aus Asche und Bimsstein hielt das Geschehen im Augenblick der Katastrophe fest. Keine Ausgrabungsstätte schildert so anschaulich die Lebensweise der Menschen vor 1900 Jahren wie P., die besterhaltene Stadt des Altertums.

Geschichte: Das Stadtgebiet von P. auf einem Lavaplateau im Südosten des Vesuv war seit dem 8. Jh. v. Chr. von italischen Oskern besiedelt. Das oskische Zahlwort »pompe« (fünf) gab vermutlich der Siedlung den Namen, allerdings weiß man bis heute nicht, welche Bedeutung dieser Zahl zukam. In der ersten Hälfte des 6. Jh. v. Chr. ließen sich hier griechische Kaufleute aus Kyme (Cumae) nieder. Von da an stand die Stadt unter hellenischem Einfluß. Der dorische Tempel legt hierfür eindrucksvolles Zeugnis ab. 524 v. Chr. dehnten die Etrusker ihren Machtbereich bis Kampanien aus. Sie übernahmen die griechische Götterwelt, vor allem den Apollon-Kult, schufen aber in P. – soweit bisher bekannt – keine eigenen Bauwerke. Nach dem Seesieg der vereinigten Flotten von Kyme und Syrakus über die Etrusker 474 v. Chr. gewannen die Griechen ihre Herrschaft über die kampanische Küste zurück.

Zwischen 424 und 420 v. Chr. eroberten die Samniten, eine italische Völkerschaft aus den Gebirgstälern der Abruzzen, ganz Kampanien und somit auch P. Diese Samniten prägten fortan das Gesicht der lebhaften Handelsstadt, auch wenn griechische Einflüsse nach wie vor erkennbar blieben. Das Stadtgebiet wuchs zur siebenfachen Größe. Die neuen Stadtteile wurden schachbrettartig nach dem System des Architekten → Hippodamos von Milet angelegt. P. erhielt erstmals eine Stadtmauer. 290 v. Chr. mußten sich P. und die anderen samnitischen Städte dem römischen Bündnissystem anschließen. Zu Beginn des letzten vorchristlichen Jahrhunderts erhoben sich die italischen Stämme gegen Rom, weil die Lasten in keinem Verhältnis zu den Rechten standen. Es kam zum Bundesgenossenkrieg. Der römische Feldherr Lucius Cornelius Sulla schlug den Aufstand zwischen 89 und 87 v. Chr. nieder und eroberte nach längerer Belagerung auch P. 80 v. Chr. siedelte Sulla Veteranen in P. an und verlieh der Stadt den Titel »Colonia Veneria Cornelia Pompeianorum«. Nach jahrzehntelangen Reibereien zwischen den römischen Neubürgern und den samnitischen Altbürgern entwickelte sich P. zu einer zwar kleinen, aber überaus mondänen Provinzstadt. Seit Kaiser Augustus (27 v. Chr.–14 n. Chr.) war P. einer der bevorzugten Treffpunkte der römischen Gesellschaft. 62 n. Chr. wurde P. von einem schweren Erdbeben heimgesucht. Noch bevor die zahlreichen eingestürzten oder beschädigten Gebäude wieder aufgebaut oder instand gesetzt waren, versank die Stadt am 24.8.79 in einem unvorstellbaren Bimsstein- und Ascheregen. Der Ausbruch des Vesuv kam so überraschend, daß ein großer Teil der Einwohner den Tod fand.

Forschungsgeschichte: 1592 entdeckte der italienische Architekt D. Fontana beim Bau eines unterirdischen Kanals zwischen dem Oberlauf des Sarno und der Ortschaft Torre Annunziata das verschüttete P. Aber er fand nur einige Inschriften, für die sich damals niemand interessierte. 1748 begann der spanische Ingenieuroffizier Oberst Rocque Joaquin de Alcubierre, mit Billigung des spanischen Königs Karl III., dem damals auch das Königreich Neapel und Sizilien gehörte, P. auszugraben. Er hatte schon seit 1738 in → Herculaneum nach Schätzen gesucht und hoffte, an jener Stelle, die die Einheimischen »La Civita« (die Stadt) nannten, auf noch wertvollere Funde zu stoßen. Doch seine Hoffnung wurde enttäuscht, so daß sich Alcubierre 1750 wieder Herculaneum zuwandte. Erst vier Jahre später nahm er die Ausgrabungen in der »Civita« unter Aufsicht der inzwischen gegründeten Akademie von Herculaneum wieder auf. 1763 erfuhr man aus einer Inschrift den Namen der bis dahin unbekannten Stadt. Von da an wurden die Grabungen ohne wesentliche Unterbrechungen fortgesetzt. 1780 starb Alcubierre. F. La Vega wurde sein Nachfolger. Unter den französischen Königen von Neapel, J. Bonaparte (1806–1808) und J. Murat (1808–1815), wurden die Arbeiten in P. stark gefördert. Murat setzte zeitweise bis zu 700 Arbeiter ein.

Nach dem Zusammenbruch des französischen Kaiserreiches und der Ermordung Murats im Jahre 1815 stockten die Ausgrabungen. Erst als 1860 Garibaldi das Königreich Neapel in das vereinigte Italien eingliederte, lebten auch die Arbeiten in P. wieder auf. G. Fiorelli wurde von Victor Emanuel II. mit der Leitung der Ausgrabungen beauftragt. Mit ihm begann die

wissenschaftliche Erforschung der antiken Stadt. Er führte die topographische Aufnahme der Ausgrabungsstätte ein, schuf ein Koordinatensystem, gab jeder Haustür eine Nummer. Die Hohlräume, die die zerfallenen Menschen und tierischen Körper in der Vulkanmasse zurückgelassen hatten, ließ er mit Gips ausgießen.
1875 bis 1893 leitete der Architekt M. Ruggiero die Arbeiten. Unter ihm begann die Restaurierung der Stadt. Immer mehr der freigelegten Gegenstände und Malereien verblieben an Ort und Stelle. Die Bauwerke wurden sorgfältig ausgebessert, die Wandmalereien konserviert. Ruggiero folgte 1893 bis 1901 G. De Petra, der sogar die Bepflanzung der antiken Peristylgärten untersuchte und einige Gärten wiederherstellte. 1889 stießen der deutsche Archäologe F. von Duhn und der Architekt F. Jacobi in tiefere Schichten vor, um die Vergangenheit von P. zu erkunden. Dabei fanden sie die Reste eines griechischen Tempels aus dem 6. Jh. v. Chr. 1901 bis 1905 leitete E. Pais und 1905 bis 1910 A. Sogliano die Arbeiten in P. Längst interessierte die Wissenschaftler nicht mehr allein der kunstgeschichtliche Wert der gefundenen Gegenstände, sondern das Leben, die Menschen in ihrer damaligen Umwelt.
1907 und 1911 entdeckten A. Sogliano und seine Mitarbeiter vor den Mauern der Stadt zwei samnitische Nekropolen aus dem 5. Jh. v. Chr. 1910 bis 1924 legte V. Spinazzola die Via dell'abbondanza, eine der bedeutendsten Geschäftsstraßen, frei. 1924 übernahm A. Maiuri die archäologische Leitung in P. Er grub die berühmte »Villa dei Misteri« aus und versuchte seit 1926, durch Tiefbohrungen größeren Umfangs die Frühgeschichte zu erhellen. Zur Aufbesserung des Grabungsetats verkaufte er die abgetragenen Lavabrocken an die Straßenbauverwaltung. 1961 löste A. de Franciscis Maiuri ab. Er stellte die Erhaltung der bis dahin freigelegten Gebäude in den Vordergrund seines Schaffens. Bis heute wurden etwa zwei Drittel des Stadtgebietes freigelegt. Da die Forschungsarbeiten mit immer größerer Genauigkeit durchgeführt werden und die gründliche Dokumentation alles bisher Ergrabenen zur Zeit im Mittelpunkt steht, könnten noch mehr als hundert Jahre vergehen, bis P. restlos ausgegraben und damit die städtebau-

Pompeji
1 Forum 2 Jupiter-Tempel 3 Macellum 4 Forumsthermen 5 Apollon-Tempel 6 Basilika 7 Comitium 8 Gebäude der Eumachia 9 Venus-Tempel 10 Fortuna- und Augustus-Tempel 11 Stabianer Thermen 12 Zentral-Thermen 13 Theater 14 Odeum 15 Wandelhalle (später Gladiatorenkaserne) 16 Isis-Tempel 17 Forum triangulare 18 Dorischer Tempel 19 Amphitheater 20 Palästra 21 Haus des Menander 22 Haus des D. Octavius Quartio 23 Haus der Venus in der Muschel 24 Haus der Julia Felix 25 Haus des Gaius Julius Polybius 26 Haus der Jahrhundertfeier 27 Haus der silbernen Hochzeit 28 Haus des Marcus Lucretius Fronto 29 Haus des Fauns 30 Haus des tragischen Dichters 31 Haus mit dem großen Springbrunnen 32 Haus der goldenen Amoretten 33 Haus der Vettier 34 Haus des Sallustius 35 Villa des Diomedes 36 Villa der Mysterien 37 Porta Ercolano 38 Porta Vesuvio 39 Porta di Nola 40 Porta di Sarno 41 Porta Nocera 42 Porta di Stabia 43 Porta Marina 44 Nekropolen

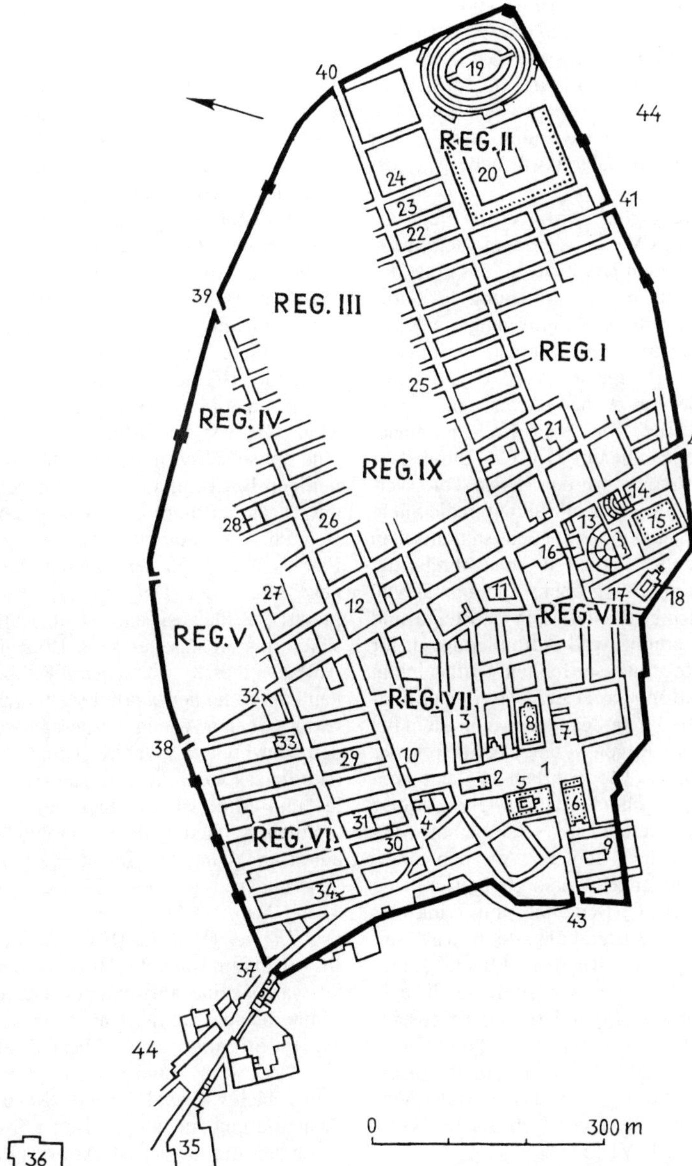
REG. I
R·EG. II
REG. III
REG. IV
REG. V
REG. VI
REG. VII
REG. VIII
REG. IX
1
2
3
4
5
6
7
8
9
10
11
12
13
14
15
16
17
18
19
20
21
22
23
24
25
26
27
28
29
30
31
32
33
34
35
36
37
38
39
40
41
42
43
44
44
0
300 m

lichen Zusammenhänge völlig geklärt sind. Zur Zeit stehen die Arbeiten in P. unter der Leitung von P.G. Guzzo.
Die Funde aus P. sind im Museo Archeologico Nazionale von Neapel untergebracht, viele Funde aus neuerer Zeit enthält auch das örtliche Antiquarium.
Archäologische Stätte: P. liegt am Fuße des Vesuv auf einem nach Süden abfallenden Lavaplateau, das einst den Unterlauf und die Mündung des Sarno beherrschte. Die Entfernung zur Küste betrug im Altertum etwa 700 m. Das ovale Stadtgebiet von P. hat eine Größe von 66 ha. Es war seit dem 4. Jh. v. Chr. von einer Kalksteinmauer umgeben, die um 95 v. Chr. durch Türme verstärkt wurde. Sieben Tore, vermutlich sogar acht, führten in die Stadt. Die *Straßen* der neuen samnitischen Stadtteile verlaufen schachbrettartig. Sie sind mit großen, unregelmäßigen Steinen gepflastert. Die Gehsteige sind stark erhöht, weil Abflußleitungen für das Regenwasser fehlten. Trittsteine in der Art moderner Zebrastreifen ermöglichten den Fußgängern – vor allem bei starkem Regen – ein Überqueren der Fahrbahn. Die Fahrbahnen sind zum Teil so schmal, daß möglicherweise Einbahnverkehr herrschte, zumal Ausweichstellen fehlen. An den Straßenkreuzungen versorgten öffentliche Brunnen die Bewohner mit Trinkwasser. Die Ausgrabungsstätte wird seit Fiorelli in die Regionen I bis IX eingeteilt, die sich wiederum in Insulae (Wohnviertel) gliedern. Jeder Hauseingang hat eine Nummer. Auf diese Weise ist jedes Bauwerk genau zu lokalisieren. So liegt z.B. das Haus der Vettier in der Region VI, Insula 15, Hauseingang 1 (VI 15, 1).
Das *Forum* (VII 8) im ältesten Teil der Stadt war der Mittelpunkt des städtischen Lebens von P. Hier fanden die großen Feierlichkeiten statt (→ Forum, Pompeji). Der zweite Mittelpunkt war das *Foro Triangulare* (lat. triangulus, dreieckig; VIII 7, 30). Es liegt erhöht auf einem Lavahügel. Man betrat es an seiner Nordseite durch einen relativ schmalen Eingang, dem ein Portikus mit sechs ionischen Säulen vorgelagert war. An zwei Seiten säumte den Platz eine Halle mit insgesamt 95 dorischen Säulen. Die dritte Seite wurde freigelassen, da man von hier eine gute, unverstellte Sicht Richtung Süden auf das Meer hatte. Ein niedriger Mauerzug vor der Osthalle sorgte für eine optische Trennung zwischen dem heiligen Bezirk und dem für Besucher der Theateraufführungen zugänglichen Bereich. Die bauliche Gestaltung des Platzes erfolgte in der zweiten Hälfte des 2. Jh. v. Chr. Der *Tempel*, Mittelpunkt des Platzes, stammt allerdings schon aus archaischer Zeit. Über den Aufbau dieses dorischen Tempels kann aufgrund der überlieferten Architekturteile nur wenig ausgesagt werden. Der Fund von zahlreichen Architekturterrakotten, die u.a. auch Hercules und Minerva, die hier verehrten Gottheiten, wiedergeben, ermöglichen eine Darstellung der Umbau- bzw. Erneuerungsphasen des Tempels im 4. und 2. Jh. v. Chr.
Das *Theater* (VIII 7, 20) wurde im 2. Jh. v. Chr. am Hang des Hügels erbaut. So waren keine aufwendigen Gewölbeunterbauten für die Cavea notwendig. Im Stil griechischer Theater hatte die Orchestra Hufeisenform. Diese wurde auch während der umfassenden Restaurierung in augusteischer Zeit durch den Architekten M. Artorius Primus beibehalten. Nach 62 n. Chr.

mußte nur das Bühnenhaus vollkommen neu errichtet werden. An das Theater schloß sich ein viereckiger, von Säulenhallen umgebener Hof an, ein *Quadriportikus* (VIII 7, 16), der als Wandelhalle für die Zuschauer diente. Nach 62 n. Chr. war in einem Teil der umliegenden Räume eine Gladiatorenfamilie untergebracht. Inwieweit die anderen Räume auch als Wohnungen genutzt wurden, ist unbekannt.
Das *Odeun* (VIII 7, 19), ein kleines überdachtes Theater für musikalische und mimische Darbietungen, scheint bei der architektonischen Konzeption des Viertels in samnitischer Zeit mitgeplant gewesen zu sein. Allerdings wurde es erst um 80 v. Chr. von den Duoviri C.Q. Valgus und M. Porcius erbaut. Die Sitzstufen der halbkreisförmigen Cavea wurden an den Seiten in ihrem oberen Bereich durch die aufragenden Wände beschnitten. Dadurch wurde eine Überdachung ermöglicht. Telamonen (figürliche Gebälkträger) aus Tuffgestein schmückten die Enden der Cavea-Außenmauer. Ansonsten glich das Odeion im Grundriß weitgehend dem Theater. Oberhalb des Theaters liegt die *samnitische Palästra* (VIII 7, 29), die laut Stifterinschrift und aufgrund ihrer Größe allerdings weniger sportlichen Zwecken als vielmehr zur Versammlung einer militärischen oder politischen Vereinigung von jungen Männern gedient haben dürfte.
Der *Isis-Tempel* (VIII 7, 28) aus der zweiten Hälfte des 2. Jh. v. Chr. wurde durch das Erdbeben des Jahres 62 n. Chr. völlig zerstört, aber sofort wieder aufgebaut. Der Eingang in den mauerumfriedeten Hof lag an der Nordecke. Die Säulen der an vier Seiten umlaufenden Halle stammen z.T. noch aus der ersten Bauphase. Der Tempel ruht in der Mitte des kleinen Hofes auf einem hohen Unterbau. Der querrechteckigen Cella ist eine Halle mit vier korinthischen Säulen an der Front und je zwei an den Seiten vorgelagert. Zu seiten der Cellawand öffnet sich je eine kleine, mit einem Giebel bekrönte Nische. Das Podium für die Kultstatue nimmt die ganze Breite der Cella ein. Durch zwei seitliche Öffnungen war es begehbar. Im Hof des Heiligtums befanden sich das Purgatorium, ein Raum für Reinigungszeremonien, der Altar sowie eine ummauerte Abfallgrube. In der gleichen Insula konnte in einem kleinen, langgestreckten Hof der *Tempel für Zeus Meilichios* (der zu Besänftigende; VIII 7, 25) erkannt werden. Er wurde kurz nach Gründung der Republik durch Sulla errichtet.
Die älteste Bäderanlage der Stadt sind die *Stabianer Thermen* (VII 1, 8). Sie ruhen auf den Fundamenten eines kleinen Bades aus dem späten 6. Jh. v. Chr. Ihr Baubeginn lag im 2. Jh. v. Chr., als die Stadt mit zahlreichen öffentlichen Bauten neu gestaltet wurde (→ Thermen, Pompeji).
Das *Amphitheater* (II 6) aus den Jahren kurz nach 80 v. Chr. ist das älteste Amphitheater überhaupt. Seine Stifter waren die Duoviri C.Q. Valgus und M. Porcius, kurz zuvor hatten sie das Odeun am Theater errichten lassen. Bei einer Länge von 135 m und einer Breite von 104 m faßte das Amphitheater etwa 12 000 Zuschauer. Ein riesiges Velarium (Plane) schützte die Zuschauer vor Sonne und Regen (→ Amphitheater, Pompeji). Westlich vom Amphitheater erstreckt sich eine große *Palästra* (II 7), die in der frühen Kaiserzeit angelegt wurde. Sie nimmt eine Fläche von 141 x 107 m ein und

ist an drei Seiten von Säulenhallen, an der Ostseite von einer zinnengekrönten Mauer und drei Eingangstoren umgeben. In der Mitte des weiten Platzes war ein etwa 22 x 35 m großes Schwimmbecken eingelassen, dessen Tiefe sich von 1 m bis 2,60 m vergrößerte; zwei Reihen hoher Platanen spendeten Schatten.
Die *Wohnhäuser und Villen* von P. vermitteln einen einzigartigen Eindruck vom Leben in einer samnitisch-römischen Stadt des ersten nachchristlichen Jahrhunderts. Nirgendwo läßt sich die Entwicklung des italischen Hauses vom 4. Jh. v. Chr. bis zum 1. Jh. n. Chr. besser verfolgen als in P. Die unregelmäßigen Hausgrundrisse kamen durch Änderungen der Eigentumsverhältnisse zustande. Für die letzte Phase von P. konnten alle Formen des Atriumhauses nachgewiesen werden. Bis zur Mitte des 2. Jh. v. Chr. herrschte der Haustyp mit dem tuscanischen Atrium (→ Atrium) vor. Später wurden in große Atrien Säulen eingestellt, um eine erweiterte Dachkonstruktion zu ermöglichen. Die schmalen Reihenhäuser für die Mittelschicht bestanden aus einem zur Straße liegenden Eingang mit Nebenräumen und eventuell Küche, einem Wohntrakt mit Atrium und einem hofähnlichen rückwärtigen Bereich. Treppenanlagen für den Zugang zu einem zweiten Geschoß, das wahrscheinlich nur partiell existierte, d.h. nicht über die ganze Grundfläche des Hauses verlief, fanden sich im Atrium. Grundstückserweiterungen auf seiten der besitzenden Klassen und das Kennenlernen der luxuriösen hellenistischen Wohnkultur führten seit dem 2. Jh. v. Chr. zur Errichtung von Stadtpalästen mit Atrien und Peristylen sowie repräsentativem

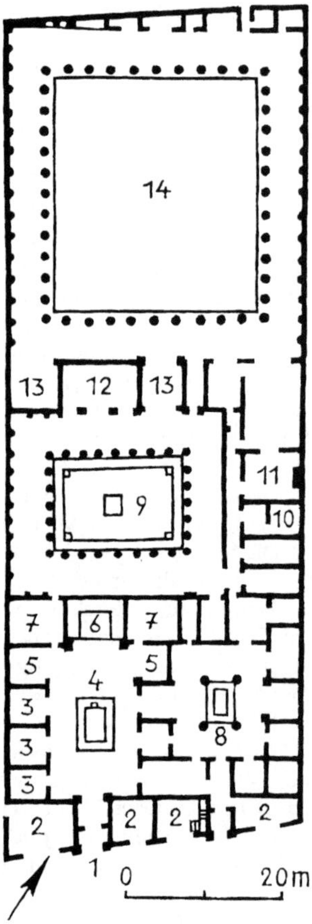

Pompeji: Haus des Fauns
1 Haupteingang
2 Tabernae
3 Cubicula (Schlafzimmer)
4 Atrium tuscanicum
5 Alae 6 Tablinum
7 Triclinia
8 Atrium tetrastylum
9 Peristyl 10 Bad
11 Küche
12 Alexander-Exedra
13 Sommer-Triclinia
14 Großes Peristyl

Garten. Mitunter konnte der vordere Bereich des Hauses als Geschäftstrakt dienen.
Im ausgehenden 1. Jh. v. Chr. begann ein Aufschwung bei der Errichtung von *Mietwohnungen*, die meistens im Obergeschoß eingerichtet wurden und in der Regel über einen separaten Treppenaufgang zugänglich waren. Für das frühe 1. Jh. n. Chr. läßt sich eine Tendenz der Aufgliederung von großen Häusern in kleine Mietwohnungen für die Mittelschicht feststellen.
Die großen, z.T. villenartigen Häuser waren mit aufwendigen Wandmalereien und Stuckierungen geschmückt, die zeitlich in vier Stilphasen unterschieden werden können und große Bedeutung für die Geschichte der antiken Malerei haben (→ pompejanischer Stil). Einen einzigartigen Einblick in das Alltagsleben einer antiken Stadt gewähren die zahlreichen *Handwerksbetriebe, Läden und Gaststätten.* Da gibt es z.B. eine Bäckerei in der Stabianer Straße (IX 1,3) oder, mit Mühlen und Backöfen, im Haus des Sallust (VI 2,6), eine Schmiede (IX 1, 5), eine Färberei und Wäscherei (I 6,7), eine Töpferei (II 6), eine Weinhandlung (V6–7), eine Ölhandlung mit Ölpresse (VII 4,24 25), eine Garküche (I 8,8), Wirtshäuser (VII 10,1; I 12,3), Spiellokale mit Bordellbetrieb (VI 14,28; VI 14,36).
Nach römischem Recht mußten die Toten außerhalb der Stadtgrenze bestattet werden. Das geschah dann meistens an den Ausfallstraßen vor den Toren der Stadt. So befinden sich auch die *Nekropolen* von Pompeji vor den Stadttoren. Die eindrucksvollsten Gräberstraßen liegen vor dem Herkulaner Tor (Porta Ercolano) und vor dem Nuceriner Tor (Porta Nocera).
Etwa 400 m nordwestlich der Stadtmauer von P. liegt an einem Hang die *Villa dei Misteri* (Villa der Mysterien), eine der ältesten bisher bekannten »villae urbanae«, der luxuriösen Landhäuser. Die Villa stammt aus dem 2. Jh. v. Chr. und wurde bis zum Vulkanausbruch mehrmals umgebaut. Ihre großartigen Wandmalereien entstanden um 60 v. Chr. Der 1,62 m hohe Fries im Südwestsaal der Villa ist das größte erhaltene Denkmal antiker Malerei; er zeigt vermutlich die einzelnen Phasen der Einweihung einer Braut in die Mysterien des Dionysos. Der Künstler und sein Auftraggeber sind nicht bekannt. Die *Villa des Diomedes*, ebenfalls an der Straße nach Herculaneum gelegen, hat ihren Namen nach dem gegenüberliegenden Grab des Arrius Diomedes. Der große Garten auf einer tiefer gelegenen Terrasse war von einer Pfeilerhalle eingerahmt. Das stattliche Landhaus entstand in vorrömischer Zeit und wurde später mehrmals umgestaltet.

Literatur: V.M. Strocka (Hrsg.): Häuser in Pompeji. Bd.1 ff. Tübingen 1984 ff.; V. Kockel: Funde und Forschungen in den Vesuvstädten I. In: Archäologischer Anzeiger (1985). S. 495 ff.; Ders.: Funde und Forschungen in den Vesuvstädten II. In: Archäologischer Anzeiger (1986). S. 443 ff.; E. La Rocca u.a.: Pompeji. Bergisch Gladbach 1990; Pompei. Pitture e Mosaici (hrsg. vom Instituto della Enciclopedia Italiana). Rom 1990 ff.; L. Eschebach (Hrsg.): Gebäudeverzeichnis und Stadtplan der antiken Stadt Pompeji. Köln 1993; A. Wallace-Hadrill: Houses and Society in Pompeji and Herculaneum. Princeton, N. J. 1994; H. und L. Eschebach: Pompeji. Köln 1995; P. Zanker: Pompeji. Stadtbild und Wohngeschmack. Mainz 1995; Archäologie und Seismologie. La Regione Vesuviana dal 62 al 79 D.C. Problemi Archeologici e Sismologici. Kolloquium Boscoreale 1993 (hrsg.

vom Deutschen Archäologischen Institut u.a.). München 1995.

Pont du Gard. → Aquädukt, Pont du Gard.

Poros (griech.). Poröser Kalkstein, der vorwiegend in spätarchaischer und frühklassischer Zeit als Bau- und Statuenmaterial diente. Ein großes Abbaugebiet lag auf der Halbinsel Akte, nahe bei Piräus.

Porta Nigra (lat. schwarzes Tor). Im letzten Viertel des 2. Jh. n. Chr. wurde die P. N., das Nordtor der Stadtmauer von → Augusta Treverorum (Trier), errichtet. Sie ist 36 m breit, etwa 30 m hoch und mehr als 20 m tief. Ihr Mittelbau hat zwei Durchfahrten, die einen etwa 17,5 x 7,7 m großen Torhof passieren. Zwei ursprünglich viergeschossige Türme flankieren den Mittelbau. Auf der Stadtseite schließen sie flach ab, auf der Landseite springen sie halbkreisförmig vor. In römischer Zeit trugen sie Giebel. Die Außenfassade der P. N. ist in ein Sockelgeschoß mit den Durchfahrten und zwei darüber liegende Fenstergalerien unterteilt. Architektonisch gliedern sie Halbsäulen, Architrave, Brüstungen, Pilaster und Archivolten, die allerdings im rohen, d.h. unfertigen Zustand belassen wurden.

Literatur: E. Gose u.a.: Die Porta Nigra in Trier. 2 Bde. Berlin 1969; H. Cüppers: Trier. Porta Nigra. Mainz 1978; D. Ahrens: Die Porta Nigra in Trier. Trier 1984.

Portikus (lat.). Säulenhalle mit geschlossener Rückwand.

Literatur: A. Nünnerich-Asmus: Basilika und Portikus. Köln 1994.

Porträt (franz.). Bildliche Wiedergabe einer individuellen Person. Bei den Griechen kann die Aufstellung von P. bis in archaische Zeit zurückverfolgt werden. In dieser frühen Zeit sind sie als Weihungen in heiligen Bezirken oder als Statuen auf Gräbern überliefert (z.B. Kleobis und Biton, Museum Delphi; Kopf eines Kuros vom Dipylon, Nationalmuseum, Athen). Individuelle Züge fehlen, sie waren ganz dem vorherrschenden Schönheitsideal

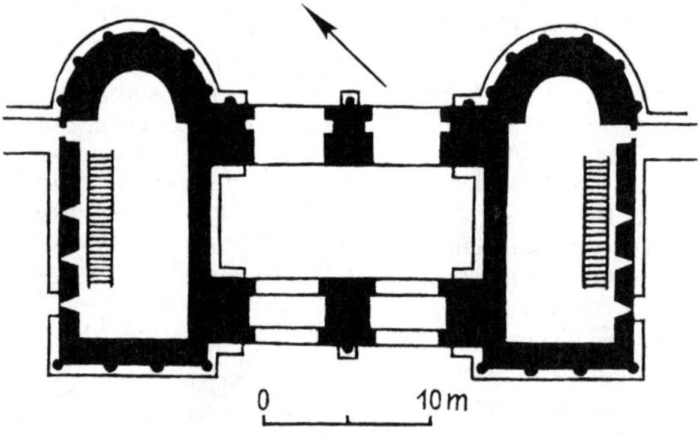

Augusta Treverorum: Porta Nigra

verpflichtet. Nur Bärtigkeit, Altersmerkmale und Körpervolumen fanden gegebenenfalls Berücksichtigung. Seit der frühen Klassik sind öffentliche Ehrenstatuen überliefert (z.B. Bronzegruppe der Tyrannenmörder vom Staatsmarkt in Athen; römische Marmorkopie im Nationalmuseum, Neapel). Die P. dieser Zeit entsprechen noch weitgehend einem idealisierenden Schema, zeigen aber mitunter bereits individuelle Merkmale, die den Dargestellten von anderen Zeitgenossen unterscheidbar machen (z.B. Themistokles, Museum Ostia; Homer im sog. Epimenides-Typus, Glyptothek München). Zunehmend realistische Züge in den Bildnissen können in der folgenden Zeit beobachtet werden, aber auch das stark Idealisierende behält weiterhin seinen Stellenwert (z.B. Perikles, Britisches Museum, London). Besonders für das 4. Jh. v. Chr. sind realistischere Bildnisse überliefert. Aber auch hier müssen bestimmte Züge, die in der Forschung früher als individuell angesehen wurden, als vorbildhaft im Sinne eines Bürgerideals interpretiert werden (z.B. Vergleich zwischen Miltiades, Nationalmuseum, Ravenna, mit Bärtigen auf attischen Grabreliefs). Eine enorme Steigerung zur Realitätsnähe, mit einer Vielfalt von Physiognomien, erfährt das P. in hellenistischer Zeit (z.B. Homer im sog. Blindentypus, Louvre, Paris; Chrysipp, Nationalmuseum, Neapel). Die Bürgerbildnisse lassen sich deutlich von denen der Herrscher scheiden, die nach wie vor idealisierend gestaltet sind und durch große Ähnlichkeiten ihre Unterscheidung häufig erschweren.
Das republikanische P. ist deutlich von dem hellenistischen beeinflußt worden und will ein getreues Abbild wiedergeben. Mit Kaiser Augustus tritt eine Tendenz zur Idealisierung ein, die unter Beibehaltung feinabgestimmter Physiognomien auf das sog. Zeitgesicht hinausläuft. Das heißt, römische Bürger orientierten sich in ihren P. an der vom Kaiser vorgegebenen Bildnismode, die am deutlichsten in der jeweiligen Haartracht zum Ausdruck kommt. Diese Bildnisangleichung mit individuellen Zügen ist über die ganze Kaiserzeit hinweg zu beobachten. Erst in der Spätantike ist wieder eine Abwendung von der Individualisierung zu beobachten, die zu abstrakten, verallgemeinernden Bildnissen führt.
Literatur: G.M.A. Richter: The Portraits of the Greeks. 3 Bde. London 1965. Suppl. 1972; M. Bergmann: Studien zum römischen Porträt des 3. Jh. n. Chr. Bonn 1977; P. Zanker: Herrscherbild und Zeitgesicht. In: Wissenschaftliche Zeitschrift der Humboldt-Universität zu Berlin 31 (1982). S. 307 ff.; K. Fittschen: Griechische Porträts. Darmstadt 1988.

Poseidonia. → Paestum.

Poterne. Gemauerter Gang, der unter der Stadtmauer hindurch nach außen führt. Die P. diente der Offensivverteidigung und war seit Mitte des 2. Jt. v. Chr. vor allem im Vorderen Orient weit verbreitet, z.B. in Assur, Ugarit, Hattušas.

Pozzuoli. → Puteoli.

Praecinctio (lat.). Rundgang oder breite Stufenreihe zur Abgrenzung der Ränge im Theater.

Praefurnium (lat.). Ofen zur Beheizung der römischen Thermen.

Praeneste (Palestrina). 40 km östlich von Rom gelegen, berühmt wegen seines Heiligtums der Fortuna Primigenia.

Geschichte: P. war der Sage nach von Praenestes, einem Sohn des Latinus, gegründet worden. Latinus war König von Latium, einem Gebiet, das 30 latinische Städte zusammenschloß. Da Äneas (Aineias), der Führer der Trojaner, Lavinia, die Tochter des Latinus, geheiratet hatte, müßte der Ort P. bereits im 12. Jh. v. Chr. gegründet worden sein. Die ältesten bisher gefundenen Siedlungsspuren gehen allerdings nicht weiter als bis ins 8. Jh. v. Chr., in die Zeit der Gründung Roms, zurück. Schon früh tendierte die wohlhabende Handelsstadt stärker nach Rom als nach Alba Longa, dem Hauptort des Latinischen Bundes. 499 v. Chr. schloß P. ein Bündnis mit Rom. 340 v. Chr. erhoben sich die Latinerstädte gegen Rom, das den Aufstand niederschlug und den Latinischen Bund auflöste. P. erhielt von Rom den Rang einer »civitas foederata«. Im Bürgerkrieg war die Stadt Hauptstützpunkt des Marius und wurde 82 v. Chr. von dessen Gegenspieler Sulla nach langer Belagerung eingenommen und zerstört. Sulla baute P. aber wieder auf. Die Stadt entwickelte sich zu einer beliebten Sommerresidenz der vornehmen Römer.

Forschungsgeschichte: Im 16. Jh. war das Fortuna-Heiligtum noch in seiner ganzen Größe und Pracht erkennbar. 1546 studierte A. Palladio, der große Baumeister der Hochrenaissance, die einzigartige Terrassenanlage. Der italienische Kirchenmusiker G. Pierlugi, genannt Palestrina, wurde um 1525 hier geboren. Zu Beginn des 17. Jh. wurden im Tempelbereich die beiden großen Mosaiken entdeckt: die »Meeresfauna« und der »Nil«. Das Nilmosaik kam 1630 zur Restaurierung nach Rom und befindet sich heute im örtlichen Museum. Danach überwucherte die moderne Stadt das Heiligtum, so daß systematische Ausgrabungen größeren Stils nicht mehr möglich waren. 1909 führte der deutsche Archäologe R. Delbrueck Tiefgrabungen an einigen freien Stellen durch. Von Januar bis Juni 1944 legten alliierte Luftangriffe die Kleinstadt P. in Schutt und Asche. Unter 10000 Kubikmetern Bautrümmern kamen die relativ gut erhaltenen antiken Bauwerke zum Vorschein: eine einzigartige Tempelanlage auf künstlichen Terrassen mit breiten Rampen und monumentalen Treppen. Erst jetzt erkannte man die Großartigkeit und die Geschlossenheit des ganzen Komplexes. Obwohl das ganze Tempelgebiet zur »archäologischen Zone« erklärt wurde, verschwindet das Ausgrabungsgelände allmählich wieder unter Hochhäusern und Villen.

Archäologische Stätte: Mittelpunkt der antiken Stadt war das *Forum*, die heutige Piazza Regina Margherita. An der Stelle des Doms S. Agapito erhob sich seit dem 3. Jh. v. Chr. das *Junoarium*, ein Tempel der Göttertrias Juno, Jupiter und Fortuna. Hier begann die Area Sacra, der heilige Bezirk der Fortuna Primigenia. Jupiter war noch ein Knabe, als er Fortuna zeugte. Sie war seine erstgeborene (primigenia) Tochter. Hinter dem Dom versteckt sich die *Orakelgrotte* (Antro delle Sorti). In dieser Grotte entdeckten die Bewohner von P. in uralter Zeit Lostäfelchen. Um das Orakel zu befragen, ließ man das Kind, dessen Schicksal man erfahren wollte, die Täfelchen mischen und eines ziehen. Fortuna Primigenia

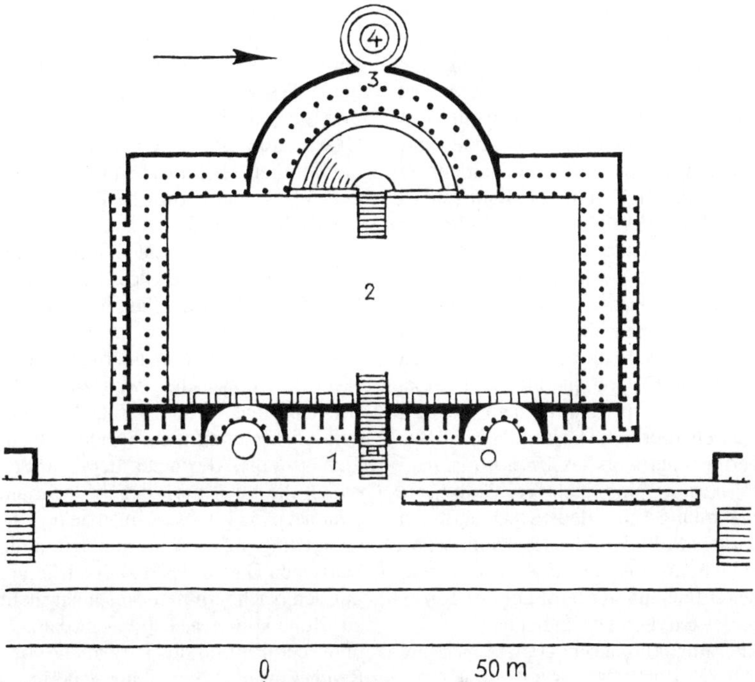

Praeneste: Heiligtum der Fortuna Primigenia
1 Terrasse der Exedren 2 Hauptterrasse 3 halbrunde Säulenhalle
4 Tempel der Fortuna Primigenia

war die Glücks- und Schutzgöttin der Kinder. Hier fielen keine hochpolitischen Entscheidungen wie z.B. im griechischen → Delphi. Das Fortuna-Heiligtum war eine Orakelstätte für das Volk.
Der Bezirk des sog. *Unteren Heiligtums*, oberhalb des Forums, diente wahrscheinlich dem Kult der Isis, die in P. mit der Fortuna gleichgesetzt werden konnte. Auf das Grottenheiligtum folgte ein offener Hof und ein Apsidensaal, in dem das berühmte Nilmosaik, eine Arbeit der alexandrinischen Schule aus dem 2. Jh. v. Chr., gefunden wurde. An den dahinter liegenden Hang des Monte Ginestro schmiegt sich das sog. *Obere Heiligtum*, dessen Neugestaltung in die zweite Hälfte des 2. Jh. v. Chr. fällt. Zwei Rampen führen zur Terrasse der Exedren hinauf. Diese Terrasse wurde von einem dorischen Säulengang mit zwei Exedren beherrscht. In der Mitte führt eine Treppe zur nächsthöheren Terrasse, deren Rückwand zehn Nischen zwischen je zwei ionischen Halbsäulen auflockerten. Einige der Säulen sind

noch erhalten. Weiter führt die breite Mitteltreppe zur Hauptterrasse, die an drei Seiten von Säulenhallen eingefaßt war, und noch höher zu einer kleinen, halbrunden Terrasse, die wie ein Theater von aufsteigenden Sitzreihen umgeben war. Eine halbrunde Säulenhalle schloß diesen Teil des Heiligtums nach oben hin ab. Von der obersten Säulenhalle kam man in den eigentlichen *Tempel der Fortuna Primigenia*, einer tangential angeschlossenen Rotunde, in der das Kultbild der Göttin stand. Über der Hauptterrasse errichtete die Adelsfamilie Colonna im 11. Jh. einen Palast, der im 17. Jh. sein heutiges Aussehen erhielt. Dieser Palazzo Barberini beherbergt das *Museo Nazionale Prenestino*, eine reiche archäologische Sammlung mit Fundstücken aus dem antiken P. Im Hof des Museums wurde ein Tholos aus dem 1. Jh. v. Chr. wieder aufgebaut, der einst auf der Terrasse der Exedren gestanden hatte.

Literatur: H. Kähler: Das Fortunaheiligtum von Palestrina Praeneste. In: Annales Universitatis Saraviensis 7 (1958). S. 187 ff.; P. Romanelli: Palestrina. Neapel 1967; B. Coari (Hrsg.): Urbanistica ed Architectura dell'Antica Praeneste. Kolloquium Palestrina 1988. Palestrina 1989; F. Rakob: Die Rotunde in Palestrina. In: Mitteilungen des Deutschen Archäologischen Instituts. Römische Abteilung 97 (1990). S. 61 ff.; M. Krumme: Isis in Praeneste. In: Jahrbuch des Deutschen Archäologischen Instituts 105 (1990). S. 155 ff.

Prätentura (lat.). Der vordere, also der Grenzlinie zugewandte Teil des römischen Militärlagers mit den Mannschaftsbaracken.

Prätorium (lat.). Wohnhaus des Kommandanten (Prätors) im Zentrum des römischen Militärlagers.

Priene. Das »Pompeji Kleinasiens«, eine fast vollkommen ausgegrabene hellenistische Stadt an der Mündungsbucht des Maiandros, gegenüber von → Milet gelegen.

Geschichte: Die Lage der alten Stadt, die Mitglied des Ionischen Bundes war und 494 v. Chr. von den Persern gebrandschatzt wurde, ist nicht bekannt. Vermutlich befindet sie sich tief unter dem Schwemmland des Maiandros. Um 350 v. Chr. wurde ein neues P. auf einer ansteigenden Felsterrasse am Südhang der Mykale gegründet. Das Meer war inzwischen weit zurückgewichen. Eine Straße verband P. mit dem 15 km entfernten Seehafen Naulochos. Von Alexander dem Großen erhielt die Stadt nach der Schlacht am Granikos, 334 v.Chr, finanzielle Unterstützung. 227 v. Chr. plünderten die keltischen Galater P. Ständige Kämpfe mit den Nachbarn ließen es nicht mehr zur Ruhe kommen. 190 v. Chr. kam P. unter den Einfluß des Pergamenischen Reiches. Seit 129 v. Chr. gehörte es zur römischen Provinz Asia. Unter Kaiser Augustus (31 v. Chr. – 14 n. Chr.) erlebte es eine bescheidene Renaissance.

Forschungsgeschichte: Der Ort konnte bereits im 17. Jh. als P. identifiziert werden. Englische Gelehrte widmeten sich im 18./19. Jh. der Erforschung des Athenatempels. Zwischen 1895 und 1899 fanden umfangreiche Ausgrabungen unter den deutschen Archäologen C. → Humann und Th. → Wiegand statt. Seit 1993 wird unter der Leitung des Architekten W. Königs erneut der Bereich um den Athenatempel erforscht. U.a. ist auch die → Anastilosis des Tempels geplant. Fundstücke aus P. befinden sich in Berlin, London, Paris und Istanbul.

Archäologische Stätte: Das hellenistische P. war nach dem Prinzip des → Hippodamos von Milet erbaut worden, d.h. alle Straßen waren auf die vier Himmelsrichtungen ausgerichtet und schnitten sich im rechten Winkel. Neben der günstigen Ausnutzung der Sonneneinstrahlung hieß dies aber auch, daß bei dem unebenen Gelände Querstraßen mit Treppen versehen werden mußten und so kein Wagenverkehr möglich war. Jede Insula (Häuserblock) umfaßte eine Fläche von 120 x 160 attischen Fuß (= 35,4 x 47,2 m). Die Errichtung der öffentlichen Gebäude und Heiligtümer orientierte sich an diesem Rasternetz. Eine 2,5 km lange Mauer sicherte die Stadt einschließlich der Akropolis auf dem 370 m hohen Felsmassiv vor Angriffen. Lediglich ein Treppenpfad verband die eigentliche Stadt mit der Akropolis, die wohl nur als Zufluchtsort diente.

Den *Haupttempel* der Stadt weihte Alexander der Große der Athena Polias (der Stadtbeschützenden). Dieser ionische Peripteros ist der einzige bis in alle Details bekannte Tempel klassischer Zeit aus Ostionien. In römischer Zeit diente er auch der Augustus-Verehrung (→ Peripteros, Priene).

Die *Agora* nahm ursprünglich die Fläche von zwei Insulae ein. Auf drei Seiten war sie von dorischen Säulenhallen eingefaßt. Die dahinter liegenden Kammern ragten über die Insulagrenzen hinaus. Im 3. Jh. v. Chr. wur-

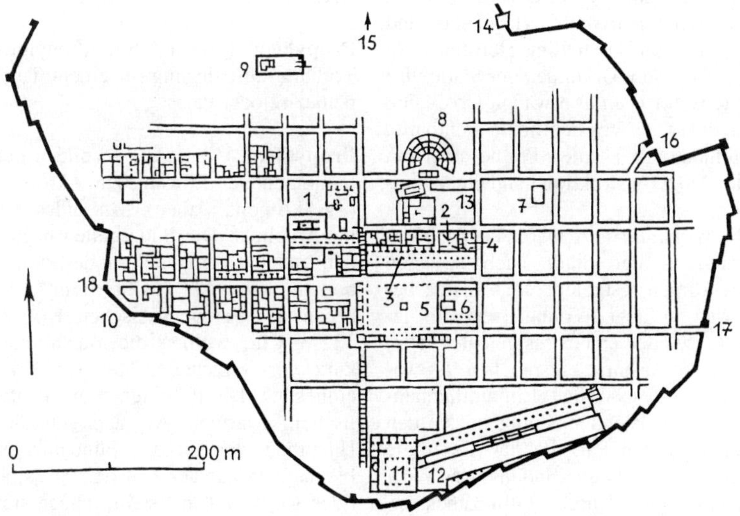

Priene
1 Athena-Tempel 2 Buleuterion 3 Heilige Halle 4 Prytaneion 5 Agora 6 Zeus-Heiligtum 7 Serapis (Isis)-Tempel 8 Theater 9 Demeter-Heiligtum 10 Kybele-Tempel 11 unteres Gymnasion 12 Stadion 14 oberes Gymnasion 14 Mauerturm 15 Akropolis 16 Nordosttor 17 Südosttor 18 Westtor

de der Marktplatz nördlich der parallel verlaufenden Westtorstraße durch die *Heilige Halle* erweitert. Nach ihrem völligen Neubau um die Mitte des 2. Jh. v. Chr. erstreckte sie sich mit 116 m bis vor das *Buleuterion* (→ Buleuterion, Priene) und das Prytaneion. Zahlreiche Ehreninschriften und Abschriften von städtischen Urkunden fanden sich an den Wänden. Im Westen schloß ein kleiner *Handelsmarkt* an, im Osten das *Zeus-Heiligtum* mit einem ionischen Prostylos, der frühestens im mittleren 2. Jh. v. Chr. entstand.

Unmittelbar neben dem Rathaus, das zeitlich vielleicht kurz vor der Heiligen Halle errichtet wurde, liegt das in römischer Zeit umgebaute *Prytaneion*. In diesem einfachen Amtsgebäude mit Kammern um einen Peristylhof tagten die obersten Beamten (Prytanen) und unterhielten das heilige Herdfeuer. In den frühesten Urkunden der Stadt wird bereits ein *Theater* erwähnt. Ob es sich dabei jedoch um den heute sichtbaren Steinbau (→ Theater, Priene) oder um eine Holzkonstruktion handelte, ist unklar.

Die *Wohnquartiere* waren bei der Neugründung der Stadt nach strengen Richtlinien festgelegt. Jede Insula beherbergte acht Wohnhäuser, die jeweils wieder einem festgelegten Typ, dem Prostashaus, entsprachen. Es waren zweigeschossige Einfamilienhäuser, deren Wohnbebauung im Norden der schmalen Parzelle lag. Es folgte ein Hof und im Süden der Wirtschaftstrakt. Durch Grundstücksan- und -verkauf unterlagen diese Typenhäuser in den folgenden Generationen deutlichen Veränderungen.

Literatur: Th. Wiegand u. H. Schrader: Priene. Ergebnisse der Ausgrabungen und Untersuchungen in den Jahren 1895–1898. Berlin 1904; M. Schede: Die Ruinen von Priene. Berlin 1964; W. Hoepfner u. E.-L. Schwandner: Haus und Stadt im klassischen Griechenland. München 1986. S. 141 ff.; H. Botermann: Wer baute das neue Priene? In: Hermes 122 (1994). S. 163ff.

Principia (lat.). Die Kommandantur des römischen Militärlagers mit Vorhalle, Versammlungshof, Fahnenheiligtum, Waffenkammern, Büros usw.

Prohedrie (griech.). Sitze für Ehrengäste, die im griechischen Theater vor der Orchestra, im römischen Theater auf der Orchestra zu finden waren.

Pronaos (griech.). Die Vorhalle der Cella des antiken Tempels, meist nach Osten geöffnet.

Propyläen (griech.; Sg. Propylon). Torhalle am Eingang zu einem Tempelbezirk oder Palast.

Propyläen, Athen. Die P. bilden den monumentalen Eingang zur Akropolis (→ Akropolis, Athen). Mnesikles war ihr Architekt. Die Bauarbeiten begannen nach der Fertigstellung des Parthenon im Jahre 437 v. Chr. Beim Ausbruch des Peloponnesischen Krieges 432 v. Chr. wurden die Bauarbeiten kurz vor Vollendung des Gebäudes eingestellt. Die P. bestehen aus pentelischem Marmor. An den zentralen Hauptbau, der auf den Fundamenten kleinerer P. aus der Zeit der Peisistratiden (6. Jh. v. Chr.) steht, lehnen sich zwei vorgezogene Seitenflügel. Eine Querwand teilte den Hauptbau in zwei Säulenhallen. Fünf Durchgänge mit schweren Holztüren verbanden beide Hallen: der mittlere Durchgang war

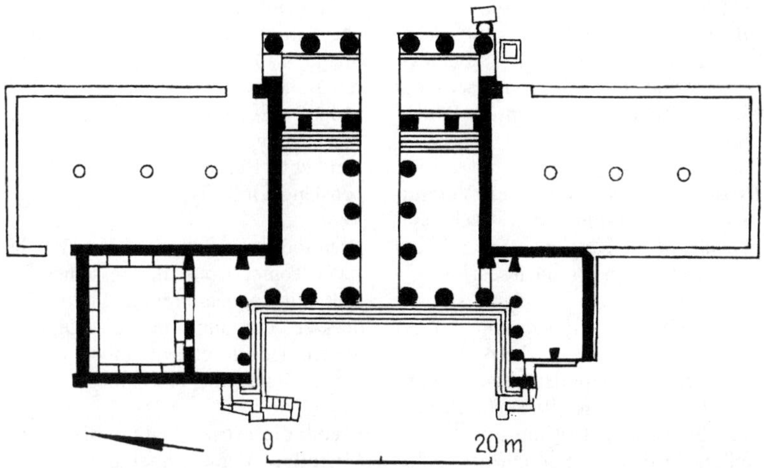

Athen: Propyläen des Mnesikles auf der Akropolis

4,18 m breit, die seitlichen Durchgänge maßen jeweils 2,92 m und 1,47 m in der Breite. Durch das Mitteltor zogen die Prozessionen mit Wagen und Opfertieren. Je sechs dorische Säulen bildeten die Front der beiden Hallen. Den breiten Mitteldurchgang begleiteten sechs ionische Säulen. Der Nordflügel, bekannt als Pinakothek (griech. Bildkammer), bestand aus einem 10,76 x 8,97 m großen Saal und einer Vorhalle mit drei dorischen Säulen. Fresken und Gemälde des → Polygnot, die der griechische Reiseschriftsteller → Pausanias noch im 2. Jh. n. Chr. bewunderte, schmückten den Saal.

Literatur: J. de Waele: The Propylaia of the Akropolis in Athens. The Project of Mnesikles. Amsterdam 1990.

Propyläen, Eleusis. Die Großen Propyläen bildeten seit Mitte des 2. Jh. n. Chr. den Haupteingang des Demeter-Heiligtums. Sie sind eine Kopie des zentralen Teils der P. von Athen (→ Propyläen, Athen). Jeweils sechs dorische Säulen schmückten die Portale. Auf der Nordseite führten sechs Stufen zu dem Tor. Drei Reihen von je zwei ionischen Säulen, die in der Flucht der zwei mittleren Säulen des nördlichen Portals standen, trugen das Dach des Vestibüls. Fünf Durchgänge ermöglichten den Zugang ins Heiligtum. → Eleusis.

Proskenion (griech.). Erhöhte Spielfläche vor dem Bühnenhaus, in der Orchestra des → Theaters.

Prospektion (lat.; auch Sondierung). Die P. ist die Suche nach unbekannten oder die nähere Erkundung bereits erkannter, unter der Erdoberfläche liegender Fundstätten. Drei Verfahrensgruppen stehen für die P. zur Verfügung: die

Oberflächenbeobachtung, die → Luftbildarchäologie und die naturwissenschaftlichen Verfahren (→ Bodenwiderstandsmessung, → geomagnetisches Meßverfahren, → geochemische Bodenuntersuchung).

Prostas (griech. Vorhalle, Vorzimmer). Ein nach drei Seiten geschlossener, aber zum Hof hin offener Raum des griechischen Wohnhauses.

Prostashaus. Haustyp, der im → Priene des 4. Jh. v. Chr. vorherrschte, mit einer dem Oikos (Hauptwohnraum) vorgelagerten Halle (Prostas), die sich nach Süden zum Hof hin mit Säulenstellungen öffnete. Seitlich des Oikos wie auch südlich des Hofes schlossen weitere, zum Teil zweistöckige Raumgruppen an.

Prostylos (griech.). Griechischer Tempeltypus mit einer Halle aus vier oder sechs, selten acht Säulen vor dem Pronaos (Vorhalle). Abb. S. 457.

Protome (griech.). Rundplastische Verzierungen an Vasen, Metallgefäßen, Kesseln usw. in Form von Menschen- oder Tierköpfen. Aus dem orientalischen Bereich übernommen, finden sich P. in Griechenland und Italien seit dem späten 8. Jh. v. Chr. Weit verbreitet waren auch Weihegaben in Form von Kopfp. aus Terrakotta, die, hinten hohl, in Heiligtümern aufgehängt wurden.

Protoneolithikum (griech. protos, erster). Auch Präkeramikum oder Akeramikum genannt, eine Anfangsphase des → Neolithikums, in der die Töpferei noch nicht bekannt war. Im Mittelmeerraum etwa 9000 bis 7000 v. Chr.

Prytaneion (griech.) Amtsgebäude der obersten Beamten (Prytanen) einer Stadt. Das P. hatte den Charakter eines repräsentativen Wohnhauses mit Peristylhof. Der heilige Staatsherd und das Staatsarchiv waren hier untergebracht. Verdiente Bürger erhielten im P. lebenslänglich Speisung.

Pseudodipteros (griech.). Griechischer Tempeltypus, der in seiner Gestalt mit doppelt breitem Pteron (gedeckter Umgang) dem → Dipteros gleicht, jedoch fehlt die innere umlaufende Säulenreihe. Abb. S. 457.

Pseudodipteros, Magnesia am Mäander. Der Tempel der Artemis Leukophryene wird von → Vitruv (III 2,6) als ein Werk des → Hermogenes erwähnt, den er auch allgemein als den Erfinder des P. (III 3,8 f.) bezeichnet. Nach einer 75jährigen Bauzeit wurden die Arbeiten am Tempel um 130 v. Chr. eingestellt. Der P. mit je acht Säulen an den Schmalseiten und je 15 an den Langseiten ruht auf einem siebenstufigen Unterbau. Der Grundriß ist nach einem klaren Rasternetz aufgebaut, das von der Breite des Jochs bestimmt wird. Lediglich das Mitteljoch ist zur Hervorhebung des Zugangs über die ganze Längsachse des Tempels weiter gehalten. Pronaos und Cella nehmen jeweils vier Jochbreiten ein, das Opisthodomos dagegen nur zwei. Um die Holzdecke des Naos zu tragen, reichen im Pronaos vier und im Opisthodomos zwei Säulen, während die Cella entsprechend dem Rasternetz mit sechs Säulen ausgestattet ist. Die Reduzierung der Säulen, wie auch das (im Gegensatz zum Dipteros) Fehlen der inneren umlaufenden Stützenreihe sollte das neue Raumempfinden, das im Hel-

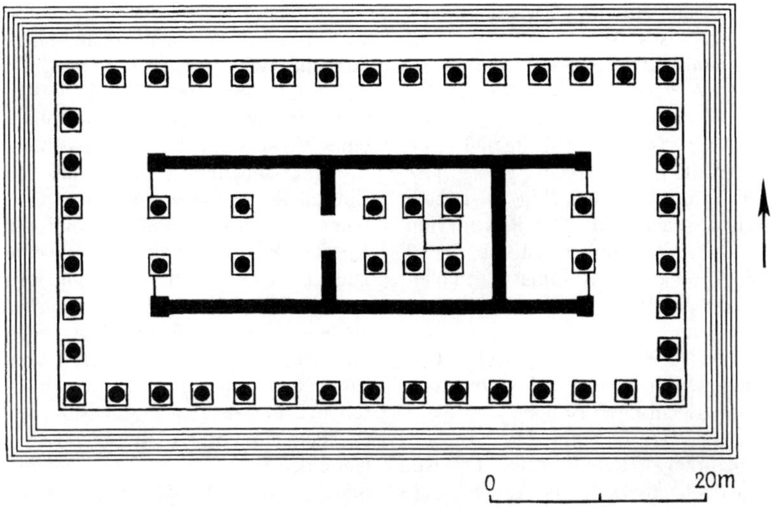

Magnesia am Mäander: Tempel der Artemis Leukophryene

lenismus zum Tragen kam, architektonisch veranschaulichen. Attische Elemente verwendete Hermogenes bei der Gestaltung des Cellawandfußes und der Säulenbasen. Zwischen Zahnschnitt und Architrav verlief ein über 175 m langer Fries mit der Darstellung einer Amazonomachie um den Tempel. Der Westgiebel war mit drei Türen geschmückt, die eventuell mit dem Epiphaniezauber der Artemis zu erklären sind. → Magnesia am Mäander.

Literatur: G. Gruben: Die Tempel der Griechen. München [4]1986. S. 389 ff.; H. Drerup: Zum Artemistempel. In: Marburger Winckelmann-Programm 1964. Marburg/Lahn 1965. S. 13 ff.

Pseudoperipteros (griech.). Ein in römischer Zeit bevorzugter Tempeltypus mit weit nach außen vorgezogener Cella, die von Halbsäulen oder Pilastern umgeben ist. Abb. S. 457.

Pseudoperipteros, Nemausus (Nîmes). Agrippa, Schwiegersohn des Augustus, ließ von 20 bis 12 v. Chr. die Maison Carrée (rechteckiges Haus), einen römischen Podiumtempel, errichten. Der P. ist 26 m lang, 15,5 m breit und erhebt sich auf einem 3 m hohen Podium. Jeweils acht von den elf korinthischen Säulen an den Langseiten sind als Halbsäulen in die Cellamauer eingebunden. Ebenso die sechs rückwärtigen Säulen, während sie an der Frontseite eine offene Vorhalle bilden, zu der eine breite Freitreppe hinaufführt. Das Gebälk schmückt ein Akanthusrankenfries. Zunächst diente der Tempel der Verehrung von Roma und Augustus. Im Jahre 4 n. Chr. wurde er Agrippas jung verstorbenen Söhnen

Cajus und Lucius Caesar geweiht. → Nemausus. Abb. S. 457.

Literatur: J.C. Balty: Etudes sur la Maison Carrée de Nîmes. Brüssel 1960.

Psykter (griech.). Tongefäß zum Kühlhalten von Wein, meist pilzförmig oder flachbauchig auf hohem, zylindrischem Fuß. Der P. schwamm im → Krater, unklar ist, ob der P. Wein oder die Kühlmasse enthielt. Abb. S. 510.

Pteron (griech.). Der gedeckte Umgang zwischen Cella und Säulenreihen beim griechischen Tempel.

Ptolemäer. Hellenistische Dynastie (Diadochendynastie) in Ägypten, 323 bis 30 v. Chr., begründet von Ptolemaios I. Soter, einem Freund und Feldherrn Alexanders des Großen. Nach seinem Vater Lagos werden die P. auch Lagiden genannt. Die bedeutendsten Herrscherpersönlichkeiten dieser Dynastie waren Ptolemaios I. und Kleopatra VII. Residenzstadt der P. war Alexandria.

Pula. → Pola.

Puteoli (Pozzuoli). P., Zentrum der Phlegräischen Felder und am gleichnamigen Golf gelegen, kann auf eine über 2500jährige Geschichte zurückblicken. Bis ins 1. Jh. n. Chr. war P. eine der bedeutendsten Hafenstädte auf dem italienischen Festland.
Geschichte: 529 v. Chr. gründeten politische Flüchtlinge von der Insel Samos die Siedlung Dikaiarcheia in der Bucht vor den Phlegräischen (brennenden) Feldern. Diese Felder sind ein Vulkangebiet mit unzähligen Kratern, Kraterseen, heißen Quellen und Fumarolen. Die Siedlung wurde von Anfang an von Kyme (Cumae) beherrscht. Mit dem Fall Kymes um 421 v. Chr. kam auch Dikaiarcheia in den Herrschaftsbereich der Samniten, einer Völkerschaft aus dem Apennin. 338 v. Chr. geriet die Stadt unter den Einfluß Roms und wurde 194 v. Chr. unter dem Namen Puteoli römische Kolonie. Von da an begann für sie eine lange Periode wirtschaftlicher und kultureller Blüte. Ihre guten Handelsbeziehungen zu Griechenland, Ägypten und dem Nahen Osten förderten ihre Entwicklung zur bedeutendsten römischen Hafenstadt. Seit Augustus war P. Haupteinfuhrplatz für ägyptisches Getreide. 63 n. Chr. verlieh Nero der Stadt den Titel »Colonia Claudia Neronensis Puteolana«. Von Kaiser Vespasian (69–79) erhielt sie den Titel »Colonia Flavia Augusta Puteolana«, weil sie ihn bei den kriegerischen Auseinandersetzungen mit seinem Vorgänger, dem Kaiser Vitellius (69), unterstützt hatte. Kaiser Domitian (81–96) verband P. durch eine Straße mit Rom. Der Bau eines Schiffahrtskanals bis Rom blieb unvollendet. Mit dem Ausbau des Hafens von → Ostia durch Kaiser Trajan (98–117) verlor P. allmählich seine Bedeutung als wichtigster römischer Hafen.
Forschungsgeschichte: Die Tatsache, daß das antike P. in neuerer Zeit überbaut wurde bzw. zu einem großen Teil unter dem Meeresspiegel liegt, stellte die archäologische Forschung immer wieder vor fast unlösbare Probleme. Als sich 1970 bei einem Erdbeben die Küste um 1,40 m hob, konnte man endlich den antiken Marktplatz, das sog. Serapeion, zum Meer hin abschließen und die bauliche Anlage mit Hilfe von Pumpen freilegen.

Archäologische Stätte: Das *Macellum* (Markthalle), fälschlicherweise unter der Bezeichnung Serapis-Tempel bekannt, wurde in der flavischen Kaiserzeit (69–96) errichtet (→ Macellum, Puteoli). Den Eingang zu der Anlage bildete eine hohe Halle mit vier Säulen, von denen noch drei aufrecht stehen. Die in 3,6 bis 5,7 m Höhe von Bohrmuscheln durchlöcherten Säulen lassen die Bewegung der Erdkruste durch vulkanischen Einfluß erkennen.
Das *Amphitheater* aus der zweiten Hälfte des 1. Jh. n. Chr., eines der größten in Italien, ist zum Teil in den Tuffstein des Untergrunds gehauen. Der bauliche Zustand ist hervorragend, vor allem die Arena mit den darunter liegenden Gängen, Zellen und Käfigen ist nirgendwo besser erhalten (→ Amphitheater, Puteoli).
Die antike *Akropolis* beherbergt heute die malerische Altstadt von P. Archäologische Untersuchungen sind daher in diesem Bezirk nur gelegentlich möglich. Die Stelle eines samnitischen Kultbaus aus dem 3. bis 2. Jh. v. Chr. und eines Augustus-Tempels nimmt seit dem 11. Jh. der Dom S. Proculo ein. Sechs korinthische Säulen und ein Architrav sind noch an der Seite des Doms zu sehen.

Literatur: A. Maiuri: Die Altertümer der Phlegräischen Felder. Rom [4]1968; Puteoli. Studi di storia antica. Bd. 1 ff. Neapel 1977 ff.

Pylon (griech. Portal). Monumentale Toranlage der ägyptischen Tempelbezirke, bestehend aus zwei festungsartigen Türmen, die durch ein Tor miteinander verbunden sind.

Pylos. An der Westküste der Peloponnes, nahe der kleinen Hafenstadt Kyparissia, vermutet man, den berühmten Palast des Nestor gefunden zu haben.
Geschichte: In mykenischer Zeit herrschte im südwestlichen Teil der Peloponnes der sagenhafte König Neleus, ein Sohn der Tyro und des Poseidon. Neleus' Sohn Nestor gründete P., baute einen gewaltigen, prunkvoll eingerichteten Palast und beteiligte sich noch als 60jähriger mit 90 Schiffen an Agamemnons Zug nach Troja. Nach der Eroberung Trojas und der glücklichen Heimkehr regierte der weise, alte König noch einige Jahre sein kleines, aber wohlhabendes Reich. Nicht lange nach 1200 v. Chr. zerstörten die Dorier P. und brannten den Palast des Nestor nieder.
Forschungsgeschichte: 1939 wurde der Palast von P. entdeckt, konnte aber noch nicht identifiziert werden. Von 1952 bis 1965 legten Archäologen der amerikanischen Universität Cincinnati die Palastanlage frei. Die Arbeiten standen zunächst unter der Leitung von W. Taylor. 1956 folgte C.W. Blegen, der in dem mykenischen Bauwerk den von Homer beschriebenen Palast des Nestor erblickte. Der bedeutendste Fund waren 1200 Tontafeln, beschrieben mit Linear B, einem Vorläufer der griechischen Schrift in mykenischem Dialekt. Diese und andere auf Kreta gefundene Tafeln verhalfen dem britischen Architekten M. Ventris und dem Gräzisten J. Chadwick in den fünfziger Jahren zur Entzifferung der Linear B.
Archäologische Stätte: Vom *Palast*, der aus der Zeit zwischen 1300 und 1200 v. Chr. stammt, sind nur noch die Grundmauern vorhanden. Trotzdem vermittelt die Anlage in ihrer Klarheit und Übersichtlichkeit einen hervorragenden Einblick in die Architektur der

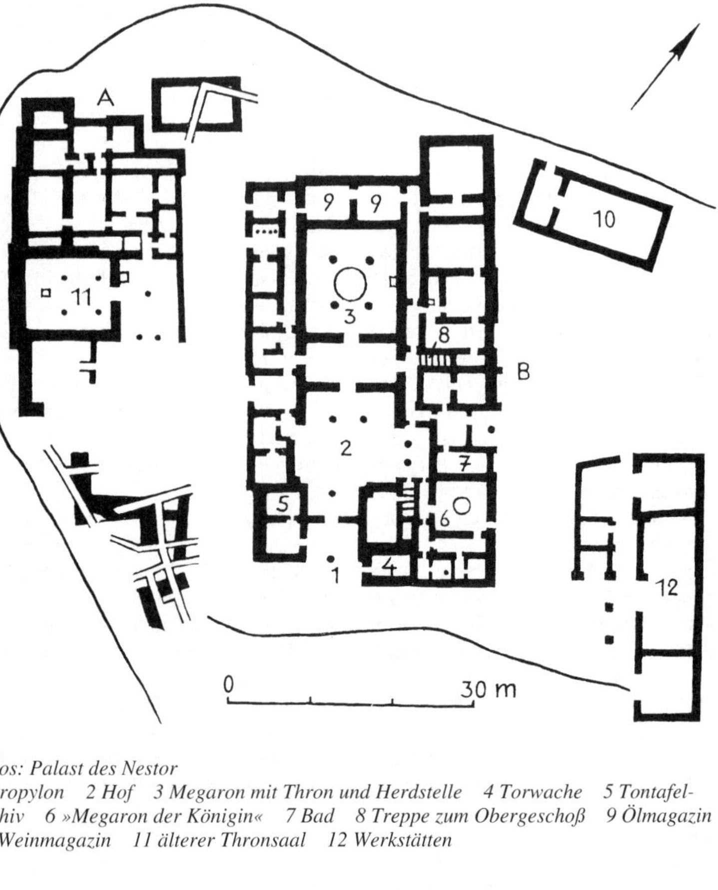

Pylos: Palast des Nestor
1 Propylon 2 Hof 3 Megaron mit Thron und Herdstelle 4 Torwache 5 Tontafelarchiv 6 »Megaron der Königin« 7 Bad 8 Treppe zum Obergeschoß 9 Ölmagazin 10 Weinmagazin 11 älterer Thronsaal 12 Werkstätten

mykenischen Epoche. Ein Propylon bildet den Haupteingang des Palastes. In den beiden Kammern links vom Propylon war das königliche Archiv mit den Tontafeln untergebracht. Diese Tafeln geben Auskunft über Verwaltung und Agrarwirtschaft des Königtums Pylos; sie enthalten leider keine historischen Angaben. Von dem großen Hof hinter dem Propylon gelangt man in das Megaron mit Vorhalle, Vorraum und Thronsaal. Die Mitte des Thronsaals beherrschte ein großer, runder Herd von 4 m Durchmesser. Vier Holzsäulen stützten das Dach. An der Nordostwand stand der Thron. Wandmalereien mit Darstellungen von Greifen, Löwen und Musikanten sowie farbig gemusterte Fußbodenplatten schmückten den Saal. Das Bad war mit einer reich bemalten kultischen Badewanne und mit Wasserbehältern aus-

gestattet. Im Obergeschoß, das über eine Treppe mit 21 Steinstufen zu erreichen war – acht sind noch erhalten –, lagen die Privaträume der königlichen Familie.
In nächster Nähe des Palastes konnten zahlreiche *Kuppelgräber* aus mykenischer Zeit mit reichen Grabbeigaben freigelegt werden.
Literatur: C.W. Blegen u.a. (Hrsg.): The Palace of Nestor at Pylos in Western Messenia. 3 Bde. Princeton, N. J. 1966–1973; Pylos Comes Alive. Industry and Administration in an Mycenaean Palace (hrsg. von Archealogical Institute of America). Symposium New York 1984. New York 1984.

Pyramide (griech. pyramis, aus ägypt.). Monumentale ägyptische Grabanlage für Pharaonen. Die P. entwickelten sich aus den → Mastabas der ägyptischen Frühzeit. Die Stufenp. von → Sakkara war eine Zwischenform, die an die mesopotamische → Ziqqurrat erinnert.

Pyriaterion (griech.). Der Herdraum des Gymnasions.

Pytheos. Bedeutender griechischer Architekt des 4. Jh. v. Chr. P. entwarf zusammen mit dem Architekten und Bildhauer Satyros aus Paros das Mausoleum von Halikarnassos (→ Mausoleum, Halikarnassos) und baute den Athena-Tempel in → Priene. Über seine Werke verfaßte er Schriften, auf die → Vitruv in seiner Abhandlung über die Architektur zurückgriff. Er stellte hohe Anforderungen an die Bildung der Architekten, die über das reine Fachwissen mit einer gründlichen Ausbildung in allen Randgebieten der Architektur weit hinausgehen müsse. Für den Tempelbau lehnte er die → dorische Ordnung aufgrund des → Eckkonflikts ab und rühmte dagegen die Vollkommenheit ionischer Proportionen. Seine Bauten → ionischer Ordnung zeugen dementsprechend von einer konsequenten Durchführung vorgegebener Maßverhältnisse.

Pyxis (griech.). Kleine, runde Dose mit Deckel zum Aufbewahren von Schmuck und Kosmetika. Abb. S. 510.

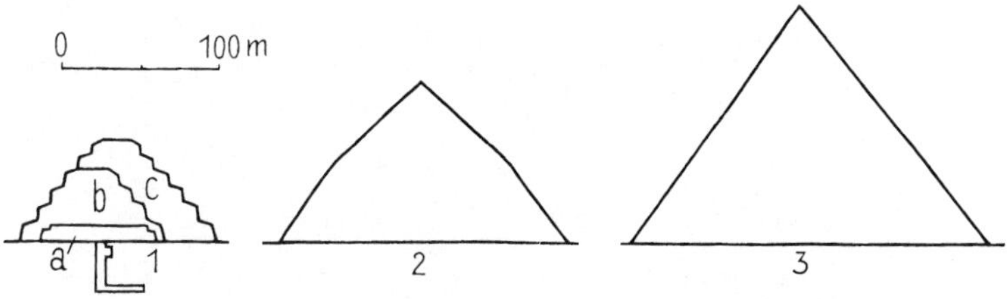

Pyramiden:
1 Stufenpyramide des Djoser in Sakkara (um 2775 v. Chr.) a Mastaba
b Erweiterung zur vierstufigen Pyramide c Erweiterung zur sechsstufigen Pyramide
2 Knickpyramide des Snofru in Dahschur (um 2720 v. Chr.) 3 Pyramide des Cheops in Giza (Um 2690 v. Chr.)

Q

Quadrifrons (lat.). Vierfrontiges Bauwerk, z.B. ein → Tetrapylon, ein viertoriger Bau an Straßenkreuzungen.

Quadriga (lat.). Viergespann, ein von vier nebeneinander laufenden Pferden gezogener, offener Streit-, Jagd-, Renn- oder Triumphwagen. Seit 680 v. Chr. war das Viergespannrennen in Olympia sportliche Disziplin.

R

Radiokarbondatierung (C-14-Methode). Diese Methode erlaubt Altersbestimmungen von jeglichen organischen Stoffen bis zu 70 000 Jahren. Die Untersuchung von Holz und Knochen ist aber ergiebiger als die anderer Materialien. Radiokarbon ist ein radioaktives Isotop des Kohlenstoffs (^{14}C), das neben dem normalen Kohlenstoff (^{12}C) in allen Lebewesen enthalten ist und allmählich zerfällt (Halbwertzeit: 5730 ± 40 Jahre), beim lebenden Lebewesen aber immer wieder durch den Stoffwechsel ergänzt wird. Stirbt der Organismus ab, z.B. wenn ein Baum gefällt wird, dann hört die ^{14}C-Zufuhr auf. Durch die Messung der Strahlungsintensität läßt sich nun bestimmen, wieviel Zeit seit dem Absterben des Organismus vergangen ist. Da im Laufe der Jahrhunderte allerdings eine Isotopenverschiebung stattfindet, weshalb für die Zeit vor 1000 v. Chr. keine genaue R. vorgenommen werden kann, müssen diese Daten kalibriert werden. D.h. die Meßdaten müssen mit Hilfe der → Dendrochronologie in Kalenderdaten umgerechnet werden. Die Radiokarbonmethode wurde 1946 von dem amerikanischen Chemiker W.F. → Libby eingeführt. Sie ist trotz mancher Schwächen und gewisser Fehlerquellen eine wichtige Datierungsmethode der Archäologie.

Ramesseum. → Theben.

Rassam, Hormuzd. 1826 als Sohn christlicher Eltern in Mosul geboren. 1845–1847 nahm er als Assistent an den Ausgrabungen des großen britischen Assyriologen A.H. → Layard in Khorsabad (→ Kalach) teil. Nach einem Studium in Oxford arbeitete er 1849–1851 mit Layard in → Ninive. Als sich Layard 1851 von seiner Forschertätigkeit zurückzog und in den diplomatischen Dienst ging, trat R. die Nachfolge seines Lehrmeisters an, gerade zu der Zeit, als hier der Archäologenkrieg zwischen Franzosen und Briten um die besten Fundplätze ausbrach. Für den Pariser Louvre stritt V. Place, Architekt und Konsul in Mosul. Place und R. beargwöhnten sich ständig. Wo der eine zu graben begann, erschien bald darauf der andere. Beide ließen ihre Beziehungen zu den türkischen Behörden spielen. Sie wiegelten gegenseitig die Arbeiter auf; es kam zu Überfällen, Prügeleien und sogar Feuergefechten. R. war zweifellos der Skrupellosere, der Erfolgreichere. In Kujundschik, einem Tell des alten Ninive, grub er heimlich auf französischem Grabungsterrain und stieß dabei auf den Palast des Assyrerkönigs Assurbanipal, in dem er das berühmte Löwenjagd-Relief fand. In der königlichen Bibliothek entdeckte er Keilschrifttafeln mit Abschnitten des Gilgamesch-Epos und mit geschichtlichen Aufzeichnungen aus der Herrschaftszeit des Königs. Da R. wie alle Ausgräber jener Zeit nur auf Kunstwerke und Keilschrifttafeln aus war, beschä-

digte er bei seiner fieberhaften Suche große Teile der Palastanlagen. An systematischen Ausgrabungen waren die Museen damals noch nicht interessiert; sie brauchten eindrucksvolle Ausstellungsstücke und Unterlagen für die Keilschriftforschung.
1853 übernahm R. für das Empire wichtige politische Aufgaben in Aden und in Äthiopien, die ihn fast ein Vierteljahrhundert von seiner Ausgräbertätigkeit abhielten. 1876 setzte R. im Auftrag des Britischen Museums die Ausgrabungen im Zweistromland fort. Als 1877 Bronzeplatten aus dem 7. Jh. v. Chr. im Handel auftauchten, reiste er sofort nach Mosul, um den Fundort dieser Platten ausfindig zu machen. Der Louvre hatte den neuen französischen Konsul in Basra, E. de → Sarzec, ebenfalls mit der Suche nach dem Fundort beauftragt. Aber R. war wegen seiner langjährigen Erfahrungen und seiner guten Beziehungen schneller. Etwa 24 km östlich von Mosul stieß er am Tell Balawat auf den Palast des assyrischen Königs Salmanassar II. und fand ein Paar bronzene Palasttüren, die heute als »bronze gates« zu den Kostbarkeiten des Britischen Museums gehören. 1879 begann R., mit mäßigem Erfolg im Gebiet der Stadt Babylon zu graben, und wandte sich bald nach Tello, wo de Sarzec Reste einer bis dahin unbekannten Kultur, der sumerischen Kultur, entdeckt hatte. Doch als der Franzose die türkische Grabungslizenz erhielt, mußte sich R. zurückziehen. 1880 entdeckte R. etwa 50 km südöstlich von Bagdad das altorientalische Sippar mit einem Tempel, den vermutlich Naramsin (2320–2284) für den Sonnengott Schamasch erbauen hatte lassen. In den folgenden 18 Monaten legte er etwa 170 Räume, die den Tempel umgaben, frei und fand rund 50 000 beschriftete Tontafeln und Tonzylinder. Ein Zylinder berichtet von dem Wiederaufbau des Tempels unter Nabonid (555–539 v. Chr.), dem letzten König von Babylon. R. starb 1910.

Hauptwerk: Asshur and the Land of Nimrod. New York 1897.

Ras Schamra. → Ugarit.

Rawlinson, Sir Henry Creswicke. Am 11.4.1810 in Chadlington, Grafschaft Oxfordshire, geboren. Nach dem Schulbesuch in Warrington und Ealing trat er 1827 als Kadett in den Military Service der East India Company ein. Auf der Fahrt nach Indien lernte er Sir J. Malcolm, den Gouverneur von Bombay, kennen, der im Verlauf langer Gespräche sein Interesse für die altpersische Kultur weckte. Bis 1833 war R. in Bombay stationiert. Dann entsandte die Company den jungen Major als Militärberater nach Persien, um die Armee des Schahs zu reorganisieren. 1835 besuchte R. den berühmten Felsen von Bisutun (Behistun), in den der persische Großkönig Dareios I. (522–486 v. Chr.) ein gewaltiges Relief mit seinen Ruhmestaten hatte einmeißeln lassen. R. seilte sich an der Felswand ab und kopierte – 150 m über dem Abgrund – die 18 m lange dreisprachige Inschrift (Altpersisch, Elamisch und Babylonisch), die das Relief einfaßt. Dann begann er, die altpersische Keilschrift zu entziffern. 1837 veröffentlichte er die Übersetzung der ersten beiden Abschnitte der Inschrift. 1838 mußte R. seine Arbeiten unterbrechen, da ihn die Company als britischen Residenten in das afghanische Kandahar versetzte. Dort stürzten die Briten kurz danach die Regierung des Dost Mohammed und setzten Schudscha Schah als neuen Herrscher ein. 1841/42 kam es zu einem Aufstand gegen die neuen Machthaber. R. zeichnete sich in den Kämpfen aus. Die Briten konnten den Aufstand aber nicht unterdrücken und mußten Afghanistan verlassen.

1843 wurde R. British Political Agent im türkischen Arabien. 1844 endlich kam die East India Company seinem Wunsch um Versetzung nach Mesopotamien nach. R. wurde Konsul in Bagdad. Jetzt konnte er seine Schriftforschungen fortsetzen. 1846 veröffentlichte er die Übersetzung der vollständigen Bisutun-Inschrift. Die Publikation erschien 44 Jahre nach der ersten erfolgreichen Entzifferung eines altpersischen Keilschrifttextes durch G.F. → Grotefend. Es läßt sich heute weder ausschließen noch beweisen, daß R. die Grotefendschen Arbeiten gekannt hatte. 1851 wurde R. zum Generalkonsul ernannt und vom Britischen Museum mit der Aufsicht über alle Ausgrabungen in Assyrien, Babylonien und der Susiana betraut, die hauptsächlich unter der Leitung des Syrers H. → Rassam standen. 1855 kehrte R. nach London zurück, erhielt den Adelstitel und wurde zum Ehrenpräsidenten der East India Company ernannt. 1857 gelang ihm unabhängig von anderen Sprachforschern (E. Hincks, J. Oppert und F. Talbot) die grundlegende Entzifferung der babylonischen Keilschrift. 1858 war er Mitglied des britischen Parlaments, 1859 Minister am iranischen Hof in Teheran, 1865–1868 hatte er wieder einen Parlamentssitz inne. 1871–1874 war R. Präsident der Royal Geographical Society und 1878–1881 Präsident der Royal Asiatic Society. 1891 wurde er zum Baronet erhoben. Er starb am 5.3.1895 in London.

Hauptwerke: Persian Cuneiform Inscription at Behistun. London 1846; A Commentary on the Cuneiform Inscriptions of Babylonia and Assyria. London 1850; Abriss der assyrischen Geschichte. Mannheim 1854; The Cuneiform Inscriptions of Western Asia. 5 Bde. London 1861–1884.

Regionsforschung. Bei der R. geht es nicht um die vollständige Freilegung jedes Einzelobjekts, sondern um eine umfassende Aufnahme und Analyse aller Überreste von Bauwerken, Wohn- und Handwerksvierteln, Verkehrswegen usw. eines größeren Areals. Die R. schließt detaillierte Detailgrabungen nicht aus.

Regula (lat.). Architekturglied des dorischen Gebälks unterhalb der → Triglyphen. An ihrer Unterseite sind die R. mit zylindrischen Stiften (Guttae) versehen. Abb. S. 139.

Rekonstruktion (lat.). Weitgehende Wiederherstellung der Form von Objekten, Bauwerken und anderer Kulturdenkmäler anhand erhaltener Überreste.

relative Chronologie. → Chronologie.

Replik (lat.-franz.). Wiederholung eines Kunstwerks durch den Künstler selbst, im Unterschied zur → Kopie, die nicht vom ursprünglichen Künstler stammt. Bei der Beurteilung antiker Bildwerke werden in der Archäologie als R. die Stücke bezeichnet, die soweit miteinander übereinstimmen, daß sie als Kopien des gleichen Originals gelten können.

Restauration (lat.). Erhaltung und Wiederherstellung von Fundobjekten, Bauten und Kunstwerken. Sie erfolgt in der Regel nur, wenn die entsprechenden Funde stabilisiert (z.B. Verhinderung des Korrosionsprozesses bei Metallgegenständen) oder zu Ausstellungszwecken ergänzt werden müssen. → Elfenbeinkonservierung. → Glasrestauration. → Holzkonservierung. → Keramikrestauration. → Metallkonservierung.

Rhodos. Eine der großen Sporadeninseln, südwestlich vor der türkischen Küste gelegen.
Geschichte: Nach dem griechischen Dichter Pindar (um 522–442 v. Chr.) ist die Insel R. ein Kind des Sonnengottes Helios und der Nymphe Rhoda. Der Name der Insel hat demnach nichts mit dem griechischen Wort rhodon (Rose) zu tun. Im 2. Jt. v. Chr. war die Insel von kretischen und achäischen Siedlern bewohnt. Um 1100 v. Chr. gründeten dorische Griechen die drei Städte Ialyssos, → Kameiros und → Lindos, die sich zu blühenden Handelsstädten entwickelten und sich mit Halikarnassos, Knidos und Kos zum Dorischen Sechsstädtebund (Hexapolis) zusammenschlossen. Im 6. Jh. v. Chr. standen Tyrannen an der Spitze der rhodischen Städte. Der berühmteste von ihnen war Kleobulos, Tyrann von Lindos und einer der Sieben Weisen Griechenlands. Gegen 546 v. Chr. kam die Insel unter persische Oberhoheit. Nach ihrer Befreiung durch Athen trat R. 477 v. Chr. dem Attisch-Delischen Seebund bei und war damit den Weisungen Athens unterworfen. Als sich im Peloponnesischen Krieg (431–404 v. Chr.) die Niederlage Athens abzuzeichnen begann, verließ R. den Bund. Um die Unabhängigkeit der Insel besser wahren zu können, beschlossen die drei rhodischen Städte 408 v. Chr., ihre Kräfte zu vereinen und an der Nordspitze der Insel eine neue Stadt zu gründen, eine Hauptstadt, die sie nach der Insel benannten. Die neue Stadt R. entwickelte sich auf Kosten der drei alten Städte schnell zu einer großen, blühenden Metropole. Ab 396 v. Chr. wechselten sich Sparta, Athen und schließlich König Mausolos von Karien in der Herrschaft über R. ab. 332 v. Chr. besetzte Alexander der Große die Insel. Nach seinem Tod im Jahre 323 v. Chr. behauptete R. als der »letzte griechische Freistaat« seine Unabhängigkeit. 305/04 v. Chr. belagerte Demetrios I. Poliorketes erfolglos die rhodische Metropole. Er und sein Vater Antigonos bemühten sich nämlich, das Weltreich Alexanders unter ihrer Führung zusammenzuhalten. Als Dank für den Verteidigungssieg, den sie übrigens dem Eingreifen der befreundeten Ptolemäer verdankten, stellten die Rhodier an ihrem Hafen den Koloß von Rhodos auf. Im 3. Jh. v. Chr. begann der Aufstieg von R. zu einer führenden Seemacht. Die Insel wurde zum Mittelpunkt des Handelsverkehrs zwischen Asien, Afrika und Griechenland. Rechtzeitig verbündete sich der Inselstaat mit Rom und nahm an mehreren römischen Feldzügen teil. Zeitweise dehnte R. seinen Herrschaftsbereich über den ganzen Dodekanes und das südwestliche Kleinasien aus. Rhodische Münzen hatten im ganzen Mittelmeerraum ihren Wert. Das Seerecht von R. übernahmen sogar die Römer. Unter Vespasian (69–79 n. Chr.) wurde die Insel Teil des Römischen Reiches.

Archäologische Stätte: Das antike R. hatte drei Häfen. An der Molenspitze des nördlich gelegenen Mandraki-Hafens erhebt sich das Johanniter-Kastell Hagios Nikolaos aus dem 14. Jh. Dort dürfte die 32–37 m hohe Bronzestatue des Sonnengottes, der *Koloß von Rhodos*, gestanden haben. Der Bildhauer Chares von Lindos, ein Schüler des Lysipp von Sikyon, schuf das Monument zwischen 304 und 292 v. Chr. 227 v. Chr. brachte ein Erdbeben die Kolossalstatue zum Einsturz. Weder aus antiken Beschreibungen noch aus Münzbildern ist bekannt, wie der Koloß ausgesehen hat. Die Stadt wurde nach dem sog. hippodamischen System (→ Hippodamos von Milet), einem rechtwinkligen Straßensystem, aufgebaut, das sich über Terrassen bis hinauf zur Akropolis erstreckte. Von der hellenistischen *Stadtmauer* haben sich nur geringe Reste erhalten. Ebenso von einem *Apollon-Pythios-Tempel* im Westen der Stadt, südlich der Akropolis, und einem *Stadion mit Odeion* unterhalb des Tempels, die von italienischen Ausgräbern zum Teil rekonstruiert wurden. Ein weiterer Tempel auf der Akropolis war vermutlich der Athena Polias und dem Zeus Polieus geweiht.

Literatur: J.D. Kondis: Zum antiken Stadtbauplan von Rhodos. In: Mitteilungen des Deutschen Archäologischen Instituts, Athenische Abteilung 73 (1958). S. 146 ff.

Rhyton (griech.). Trink- oder Spendegefäß in Form eines Rinderhorns oder eines Tierkopfes, aus Ton, Metall oder Stein. Die zweite Öffnung am unteren spitzen Ende des R. zum Ablassen des Trinkopfers konnte mit dem Finger zugehalten werden. Abb. S. 510.

Rich, Claudius James. Am 28.3.1787 in Dijon geboren. Seine Jugendjahre verlebte R. in Bristol. Er war außergewöhnlich sprachbegabt – schon als Neunjähriger lernte er Arabisch – und trat 1803 als Kadett in den Dienst der East India Company. Die Company entsandte ihn nach Ägypten, aber sein Schiff ging vor Malta unter. R. kam nach Italien und wurde von dort nach Konstantinopel beordert. Anschließend arbeitete er in Smyrna, von wo aus er zahlreiche Reisen durch Kleinasien unternahm. Im Auftrag der Company reiste R. als Mameluck verkleidet durch Ägypten, Syrien und Palästina und wurde 1808 – erst 21 Jahre alt – Resident der East India Company in Bagdad. Seine außergewöhnlichen diplomatischen Fähigkeiten leiteten ein ganzes Jahrhundert britischen Einflusses in Mesopotamien ein. Auf seinen dienstlichen und privaten Reisen besuchte R. zahlreiche Ruinenstätten Mesopotamiens und sammelte Antiquitäten, die er an das Britische Museum verkaufte und die die assyrisch-babylonische Altertumswissenschaft in England begründeten. Er führte erste gründliche Untersuchungen der Ruinen von → Ninive und Nimrud (→ Kalach) durch und legte damit die Grundlagen für die späteren Ausgrabungen seines Landsmannes H.A. → Layard. Zweimal besuchte er → Babylon, wo er eine erste topographische Aufnahme dieser riesigen Ruinenstätte erstellte. 1820 begab er sich auf eine Forschungsreise nach Schiraz und → Persepolis in Persien, erkrankte an der Cholera und starb, erst 33 Jahre alt, am 5.10.1820 in Schiraz.

Hauptwerke: Memoir on the Ruins of Babylon. London 1815; Second Memoir on Babylon. London 1818.

Risalit (ital. risalto, Vorsprung). Gebäudeteil, der in ganzer Höhe aus der Fluchtlinie einer Gebäudefront leicht vorspringt und häufig auch ein eigenes Dach trägt.

Rollsiegel. Siegelzylinder. Kleiner, zylindrischer, meist der Länge nach durchbohrter Siegelstein, der zur Beurkundung auf weichem Ton als fortlaufendes Band abgerollt wurde und ein unverwechselbares → Siegel aus bildlicher Darstellung und oft auch kurzer Inschrift hinterließ. Das R. ist eine Erfindung der Sumerer (Ende 4. Jt.). Die Siegelzylinder aus Stein oder Halbedelstein waren 2–8 cm lang und hatten einen Durchmesser von 1–2 cm. Das R. wurde am Bande oder an einer Kette getragen und auf Krugverschlüssen, Tonplomben und Urkunden abgerollt. Es wurde in Mesopotamien erst im 8. Jh. v. Chr. vom Stempelsiegel abgelöst. Da die Gestaltung der R. von Jahrhundert zu Jahrhundert wechselte, dienen die Siegel bzw. Siegelabdrücke hervorragend zur chronologischen Bestimmung der Siedlungsschichten.

Rom. Die »Ewige Stadt« war im Altertum das glanzvolle politische, kulturelle und wirtschaftliche Zentrum eines Weltreiches, das in seiner Blütezeit von Spanien bis an den Persischen Golf und von Britannien bis nach Nordafrika reichte. Die »Stadt auf den sieben Hügeln« – Palatin, Kapitol, Esquilin, Caelius, Viminal, Quirinal und Aventin – hat eine 3200jährige Geschichte und war bis 330 n. Chr. Hauptstadt des Römischen Reiches.
Geschichte: Der Sage nach gründete *Romulus*, Sohn des Kriegs- und Frühlingsgottes Mars und der italischen Königstochter Rhea Silvia, 753 v. Chr. die Stadt R. Sein Großvater mütterlicherseits war der König von Alba. Dessen Bruder vertrieb den König von seinem Thron und setzte Romulus und seinen Bruder Remus in einer Wiege auf dem Tiber aus. Am Palatinhügel wurden die beiden Knaben ans Ufer getrieben. Ein Hirt nahm sich ihrer an, und eine Wölfin säugte sie. Als sie erwachsen waren, kehrten sie nach Alba zurück, töteten den neuen König und setzten ihren Großvater wieder auf den Thron. Dieser befahl ihnen, dort, wo sie ans Land getrieben waren, eine Stadt zu gründen. Romulus baute um den Palatin eine Mauer, die den Hügel quadratisch umfaßte (Roma Quadrata). Als die Mauer fertig war, sprang Remus spottend über sie hinweg. Romulus erschlug ihn und rief: »So sollen alle zugrunde gehen, die über Roms Mauern springen!«
Erste Siedlungen auf dem Stadtgebiet von R. sind schon seit dem 13. Jh. v. Chr. nachgewiesen. Den Palatin bewohnten im 9. Jh. v. Chr. Latiner, die vermutlich aus Alba Longa (heute Albano) kamen. Vom Palatin aus beherrschten sie eine Furt durch den Tiber, den hier eine uralte Salzstraße kreuzte. Auf dem Quirinal saßen seit etwa 800 v. Chr. Sabiner, ebenfalls Angehörige eines italischen Volksstammes, aus dem später die Samniten hervorgingen. Der sagenhafte »Raub der Sabinerinnen« beim Erntedankfest Consualia führte zu blutigen Auseinandersetzungen zwischen den latinischen Bewohnern des Palatin und den Sabinern, die mit dem Zusammenschluß der beiden Siedlungen endete. Der Sabiner *Numa Pompilius* (etwa 715–673) wurde nach dem Latiner Romulus der zweite der sieben Sagenkönige Roms. Numa erwies sich als ein weiser und

friedfertiger König. Der Überlieferung nach verteilte er Äcker an die Bevölkerung, schuf Handwerkszünfte, regelte das Marktrecht und stiftete Tempel und Altäre. Der dritte König *Tullus Hostilius* (etwa 672–642) unterwarf Alba Longa, die Hauptstadt des Latinischen Bundes, und siedelte dessen Bewohner auf dem Caelius an. In dem Tal zwischen Palatin und Kapitol errichtete er die Curia Hostilia, den ersten Sitz des Senats, und schuf das Comitium, den Versammlungsplatz der Römer. *Ancus Marcius* (etwa 642–617), der vierte König Roms, führte Kriege mit Sabinern und Latinern der umliegenden Ortschaften und siedelte die besiegten Latiner auf dem Aventin an. Er baute den Pons Sublicius, die erste Tiberbrücke, eine Holzkonstruktion, und befestigte den Hügel Janiculum jenseits des Flusses. Möglicherweise gründete schon er den Hafen Ostia.

Gegen Ende des 7. Jh. v. Chr. dehnten die Etrusker ihren Machtbereich von der Toskana her auf Latium und Kampanien aus. Der fünfte römische König, *Tarquinius Priscus* (etwa 616–579), war ein Etrusker aus Tarquinii, eigentlich ein Grieche, denn sein Vater stammte aus Korinth. Mit Tarquinius »dem Alten« kamen die Etrusker auf den Palatin. Sie faßten die Siedlungen auf den Hügeln zusammen und formten die so entstandene Großsiedlung zu einer Stadt. Die Stadt nannten sie nach dem etruskischen Geschlecht der Rumina »Ruma«. Davon – und wohl nicht von dem sagenhaften Stadtgründer Romulus – leitete sich der Name Roma (Rom) ab. Die Etrusker führten die Technik des Steinbaus ein. Tarquinius entwässerte das sumpfige Tal zwischen Palatin und Kapitol, um den Versammlungs- und Marktplatz, das Forum, zu vergrößern. Er schuf den Circus maximus und begann mit dem Bau des großen Jupiter-Tempels auf dem Kapitol. Sein Schwiegersohn *Servius Tullius* (etwa 578–534) wurde sechster König von Rom. Er reorganisierte die Verwaltung und das Heer und erließ Gesetze zugunsten der Plebejer (Handwerker und Arbeiter). Er umschloß die sieben Hügel von R. mit einer ersten Mauer, was allerdings nicht bewiesen ist, und errichtete auf dem Aventin einen Diana-Tempel als Bundesheiligtum der Latiner. Servius Tullius wurde von seiner Tochter Tullia ermordet, um ihren Mann *Tarquinius Superbus* (etwa 534–509) an die Macht zu bringen. Tarquinius Superbus (der Hochfahrende) war der Sohn des Tarquinius Priscus. Durch Verrat erlangte er die Vormachtstellung von R. im Latinischen Bund. Er war ein Tyrann im übelsten Sinne und nahm Plebs und Patriziern alle Rechte. Die Schändung der Frau des Patriziers Tarquinius Collatinus durch einen Sohn des Königs löste die Verschwörung der römischen Großgrundbesitzer aus, die zur Vertreibung des Königs und zur Ausrufung der Republik führte.

Die Republik

508 v. Chr. sicherte R. seine Unabhängigkeit durch einen Vertrag mit dem mächtigen Karthago. 507 weihten die Römer den inzwischen vollendeten Jupiter-Tempel. Um 500 konnte Porsenna, König von Clusium (heute Chiusi), R. noch einmal für die Etrusker zurückerobern. Er verbot den Römern die Herstellung von Waffen, mußte die Stadt aber bald wieder aufgeben. Nach archäologischen Erkenntnissen wird der Abzug der etruskischen Herren aus R. um 470 v. Chr. angesetzt, denn erst

zu dieser Zeit endete der Import aus Griechenland, versiegte die Bautätigkeit in der Stadt und veränderte sich das religiöse Leben der Römer. Erst der Seesieg Hierons I. von Syrakus über die Etrusker und Karthager 474 v. Chr. hatte die Etrusker so geschwächt, daß eine Verschwörung der römischen Patrizier erfolgreich sein konnte. Demnach hätten noch die Etrusker den Jupiter-Tempel geweiht und auch das Bündnis mit Karthago geschlossen. Dies alles zuzugestehen, war den antiken römischen Historikern offenbar unangenehm, und sie korrigierten daher ein wenig die Geschichte. Für die junge Republik begann nun eine schwere Zeit: R. mußte seine Unabhängigkeit gegenüber den benachbarten Etruskern bewahren, seine Führungsposition innerhalb des Latinischen Bundes behaupten und innere Unruhen infolge der Unterdrückung der Plebs durch die Patrizier bekämpfen. Diese Zeit, das 5. Jh. v. Chr., ist in tiefes Dunkel gehüllt, das bislang keinerlei Funde aufzuhellen vermochten. 396 v. Chr. eroberten die Römer unter ihrem Feldherrn *Marcus Furius Camillus* die mächtige Etruskerstadt Veji vor den Toren Roms. Wegen Unterschlagung der vejentischen Kriegsbeute mußte Camillus 391 ins Exil gehen. Um 390 drangen keltische Gallier in Italien ein, zerstörten die etruskischen Städte und vernichteten 387 an der Allia das römische Heer. Sie drangen kampflos in das rechtzeitig evakuierte R. ein und brandschatzten die Stadt. Nur die Zitadelle auf dem Kapitol konnte sich halten. Die Sage berichtet von den heiligen Gänsen der Juno, die die schlafenden Posten des Kapitols beim Herannahen des Feindes durch ihr Geschnatter weckten und somit die Stadt R. vor dem sicheren Untergang bewahrten. Jedenfalls zogen die Gallier nach Zahlung eines sehr hohen Lösegeldes (Vae victis! Wehe den Besiegten!) wieder ab. Die Archive mit allen geschichtlichen Aufzeichnungen aber waren verbrannt. Die Römer riefen Camillus zurück und ernannten ihn zum Diktator. Camillus jagte den Galliern das Lösegeld wieder ab und verhinderte die Übersiedlung der römischen Bürger nach Veji. Man nannte Camillus daher den zweiten Gründer von R. Der Gallierüberfall brachte für R. die entscheidende Wende, denn die Etrusker hatten erst einmal mit sich selbst zu tun, und die latinischen Städte waren endlich bereit, sich R. anzuschließen. Die eingeäscherten Stadtteile wurden wieder aufgebaut, die Mauer des Servius Tullius verstärkt. Erfolgreiche Feldzüge gegen die benachbarten Samniter stärkten die Macht von R. 348 erneuerten R. und Karthago den alten Nichtangriffspakt. Die Stadt beherrschte neben Latium bald auch Kampanien. Appius Claudius Caecus baute 312 v. Chr. die Via Appia, die berühmte Heer- und Handelsstraße von R. nach dem kampanischen Capua, und bald darauf die Aqua Appia, den ersten Aquädukt, der R. mit Trinkwasser von den Albaner Bergen versorgte. Bis 272 hatte R. nach wechselvollen Kriegen gegen Kelten, Etrusker, Makedonier usw. die Hegemonie über die ganze Halbinsel erlangt. Von 264 bis 146 zertrümmerten die Römer in drei Punischen Kriegen die Seemacht Karthago. Bis 168 v. Chr. zerschlugen die Römer das syrische und das makedonische Reich und dehnten ihren Einfluß auch auf Ägypten aus. R. beherrschte nun fast den gesamten Mittelmeerraum. Die ständigen Kriege

hatten den freien Bauernstand vernichtet und einen unermeßlichen Reichtum in den Händen der Nobilität angesammelt. Das Land fiel an Großgrundbesitzer, die ihre riesigen Ländereien von Sklaven bearbeiten ließen. Die besitzlosen Bauern vermehrten das städtische Proletariat. Parteien entstanden.
133 v. Chr. begann ein hundertjähriger Bürgerkrieg. Trotz aller innenpolitischen Schwierigkeiten gelang es den römischen Söldnerheeren unter Marius, 102 bei Aquae Sextiae die Teutonen und 101 bei Vercellae die Kimbern zu vernichten. Im Bundesgenossenkrieg (90–88) setzten die italischen Völkerschaften (Osker, Samniter, Lukaner usw.) gegen R. durch, daß alle freien Italiker südlich des Po das römische Bürgerrecht erlangten. Zwischen 88 und 64 v. Chr. bezwangen die Römer in drei Kriegen Mithridates VI., König von Pontos, und beendeten damit die letzte Erhebung des Griechentums gegen R.
Inzwischen hatte *Gaius Julius Caesar* als Feldherr und Politiker Einfluß gewonnen. 60 v. Chr. schloß er mit *Crassus* und *Pompejus* das erste Triumvirat, das den drei Männern die Leitung des römischen Staates sicherte. 58 bis 51 unterwarf Caesar Gallien, machte 55 v. Chr. den Rhein zur Grenze des Römerreiches gegen die Germanen und setzte im selben Jahr nach Britannien über. 53 starb Crassus. 49 überschritt Caesar mit einer Legion den Rubikon und vertrieb Pompejus aus R. 48 schlug er in Pharsalos (Thessalien) die Truppen des Pompejus, der nach Ägypten floh und dort ermordet wurde. Caesar setzte Kleopatra als Königin von Ägypten unter römischer Oberhoheit ein. 45 v. Chr. wurde Caesar zum Imperator und Diktator auf Lebenszeit gewählt, doch schon im Jahre darauf von Brutus und Cassius ermordet.
Nun riß *Marcus Antonius* in R. die Macht an sich, indem er Caesars Großneffen und Adoptivsohn Octavian (Gajus Octavianus) adoptierte und somit zum Erben eingesetzt wurde. 43 v. Chr. verband sich Antonius mit *Octavian* und *Marcus Aemilius Lepidus* zum zweiten Triumvirat. 40 v. Chr. teilten sie den Oberbefehl über das Reich auf: Octavian erhielt den Westen, Antonius den Osten und Lepidus Afrika. 36 v. Chr. setzte Octavian Lepidus ab und erklärte 32 v. Chr. den Krieg gegen Antonius, der, unter dem Einfluß Kleopatras, die alte Ptolemäerherrschaft wiedererrichten wollte. Octavians Feldherr M. Vipsanius Agrippa besiegte 31 v. Chr. bei Actium (Westgriechenland) die Flotte des Antonius. Die Seeschlacht bei Actium bezeichnet das Ende der hellenistischen Vorherrschaft im östlichen Mittelmeerraum. Octavian zog nach Alexandria und machte Ägypten zur römischen Provinz. Antonius und Kleopatra verübten Selbstmord. Damit war Octavian Alleinherrscher über das Imperium Romanum und erhielt 27 v. Chr. den Ehrennamen Augustus, den später alle römischen Kaiser als Titel führten.

Die Kaiserzeit
Mit *Augustus* begann das goldene augusteische Zeitalter, die Epoche des römischen Kaisertums. Augustus förderte Wissenschaften und Kunst und regte die Bautätigkeit im ganzen Reich an. In R. wirkten die großen Dichter Virgil, Horaz und Ovid. R. hatte mit Sklaven rund 1 800 000 Einwohner und war die größte Stadt, der Mittelpunkt der Welt geworden.

Die Sicherung der Reichsgrenzen und die Einrichtung neuer römischer Provinzen wie Britannien, Mauretanien (Nordwestafrika) und Thrakien (südlich des Balkangebirges) bestimmten die folgenden Jahrzehnte der Herrschaft des julisch-claudischen Kaiserhauses. 64 ging R. in Flammen auf. Um den Verdacht der Brandstiftung von sich abzulenken, befahl Kaiser *Nero* (54–68) die Verfolgung der Christen in R. Sie starben als lebende Fackeln in den kaiserlichen Gärten. Die zerstörte Stadt baute er noch prächtiger wieder auf. Aufstände mit Verschwörungen führten 68 zur Absetzung des Kaisers. Nero floh aus R. und beging Selbstmord. Mit ihm erlosch das julisch-claudische Kaiserhaus.
Die Prätorianer erhoben *Galba* zum neuen Kaiser, danach *Otho*. Die Rheinarmee wählte 69 ihren Feldherrn *Vitellius* zum Kaiser. Die syrischen Legionen riefen *Vespasian* zum Kaiser aus und marschierten nach R. Vitellius fiel im Straßenkampf. Vespasian, Sproß einer plebejischen Familie, begründete das flavische Kaiserhaus. Er stellte die Ordnung im Reich wieder her. In R. erbaute er das Kolosseum. Nach Vespasian herrschte von 79 bis 81 sein Sohn *Titus*, der im Jahre 70 Jerusalem erobert und zerstört und den jüdischen Aufstand niedergedrückt hatte. Der Titus-Bogen auf dem Forum in R. erinnert an diesen Sieg. *Domitian*, der Bruder des Titus, wurde sein Nachfolger. Er baute den Kaiserpalast und die Villa Albana und erneuerte den Jupiter-Tempel auf dem Kapitol. Sein Auftreten als Gottkaiser führte 96 zu seiner Ermordung. Bis 98 war *Nerva* römischer Kaiser. Ihm folgte *Trajan*, unter dem das Römische Reich seine größte Ausdehnung erreichte. Im ganzen Reich entstanden neue Straßen, Brücken, Kanäle und Städte. Die Trajanssäule schildert seinen Kampf gegen die Daker. 117 starb er auf dem Rückmarsch nach der Zerschlagung des persischen Partherreiches.
Hadrian wurde in Antiochia zum Kaiser ausgerufen. Mit einem straff organisierten Beamtenapparat festigte er die Verwaltung. Die Grenzen des Reiches sicherte er durch Wälle und Kastelle (→ Limes, Hadrianswall; → Limes, obergermanisch-raetisch). Hadrian verbrachte den größten Teil seiner Herrschaftszeit auf ausgedehnten Inspektionsreisen durch das Reich. Er förderte die griechische Kultur und schuf das Panhellenion in Athen, einen Versammlungsort aller griechischen Städte und Völkerschaften. Er starb 138 und wurde in den Moles Hadriani, der heutigen Engelsburg, beigesetzt.
193 begründete *Septimius Severus*, in Leptis Magna (Nordafrika) geboren und Befehlshaber an der Donau, das severische Herrscherhaus. Mit ihm begann die Ära der Soldatenkaiser. Severus entriß den Parthern Mesopotamien; der Triumphbogen auf dem Forum Romanum erinnert an seine Siege. Er baute eine straff zentralisierte Reichsverwaltung auf. Nach erfolgreichem Abschluß seines Britannienfeldzuges starb er 211 in Eburacum (York). Sein Nachfolger *Caracalla* wurde vor allem durch die von ihm erbauten Thermen in R. berühmt. Er kämpfte gegen Alamannen, Goten und Parther und wurde 217 in Mesopotamien ermordet.
218 bestieg *Elagabal* (Heliogabal), ein Verwandter Caracallas und Oberpriester des syrischen Sonnengottes, den Kaiserthron. Elagabal führte den Sonnenkult in R. ein und wurde 222 wegen seiner Mißwirtschaft erschlagen.

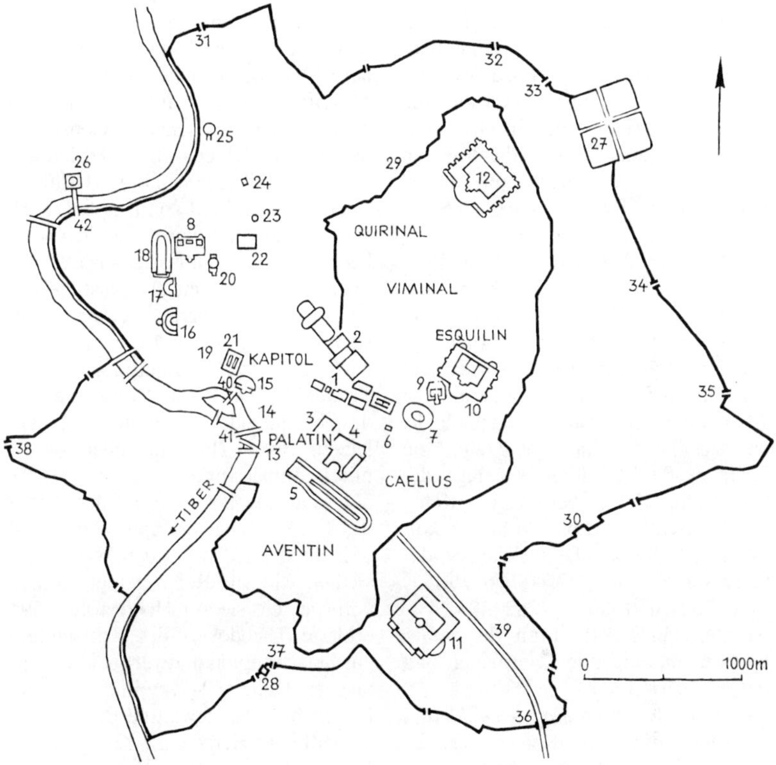

Rom zur Kaiserzeit
1 Forum Romanum 2 Kaiserforen 3 Palast des Tiberius 4 Palast des Domitian (Domus Flavia und Domus Augustus) 5 Circus Maximus 6 Konstantinsbogen 7 Kolosseum 8 Nero-Thermen 9 Titus-Thermen 10 Trajan-Thermen 11 Caracalla-Thermen 12 Diokletian-Thermen 13 Forum Boarium 14 Forum Olitorium 15 Marcellus-Theater 16 Pompejus-Theater 17 Odeum Domitians 18 Stadion Domitians 19 Area Sacra am Largo Argentina 20 Pantheon 21 Octavia-Portikus 22 Hadrian-Tempel 23 Mark-Aurel-Säule 24 Ara Pacis Augustae 25 Augustus-Mausoleum 26 Hadrian-Mausoleum (Engelsburg) 27 Castra Praetoria 28 Cestius-Pyramide 29 Servianische Mauer 30 Aurelianische Mauer 31 Porta Flaminia 32 Porta Salaria 33 Porta Nomentana 34 Porta Tiburtina 35 Porta Praenestina 36 Porta Appia 37 Porta Ostiensis 38 Porta Aurelia 39 Via Appia 40 Pons Fabricius 41 Pons Aemilius 42 Pons Aelius

In den folgenden Jahrzehnten hatten die Kaiser wenig Erfolge bei ihren militärischen Zügen. An allen Grenzen war nun das Imperium Romanum in Gefahr: die persischen Sassaniden bedrohten die östlichen Grenzen, die gotischen Heruler fielen in Griechenland und Kleinasien ein, die Franken und Alamannen drangen bis Oberitalien vor, die Berber erstürmten Mauretanien.
Claudius II. (268–270) kämpfte siegreich gegen die Alamannen und Goten und starb an der Pest. *Aurelian* (270–275) drängte die Goten und Vandalen hinter die Donau zurück und vertrieb die in Italien eingefallenen Alamannen und Markomannen. In R. baute er die Aurelianische Mauer, die letzte große Verteidigungsanlage der Hauptstadt. 273 eroberte er das Reich von Palmyra. Er erhob den Sonnenkult zur Staatsreligion. Die nächsten Soldatenkaiser *Tacitus* (275–276), *Probus* (276–282) und *Carus* (282–283) hatten alle Hände voll zu tun, die immer heftiger andrängenden Germanen und Perser abzuwehren.
284 rief die Orientarmee *Diokletian* (Diocletianus) zum Kaiser aus. Er schuf eine neue Reichsverfassung und führte die sog. Tetrarchie ein, die Herrschaft zweier Augusti mit je einem Caesar (Unterkaiser), um den immer häufiger ausbrechenden Aufständen in dem Riesenreich wirksamer begegnen zu können. Er kämpfte erfolgreich gegen Franken und Alamannen und förderte zahlreiche Neubauten (z.B. Diokletian-Thermen). 305 dankte er ab und zog sich in seinen herrlichen Palast in Spalato (Split) zurück. 306 wurde *Constantin* in York zum Augustus proklamiert. 308 ergriff Maxentius in R. die Macht. Die daraufhin nach Carnuntum in Niederösterreich einberufene Kaiserkonferenz übertrug jedoch einem Dritten, *Licinius*, die Kaiserwürde. 312 besiegte Constantin an der Milvischen Brücke nördlich von R. *Maxentius*, der hier auf der Flucht im Tiber ertrank. 324 schaltete Constantin durch zwei Siege bei Adrianopel (Edirne) und Chrysopolis (Üsküdar, asiatischer Stadtteil von Istanbul) auch Licinius aus und wurde damit Alleinherrscher. Konstantin der Große, wie man ihn bald nannte, begünstigte das Christentum. 330 verlegte er die Hauptstadt des Römischen Reiches von R. nach Byzanz (Konstantinopel). Der Triumphbogen beim Kolosseum ist das bedeutendste Denkmal für den letzten großen Herrscher über das römische Imperium.
379 kam *Theodosios I.* auf den Thron des Oströmischen Reiches. Er schloß 382 einen Frieden mit den Westgoten, siedelte sie auf Reichsgebiet an und verpflichtete sie zur Heeresfolge. 391 erklärte Theodosios das Christentum zur Staatsreligion und verbot alle heidnischen Kulte. 394 vereinigte er zum letzten Mal das gewaltige Reich unter einheitlicher Herrschaft. Kurz vor seinem Tode verfügte er die endgültige Teilung des Reiches, um dessen Grenzen besser verteidigen zu können.
Theodosios der Große starb 395. Sein älterer Sohn *Arcadius* übernahm Ostrom, der jüngere *Honorios* Westrom. Der 18jährige Arkadius überließ die Regierungsgeschäfte seinen Ministern und später seiner Gemahlin Eudoxia. 404 verlegte Stilicho die Residenz seines Mündels in das leichter zu verteidigende Ravenna. Als 408 Arkadius starb, wollte er die Vormundschaftsregierung auch auf Ostrom ausdehnen. Das führte zu seinem Sturz und zu sei-

ner Hinrichtung. In dieser Zeit fielen die Westgoten unter ihrem König Alarich in Griechenland und in Italien ein und eroberten 410 R. Alarich starb auf dem Weiterzug nach Süditalien und wurde im Busento bei Consentia (Cosenza) beigesetzt. Damit endet die Geschichte des antiken R. Mit der wachsenden Macht der Kirche und der Germanenherrschaft über ganz West- und Mitteleuropa begann eine neue Epoche: das Mittelalter. 476 n. Chr. eroberte der Germane Odoaker (Odwakar) Ravenna und setzte Romulus Augustulus, den letzten weströmischen Kaiser, ab.

Forschungsgeschichte: Der Respekt vor den antiken Bauwerken war in R. selbst zur Zeit des Humanismus nie sehr groß. Die Renaissancepäpste benutzten die zum Teil noch außerordentlich gut erhaltenen Tempel, Theater usw. als Steinbruch für ihre eigenen Bauten. Nur Pius II. (1458–1464) und Leo X. (1513-1521) waren da eine Ausnahme. Leo X. ernannte 1515 den großen Maler und Baumeister Raffael zum Beauftragten für die Altertümer. Raffael entwarf Pläne für die Inventarisierung der antiken Denkmäler und für ihre Erhaltung. 1536 wurden erste Ausgrabungen auf dem Palatin durchgeführt, als Papst Paul III. die Via di San Gregorio für den Einzug des Kaisers Karl V. in R. begradigen ließ. 1552 zeichnete Pirro Ligorio den ersten Plan einer antiken Stätte R.: das Stadion des Domitian. 1570 fand man 18 Torsi, die sog. Amazonen, die inzwischen aber wieder verschollen sind.

1772 ließ Franz I., Herzog von Parma, Ausgrabungen auf dem Gelände des flavischen Palastes durchführen und entdeckte zahlreiche Säle und Gänge, die sich über mehrere Stockwerke verteilen. 1776 kaufte der französische Antiquitätenhändler Abbé Rancoureil ein Grundstück auf dem Palatin, um dort nach römischen Schätzen zu suchen. Er fand den berühmten Apollon Sauroktonos (Eidechsentöter) des Praxiteles, der sich heute im Vatikan befindet. Gegen 1788 veranlaßte der schwedische Gesandte von Freudenheim erste Ausgrabungsversuche auf dem Campo Vaccino (Kuhweide), das als 10 bis 15 m hohe Schuttschicht das Forum Romanum bedeckte. 1803 setzte der Repräsentant Napoleons, der Präfekt Graf von Touron, den italienischen Kunsthistoriker C. Fea als Beauftragten für die Altertümer ein. Fea grub 30 Jahre lang auf dem Forum Romanum. Er legte die Tempel des Castor und Pollux, der Vesta und des Saturn frei und restaurierte sie, so gut es ging. 1812 widmeten sich französische Archäologen dem Trajansforum.

Nach 1854 konzentrierten sich die Ausgrabungen auf den Palatin. Napoleon III. hatte einen großen Teil des Hügels, die Farnesischen Gärten, erworben und beauftragte P. Rosa mit den archäologischen Untersuchungen. Rosa entdeckte 1869 das Haus der Livia, von dem man heute annimmt, daß es ein Teil des Hauses des Augustus ist, in dem der Kaiser mehr als 40 Jahre gelebt haben soll. Bis 1880 konnte Rosa den Palatin und auch das Forum Romanum freilegen. Seine engsten Mitarbeiter waren A. Nibby, C. Bunsen und R. Lanciani, der nach Rosa Leiter der Ausgrabungen in R. wurde. Lanciani dehnte seine Forschungen auf das ganze Gebiet der antiken Stadt aus. Er sammelte alle Nachrichten über antike Ruinen und erstellte eine erste Topographie. P. Bigot schuf danach einen Reliefplan der alten Metropole. Zahlreiche ausländische archäologische Institute und Akademien unterstützten die Arbeit Lancianis: die Französische Schule, das Deutsche Archäologische Institut, die Englische Schule, die Amerikanische Akademie, die Schwedische Schule, die Rumänische Schule usw.

1898 begann G. Boni mit ersten Tiefgrabungen auf dem Palatin. Unter den Kellergeschossen des Palastes der Flavier entdeckte er Spuren von Holzpfählen, die von Hütten der frühen Eisenzeit stammen. Ein Jahr später legte er unter dem Lapis Niger auf dem Forum Romanum einen Gedenkstein archaischer Zeit mit der ältesten lateinischen Inschrift frei. 1902 stieß Boni, inzwischen zum Direktor der Antiken auf dem Forum und Palatin avanciert, neben der Via Sacra in 5 m Tiefe auf eine Nekropole, deren älteste Gräber bis ins 8. Jh. v. Chr. zurückgehen, also bis in die Zeit der legendären Gründung. 1907 fand D. Vaglieri beim Kybele-Tempel auf dem Palatin Entwässerungskanäle einer frühgeschichtlichen Siedlung. Aus weiteren Siedlungsspuren schloß er, daß der Palatin im 8. Jh. v. Chr. von Latinern bewohnt war. 1919 begannen die Ausgrabungen auf dem Kapitol. Nach dem Abbruch des Palazzo Caffarelli stießen die Ausgräber auf die Grundmauern des Jupiter-Tempels, des bedeutendsten Heiligtums von R.

Einen ungeheuren Aufschwung nahm die archäologische Erforschung unter Mussolini, der sichtbare Zeugnisse für die große Vergangenheit Italiens brauchte. Ganze Häuserviertel wurden abgerissen, um antike Gebäudereste untersuchen zu können. 1924 begann man, die Kaiserforen freizulegen und die Mauerreste, die die Renaissancepäpste übriggelassen hatten, zu untersuchen. 1926 grub A. Bartoli am Hange des Palatin in Richtung des Circus Maximus. In den Jahren 1926 bis 1930 kamen auf dem Marsfeld am Largo Argentina vier Tempel aus republikanischer Zeit zum Vorschein. 1927 wurde das Forum des Augustus ausgegraben. 1930 bis 1932 leitete C. Ricci die Ausgrabungen des Caesar-Forums. 1937 konnte die Ara Pacis des Augustus mit modernsten technischen Hilfsmitteln unter dem Fundament des Palazzo Fiano geborgen werden. Erste Reliefplatten des Altars waren schon 1568 in Rom aufgetaucht. 1859 hatte ein Architekt den Altar unter dem Palazzo entdeckt. 1903 mußte eine erste Ausgrabung wegen Einsturzgefahr wieder eingestellt werden.

1948 kamen bei Grabungen auf dem Palatin Hütten zum Vorschein, die in den Tuffstein gehauen waren. 1950 legte S.M. Puglisi eine ganze Wohnsiedlung mit ovalen Hütten aus dem 9. bis 7. Jh. frei. Kleinere Untersuchungen im Stadtgebiet finden bis heute statt.

Archäologische Stätte: Der ganze Stadtkern des heutigen R., das Gebiet innerhalb der Aurelianischen Mauer also, ist eine einzige archäologische Stätte, unterbrochen allerdings von ausgedehnten mittelalterlichen und neuzeitlichen Wohn-, Palast- und Geschäftsvierteln, die wissenschaftliche Untersuchungen des Untergrundes nicht zulassen oder sie zumindest behindern. Trotzdem hat keine heutige Großstadt so zahlreiche und gut erhaltene antike Baudenkmäler, so ausgedehnte Grabungsfelder aufzuweisen wie R.

Über die ältesten Befestigungsanlagen der antiken Stadt ist noch wenig bekannt. Die *Servianische Mauer* (Servius-Mauer) wird Servius Tullius (578–534 v. Chr.), dem sechsten der sieben sagenhaften Könige von R., zugeschrieben, jedoch scheint sie erst nach der Plünderung der Stadt durch die Gallier 387 v. Chr. errichtet worden zu sein. Die Mauer war etwa 11 km lang und umfaßte das Stadtgebiet mit einer Fläche von über 400 ha. Am Bahnhof Termini ist ein eindrucksvolles Stück dieser Mauer erhalten. 87 v. Chr. wurde die Mauer letztmalig verstärkt und mit bogenförmigen Öffnungen für Wurfmaschinen versehen. Erst unter Kaiser Aurelian (270–275) erhielt die Stadt zum Schutz gegen die immer heftiger andrängenden Germanenstämme eine neue Befestigungsanlage, die unter Probus (276–282) fertiggestellt wurde. Diese *Aurelianische Mauer* war etwa 19 km lang und umschloß auch die neuen Stadtteile auf dem westlichen Tiberufer, insgesamt ein Gebiet von 1372,5 ha. Sie war 6 m hoch und 3,5 m dick und alle 30 m durch Türme verstärkt. Mehr als 20 Tore führten in die Stadt. Unter Maxentius (306–312) wurde die Mauer das erste Mal verstärkt und unter Honorius und Arcadius Anfang des 5. Jh. in großen Teilen umgebaut und erhöht.

Kapitol
Der Kapitolinische Hügel ist mit etwa 50 m der niedrigste der sieben Hügel von R. Auf einer seiner zwei Kuppen erhob sich einst die *Fluchtburg* (lat. Arx) der Stadt. 344 v. Chr. entstand an der Stelle der Arx der *Tempel der Juno Moneta* (Mahnerin). Als 269 v. Chr. in der Nähe eine Münzprägestätte eingerichtet wurde, ging der Tempelname auf diese über (ad monetam). Das Jupiter-Heiligtum *Auguraculum* in der Nordostecke des Hügels diente der Deutung des Vogelfluges durch die Auguren, die bei wichtigen Staatshandlungen den Willen der Götter zu erforschen hatten. Südlich der Arx wurde der große *Jupiter-Tempel* errichtet, der Tempel des Jupiter Optimus Maximus, des Jupiter Capitolinus. Mit dem Bau begann Tarquinius Priscus. Sein Sohn Tarquinius Superbus führte die Arbeiten fort. 509 (507) v. Chr. wurde der Tempel der Göttertrias Jupiter, Juno und Minerva geweiht. Der Podiumtempel hatte einen Grundriß von 53 x 62 m. Er bestand anfangs hauptsächlich aus Holz und war mit Terrakottaplatten verkleidet. Den Giebel krönte eine Quadriga

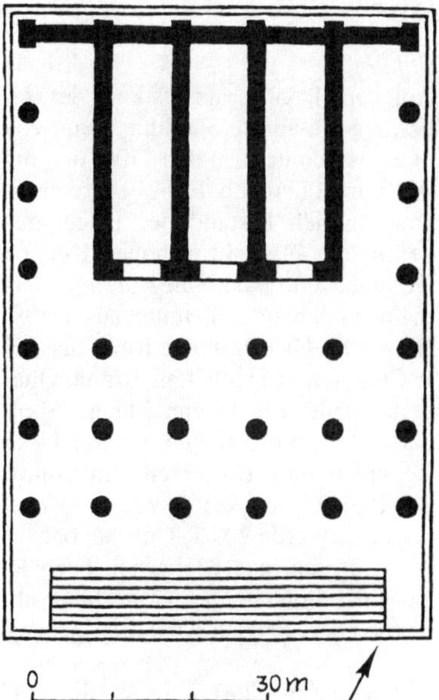

Rom: Tempel des Jupiter Capitolinus

aus gebranntem Ton. Er hatte drei nebeneinanderliegende Cellae, in denen die Kultbilder der Götterdreiheit standen. Der Tempel brannte 83 v. Chr., 69 und 80 n. Chr. ab und wurde jeweils sofort wieder aufgebaut. Die letzte Neuerung begann unter Titus und wurde von Domitian vollendet. Münzbilder und Reliefs von Bauwerken Mark Aurels zeigen, wie der Tempel damals ausgesehen hat. Heute sind nur noch die Mauerreste des Unterbaus vorhanden. Der Jupiter-Tempel machte das Kapitol zum politischen und religiösen Zentrum des Römischen Reiches. Am Abhang zum Forum liegt das *Tabularium*, das Staatsarchiv des antiken R. In dem mehrgeschossigen Arkadenbau aus dem Jahre 78 v. Chr. wurden die öffentlichen Urkunden aufbewahrt.

Palatin
Auf dem Palatin, am Ostknie des Tiber, lag die älteste Siedlung, denn von hier aus konnte man den Tiber und die ihn durchquerende Furt beherrschen. Ursprünglich bestand der Hügel aus den beiden etwa 50 m hohen Kuppen Germalus und Palatium. Auf dem Germalus fand man drei Hütten aus dem 9. Jh. v. Chr. Hier gründete Romulus 754 v. Chr. sein sagenhaftes Roma Quadrata. Kulte für Magna Mater, Apoll und Vesta wurden hier während der Republik und Kaiserzeit eingeführt. Der Bau des *Tempels für Magna Mater* (Kybele) wurde 204 v. Chr. begonnen. Ihr Kult kam aus Kleinasien nach R. Zweimal brannte das Gotteshaus ab, wurde aber sogleich wieder aufgebaut.

Seit dem Ende des 2. Jh. v. Chr. entwickelte sich der Palatin zu einem vornehmen Wohnviertel. Unter der Domus Flavia fand man z.B. Reste der republikanischen *Aula Isiaca* und der *Casa dei Griffi* (Haus der Greifen) mit Wandmalereien aus der Zeit um 100 v. Chr. Mit der Errichtung seines Wohnsitzes auf dem Palatin bestimmte Kaiser Augustus den Hügel zum Sitz der Herrscher für die weitere Kaiserzeit. Das *Haus des Augustus und der Livia* entstand um 30 v. Chr. Es war ausgestattet mit Wandmalereien des zweiten → pompejanischen Stils. Zu diesem Gebäudetrakt gehörte auch der *Apollon-Tempel* und ein kleines *Vesta-Heiligtum.* Am Nordwesthang des Palatins lag die *Domus Tiberiana*, ein von Kaiser Tiberius (14–37) errichteter Palast. Er bedeckte eine Fläche von ca. 120 x 180 m und wurde während der folgenden Jahrzehnte immer wieder erweitert bzw. nach Bränden neu aufgebaut. Den größten Komplex auf dem Palatin bildete die *Domus Augustana* mit der *Domus Flavia.* Kaiser Domitian (81–96) ließ diesen prächtigen Gebäudekomplex Ende des 1. Jh. n. Chr. erbauen. Die Domus Flavia bildete den öffentlich-repräsentativen Bereich des Kaiserpalastes, während die Domus Augustana den Privatbereich stellte. Unterhalb der Domus Augustana schloß ein Stadion an, das privaten Pferderennen und zirzensischen Spielen vorbehalten war. Im südlichen Bereich des Palatins stand die *Domus Severiana*, der Palast des Septimius Severus (193–211).

Forum Romanum und Kaiserforen
Die Talsenke zwischen den Hügeln Palatin, Quirinal und Esquilin diente vom 9. bis 6. Jh. v. Chr. als Begräbnisstätte. Aber schon frühzeitig entstanden hier die ersten öffentlichen Bauten der Siebenhügelstadt: die Re-

gia (Amtssitz des obersten Priesters) zum Beispiel und die Curia (Sitzungssaal des Senats). Tarquinus Priscus, der sagenhafte erste Etruskerherrscher in Rom, zwang den Bach, der die Wasser der Hügel sammelte, in ein Mauerbett und legte damit das größtenteils sumpfige Tal trocken. Ein ausgedehnter Versammlungs- und Marktplatz, das spätere Forum Romanum, entstand. Das Comitium, der eigentliche Versammlungsplatz, erhielt ein Pflaster aus gestampftem Kies. In der Zeit der Republik füllten zahlreiche Tempel und Basiliken das Forum. Im 2. Jh. v. Chr. wurde der regulierte Bach, die berühmte Cloaca maxima, in einen unterirdischen Bach umgewandelt und stellenweise überbaut. Die Vieh- und Gemüsehändler erhielten neue Marktplätze am Tiber: das *Forum Boarium* (Rindermarkt) und das *Forum Olitorium* (Gemüsemarkt).

Das *Forum Romanum* am Fuße des Palatin war Mittelpunkt des königlichen und republikanischen Rom. Hier fielen politische Entscheidungen, hier begannen die Prozessionen und endeten die Triumphzüge, hier wurden Geschäfte getätigt und Urteile verkündigt (→ Forum, Rom, 1). 264 v. Chr. fanden auf dem Forum Romanum die ersten Gladiatorenkämpfe statt.

Als das Forum Romanum den Bedürfnissen einer Weltstadt nicht mehr genügte, entstanden nördlich davon die *Kaiserforen* (Fori Imperiali), zuerst das Forum des Julius Caesar (→ Forum, Rom, 2), dann das Forum des Augustus (→ Forum, Rom, 3), das Forum des Vespasian (69–79), das Forum des Nerva (→ Forum, Rom, 4) und schließlich das Forum des Trajan (→ Forum, Rom, 5).

Zwischen den Hügeln

Der Bereich zwischen Palatin und Esquilin war in republikanischer Zeit mit Privathäusern bebaut, die Kaiser Nero (54–68) abreißen ließ, um hier seinen Kaiserpalast errichten zu lassen. Sein erster Kaiserpalast, die *Domus Transitoria*, wurde bei einem Brand 64 n. Chr. vollständig zerstört. Gleich darauf wurde mit dem Bau der *Domus Aurea*, des Goldenen Hauses, begonnen. Eine weitläufige Parkanlage mit zahlreichen Villen umgab den Palast. Im Bereich des späteren Kolosseums wurde ein künstlicher See angelegt, wilde und zahme Tiere bevölkerten die Anlage. Kaiser Vespasian (69–79) ließ den See trockenlegen und begann an dieser Stelle mit der Erbauung des Amphitheaters. Der Palast ist mit Thermenanlagen der Kaiser Titus und Trajan überbaut worden.

Das *Kolosseum*, ursprünglich Amphitheatrum Flavium genannt, wurde von 72 bis 80 unter Vespasian und seinem Sohn Titus (79–81) erbaut. Der Name »Kolosseum« geht auf die Kolossalstatue Neros zurück, die einst neben dem Theater stand (→ Amphitheater, Rom). Den *Konstantinsbogen* am Anfang der Via Triumphalis ließ Konstantin der Große 325 n. Chr. zur Erinnerung an den Sieg in der Schlacht an der Milvischen Brücke, 312 n. Chr., über seinen Nebenbuhler Maxentius errichten (→ Bogenmonument, Rom, 3). Über der Via Sacra, die zum Palatin führte, erhebt sich der *Titusbogen*, ein Monument zu Ehren des vergöttlichten Kaisers (→ Bogenmonument, Rom, 1). Den Platz der Horrea Piperataria (Lagerräume für Gewürze) nahe des Forum Romanum nahm seit dem 4. Jh. n. Chr. die große *Maxentius-Basilika* ein, die Kaiser

Konstantin fertigstellen ließ (→ Basilika, Rom, 4).
Im Tal zwischen den Hügeln Palatin und Aventin erstreckte sich der riesige *Circus Maximus*. Seine Anlage geht wohl auf den letzten Etruskerkönig Tarquinius Superbus zurück. Seit dem 4. Jh. v. Chr. haben ihn die Römer mehrmals umgebaut und vergrößert. Im Circus Maximus fanden zirzensische Spiele statt: Wagenrennen, Wettläufe, Faust- und Ringkämpfe, militärische Vorführungen (→ Circus, Rom).

Jenseits der Hügel
Das Gebiet des Forum Boarium war dem bei der Ara Maxima verehrten Herkules geweiht. Eine städtische Bebauung fand erst unter dem etruskischen König Servius Tullius in der Mitte des 6. Jh. v. Chr. statt. Zwei Tempel aus dem 2. Jh. v. Chr. stehen heute noch aufrecht: der *Tempel des Portunus*, ein ionischer Peripteros mit je vier Säulen an den Schmalseiten, von denen sich die der Rückseite als Halbsäulen an die Cellawand lehnen, und je sieben Säulen an den Langseiten. Von ihnen stehen jeweils nur die zwei nördlichen frei. Das aus Gußmauerwerk bestehende Tempelpodium ist hohl. Der *Rundtempel des Hercules Victor* ist der älteste erhaltene Marmortempel in R. Die Cella ist von einem Portikus mit 20 korinthischen Säulen umgeben. Weitgehende Restaurierungen aus tiberischer Zeit konnten festgestellt werden. Der Oberbau ab dem Architrav ist nicht mehr erhalten.
Das *Marsfeld* (Campus Martius), der Exerzierplatz der altrömischen Miliz, lag vor den Toren der Servianischen Mauer, zwischen den Hügeln und dem Tiber, im Nordwesten der Stadt. Hier versammelten sich auch die Zenturiatskomitien, um über Gesetze, über die Todesstrafe gegen römische Bürger, vor allem aber über Krieg und Frieden zu beschließen. Seit dem 1. Jh. v. Chr. wurden auf dem Marsfeld Tempel, Thermen und Theater errichtet. Das *Marcellus-Theater* im südlichen Bereich des Marsfeldes wurde unter Caesar begonnen und unter Augustus vollendet, der es 13 oder 11 v. Chr. dem früh verstorbenen Sohn seiner Schwester Octavia weihte. Der Bau hatte drei Geschosse mit je 41 Arkaden, deren Säulen der dorischen und ionischen Ordnung zugehören. Die geschlossene Attika des dritten Geschosses hatte aufgelegte korinthische Pilaster. Das Theater faßte etwa 15 000 Zuschauer. Die beiden unteren Geschosse sind heute ein Teil des Palazzo Orsini. Vor dem Theater stehen noch drei Säulen des *Apollon-Tempels*, der um 433 v. Chr. erbaut und 34 v. Chr. von Sosius erneuert wurde.

Rom: Forum Boarium und Umgebung
1 Forum Boarium (Rindermarkt) 2 Cloaca Maxima 3 Tempel der »Fortuna Virilis« (Tempel des Portunus) 4 sog. Vesta-Tempel (Tempel des Hercules Victor) 5 Altar des Herkules (Ara Maxima Herculis) mit Portikus 6 Rundtempel (Aedes Aemiliana Herculis) 7 Circus Maximus 8 Arcus Constantini (Tetrapylon) 9 Lagerhäuser (Horrea) 10 Forum Olitorium (Gemüsemarkt) 11 Tempel derSpes (?) 12 Tempel der Juno Sospita (?) 13 Tempel des Janus (?) 14 Marcellus-Theater 15 Tempel der Bellona 16 Apollo-Tempel 17 Area Sacra bei S. Omobono mit den archaischen Kultstätten der Fortuna (westlich) und der Mater Matuta (östlich) 18 Äskulap-Tempel 19 Pons Fabricius 20 Pons Aemilius 21 Pons Sublicius

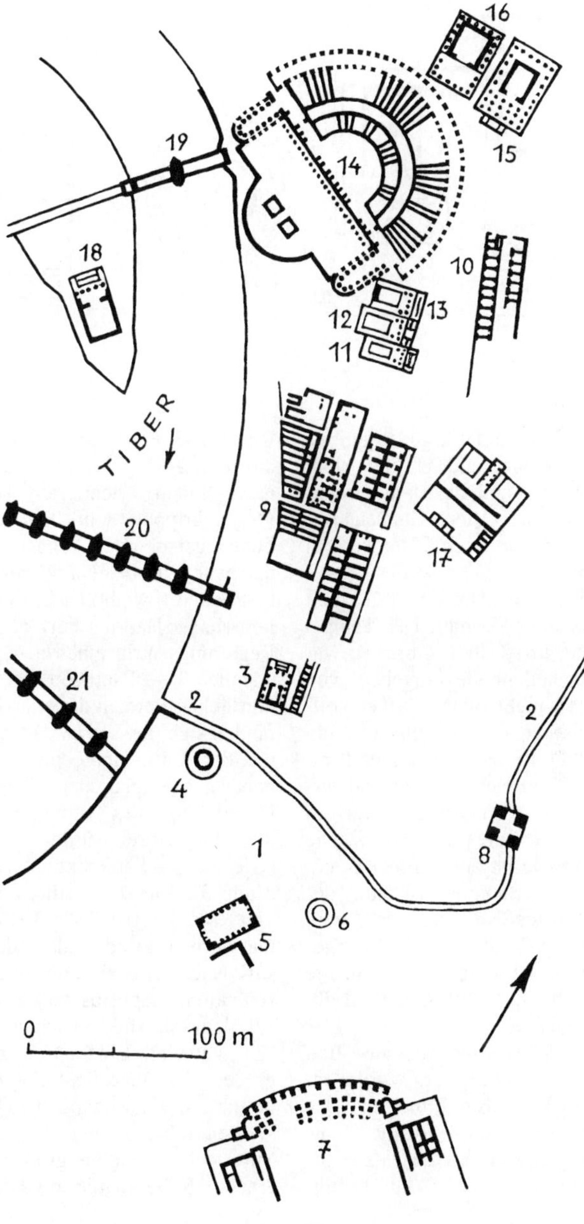
16
15
14
19
10
13
12
11
18
TIBER
9
17
20
21
3
2
2
4
1
8
6
5
0
100 m
7

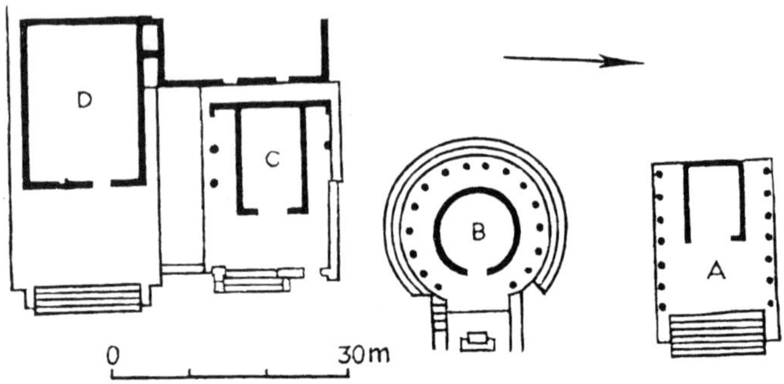

Rom: Area Sacra am Largo Argentina

Die *Area Sacra* am Largo Argentina im mittleren Marsfeld ist der wohl bedeutendste Tempelbezirk des republikanischen R. Vier Gotteshäuser gehören zu diesem Bezirk. Der Tempel C aus dem 4. Jh. v. Chr. ist der älteste. Er war einer alten italischen Gottheit namens Feronia geweiht. Der Tempel A entstand im 3. Jh. v. Chr.; er war von einer Säulenhalle umgeben, von der noch 15 mehr oder weniger vollständig erhalten sind. In ihm wird ein Juturna-Heiligtum vermutet. Der Tempel D, ein Podiumtempel, entstand vermutlich im 2. Jh. v. Chr. und war ein Heiligtum der Lares Permarini. Die späteste Anlage ist der Tempel B, ein Rundbau auf Podium, geweiht der Fortuna Huiusce Dei. Alle vier Bauten unterlagen im Laufe der Zeit Umgestaltungen. Eine einheitliche Anlage bildete sich erst im späten 2. Jh. v. Chr. heraus.

Im *Pompejus-Theater*, dessen Bau 55 v. Chr. vollendet war, wurde am 15.3.44 v. Chr. Cäsar ermordet. Das Theater mit bis dahin in R. unbekannten Ausmaßen war das erste fest gemauerte in der Stadt (→ Theater, Rom). Das *Pantheon* wurde zwischen 27 und 25 v. Chr. als rechteckiger, nach Süden orientierter Tempelbau von Agrippa, dem Feldherrn und Schwiegersohn des Augustus, gestiftet und war, wie der Name besagt, allen Gottheiten geweiht. Nach einem Brand ließ Kaiser Hadrian kurz nach seinem Regierungsantritt einen neuen Tempel erstellen (→ Pantheon, Rom). Im nördlichen Bereich des Marsfeldes befanden sich die *Ustrina*, Plätze, an denen der Kaiser und seine Familienangehörigen eingeäschert wurden. Säulen zu Ehren des Antoninus Pius und des Mark Aurel wurden in der Nähe errichtet (→ Säulenmonument, Rom, 2 und 3). 13 v. Chr. stiftete der Senat von Rom die *Ara Pacis Augustae*, den marmornen Friedensaltar des Augustus. Nach der Befriedung aller Provinzen durch Augustus wurde der Altar auf dem Marsfeld errichtet und 9 v. Chr. geweiht. Einen 11,6 x 10,6 m großen Hof umschließt eine 6 m hohe Mauer. Je ein Zugang im Osten und Westen führt in den Hof, in dessen Mitte sich der 6 x 7 m große Opferaltar erhebt. Reliefs mit mythologischen und allegorischen Darstellungen schmücken die Umfassungsmauer. Das *Augustus-Mausoleum* war bis 27 v. Chr. im wesentlichen fertiggestellt. Auf einem kreisrunden Fundament von 89 m Durchmesser erhob sich ein etwa 44 m hoher Erdkegel, unter dem die Krypta lag. Den Eingang zur Krypta markierten zwei Obelisken; einer von ihnen steht seit 1587 auf der Piazza dell' Esquilino, der andere seit 1787 auf der Piazza del Quirinale zwischen den Dioskuren. In dem Mausoleum wurden die Kaiser Augustus, Tiberius, Claudius und Nerva beigesetzt (→ Mausoleum, Rom, 1).

Der Bau der *Caracalla-Thermen* begann im Jahre 206 unter Septimius Severus und wurde 217 von dessen Sohn Caracalla vollendet. 2000 Badegäste konnten gleichzeitig die Bäder benutzen. Zu den Thermen gehörten Bibliotheken, Vortragssäle, Geschäfte, Restaurants, sogar ein Stadion (→ Thermen, Rom). Die *Thermen des Diokletian* sind die größte und luxuriöste römische Badeanlage überhaupt. Sie wurden 305 von Diokletian und seinem Freund und Mitregenten Maximian der Öffentlichkeit übergeben. Michelangelo gestaltete die Thermen um: Das einstige 91 m breite, 27 m tiefe und 28 m hohe Tepidarium wurde zur Kirche S. Maria degli Angeli; in die anderen Teile der Thermen kam ein Kartäuserkloster. Dieses Kloster beherbergt heute das Römische Nationalmuseum, auch Thermenmuseum genannt, eine bedeutende Sammlung antiker Kunstwerke.

Die *Engelsburg* (Antoniorum Sepulcrum) ließ Kaiser Hadrian von 135 bis 139 als Mausoleum für sich und seine Nachfolger errichten. Auf einem quadratischen Unterbau mit 89 m Seitenlänge erhebt sich der massige Rundbau aus Kalkstein mit Marmorverkleidung. Es hat einen Durchmesser von 64 m und ist 21 m hoch; das Dach krönte ein mit Zypressen bepflanzter Erdhügel und ein Standbild (vielleicht auch eine Quadriga) Hadrians. Der Rundbau umschloß die Grabkammer, in der die Kaiser Hadrian, Antoninus Pius, Mark Aurel, Pertinax und Septimius Severus sowie ihre Angehörigen beigesetzt wurden (→ Mausoleum, Rom, 2).

Die *Via Appia Antica*, die größte Heer- und Handelsstraße, wurde 312 v. Chr. unter dem Zensor Appius Claudius Caecus begonnen. Sie führte von Rom nach Cappua und wurde später bis Benevent und Brindisi verlängert. Sie beginnt bei der Porta Appia und ist von zahlreichen römischen Gräbern und Grabbauten sowie christlichen Katakomben gesäumt. Etwa 3 km von der Porta Appia entfernt steht das *Grabmal der Caecilia Metella*. Der 11 m hohe Rundbau hat einen Durchmesser von 20 m und ist teilweise noch mit Marmor verkleidet. Caecilia war die Schwiegertochter des Triumvirn M. Licinius Crassus; sie starb 53 v. Chr. Unweit des Grabmals erstreckte sich der *Maxentius-Circus*. Hier begann Kaiser Maxentius (308–312) mit dem Bau eines Palastes, der allerdings nie vollendet wurde. Die Rennbahn war 470 m lang und 185 m breit. 18 000 Zuschauer konnten die Wagenrennen verfolgen. 5 km weiter erhebt sich der *Casal Rotondo*, der größte Grabbau an der Via Appia. Auf einem quadratischen Sockel mit 35 m Seitenlänge sitzt der zylindrische Bau, der von einem Erdkegel bekrönt war. Das Grabmal entstand kurz vor der Zeitenwende.

Literatur: E. Nash: Bildlexikon zur Topographie des antiken Rom. 2 Bde. Tübingen

1961–1962; F. Coarelli: Rom. Ein archäologischer Führer. Freiburg 1975; E. Piccioni (Hrsg.): Roma Bibliographica 1959–1988. Rom 1989; E.M. Steinby (Hrsg.): Lexicon Topographicum Urbis Romae. 2 Bde. Rom 1993, 1995 (weitere Bände in Vorbereitung).

Roman Wall. → Limes, Hadrianswall.

rotfiguriger Stil. Dekorationsstil der griechischen Vasenmalerei. Von 530 v. Chr. bis zur zweiten Hälfte des 4. Jh. v. Chr. in Athen vorherrschende Maltechnik, bei der der Bildgrund schwarz, die Figuren rot erscheinen. Das Bild wurde zuerst vorgeritzt, die Figuren anschließend mit einem breiten Firnisstrich fixiert. Es folgte die Ausmalung der Figuren und zum Schluß die Deckung der Zwischenräume.

S

Saalburg. → Castellum, Saalburg.

Sabratha. Westlich von Tripolis (Libyen) in der Provinz Africa proconsularis gelegen.

Geschichte: Phönikische Kaufleute von Tyros gründeten um 800 v. Chr. die Hafenstadt S. Seit 46 v. Chr. ist S. römisch. Ihre Blütezeit erlebte sie in der Kaiserzeit. Antoninus Pius (138–161) erhob sie zur Colonia. In der Mitte des 3. Jh., spätestens im Jahre 253, wurde sie Bischofssitz. S. hatte keinen kaiserlichen Gönner wie Leptis Magna und mußte sich daher mit einem bescheideneren Wohlstand begnügen. Der Export von Elfenbein aus dem Fezzan und der Oase Gadames war wohl die einzige Einnahmequelle der römischen Stadt. Im 4. und 5. Jh. mußte sich S. der Anstürme berberischer Wüstenstämme erwehren. 455 fiel die Stadt, wie alle anderen nordafrikanischen Siedlungen, unter die Herrschaft der Vandalen. 533 begann die byzantinische Epoche, die 643 mit dem Vordringen der Araber unter der grünen Fahne des Propheten endete.

Forschungsgeschichte: Seit 1920 gruben italienische Archäologen auf dem Stadtgebiet von S. Es gelang ihnen, die fast vollzählig vorgefundenen Bauteile des römischen Theaters wieder aufzurichten. Zwischen 1948 und 1951 setzten englische Archäologen unter K. Kenyon und J.B. Ward-Perkins die Erforschung von S. fort. Heute steht die Ruinenstätte unter dem Schutz der UNESCO.

Archäologische Stätte: Aus phönikischer (punischer) Zeit (5. Jh. v. Chr.) stammen zahlreiche *Wohnhäuser* mit Läden und Ölpressen nahe am Meer. In augusteischer Zeit entstanden rings um das *Forum* die *Curia*, die *Basilika*, der *Tempel der kapitolinischen Trias* mit einer Rostra (Rednertribüne) davor. Das phönikische Heiligtum wurde in einen *Tempel des Liber Pater* (altitalischer Gott der Fruchtbarkeit) umgestaltet. Neben den *Thermen* in der Nähe des Strandes stand eine 30sitzige *Latrine*. Im 2. Jh., vor allem unter den Kaisern Antoninus Pius (138–161) und Mark Aurel (161–180), wurde die Altstadt modernisiert und das Forum mit Säulen geschmückt. Über abgerissenen Wohnhäusern wuchsen mehrere Tempel, deren Bestimmung noch unbekannt ist. Die Stadt dehnte sich nach Osten aus, wo eine Neustadt, wohl die Veteranensiedlung der Colonia, entstand. Hier liegt das in severischer Zeit erbaute *Theater* für vielleicht 5000 Zuschauer (→ Theater, Sabratha). Ein *Hercules-Tempel* aus dem Jahre 186, ein *Isis-Tempel*, mehrere Thermen und kleinere Badehäuser, schließlich ein *Amphitheater* am Stadtrand ergänzten die antoninische Stadt. Ein gewisser Flavius Tullus stiftete im 2. Jh. eine *Wasserleitung*, die von zwölf Tiefbrunnen versorgt wurde.

Literatur: K.D. Matthews: Cities in the Sand. Philadelphia 1957; G. Caputo u. F.

Ghedini: Il tempio d'Ercole di Sabratha. Rom 1984; E. Joyle u. F. Tomasello: Il tempio a divinità ignota di Sabratha. Rom 1984; P.M. Kenrick: Excavations at Sabratha 1948–1951. London 1986.

Saida. → Sidon.

Sakkara. Bei dem kleinen Dorf S. (Saqqara), 18 km südlich von Kairo, erstreckt sich die riesige Nekropole der altägyptischen Hauptstadt → Memphis. Hier liegen die Grabbauten von mehr als 20 Königen, darunter die einzigartige Stufenpyramide des Djoser (Zoser). Nahezu alle geschichtlichen Epochen vom Jahre 3000 v. Chr. bis zum koptischen Christentum sind in S. vertreten.

Forschungsgeschichte: 1850 entdeckte der Franzose A. → Mariette auf einer Reise durch Ägypten das Serapeum in S. Er begann mit Ausgrabungen auf dem Gebiet der Nekropole und sandte seine Funde an den Louvre in Paris. 1893 legte Mariette die Mastaba des Ti frei. 1893, zwölf Jahre nach Mariettes Tod, stießen Archäologen unter einem Hügel von Ziegeln, Steinen und Erde auf die Mastaba des Mereruka. 1950 begann die Wiederherstellung der Pyramidenanlage des Djoser. 1951 entdeckte der Archäologe M.Z. Goneim südwestlich von Djosers Grabanlage die unvollendete Pyramide des Sechemchet. 1953 gelang es ihm, die Pyramide zu öffnen.

Archäologische Stätte: Die *Nekropole* von S. zieht sich etwa 7 km an der Grenze zwischen dem fruchtbaren Überschwemmungsgebiet des Nil und der Wüste entlang. Das imposanteste Bauwerk der *Nekropole S.-Nord* ist die *Stufenpyramide des Djoser* (Zoser). Um 2775 errichtete der geniale Baumeister Imhotep diesen ersten monumentalen Steinbau der Menschheit. Imhotep war ein Universal-Genie: Architekt, Arzt, Priester, Schriftsteller und hoher Beamter. Rund 2000 Jahre später erhoben ihn die Ägypter zum Gott der Gelehrten und Schreiber sowie der Heilkunst. Djoser (der Prächtige) war nach seinem Bruder Sanacht der zweite König der 3. Dynastie, jener Epoche, in der sich Memphis zur politischen und wirtschaftlichen Metropole eines vereinigten Ober- und Unterägypten entwickelte. Die Gesamtanlage des heiligen Bezirks bildet ein Rechteck von 545 x 277 m. Eine ursprünglich 10,50 m hohe Kalksteinmauer mit einem einzigen Tor umgibt den Bezirk. In der Mitte erbaute Imhotep eine riesige Mastaba, einen tafelförmigen Grabbau, 63 x 63 m groß und 8 m hoch. Ein 28 m tiefer Schacht führt zur Sargkammer des Königs, die mit Rosengranit ausgekleidet ist. Weitere 32 m tiefe Schächte mit 30 m langen Quergalerien enthielten die Gräber der königlichen Verwandten. Um dem toten König den Aufstieg zur Sonne, zum Göttervater Re, zu erleichtern, errichtete Imhotep über der Mastaba drei gewaltige Stufen. Anschließend erweiterte er sie auf insgesamt sechs Stufen, auf einer rechteckigen Grundfläche von 109,20 x 121 m. Jede Stufe ist 2 m breit und zwischen 8,40 m und 10,10 m hoch. So entstand die erste Pyramide. Inwieweit die Bauform der mesopotamischen Ziqqurrat die Entstehung der Djoser-Pyramide beeinflußt hat, ist unbekannt. Imhotep vermochte sich nicht so schnell von der überlieferten Bauweise zu trennen. So hatten die Hausteine der Djoser-Pyramide noch die Größe der luftgetrockneten Ziegel. Holz, Papyrusbündel und

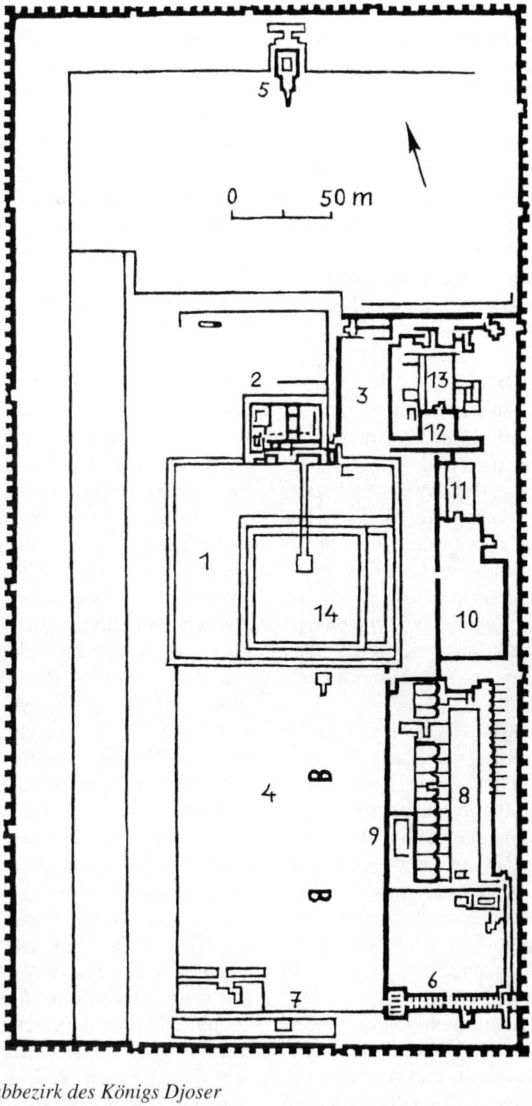

Sakkara: Grabbezirk des Königs Djoser
1 Stufenpyramide 2 Totentempel des Djoser 3 Hof mit Serdab 4 Großer Hof mit Altar 5 Altar 6 Eingangshalle 7 Südgrab 8 Festhof 9 kleiner Tempel 10 Hof des Südpalastes 11 Südpalast (»Haus des Südens«) 12 Hof des Nordpalastes 13 Nordpalast (»Haus des Nordens«) 14 ursprüngliche Mastaba

Schilfmatten, das uralte Mantelmaterial für die Ziegelbauten, ahmte er durch entsprechendes Behauen und Bemalen der Steine nach. Er verwendete erstmals Steinsäulen, die er aber als Halbsäulen im Mauerwerk beließ, weil er noch ihrer Tragfähigkeit mißtraute.

An die Nordseite der Pyramide schließt sich der *Totentempel* an, in dessen Serdab (Raum für die Grabstatue des Verstorbenen) die Ausgräber die berühmte Sitzstatue des Djoser fanden (heute in Kairo). Der *Nordpalast* (Haus des Nordens) und der *Südpalast* (Haus des Südens) symbolisierten die beiden Reichsteile. Scheinkapellen ermöglichten es den Göttern Unter- und Oberägyptens, dem Sed-Fest (Hebsed-Fest, Fest des Regierungsjubiläums) beizuwohnen. Das *Südgrab*, auch Ka-Grab genannt, nahm in einer 28 m tiefen, mit türkisfarbener Fayence ausgekleideten Kammer die zeugenden und bewahrenden Lebenskräfte des Herrschers auf. In dieser Kammer fand man das Relief des Königs beim Kultlauf (heute in Kairo).

Südlich der Djoser-Pyramide liegt die *Pyramide des Sechemchet*, der dem Pharao Djoser auf dem Thron folgte. Sechemchets Pyramidenbezirk ähnelt weitgehend dem des Djoser. Auch hier umgab eine 1500 m lange Kalksteinmauer die 550 x 200 m große Grabanlage. Aber Sechemchet regierte nur wenige Jahre, und so erreichte die Pyramide lediglich eine Höhe von 7 m. In einem durch gewaltige Fallsteine gesperrten unterirdischen Gang fanden die Ausgräber kostbaren Schmuck, Hunderte von Diorit- und Alabastervasen sowie kleine, versiegelte Krüge. In 40 m Tiefe stießen sie auf die 9 x 5 x 5 m große Grabkammer mit dem dünnwandigen Alabastersarkophag des Königs. Der Sarkophag war leer, obwohl die Siegel der Kammer unversehrt waren. Demnach fand der Pharao an anderer, bisher unbekannter Stelle seine letzte Ruhestätte.

Die *Pyramide des Unas* ist das Grabmal für den letzten König der 5. Dynastie. Die um 2420 entstandene Pyramide hatte ursprünglich eine Grundfläche von 67 x 67 m und war 44 m hoch. Am Ende eines unterirdischen Ganges liegt ein Vorraum, der links zum Serdab und rechts zur Grabkammer führt. Vorraum und Grabkammer sind mit einem spitzen Steingiebel versehen, auf den ein Sternenhimmel gemalt war. Die Kalksteinwände sind mit Hieroglyphen bedeckt, den sog. ersten Pyramidentexten. Die Inschriften zählen zu den ältesten religiösen Texten, die bisher in Ägypten gefunden wurden.

Die *Mastabas* von S. zählen zu den interessantesten Beispielen dieses frühzeitlichen Grabtyps, aus dem sich später die Pyramide entwickelte. Die *Mastaba aus der Zeit des Königs Wadji* (Djet) gehört der 1. Dynastie an. Sie war wohl die Grabanlage eines hohen Beamten. Die Mastaba, um 2900 aus Nilschlammziegeln erbaut, war 51 m lang und 21 m breit. Ihre Höhe betrug vermutlich 8 m. Zahlreiche Magazinräume umgaben die genau in der Mitte gelegene Grabkammer. Vor- und Rücksprünge gliederten die Außenfronten des Bauwerks. Auf einer niedrigen Mauer, die den Kernbau umgab, waren aus Ton modellierte Stierköpfe mit echten Hörnern aufgereiht. Eine hohe Mauer umschloß die ganze Anlage. An drei Seiten waren der Mastaba Reihen von Grabkammern für die Dienerschaft vorgelagert, die vermutlich ihrem Herrn in den Tod folgen mußte. Die *Mastaba aus der Zeit des Königs*

Ka-a, des letzten Herrschers der 1. Dynastie, zeigt bereits eine Weiterentwicklung. Vermutlich war auch hier ein hoher Beamter beigesetzt worden. Die Mastaba wurde ebenfalls aus Lehmziegeln erbaut. Der Kernbau war 35,50 m lang, 24,50 m breit und 8,25 m hoch. Hier lag der Tote in einer 10 m langen, in den Felsen gehauenen Grabkammer, bedeckt mit Gesteinsschutt. Der Mastaba war bereits eine Art Totentempel mit Opferkammer angeschlossen. Die Gesamtanlage nahm eine Fläche von etwa 65 x 39 m ein.
Die *Mastaba des Hesire* zeigt einen völlig anderen Grundriß. Mittelpunkt dieser Grabanlage aus der 3. Dynastie (2778–2723) ist ein 37 m langer Gang mit elf Nischen. Jede Nische enthielt ein Holzrelief mit einer Darstellung des Hesire. Die sechs besterhaltenen Reliefs befinden sich heute im Ägyptischen Museum von Kairo. Hesire war ein hoher Beamter aus der Zeit Djosers und führte die Titel »Großer des Südens« und »Bekannter des Königs«.
Die *Mastaba des Ti* entstand in der 5. Dynastie. Ti lebte um 2500. Er war ein hoher Hofbeamter und durfte daher in der Nekropole eine große Mastaba bauen. Der Kalksteinbau ist 33,90 m breit und 43,70 m lang. Von der Pfeilerhalle aus führt ein steil abfallender Schacht zur Grabkammer des Ti. Die 5 x 7,20 m große Opferkammer ist mit großartigen farbigen Reliefs ausgeschmückt, die Szenen aus dem Alltag zeigen, wie Ti auf der Nilpferdjagd, Eseltreiber, Heimkehr der Herde usw. Vom anschließenden Serdab aus konnte der Tote die Opferhandlungen verfolgen. Drei Ka-Statuen standen ursprünglich in diesem Raum, eine 2 m hohe Kalksteinstatue des Ti kam in das Museum von Kairo. Die Seitenkammer enthielt die Opfergeräte. In einem Schacht des Bauwerks war Tis Gemahlin Neferhotpes beigesetzt.
Die *Mastaba des Ptahhotep* stammt ebenfalls aus der 5. Dynastie. Ptahhotep, Wesir, Richter am Obersten Gericht und Freund des Königs Isesi, ließ diesen wuchtigen, 26,70 m breiten Grabbau für sich und seinen Sohn Achethotep errichten. Von der zentral gelegenen Halle mit den vier Pfeilern erreicht man über einen Vorraum die Opferkammer des Ptahhotep, die mit herrlichen Farbreliefs ausgekleidet ist. Da erkennt der Besucher Ptahhotep am Eßtisch. Auf einem anderen Relief werden Ochsen und Geflügel dem Besitzer vorgeführt. Zahlreiche ländliche Szenen gehören zu den schönsten Schöpfungen des Alten Reiches. Westlich der Pfeilerhalle erreicht man die Opferkammer für Achethotep, dessen Reliefschmuck weniger gut erhalten ist. Die *Mastaba des Mereruka* ist nur 21,10 m breit, enthält aber 31 Räume. Mereruka war um 2400 Wesir unter König Teti, dem Begründer der 6. Dynastie. Besonders eindrucksvoll sind die zahlreichen farbigen Kalksteinreliefs in den Räumen und Gängen. Je ein Abschnitt der Mastaba war Mererukas Gemahlin Herwatetchet und dem gemeinsamen Sohn Meritet vorbehalten.
Aus weiteren Gräbern stammen berühmte Rundplastiken, wie die bei den Kalksteinstatuen des Oberpriesters Ranofer (mit und ohne Perücke), die Holzstatue des Ka-aper, des »Dorfschulzen«, die bemalten Kalksteinstatuen von »Schreibern« (hohen Beamten) und von Mägden, die Korn zerreiben und am Maischbottich arbeiten. Alle diese Bildwerke gehören der 5. Dynastie an und befinden sich heute in Kairo.

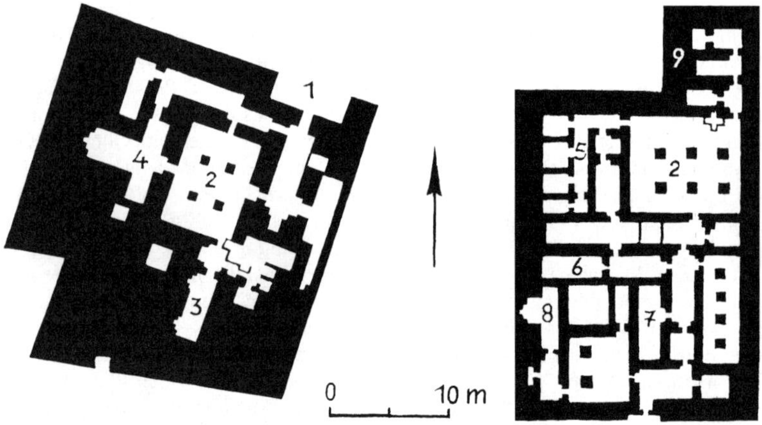

Sakkara: Mastaba des Ptahhotep (links) und des Mereruka (rechts)
1 Eingang 2 Pfeilerhalle 3 Grabteil für Ptahhotep 4 Grabteil für Ptahhoteps Sohn Achethotep 5 Magazine 6 Serdab 7 Grabteil für Mereruka 8 Grabteil für Mererukas Gemahlin Herwatetchet 9 Grabteil für Mererukas Sohn Meriteti

Das *Grab des Haremhab*, das sich der Reichsfeldherr vor seiner Krönung zum König von Ägypten (1332–1305) in S. erbaute, ist leider nicht mehr genau zu lokalisieren. Der umfangreiche Reliefschmuck dieses Grabes aber gehört zu den vollendetsten Werken der 18. Dynastie; er ist von Ausgräbern und Händlern des 19. und 20. Jh. in alle Welt verstreut worden: nach Leiden, Wien, Berlin, Bologna, Brooklyn, New York usw. Die großartigen Darstellungen mit der Vorführung von Gefangenen aus dem syrischen Feldzug z.B. kann man heute im Rijksmuseum van Oudheden in Leiden bewundern. Haremhab war vermutlich schon unter Echnaton (alias Amenophis IV., 1364–1347) oberster Militärbefehlshaber. Unter dessen Nachfolgern Tutanchamun (1347–1338) und Eje (1338–1334) stärkte er seine Stellung und vermochte das Reich, das während der religiösen Revolution Echnatons in schwere innen- und außenpolitische Krisen geriet, vor dem Zusammenbruch zu bewahren.

Das *Serapeum* in S. ist die riesige unterirdische Begräbnisstätte für die heiligen Apis-Stiere. Der Apis-Mythos entstand zusammen mit der ägyptischen Kultur und endete erst mit der Herrschaft des Christentums. Der Apis-Stier war das Symbol der Fruchtbarkeit, das lebende Abbild des Ptah, des Stadtgottes von Memphis, des Schöpfers der Welt. Das Zentrum des Kultes lag in der alten Hauptstadt Memphis. Dort hielt man den Apis-Stier in einem heiligen Stall und verehrte ihn wie einen Gott. Nach seinem Tode bestattete man den Stier mit großem Zeremoniell und wählte aus den Kälbern auf den umliegenden Weiden einen würdigen Nachfolger, ein Tier mit schwarzem Fell und weißen Flecken auf Stirn, Hals und Rücken. Die ältesten Gräber im Serapeum stammen aus dem 15. Jh. v. Chr. Die toten Stiere wurden mumifiziert und anfangs in Holzsarkophagen, später in Sarkophagen aus schwarzem oder rotem Granit oder aus Basalt in Einzelgrüften bestattet. Die Sarkophage sind 4 m lang, 2 bis 2,3 m breit und etwa 3,3 m hoch. Der größte Steinsarkophag wiegt fast 70 Tonnen. Die in den Felsen gehauenen Gänge sind 3 m breit und 5,5 m hoch. Ihre Gesamtlänge beträgt 340 m; die Große Galerie, die Pharao Psammetich I. um 600 v. Chr. anlegen ließ, mißt 200 m. Nach der Bestattung vereinte sich Apis mit dem Totengott Osiris, er wurde zu Osiris-Apis bzw. Oserhape (griech. Osorapis), woraus in der Ptolemäerzeit Serapis entstand; Serapis, der Hauptgott des hellenistischen Ägypten und später ein überaus verehrter Gott der Römer. So erhielt die Begräbnisstätte den Namen Serapaion (Serapeum). Seit Ptolemaios I. (323–283) den Serapis-Kult förderte, ließen sich Katochoi, eine Art Mönche, vor dem Serapeum nieder und lebten von den Gaben der Pilger. In dieser Zeit entstand ein Halbrund mit Statuen griechischer Dichter und Philosophen. Kranke aus aller Welt reisten hierher, um sich von den Katochoi durch ein Wunder heilen zu lassen.

Die *Nekropole S.-Süd* besteht hauptsächlich aus stark zerfallenen Pyramiden, die Schepseskaf, dem letzten König der 4. Dynastie, Pepi I., Merenre I. und Pepi II., Königen der 6. Dynastie, Ibi und Djedkare, Königen der 7. und 8. Dynastie, und Chendjer, vielleicht dem letzten über ganz Ägypten herrschenden König vor dem Eindringen der Hyksos, zugeschrieben werden. Die *Mastaba des Schepseskaf*, auch Mastaba el-Faraun (Grab des Pharaos) genannt, gleicht einem Riesensarkophag; sie ist 100 x 72 m groß und 18 m hoch. Die Wände bilden einen Pyramidenstumpf, das Dach ist tonnenförmig gewölbt. Die Innenräume sind unvollendet. König Schepseskaf ließ den gigantischen Grabbau für sich errichten, vermutlich in bewußter Abkehr von der Gewohnheit seiner großen Vorgänger Snofru, Cheops, Chephren und Mykerinos, die sich in einer Pyramide bestatten ließen. Aber als Schepseskaf starb, wurde er nicht in der Mastaba,

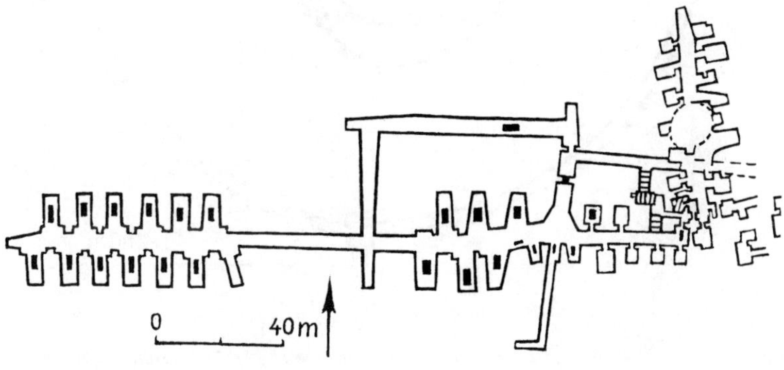

Sakkara: Serapeum

sondern in der oben erwähnten Pyramide beigesetzt.

Literatur: J.-Ph. Lauer: Saqqara. Die Königsgräber von Memphis. Bergisch-Gladbach 1977; J. Kamil: Sakkara and Memphis. A Guide to the Necropolis and the Ancient Capital. London [2]1985; A.-P. Zivie (Hrsg.): Memphis et ses nécropoles au Nouvel Empire. Nouvelles données, nouvelles questions. Kolloquium Paris 1986. Paris 1986.

Šam'al (Zincirli). Etwa 120 km östlich der südtürkischen Stadt Adana erhebt sich bei dem kleinen Dorf Zincirli der Burghügel von Š., der Hauptstadt eines späthethitischen Königreiches.

Geschichte: Wohl im 14. Jh. v. Chr. wurde die Stadt von Hethitern gegründet. Nach dem Zusammenbruch des hethitischen Großreiches gegen 1200 v. Chr. wurde Š. Hauptstadt des Königreiches Ja'dija. Mit anderen kleinen Nachfolgereichen wie Karkemisch und Kizzuwatna (Kilikien) führte auch Ja'dija die kulturelle Tradition des Hethitertums fort. Um 920 v. Chr. kam Š. unter aramäische Herrschaft, aus

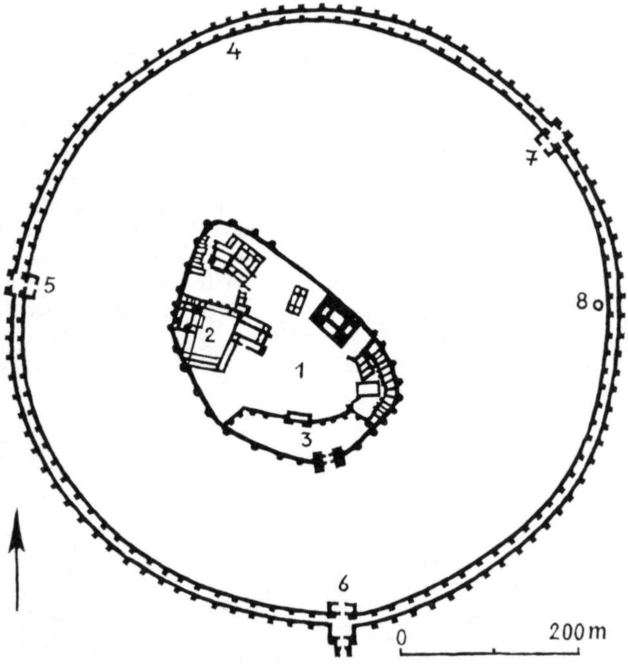

Šam'al
1 Königsburg 2 Palast 3 Toranlage 4 doppelte Stadtmauer 5 Westtor 6 Südtor 7 Nordosttor 8 Quelle

Ja'dija wurde Ja'udi. In der Mitte des 8. Jh. v. Chr. wurde Ja'udi assyrischer Vasallenstaat. Gegen 725 v. Chr. setzte der Assyrerkönig Sargon II. in Š. einen Statthalter ein. Um 680 v. Chr. zerstörte der assyrische König Asarhaddon die Stadt, die bis zu ihrer Ausgrabung unter meterhohem Brandschutt ruhte.

Forschungsgeschichte: In den Jahren 1888, 1890/91, 1892, 1894 und 1902 führten die deutschen Archäologen C. → Humann, O. Puchstein, R.J. → Koldewey Ausgrabungen auf dem Burghügel durch. Die gefundenen Reliefs und Rundplastiken, darunter die berühmte Stele des Asarhaddon, befinden sich heute u.a. in dem Vorderasiatischen Museum von Berlin, im Pariser Louvre, im Archäologischen Museum Istanbul sowie in den Museen von Adana und Gaziantep (Türkei).

Archäologische Stätte: Die Stadt auf dem Hügel hatte einen Durchmesser von 720 m. Sie war von einer kreisrunden *Doppelmauer* umgeben. Die innere, 3,5 m starke Mauer wurde im 13. Jh. v. Chr. errichtet. Die äußere, 3,1 m starke Mauer stammt aus dem 8. Jh. v. Chr. Beide sind 7 m voneinander entfernt. Rund 100 Türme verstärkten das Verteidigungswerk. Drei *Tore* – im Westen, Süden und Nordosten – führten in die Stadt. In der Mitte der Stadt lag die *Burg*, eine der stärksten Wehranlagen des Vorderen Orients, mit Türmen und mehrfach gestaffelten Mauern. Das spitzrunde Burgtor stammt aus dem 10. oder 9. Jh. v. Chr. Die Burg bestand aus mehreren Palastbauten des syrohethitischen Hilani-Stils, geschmückt mit Laibungsfiguren und Orthostatenreliefs.

Literatur: B. Landsberger: Šam'al. Ankara 1948; H.T. Bossert: Neues von Zincirli und Maras. In: Orientalia 27 (1958). S. 399 ff.

Samos. Die griechische Insel unmittelbar vor der türkischen Westküste war im Altertum durch ihr Hera-Heiligtum und durch den Tyrannen Polykrates berühmt, der den Inselstaat zu höchster Blüte führte.

Geschichte: Schon im 3. Jt. bestand an der Stelle des heiligen Bezirks der Hera an der Südostküste der Insel eine befestigte Siedlung. Im 11. Jh. v. Chr. ließen sich ionische Kolonisten unter Führung des Prokles auf der Insel nieder. Wo heute der kleine Fischerhafen Pythagorion liegt, bauten sie die Stadt S. (phönikisch: die Erhobene), deren Name später auf die Insel überging. Die Ionier übernahmen den Kult der vorgriechischen Inselbewohner, übertrugen ihn aber auf ihre Göttin Hera. Um 650 v. Chr. richteten Kaufleute aus S. und Milet in Ägypten die Handelsniederlassung Naukratis ein. Im späten 7. Jh. v. Chr. drangen samische Schiffe bis in den Atlantik vor. Um 600 gründete S. an der Nordküste des Marmarameeres die Kolonie Perinth. Um 582 wurde auf S. der Mathematiker Pythagoras geboren.

547/46 v. Chr. besetzten die Perser das ganze kleinasiatische Ionien und standen damit nur 2,4 km vor S. Die Insel konnte aber nicht nur ihre Unabhängigkeit bewahren, unter der Tyrannis (Alleinherrschaft) des Polykrates (etwa 538–522) entwickelte sie sich sogar zur stärksten Seemacht der Ägäis. Polykrates schuf ein schlagkräftiges Heer aus Samiern und Söldnern und baute eine mächtige Flotte, mit der er die Küsten Kleinasiens kontrollierte und hemmungslos Piraterie betrieb. Er zog berühmte Architekten, Ingenieure, Dichter, Maler und Bildhauer – zumeist Flüchtlinge aus den ionischen Städten Kleinasiens – an seinen Hof,

ließ prächtige Bauwerke errichten, einen über 1000 m langen Stollen zur Wasserversorgung der Stadt durch den Ampelos-Berg treiben und den Hafen ausbauen. Nachdem Polykrates 524 v. Chr. eine 14tägige Seeblockade der Spartaner und Korinther hatte abwehren können, lockte ihn der persische Satrap Oroites zwei Jahre darauf in → Magnesia am Mäander in einen Hinterhalt, nahm ihn gefangen und kreuzigte ihn.
Von da an stand S. unter persischer Herrschaft. 513 v. Chr. baute der samische Ingenieur Mandroklos für das Heer des Perserkönigs Dareios eine Brücke, wahrscheinlich eine Pontonbrücke, über den Bosporus. 499 v. Chr. beteiligte sich S. am Aufstand des Ionischen Zwölfstädtebundes, dem es seit dem 9. Jh. v. Chr. angehörte, gegen das persische Joch. Seit 477 v. Chr. gehörte es dem Attisch-Delischen Seebund an, den es aber 440 v. Chr. wieder verließ. Daraufhin belagerte Perikles die Stadt S. und nahm sie 439 v. Chr. ein. Im Peloponnesischen Krieg zwischen Athen und Sparta stand S. auf der Seite Athens. Nach dem Krieg kam die Insel unter die Herrschaft Spartas. 365 v. Chr. eroberten die Athener S. und gründeten auf der Insel eine Militärkolonie (Kleruchie). 322 v. Chr. stellte der makedonische Feldherr Perdikkas die Unabhängigkeit von S. wieder her. Seit 28 v. Chr. stand es abwechselnd unter der Herrschaft der Seleukiden und Ptolemäer. 190 v. Chr. kam die Insel zum Pergamenischen Reich und 129 v. Chr. als Teil der Provinz Asia zu Rom. Den Winter 40/39 v. Chr. verbrachten die beiden großen Liebenden, Antonius und Kleopatra, auf S. Gegen Ende des 3. Jh. n. Chr. verwüsteten die Heruler, ein gotischer Volksstamm, das Hera-Heiligtum.
Forschungsgeschichte: Seit 1910 graben deutsche Archäologen auf S. T. Wiegand begann 1910/11 mit der Erforschung des Hera-Heiligtums. Besonders wichtige Erkenntnisse erbrachten die Arbeiten der Jahre 1925 bis 1939, die unter der Leitung von E. → Buschor standen. Buschor legte u.a. das Hera-Heiligtum frei. Die Forschungen im Bereich der antiken Stadt und des heiligen Bezirks wurden 1952 vom → Deutschen Archäologischen Institut in Athen wiederaufgenommen. 1971 und 1972 untersuchte das DAI den Eupalinos-Tunnel.
Die Fundstücke aus S. befinden sich heute im Pergamonmuseum, Berlin, und im Museum von Vathy (Samos).
Archäologische Stätte: Die 6,7 km lange *Stadtmauer* der antiken Stadt S. ist streckenweise noch gut erhalten. Sie war durch 35 Türme verstärkt und hatte zwölf Tore bzw. Pforten. Vermutlich wurde sie von Polykrates erbaut und später mehrmals erneuert. Der *Eupalinos-Tunnel* (Eupalineion) ist ein unterirdischer Aquädukt, den Polykrates in seiner Herrschaftszeit von dem Baumeister Eupalinos aus Megara anlegen ließ. Quellen außerhalb der Stadtmauer speisten ein Reservoir, aus dem das Trinkwasser 853 m durch Röhren strömte, dann in einem Tunnel den Ampelos-Berg durchfloß und schließlich über Abzweigungen die einzelnen Stadtteile erreichte. Der Durchstich des Berges war eine technische Meisterleistung der Antike. Von beiden Seiten trieb Eupalinos gleichzeitig Stollen in den Berg, die sich trotz mehrerer Richtungsänderungen, bedingt durch Meßschwierigkeiten, auf einer Länge von

1036 m trafen. Die Wasserleitung war noch im 7. Jh. n. Chr. in Betrieb. Etwa 6 km westlich der antiken Stadt liegt dicht am Meer das *Heraion*, das Heiligtum der Hera. Hier wurde die Göttin geboren, und hier, beim »Lygos-Baum«, fand alljährlich die heilige Hochzeit mit dem Göttervater Zeus statt (→ Heraion, Samos).

Literatur: Samos (hrsg. vom Deutschen Archäologischen Institut). Bd. 1 ff. Bonn 1961 ff.; R. Tölle: Die antike Stadt Samos. Mainz 1969; Dies.: Herodot und Samos. Bochum 1976; H.J. Kienast: Planung und Durchführung des Tunnels des Eupalinos. In: Bauplanung und Bautheorie der Antike. Kolloquium Berlin 1983 (hrsg. vom Deutschen Archäologischen Institut). Berlin 1984. S. 104 ff.

Samothrake. Die Insel S. in der nördlichen Ägäis war im Altertum wegen ihres Mysterienheiligtums der Großen Götter berühmt.

Geschichte: Seit dem Neolithikum war S. von Thrakern bewohnt. Dardanos, erster Sohn des Zeus und auf dieser Insel geboren, soll der Sage nach Troja gegründet haben. Im 8. Jh. v. Chr. ließen sich Kolonisten aus Samos auf der Insel nieder (Samothrake, das samische Thrakien) und gründeten an der Nordküste eine Stadt. Die samischen Siedler dehnten ihren Einfluß allmählich auch auf das Festland aus und schufen sich an der Küste Thrakiens, zwischen der Mündung des Hebros und dem Berg Ismaros, eine Peraia (das (Land) jenseits), eine Besitzung gewissermaßen. Die Samier übernahmen den thrakischen Kult der Großen Götter, deren Heiligtum sich in einem Waldtal unweit der Stadt verbarg. Die Mysterien von S. waren damals nicht weniger berühmt als die von → Eleusis. Die Bedeutung der samothrakischen Mysterien wuchs nach den Perserkriegen und zog Gläubige aus allen Teilen Griechenlands und Kleinasiens an. Seinen Höhepunkt erreichte der Kult unter den makedonischen Herrschern und vor allem in hellenistischer Zeit. S. galt als heilige Insel, was die Makedonier, Seleukiden und Ptolemäer jedoch nicht hinderte, sie wegen ihrer strategisch günstigen Lage als Flottenstützpunkt zu benutzen. Dafür entschädigten sie das Heiligtum mit großzügigen Stiftungen. 167 v. Chr. nahmen die Römer auf S. Perseus, den letzten König der Makedonier, gefangen. Von da an genoß die Insel eine gewisse Unabhängigkeit. Als 84 v. Chr. Seeräuber das Heiligtum plünderten, stellte sich S. unter den Schutz des römischen Imperiums. Die Römer, die sich als Nachkommen des trojanischen Helden Aeneas betrachteten, der wiederum von Dardanos abstammte, kümmerten sich mit besonderer Sorgfalt um das Heiligtum der Großen Götter. Der Kult lebte fort, bis Theodosios der Große um 391 n. Chr. alle heidnischen Bräuche verbot.

Forschungsgeschichte: 1863 fand der französische Konsul in Adrianopel, C.F.N. Champoiseau, auf dem Gelände des Heiligtums der Großen Götter die Statue der »Nike von S.«, die er nach Paris schaffen ließ. Daraufhin führten die Franzosen G. Deville und E.G. Coquart 1866 erste wissenschaftliche Untersuchungen der Ruinenstätte durch. Grabungen in größerem Maßstab erfolgten 1873 bis 1875 durch eine österreichische Expedition unter Leitung des deutschen Archäologen A. → Conze. Conze veröffentlichte den ersten Ausgrabungsbericht im modernen Sinne, ergänzt durch fotografische

Aufnahmen. 1923 und 1927 wurden die Arbeiten unter französisch-tschechoslowakischer Leitung von A. Salac und F. Chapouthier fortgesetzt. 1939 begannen Wissenschaftler der Universität New York mit der systematischen Erforschung des Heiligtums, die seit 1948 von den Amerikanern K. Lehmann und P.W. Lehmann, seit 1960 von J.R. McCredie weitergeführt werden.

Die Fundstücke aus S. sind im Louvre, Paris, im Kunsthistorischen Museum von Wien, im Archäologischen Museum von Istanbul und im Museum der Ausgrabungsstätte zu sehen.

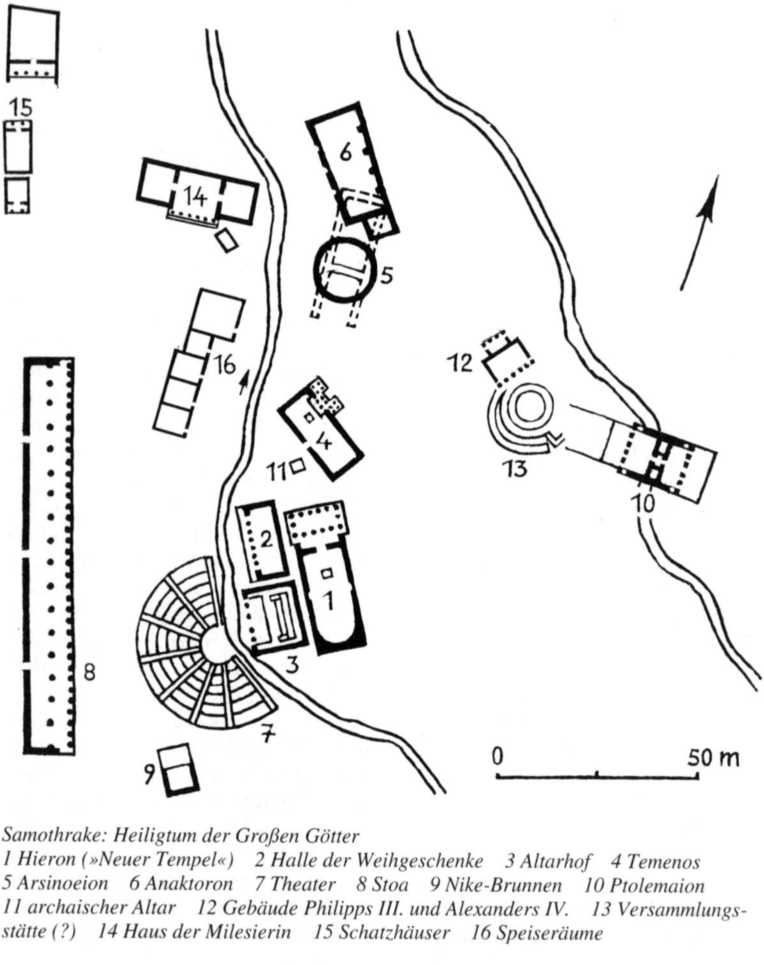

Samothrake: Heiligtum der Großen Götter
1 Hieron (»Neuer Tempel«) 2 Halle der Weihgeschenke 3 Altarhof 4 Temenos 5 Arsinoeion 6 Anaktoron 7 Theater 8 Stoa 9 Nike-Brunnen 10 Ptolemaion 11 archaischer Altar 12 Gebäude Philipps III. und Alexanders IV. 13 Versammlungsstätte (?) 14 Haus der Milesierin 15 Schatzhäuser 16 Speiseräume

Archäologische Stätte: Zuvor eine kurze Bemerkung über den aus vorgriechischer Zeit stammenden Kult der Großen Götter: Hauptgottheit war Axieros, die Große Mutter. Neben ihr stand Kadmilos, der Gott der Fruchtbarkeit. Die Kabiren (Kabeiroi) waren zwei mächtige Fruchtbarkeitsdämonen vielleicht phrygischen Ursprungs. Sie galten als Beschützer der Seefahrt. Außerdem gehörten noch zum Kreis der Großen Götter Axiokersos und Axiokersa, die beiden Gottheiten der Unterwelt. An den Mysterien durfte jedermann teilnehmen, ohne Rücksicht auf Alter, Geschlecht, Nationalität oder gesellschaftliche Stellung.

Der Eintritt in das *Heiligtum der Großen Götter* erfolgte durch ein Propylon im Osten des Bezirks, an dem die von der Stadt kommende Prozessionsstraße endete. Nach den Resten einer Weihinschrift war der ägyptische König Ptolemaios II. (283/2–247/6 v. Chr.) Stifter dieser Anlage, die er in den 70er Jahren des 3. Jh. v. Chr. errichten ließ. Durch den Unterbau des Propylons, von den Ausgräbern auch Ptolemaion genannt, führt ein 1,90 m breiter, gewölbter Durchgang. Hier floß ursprünglich ein Bach, der die Grenze des Heiligtums markierte, hindurch. Nachdem das Gewölbe mit der Zeit verstopfte, wurde der Bach westlich des Porpylons vorbeigeführt. Über diesem Unterbau erhob sich das 17,20 x 11,46 m große Propylon in Form eines Amphiprostylos mit einer sechssäuligen ionischen Ordnung im Osten und einer sechssäuligen korinthischen im Westen. Das Propylon ist auf eine kreisrunde Anlage ausgerichtet, deren Bedeutung bis heute unklar ist. Der Platz wird von mehreren Stufen gerahmt. Wahrscheinlich diente er als Kult- oder Versammlungsplatz. Nördlich schloß sich eine Halle mit sechssäuliger dorischer Front an, eine Stiftung Philipps III. Arrhidaios und Alexandros IV., der eine Halbbruder, der andere Sohn Alexanders des Großen. Zum Prozessionsweg hin war dieser Halle ein kleiner ionischer Anbau vorgelagert.

Den zweigeschossigen, prächtigen Rundbau, das *Arsinoeion*, stiftete um 285 v. Chr. Arsinoe II. (um 316–270 v. Chr.), Tochter des Königs Ptolemaios und Gemahlin des Königs Lysimachos von Thrakien. Dieser große Rundbau hatte einen Durchmesser von mehr als 20 m. Über einer schlichten Quaderwand folgte im oberen Bereich eine Galerie. Außen war sie der dorischen Ordnung verpflichtet, innen der ionisch-korinthischen. Zwischen den Pilastern bzw. Halbsäulen waren Steinplatten mit Rosetten und Bukranien angebracht. Ein kegelförmiges Dach aus Tonziegeln bedeckte den Rundbau. Das Arsinoeion erhob sich an der ältesten Stelle des Heiligtums. Bei Grabungen stieß man auf Mauerreste klassischer, archaischer und sogar vorgriechischer Zeit.

Das 27 x 11,6 m große *Anaktoron* (Palast der Herren, Haus der Götter; → Anaktoron, Samothrake) diente den Einweihungsriten des ersten Grades. Der Bau wurde im 1. Jh. n. Chr. an der Stelle älterer Vorgänger, die bis in das 6. Jh. v. Chr. zurückreichen, errichtet. Die Inschrift auf einer Stele verbot jedem Nichteingeweihten, das Allerheiligste des Anaktoron zu betreten.

Im Nordwestbereich des Heiligtums konnten die Ausgräber eine milesische Gebäudestiftung aus der Mitte des 3. Jh. v. Chr. sowie drei späthellenistische *Schatzhäuser* lokalisieren. Im

Westen begrenzte ein Hügel das Heiligtum, an dessen Osthang auf einer Terrasse *Speiseräume* und ein *Heroengrab* sowie das *Theater* lagen. Auf dem Grat des Hügels verlief in nordsüdlicher Richtung eine 104 m lange und 13,4 m breite *Stoa* aus dem 3. Jh. v. Chr. Sie öffnete sich mit 35 dorischen Säulen nach Osten. 16 ionische Säulen teilten die Halle in zwei Schiffe. Im *Nike-Brunnen*, einem Nischenbau am südlichen Ende des heiligen Bezirks, stand auf dem Bug eines Schiffes die 2,45 m hohe Statue der geflügelten Siegesgöttin, der »Nike von S.«. Die Statue aus parischem Marmor war vermutlich ein Geschenk der Rhodier (Bewohner der Insel Rhodos) aus der Zeit um 190 v. Chr.

Das *Hieron* (Heiligtum), so benannt durch eine Inschriftenstele, die ursprünglich vor dem Eingang des Gebäudes stand und Nichteingeweihten den Zutritt in das Gebäude verweigerte, war der Mittelpunkt des Heiligtums der Großen Götter. Hier versammelten sich die Mysten, die Eingeweihten, um den zweiten Weihegrad zu erlangen. Der dorische Marmorbau hatte eine Ausdehnung von 28,33 x 13,12 m und wurde um 325 v. Chr. errichtet. Vier Vorgängerbauten konnten unter seinen Fundamenten nachgewiesen werden. Über seinen geschlossenen Wänden ruhte ein glatter Architrav mit Metopen-Triglyphenfries. Die geplante Säulenvorhalle kam nicht mehr zur Ausführung. Erst in der Mitte des 2. Jh. v. Chr. wurde sie, allerdings nach neuen Plänen, fertiggestellt. 14 dorische Säulen, zweimal sechs über die Breite des Tempels mit je einer zwischengestellten Säule in Verlängerung der Anten, bildeten nun die repräsentative Vorhalle. Eine Figurengruppe schmückte den Giebel. In der Mitte des Hieron stand ein Kultherd. Eine Besonderheit des Hieron ist die von außen nicht sichtbare Apsis auf der Südseite. Das Hieron bildete mit dem Altarhof und der *Halle der Weihgeschenke* eine bauliche Einheit. Die 22,60 x 16,70 m große Halle der Weihgeschenke entstand um 540 v. Chr. Sie öffnete sich in breiter Front nach Westen. Acht dorische Kalksteinsäulen trugen das Dach. Den Altarhof stiftete Philipp III. Archidaios, der Halbbruder Alexanders des Großen. Der 17 x 14 m große Bau bedeckte einen archaischen Opferplatz. Seine Mauern waren 8 m hoch. Vier dorische Säulen schmückten den Eingang im Westen. Das *Temenos*, ein offener, gepflasterter Hof von etwa 25 x 10 m Größe, war von 4 m hohen Mauern umgeben. In der nördlichen Hälfte des Hofes stand der heilige Herd. Das seitlich angeordnete, monumentale, reichverzierte Propylon aus Marmor war 12,3 m breit und 8 m hoch; es wurde um 340 v. Chr. erbaut. Das Gebälk des Propylons war mit einem Relieffries geschmückt, der einen Reigen tanzender Mädchen wiedergibt. Die Decke schmückten Kassetten, von denen einige Platten mit reliefierten Köpfen erhalten sind. Der Kultbetrieb an diesem Platz läßt sich durch Funde bis in das frühe 7. Jh. v. Chr. zurückverfolgen.

Literatur: Samothrace. Excavations Conducted by the Institute of Fine Arts of New York University (hrsg. von K. Lehmann u.a.). Bd. 1 ff. London 1959 ff.; K. Lehmann: Samothrace. A Guide to the Excavations and the Museum. New York [5]1983; S.G. Cole: Theoi megaloi. The Cult of the Great Goods at Samothraca. Leiden 1984; H. Erhardt: Samothrake. Heiligtümer in ihrer Landschaft und Geschichte als Zeugen antiken Geisteslebens. Stuttgart 1985; J.

Bouzek u.a.: Samothrace 1923, 1927, 1978. The Results of the Czechoslovak Excavations. Prag 1985.

Sanktuarium (lat.). Heiligtum, das Heiligste des Tempels.

Santorin. → Thera.

Sardes. In Kleinasien, im Tal des Hermos (heute Gediz Nehri) am Fuße des Tmolosgebirges (heute Boz Dağları) lag die einstige Hauptstadt des Lydierreiches, berühmt wegen ihres Reichtums und ihres Artemis-Heiligtums.
Geschichte: Besiedlungsspuren reichen bis in die Zeit um 3000 v. Chr. zurück. Der Fund mykenischer und protogeometrischer Keramik läßt vermuten, daß im 12. Jh. v. Chr. Griechen dieses Gebiet eroberten. Historisch belegt ist jedoch erst die Herrschaftsübernahme der Mermnaden (lydisches Adelsgeschlecht) unter Gyges im 7. Jh. v. Chr. Im Zuge ihrer Eroberung westlicher Küstenorte wurde S. Hauptstadt des lydischen Reiches. Am Ende des Jahrhunderts wurden hier erstmals Münzen aus einem Gemisch von Gold und Silber mit staatlich vorgeschriebenem Gewicht (sog. Elektronmünzen) geprägt. Unter Kroisos (um 560–547 v. Chr.), dem letzten Herrscher der Mermnadendynastie, gehörte der ganze Westen Kleinasiens zum Lydierreich. Als er das Reich weiter nach Osten ausdehnen wollte, stieß er auf persischen Widerstand und wurde 547 v. Chr. von Kyros II. (559–529 v. Chr.) besiegt. Da S. an der persischen Königsstraße lag, die von Susa nach Ephesos führte, wurde es Sitz eines Satrapen (Statthalter). Die Stadt gelangte unter makedonische Herrschaft, als Alexander der Große die Perser in der Schlacht am Granikos 334 v. Chr. besiegte. Seit 281 v. Chr. unterstand S. den Seleukiden, bis es 188 v. Chr. zum Pergamenischen Reich kam und 133 v. Chr. Teil der römischen Provinz Asia wurde. Unter den Römern erlebte die Stadt eine neue Blüte.
Forschungsgeschichte: 1911 bis 1914 untersuchten Archäologen der Universität Princeton (USA) die Ruinenstätte von S. Weitere Grabungen führten seit 1958 das Fogg Art Museum und die Cornwell Universität unter den Auspizien der American School of Oriental Research, Leitung G.M. Hanfmann, durch. Dabei gelang es u.a. auch, die bis in das 4. Jh. v. Chr. lebendige lydische Sprache zu erforschen. Heute arbeiten Wissenschaftler der Harvard University von Cambridge, Mass., in S.
Archäologische Stätte: Der *Tempel der Göttin Artemis* war nach Westen auf einen ca. 21 x 11 m großen Altar ausgerichtet. Dieser entstand wahrscheinlich um die Wende vom 5. zum 4. Jh. v. Chr. und stellte ein Jahrhundert lang die einzige Kultstätte für diese Göttin in der Stadt dar. An dem Tempel konnten drei Bauphasen unterschieden werden: Cella, Pronaos und ein schmaler Opisthodomos stammen aus dem Ende des 4. Jh. v. Chr. Die Ringhalle mit 8 x 20 ionischen Säulen wurde im 2. Jh. v. Chr. begonnen. An den Langseiten verlief sie, wie bei einem Pseudodipteros, im Abstand von zwei Jochen. Vollendet wurde der Tempel jedoch erst im 2. Jh. n. Chr. durch Kaiser Antoninus Pius (138–161). Dieser wollte hier neben der Göttin Artemis auch seine Gemahlin Faustina verehrt wissen und gestaltete den Bau zum symmetrischen Doppeltempel um. In die Cella wurde eine Trenn-

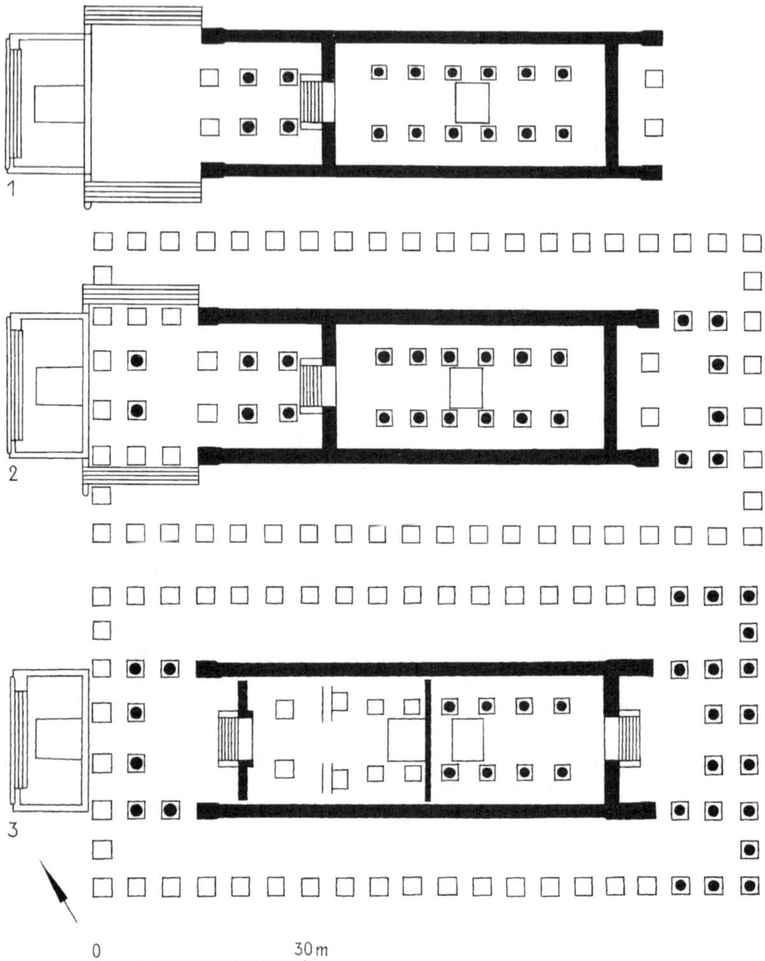

Sardes: Drei Bauphasen des Artemis-Tempels

wand eingezogen. Den Zugang zur östlichen Hälfte ermöglichte eine neue Tür im Opisthodomos. Die westliche Cellawand wurde weit in den Pronaos vorgezogen, so daß zwei gleich große Kulträume entstanden.

Aus der Römerzeit stammen das *Theater*, dessen Halbrund sich noch gut am Hügel erkennen läßt, und das prunkvolle, symmetrisch angelegte *Gymnasium*. Der wieder aufgerichtete Marmorsaal des Gymnasiums verbindet

Palästra und Baderäume. Er ist an drei Seiten von einer zweistöckigen Fassadenarchitektur gerahmt. Eine Dedikationsinschrift von 211 v. Chr. an dem Architrav nennt die Kaiser Geta und Caracalla. Im 3. Jh. n. Chr. wurde in den Südflügel der Palästra ein basilikales Gebäude, eine *Synagoge*, eingebaut. Nördlich der Ruinenstätte liegt die lydische *Nekropole* mit Hunderten von unterschiedlich großen Grabhügeln (Tumuli).

Literatur: G.M. Hanfmann: Letters from Sardis. Cambridge, Mass. 1972; Ders.: Sardis from Prehistoric to Roman Times. Results of the Archaeological Exploration of Sardis 1958–1975. Cambridge, Mass. 1983; Ders. (Hrsg.): Archaeological Exploration of Sardis. Monograph 1 ff. Cambridge, Mass. 1975 ff.; E. Guralnick (Hrsg.): Sardis. 27 Years of Discovery. Symposium Chicago 1987. Chicago 1987.

Sarkophag (griech. Fleischfresser). Aus Stein, Terrakotta oder Holz hergestelltes, meist rechteckiges Behältnis zur Bestattung von Toten. Bei den Ägyptern gab es bemalte oder reliefierte Steins., in kretisch-mykenischer Zeit Terrakotta-S. in Truhenform. Die Griechen des 5. und 4. Jh. v. Chr. verwendeten architektonisch gestaltete Steins. (z.B. sog. Alexander-S. im Archäologischen Museum, Istanbul). Die Etrusker hatten Terrakotta-S. mit vollplastischen Darstellungen der Verstorbenen auf den Deckeln.

Römische Steins. sind vor allem für das 2. und 3. Jh. n. Chr. überliefert. Diese kaiserzeitlichen S. sind häufig reich mit Reliefs geschmückt, die mythologische Szenen, Schlachten, Jagden, dionysische Motive usw. zum Inhalt haben. Sie lassen sich formal nach ihrem Herstellungsort unterscheiden: Bei den stadtrömischen S. ist die Langseite als Vorderseite durch das Relief besonders betont. Die Motive auf den schmalen Nebenseiten sind meistens nur flach ausgeführt, die Rückseite wurde in der Regel ganz vernachlässigt. Die attischen S. sind auf allen vier Seiten reliefiert, doch wurden eine Schmalseite und die Rückseite meistens in flachem, rein dekorativem Relief ausgeführt. Die Reliefs werden jeweils von einem profilierten hohen Sockel und oberen Abschluß eingerahmt. Die kleinasiatischen S. sind auf allen vier Seiten gleichmäßig ausgearbeitet. Sie tragen Deckel in der Form eines Daches mit Ziegeln und haben häufig Löwenköpfe als Antefixe.

Sarzec, Gustave Charles Ernest Chocquin de. 1832 in Rennes (Bretagne) geboren. S. trat in den konsularischen Dienst und wurde 1874 Vizekonsul in Basra (Irak), das damals wie ganz Mesopotamien zum Osmanischen Reich gehörte. Wie viele der im Nahen Osten akkreditierten Konsuln entwickelte sich auch S. bald zu einem begeisterten Amateurarchäologen. Als ihm ein christlicher Kaufmann namens Asfar mitteilte, daß in Tello, unweit von Basra, Dioritstatuen und Keilschrifttafeln zu finden seien, beantragte er unverzüglich bei der türkischen Regierung das Alleinrecht, auf dem Siedlungshügel von Tello graben zu dürfen. Im März 1877 begann er auf eigene Rechnung mit den Grabungen, ohne den Ferman (Erlaß) der Hohen Pforte abzuwarten. 1880 fand er mehrere Statuen des Gudea, des siebenten Herrschers von →Lagasch (etwa 2150–2000), dazu großartige Architekturteile, Gefäße, Waffen und anderes Gerät. Er schmuggelte seine kostbaren

Funde nach Paris, wo er sie mit großem Gewinn an den Louvre verkaufte. S. grub mit Unterbrechungen bis1901, zuletzt mit offizieller Genehmigung. Aber wie seine Vorgänger und Kollegen interessierten ihn nur Kunstwerke und Tontafeln mit Inschriften. Um an sie heranzukommen, zerstörte er sorglos die Ruinen der alten Tempel- und Palastanlagen, um die sich damals ohnehin noch niemand kümmerte. Er grub ohne System, mal hier, mal dort, wo er gerade ein wertvolles Stück vermutete. Da er nicht ständig in Tello sein konnte, gruben die einheimischen Arbeiter während seiner Abwesenheit weiter und verkauften ihre Funde an Bagdader Händler. Sie fanden auch die riesige Tempelbibliothek mit über 30 000 Keilschrifttafeln, die sie geschickt vor S. zu verbergen wußten und die über den gut organisierten Antiquitätenhandel schließlich in zahlreiche Museen und Privatsammlungen gelangten. Die Arbeiten von S. aber gaben den eigentlichen Anstoß für systematische Grabungen im Süden Mesopotamiens. Er starb1901 in Wien.

Hauptwerk: Découvertes en Chaldée (mit L. Heuzey). Paris 1884–1912.

Sassaniden. Persische Dynastie, die 227 n. Chr. die Dynastie der Parther ablöste und bis zum 7. Jh. an der Macht blieb. Die S. leiteten sich von den → Achämeniden her und versuchten, das Großreich dieser Dynastie zu erneuern, wobei sie in Konflikt mit Rom und später mit Byzanz gerieten.

Säulenmonument. Freistehendes Ehrendenkmal, das den Geehrten in Form einer Porträtstatue durch erhöhte Aufstellung aus der Umgebung hervorhob. Seine Verwendung läßt sich im griechisch-römischen Raum vom 4. Jh. v. Chr. bis zum 7. Jh. n. Chr. verfolgen.

Literatur: M. Jordan-Ruwe: Das Säulenmonument. Zur Geschichte der erhöhten Aufstellung antiker Porträtstatuen. Bonn 1995.

Säulenmonument, Byzanz. **1)** Inmitten des von Kaiser Konstantin angelegten Forums erhob sich seit 328 n. Chr. die *Konstantinssäule*, heute Verbrannte Säule genannt, auf einem fünfstufigen, etwa 6,5 m hohen Unterbau. Der Säulenschaft bestand aus mehreren Porphyrtrommeln, deren Auflageflächen jeweils ein plastisch ausgearbeiteter Lorbeerkranz kaschierte. Die Säule, bekrönt mit einer vergoldeten Statue Kaiser Konstantins, die in ihrer rechten Hand eine Lanze, in ihrer linken einen Globus hielt, maß ursprünglich etwa 50 m. Eine bildliche Wiedergabe des Monuments ist auf der → Tabula Peutingeriana erhalten. → Byzanz.

Literatur: R.H.W. Stichel: Zum Postament der Porphyrsäule Konstantins des Großen in Konstantinopel. In: Istanbuler Mitteilungen 44 (1994). S. 317 ff.; M. Jordan-Ruwe: Das Säulenmonument. Zur Geschichte der erhöhten Aufstellung antiker Porträtstatuen. Bonn 1995. S. 126 ff.

2) Im Jahre 393 n. Chr., ein Jahr nach Einweihung des Forum Tauri durch Kaiser Theodosios, war die *Theodosios-Säule* fertiggestellt. Forum und S. hatten ihr Vorbild in der Anlage des Trajan in Rom (→ Forum, Rom, 5). Eine Tür im hohen Sockel ermöglichte das Betreten der innen umlaufenden Wendeltreppe. Ein Historienfries berichtet über die Kämpfe des Kaisers. Einige Fragmente des Frieses sind in den Mauern des Beyazit-Bades verbaut. → Byzanz.

Literatur: J. Kollwitz: Oströmische Plastik der theodosianischen Zeit. Berlin 1941. S. 3 ff.; M. Jordan-Ruwe: Das Säulenmonument. Zur Geschichte der erhöhten Aufstellung antiker Porträtstatuen. Bonn 1995. S. 140 ff.

3) Die *Arkadios-Säule* gleicht im Aufbau der Theodosios-Säule. Sie wurde 402 n. Chr. errichtet, erhielt die bekrönende Statue des Kaisers allerdings erst 421 unter Theodosios II. Der 8,3 m hohe Sockel erhebt sich über einem dreistufigen Unterbau. Er war an drei Seiten mit Reliefs geschmückt, die jeweils in vier Zonen unterteilt waren. Dargestellt sind Huldigungsszenen, die Kaiser Akardios und Honorios mit Gefolge, das Kreuz bzw. Christogramm und Waffenfriese. Die Nordseite beherbergte den Eingang zum Säuleninneren. Der um den Säulenschaft laufende Fries gab historische Ereignisse aus der Regentschaft des Kaisers wieder. → Byzanz.

Literatur: J. Kollwitz: Oströmische Plastik der theodosianischen Zeit. Berlin 1941. S. 17 ff.; M. Jordan-Ruwe: Das Säulenmonument. Zur Geschichte der erhöhten Aufstellung antiker Porträtstatuen. Bonn 1995. S. 143 ff.

Säulenmonument, Olympia. Das Ptolemäerweihgeschenk, gestiftet von einem alexandrinischen Nauarchen namens Kallikrates, stand vor der Echohalle in der Altis. Zwei ionische Säulen schmückten die Enden eines 20 m langen und etwa 1,1 m hohen Bathron (Podium), in dessen Mitte eine Exedra eingelassen war. Die Säulen trugen bronzene Statuen von Ptolemaios II. und seiner Gemahlin Arsinoe. Das Ehrenmonument wird zwischen 278 bis 270 v. Chr. datiert.

Literatur: W. Hoepfner: Zwei Ptolemäerbauten. Das Ptolemäerweihgeschenk in Olympis und ein Bauvorhaben in Alexandria. Berlin 1971; B. Hintzen-Bohlen: Herrscherrepräsentation im Hellenismus. Untersuchungen zu Weihgeschenken, Stiftungen und Ehrenmonumenten in den mutterländischen Heiligtümern Delphi, Olympis, Delos und Dodona. Köln 1992. S. 77 ff.

Säulenmonument, Rom. **1)** Die *Trajanssäule* auf dem Forum des Trajan (→ Forum, Rom, 5) ist in erster Linie als Grab des Kaisers geschaffen worden. Durch eine Tür gelangt man in den Sockel, der an seinen Außenseiten mit Reliefs, die dakische Waffen wiedergeben, geschmückt ist. In einem Nebenraum war die Urne mit der Asche des Trajan aufgestellt. Eine Inschrift über dem Eingang besagt, daß die Säule von dem Senat und dem römischen Volk zu Ehren ihres Kaisers errichtet wurde. Weiterhin wird erwähnt, daß sie auch veranschaulichen soll, wie hoch ursprünglich der Hügel war, der für die Anlage des Forums abgetragen werden mußte. Eine Wendeltreppe führt im Inneren der Säule hinauf. Die Höhe des Monumentes mit Sockel beträgt knapp 40 m. Die Säule selbst ist mit einem fortlaufenden Reliefband geschmückt, das auf etwa 200 m Länge in dokumentarischer, aber auch plakativer Weise die zwei Daker-Kriege des Trajan (101/102 und 105/106 n. Chr.) zum Thema hat.

Literatur: C. Cichorius: Die Reliefs der Traianssäule. 2 Bde. Berlin 1896, 1900; S. Settis (Hrsg.): La Colonna Traiana. Torino 1988; G.M. Koeppel: Der Fries der Trajanssäule in Rom. In: Bonner Jahrbücher 191 (1991). S. 135 ff. u. 192 (1992). S. 61 ff.; R. Bode: Der Bilderfries der Trajanssäule. Ein Interpretationsversuch. In: Bonner Jahrbücher 192 (1992). S. 123 ff.

2) Die *Antoninus-Pius-Säule* wurde zu Ehren des Kaisers nach seinem Tod 161 n. Chr. von Mark Aurel und Lucius Verus, seinen Adoptivsöhnen und Nachfolgern, errichtet und zeigt die Apotheose, die Vergöttlichung des Antoninus Pius. Über einer Basis von ca. 2,5 m Höhe erhob sich eine etwa 15 m hohe monolithe Säule aus ägyptischem Granit. Der Säulenschaft wurde, nach einer Inschrift auf seiner Unterseite, bereits 105/106 n. Chr. in Ägypten gearbeitet und kurz darauf nach Rom gebracht. Der Sockel trug auf einer Seite die Weihinschrift, auf der gegenüberliegenden ein Apotheoserelief und auf den beiden anderen zwei sich gleichende Decursio-Darstellungen (Wiedergabe eines rituellen Ritts um den Scheiterhaufen). Im Apotheoserelief erhebt sich der Kaiser mit seiner bereits 141 verstorbenen Gemahlin Faustina Maior auf den Schwingen eines geflügelten Jünglings, der wahrscheinlich das Saeculum Aureum, das Goldene Zeitalter, symbolisiert. Damit versprachen Mark Aurel und Lucius Verus indirekt, die vorbildliche Regierung ihres Vorgängers Antoninus Pius auf Erden weiterzuführen. → Rom.

Literatur: L. Vogel: The Column of Antoninus Pius. Cambridge, Mass. 1973; M. Oppermann: Römische Kaiserreliefs. Leipzig 1985. S. 146 ff.

3) Die *Mark-Aurel-Säule* an der Via Flaminia wurde nach dem Tod des Kaisers, 180 n. Chr., errichtet und war 196 n. Chr. fertiggestellt. Sie hatte die Trajanssäule als Vorbild, war jedoch nicht als Heroon erbaut worden, sondern als Beute- und Triumphdenkmal. Ihr Sockel hatte eine Höhe von 10,5 m. Die Gesamthöhe des Denkmals beträgt fast 42 m. Reliefs mit Siegesgöttinnen und unterworfenen Barbaren schmücken die Außenseiten des Sockels. Das Reliefband der Säule hat Feldzüge des Kaisers gegen die Markomannen (166–180) zum Thema. → Rom.

Literatur: E. Petersen (Hrsg.): Die Marcus-Säule auf der Piazza Colonna in Rom. München 1896; M. Jordan-Ruwe: Zur Rekonstruktion und Datierung der Marcussäule. In: Boreas. Münsterische Beiträge zur Archäologie 13 (1990). S. 53 ff.

Säulenordnungen. Stilformen der Säule. Die ägyptische Säule geht aus der ursprünglichen Zeltstange hervor, die mit Palmenwedeln oder Blumen umwunden ist. Die Haupttypen: Zeltstangensäule, Palmensäule mit Kapitell aus aufrecht stehenden Palmenblättern, Papyrusbündelsäule mit Kapitell aus geschlossener oder offener Dolde, Lotusbündelsäule, Kompositsäule mit Kapitell aus Kopfdarstellungen der Göttin. Die Kreter bevorzugten farbige Holzsäulen. Die Griechen kannten die → dorische Ordnung und → ionische Ordnung. Die Römer wandelten die griechischen Traditionen ab: italisch-dorische (tuskische), italisch-ionische, seit Augustus die → korinthische Ordnung. Dazu tritt die römische Kompositsäule (→ Kompositkapitell).

Scaenae frons (lat.). Die architektonisch oft reich gegliederte, mehrstöckige Bühnenrückwand des römischen → Theaters. Vgl. → Skene.

Schaeffer, Claude Frédéric Armand. Am 6.3.1898 in Straßburg geboren. Er studierte in Straßburg und in Paris Archäologie und begann seine wissenschaftliche Laufbahn 1921 als Kurator der vorgeschichtlichen Abteilung des

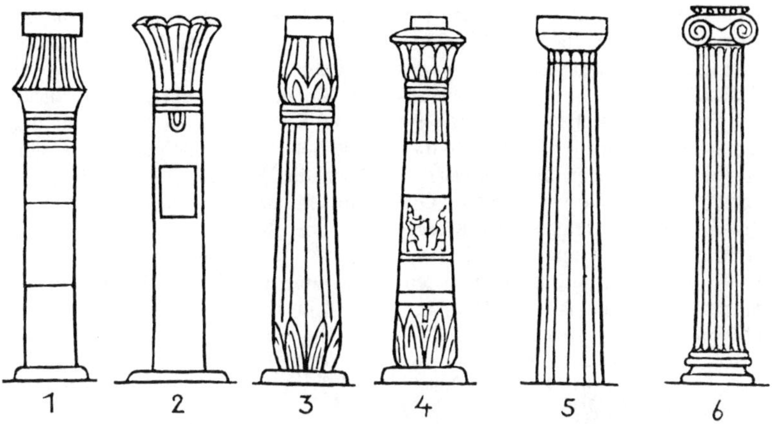

Säulenordnungen
1 ägyptische Zeltstangensäule 2 ägyptische Palmensäule 3 ägyptische Papyrusbündelsäule (mit geschlossener Dolde) 4 ägyptische Papyrusbündelsäule (mit geöffneter Dolde) 5 dorische Säule 6 ionische Säule

Museums Palais Rohan in Straßburg. 1923 heiratete er O. Forrer, die Tochter eines bekannten Archäologen. 1929 wurde S. mit der Leitung der Ausgrabungen in Ras Schamra betraut, das er erst 1933 als das alte → Ugarit erkannte. Hier entdeckte er in den Archiven des Königspalastes die älteste alphabetische Keilschrift: das berühmte »Alphabet von Ugarit«. 1932 begann er, in Enkomi (Zypern) zu graben, 1933 wurde er Kurator des Louvre, 1934 und 1935 arbeitete er wieder auf Zypern. 1940–1945 diente S. bei der Freien Französischen Kriegsmarine und brachte es bis zum Korvettenkapitän. Nach Kriegsende setzte er seine Untersuchungen in Ras Schamra fort und begann 1946 mit Grabungen in Malatya (Türkei). 1946–1954 war er Direktor des National Council of Scientific Research und Mitglied der Commission des Fouilles et Missions Archéologiques. 1954–1969 lehrte er am Collège de France. Die Ausgrabungen in Ras Schamra leitete S. bis 1970. Am 30.8.1982 starb er in Saint-Germain-en-Laye.

Hauptwerke: Missions en Chypre. Paris 1936; The Cuneiform Texts of Ras Schamra-Ugarit. Paris 1939; Ugaritica (Hrsg.). 7 Bde. Paris 1939–1976.

Schatzhaus (griech. Thesauros). Kleine Gebäudestiftung, meist in Form eines Antentempels oder Prostylos, zur Aufbewahrung von wertvollen Weihgeschenken einzelner Städte an ein panhellenisches Heiligtum.

Schatzhaus, Delphi. **1)** Das *S. der Siphnier* wurde kurz vor 525 v. Chr. errichtet und zählt zu den wenigen Fixpunkten in der Baugeschichte des 6. Jh. v. Chr. Es hat die Form eines ionischen Antentempels und ist aus parischem Marmor. Auf einem hohen Unterbau, der die Geländeunebenheiten ausgleichen sollte, erhob sich das 5,95 x 8,37 m große S. Zwei Karyatiden nahmen zwischen den Anten die Stelle von Säulen ein. Giebelskulpturen und ein umlaufender Fries mit Darstellungen einer Götterversammlung, die den Ausgang des Trojanischen Krieges verfolgt, einer Gigantomachie, des Urteils des Paris und des Leukipidenraubes schmückten das S. → Delphi.

Literatur: V. Brinkmann: Die aufgemalten Namensbeischriften an Nord- und Ostfries des Siphnierschatzhauses. In: Bulletin Correspondent Hellenistique 109 (1985). S. 77 ff.; Ders.: Beobachtungen zum formalen Aufbau und zum Sinngehalt des Frieses des Siphnierschatzhauses. Ennepetal 1994.

2) Das S. *der Athener* wurde Ende des 6. Jh. v. Chr. oder nach der Schlacht von Marathon 490 v. Chr. erbaut. Der dorische Bau in Form eines Antentempels ist 9,69 m lang, 6,62 m breit und 7,60 m hoch; er besteht aus parischem Marmor. Zwei Säulen zwischen den Anten stützen das Dach. Der gut erhaltene Triglyphenfries zeigt u.a. die Taten des Theseus und des Herakles sowie deren Kämpfe mit den Amazonen. Das Gebäude wurde 1903 bis 1906 wiederhergestellt. → Delphi.

Literatur: H. Büsing: Das Athener Schatzhaus. Marburg 1994.

Schatzhaus, Olympia. Am Südabhang des Kronosgebirges reihten sich 12 S. auf einer Terrasse, die alle nach Süden orientiert waren. Vom frühen 6. bis zur ersten Hälfte des 5. Jh. v. Chr. wurden sie von den Städten Sikyon, Syrakus, Epidamnos, Byzanz, Sybaris, Kyrene, Selinunt, Metapont, Megara und Gela (von Westen nach Osten) gestiftet. Vermutlich hatten sie die Gestalt kleiner Antentempel, wie sie bisher sicher für drei S. nachgewiesen werden konnte. Die Anlässe für die Weihungen sind nicht bekannt. Nur für zwei S. sind militärische Ereignisse überliefert: zum einen der Sieg Gelons über die Karthager 480 v. Chr. bei Himera, zum anderen der Sieg Megaras über Korinth ohne Angabe eines Jahres. → Olympia.

Literatur: K. Herrmann: Die Schatzhäuser in Olympia. In: W. Coulson u. H. Kyrieleis (Hrsg.): Proceedings of an International Symposium of the Olympic Games 1988. Athen 1992. S. 25 ff.

Schedu (akkad.). Bezeichnung der tierartigen Laibungsskulpturen an den Toren der assyrischen Paläste und Tempel.

Scheingefäße. Symbolische Grabbeigaben.

Scheintür. Eine in Stein nachgeahmte geschlossene Tür in den Oberbauten ägyptischer Grabanlagen, durch die (so der Glaube) der Verstorbene treten konnte, um die davor niedergelegten Opfer entgegenzunehmen.

Schichtenkunde. → Stratigraphie.

Schliemann, Heinrich. Am 6.1.1822 als Sohn eines Pfarrers in Neubuckow in Mecklenburg geboren. In ›Jerrers Weltgeschichte für Kinder‹ sah der 8jährige das bunte Bild ›Troja in Flammen‹, das ihn so beeindruckte, daß er seinem Vater zugerufen haben soll: »Wenn solche Mauern einmal gewesen sind, so können sie nicht ganz vernichtet sein; sie sind sicherlich nur unter dem Staub und Schutt der Jahrhunderte verborgen.« Damals beschloß er, das zerstörte Troja zu suchen und aus-

zugraben. Die Suche nach dem Troja Homers wurde seine Lebensaufgabe. Alles, was er tat, diente nur diesem einen Ziel.
Da sein Vater den Besuch eines Gymnasiums nicht finanzieren konnte, begann S. eine Kaufmannslehre in einem Krämerladen. Dort hielt er es aber nicht lange aus und ging als Kajütenjunge zur See. In Amsterdam nahm er eine Stellung als Laufbursche bei einem Handelskontor an. Auf seinen Botengängen und in der Freizeit lernte er nach einem selbsterdachten System in kürzester Zeit zwanzig Sprachen, darunter Niederländisch, Englisch, Französisch, Spanisch, Italienisch, Portugiesisch, Alt- und Neugriechisch, Latein, Russisch und Arabisch. Der sprachbegabte junge Mann avancierte schnell und wurde 1842 – erst zwanzig Jahre alt – als Handelsagent nach St. Petersburg, der Hauptstadt Rußlands, entsandt. 1847 gründete er ein eigenes Kontor und besaß bald ein ansehnliches Vermögen. 1850 folgte S. den Goldgräbern nach Kalifornien und kehrte drei Jahre später als Dollarmillionär nach St. Petersburg zurück. Während des Krimkrieges (1853–1856) konnte er sein Vermögen vervielfachen.
1858 zog sich S. von allen Geschäften zurück und widmete sich fortan der Verwirklichung seines Kindheitstraumes. Eine ausgedehnte Weltreise führte ihn durch Europa, Ägypten, Indien, China, Japan und Mittelamerika. 1866 begann er in Paris ein Studium der Sprach- und Literaturwissenschaften und der Archäologie. 1868 bereiste er Griechenland und Kleinasien. Mit seiner Schrift ›Ithaka, der Peloponnes und Troja‹ promovierte er an der Universität Rostock. 1869 erwarb S. die amerikanische Staatsbürgerschaft und ließ sich von seiner Frau Ekaterina scheiden. Zugleich bat er seinen Athener Freund, den Kaufmann T. Vimpos, für ihn eine neue Frau zu suchen, die bereit sei, sich für Homer und die Wiedergeburt Griechenlands zu begeistern. 1869 heiratete er die 30 Jahre jüngere Sophia, die Nichte seines Freundes. S. wählte Athen als seinen endgültigen Wohnsitz. 1870 begann S., mit seiner jungen Frau und 80, zuletzt sogar 150 Arbeitern, auf dem Trümmerhügel Hisarlik an der türkischen Nordwestküste → Troja auszugraben. 1873 stieß er auf reiche Goldfunde, auf den Schatz des Königs Priamos, wie er irrtümlich glaubte. Die Siedlungsschicht dieser Funde ist – wie er kurz vor seinem Tod zugeben mußte, rund tausend Jahre älter als das Troja Homers. S. schenkte die einzigartigen Funde von unermeßlichem Wert dem Berliner Museum für Vor- und Frühgeschichte, von wo sie gegen Ende des Zweiten Weltkrieges nach Moskau und St. Petersburg gelangten.
1876 begann S. die von Homer beschriebenen Burgen der achäischen Könige zu suchen. Noch im selben Jahr legte er die Burg von Mykene frei, wo er eine vollständige vorgriechische Kultur mit mehreren Königsgräbern und wundervollen Grabbeigaben entdeckte. 1880–1886 grub S. in Orchomenos (Böotien), dem Hauptort der Minyer mit einem gewaltigen Kuppelgrab. 1882 beauftragte er W. → Dörpfeld mit der Fortführung seiner Arbeiten in Troja und legte 1884/85 gemeinsam mit Dörpfeld die Achäerburg → Tiryns frei. Im Winter 1885/86 reiste S. nach Mittelamerika, 1886/87 und 1888 nach Ägypten. 1890 kehrte er kurz nach Troja zurück, um

sich über den Stand der Dörpfeldschen Grabungen zu informieren, und starb am 26.12.1890 in Neapel. Sein unerschütterlicher, von der Fachwelt anfangs belächelter Glaube, daß die Epen Homers geschichtliche Quellen seien, hatte zur Entdeckung der mykenischen Kultur geführt. S. gilt als Begründer der Homer-Archäologie, die zahlreiche außergewöhnliche Erfolge brachte, aber naturgemäß auch viele Irrwege ging. Die archäologische Auswertung des griechischen Sagenkreises führte schließlich auch zur Einbeziehung orientalischer Sagen und vor allem der Bibel (Bibel-Archäologie). Trotz unwissenschaftlicher, oft allzu rigoroser Grabungsmethoden ist S. die Einführung der noch heute gültigen archäologischen Arbeitsweise zu verdanken: Auswertung der literarischen Quellen, topographische Erkundungen und erste Untersuchungen mit der Sonde vor Grabungsbeginn, Verfolgen der Kulturschichten bis zum gewachsenen Boden, Hinzuziehen von Spezialisten.

Hauptwerke: Ithaka, der Peloponnes und Troja. Leipzig 1869; Trojanische Alterthümer. Leipzig 1874; Mykenai. Leipzig 1878; Ilios. Stadt und Land der Trojaner. Leipzig 1881; Orchomenos. Leipzig 1881; Troja. Leipzig 1884; Tiryns. Leipzig 1886.

Schnitt. Grabungstechnik, mit der die → Stratigraphie eines Fundortes ermittelt werden kann. Das Stehenlassen von senkrechten Wänden bei einer Ausgrabung ermöglicht die Beobachtung der Schichtenfolge, die sich durch unterschiedliche Bodenverfärbungen ablesen läßt.

schwarzfiguriger Stil. Stil der griechischen Vasenmalerei. Von Anfang des 7. Jh. bis etwa 530 v. Chr. in Athen und Korinth vorherrschende Maltechnik, bei der die Figuren und Ornamente in Firnis silhouettenhaft schwarz aufgetragen und ihre Innenzeichnungen nachträglich eingeritzt wurden.

Seevölker. Bezeichnung für eine Gruppe von Völkern, die vermutlich aus dem Schwarzmeerraum in den Balkan, die Ägäis und nach Kleinasien zog. Im 13. und 12. Jh. v. Chr. griffen die S. Syrien, Ägypten und Palästina an. In Ägypten wurden sie 1177 v. Chr. von Ramses III. zu Wasser und zu Lande besiegt und nach Palästina abgedrängt. Dort ließ sich die Seevölkergruppe der Philister nieder. Zu den S. rechnete man u.a. die Schekelesch, Scherden (Schardin), Turscha (Turus, Etrusker), Danussa (Danaer), Akaiwascha (Akawa, → Achäer), Lukki (Lukku, → Lykier) und Pulsata (Peleset, → Philister).

Segesta (griech Egesta). Die Ruinenstätte der antiken Stadt S. im Westen Siziliens ist berühmt durch ihren unvollendeten Tempel aus dem 5. Jh. v. Chr., der außergewöhnlich gut erhalten ist und ein einzigartiges Beispiel dorischer Baukunst darstellt.

Geschichte: Auf einer Hochebene, etwa 12 km von der sizilianischen Nordwestküste entfernt, gründeten die Elymer, ein Volksstamm unbekannter Herkunft – der griechische Historiker Thukydides (um 450 v. Chr.) hielt die Elymer für trojanische Flüchtlinge –, vermutlich im 7. oder 6. Jh. v. Chr. an der Stelle einer neolithischen Siedlung die Stadt Egesta. Im 5. Jh. v. Chr. war die Stadt mit Athen verbündet. Ständige Grenzstreitigkeiten mit den griechischen Nachbarstädten, vor allem mit

dem verhaßten → Selinus, veranlaßten Egesta, Athen um Hilfe zu bitten. Dazu muß man wissen, daß sich Athen gerade im Peloponnesischen Krieg mit Sparta und Korinth befand und die griechischen Städte auf Sizilien unter dem Einfluß von Syrakus, einer Gründung Korinths, standen. 415 v. Chr. begann Athen jene unglückliche Sizilien-Expedition, die zwei Jahre später zur völligen Vernichtung des Expeditionsheeres bei Syrakus führte.
Daraufhin wandte sich Egesta an Karthago, das 409 v. Chr. die Gelegenheit ergriff, um die Griechen aus Sizilien zu vertreiben. Die Karthager eroberten und zerstörten eine Griechenstadt nach der anderen: Agrigent, Gela, Himera und Selinus. Selinus zerstörten sie auf Betreiben Egestas besonders gründlich. 405 v. Chr. zwang die Pest die karthagischen Truppen zum Abbruch ihres Feldzuges. Egesta war seinen Todfeind Selinus losgeworden, aber es hatte auch seine Freiheit verloren. Fortan gehörte die Stadt zum karthagischen Machtbereich. 311 v. Chr. stieß der Tyrann Agathokles von Syrakus nach Westsizilien vor und brandschatzte neben anderen nunmehr karthagischen Städten auch Egesta. 263 v. Chr., also bald nach Beginn des Ersten Punischen Krieges zwischen Rom und Karthago, schloß sich die Stadt den Römern an und nannte sich fortan S. Drei Jahre später fiel sie vorübergehend wieder in die Hände der Karthager. Seit 227 v. Chr. gehörte sie zur römischen Provinz Sicilia und erlebte noch einmal eine kurze Blütezeit. 104 v. Chr. flackerte in S. der Sklavenaufstand des Athenion auf.
Forschungsgeschichte: Die archäologischen Untersuchungen in S. konzentrierten sich bislang vor allem auf den dorischen Tempel. Das Stadtgebiet wurde noch nicht ausgegraben.
Archäologische Stätte: S. lag auf einem Plateau, dem heutigen Monte Barbaro. Zwei Mauerringe verschiedener Entstehungszeiten umschlossen die antike Stadt. Das hellenistische *Theater* entstand im späten 3. Jh. v. Chr., wahrscheinlich unter den Römern. Es hat einen Durchmesser von 63 m. Die zwanzig Sitzstufen sind in den Fels gehauen. Das Theater ist sehr gut erhalten. Der eindrucksvolle *Tempel* westlich der Stadt wurde gegen 430 v. Chr. begonnen und ist im dorischen Stil gehalten (→ Peripteros, Segesta). Unterhalb der Stadt stießen die Archäologen auf die Umfassungsmauer eines 83 x 47 m großen archaischen Kultbezirks aus dem 6. Jh. v. Chr.
Literatur: V. Tusa (Hrsg.): Segesta. Palermo 1991.

Seleukiden. Hellenistische Dynastie (Diadochendynastie) in Ägypten, 312–64 v. Chr., begründet von Seleukos I. Nikator, einem Feldherrn Alexanders des Großen. Um 280 v. Chr. umfaßte das S.reich fast ganz Kleinasien und den Vorderen Orient einschließlich Nordsyrien, Mesopotamien, Iran bis zum Indus. 190 v. Chr. verloren die S. nach der Schlacht bei Magnesia Kleinasien, 160 v. Chr. eroberten die Parther Iran, 129 v. Chr. gingen Mesopotamien und Judäa verloren, 64 v. Chr. setzte der Römer Pompejus Magnus den letzten S.herrscher Antiochos XIII. ab. Die bedeutendste Herrscherpersönlichkeit dieser Dynastie waren Antiochos I. Soter, Antiochos III., der Große, und Antiochos IV. Residenz der S. war → Antiocheia am Orontes.

Selinus (Selinunt). An der Südwestküste Siziliens gelegen. S. war der westlichste Vorposten der Griechen auf der Insel.

Geschichte: Griechische Siedler aus der sizilianischen Stadt Megara Hyblaia gründeten in der Mitte des 7. Jh. v. Chr. die Stadt S. (Sellerie). Sehr schnell kam die Stadt zu Wohlstand. Im 6. Jh. v. Chr. prägte sie eigene Münzen, die das Sellerieblatt als Emblem führten. Der Handel mit landwirtschaftlichen Erzeugnissen band die Stadt an Karthago, auf dessen Seite S. an der Schlacht bei Himera (480 v. Chr) gegen die griechischen Städte Syrakus und Akragas teilnahm. Grenzstreitigkeiten mit Segesta führten zum Eingreifen Athens, dessen Sizilische Expedition (415–413 v. Chr.) bei Syrakus ein tragisches Ende fand. Daraufhin griffen die Karthager, die an der Westküste Siziliens eigene Kolonien unterhielten, die griechischen Städte an. S., das sich nach der Niederlage bei Himera von Karthago gelöst hatte, wurde 409 v. Chr von karthagischen Truppen erobert und auf Betreiben der elymischen Nachbarstadt Segesta völlig zerstört. Dabei sollen 16 000 Einwohner niedergemetzelt worden sein. Die Karthager besetzten das ganze griechische Sizilien bis auf Syrakus, das der Belagerung standhielt. 405 v. Chr. zwang eine Pestepidemie die Karthager zum Rückzug und verhinderte damit das Ende des Griechentums auf Sizilien. S. aber blieb unter der Herrschaft Karthagos. Die Stadt wurde wieder aufgebaut und errang bald seine alte Bedeutung als Ausfuhrhafen zurück. 250 v. Chr. eroberten die Karthager im Ersten Punischen Krieg S. erneut und zerstörten es diesmal endgültig. Die Bewohner deportierten sie nach Lilybaion (heute Marsala).

Forschungsgeschichte: Die ersten Ausgrabungen in S. führte 1822/23 der Engländer W. Harris durch. Die systematische Untersuchung der antiken Stadt begann erst hundert Jahre später. Die Grabungen, die seit den zwanziger Jahren unter italienischer Leitung stehen, sind noch nicht abgeschlossen. Seit 1971 nimmt das Deutsche Archäologische Institut Rom an der Erforschung der Stadt teil.

Archäologische Stätte: Die *Akropolis* von S. unmittelbar an der Küste hat einen birnenförmigen Grundriß von 450 x 350 m. Zwei breite Straßen teilen sie in vier Abschnitte, die von schmaleren Straßen durchzogen werden. Diese Kernstadt war von einer Mauer umgeben, von der im Norden noch die Porta Principale (Haupttor) und Reste antiker Befestigungsanlagen erkennbar sind. Auf der Akropolis erhoben sich vier Tempel aus dem 6. und 5. Jh. v. Chr. sowie ein Tempel aus hellenistischer Zeit. Sie werden seit ihrer archäologischen Entdeckung durch Buchstaben unterschieden, weil bis heute nicht mit Sicherheit gesagt werden kann, welcher Gottheit sie geweiht waren. Der *Tempel C* wurde im zweiten Viertel des 6. Jh. v. Chr. erbaut. Er ist der größte und älteste Bau der Stadt (→ Peripteros, Selinus, 1). In dem Steinbruch Cave di Cusa, westlich der Stadt, haben sich unfertige Architekturteile gefunden, die für den Tempel C von S. bestimmt waren. Der *Tempel D* entstand nur wenige Jahre später. Auf einer Fläche von etwa 24 x 56 m erhoben sich je 13 Säulen an den Langseiten und je sechs an den Schmalseiten. Aus der Mitte des 5. Jh. v. Chr. stammen die benachbarten *Tempel A und O*. Die Peripteroi haben beide einen Grundriß von etwa 16 x

40 m sowie je sechs Säulen an den Schmalseiten und je 14 an den Langseiten. Von diesen Tempeln sind nur noch der Unterbau und Säulentrommeln vorhanden. Der hellenistische *Tempel B* wurde im 3. oder 2. Jh. v. Chr. errichtet. Nördlich der Akropolis erstreckt sich die antike *Wohnstadt*, die im Jahre 409 v. Chr. von den Karthagern völlig zerstört wurde und noch der archäologischen Erforschung harrt.
Auf einem Hügel östlich der Stadt liegen drei weitere Tempel E, F und G. Der *Tempel F*, um 530 v. Chr. erbaut, steht mit seinem langgestreckten Naos in direkter Nachfolge des Tempels C von der Akropolis. An der Frontseite hat er wie dieser eine zweite, vorgelagerte Säulenhalle. Allerdings wirkt er durch seine breiter gestaltete Peristasis mit je sechs Säulen an den Schmalseiten, aber nur je 14 (statt 17) an den Langseiten etwas proportionierter, obwohl sich die Maße der Unterbauten nur geringfügig unterscheiden. Die etwa 9 m hohen, und am Fuß durchschnittlich 1,8 m dicken Säulen waren durch 4,5 m hohe Schrankenplatten miteinander verbunden. Der *Tempel G* zählt nächst dem Zeus-Tempel von Agrigent zu den größten Bauwerken der griechischen Welt. Der Peripteros wurde zwischen 520 und 470 v. Chr. errichtet, aber niemals vollendet. Nach dem Fund einer Inschrift war er Apollon geweiht (→ Peripteros, Selinus, 2). Der *Tempel E*, zwischen 465 und 450 v. Chr. erbaut, entspricht mit seinen ausgewogenen Proportionen im Grund- und Aufriß den Werten der zeitgleichen klassischen Tempel in Griechenland. Die Cella wird von jeweils gleich tiefem Opisthodomos und Pronaos mit je zwei Säulen zwischen den Anten gerahmt. Je sechs dorische Säulen an den Schmalseiten und je 15 an den Langseiten bilden die Peristasis. Die Naoswände liegen in einer Flucht mit den Säulenachsen. Die Metopenfelder der Frontseiten des Naos waren mit figürlichen Reliefs geschmückt. Eine zehnstufige Freitreppe führte zur Osthalle hinauf. Sechs Stufen ermöglichten den Eintritt in die Cella, und über drei weitere war das Adyton mit dem Kultbild zu erreichen, das als eigener Raum von der Cella abgeteilt war.
Das *Heiligtum der Demeter Malophoros* (der Apfel tragenden) lag westlich der Stadt, jenseits des Flusses Selinos (heute Modione). Das Temenos von etwa 50 x 60 m wurde im 6. Jh. v. Chr. mit einer Mauer umgeben, durch die ein kleines Propylon dorischer Ordnung den Eintritt ermöglichte. Das Gotteshaus bestand aus einem schlichten Rechteckbau mit Vorraum, Cella und Adyton. Ihm war ein großer Brandaltar vorgelagert. Zahlreiche Votive aus dem 6. und 5. Jh. v. Chr. sind hier zu Tage gekommen. Südlich des Propylons lag ein kleiner heiliger Bezirk für die Göttin Hekate.

Literatur: M. Santangelo: Selinunt. Rom 1954; V. Tusa: La scultura in pietra di Selinunte. Palermo 1984; D. Mertens: Die Mauern von Selinunt. In: Mitteilungen des Deutschen Archäologischen Instituts. Römische Abteilung 96 (1989). S. 87 ff.; A. Peschlow-Bindokat: Die Steinbrüche von Selinunt. Mainz 1990; M. Dewailly: Les statuettes aux parures du sanctuaire de la Malophoros à Sélinonte. Neapel u.a. 1992; C. Marconi: Selinunte. Le metope dell'-Heraion. Modena 1994.

sepulkral. Das Grab, die Grabanlage betreffend.

Serapeion (griech.), Serapeum (lat.). Heiligtum des ägyptischen Gottes Serapis (Sarapis), der in Stiergestalt verehrt wurde.

Serdab (arab.). Raum im ägyptischen Totentempel, in dem die Grabstatue (→ Ka-Statue) des Verstorbenen stand, der von dort aus durch Schlitze oder Löcher die Opferzeremonien beobachten konnte.

Side. In Pamphylien, an der Südküste der Türkei, etwa 70 km östlich von Antalya gelegen.

Geschichte: Die etwa 800 m ins Meer vorspringende felsige Halbinsel war schon im 15. Jh. v. Chr. besiedelt. Im 6. Jh. v. Chr. ließen sich hier äolische Siedler aus dem westkleinasiatischen Kyme nieder. Sie vermischten sich mit den Urbewohnern und nahmen sogar deren nichtgriechische Sprache (Sidetisch) an. Alexander der Große richtete 333 v. Chr. in S. eine Garnison ein. Die Seeleute von S. waren damals berühmt wegen ihrer Kühnheit und ihrer nautischen Fähigkeiten. Dennoch konnten sie der Flotte des Seleukiden Antiochos III. in der Seeschlacht bei S.

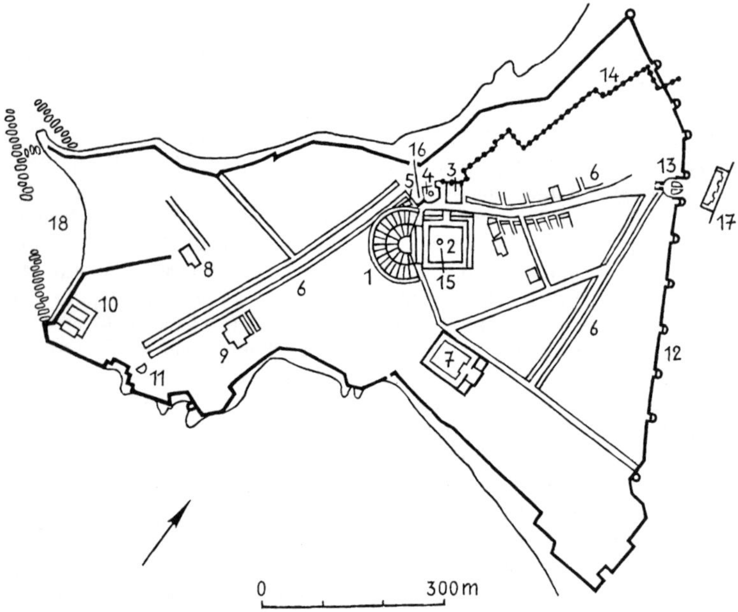

Side
1 Theater 2 Agora 3 Thermen 4 Zisterne 5 Tempel 3 (Dionysos-Tempel ?) 6 Säulenstraße 7 Gymnasium mit Kaisersaal 8 Hafenthermen 9 Thermen 10 Tempel 1 und 2 (Athena- und Apollon-Tempel?) 11 Podiumsbau (Men-Tempel?) 12 hellenistische Mauer 13 Haupttor (»Großes Tor«) 14 Aquädukt 15 Rundbau (Tempel der Tyche?) 16 Bogentor 17 Nymphäum 18 Hafen

gegen die für Rom kämpfenden Rhodier nicht zum Sieg verhelfen. Später, mit dem Niedergang der rhodischen Seemacht, geriet S. unter den Einfluß kilikischer Seeräuber; die Stadt galt als berüchtigter Sklavenmarkt. Nach der Pax Romana, die seit 102 n. Chr. ein römischer Prätor für das westliche Kilikien zu verwirklichen versuchte, entwickelte sich S. zu einer bedeutenden Handelsstadt. Zahlreiche repräsentative Bauten zeugen von einer mehrhundertjährigen Epoche des Wohlstands. Erst die Versandung des Hafens und das Ende der römischen Herrschaft führten zum Niedergang der Stadt.

Forschungsgeschichte: Seit 1947 führen türkische Archäologen, zuerst unter der Leitung von A.M. Mansel, später unter J. Inan, systematische Ausgrabungen in S. durch. Seit den achtziger Jahren finden umfangreiche Rekonstruktionsarbeiten am Apollon-Tempel und auf der Agora statt.

Archäologische Stätte: Im Zentrum der antiken Stadt liegt das *Theater* aus dem 2. Jh. n. Chr (→ Theater, Side). Hinter dem Bühnengebäude schließt direkt die *Agora* an, ein hallengesäumter Platz, den im Norden und Osten Läden rahmten. Der Zutritt erfolgte durch ein monumentales Propylon von der nördlich vorbeilaufenden Säulenstraße aus. Eine öffentliche *Latrine* in Form eines Halbrundes nahm die Nordwestecke der Agora ein. In der Mitte des Platzes, etwas seitlich versetzt, stand ein Rundbau, für dessen Deutung die Benennung als *Tyche-Tempel* vorgeschlagen wurde. Südlich der Agora befindet sich ein großes Gebäude mit Innenhof und drei Räumen an seiner Ostseite. Es wurde dem *Kaiserkult* zugesprochen, da sich in der architektonisch reichgegliederten Innenwand des repräsentativen mittleren Raumes eine Statuengalerie mit Kaiser- und Götterbildnissen des 2. Jh. n. Chr. befand. Dieser Mittelraum wird zusätzlich durch den U-förmig umknickenden Portikus des Hofes betont. Eine *Säulenhallenstraße* führte am Theater vorbei und verband den Hafen mit dem Stadttor der hellenistischen Mauer. Eine weitere Kolonnadenstraße führte vom Stadttor aus südwärts. Nahe am Hafen wurden die Reste zweier *Tempel* aus dem 2. Jh. n. Chr. freigelegt. Die beiden Peripteroi mit je sechs korinthischen Säulen an den Schmalseiten und je elf an den Langseiten waren mit großer Wahrscheinlichkeit den Hauptgottheiten der Stadt, Apollon und Athena, geweiht.

Außerhalb der Stadtmauer begrüßte ein prunkvolles *Nymphäum* den Reisenden (→ Nymphäum, Side).

Literatur: A.M. Mansel: Die Ruinen von Side. Berlin 1963; J. Nollé: Side im Altertum. Geschichte und Zeugnisse. Bonn 1993.

Sidon (Saida). Die alte phönikische Stadt liegt auf einem ins Meer hinausragenden Vorgebirge, etwa 40 km südlich von Beirut (Libanon).

Geschichte: Nach der Sage gründete Sidon, der erstgeborene Sohn Kanaans, der wiederum ein Sohn von Ham und damit ein Enkel von Noah war, die Stadt auf einer der Felsenküste vorgelagerten Insel, die heute mit dem Festland verbunden ist. Unter der Schutzherrschaft der Ägypter (seit Thutmosis I., um 1500 v. Chr.) entfalteten die phönikischen Hafenstädte eine rege Handelstätigkeit. Sidonische Kaufleute gründeten Handelsniederlassungen in Lais, Hamat, Thapsak

(Thiphsach) und Nisibis, alles Orte im syrischen Hinterland. Im 12. Jh. v. Chr. fiel S. in die Hände der Philister, einer Gruppe der indogermanischen Seevölker, die um 1200 v. Chr. das Großreich der Hethiter in Kleinasien vernichtet hatten und von den Ägyptern mit Mühe nach Palästina (Land der Philister) abgedrängt worden waren. Von da an übernahm Tyros die Führung der phönikischen Stadtstaaten. Die Philisterherrschaft verursachte aber keineswegs ein Nachlassen der nach wie vor regen Handelstätigkeit der Stadt. Für Homer (8. Jh. v. Chr.) war S. die Repräsentantin der phönikischen Städte. Und die Phöniker nannte er schlicht Sidonier.

877 v. Chr. ergab sich S. dem Assyrerkönig Assurnasirpal II. Als Vasall der Assyrer beteiligte es sich 726 v. Chr. sogar an der Belagerung der Nachbarstadt Tyros. 677 v. Chr. lehnte sich die Stadt gegen den Assyrerkönig Asarhaddon auf. Asarhaddon ließ sie daraufhin zerstören und ihre Bewohner nach Assyrien deportieren. Die berühmte Stele des Asarhaddon, heute in den Staatlichen Museen, Berlin, zeigt Abdimilkutti, den König von S., an der Leine des siegreichen Assyrers. Dafür siedelte er Chaldäer in S. an, Angehörige gerade jenes Volksstammes, der nach dem Untergang des Assyrerreiches das neubabylonische Reich gründen sollte. Daher verwundert es nicht, daß S. bei dem großen Aufstand der syrisch-phönikischen Vasallenstädte als einziger Stadtstaat dem babylonischen König Nebukadnezar II. die Treue hielt.

Um 580 v. Chr. kam S. unter die Herrschaft der Ägypter. Seit 538 v. Chr. gehörte es dem persischen Reich an und stand wieder an der Spitze der phönikischen Städte. Sidonische Schiffe bildeten einen Großteil der persischen Flotte im Kampf gegen Athen. 351 v. Chr. beteiligte sich S. am ägyptischen Aufstand gegen den Perserkönig Artaxerxes III. Artaxerxes schlug den Aufstand nieder, eroberte S. und zerstörte es. In den Flammen sollen 40 000 Menschen umgekommen sein, darunter auch Tennos, der König von S. 332 v. Chr. zogen Alexanders Truppen kampflos in S. ein. Nach Alexanders Tod stand die Stadt abwechselnd unter der Herrschaft der Ptolemäer und der Seleukiden. 64 v. Chr. wurde sie Teil der römischen Provinz Syria.

Forschungsgeschichte: Die archäologische Erforschung des phönikischen S. stößt wegen der mittelalterlichen und neuzeitlichen Überbauung auf große Schwierigkeiten. 1855 fand man in der Grotte Mougharat Abloun südlich von S. den Sarkophag des Königs Ešmunazar II., der zu Beginn des 5. Jh. v. Chr. in S. regierte. Dieser Fund führte zur Entdeckung einer ausgedehnten Nekropole. Der Sarkophag befindet sich heute im Pariser Louvre. 1887 stießen die Ausgräber auf den berühmten sog. Alexandersarkophag, der die sterbliche Hülle von Abdalonymos, des letzten Königs von S., enthielt. Der Marmorsarkophag ist eine attische Arbeit aus der Zeit um 320 v. Chr. Seine Reliefs zeigen Alexander den Großen auf der Jagd und in einer siegreichen Schlacht. Der Sarkophag steht mit weiteren Stücken aus der Nekropole jetzt im Archäologischen Museum in Istanbul.

Archäologische Stätte: In den *Nekropolen* im Süden von S. stießen die Ausgräber auf zahlreiche Höhlengräber und Grüfte aus spätphönikischer, hellenistischer, römischer und christli-

cher Zeit. Ein besonders großes Grabgewölbe in der Nähe der Grotte Mougharat Abloun, auch Apollon-Höhle genannt, besteht aus zehn Grabkammern. Hier fand man einen Sarkophag mit der Reliefdarstellung eines phönikischen Handelsschiffes aus der Zeit nach Christi Geburt.
5 km nordöstlich von S. erhob sich in persischer Zeit der *Eschmun-Tempel*, von dem heute nur noch die Fundamente auf der obersten von mehreren Terrassen vorhanden sind. Bauteile des Tempels entdeckten die Ausgräber im Mauerwerk der umliegenden Wohnhäuser. Eschmun war der Heilgott der Phöniker und zugleich Hauptgottheit von S.

Literatur: N. Jidejian: Sidon trough the Ages. Beirut 1971; J. Elayi: Sidon, cité autonome de l'empire perse. Paris [2]1990.

Siedlungsarchäologie. Herausarbeitung von Siedlungsformen und Besiedlungsveränderungen im vor- und frühgeschichtlichen Bereich mittels archäologischen Quellenmaterials. Die historisch-genetische Siedlungsforschung hat sich aus der engen Zusammenarbeit von S. mit Siedlungsgeographie und -geschichte entwickelt.

Siegel (lat. sigillum, kleines Zeichen). Abdruck von vertieft geschnittenen Symbolen, Ornamenten und Schriftzeichen in Ton oder Wachs zur Beglaubigung einer Urkunde oder eines Eigentumsvermerks auf den Verschlüssen von Amphoren usw. Man unterscheidet Stempels., S.ringe und → Rollsiegel. Erste als S. verwendete Amulette stammen aus der Tell-Halaf-Zeit (5. Jt.; → Tell-Halaf-Kultur). Von Sumer und Elam kam das S. nach Syrien, Kleinasien (Runds. der hethitischen Großkönige) und nach Ägypten, wo der Skarabäus als S. diente. Auf Kreta herrschten knopf-, prismen- und mandelförmige Stempels. vor. Die Mykener verwendeten u.a. goldene S.ringe. Der ägyptische Skarabäus wurde von den Griechen und Etruskern vielfältig abgewandelt. Daneben traten im griechisch-römischen Kulturraum alle Arten des S. in Erscheinung mit Ausnahme des Rolls., besonders aber der S.ring.

Sima (griech.). Traufleiste (Rinnleiste, Regenrinne), zuerst aus Ton, später aus Stein (z.B. Marmor) gearbeitet und oft reich verziert.

Situla (lat.). Eimerförmiges Gefäß aus getriebenem Bronzeblech mit Bügelhenkel oder Deckel; vom 7. bis 4. Jh. v. Chr. vornehmlich in Etrurien und im Osthallstattkreis verbreitet. Verwendung als Weinmischgefäß, seltener als Aschenurne.

Skarabäus (griech.-lat.). Altägyptische Nachbildung des heiligen Pillendrehers (Mistkäfers), der als Symbol der Sonne galt. Der S. wurde daher gern als Amulett getragen und seit dem Mittleren Reich auch als → Siegel verwendet, indem man seine Unterseite mit Schriften, Pseudoschriften, Ornamenten oder Symbolen versah. Als Material diente Fayence, Stein oder Halbedelstein. Im Neuen Reich kamen die großen Gedenk- und Herzs. auf.

Skelettkonservierung. Menschliche Skelette werden häufig in schlechtem Erhaltungszustand vorgefunden: brüchig, in winzige Teile zerfallen, oft sogar pulverisiert. Nach Zeichnung und fotografischer Ablichtung werden solche Skelettreste mit Paraffin übergossen und samt dem umgebenden Erdreich ins Labor gebracht. Dort wird der Block mit Gips verstärkt, das Paraffin wird ausgeschmolzen, die Knochenfragmente werden gereinigt und konserviert.

Skene (griech. Zelt). Bühnenwand des griechischen → Theaters, im weiteren Sinne das ganze aus Holz errichtete Bühnenhaus einschließlich der Schauspielergarderoben. Vgl. → Scaenae frons des römischen Theaters.

Skeuothek (griech.). Aufbewahrungsraum für Gerätschaften, insbesondere auch für das Zubehör von Kriegsschiffen.

Skopas. Griechischer Bildhauer und Architekt von der Insel Paros. Seine Schaffenszeit lag im 4. Jh. v. Chr. Neben → Timotheos, → Bryaxis und → Leochares arbeitete er um die Mitte des 4. Jh. am Mausoleum von Halikarnassos (→ Mausoleum, Halikarnassos) mit. Als Architekt schuf er den Tempel der Athena Alea in Tegea (Peloponnes). An rundplastischen Werken soll er entsprechend der antiken Überlieferung vor allem Götter- und Heroenbildnisse gefertigt haben.

Skyphos (griech.). Becherartiges Trinkgefäß mit zwei horizontalen Henkeln. Abb.S. 510.

Skythen. Iranisches Nomadenvolk, das im 8. Jh. v. Chr. die → Kimmerier aus den eurasischen Steppengebieten verdrängte. Seit dem 7. Jh. v. Chr. bestanden enge Berührungen mit den griechischen Kolonien an der Schwarzmeerküste. Im 6. Jh. v. Chr. drangen die S. bis zum Balkan vor. Um 300 v. Chr. wurden sie von den Sarmaten unterworfen. Einzigartige Tierdarstellungen in fließenden Bewegungen prägten die Kunst der S., die auch unter griechischem Einfluß ihre Eigenständigkeit bewahrte und in der persischen und keltischen Kunst weiterlebte.

Smith, George. Am 26.3.1840 in London-Chelsea geboren. Er wuchs ohne geregelte Schulausbildung auf und wurde Graveur von Banknoten. In seiner Freizeit sortierte er im Britischen Museum Keilschrifttafeln, die H. → Rassam und H.C. → Rawlinson in → Ninive gefunden hatten. Sir Rawlinson wurde auf den jungen S. aufmerksam und verschaffte ihm eine Anstellung in der Assyrischen Abteilung des Museums. S. befaßte sich nun mit der Übersetzung der babylonischen Keilschrifttexte aus der Bibliothek Assurbanipals und konnte schon bald einen Text veröffentlichen, der die Sonnenfinsternis des Jahres 763 v. Chr. beschrieb. Anschließend übersetzte er einen Bericht über den Einfall der Elamiter in Babylonien. 1872 entdeckte er unter den Tausenden von Tontafeln ein Tontafelfragment mit sechs Schriftkolonnen in akkadischer Sprache: den Sintflutbericht des Gilgamesch-Epos. Da 17 Zeilen dieses Berichtes fehlten, reiste S. im Mai 1873 mit finanzieller Unterstützung durch den ›Daily Telegraph‹ nach Ninive, um das fehlende Bruchstück zu suchen. Schon am fünften Tage der Grabungen hatte S. das Tafelfragment gefunden. Die Zeitung, die nun ihre Story hatte, lehnte weitere Zuwendungen ab, und S. mußte nach London zurückkehren, so sehr ihn die Suche nach anderen Keilschriftdokumenten auch gereizt hätte. Noch am letzten Tag entdeckte er auf dem Tell Kujundschik Tafeln mit babylonischen Königslisten. 1874 und 1876 führte S. im Auftrag des Britischen Museums zwei Expeditionen in den Nahen Osten durch. 1876 untersuchte er u.a. das alte → Karkemisch. Aber er war körperlich den Strapazen einer Arbeit in großer Hitze nicht gewachsen und starb am 19.8.1876, erst 36 Jahre alt, in Aleppo (Syrien) an einer Darminfektion.

Hauptwerke: The Chaldean Account of Genesis. London 1876; Entdeckungen in Assyrien. Karlsruhe 1898.

Smyrna (Izmir). Die ionische Hafen- und Handelsstadt an der Westküste Kleinasiens gelegen ist heute der Haupthandelsplatz der Türkei. Die 4000jährige stete Aufwärtsentwicklung der Stadt hat nur spärliche Reste antiker Bauwerke bewahrt.

Geschichte: Auf dem Tepe Kule im heutigen Industrievorort Bayraklı bestand schon im 3. Jt. eine Siedlung der Leleger. Wie Troja entwickelte sich diese Ansiedlung im frühen 2. Jt. v. Chr. zu einem bedeutenden Kulturzentrum. Auch unter den Hethitern setzte sich die Aufwärtsentwicklung bis um 1200 v. Chr. fort. Im 11. Jh. v. Chr. gründeten hier äolische Siedler aus Lesbos eine Kolonie, der sie den Namen S. (von Myrrhe) gaben. Die Aoler befestigten die Stadt mit einer Kyklopenmauer aus mächtigen Findlingen. Diese Mauer gilt als die älteste griechische Befestigungsanlage in Kleinasien. Zwischen 750 und 725 soll Homer in S. seine ›Ilias‹, den Bericht vom Kampf um Troja, verfaßt haben. Später kamen Ionier aus Kolophon, einer Nachbarstadt von S., in den Ort und verdrängten allmählich die Äoler. Seit dem späten 7. Jh. v. Chr. war S. ionisch und gehörte nach → Pausanias als 13. Stadt dem Ionischen Bund an. Die kulturelle und wirtschaftliche Bedeutung von S. nahm ständig zu.

Um 575 v. Chr. zerstörten die Lydier unter ihrem König Alyattes III. die Stadt. 547 v. Chr. erschienen die Perser, nachdem sie das lydische Großreich zerschlagen hatten. Alexander der Große, der 334 v. Chr. S. einnahm, beauftragte seinen Feldherrn Lysimachos, auf dem 180 m hohen Pagos eine Zitadelle zu errichten und an den Hängen des Hügels die Stadt neu zu erbauen. Nach Alexanders Tod kam S. unter die Herrschaft der Seleukiden und blühte und wuchs weiter. Nach der Niederlage der Seleukiden gegen die Römer erreichte S. 189 v. Chr. eine gewisse Selbständigkeit. Seit 27 v. Chr. unter römischem Einfluß, nahm die Bedeutung der Stadt noch zu. Die Kaiser Tiberius (14–37), Hadrian (117–138) und Caracalla (211–217) verliehen ihr große Privilegien und schmückten sie mit prachtvollen Bauwerken. Im 2. Jh. n. Chr. hatte S. bereits über 100 000 Einwohner. In den Jahren 178 und 180 wurde die Stadt durch Erdbeben zerstört, aber von Mark Aurel (161–180) sofort wieder aufgebaut. In byzantinischer Zeit wuchs sie auf Kosten von Ephesos, dessen Bedeutung wegen der Verlandung seines Hafens allmählich erlosch.

Forschungsgeschichte: Seit 1948 untersuchen Wissenschaftler der Universität Ankara unter der Leitung von E. Akurgal das Gebiet des archaischen S. im Vorort Bayraklı. Die Funde bestätigen eine lückenlose Besiedlung dieses Gebietes vom ausgehenden 11. bis zum 4. Jh. v. Chr.

Archäologische Stätte: In Bayraklı sind neben den verschiedenen Wohnschichten die Fundamente eines *Tempels* aus der Zeit um 700 v. Chr. zutage gekommen. Aufgrund der Funde von tönernen Votivschilden und einer Inschrift auf einer Bronzestange kann er der Göttin Athena zugesprochen werden. Östlich des Basars von Izmir liegt die *Agora*, von der noch Reste einer Säulenhalle zeugen. Die Agora wurde in hellenistischer Zeit errichtet, unter den Römern vergrößert und nach dem Erdbeben des Jahres 178 n. Chr. unter Mark Aurel wieder aufgebaut. Auf dem Pagos (heute Kadife Kale, Samtburg) lag unter der mittelalterlichen Zitadelle die *Akropolis* der lysimachischen Stadt. Die mächtige Burgmauer enthält noch Bauteile aus dieser Epoche. Am Abhang des Hügels weisen spärliche Reste auf das römische *Theater* und auf das *Stadion* hin. Auf dem 75 m hohen Değirmen Tepe nahe der Küste erhoben sich einst zwei *Tempel*, die dem Asklepios und der Vesta geweiht waren. Hier endete auch die 17 km lange römische *Wasserleitung*.
Das *Archäologische Museum* von Izmir beherbergt zahlreiche griechische und römische Funde aus westkleinasiatischen Ausgrabungsstätten, darunter eine Bronzestatue der Göttin Demeter (4. Jh. v. Chr.) aus dem Meer bei Halikarnassos, eine vielbrüstige Artemis-Statue aus Ephesos und eine Göttin aus dem Tempel von Bayraklı (7. Jh. v. Chr.).

Literatur: C.J. Cadoux: Ancient Smyrna. London 1938; G. Petzl: Die Inschriften von Smyrna. 2 Bde. Bonn 1982 u. 1990; E. Akurgal: Alt-Smyrna. Wohnschichten und Athenatempel. Ankara 1983.

Solarium (lat.). Ursprünglich Sonnenuhr. Später jeder der Sonne ausgesetzte Platz des römischen Wohnhauses, insbesondere die Sonnenterrasse.

Sondage. Rechteckiger Probeschnitt, der bis auf den anstehenden Boden hinab geführt wird. Die genaue Einmessung des Schnittes ist besonders wichtig. In den Profilen der über eine größere Fläche verteilten S. können aufeinanderfolgende Schichten abgelesen und Einzelfunde historisch eingeordnet werden.

Sondierung. → Prospektion.

Sounion. → Sunion.

Sphairisterion (griech.). Ballspielplatz des Gymnasion.

Sphendone (griech.). Der halbrunde Abschnitt der Sitzreihen im Stadion.

Sphinx. Mischwesen in Gestalt eines ruhenden Löwen, meist mit Menschenkopf. Die Ägypter sahen in diesem Mischwesen höchste körperliche Kraft und Denkvermögen vereinigt. Der älteste bekannte S. ist der große S. von → Giza mit dem Kopf des Königs Chephren (4. Dynastie). Königssphingen wurden auch als Wächter an Tempeleingängen aufgestellt. In Syrien verwandelte sich der männliche S. in eine weibliche S., die mit Flügeln versehen im griechischen und römischen Kulturkreis weit verbreitet war. Berühmt ist die S. der Naxier in → Delphi (um 560 v. Chr.). Seit dem späteren 5. Jh. v. Chr. versah man die S. sogar mit einer weiblichen Brust.

Spira (griech.). Der nach außen gewölbte Teil an der → Basis der ionischen Säule. In der Frühzeit ist die S. glatt, später reich mit Kehlen und Wülsten verziert.

Spolien (lat. Raub, Beute). Aus anderen Bauten stammende, wiederverwendete antike Bauteile, z.B. Säulenschäfte, Säulenbasen, Kapitelle, Architrave, Kranzgesimse (Geisa), Grabsteine.

Stadion (griech.). Antike Laufbahn in der Länge eines S. (olympisches S. = 600 Fuß = 192,28 m, andere Längeneinheiten zwischen 178 und 213 m, in hellenistischer Zeit auch nur 149 m). Die Wettlaufstätte hatte anfangs die Form eines langgestreckten Rechtecks, später kamen ein halbkreisförmiger Abschluß und Zuschauerwälle, oft auch eine Kampfrichtertribüne hinzu. Im S. wurden auch Wettbewerbe in anderen Sportarten durchgeführt.

Stadion, Aphrodisias. Das am Nordrand der Stadt gelegene S. wurde im 1. Jh. n. Chr. erbaut. In den Außenmaßen ist es 262 m lang und etwa 59 m breit. Seine Lauflänge von 180 bis 200 m entspricht der eines griechischen S. Auf den ursprünglich 30 umlaufenden Sitzreihen hatten etwa 30000 Zuschauer Platz. Um das Geschehen im S. besser verfolgen zu können, wurden die Sitzreihen an den Langseiten leicht nach außen gebogen. → Aphrodisias.

Stadion, Olympia. Das S. des 4. Jh. v. Chr., außerhalb des Heiligen Bezirks gelegen, hat im wesentlichen bis in die Spätantike seine Gestalt behalten. Auf allen vier Seiten war es von Erdwällen umgeben, auf denen die Zuschauer sich während der Wettkämpfe niederließen. Die Laufbahn hatte eine Länge von 212,54 m und eine Breite von etwa 31 m. Ihre Langseiten waren wohl aus rein optischen Gründen leicht nach außen gebogen. Eine steinerne Wasserrinne mit 16 kleinen rechteckigen Wasserbecken umgab die Laufbahn. Die Start- und Zielschwellen waren aus hartem Kalkstein gefertigt. Sie lagen 1 Stadion (600 Fuß oder 192,28 m) voneinander entfernt. Die Kampfrichtertribüne befand sich im Süden der Laufbahn, aus der Mitte leicht versetzt in Richtung der Ziellinie. Am Nordwall gegenüber stand der Altar der Demeter Chamyne. Ihrer Priesterin war es als einziger Frau erlaubt, den Wettkämpfen zuzuschauen. Im Laufe der Jahrhunderte mußte das S. immer wieder renoviert werden. Zu den bedeutendsten Änderungen gehörte im 2. Jh. v. Chr. der Bau des S.tores mit dem dahinter liegenden gewölbten Zugang. → Olympia.

Stamnos (griech.). Der Amphora ähnliches, dickbauchiges Vorratsgefäß (Weingefäß) mit kurzem Hals und zwei Horizontalhenkeln am Gefäßkörper. Seit dem späten 6. Jh. v. Chr. gebräuchlich. Abb. S. 510.

Standarte. Stange mit aufgesetztem Bildwerk, meist als Kultzeichen, Herrschersymbol oder Feldzeichen gebraucht. Einzigartig sind die S.aufsätze der Hethiter (um 2200–2000): Hirsche, Stiere und Panther aus Bronze, mit Silber oder Gold überzogen bzw. inkrustiert, sowie durchbrochene Bronzescheiben mit Götter- oder Swastikamustern.

Statue. Standbild, freistehendes, vollplastisches Bildwerk eines einzelnen Gottes, Menschen oder Tieres.

Statuette. Kleine Statue von weniger als halber Lebensgröße. S. wurden hauptsächlich als Weihgaben im Götter- und Grabkult verwendet, in der Kaiserzeit auch zu dekorativen Zwecken. Bronze, Marmor, Steatit (Speckstein), Terrakotta, Edelmetalle, Elfenbein waren das bevorzugte Material.

Steinzeit. Älteste der drei großen Kulturperioden (→ Bronzezeit, → Eisenzeit), in der Geräte und Waffen vorwiegend aus Stein hergestellt wurden. Man unterschiedet drei Abschnitte: → Paläolithikum, → Mesolithikum und → Neolithikum.

Stele (griech.). Steinsäule oder aufrecht stehende Steintafel, mit Relief versehen oder bemalt, häufig beschriftet, als Grenz- oder Inschriftenstein oder als Grabmal verwendet, z.B. die Gesetzes-S. des Hammurabi (um 1700 v. Chr.) im Louvre, Paris.

Stereobat (griech.). Fundamentunterbau des griechischen Tempels.

Stoa (griech.). Langgestreckte Säulenhalle mit geschlossenen Rück- und Seitenwänden. Vgl. → Portikus.
Literatur: J.J. Coulton: The Architectural Development of the Greek Stoa. Oxford 1976.

Stoa, Athen. König Attalos II. von Pergamon (159–138 v. Chr.) stiftete dem athenischen Volk eine zweistöckige S., die den Ostabschluß der Agora bildete. Sie war 115 x 20 m groß und erhob sich auf einer breiten Terrasse, die die Geländeunebenheiten ausglich. Insgesamt 42 Verkaufsläden erstreckten sich hinter der jeweils doppelten Säulenreihe. Die Säulen des Erdgeschosses waren außen in dorischer, innen in ionischer Ordnung gebildet, die des Obergeschosses besaßen außen ionische und innen eine pergamenische Weiterentwicklung des ägyptischen Palmenkapitells. → Agora, Athen.

Stonehenge. Die monumentale Steinkreisanlage von S. in der südenglischen Grafschaft Wiltshire, nahe bei Salisbury, ist das großartigste prähistorische Heiligtum in Europa.
Geschichte: Die Geschichte von S. (altengl. hängende Steine) umfaßt einen Zeitraum von mindestens 1200 Jahren. Es konnten drei Bauphasen (I, II und III) unterschieden werden, wovon die dritte nochmals zeitlich gegliedert werden konnte (IIIa, IIIb und IIIc). Stonehenge I wurde im Neolithikum (Jungsteinzeit) gegen 2500 v. Chr. errichtet; Stonehenge II entstand gegen 2000 v. Chr.; es wurde von einer neuen Völkerschaft erbaut, die über die Nordsee nach Britannien gekommen war und der Glockenbecherkultur angehörte. Diese endneolithische Kultur hat ihren Namen von glockenförmigen Tongefäßen, die rötlich gefärbt und meist mit Strichen oder Stempelabdrücken verziert waren. Stonehenge IIIa dürfte etwa um 1700 v. Chr., Stonehenge IIIb knapp 100 Jahre später erbaut worden sein. Seine letzte Umgestaltung erfuhr das Heiligtum um 1300 v. Chr. (Stonehenge IIIc). Wie lange die gewaltige Kultanlage benutzt wurde, ist unbekannt. Möglicherweise diente sie noch in den letzten vorchristlichen Jahrhunderten den

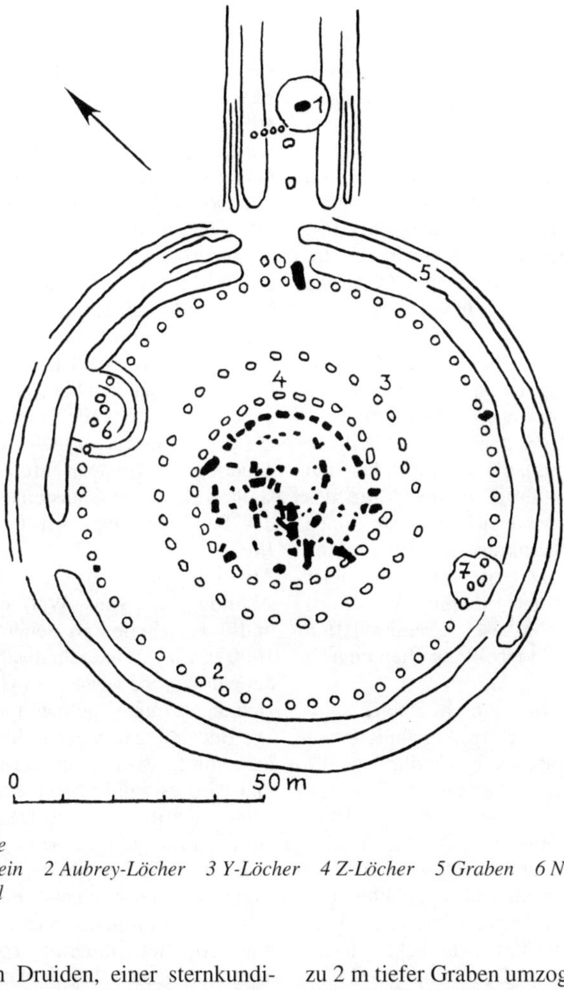

Stonehenge
1 Fersenstein 2 Aubrey-Löcher 3 Y-Löcher 4 Z-Löcher 5 Graben 6 Nordhügel 7 Südhügel

keltischen Druiden, einer sternkundigen Priesterkaste, als Heiligtum. Unbekannt ist auch, wo ein großer Teil der ursprünglich aufgestellten Steinriesen geblieben ist.

Archäologische Stätte: Der Freilufttempel *Stonehenge I* war eine kreisförmige Anlage von etwa 115 m Durchmesser. Ein 6 bis 7 m breiter und bis zu 2 m tiefer Graben umzog den Kreis. Am inneren Grabenring zog sich ein Erdwall entlang. 56 Gruben von 1,2 m Durchmesser und 90 cm Tiefe, nach ihrem Entdecker Aubrey-Holes genannt, bildeten den inneren Kreis. Die Bedeutung dieser Gruben ist unbekannt; sicher ist, daß darin weder Steine noch Holzpfosten standen. Sie dienten später der Aufnahme von Leichenbrand, was auf rituelle Menschenopfer hinweisen könnte. Der Eingang zum Heiligtum im Nordosten des Graben-Wall-Ringes war von zwei aufrecht stehenden Steinen flankiert. Etwa 20 m außerhalb des Ringes erhob sich ein dreibogiges Holztor. Daneben stand der mächtige Fersenstein (Heel Stone), heute das einzige steinerne Relikt aus dieser Bauphase. Der rohe Sandsteinblock ist 5 m lang und 2,5 m dick.

Die Erbauer von *Stonehenge II* beseitigten das Holztor und die beiden den Eingang flankierenden Steine und erweiterten den Zugang zu einer heiligen Allee (Avenue), die 2 km weit bis zum Fluß Avon führte. In der Mitte des Tempelbezirks errichteten sie einen doppelten Steinkreis aus Blausteinen (gefleckter Dolerit), die sie über 300 km aus den Prescelly Mountains in Nord-Pembrokeshire heranschaffen mußten. Der Doppelkreis blieb unvollendet.

Stonehenge IIIa erhielt einen Steinkreis aus 30 mächtigen, grünlichgrauen Sandsteinblöcken, Findlingen, die aus den 30 km entfernten Marlborough Downs bei Avebury stammen. Jeder Stein wiegt etwa 25 t. Die Steine wurden auf der nach innen zeigenden Seite sorgfältig behauen und geglättet. Die Oberseite wurde mit Zapfen versehen, um darauf die fast meterdicken, leicht geschwungenen Decksteine setzen zu können, die einen ringförmig fortlaufenden Architrav bildeten. 16 dieser Blöcke blieben aufrecht und zehn tragen noch ihre Decksteine. In der Mitte dieses Steinringes erhoben sich auf hufeisenförmigem Grundriß fünf gigantische Trilithen (torförmige Steinsetzungen), von denen seit 1958 wieder drei in den ursprünglichen Zustand versetzt werden konnten. Der schwerste Tragstein dürfte ungefähr 50 t wiegen. Das Zentrum bildete der *»Altarstein«*. Im folgenden *Bauabschnitt IIIb* wurde der halbfertige Blaustein-Doppelkreis wieder entfernt, 20 der größeren Dolerit-Monolithen wurden sorgfältig behauen und innerhalb des Trilithen-Hufeisens so aufgestellt, daß sie ein Oval bildeten. Sechs dieser Monolithen sind noch erhalten. In das Oval kamen noch zwei kleine Blaustein-Trilithen, die restlichen Blausteine sollten in zwei Kreisen den Sandsteinring umgeben. Als bereits die Löcher (Y- und Z-Löcher) hierfür ausgehoben waren, änderten die Erbauer ihren Plan und stellten sämtliche Blausteine innerhalb des Sandsteinringes auf (*Stonehenge IIIc*).

Auf einigen Sandsteinblöcken sind Abbildungen von Waffen (Dolch und Bronzebeile) zu sehen, die um 1600 v. Chr. in Griechenland verwendet wurden. Sie weisen auf Handelsbeziehungen zum Mittelmeerraum hin.

Die Bedeutung der megalithischen Anlage von S. ist noch immer umstritten und wird es wohl auch bleiben, da es keine schriftlichen Aufzeichnungen aus jener Zeit gibt. Ein Heiligtum dürfte S. mit Sicherheit gewesen sein, auch wenn man noch nicht weiß, welche Götter und welche Kulthandlungen hier verrichtet wurden. S. könnte dem Totenkult gedient haben, worauf zahlreiche Bestattungen im Ringgraben hindeuten. Einige Forscher vermuten, daß es ein Tempel der Sonnenanbetung war, weil Eingang und Avenue am Tag der Sommersonnenwende in Richtung der aufgehenden Sonne weisen.

S. war nicht die einzige megalithische Kultstätte in Südengland. Woodhenge,

Durrington Walls, Marden und vor allem der 11,5 ha große Kromlech von Avebury waren weitere Henge-Monumente aus dem späten Neolithikum.

Literatur: R.I.C. Atkinson: Stonehenge. London 1956; C. Burgess: The Age of Stonehenge. London 1980; A.F. Harding: Henge Monuments and Related Sites of Great Britain. O.O. 1987. S. 297 ff.; R. Castleden: Neolithic Britain. London, New York 1992. S. 230 ff.

Strabon. Der Historiker und Geograph wurde 64/63 v. Chr. in Amaseia, einer Stadt in Pontus Galaticus, der Hauptstadt des ehemaligen Königreiches Pontus, als Kind einer vornehmen Familie geboren. S. unternahm größere Reisen in Kleinasien, streifte Griechenland, verweilte häufig in Italien und besuchte Ägypten. Als erstes verfaßte er ein Geschichtswerk, die ›Historika Hypomnemata‹, das die griechische und vor allem die griechisch-römische Geschichte bis zum Ende der Bürgerkriege behandelte und als eine Fortsetzung des Werkes von Polybios gedacht war. Dieses Werk war 25 v. Chr. abgeschlossen. Die einzelnen erhaltenen Fragmente besagen, daß es hauptsächlich eine ausgewählte Zitatensammlung älterer Abhandlungen darstellte. Für sein bedeutendestes Werk, ›Geographika‹, forschte S. mit Unterbrechungen von etwa 20 v. Chr. bis zu seinem Tod. Auch für diese 17 Bücher verwendete er ältere Schriften, die für die Uneinheitlichkeit der Texte verantwortlich sind. In den Büchern 1 und 2 geht er kritisch auf die Forschungen seiner Vorgänger ein. Sie sind für die heutige Wissenschaft ein bedeutendes Zeugnis der vorstrabonischen Geographielehre. In den Büchern 3 bis 10 beschreibt er Europa, in 11 bis 16 Asien und in Buch 17 Afrika. Neben geographischen Besonderheiten verarbeitete S. auch historisch und kulturgeschichtlich interessante Gegebenheiten. Sein Todesdatum ist unbekannt, aber aufgrund der Erwähnung historischer Ereignisse in seinen Schriften kann er frühestens 23 n. Chr. gestorben sein.

Stratigraphie (lat.-griech.; Schichtenkunde). Jede Siedlung bildet im Laufe ihrer Existenz Kulturschichten, also Ablagerungen, die durch Bauen, Wohnen, Leben und Arbeiten, durch Naturkräfte und Katastrophen entstehen. Sie heben sich mehr oder weniger deutlich voneinander ab, können aber in ihrer Abfolge Aufschluß über die Entwicklung der Siedlung, ihrer Menschen und deren Kultur geben. In Ländern, in denen die Lehmbauweise vorherrscht (z.B. in Mesopotamien und in Syrien), erreichen solche Siedlungen im Laufe von Jahrtausenden eine Höhe von 10 m, 20 m und mehr, weil das Baumaterial Lehm nicht wiederverwendet werden kann. Und jede Schicht schließt Material ein, das in der entsprechenden Zeit hergestellt bzw. benutzt wurde (Mauerteile, Gerät, Tongefäße, Werkzeug, Küchenabfälle usw.). Die Beobachtung und Interpretation der Kulturschichten nennt man S.

Die S. geht von dem Grundsatz aus, daß von zwei übereinanderliegenden Kulturschichten die obere jünger ist als die untere. Fundobjekte entstammen grundsätzlich derselben Zeit wie die Schicht, in der sie gefunden wurden. Sie können allerdings älter sein als die Schicht, weil sie z.B. in späterer Zeit wiederbenutzt wurden, nie aber jünger als die Schicht, aus der sie stammen. Gegenstände, die vergraben wurden und somit möglicherweise in eine ältere Schicht gelangten, verraten ihre wahre Schichtzugehörigkeit durch das Grabungsloch. Dasselbe gilt für Gebäudefundamente, die in tiefere Schichten reichen.

Stroter (griech.). Flachziegel des antiken Daches aus gebranntem Ton oder Marmor. Man unterscheidet die planen korinthischen und die konkaven lakonischen S. Ihre seitlichen Stöße werden durch – $\wedge$- oder $\cap$-förmige → Kalyptere bedeckt.

Stylobat (griech.). Die oberste Stufe des meist dreistufigen Unterbaus (Krepis) des Tempels. Der S. bildet die Standfläche für die Säulen.

Suchschnitte. Nach einer vorangegangenen genauen → Prospektion angelegte Schnitte, die, in der Regel nicht sehr breit, dem Geländeverlauf folgen bzw. bereits nachgewiesene Strukturen rechtwinklig schneiden und sich weit über das zu erforschende Gebiet ziehen. Die Profile verdeutlichen den Schichtenaufbau. So kann auch die Befunddichte und -erhaltung sowie die Ausdehnung der Fundstelle festgestellt werden.

Sudatorium (lat.). Das Dampfschwitzbad der römischen → Thermen. Das Trockenschwitzbad heißt Laconicum.

Suggestum (lat.). Rednertribüne auf dem römischen Forum.

Sumerer. Vermutlich indogermanische Völkerschaft, die im 4. Jt. in Mesopotamien die erste Hochkultur der Menschheit schuf. Die Erfindung der Schrift (→ Keilschrift) und die Bildung von Stadtstaaten (Uruk, Ur, Lagasch, Kisch u.a.) geht auf die Sumerer zurück. Die sumerische Kultur überstand die Herrschaft der semitischen Akkader (24. Jh.) und der iranischen Gutäer (22. Jh.) und setzte sich schließlich in der babylonischen Kultur fort.

Sunion (Sounion). An der Südspitze der Halbinsel Attika liegt das steil ins Meer abfallende Kap S. Die Verehrung des Gottes Poseidon muß auf dem Kap sehr alt sein, ein Tempel für den Gott entstand hier jedoch erst Anfang des 5. Jh. v. Chr. Dieser Bau wurde wahrscheinlich noch vor seiner Vollendung von den Persern zerstört. Erst unter Perikles errichtete man zwischen 444–440 v. Chr. über der Peristasis des alten Tempels den neuen *Poseidon-Tempel* mit fast den gleichen Maßen (→ Peripteros, Sunion). Der heilige Bezirk war von einem Peribolos eingefaßt, von dem noch Mauerreste erhalten sind. 431/30 v. Chr., zu Beginn des Peloponnesischen Krieges, erbauten die Athener zur Landseite hin eine halbkreisförmige Mauer, um das Heiligtum vor Angriffen der Spartaner zu schützen.
Etwa 500 m nördlich des Poseidon-Tempels konnten Teile des *Tempels der Athena Sunias* freigelegt werden. Die 16,4 x 11,6 m große schlichte Cella hatte in ihrer Ostwand eine Tür. Ihr gegenüber befand sich im Inneren eine Basis, auf der das Kultbild stand. Nur im Osten und im Süden war der Bau mit einer ionischen Säulenhalle umgeben. Das Dach der Cella stützten vier ionische Säulen. Nordöstlich des Tempels befand sich ein kleiner Oikos aus archaischer Zeit mit Altar. Neuere Überlegungen führten dazu, in dem kleinen Tempel ein Heroon des home-

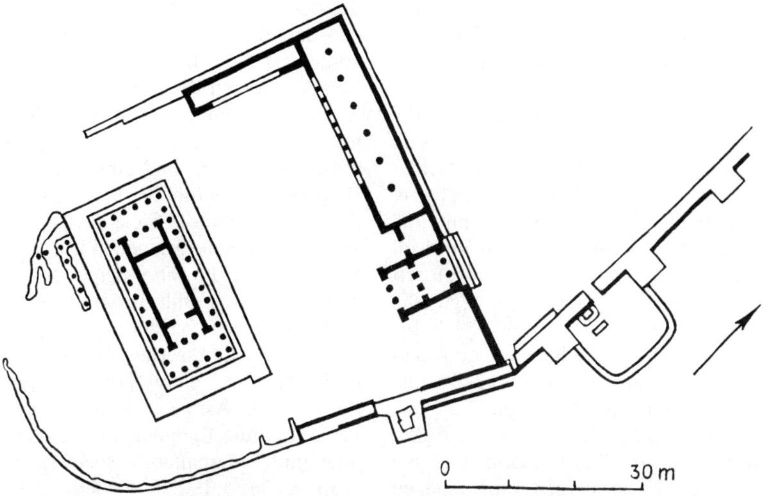

Sunion: Heiligtum des Poseidon

rischen Helden Phrontis (Odyssee III 278 ff.) zu sehen und den ionischen Tempel als zugehöriges Gebäude für das Totenmahl zu interpretieren. Den von Vitruv (IV 8,4) erwähnten Athena-Tempel mit unregelmäßigem Grundriß müßte man dann in direkter Nachbarschaft zum Poseidon-Tempel suchen.

Literatur: S. Meletzis u. H. Papadakis: Der Poseidontempel auf Kap Sunion. München, Zürich [3]1976; J. Travlos: Bildlexikon zur Topographie des antiken Attika. Tübingen 1988. S. 404 ff. U. Sinn: Sunion. Das befestigte Heiligtum der Athena und des Poseidon an der »heiligen Landspitze Attikas«. In: Antike Welt 23, 3 (1992). S. 175 ff.

Sur. → Tyros.

Survey (engl.). Oberflächenbegehung. Erster und wichtiger Arbeitsschritt bei der Kartierung archäologischer Fundorte.

Susa (altelam.: Susim). Hauptstadt des altorientalischen Reiches Elam im 2. Jt. und Wirtschaftsmetropole des Achämenidenreiches. Die Ausgrabungsstätte liegt in der iranischen Provinz Chusestan.

Geschichte: S. gehört zu den ältesten Siedlungen Mesopotamiens. Schon seit dem Beginn des 4. Jt. war das Gebiet der späteren Akropolis bewohnt. In der Umgebung der Stadt fand man sogar Siedlungsschichten, die bis ins 6. Jt. zurückreichen. S. war in jener Zeit eine Kolonialstadt, denn die Ursprünge ihrer Kultur (vor allem ihrer Töpferkunst) fand man im persischen Hochland. Diese vorgeschichtliche Epoche bezeichnen die Archäologen nach dem ersten Fundort gleicher Keramik El Obeid (Tell el Obeid bei Ur); sie währte von etwa 4000 bis 3400 v. Chr. Andersartige keramische Funde weisen auf Eroberer hin, die ei-

nen neuen Kunststil nach S. brachten: Uruk-Epoche (3400–3100), Djemdet-Nasr-Epoche (3100–2900). Unter den Sumerern kam die Stadt zu großer wirtschaftlicher Bedeutung. Um die Mitte des 3. Jt. v. Chr. schlossen sich die Elamiter, die Bewohner des Gebietes um S., mit den Landschaften Elam, Anschan, Baraschi, Schirihum und Simasch zusammen, um dem Vordringen der Akkader unter Sargon zu widerstehen. Aber Sargon besiegte die Elamiter und dehnte sein Reich bis zum Persischen Golf aus. Der Akkaderkönig Naramsin (2320–2284) erbaute in S. mehrere Tempel.
Nach dem Zusammenbruch des Akkaderreiches im 22. Jh. übernahmen die aus den Zagrosbergen eingefallenen Gutäer die Herrschaft. Um 2130 v. Chr. konnten sich die Elamiter vom Joch der Gutäer befreien, kamen aber bald darauf unter die Herrschaft der Könige von Ur. Rund hundert Jahre später gelang es den Elamitern mit Unterstützung der Amoriter, die sumerische Streitmacht zu vernichten und die Souveränität zurückzugewinnen. Der elamitische Fürst Idahu Inschuschinak machte sich zum König von S. und bald darauf zum König der Könige von Elam und Simasch. Lange konnte sich das elamitische Reich seiner Selbständigkeit nicht erfreuen. Gegen 1930 v. Chr. zerstörte Gungunum, König von Larsa, die Stadt S. und übernahm die Herrschaft über Elam. Gegen 1833 v. Chr. waren die Elamiter wieder Herr auf dem eigenen Territorium. Um 1762 v. Chr. fügte der babylonische König Hammurabi Elam in sein Reich ein. Um 1740 v. Chr. eroberten die Kassiten, ein Nomadenvolk aus dem Zagrosgebirge, Babylon und übernahmen danach auch Elam.
Zu Beginn des 13. Jh. v. Chr. gewannen die Elamiter ihre Selbständigkeit zurück. Das 12. Jh. v. Chr. wurde die Zeit der größten Blüte. Die Heerführer Schutruk-Nakhunte und Kutir-Nakhunte fielen blitzartig in die mesopotamische Ebene ein und entführten aus Babylon die berühmte Gesetzesstele des Hammurabi, die Stele des Naramsin und zahlreiche Statuen akkadischer Könige. Aber die Jahre der Unabhängigkeit waren gezählt. Inzwischen hatte sich eine neue Macht in Mesopotamien gebildet: Assyrien. Die Assyrer besiegten die elamischen Truppen. Elam fiel an Assyrien. Immer wieder versuchten die Elamiter, die Souveränität zurückzuerhalten. Als sie sich im 7. Jh. v. Chr. mit den Persern gegen die Assyrer verbündeten, schlug der große Assyrerkönig Assurbanipal 640 v. Chr. unbarmherzig zu und löschte das Reich Elam endgültig aus.
Für S., die alte Hauptstadt des elamitischen Reiches, begann ein neuer Abschnitt der Geschichte, als Kyros der Große 559 v. Chr. die persische Achämeniden-Dynastie begründete. Die günstige Lage an den Handels- und Heerstraßen zwischen Sardes (Westtürkei), Ekbatana (heute Hamadan), Persepolis und dem Persischen Golf ließ S. zur Wirtschaftsmetropole des Achämenidenreiches aufsteigen. Alexander der Große übernahm 331 v. Chr. in S. den persischen Münzschatz. 324 v. Chr. heiratete er in S. seine zweite Frau, Barsine, und verheiratete seine Offiziere mit persischen Prinzessinnen. Nach Alexanders Tod fiel die Stadt an die Seleukiden. Bald danach kam S. unter die Herrschaft der Parther. Die Ablösung der Parther durch die Dynastie der Sassaniden im 3. Jh. n. Chr. führte die Stadt noch einmal zu

bescheidenem Wohlstand als persische Provinzhauptstadt.

Forschungsgeschichte: 1854 lokalisierte der Engländer W.K. Loftus die uralte Stadt S. Seine Grabungen führten aber zu keinen bemerkenswerten Ergebnissen. 1884 bis 1886 arbeitete das französische Archäologen-Ehepaar M. und J. Dieulafoy in S. Sie brachten den »Fries der Bogenschützen« und das »Achämenidische Kapitell« nach Paris. 1897 gründete der französische Bergbauingenieur J.J.M. de → Morgan die Französische Mission, die bis heute an der systematischen Erforschung der 6000jährigen Stadt arbeitet. De Morgan fand in S. u.a. den aus Babylon entführten Dioritblock mit den Gesetzestexten des Hammurabi, die Stele des Naramsin, den Löwenfries und zahlreiche kassitische Kudurrus (Grenzsteine). Diese Funde sind heute im Pariser Louvre zu sehen. Nach dem Zweiten Weltkrieg setzte R. Ghirshman die Arbeit seines Vorgängers de Morgan fort.

Archäologische Stätte: Die Ausgrabungsstätte von S. bietet keine eindrucksvollen Bauwerke bzw. Ruinen mehr, weil das Baumaterial fast ausschließlich aus gebrannten und ungebrannten Lehmziegeln bestand, die inzwischen verwittert sind. Von den zahlreichen Schutthügeln sind der Tell der Apadana, der Tell der Akropolis, der Tell der Königsstadt (Ville royale) und der Tell der Handwerkerstadt (Ville des artisans) zu erwähnen. Auf dem *Tell der Apadana* wurden die Reste eines achämenidischen Palastes und

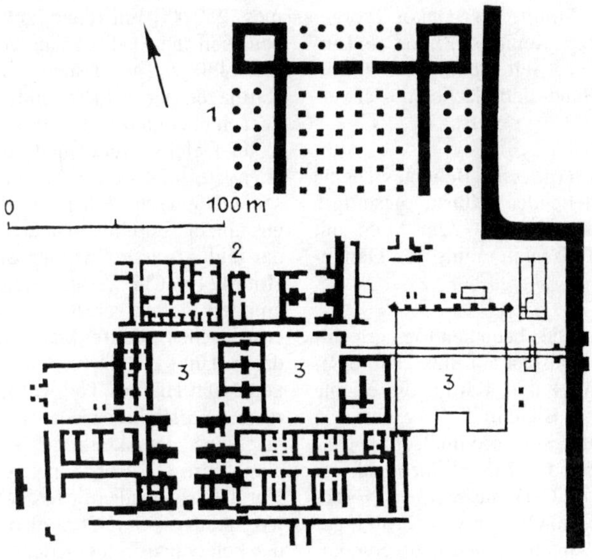

Susa: Palast des Dareios
1 Apadana (Audienzsaal) 2 Wohnräume 3 Innenhöfe

einer Apadana (große Empfangshalle) freigelegt. Diese Anlage errichtete Dareios der Große (522–486 v. Chr.). Nachdem der Palast in der zweiten Hälfte des 5. Jh. v. Chr. abbrannte, ließ ihn Artaxerxes II. Mnemon (404–358 v. Chr.) nach den alten Plänen wieder aufbauen. Zwei berühmte Basreliefgruppen (der Löwen- und der Bogenschützenfries) sowie farbig bemalte, glasierte Wandziegel befinden sich heute im Pariser Louvre. Palast und Apadana entsprechen in ihrem Grundriß der Anlage in → Persepolis, die wenig später entstand.

Literatur: M. Dieulafoy: L'acropole de Suse. 4 Bde. Paris 1890–1892; L. Mercando (Hrsg.): La porta del paradiso. Torino 1993.

Swastika (sanskr. Glück). Hakenkreuz, Glücks- und Sonnensymbol, ein häufiges Motiv im Dekor vorgeschichtlicher Keramik. Zuerst als Einzelornament, seit dem 7. Jh. v. Chr. auch als Band- und Flächenmuster verwendet.

Symposion (griech.). Beliebtes Thema der darstellenden Kunst: geselliges Beisammensein nach dem Mahl mit Musik-, Tanz- und mimischen Darbietungen.

Syrakus. Die bedeutendste griechische Kolonialstadt auf Sizilien, die Rivalin Athens und Karthagos, erlebte ihre höchste Blüte im 5. Jh. v. Chr.

Geschichte: S. wurde im 8. Jh. v. Chr. (773, 756 oder 733 v. Chr.) auf der kleinen, der Ostküste Siziliens vorgelagerten Insel Ortygia von Korinth gegründet. Seinen Namen hatte Syrakusai von dem nahen Sumpf Syrako. Die korinthischen Kolonisten eigneten sich das umliegende fruchtbare Schwemmland an und beschäftigten die eingeborenen Kyllenier (Kyllyrier) als Landarbeiter. Die Gamoroi (Gamoren) – so nannten sich die Grundherren – gründeten auf Sizilien mehrere Kolonien: Akrai 664, Kasmenai 644 und Kamarina 599 v. Chr. 492 v. Chr. erlitt S. eine entscheidende Niederlage gegen Hippokrates von Gela, einer Kolonie der Insel Rhodos an der Südküste Siziliens. 485 v. Chr. verlegte Gelon, seit 491 Tyrann von Gela, seine Residenz nach S. und siedelte dort Griechen aus Gela und anderen Nachbarstädten an. Auf dem Festland, mit dem die Insel Ortygia seit etwa 550 v. Chr. durch einen Damm verbunden war, entstanden die Stadtteile Achradina, Tyche und Temenitis. Bereits zu Gelas Zeit war S. nach Karthago die zweitgrößte Stadt des westlichen Mittelmeerraumes. 250 000 Einwohner (ohne Sklaven) soll die Stadt damals gehabt haben. 480 v. Chr. besiegte Gelon die Karthager bei Himera und herrschte danach über ganz Ostsizilien.

Unter Gelons Bruder und Nachfolger Hieron I. (478–466 v. Chr.) erlebte S. seine Glanzzeit. Prächtige Bauwerke entstanden. Berühmte Dichter wie Pindar und Aischylos wirkten an seinem Hof. 474 v. Chr. vernichteten die vereinigten Flotten von S. und Kyme die etruskischen Seestreitkräfte und beendeten damit die Expansion der Etrusker. Nach Hierons Tod wurde die Tyrannis (Alleinherrschaft) abgeschafft und eine demokratische Verfassung eingeführt. Die trotz schwerer innerer Unruhen steigende Macht der Stadt bewog Athen 415 v. Chr., also während des Peloponnesischen Krieges, ein Expeditionsheer nach Sizilien zu entsenden. Äußerer Anlaß hierzu war ein

Hilferuf Segestas, das in Grenzstreitigkeiten mit dem benachbarten Selinus geraten war. Nach einem Anfangssieg der Athener gelang es den Syrakusern, die vor der Stadt liegende athenische Flotte zu versenken und bald darauf auch das Expeditionsheer zu vernichten. Der athenische Feldherr Nikias wurde 413 v. Chr gefangengenommen und in S. hingerichtet. Als Dank für den Sieg stiftete die Stadt in → Delphi ein Schatzhaus mit kostbaren Weihgeschenken.
409 v. Chr. führten Streitigkeiten zwischen den phönikischen und griechischen Städten Siziliens, vor allem zwischen Segesta und Selinus, zum Eingreifen der Karthager, die nach und nach alle griechischen Städte bis auf Syrakus eroberten. Die Pest beendete 405 v. Chr. die Belagerung dieser letzten Bastion. Inzwischen hatte sich in S. Dionysios I. zum Tyrannen gemacht (405–367 v. Chr.). Er kämpfte mit wechselndem Erfolg gegen die Karthager und eroberte größere Gebiete in Unteritalien. Sein willensschwacher Sohn Dionysios II. konnte sich nicht als Herrscher behaupten. Platon, der große griechische Philosoph und Neffe Dionysios' II., versuchte vergeblich, seine Idee vom idealen Staat durchzusetzen. Erst dem Korinther Timoleon (344–336 v. Chr.) gelang es, die innere Ordnung im griechischen Teil Siziliens wiederherzustellen und die erneut herandrängenden Karthager abzuwehren.
In den folgenden Jahrzehnten waren die Herrscher vollauf damit beschäftigt, die Vormachtstellung der Stadt zu halten und Karthago zu bekämpfen. 269 v. Chr. kam Hieron II. in S. an die Macht. Er siegte über die Mamertiner, ehemalige italische Söldner des Tyrannen Agathokles von S., die plündernd durch das griechische Sizilien zogen und Messana (Messene, heute Messina) besetzt hatten. Die Mamertiner riefen Rom und Karthago zu Hilfe. Die Römer besetzten Messana. Die Karthager empfanden diese Besetzung als einen Angriff auf ihren Einflußbereich. So kam es zum Ersten Punischen Krieg zwischen Karthago und Rom (264–241 v. Chr.). Hieron schloß mit Rom einen Friedensvertrag, nach dem der Herrschaftsbereich von S. zwar nur noch einen schmalen Streifen der Ostküste umfaßte, dem Stadtstaat aber eine römische Besatzung ersparte. S. versorgte die römischen Legionen mit Nahrungsmitteln, verdiente dabei nicht schlecht und behielt nach Kriegsende als einzige griechische Stadt auf Sizilien weitgehende Selbständigkeit. Es pflegte gute Kontakte zu Rom, Karthago, Rhodos und Ägypten.
213 v. Chr., während des Zweiten Punischen Krieges, setzte sich in S. eine karthagofreundliche Partei unter Hierons Enkel Hieronymos durch. Die Römer unter M. Claudius Marcellus belagerten S. Beim Sturm auf die Stadt im Jahre 212 v. Chr. fand Archimedes den Tod. Als sich der römische Soldat mit gezücktem Dolch dem großen griechischen Mathematiker und Physiker, der in Gedanken vertieft mathematische Figuren in den Sand zeichnete, näherte, soll ihm Archimedes ärgerlich zugerufen haben: »Noli turbare circulos meos« (Störe meine Kreise nicht). S. wurde Hauptstadt der römischen Provinz Sicilia.
Archäologische Stätte: Das Gebiet der antiken Kernstadt auf der Insel Ortygia ist heute dicht bewohnt. Hier befinden sich die Ruinen des *Apollon-Tempels* aus der Zeit um 565 v. Chr.,

des vermutlich ältesten dorischen Tempelbaus Siziliens (→ Peripteros, Syrakus). Etwa ein Jahrhundert später, in der frühen Klassik, wurde in direkter Nachbarschaft zum Apollon-Tempel ein dorischer *Tempel für die Göttin Athena* errichtet. Gelon, seit 485 v. Chr. Tyrann von S., stiftete gemeinsam mit seinem Bruder Hieron das Gotteshaus nach ihrem Sieg über die Karthager 480 v. Chr. In dem Bau wurden die architektonischen Errungenschaften des Mutterlandes umgesetzt, wie z.B. die Aufgabe des Adyton, die Nutzung der Rückseite des Tempels durch ein offenes Opisthodomos und die Vermeidung der extremen Längsstreckung der Peristasis durch das ausgeglichenere Verhältnis von je sechs Säulen an den Schmalseiten zu je 14 an den Langseiten. Im 7. Jh. n. Chr. wurde der Bau in eine christliche Basilika umgewandelt. Diese Basilika ist heute der Dom von Syrakus. Die Cella bildet das Hauptschiff. Die Außenwände des Doms enthalten Säulen und Gebälk des Tempels. Auf den Fundamenten eines *ionischen Tempels* aus dem späten 6. Jh. v. Chr. steht heute das Rathaus von S.
Die *Arethusa-Quelle* unmittelbar am Westrand der Insel versorgte schon im 8. Jh. v. Chr. die Bewohner von S. mit bestem Trinkwasser. In der griechischen Landschaft Elis stellte einst der Flußgott Alpheios der reizenden Nymphe Arethusa nach. Arethusa floh vor ihm nach Sizilien und verwandelte sich, als sie in S. an Land stieg, in eine Quelle. Alpheios war ihr gefolgt und verwandelte sich, um in ihrer Nähe sein zu können, ebenfalls in eine Quelle, die noch heute unter dem Namen Occhio della Zillica sprudelt. Vom römischen *Gymnasium* auf dem Festland sind nur Mauerreste und Fundamente einer Palästra, eines Tempels und eines Odeums erhalten. Die Anlage entstand im 1. Jh. n. Chr. Das griechische *Theater* am Nordrand der »Neustadt« stammt aus dem 5. Jh. v. Chr. Die 66 Stufenreihen, die etwa 15 000 Zuschauern Platz boten, sind in den Felsen gehauen. Mit einem Durchmesser von 138 m zählt es zu den größten Theatern der griechischen Welt. Unter Hieron II. und in römischer Zeit wurde es mehrmals erweitert (→ Theater, Syrakus). Oberhalb des Theaters diente ein Nymphäum der Erfrischung der Zuschauer und verbesserte mit seiner grottenartigen Wölbung die Akustik.
Der *Altar des Hieron* wurde im 3. Jh. v. Chr. von Hieron II. erbaut; er ist 199 m lang und 22,5 m breit und damit der wohl größte hellenistische Altar überhaupt. Im frühen 1. Jh. n. Chr. wurde das *Amphitheater* am Westhang des die Stadt überragenden Hügels erbaut. Die ellipsenförmige Arena hat eine Länge von 69,8 m und eine Breite von 39,2 m. Der Bau wurde überwiegend aus dem Fels gehauen.
Die *Steinbrüche* (Latomien) am Nordrand der »Neustadt« belieferten S. von Anfang an mit dem notwendigen Baumaterial. Den Gesteinsadern folgend, bildeten sich im Laufe der Jahrhunderte tiefe künstliche Höhlen, in denen auch Staatsgefangene untergebracht wurden. Das *Ohr des Dionysios* in der Latomia del Paradiso ist eine S-förmige Höhle, 65 m tief, 23 m hoch und 5 bis 11 m breit. Eine einzigartige Akustik soll es dem Tyrannen Dionysios I. ermöglicht haben, die Gespräche seiner Gefangenen zu belauschen. In der Latomia dei Cappuccini starben 413 v. Chr. 7000 gefangene Athener. Das *Kastell Euryelos* (breiter Nagel) auf der Westspitze der Hochebene Epipo-

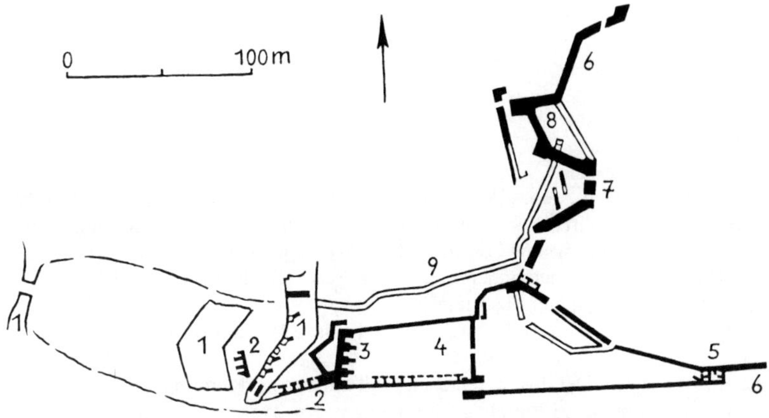

Syrakus: Kastell Euryelos
1 Verteidigungsgräben 2 Vorwerk 3 fünf Kastelltürme 4 Innenhof 5 Ostturm 6 Mauer Dionysios' II. 7 Tor 8 kleines Fort 9 unterirdischer Gang

lai ließ Dionysios I. zwischen 402 und 397 v. Chr. erbauen. Diese Anlage ist ein großartiges Beispiel antiker Befestigungskunst. Reste von fünf quadratischen Türmen und ein weitläufiges unterirdisches Verteidigungssystem sind die letzten Zeugen dieser Festung. Zugleich umgab Dionysios die Hochebene mit einer fast 20 km langen *Mauer*, die im Zweiten Punischen Krieg verstärkt wurde. Er wollte damit eine Wiederholung jener gefährlichen Situation, die die Athener 415 v. Chr. geschaffen hatten, vermeiden. Besiedelt wurde die Hochebene Epipolai aber nie.

Etwa 4 km südwestlich von S. erhob sich seit etwa 560 v. Chr. der *Tempel des olympischen Zeus*. Er gleicht in seinem Aufbau weitgehend dem Apollon-Tempel, nur stehen die Säulenjoche in einem harmonischeren Verhältnis zueinander.

Literatur: H.-P. Drögemüller: Syrakus. Zur Topographie und Geschichte einer griechischen Stadt. Heidelberg 1969; G. Vallet u. L. Vallet Mascoli: Siracusa antica. Palermo 1993.

T

Taberna (lat.). Laden, Werkstätte, Wechselstube, Wirtshaus römischer Zeit, meist zellenartig am Forum und an Häuserfronten aneinandergereiht, anfangs aus Holz, später aus Stein gebaut.

Tablinum (lat.). Der meist repräsentativ ausgestattete Empfangs- und Wohnraum des römischen Hauses, unmittelbar am Atrium gelegen.

Tabula Peutingeriana. Mittelalterliche Kopie einer römischen Weltkarte auf einer Pergamentrolle mit den Maßen 6,80 x 0,33/0,35 m. Im Gegensatz zu modernen maßstabsgetreuen Karten beschränkt sich die T. P. auf die getreue Wiedergabe der Städte und Orte sowie des römischen Straßennetzes mit Entfernungsangaben; Meere sind dagegen nur als schmale Streifen verzeichnet. Die jeweilige Größe und Bedeutung der Städte wird durch unterschiedlich große Vignetten angedeutet. Flüsse, Gebirge und Wälder sind silhouettenhaft angedeutet. Die T. P. diente in der Antike als Itinerar zur Berechnung von Reisewegen. In der Neuzeit hatte sie große Bedeutung für die Identifizierung antiker Ortschaften. Die T. P., benannt nach ihrem ehemaligen Besitzer, K. Peutinger (1465–1547), wird heute in Wien aufbewahrt.

Literatur: K. Miller: Itineraria Romana. Stuttgart 1916; L. Bosco: La Tabula Peutingeriana. Rimini 1983.

Tabularium (lat.). Das Staatsarchiv Roms am Abhang des Kapitols, auch die entsprechenden Gebäude in den römischen Städten.

Tacht e Dschamschid. → Persepolis.

Tadmor. → Palmyra.

Taenia (lat.). Vorspringende Leiste am oberen Rand des → Architravs. An der T. hängen unterhalb der → Triglyphen die Regulae (Plättchenleisten). Als T. werden in der römischen Baukunst auch die Bänder und Streifen an Säulen bezeichnet.

Tall. → Tell.

Tamugadi (Timgad). Die römische Veteranensiedlung liegt etwa 100 km südlich von Constantine in Algerien am Nordfuß des Aurès-Gebirges. Wie kaum eine andere Römerstadt bietet das »afrikanische Pompeji« mit seinen aufrecht stehenden Grundmauern und Säulen ein fast vollständiges Bild einer römischen Kolonialstadt des 2. und 3. Jh. n. Chr.

Geschichte: 81 n. Chr. war die Legio III Augusta von Theveste (Tebessa) an der heutigen algerisch-tunesischen Grenze rund 200 km westwärts nach Lambaesis (Lambessa) verlegt worden. Für die Veteranen dieser Legion ließ Kaiser Trajan um 100 n. Chr. durch seinen Legaten Munatius Gallus die Colonia Ulpia Traiani Tamugadi anlegen, eine Reißbrettstadt auf einer fast genau quadratischen Fläche mit einer Seitenlänge von 355 m (1200 römische Fuß). Schon wenige Jahre nach ihrer Gründung wuchs die Stadt über ihre Mauern hinaus. Jenseits der Stadttore entstanden Thermen, Tempel, das riesige Kapitol und Handwerkerviertel. Bereits im ausgehenden 2. Jh. hatte sich T. in seiner Größe vervierfacht. Die Stadt blieb aber ohne historische Bedeutung. Vermutlich wurde T. zur Zeit der arabischen Eroberung im Jahre 643 aufgegeben.

Archäologische Stätte: Der *quadratische Stadtkern* von T. wird von den beiden Hauptstraßen Decumanus maximus und Cardo maximus in vier Bezirke geteilt. Weitere sich rechtwinklig kreuzende Nebenstraßen ergeben quadratische Insulae (Häuserblocks) von je 20 m Seitenlänge. Alle Straßen wa-

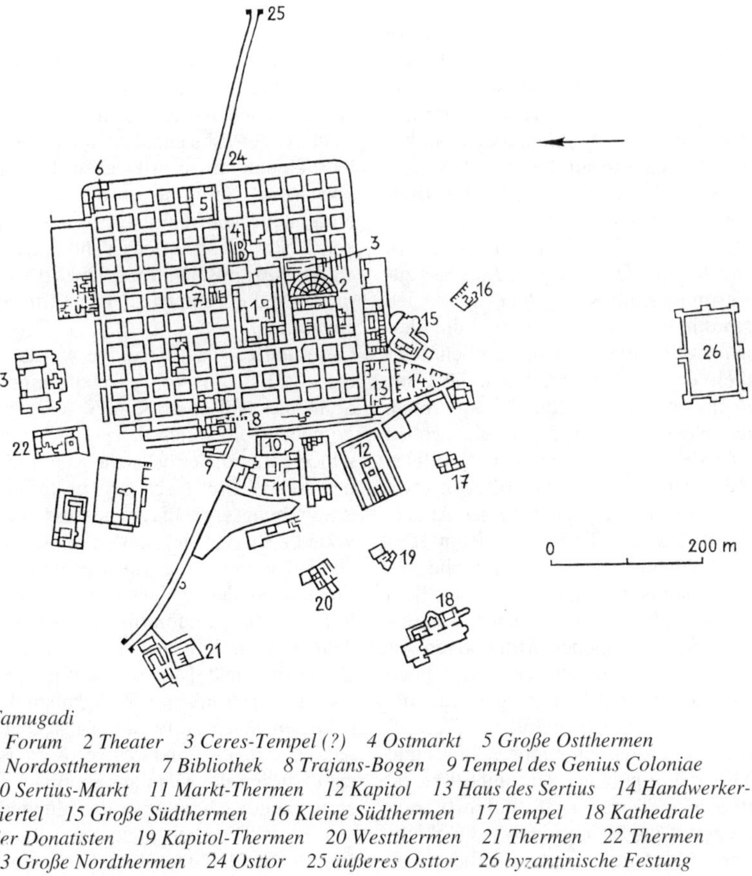

Tamugadi
1 Forum 2 Theater 3 Ceres-Tempel (?) 4 Ostmarkt 5 Große Ostthermen 6 Nordostthermen 7 Bibliothek 8 Trajans-Bogen 9 Tempel des Genius Coloniae 10 Sertius-Markt 11 Markt-Thermen 12 Kapitol 13 Haus des Sertius 14 Handwerkerviertel 15 Große Südthermen 16 Kleine Südthermen 17 Tempel 18 Kathedrale der Donatisten 19 Kapitol-Thermen 20 Westthermen 21 Thermen 22 Thermen 23 Große Nordthermen 24 Osttor 25 äußeres Osttor 26 byzantinische Festung

ren gepflastert: die Hauptstraßen mit Basalt-, die Nebenstraßen mit Kalksteinquadern. Drei Haupttore führten in die Stadt: das Nordtor, die Mascul-Pforte im Osten und das Westtor. Das *Forum* südlich der Hauptkreuzung nimmt den Platz von zwölf Insulae ein. Der Cardo maximus endet vor der Eingangshalle zum Forum. Der Forumsplatz mißt 50 x 30 m. An ihn grenzen die Curia, der Sitzungssaal des Magistrats, und die Basilika, das Gerichtsgebäude. Hier liegen auch die öffentlichen Latrinen mit steinernen Sitzen und Armlehnen in Form von Delphinen. Das *Theater* wurde zwischen 161 und 169 erbaut. Auf den 17 Sitzreihen der knapp 120 m breiten und 15 m hohen Cavea fanden bis zu 4000 Zuschauer Platz. Das dreistöckige Bühnenhaus ist leider nicht erhalten.

Den 15000 bis 20000 Einwohnern standen mindestens zwölf *Thermen* zur Verfügung: im Kerngebiet die kleinen Nordthermen, die großen und die kleinen Ostthermen und die großen Südthermen. In der Vorstadt u.a. die Thermen des Kapitols, die Westthermen, die Neuen Thermen und die großen Nordthermen. Die großen Nordthermen hatten einen Grundriß von etwa 80 x 60 m und glichen in der Anlage den Caracalla-Thermen in Rom. Der sog. Trajansbogen am Westende des Decumanus maximus stammt aus dem ausgehenden 2. Jh. Er hatte drei Bogen: den 6 m hohen Mittelbogen für den Fahrzeugverkehr und die beiden 3,75 m hohen Seitenbogen für die Fußgänger. Das *Kapitol*, der Tempel der Götterdreiheit Jupiter, Juno und Minerva, erhob sich auf einer 90 x 62 m großen Terrasse. 38 Stufen führten zu dem 53 x 23 m großen Tempel empor. Von dem Heiligtum stehen noch zwei 14 m hohe korinthische Säulen aufrecht. Am Anfang des 3. Jh. stiftete M. Plotius Faustus Sertorius den *Ostmarkt* (Markt des Sertorius) in der Nähe des Trajansbogens. 13 im Halbkreis angeordnete Läden mit ihren steinernen Verkaufstischen sind noch gut erhalten. In der Mitte des Macellum steht das Podest der Marktpolizei.

Literatur: A. Ballu: Ruines de Timgad. Paris 1911; C. Courtois: Timgad, antique Thamugadi. Algier 1951; J. Lassus: Visite à Timgad. Algier 1969.

Tarquinii (Tarquinia). Nordöstlich der heutigen Kleinstadt Tarquinia nahe der tyrrhenischen Küste lag die Etruskerstadt T. (etruskisch: Tarchuna). Von hier kamen die etruskischen Könige von Rom. Berühmt ist die Ausgrabungsstätte vor allem wegen der antiken Nekropole mit den Wandmalereien der vorrömischen Zeit. T. wird vielfach als die Hauptstadt der Etrusker angesehen.

Geschichte: Nach der Sage wurde T. um 1200 v. Chr. von Tarchon, einem Sohn des lydischen Königs Atis, gegründet. Der Götterknabe Tages verkündete hier die etruskische Religions- und Staatslehre. Nach den bisherigen Ausgrabungsergebnissen bestanden im 9. und 8. Jh. v. Chr. auf den umliegenden Hügeln mehrere früheisenzeitliche Siedlungen der Villanova-Kultur. Im 8. Jh. v. Chr. schufen die Etrusker auf dem 167 m hohen Plateau Pian di Civitá die Stadt Tarchuna, um die reichen Eisen-, Blei- und Zinkgruben der nahe gelegenen Tolfa-Berge auszubeuten. Über den Hafen Gragisca (Graviscae) wurden die Metalle exportiert. T. entwickelte sich zu einer der blühendsten Etruskerstädte. Im späten 7. Jh. v. Chr. dehnte die Stadt ihren Einfluß auf das südliche Latium aus und stellte über hundert Jahre lang, von etwa 616 bis 509 v. Chr., die Könige von Rom. T. war ein wichtiges Mitglied des etruskischen Zwölfstädtebundes, dem zwischen Arno und Tiber die Städte Arretium, Caere, Clusium, Cortona, Perusia, Populonia, Rusellae, Veii, Vetulonia, Volaterrae und Volsinii angehörten. Kultzentrum dieses Bundes war das Heiligtum der Schicksalsgöttin Voltumna in Velzna (Volsinii).

Seit der Vertreibung des letzten tarquinischen Königs bestand zwischen Rom und T. ein gespanntes Verhältnis mit immer wieder auflodernden kriegerischen Auseinandersetzungen. Massenhinrichtungen von Gefangenen auf beiden Seiten, vor allem in den Jahren 358 und 357 v. Chr., verschärften die Situation, bis beide Städte 351 v. Chr. endlich einen 40jährigen Waffenstillstand vereinbarten, der 308 v. Chr. auf weitere 40 Jahre erneuert wurde. Nachdem sich die etruskischen Städte 303 v. Chr. in der Schlacht bei Rusellae vergeblich gegen das weitere Vordringen Roms zur Wehr gesetzt hatten, war die Widerstandskraft der Etrusker gebrochen. 280 v. Chr. unterwarf der römische Konsul Tiberius Coruncanius T. Die Stadt verlor ihre Besitzungen an der Küste und im Hinterland, blieb aber souverän.

Forschungsgeschichte: Im ausgehenden 17. Jh. wurden in T. die ersten Gräber mit Freskomalereien entdeckt. Der englische Maler J. Byres fertigte Skizzen dieser Gräber. Zwischen 1820 und 1835 fanden zahlreiche Raubgrabungen statt; die vorgefundenen kostbaren Grabbeigaben wurden wegen ihres Edelmetallgehalts eingeschmolzen oder an Antiquitätenhändler veräußert. Die Wandmalereien blieben zum Glück verschont. 1827 stießen Tombaroli – so werden die einheimischen Grabräuber genannt – auf die einzigartige Tomba del Barone. 1827 und in den folgenden Jahren entdeckte O. Magnus von Stackelberg, ein deutscher Baron aus Reval, mehrere mit Malereien ausgestattete etruskische Gräber, darunter die Tomba delle Bighe (Grab der Zweigespanne, auch Stackelberg-Grab genannt). Der Baron fertigte Pausen von den Wandmalereien. 1881 begann die wissenschaftliche Erforschung der Nekropole, wobei bis heute über 6000 Gräber festgestellt und zum Teil ausgegraben bzw. untersucht werden konnten.

Von 1934 bis 1938 konzentrierten sich die Ausgrabungen auf den engeren Stadtbereich. Dabei stieß der Archäologe P. Romanelli auf eine starke Ringmauer und auf die Fundamente eines großen Tempels. Die Arbeiten wurden 1946 fortgesetzt. 1958 und 1959 entdeckte der Mailänder Ingenieur C.M. Lerici mit Hilfe modernster technischer Hilfsmittel innerhalb von 18 Monaten über tausend neue Gräber, darunter zehn mit wundervollen Fresken. Da die Fresken nach der Graböffnung schnell verfallen – einige Fresken der im 19. Jh. freigelegten Grabanlagen sind bereits kaum mehr zu erkennen –, geht man heute dazu über, die kostbaren Gemälde von den Kammerwänden zu lösen und im Museum wieder aufzustellen. Das Verfahren ist äußerst schwierig, weil die Kunstwerke nur auf eine dünne Putzschicht oder unmittelbar auf den Fels gemalt wurden.

1969 fanden Archäologen die Hafenstadt von T., Gragisca, mit Wohn- und Lagergebäuden aus dem 6. und 5. Jh. v. Chr. und einem Aphrodite-

Heiligtum aus dem 7. Jh. v. Chr. Zahlreiche Votiv-Bilder, auf denen weibliche Organe dargestellt sind, sowie erotische Frauenskulpturen lassen den Schluß zu, daß hier die aus Kleinasien stammende Tempel-Prostitution praktiziert wurde.
Die bei den Ausgrabungen entdeckten Sarkophage, Wandmalereien, Vasen usw. befinden sich überwiegend im Museum von Tarquinia (Museo Nazionale Tarquiniese), zum Teil auch in Florenz.
Archäologische Stätte: Die etruskische *Nekropole* erstreckt sich südlich der antiken Stadt auf dem Monterozzi über eine Länge von etwa 5 km. Bis heute konnten rund 65 Kammergräber aus dem 6. bis 2. Jh. v. Chr., die zu den schönsten Grabanlagen Etruriens zählen, erschlossen werden. Jedes Grab krönte ein Tumulus, ein kreisrunder künstlicher Erdhügel. Diese Tumulusgräber sind fast ausschließlich in den Tuffelsen gehauen. Die farbigen Fresken an den Kammerwänden zeigen Darstellungen aus dem täglichen Leben.
Die *Stadtmauer* von T. stammt vermutlich aus dem 5. oder 4. Jh. v. Chr. und geht auf ältere Befestigungsanlagen aus dem 6. Jh. zurück. Sie ist 8 km lang und umschließt ein Gebiet von fast 35 ha, also rund zwei Drittel der Fläche Roms zur Zeit des Königs Servius Tullius. *Ara della Regina* (Altar der Königin) wird der Tempel von T. genannt. Von dem Heiligtum sind nur noch das Fundament und einige Mauerreste vorhanden. Welche Gottheit in diesem Tempel verehrt wurde, ist nicht bekannt. Der Tempel war 39,35 m lang und 25,35 m breit. Eine breite Treppe führte zu der Terrasse empor, auf der er stand. Der langgestreckte, säulenumgebene Bau ähnelte eher einem griechischen als einem etruskischen Heiligtum. Eine Terrakottagruppe aus zwei geflügelten Pferden schmückte einst den vorderen Giebel. Der Tempel dürfte im 4. Jh. v. Chr. entstanden sein. Ein älterer Tempel unter der Ara della Regina könnte aus dem 6. Jh. v. Chr. stammen.

Literatur: M. Moretti u. L. von Matt: Etruskische Malerei in Tarquinia. Köln 1974; H. Blanck, C. Weber-Lehmann u.a.: Malerei der Etrusker in Zeichnungen des 19. Jahrhunderts. Katalog Ausstellung Köln 1987. Mainz 1987; M. Cataldi: Tarquinia. Rom 1993.

Tarraco (Tarragona). Die an der spanischen Ostküste gelegene Siedlung wurde 218 v. Chr., während des Zweiten Punischen Krieges, zu einem Stützpunkt der Römer ausgebaut. Außer dem Namen existiert bisher kein Nachweis über eine vorrömische Siedlung. Caesar erhob T. 45 v. Chr. zur Colonia Iulia Urbs Triumphalis Tarraco. Unter Kaiser Augustus wurde sie Hauptstadt der Provinz Hispania Citerior und stellte während der folgenden Zeit das politische Machtzentrum auf der iberischen Halbinsel. Ein wirtschaftlicher Rückgang war seit dem Ende des 2. Jh. n. Chr. zu verzeichnen.
Archäologische Stätte: Die Stadt liegt auf einem Hügel, der an drei Seiten schroff abfällt und nur im Westen terrassenförmig zum Meer hin verläuft. Die *Befestigungsmauer* wurde im ausgehenden 3. Jh. v. Chr. errichtet und umfaßte ein Gebiet von etwa 60 ha. Ungewöhnlich ist die Lage des *Circus* inmitten der Stadt – in den Provinzstädten befindet er sich in der Regel außerhalb der Stadt – und die durch

ihn unterstützte Teilung des mauerumschlossenen Gebietes in zwei Bereiche. Der Circus aus dem 1. Jh. n. Chr. trennte die Ober- von der Wohnstadt. Seine ungewöhnliche Lage kann nur dadurch erklärt werden, daß er in einem bisher noch nicht geklärten Funktionszusammenhang mit dem Provinziallandtag stand. Der Provinziallandtag der Hispania Citerior residierte auf zwei Terrassen oberhalb vom Circus. Eine Portikusanlage umgab die oberste Terrasse, in deren Mitte wahrscheinlich der schriftlich überlieferte *Tempel für Jupiter-Ammon* stand. Die nördliche Portikusmauer war axial in ihrer Mitte für einen höher gelegenen Raum durchbrochen. Die zweite Terrasse umfaßte ein 300 x 150 m großes ummauertes *Forum* mit zahlreichen Statuenweihungen. Architekturglieder lassen einen zweiten Tempel vermuten, vielleicht für Kaiser Augustus. Ein Gebäude in der Südostecke des Platzes kann als *Prätorium* angesprochen werden.

Ein *städtisches Forum* lag im südwestlichen Bereich der Wohnstadt. Für die Anlage auf einer kleinen Anhöhe mußte einerseits Erdreich abgetragen und andererseits mußten Fundamentierungen angelegt werden. Das Forum, in der ersten Hälfte des 1. Jh. n. Chr. errichtet, war von einer Portikusanlage umgeben. Kleine, überwölbte Räume säumten die nördliche Säulenreihe. In dem großen mittleren Raum tagte die Curia. Östlich dieses Forums fand man Vertiefungen für Säulenpostamente, die eventuell zu einer Basilika gehörten.

Das *Theater* lag südöstlich außerhalb der Stadtmauern im Hafenbereich. Zwei Bauphasen, Mitte des 1. Jh. n.

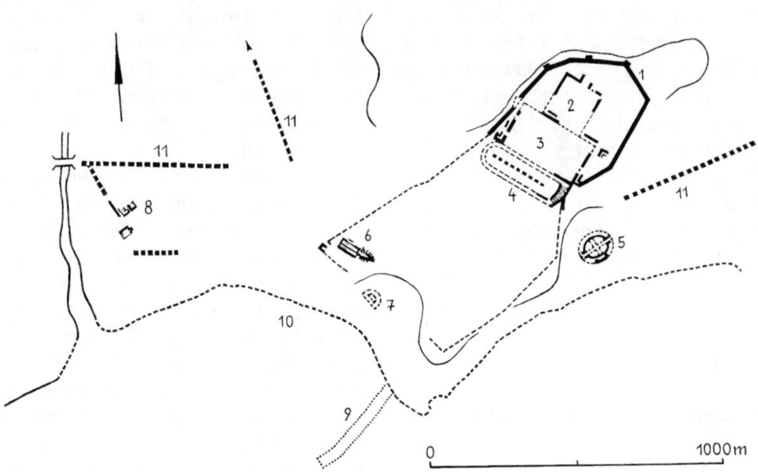

Tarraco
1 Mauer 2 obere Terrasse mit Tempel für Jupiter-Ammon 3 untere Terrasse mit Forum 4 Circus 5 Amphitheater 6 Forum 7 Theater 8 Nekropole 9 Mole 10 Hafen 11 Straßen

Chr. und Mitte des 2. Jh., konnten nachgewiesen werden. Die Cavea ist zum Teil in den Hang eingebettet, zum Teil durch Gewölbesubstruktionen aufgemauert. Die insgesamt 25 Sitzreihen, in drei Ränge unterteilt, faßten etwa 4800 Zuschauer. Die dreistöckige Scaenae frons war durch rechteckige und halbrunde Nischen gegliedert und reich mit Statuen und marmornen Architekturelementen geschmückt. Das *Amphitheater* wurde im 2. Jh. n. Chr. unterhalb des Circus, ebenfalls außerhalb der Stadtmauern und unter Ausnutzung des Hanges, auf dem Boden einer offengelassenen Nekropole errichtet. Es faßte etwa 14 000 Zuschauer. Durch die 61,5 m lange und 38,5 m breite Arena lief ein Graben, der im mittleren Bereich etwas breiter war und nautischen Spielen diente. 218 n. Chr. ließ Heliogabal das Amphitheater erneuern.

Der *Aquädukt* »Las Ferreras« zeugt seit augusteischer Zeit von der Wasserversorgung für die unteren Stadtteile von T. Diese nur im mittleren Bereich zweigeschossige Bogenkonstruktion gehört zu einer 30 km langen Leitung, die ihr Wasser aus dem Fluß Francoli bezog.

Literatur: T. Hauschild: Arquitectura romana de Tarragona. Tarragona 1983; E.M. Koppel: Die römischen Skulpturen von Tarraco. Berlin 1985.

Tbot. → Edfu.

Telamon. Figürlicher Gebälkträger. Vgl. → Atlant.

Telesterion (griech.). Mysterientempel. Im T. nahmen die Mysten (Gemeinde der Eingeweihten) an den Kulthandlungen teil.

Telesterion, Eleusis. Der architektonische Ursprung des Tempels für den Demeter-Kult in → Eleusis lag in einem Megaron, das wohl zunächst als Wohnhaus für den Herrscher der Eumolpiden, eines alten eleusinischen Geschlechts, diente und später als Tempel für die Göttin eingerichtet wurde. Im 6. Jh. v. Chr. wurde unter Solon an der Stelle des alten Megarons ein vollkommen neuer Tempel von etwa 14 x 24 m errichtet. In seinem hinteren, südlichen Bereich muß das Adyton, inschriftlich als »Anaktoron« bezeichnet, der Raum für die heiligen Gegenstände, gelegen haben. Das Anaktoron bildete bei den späteren Um- und Ausbauten den Kern des T. Unter den Söhnen des Peisistratos (528–510) erhielt das T. einen quadratischen und etwa doppelt so großen Grundriß wie der solonische Bau. Im Osten, der Eingangsseite, war ihm eine Halle mit dorischen Säulen vorgelagert. Fünf mal fünf Säulen (insgesamt 22 Säulen) stützten im Inneren das Dach, nur an der Seite des Anaktoron waren sie ausgespart. An drei Seiten befanden sich Sitzstufen.

Nachdem die Perser 480 v. Chr. diesen Bau zerstört hatten, ließ Kimon von Athen ein wesentlich größeres T. errichten unter Einbeziehung der Vorhalle und Erweiterung des Baus nach Westen. Unter Perikles entwarf → Iktinos, der Architekt des Parthenon, ein neues und noch größeres T. mit einer Seitenlänge von etwa 52 m. Er wollte den Bau mit nur vier mal fünf Stützen überdachen und eine dreiseitige Ringhalle errichten. Das T. wurde aufgrund der schwierigen Konstruktion, der Überbrückung einer zu großen Entfernung für die Dachbalken, nicht nach Iktinos' Plänen fertiggebaut. Statt der

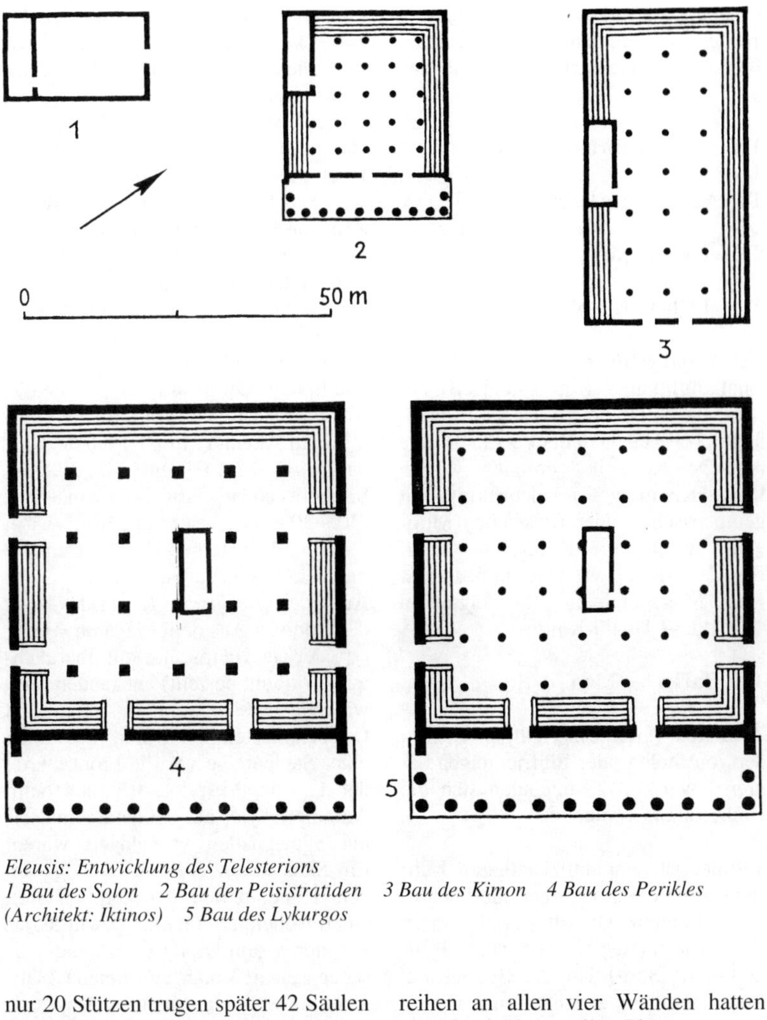

Eleusis: Entwicklung des Telesterions
1 Bau des Solon 2 Bau der Peisistratiden 3 Bau des Kimon 4 Bau des Perikles (Architekt: Iktinos) 5 Bau des Lykurgos

nur 20 Stützen trugen später 42 Säulen das Dach. Um 330 v. Chr. fügte der Architekt Philon unter dem Athener Staatsmann Lykurgos eine große Vorhalle hinzu. Die Rückwand des Gebäudes lehnte sich an den Akropolisfelsen. An den drei freien Seiten führten je zwei Tore ins Innere. Auf acht Stufenreihen an allen vier Wänden hatten rund 5000 Eingeweihte Platz.

Literatur: J. Travlos: Bildlexikon zur Topographie des antiken Attika. Tübingen 1988. S. 91 ff.

Tell (arab. Hügel; auch Tall). Siedlungshügel, Ruinenhügel, künstliche

Erhebung, die durch übereinanderliegende Siedlungsschichten (Trümmer, Brandschutt, Hausrat usw.) entstanden ist.

Tell Abu Schahrain. → Eridu.

Tell Açana. → Alalah.

Tell el Muqaijar. → Ur.

Tell el Oheimir. → Kisch.

Tell-Halaf-Kultur. Epoche des frühen Chalkolithikums (Kupfersteinzeit), benannt nach dem nordsyrischen Ruinenhügel Tell Halaf, in dem erstmals eine typische Keramik gefunden wurde. Diese Keramik war mehrfarbig mit geometrischen oder figürlichen Motiven bzw. mit einer Doppelaxt bemalt. Die T.-H.-K. beherrschte im 5. Jt. fast ganz Mesopotamien. Ihr folgte im 4. Jt. die → Ubaid-Kultur.

Tell Hariri. → Mari.

Temenos (griech.). Heiliger Bezirk, der von Stelen oder Einfriedungen begrenzt war. Im T. befanden sich die Heiligtümer (Tempel usw.).

Tempel (lat. templum). Heiligtum, Kultstätte zur Verehrung einer oder mehrerer Gottheiten. Die ältesten T. waren natürliche Stätten (Quelle, Hain, Höhle, Grotte, Berg). Um der Gottheit ein Heim zu geben, errichtete man ihr ein Haus nach dem Abbild des eigenen Wohnhauses.
Die ältesten *mesopotamischen T.* (4. Jt. v. Chr.) waren einräumige, rechteckige Anlagen, meist mit einem Opfertisch ausgestattet. Um 3000 v. Chr. entstanden die ersten Monumentalbauten (→ Eridu, → Uruk). Daraus entwickelten sich im 3. und 2. Jt. v. Chr. die Stufentempel (→ Ziqqurrat), die von einem Hocht. gekrönt waren. Am Fuß des Ziqqurrat lag jeweils der Hauptt.
Über die ältesten *ägyptischen T.* ist wenig bekannt, weil sie in späterer Zeit durch Neubauten ersetzt wurden. So lassen neben den Sonnenheiligtümern der 5. Dynastie (bei → Abusir) nur die Totent. der Könige (→ Sakkara, → Giza) Schlüsse auf den T.bau im Alten Reich (2778–2263 v. Chr.) zu. Die Epoche der großen ägyptischen T. war das Neue Reich (1552–1085 v. Chr.) mit dem Amun-T. in → Theben (Karnak) und dem Felsent. von → Abu Simbel sowie die Ptolemäerzeit (305–30 v. Chr.) mit dem Horus-T. in → Edfu, dem Hathor-T. in → Dendera und dem Isis-T. auf → Philae.
Auch der *griechische T.* war das Haus der Gottheit. Aus dem Megaron (Haustyp, der aus Hauptraum mit überdachtem Vorraum besteht) entstanden, entwickelte er sich zum → Anten- und Doppelantentempel. Durch Vorstellen einer Säulenreihe vor die Front wurde der T. zum Prostylos, während beim Amphiprostylos auf beiden Schmalseiten Säulenhallen vorgelagert waren. Ein Säulenkranz (Peristasis) rings um den T. ergab den Peripteros. Durch einen weiteren Säulenkranz wurde der Peripteros zum Dipteros. In hellenistischer Zeit ließ man den inneren Säulenkranz weg und erhielt so den Pseudodipteros. Den Stil des griechischen T. bestimmten die → dorische Ordnung und die → ionische Ordnung.
Der *italisch-etruskische T.* stand auf einem hohen Steinpodium und war nur über eine Freitreppe an der Front zu betreten. Die Vorhalle war fast so tief

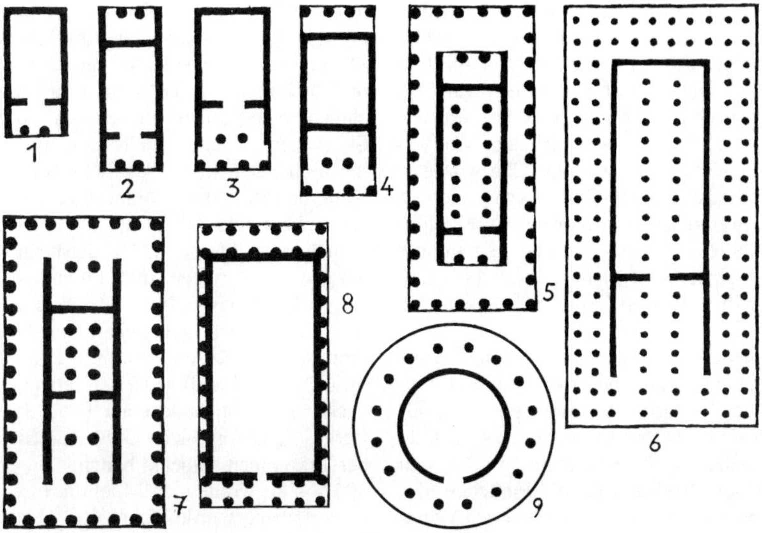

Griechische Tempel:
1 Antentempel 2 Doppelantentempel, 3 Prostylos 4 Amphiprostylos 5 Peripteros 6 Dipteros 7 Pseudodipteros 8 Pseudoperipteros 9 Tholos

wie die meist dreischiffige Cella. Bis in hellenistische Zeit herrschten die Lehmziegel- und Holzbauweise vor; die empfindlichen Bauteile wurden durch farbenprächtig bemalte oder reliefierte Terrakottaplatten geschützt.
Der *römische T.* entstand aus einer Verbindung zwischen dem griechischen und dem italisch-etruskischen T. Auch er war ein Podiumt. mit tiefer Vorhalle, doch war die Cella weit nach außen vorgezogen und von Halbsäulen oder Pilastern (Wandpfeilern) umgeben (→ Pseudoperipteros). Beim römischen T. herrschte die → korinthische Ordnung vor.

Tensa (lat.). Sakraler Prunkwagen, mit dem die Römer die Kultbilder der Götter zum Circus brachten, um sie dort für die Dauer der Spiele (ludi circensis) aufzustellen.

Tepidarium (lat.). Mäßig warmer Aufenthaltsraum der römischen → Thermen, Abkühlungsraum zwischen Caldarium und Frigidarium.

Terminus ante quem (lat.). Zeitpunkt, vor dem ein Ereignis stattgefunden hat, bzw. vor dem ein Kunstwerk geschaffen wurde.

Terminus post quem (lat.). Zeitpunkt, nach dem ein Ereignis stattgefunden hat, bzw. nach dem ein Kunstwerk geschaffen wurde.

Terrakotta (ital. gebrannter Ton). Kleinplastik aus gebrannter Tonerde.

Terra sigillata (lat. gesiegelte Erde). Dünnwandiges tönernes Tafelgeschirr der römischen Kaiserzeit, das mit dem Signum des Töpfers versehen war. Das glänzende, rotbraune Geschirr war mit ornamentalen und figürlichen Motiven reliefiert. Seit etwa 30 v. Chr. wurde es in Arretium (Italien), später auch in den römischen Provinzen, vor allem in Gallien, Germanien und Britannien, hergestellt. Die T. s. war bis zum 4. Jh. n. Chr. in Gebrauch.

Tessera (lat. Viereck). Kleines, viereckiges Plättchen aus Stein, Keramik oder Glas, das zum Auslegen des Fußbodens (Mosaik) verwendet wurde. Später auch Bezeichnung für den Spielwürfel und für ein Plättchen, das als Ausweis, Eintrittskarte oder Münzersatz diente.

Tetrapylon (griech.). Viertoriger Bau an Straßenkreuzungen.

tetrastyl (griech.). Ein Raum, dessen Dach vier Säulen stützen, z.B. ein Atrium tetrastylum.

Teutonen. Germanischer Volksstamm aus Jütland, der um 120 v. Chr. mit den Kimbern und Ambronen südwärts zog und die Römer mehrmals besiegte, bis er 102 v. Chr. von dem römischen Feldherrn Marius bei Aquae Sextiae (heute Aix-en-Provence) vernichtend geschlagen wurde.

Thasos. Die nordägäische Insel T., etwa 8 km vor der Küste Thrakiens gelegen, war im Altertum wegen ihres Gold- und Silberreichtums berühmt.
Geschichte: Gegen 680 v. Chr. ließen sich ionische Kolonisten von der Marmorinsel Paros auf T. nieder und gründeten in der Nordostecke der Insel eine Stadt gleichen Namens. Sie kamen, um in den Bergen von T. Marmor zu brechen, und stießen auf reiche Gold- und Silberadern. T. entwickelte sich zu einer blühenden Stadt. Thasische Kaufleute brachten die Edelmetalle, aber auch Wein und Öl in die ägäischen Länder und knüpften Handelsbeziehungen zu Ägypten und Phönikien. Gegen Ende des 7. Jh. v. Chr. besetzten Thasier den gegenüberliegenden thrakischen Küstenstreifen, Peraia (griech. das (Land) jenseits) genannt, nachdem sie auch dort am Fuße des Berges Pangaion reiche Gold- und Silbervorkommen entdeckt hatten.
494 v. Chr. wollte sich Milet die Insel einverleiben, wurde aber erfolgreich abgewehrt. Daraufhin errichteten die Thasier eine mächtige Marmormauer, um Stadt und Hafen vor weiteren Angriffen zu schützen. Aber schon zwei Jahre später, 492 v. Chr., besetzte der Perserkönig Dareios die Insel. 477 v. Chr., also bald nach dem Ende der Perserkriege, zwang Athen die Insel, dem Attisch-Delischen Seebund beizutreten und belegte sie wegen ihres Reichtums mit hohen Beitragszahlungen. 465 v. Chr. weigerte sich T., den Bundesbeitrag weiterhin zu leisten und wurde zwei Jahre später von dem athenischen Feldherrn Kimon unterworfen. Die Athener eigneten sich die Peraia an und entzogen T. das Recht, in eigener Regie Gold abzubauen. Erst 446 v. Chr. gelang es den Thasiern, den wertvollen Küstenstreifen und die Abbaurechte zurückzugewinnen. Später lösten sich Athener und Spartaner in der Herrschaft über die Insel ab. 340/339 v. Chr. kamen die Makedonier. Trotz wechselnder Fremdherr-

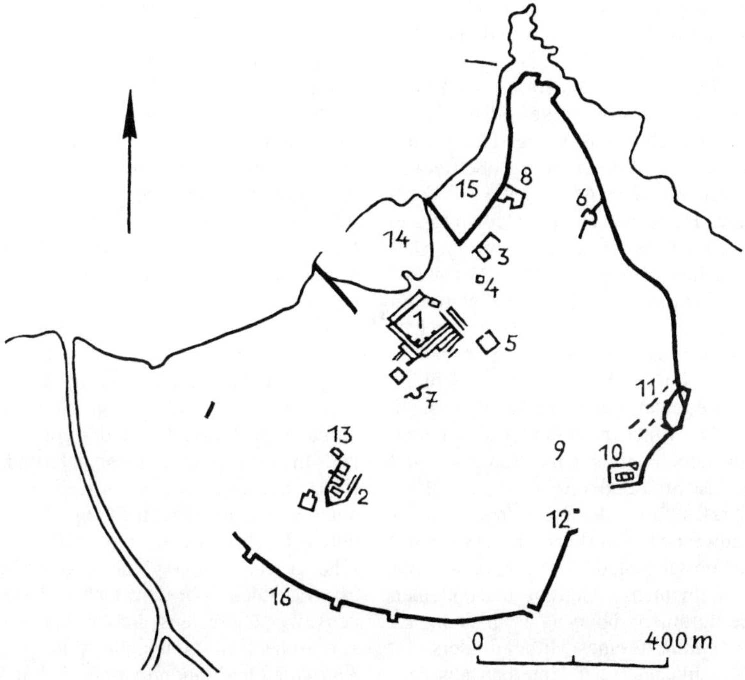

Thasos
1 Agora 2 Herakles-Tempel 3 Poseidon-Tempel 4 Dionysos-Tempel 5 Artemis-Tempel 6 hellenistisches Theater 7 römisches Odeum 8 Wohnviertel (7. Jh.v. Chr.) 9 Akropolis 10 Tempel der Athena Poliouchos 11 Tempel des Apollon Pythios 12 Pan-Heiligtum 13 Caracalla-Bogen 14 Hafen I 15 Hafen II 16 Stadtmauer

schaft konnte T. seinen außerordentlichen Wohlstand bewahren.
Mit Anbruch des römischen Zeitalters stellte sich T. sofort auf die Seite Roms. 196 v. Chr. erhielt es dafür seine Unabhängigkeit und konnte seinen Machtbereich bis zu den nördlichen Sporaden ausdehnen. Auch als in der Kaiserzeit die Gold- und Silberminen erschöpft waren, blieb T. ein blühendes Handelszentrum in der Ägäis.

Forschungsgeschichte: Die ersten bedeutenderen Fundstücke kamen 1863 in den Pariser Louvre. 1910 begann die Ecole Française d'Athènes mit systematischen Ausgrabungen auf der Insel. 1939 wurden die Untersuchungen fortgesetzt, aber durch den Krieg bald wieder unterbrochen. 1948 konnten die französischen Archäologen ihre Arbeit wiederaufnehmen; sie konzentrieren sich heute vor allem auf die westliche Agora mit dem Heiligtum des Zeus Agoraios und anderen kleinen Tempeln.

Archäologische Stätte: Die *Agora*, das Zentrum der antiken Stadt T., lag in unmittelbarer Nähe des Hafens, der durch eine Mole in zwei große Becken geteilt war. Die Agora hatte die Form einer Raute mit einer Seitenlänge von jeweils etwa 110 m und war von Säulenhallen umgeben. Die Nordwest-Stoa ist die älteste Halle; sie wurde im 3. Jh. v. Chr. an der Stelle einer archaischen Stoa aus dem 6. Jh. errichtet. Die Nordost-Stoa, auch »Schräge Stoa« genannt, stammt aus dem 2. Jh. v. Chr. Hinter ihr befanden sich Läden aus dem 4. Jh. v. Chr. Südwest- und Südost-Stoa datieren aus dem 1. Jh. v. Chr. Ein monumentaler Eingang in der Südwest-Stoa verband die Agora mit der übrigen Stadt. Die Agora war mit Monumenten, Altären und kleinen Heiligtümern übersät. Vom *Denkmal des Glaukos*, eines Mitbegründers von T., zeugt noch der Unterbau aus dem 7. Jh. v. Chr. Der *Temenos des Zeus Agoraios* mit kleinem Tempel und Altar wurde im frühen 4. Jh. v. Chr. an der Stelle eines älteren Heiligtums errichtet. Neben einem runden Altar, auf dem Opfertiere verbrannt wurden, stand die Statue des thasischen Athleten Theogenes, der nach → Pausanias (VI 11, 2 ff.) um 480 v. Chr. in ganz Griechenland 1400 Siege errungen haben soll. Theogenes wurde wie ein Gott verehrt; an seiner Statue brachten die Bürger von T. Opfer dar. Die *Passage der Theoren*, wohl Magistrate, die in Kultangelegenheiten unterwegs waren, wurde um 470 v. Chr. an der Ostecke der Agora eingefügt. Die zwei 11 m langen Marmorwände trugen Reliefs mit Apollon und den Nymphen sowie Hermes und Chariten.

Das *Herakleion* gehörte zu den zentralen Heiligtümern der Stadt. Im 7. Jh. v. Chr. befanden sich ein kleiner Tempel mit Altar sowie mehreren Bothroi (Opfergruben) in dem Bezirk. Im 5. Jh. v. Chr. wurde er vollkommen neu mit Propylon, ionischem Peripteros und Hallenanlage gestaltet. Das *Artemision* gehört ebenfalls zu den frühen Kultplätzen der Stadt. Durch Votivfunde ist es seit dem 7. Jh. v. Chr. belegt. Zwei Monumente für *Dionysos* sind aus dem Nordbereich seines *Heiligtums* überliefert. Vier dorische Säulen waren dem nordöstlichen, durch ein Podium mit Treppenaufgang erhöhten Gebäude vorgelagert. In ihm befand sich eine halbrunde Basis, auf der hellenistische Statuen eines überlebensgroßen Dionysos und durch Inschriften bezeugte, allegorische Figuren (Tragödie, Komödie usw.) standen. Vor dem Gebäude stehen zwei ältere, aus archaischer und klassischer Zeit stammende Altäre. Ein *Kultplatz für Poseidon* ist nördlich des Dionysos-Heiligtums bezeugt. Auf der Akropolis fanden die Ausgräber Fundamente eines *Tempels*, der *der Athena Poliouchos* (die Stadt beschützende) geweiht war. Dieses Gotteshaus aus dem 5. Jh. v. Chr. erhob sich an der Stelle eines archaischen Baus. Das sich nach Westen öffnende *Theater* wurde im 5. Jh. v. Chr. in den Berghang gebettet. Spuren aus dieser Zeit sind kaum vorhanden. Das marmorne, architektonisch reichgegliederte Proskenion stiftete im 3. Jh. v. Chr. der Thasier Lysistratos. Unter den Römern wurde das Theater für die Vorführung von Tierhetzen umgebaut.

Die Tore der etwa 4 km langen *Stadtmauer* des ausgehenden 5. Jh. v. Chr. waren mit archaischen Reliefs geschmückt, eine Besonderheit, die im griechischen Raum nur auf T. anzutreffen ist. Sie stammen von der ersten Mauer, die 494 v. Chr. errichtet wurde, aber bereits zwei Jahre später auf Befehl von Dareios geschleift wurde.

Literatur: Études Thasiennes (hrsg. von École Française d'Athènes). Bd. 1 ff. Paris 1944 ff.; Guide de Thasos (hrsg. von École Française d'Athènes). Paris 1967; D. Lazarides: Thasos and its Peraia. Athen 1971; G.A. Wagner u. G. Weisgerber (Hrsg.): Antike Edel- und Buntmetallgewinnung auf Thasos. Bochum 1988.

Theater. Kultisch-rituelle Handlungen sowie gemeinschaftlich kultische Tänze und Gesänge sind die Ursprünge des T. Als erste Bühne darf der runde Tanzplatz (Orchestra) im Bezirk des Dionysos Eleuthereus in Athen gelten. Der Hang wurde als Zuschauerraum, das eigentliche Theatron (von griech. thean, schauen; lat. Cavea), genutzt. Hölzerne, später steinerne Sitzstufen zogen sich am Hang empor. Ein breiter Umgang (Diazoma) konnte den Zu- und Abgang erleichtern. Schmale radial angelegte Treppen teilten die Sitzränge in Sektoren (Kerkides). Auf der gegenüberliegenden Seite erhob sich die → Skene mit den Bühnenbauten. Die beiden Auftrittswege (Parodoi) lagen zwischen Skene und Theatron. Um 550 v. Chr. stellte der Athener Thespis dem Chor einen Gegenspieler (Protagonist) gegenüber. Aischylos fügte einen zweiten, Sophokles einen dritten Schauspieler hinzu, wobei jeder mit Hilfe wechselnder Masken mehrere Rollen zu spielen hatte. Diese Schauspieler agierten auf dem Proskenion. Seit hellenistischer Zeit gab es keinen Chor mehr. Das Proskenion vergrößerte sich auf Kosten der Orchestra, die im römischen T. nur noch einen Halbkreis für die Magistratssitze einnahm. Die Römer zogen Aufführungen im Circus und im Amphitheater dem klassischen Schauspiel vor. Im T. wurden nur derbe Possen, Pantomimen, Ballette und der sog. Mimus, eine Art Musical, aufgeführt. So erhielt Rom erst 55 v. Chr. auf dem Marsfeld ein steinernes T. Das römische T. wurde nicht an einem Berghang, sondern freistehend in der Stadt errichtet. Bühnenbau und Cavea waren gleich hoch und durch seitliche Anbauten (Paraskenien) miteinander verbunden. Das Innere wirkte wie ein geschlossener Raum. Umgänge und Treppenanlagen in den Substruktionen der Cavea ermöglichten einen schnellen Zu- und Abgang des Publikums.

Literatur: M. Bieber: The History of the Greek and Roman Theater. Princeton 1961; H.D. Blume: Einführung in das antike Theaterwesen. Darmstadt 1978; E. Simon: Das antike Theater. Freiburg ^{2}1981; W.W. Wurster: Die Architektur des griechischen Theaters. In: Antike Welt 24, 1 (1993). S. 20 ff.; P.C. Rossetto u. G.P. Sartorio (Hrsg.): Teatri greci e romani. Alle origini del linguaggio rappresentato. 3 Bde. Rom 1994–1996.

Theater, Aurasio. Das T. wurde in augusteischer Zeit errichtet und gilt heute als das besterhaltene der antiken Welt. Entsprechend den römischen T.bauten bilden Zuschauerraum und Bühnengebäude eine Einheit. Die Cavea lehnt sich an einen Hang. Sie ist durch Seitentreppen und von oben zu betreten. Die Sitzreihen sind durch Umgänge in drei Ränge geteilt und können etwa 7000 Zuschauer aufnehmen. Jenseits der Orchestra mit ca. 18 m im Durchmesser erhebt sich das Bühnengebäude, von dem nur das

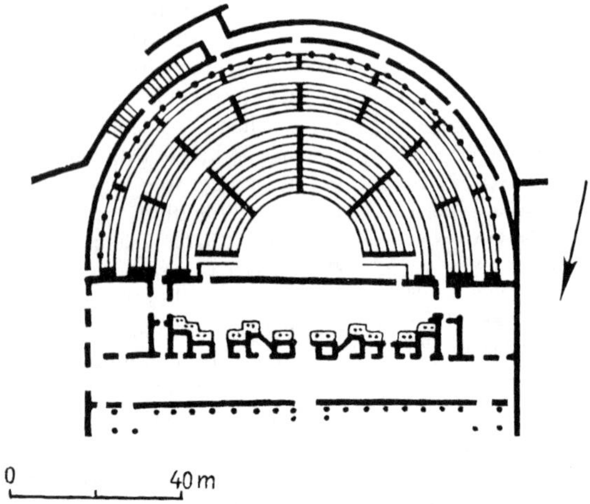

Arausio: Römisches Theater

Pultdach und ein Teil des Bauschmuckes fehlen. 76 Säulen und ein Fries mit Amazonen und Kentauren, mit Merkur und Perseus sowie Statuen der Venus, eines nackten Gottes und des Augustus schmückten einst dieses Bühnenhaus. Die alles beherrschende Bühnenrückwand mißt 103 m in der Breite und 38 m in der Höhe. Eine doppelte vorkragende Steinreihe in ihrem oberen Bereich hielt einst die Masten für das Zeltdach. → Arausio.

Theater, Aspendos. Das T. wurde unter Kaiser Mark Aurel (161–180) im 2. Jh. n. Chr. am Osthang eines kleinen Hügels von dem Architekten Zenon errichtet. Als Stifter werden die Brüder Curtius Crispinus und Curtius Auspicatus genannt. Die in der römischen Baukunst angestrebte Einheit von Auditorium und Bühnenhaus wird in diesem gut erhaltenen T. besonders deutlich. In der halbrunden Cavea, deren 41 Sitzreihen durch einen breiten Umgang in zwei Ränge geteilt sind, konnten etwa 20 000 Zuschauer Platz finden. Im unteren Bereich führen zehn, im oberen 21 schmale Treppen zu den einzelnen Plätzen. Eine Arkadengalerie bildet den oberen Abschluß des Zuschauerraums. Die Orchestra hat einen Durchmesser von 24 m. Das zweistöckige Bühnengebäude steht noch aufrecht, aber von seiner ursprünglich reich gegliederten Fassade mit Ädikulä und Nischen, in denen Statuen standen, zeugen heute nur noch Gebälkbruchstücke. In den Balkenlöchern im oberen Drittel der Bühnenwand war eine hölzerne Decke verankert. Sie fiel von den Seitenwänden schräg nach hinten ab und sollte wohl hauptsächlich die Akustik verbessern. → Aspendos.

Literatur: D. de Bernardi Ferrero: Teatri classici in Asia minore. Bd. III. Rom 1970. S. 161 ff.

Theater, Athen. Der Redner Lykurg ließ um die Mitte des 4. Jh. v. Chr. das T. des Dionysos Eleuthereus am Südhang der Akropolis errichten. Von einem Vorgängerbau aus dem 5. Jh. v. Chr. haben sich kaum Spuren erhalten. Die Cavea mit ursprünglich 78 Sitzstufen hat im unteren Rang Hufeisenform und bot etwa 17 000 Zuschauern Platz. Den Zugang zu den drei Rängen ermöglichten im unteren Bereich, von der Orchestra aus, 14 schmale Treppen. In der ersten Reihe stehen Marmorsessel, die laut Inschriften Priestern unterschiedlicher Kulte zur Verfügung standen. Das lykurgische T. hatte bereits eine feste Bühne mit steinerner Fassade, die gegen Ende des 4. Jh. v. Chr. durch eine neue Bühne ersetzt wurde, die über die ganze Breite der Orchestra verlief. Nach Umbauten in hellenistischer Zeit und der Zerstörung durch Sulla 86 v. Chr. wurde das Bühnengebäude im 1. Jh. n. Chr. unter Kaiser Nero vollkommen neu errichtet. In dieser Zeit wurde auch die Orchestra mit Marmorplatten gepflastert. Seit Hadrian war der Skene ein hohes Podium vorgelagert. → Athen.

Literatur: H. Schleif: Die Baugeschichte des Dionysostheaters in Athen. In: Archäologischer Anzeiger (1937). S. 26 ff.; A.W. Pickard-Cambridge: The Theatre of Dionysos in Athens. Oxford 1946; M. Maass: Die Prohedrie des Dionysostheaters in Athen. München 1972; W.W. Wurster: Die neuen Untersuchungen am Dionysostheater in Athen. In: Architectura 9 (1979). S. 58 ff.; H. Kenner: Zur Archäologie des Dionysostheaters in Athen. In: Österreichische Jahreshefte 57 (1986/87). S. 55 ff.

Theater, Epidauros. Das T. lehnt sich außerhalb des Heiligtums (→ Asklepieion, Epidauros) an den Hang des Kynortion. Es wurde im letzten Viertel des 4. Jh. v. Chr. errichtet. Um die runde Orchestra von ca. 20 m im Durchmesser sind Koilon (Zuschauerraum)

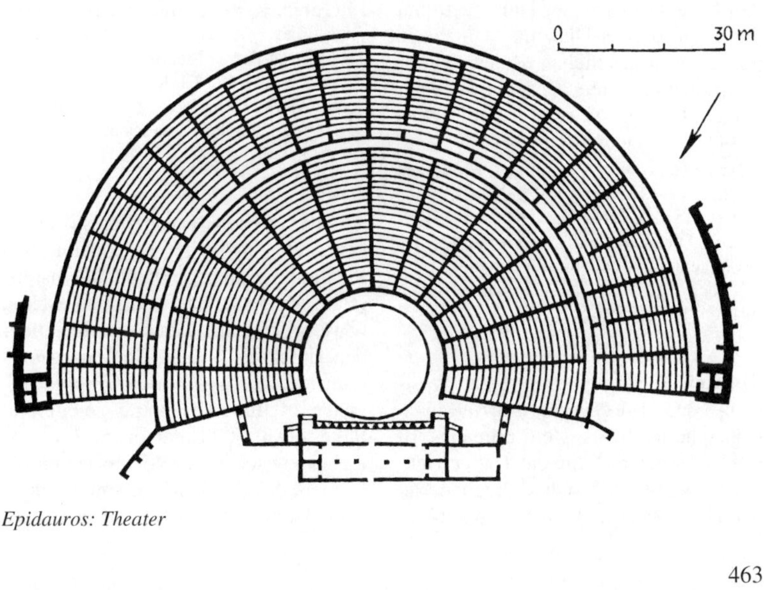

Epidauros: Theater

und Skene angeordnet. Die 34 Sitzreihen des Zuschauerraumes wurden durch schmale Treppenaufgänge in zwölf Kerkides (Sektoren) geteilt. Das Koilon weist mit zwei Kerkides deutlich über den Halbkreis hinaus und folgt hier nicht der Orchestrarundung, sondern erweitert sich zum Bühnengebäude hin. Ein Proskenion mit ionischen Halbsäulen an den Stützpfeilern und wahrscheinlich mit Einlassungen für Bühnenbilder in den Interkolumnien war dem ursprünglich zweistöckigen Bühnengebäude vorgelagert. Rechts und links wurde es von ebenfalls zweigeschossigen Paraskenien gerahmt. Die Zuschauer erhielten durch zweijochige Tore mit ionischem Gebälk über die Parodoi Zugang.
Die Konstruktion des T. beruht auf einem regelmäßigen Fünfeck: Das Bühnengebäude bildet seine Standlinie, die Treppenaufgänge sind symmetrisch von den oberen drei Ecken abgeleitet. Im frühen 2. Jh. v. Chr. wurde der Zuschauerraum, getrennt durch ein breites Diazoma (Umgang), um einen zusätzlichen Rang mit 21 Sitzreihen erweitert. Das T. mit seiner einzigartigen Akustik bot etwa 14000 Zuschauern Platz.

Literatur: A. von Gerkan u. W. Müller-Wiener: Das Theater von Epidauros. Stuttgart 1961; L. Käppel: Das Theater von Epidauros. Die mathematische Grundidee des Gesamtentwurfs und ihr möglicher Sinn. In: Jahrbuch des Deutschen Archäologischen Instituts 104 (1989). S. 83 ff.

Theater, Pergamon. Den steilen Westhang des Burgberges nutzte man, wahrscheinlich zur Zeit Eumenes II. (197–159 v. Chr.), um ein T. zu errichten, dessen Cavea sich weitgehend an den Hang lehnt und nur in den Außenbereichen durch Mauern gestützt werden mußte. Der Zuschauerraum ist dementsprechend unregelmäßig gestaltet und erreicht nicht das für hellenistische T. übliche, muschelförmige Halbrund. Während einer Umbauphase wurde die Cavea durch zwei Umgänge in drei Ränge gegliedert, die den 10000 Zuschauern einen leichteren Zu- und Abgang ermöglichten. In römischer Zeit kamen Ehrenlogen dazu, die sich direkt an der Orchestra und oberhalb des ersten Umganges befanden. Auf der 15 m breiten T.terrasse erhob sich das Bühnengebäude, das jeweils zu den Spielzeiten in Holz neu errichtet wurde. Zur Aufstellung des Holzgerüstes waren Einlaßlöcher im Steinfundament vorgesehen, an deren Lage zueinander heute zwei hellenistische Bauphasen abgelesen werden können. In römischer Zeit errichtete man vor diesem Fundament ein steinernes Podium von etwa 1 m Höhe, das als Bühne genutzt wurde.

Literatur: R. Bohn: Die Theater-Terrasse. Altertümer von Pergamon. Bd. IV. Berlin 1896; D. de Bernardi Ferrero: Teatri classici in Asia minore. Bd. III. Rom 1970. S. 23 ff.; A. von Gerkan: Die Skene des Theaters von Pergamon. In: Pergamenische Forschungen. Bd. 1. Berlin 1972. S. 49 ff.

Theater, Priene. Das hellenistische T. erstreckt sich in der hippodamischen Stadtanlage über eineinhalb Insulae (Häuserblocks). Orchestra und Koilon (Zuschauerraum) ragen deutlich über den Halbkreis hinaus. Der Zuschauerraum ist durch schmale Treppenaufgänge in fünf Abschnitte geteilt und faßte etwa 5000 Personen. Pfostenlöcher zwischen den Sitzen lassen erkennen, daß das T. mit einem Zeltdach überspannt werden konnte. Das Orchestrarund wird von der Prohedrie, fünf mit einer Sitzbank verbundenen Marmorthronen, gerahmt, in deren Mitte ein Altar für Dionysos steht. Das Bühnengebäude bestand aus drei nebeneinanderliegenden Kammern, die zum Proskenion hin geöffnet waren. Zwischen zwei dieser Kammern führte eine Treppe in das Obergeschoß. Das Proskenion mit zehn dorischen Halbsäulen vor den Stützen war etwas breiter als das Bühnengebäude und zog sich um dessen Ecken. Pinakes (Bildertafeln) konnten zwischen die Stützen des Proskenions eingesetzt werden. Im 2. Jh. v. Chr., als das Spiel von der Orchestra auf das Proskenion verlegt wurde, setzte man zur besseren Sicht eine zweite Prohedriebank etwas erhöht in die Mitte des Zuschauerraums. → Priene.

Literatur: A. von Gerkan: Das Theater von Priene. München 1921; Ders.: Zum Skenengebäude des Theaters von Priene. In: Istanbuler Mitteilungen 9/10 (1959/60). S. 97 ff; D. de Bernardi Ferrero: Teatri classici in Asia minore. Bd. III. Rom 1970. S. 9 ff.

Theater, Rom. Das Pompejus-T. wurde zwischen 61 und 55 v. Chr. errichtet. Das T. ist das erste fest gemauerte der Stadt und war von beachtlichen Ausmaßen. Der Durchmesser der Cavea betrug etwa 150 m. Es ist in Opus reticulatum errichtet und damit eins der frühesten Beispiele für diese Bauweise. In der Mitte, oberhalb des Zuschauerraums, stand ein kleiner Tempel der Venus Genetrix. Hinter dem Bühnengebäude schloß ein 180 x 135 m großer Portikus an, der mit zahlreichen griechischen Statuen geschmückt war. → Rom.

Theater, Sabratha. Das T. wurde zwischen 175 und 200 n. Chr. im Zuge der Stadterweiterung errichtet. Die halbrunde Cavea ruht auf radial angeordneten überwölbten Kammern und ist in drei Ränge geteilt. Den oberen bekrönte wahrscheinlich ein korinthischer Portikus. Vier Sitzreihen, auf denen Sessel für die Honoratioren der Stadt standen, rahmen die Orchestra. Die Außenseite der Cavea bilden Arkaden in drei übereinander angeordneten Etagen. Die dreistöckige Scaenae frons ist durch marmorne, in den Etagen jeweils farblich verschiedene, korinthische Säulen und Nischen gegliedert. Das vorgelagerte Podium hat an seiner Front rechteckige und halbrunde Nischen, die mit figürlichen Reliefs geschmückt sind. → Sabratha.

Literatur: G. Caputo: Il teatro di Sabratha. Rom 1959.

Theater, Side. Das T. wurde um die Mitte des 2. Jh. n. Chr. errichtet. Auf den vielleicht 58 Sitzstufen (51 sind erhalten) der zwei Ränge hatten rund 15 000 Menschen Platz. Der etwas mehr als einen Halbkreis umfassende Zuschauerraum ruht zu zwei Dritteln auf einem mächtigen, aus gewölbten Kammern, Gängen und Treppenanlagen bestehenden Unterbau, der an seiner Außenseite eine zweistöckige Bogenfassade aufweist. Konsolen mit Einlaßlöchern für Holzmasten, die oberhalb der Bögen des zweiten Stockes auflagen, bezeugen, daß der Zuschauerraum z.T. mit einem Schattensegel abgedeckt werden konnte. Die Orchestra hat einen Durchmesser von 14,75 m. Das zweistöckige Bühnengebäude besaß ein zusätzliches Kellergeschoß mit neun kleinen Räumen, die mit großer Wahrscheinlichkeit in den zwei oberen Geschossen entsprechend vorhanden waren. Die Fassade schmückte eine zweistöckige Säulenarchitektur mit Ädikulen sowie Reliefs und Statuen, von denen zahlreiche Fragmente gefunden wurden. → Side.

Literatur: D. de Bernardi Ferrero: Teatri classici in Asia minore. Bd. III. Rom 1970. S. 135 ff.

Theater, Syrakus. Das hellenistische T. wurde um 230 v. Chr. unter Hieron II. errichtet. Der Zuschauerraum ist in einen flachen Hang gebettet; der Höhenunterschied zwischen Orchestra und oberer Sitzreihe beträgt gerade einmal 19,1 m. Schmale Treppen teilten die Cavea in neun Sektoren, die laut Inschriften an der Wand des Diazomas (Umgang) jeweils einer Herrscherfamilie gewidmet waren. In römischer Zeit erfolgten Umbauten, die nicht nur die Benutzung der Orchestra für Tierkämpfe ermöglichten, sondern auch den Zuschauerraum selbst betrafen. Dessen zwölf untere Sitzreihen wurden vollkommen neu und vor allem schmaler gestaltet, so daß weit mehr Zuschauer als bisher das Geschehen im Orchestrarund verfolgen konnten. Außerdem schlug man in der Mitte des Zuschauerraums neue große Sitze für Ehrengäste aus dem Felsen. → Syrakus.

Literatur: L. Palacco: Il teatro antico di Siracusa. Padua 1990.

Theben. Unter der 18. Dynastie wurde T., an der Stelle der heutigen Orte Luxor und Karnak gelegen, Hauptstadt des Neuen Reiches von Ägypten. Ihre Blütezeit hatte die »hunderttorige« Metropole von der 18. bis zur 20. Dynastie (1552–1085 v. Chr.), also rund ein halbes Jahrtausend lang. Beiderseits des Nil zeugen noch heute großartige Relikte von der glanzvollen Epoche Ägyptens. Die Tempel des Reichsgottes Amun in Luxor und Karnak sowie die riesige Nekropole auf dem gegenüberliegenden Westufer des Nil zählen zu den eindrucksvollsten Schöpfungen ägyptischer Baumeister und Künstler.

Geschichte: Im Alten Reich war T. – so nannten die Griechen das ägyptische Weset (Stadt) – eine unbedeutende Provinzstadt. Nach dem Zusammenbruch des Alten Reiches um das Jahr 2263 v. Chr. herrschten souveräne Fürsten in den zahlreichen Gauen Unter- und Oberägyptens. Allmählich entwickelten sich die Fürsten von Herakleopolis (altägypt. Hat-nen-nisut) und T. zu den mächtigsten Geschlechtern des Niltales. Um 2040 v. Chr. gelang es dem thebanischen Fürsten Mentuhotep, den Gaufürsten von Herakleopolis zu besiegen und damit das Reich zum zweiten Mal zu einigen. 2040 ist somit das Geburtsjahr des Mittleren Reiches. König Mentuhotep I. bestimmte seine Gauhauptstadt T. zur neuen Metropole. Aber die mächtigen Herrscher der folgenden 12. Dynastie (1991–1786 v. Chr.) residierten nicht mehr im oberägyptischen T., sondern im unterägyptischen Fayum. In dieser Zeit gewann Amun, eine Lokalgottheit der Thebais, an überörtlicher Bedeutung.

Seit dem 17. Jh. stand Ägypten unter der Herrschaft der Hyksos (Herrscher der Fremdländer, vermutlich Churriter), die schon in der 12. Dynastie von Asien her in Ägypten eingewandert waren und nach dem Zusammenbruch des Mittleren Reiches die Macht an sich gerissen hatten. Wieder waren es Fürsten aus T., die den Kampf mit den Hyksos aufnahmen. Kamose stürzte die Hyksos vom Pharaonenthron. Sein

Bruder Ahmose (1551–1527) eroberte die Hyksos-Hauptstadt Avaris im nordöstlichen Nildelta und begründete das Neue Reich mit T. als Reichshauptstadt. Sein Sohn Amenophis I. (1527–1506) verfolgte die Hyksos bis Palästina. Thutmosis I. (1506–1494), Sohn des Amenophis, drang als erster ägyptischer König bis zum Euphrat vor. Die nächsten großen Herrschergestalten, die T. zu einer der größten und glanzvollsten Städte des Altertums ausbauten, waren die Königin Hatschepsut (1490–1468) und ihr Stiefsohn Thutmosis III. (1490–1436). Hatschepsut, die für ihren minderjährigen Stiefsohn die Regierungsgeschäfte wahrnahm, zögerte nicht, sich selbst zum Pharao krönen zu lassen. Sie verfolgte energisch eine Politik des Friedens und vermied jede kriegerische Auseinandersetzung. 1468 v. Chr. fand Hatschepsut auf ungeklärte Weise den Tod. Thutmosis III. ließ alle Erinnerungen an seine Stiefmutter vernichten und stärkte durch 17 erfolgreiche Feldzüge die Vormachtstellung Ägyptens im afrikanisch-asiatischen Raum. Kunst und Handel blühten wie nie zuvor. Die Reichtümer zweier Erdteile strömten in T. zusammen. Amenophis II. (1438–1412) und Thutmosis IV. (1412–1402) festigten die Stellung des Reiches, dessen Herrschaftsbereich jetzt von Nubien bis zum Euphrat reichte. Die ägyptischen Pharaonen nahmen sich Töchter der Großkönige von Mitanni und Babylon zur Frau.

Mit Amenophis III. (1402–1364) begann die Ära des politischen Zerfalls, des übersteigerten Individualismus. Sein Sohn Amenophis IV. (1364–1347) erhob Aton, die Sonne, zur alleinigen Gottheit und nannte sich Echnaton (Aton will es). Er verlegte die königliche Residenz von T. nach Achet-Aton (Lichtort des Aton), dem heutigen Tell el → Amarna. Er sah in der religiösen Reformation seine einzige Aufgabe, während Verwaltung und Wirtschaft in ein Chaos stürzten und das Riesenreich unaufhaltsam zerbrach. Sein Schwiegersohn Tutanchamun (1347–1338), der nur durch sein Grab berühmt wurde, kehrte unter dem Druck der Priesterschaft zum Amun-Kult und in die alte Hauptstadt T. zurück. Der Reichsfeldherr Haremhab, seit 1334 v. Chr. Pharao, mühte sich vergeblich, die alte Vormachtstellung Ägyptens wiederzuerringen. Nie mehr sollte das Reich die Größe und die Macht erreichen, die es unter Thutmosis IV. gehabt hatte. Innenpolitisch löschte Haremhab alles aus, was an den »Ketzerkönig« Echnaton erinnerte. »Der Wächter an der Grenze des Reiches«, wie man Haremhab nannte, residierte in seiner Vaterstadt → Memphis. Als Nachfolger auf dem Pharaonenthron bestimmte Haremhab Paramessu, den Sohn eines hohen Offiziers aus der Hyksosmetropole Avaris. Paramessu nannte sich Ramses I. Er begründete 1306 v. Chr. die 19. und 20. Dynastie, die große Epoche der Ramessiden. Die neue Hauptstadt Ägyptens wurde Ramsesstadt – den richtigen Namen kennt man noch nicht – im Nildelta. T. war nun nicht mehr das politische Zentrum des Reiches, aber es blieb sein kultureller und religiöser Mittelpunkt.

Nach dem Tod des letzten Ramessiden wurde das Reich von schweren Unruhen erschüttert. In Tanis (Nildelta) residierten fortan die Könige von Unterägypten, in T. die Könige von Oberägypten. Nubien hatte sich aus dem Reichsverband gelöst; sein König

Pianchi (751–716) eroberte das Niltal bis zur Mündung. Mit Pianchi begann die 25. Dynastie, die Dynastie der Äthiopen (Nubier). 671 v. Chr. drangen die Assyrer unter ihrem König Asarhaddon in Ägypten ein. Tanutamun (663–656), der letzte Äthiopenkönig, konnte die Assyrer wieder vertreiben. Aber Assurbanipal, Sohn des Asarhaddon, fiel 663 v. Chr. erneut in Ägypten ein und brandschatzte das heilige T. Von dieser Zerstörung konnte sich die Stadt nie mehr erholen. Als Kambyses, König der Perser, 525 v. Chr. Ägypten eroberte, verlor das Reich endgültig seine Souveränität. Bei den Kämpfen trug auch T. starke Schäden davon. Dennoch hinterließ die glanzvolle Metropole Ägyptens bei Herodot, der die Stadt 448 v. Chr. besuchte, einen unauslöschlichen Eindruck. Dagegen sah der griechische Geograph Strabo um 25 v. Chr. nur noch ärmliche Dörfer an der Stelle der einstigen Weltstadt.

Forschungsgeschichte: 1708 bis 1712 bereiste Pater C. Sicard, Leiter der Jesuitenmission in Kairo, Oberägypten und erkannte in den Ruinen von Luxor und Karnak das alte T. In der Nekropole besichtigte Sicard zehn stark verfallene Königsgräber. 1769 entdeckte der Engländer J. Bruce das Grab Ramses' III. Als Napoleon 1798/99 die »Ägyptische Expedition« unternahm, befanden sich in seinem Gefolge auch Archäologen, die eine Liste der zugänglichen Gräber aufstellten. 1815 öffnete der Italiener G.B. → Belzoni das Grab Sethos' I. 1829 vervollständigte der französische Ägyptologe J.F. → Champollion die Königsgräberliste. 1843 fand der Franzose P. d'Avennes im Amun-Tempel von Karnak die berühmte »Königstafel von Karnak« mit den Namen von 62 Herrschern vor Thutmosis III. und brachte sie nach Paris. 1845 bis 1847 arbeitete ein deutsches Archäologenteam unter K.R. → Lepsius in Medinet Habu; die »Preußische Expedition« fertigte die ersten Pläne des Totentempels von Ramses III. 1859 bis 1863 arbeitete A. → Mariette, Direktor der ägyptischen Altertümerverwaltung, an der Freilegung des Tempels. 1889 bis 1898 führte sein Nachfolger im Amt, G. → Maspéro, die Arbeiten zu Ende.

1875 stieß der Grabräuber Abd er-Rassul bei Deir el-Bahari (Theben-West) auf ein Grab mit zahlreichen Mumien ägyptischer Könige der 17. bis 20. Dynastie, die man zur Zeit der 21. Dynastie aus Furcht vor Grabräubern aus ihren Grüften geholt und nochmals gemeinsam beigesetzt hatte. Sechs Jahre lang plünderte Abd er-Rassul die Mumien aus und brachte die Grabbeigaben in den Handel, bis man ihn endlich überführen konnte. In einem Versteck fand die ägyptische Polizei die Mumien von Ahmose (1552–1527), Amenophis (Amenhotep) I. (1527–1506), Thutmosis I. (1506–1494), Thutmosis II. (1494–1490), Hatschepsut (1490–1468), Thutmosis III. (1490–1436), Ramses I. (1306–1304), Sethos I. (1304–1290), Ramses II. (1290–1224) und Ramses III. (1184–1153).

1885 begann Maspéro, den Amun-Tempel in Luxor von allen späteren Veränderungen und Überbauungen zu befreien. 1898 entdeckte der französische Archäologe V. Loret das Grab Amenophis' II. (1438 1412). In einer Nebenkammer fand er die Mumien von Thutmosis IV. (1412–1402), Amenophis III. (1402–1364), Merenptah (1224 – etwa 1204), Sethos II., Siptah, Sethnacht (1186–1184), Ramses IV., Ramses V. und Ramses VI. 1905 öffnete der Amerikaner T.M. Davis das völlig unversehrte Grab von Juja und Tuja, den Schwiegereltern Amenophis' III. Die gesamte Grabausstattung befindet sich heute im Ägyptischen Museum in Kairo. 1902 bis 1909 untersuchte der Franzose G. Legrain, Leiter der Ausgrabungen von Karnak, den Amun-Tempel in Karnak. Dabei stieß er im Hof vor dem siebten Pylon auf eine sog. Favissa, eine Nekropole von Statuen, die hier bestattet waren. Aus einer 14 m tiefen Grube holte er über 20000 Bronze- und Steinfiguren der 25. Dynastie (751–656) empor, die heute über viele Museen in aller Welt verteilt sind. 1912 nahm ein amerikanisches Archäologenteam die Untersuchungen in Medinet Habu wieder auf. Seit dem Beginn des Ersten Weltkrieges überließ man die Ausgrabungsstätte den Grabräubern. 1927 bis 1933 arbeitete das Oriental Institute der Universität Chicago auf dem

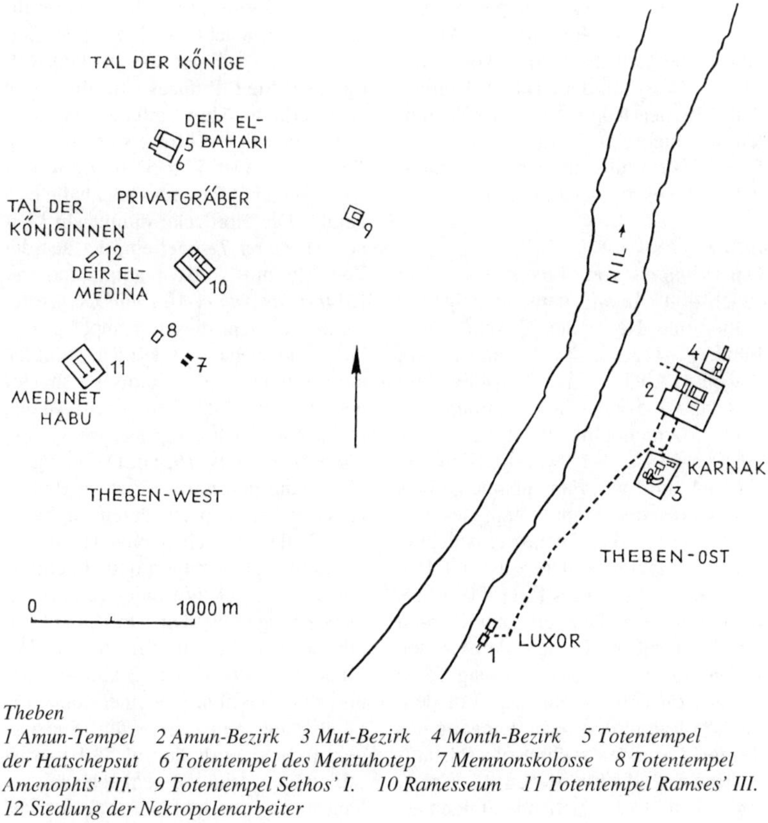

Theben
1 Amun-Tempel 2 Amun-Bezirk 3 Mut-Bezirk 4 Month-Bezirk 5 Totentempel der Hatschepsut 6 Totentempel des Mentuhotep 7 Memnonskolosse 8 Totentempel Amenophis' III. 9 Totentempel Sethos' I. 10 Ramesseum 11 Totentempel Ramses' III. 12 Siedlung der Nekropolenarbeiter

Gelände des Totentempels von Ramses III. und fertigte einen Plan aller Bauwerke des Heiligtums. 1922 entdeckte der britische Archäologe H. → Carter im Tal der Könige (Theben-West) das Grab des Tutanchamun, das einzige ägyptische Königsgrab, das nicht geplündert worden war und den reichsten Schatz enthielt, der jemals gefunden wurde.

Archäologische Stätte: Die Ruinenstätten der ägyptischen Metropole T. gliedern sich in drei Teile: Luxor mit dem Tempel des Reichsgottes Amun, Karnak mit den drei Tempelbezirken des Amun, der Mut und des Month und schließlich die riesige Totenstadt Theben-West mit dem Tal der Könige, dem Tal der Königinnen, den Totentempeln mehrerer Pharaonen, den Gräbern hoher Würdenträger, einer Siedlung der Nekropolenarbeiter usw.

Luxor

Der *Tempel* von Luxor war dem Reichsgott *Amun*, dem »König der Götter und Herrn der Throne beider Länder« (Ober- und Unterägypten), geweiht. Auch seine Gemahlin Mut und beider Sohn Chons wurden hier verehrt. Amenophis III. (1402–1364), ein Pharao der 18. Dynastie, ließ den Tempel auf den Fundamenten eines Heiligtums des Mentuhotep, des Begründers der 11. Dynastie, anlegen. Die Architekten sollen Suti und Hor gewesen sein. Ramses II. (1290–1224) erweiterte den Tempel nach Norden um den Großen Hof und den Großen Pylon, so daß die ganze Anlage eine Länge von 260 m erreichte. Vor dem Großen Pylon, dem Haupteingang des Tempels, standen sechs Kolossalstatuen Ramses' II., von denen noch zwei sitzende und zwei stehende Statuen erhalten sind. Den Eingang flankierten zwei Obelisken aus Rosengranit; der kleinere, 22,84 m hoch und 220 Tonnen schwer, kam 1819 nach Paris, wo er 17 Jahre später auf der Place de la Concorde seinen heutigen Standort fand. Der andere Obelisk, 25,03 m hoch und 257 Tonnen schwer, steht noch in situ. Die beiden Pylontürme waren ursprünglich 24 m hoch. Gewaltige Reliefs an der 65 m breiten Eingangsfront zeigen Szenen aus der Schlacht bei Kadesch, in der die beiden Großreiche der Ägypter und Hethiter 1285 v. Chr. aufeinanderprallten. Die Schlacht brachte keine Entscheidung, wird hier aber als überwältigender Sieg Ramses' II. über den Hethiterkönig Muwatalli dargestellt.

Der Große Pylon öffnet sich zum *Hof Ramses' II.* Der 57 x 51 m große Hof wird von einer Papyrussäulenhalle eingefaßt. Die Nordecke nimmt ein kleiner, eleganter *Tempel* ein, der aus der Zeit Thutmosis' III. stammt und *der Göttertrias Amun, Mut und Chons* geweiht war. Um diesen Tempel in den Hof einbeziehen zu können, mußten die Architekten des Ramses den Hof nach Westen abknicken lassen. An den Hof schließt sich der großartige *Säulengang Amenophis' III.* an. Der Gang ist 52 m lang und wird von zwei Reihen zu je sieben Papyrussäulen begleitet. Die Säulen erreichen eine Höhe von 15,80 m. Tutanchamun und Haremhab ließen an den Gangwänden Reliefs mit Darstellungen des Opet-Festes anbringen. Der Gang mündet in den *Hof Amenophis' III.* Er ist 52 x 46 m groß und an drei Seiten von einer doppelten Säulenhalle umgeben. Die Südseite geht in eine Vorhalle mit 32 Papyrussäulen über. Hinter einem achtsäuligen Vorraum liegen der Opfersaal, der Saal der heiligen Barke, der Krönungssaal, der sog. Geburtssaal (Mammisi) und ganz hinten das Allerheiligste.

Karnak

Amun-Bezirk: An der einstigen Anlegestelle der Kultbarken beginnt eine breite Widdersphinxallee, die zum ersten Pylon des *Amun-Tempels* führt. Dieser gewaltige Torbau ist Teil des 2,1 km langen Mauerwalls, der die Tempelanlage umgibt. Der Pylon wurde aus mächtigen Sandsteinblöcken errichtet. Die Höhe beträgt 43,50 m, die Gesamtbreite 113 m. Der Bau blieb unvollendet. Der Pylon öffnet sich auf einen weiträumigen Hof, dessen Fläche 103 x 84 m mißt. Er stammt aus der 22. oder 23. Dynastie. Vor den seitlichen Mauern erhebt sich je eine Reihe Papyrussäulen, davor liegen Widdersphingen (Löwen mit Widderköpfen). Der kleine *Tempel Sethos' II.* in der nördlichen Hofecke diente zum Abstellen der tragbaren Götterbarken. In der Mitte des Hofes erhob sich einst der große *Kiosk des Taharka* (25. Dynastie, 689–663). Rechts schiebt sich der *Tempel Ramses' II. (oder III. ?)* in den Hof, der offenbar ebenfalls Kultbarken aufnehmen sollte. Den zweiten Pylon erbaute Haremhab aus Bauteilen der sog. Ketzerzeit, der Zeit Echnatons also. Der Torbau war ursprünglich etwa 40 m hoch, fiel aber einer Feuersbrunst und wohl auch einem Erdbeben zum Opfer. Das 30 m hohe Tor war von zwei Kolossalstatuen Ramses' II. flankiert. Durch das Tor betritt man den großartigen *Säulensaal*, eine 102 x 53 m große, gedeckte Halle, deren 134 Sandsteinsäulen einst das Dach trugen. Die zwölf 21 m hohen Mittelsäulen sind aus 1,10 m hohen Steintrommeln zusammengesetzt. Der Säulenwald in den beiden Seitenschiffen ist 13 m hoch. Reliefbänder schmücken sämtliche Säulen. Den dritten Pylon ließ Amenophis III. aus älteren Architekturgliedern bauen. Über einen Mittelhof, den einst vier 23 m hohe Obelisken beherrschten, erreicht man den stark zerstörten vierten Pylon Thutmosis' I. Es folgt ein kleinerer Säulensaal mit 14 Säulen, die zum Teil noch bis 16 m hoch sind. In der Mitte ragt ein Obelisk der Hatschepsut von 29,5 m Höhe empor. Die 320 Tonnen schwere Granitnadel gilt mit ihren Inschriften, Darstellungen und der einst mit Elektron bedeckten Spitze als der schönste Obelisk überhaupt. Der fünfte Pylon wird Thutmosis I. zugeschrieben, der sechste Pylon Thutmosis III. Das *Sanktuar der heiligen Barken* ließ Philippos Arrhidaios, der Halbbruder und Nachfolger Alexanders des Großen, um 320 v. Chr. an der Stelle der sog. Roten Kapelle der Hatschepsut und eines Bauwerks Thutmosis' III. erbauen.

Hinter der Umfassungsmauer des alten Amun-Tempels errichtete Thutmosis III. eine 44 x 17 m große *Festhalle*, deren Dach in der Mitte von 20 hohen Säulen und an den Seiten von 32 niedrigeren Pfeilern getragen wurde. Die sich nach oben verjüngenden Säulen ahmen die Holzstützen eines Zeltes nach. In Richtung Osttor trifft man auf einen wuchtigen Sockel, auf dem einst der 30,7 m hohe Obelisk stand, den Kaiser Konstantius II. 357 n. Chr. im Circus Maximus von Rom (→ Circus, Rom) aufstellen ließ und der seit 1587 den Johannesplatz des Lateran ziert.

Die *Prozessionsstraße* zum Mut-Tempel führte durch den siebenten, achten, neunten und zehnten Pylon und setzte sich in der östlichen Widdersphinx-

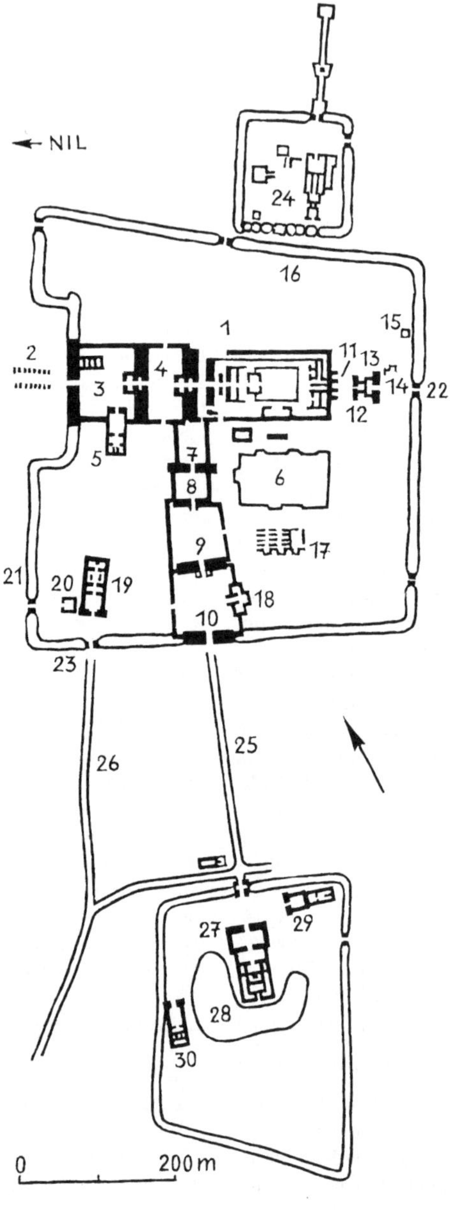

NIL
1
2
3
4
5
6
7
8
9
10
11
12
13
14
15
16
17
18
19
20
21
22
23
24
25
26
27
28
29
30
0
200 m

allee fort. Den siebenten Pylon erbaute Thutmosis III. An der Westwand des ersten Hofes findet man den Text des Friedensvertrages zwischen Ramses II. und dem Hethiterkönig Hattusili III. vom Jahre 1270 v. Chr. Der *Heilige See*, ein Rechteck von 200 x 117 m, wurde in den vergangenen Jahrzehnten wieder hergerichtet und mit Wasser gefüllt.

Unmittelbar am Nordtor des Tempelbezirks liegt der *Ptah-Tempel*, das Heiligtum für den Schöpfergott, den Gemahl der Sachmet. Der heute stark verfallene Kultbau stammt von Thutmosis III. Das Allerheiligste ist in drei Kapellen unterteilt; in der mittleren sieht man noch eine Kultstatue des sitzenden Ptah (leider ohne Kopf), die rechte Kapelle enthält eine große Statue seiner löwenköpfigen Gemahlin Sachmet. Die Westecke des Amun-Bezirks nimmt der *Chons-Tempel* ein. Chons, der thebanische Mondgott, war der Sohn von Amun und Mut. Für ihn ließ Ramses III. in unmittelbarer Nähe des Reichstempels ein Heiligtum errichten, das Ramses IV., Ramses VII., Herihor und der Priesterkönig Pinodjem I. vollendeten. Der Bau gilt als typisches Beispiel für die Tempel des Neuen Reiches. Die westliche Sphinxallee, die hinter dem herrlichen ptolemäischen Tor des Euergetes den Bezirk des Reichstempels erreicht, endet vor dem Pylon des Chons-Tempels. Der Pylon ist 17,98 m hoch und 32 m breit. Der dahinterliegende Hof ist auf drei Seiten von einer doppelten Säulenreihe eingefaßt. Eine Rampe in der Mitte des Hofes führt zu einem kleinen Säulensaal, hinter dem der rechteckige Raum mit dem Barkensanktuar liegt. Basreliefs schmücken die Seitenwände.

Mut-Bezirk: Die östliche Widdersphinxallee endet vor der Ziegelmauer, die den 10 ha großen Bezirk der Mut, der geierköpfigen Gemahlin des Amun, umschließt. Der *Tempel der Mut* ist der zweitgrößte Kultbau in T. Er wurde von Amenophis III. erbaut und von Ramses III. erneuert. Heute ist er stark verfallen. Eindrucksvoll sind die zahlreichen Statuen der löwenköpfigen Sachmet, der »Todesbotin«. Die besterhaltenen Darstellungen sind über die ganze Welt verstreut, allein der Louvre besitzt zehn dieser Statuen. Ein Heiliger See umgab den Tempel in engem Bogen. Im Bezirk des Heiligtums standen noch zwei weitere Tempel: ein Tempel Amenophis' III. und ein Tempel Ramses' III.

Month-Bezirk: Der dritte und kleinste Tempelbezirk Karnaks war dem falkenköpfigen Gott Month geweiht. Er war der Hauptgott, bevor ihn Amun, der König der Götter, im Neuen Reich verdrängte. Nach dem Niedergang des Amun-Kultes in der Spätzeit kam Month wieder zu Ansehen. Ameno-

Theben-Ost (Karnak): Der Große Tempel des Reichsgottes Amun
1 Tempelbezirk des Amun 2 Widdersphinxallee zum Nil 3 Großer Hof 4 Großer Säulensaal 5 Tempel Ramses' II. (oder III.) 6 Heiliger See 7 Pylon 8 Pylon 9 Pylon 10 Pylon 11 Gebäude Thutmosis' III. 12 Sockel des Lateran-Obelisken 13 Tempel Ramses' II. 14 Kiosk des Taharka 15 Osiris-Tempel 16 Ptah-Tempel 17 Gebäude des Psamut 18 Tempel Amenophis' II. 19 Chons-Tempel 20 Ipet-Tempel 21 Umwallung 22 Osttor 23 Südtor 24 Tempelbezirk des Month 25 östliche Widdersphinxallee 26 westliche Widdersphinxallee 27 Tempelbezirk der Mut 28 Heiliger See 29 Tempel Amenophis' III. 30 Tempel Ramses' III.

phis III. ließ den Tempel errichten. Nach späteren Erweiterungen hatte er zuletzt eine Ausdehnung von 52,50 x 26,30 m.

Theben-West

Jenseits des Nil bestatteten die Thebaner ihre Toten. Hier liegen die Gräber der Könige und Beamten des Neuen Reiches (18. bis 20. Dynastie), aber auch die Gräber der Arbeiter und Künstler, die die Totentempel und Grüfte schufen und ausgestalteten. Die Nekropole Theben-West ist mit rund 10 Quadratkilometern die wohl größte aller Totenstädte.

Mentuhotep Nebhepet-Re (2060–2010), der Große, der Reichseiniger und Begründer des Mittleren Reiches, ließ seinen Totentempel (*Totentempel des Mentuhotep*) um 2050 in einem malerischen Tal des libyschen Wüstengebirges unterhalb einer 300 m hohen, halbrunden Felswand errichten. Die Verbindung von Pyramide und Felsengrab stellte den Bezug zum Alten Reich her und symbolisierte zugleich die Einigung Ober- und Unterägyptens. Auf einer ausgedehnten Terrasse, die die Architekten Mentuhoteps in den Felsen hauen ließen, erstand eine zweistufige Pfeilerhalle, aus deren Mitte die Pyramide aufragte. 140 achtkantige Pfeiler stützten das Dach der Halle. Die Pyramide hatte einen Grundriß von 40 x 42 m. Unter ihr befand sich das Scheingrab des Königs, denn in dem Sarkophag lag eine in Mumienbinden gehüllte Königsstatue. Zum eigentlichen Grab im Felsmassiv führt ein 150 m langer, abfallender Stollen. Schwere Granitplatten verkleiden die schlichte Sargkammer. An die Pyramidenhalle schloß sich ein Pfeilersaal mit der Kapelle der Hathor an. In der Kapelle stand das Kultbild der Göttin, eine heilige Hathorkuh; es befindet sich heute im Ägyptologischen Museum in Kairo.

Unmittelbar neben dem Tempel des Mentuhotep baute die Königin Hatschepsut ihren Totentempel (*Totentempel der Hatschepsut*). Der Totentempel sollte dem des Mentuhotep gleichen, nur noch schöner und größer werden. Auch eine Pyramide war vorgesehen, deren Bau aber unterblieb. Der Tempel war dem obersten Gott Amun geweiht. Nebenkapellen dienten der Verehrung von Hathor, Anubis, des Sonnengottes Re-Harachte und schließlich auch der königlichen Bauherrin sowie ihrer Eltern Thutmosis I. und seiner zweiten Gemahlin Ahmes. Senenmut und Dedia haben den Amun-Tempel in Karnak erbaut und ausgestaltet. Der Prozessionsweg führte über eine Sphinxallee an Perseabäumen, deren dreieinhalbtausendjährige Stümpfe noch erhalten sind, vorbei zur unteren Terrasse. Links und rechts des Weges lagen zwei T-förmige Papyrusteiche. Über eine Rampe erreichte die Prozession die mittlere Terrasse, deren Front zwei Säulenhallen bilden. Das berühmte Bild vom Schiffstransport eines Obelisken und Darstellungen des Vogelfanges schmücken die Rückwand der beiden Hallen. Auch die mittlere Terrasse endet in zwei Säulenhallen. Die Geburtshalle rechts zeigt in Wandreliefs und Inschriften Zeugung und Geburt der Königin. Nördlich schließt sich an die Geburtshalle die Kapelle des Anubis, des großen Totengottes, des »Herrn der Totenstadt«, an. Anstelle viereckiger Pfeiler tragen hier sechzehnkantige, leicht kannelierte Säulen das Dach des Heiligtums. Die Punthalle links zeigt in lebensvollen

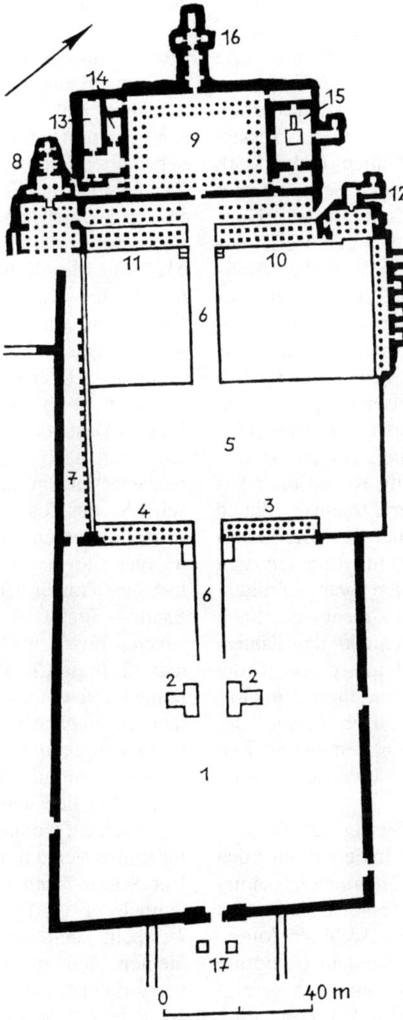

Theben-West: Totentempel der Hatschepsut
1 Untere Terrasse 2 Papyrusteiche 3 Nordhalle 4 Südhalle 5 Mittlere Terrasse 6 Rampen 7 Rampe zur Hathor-Kapelle 8 Hathor-Kapelle 9 Obere Terrasse 10 Geburtshalle (Mammisi) 11 Punthalle 12 Anubis-Kapelle 13 Opferhalle 14 Kapelle des Amun 15 Sonnenheiligtum 16 Sanktuarium des Amun (Allerheiligstes) 17 Baumgruben

Reliefs die Expedition zum Lande Punt (Somalia). Südlich dieser Halle liegt die Hathor-Kapelle, die über eine eigene Rampe zu erreichen ist. Zwischen Punt- und Geburtshalle steigt eine zweite Rampe zur oberen Terrasse hinauf, deren Hallen leider stark zerstört sind. Die linke Seite nehmen Opferhallen für Hatschepsut und Thutmosis I. ein. Rechts schließt sich das Sonnenheiligtum mit Vorhalle, Altarhof und Kapelle an. Von hier aus begrüßten die Priester mit den ersten Strahlen der aufgehenden Sonne das Wiedererscheinen des Sonnengottes Re. Tief in den Felsen eingeschnitten liegt das Allerheiligste, das Sanktuarium des Amun. Reliefs zeigen die Königin Hatschepsut im Kreise ihrer Familie. Zur Zeit der Ptolemäer diente die hinterste Kammer des Allerheiligsten als Kultraum für Imhotep und Amenhotep. Imhotep war Architekt des Königs Djoser; Amenhotep, Sohn des Hapu, war Architekt des Königs Amenophis III. Beide erhoben die Ägypter lange nach ihrem Tod zu Göttern der Heilkunst. Der Tempel der Hatschepsut war in ptolemäischer Zeit gewissermaßen ein ägyptisches »Asklepieion«.

Zwei 19,5 m hohe Sitzfiguren, die sog. *Memnonskolosse*, flankierten einst den Haupteingang des *Totentempels Amenophis' III.* (1402–1364). Den Tempel erbaute der berühmte Architekt Amenhotep. Leider sind von dem Heiligtum außer den Kolossen nur noch vereinzelte Trümmer vorhanden, denn Pharao Merenptah (1224 – etwa 1204) benutzte die Ruine als Steinbruch für den Bau seines eigenen Totentempels. Die Kolosse waren aus je einem einzigen Sandsteinblock gehauen und ursprünglich etwa 21 m hoch. Der nördliche der beiden Kolosse brach bei einem Erdbeben in der Zeit um Christi Geburt. Von da an erklangen fast täglich bei Sonnenaufgang eigenartige Klagelaute aus dem Koloß. Diese Töne rührten vom Zerspringen winziger Teilchen des sehr harten Sandsteins beim schnellen Temperatur- und Feuchtigkeitswechsel in den Morgenstunden her. Die Griechen aber erklärten die Klagelaute so: Memnon, der Sohn des sagenhaften ägyptischen Königs Tithonos und der Göttin Eos, war nach Troja geeilt, um seinem Onkel Priamos gegen Agamemnons Heerscharen beizustehen, fiel aber im Zweikampf gegen Achilleus. In Gestalt der Riesenstatue war er daraufhin nach T. zurückgekehrt und beklagte seitdem allmorgendlich, wenn seine Mutter Eos am Himmel erschien, Trojas Untergang. Eos, die Göttin der Morgenröte, begann dann zu weinen, und ihre Tränen benetzten als Tau das Land. → Strabo (63 v. Chr. – 20 n. Chr.), Juvenal (etwa 60–140) und → Pausanias (2. Jh. n. Chr.) haben dieses Phänomen beschrieben, und unzählige Römer reisten nach T., um das Wunder zu bestaunen, darunter im Jahre 130 auch Kaiser Hadrian. Septimius Severus (193–211) ließ den Koloß wieder instand setzen, woraufhin die Klagelaute für immer verstummten.

Der *Sethos-Tempel* ist wie alle Totentempel der 19. Dynastie von anderen Tempeln kaum zu unterscheiden. Sie dienten nicht nur der Verehrung des verstorbenen Königs, sondern waren auch dem Reichsgott Amun geweiht. Sethos I. (1304–1290) ließ den Tempel für sich und seinen Vater Ramses I. errichten, doch erst Ramses II. konnte den Bau vollenden. Die beiden Pylone und Vorhöfe sind völlig zerstört. Erhalten ist dagegen der Hauptbau. Zehn

Papyrussäulen stehen vor der Tempelfassade. Drei Türen führen ins Innere. In der Mitte liegt ein Säulensaal mit sechs seitlich angeordneten Kammern. Die Wände des Saals und der Kammern sind mit herrlichen Reliefs geschmückt. Im dahinter gelegenen Allerheiligsten war während der Feierlichkeiten die Götterbarke des Amun aufgestellt. Die linke Tür öffnet sich zur Kapelle Ramses' I., die rechte führt in den Sonnenhof Ramses' II.

Das sog. Ramesseum, der *Totentempel Ramses' II.*, war dem Reichsgott Amun geweiht und diente zugleich dem Totenkult des berühmten Pharaos. Die 270 x 170 m große Anlage umfaßte außer dem Totentempel einen kleinen Palast, Magazine, Ställe, Wohnungen der Bediensteten und einen winzigen Tempel Sethos' I. Den Zugang zur Tempelanlage, die von einem mächtigen Ziegelwall umgeben war, bildete der 67 m breite erste Pylon. Während die Vorderseite des Pylon völlig verfallen ist, zeigt die Rückseite riesige Reliefs mit Darstellungen der Schlacht bei Kadesch und anderer Feldzüge Ramses' II. Die rechte Seite des ersten Hofes begrenzte eine Reihe von Osirispfeilern. Links bildete eine doppelte Kolonnade den Eingang zum Palast Ramses' II. Neben der Treppe zum zweiten Hof liegen die Trümmer einer Kolossalstatue des Königs, die ursprünglich 18 m, mit Krone sogar 23 m groß war. Die über 1000 Tonnen schwere Statue war aus Rosengranit gemeißelt. Der zweite Hof war von Osirispfeilern und Papyrussäulen eingefaßt. Drei Treppen führen zu einem Säulenportikus hinauf, an den sich ein großer Säulensaal anschließt. Von den ursprünglich 48 Säulen stehen heute noch 29 aufrecht. Der dreischiffige Saal – die mittleren Säulen sind höher als die seitlichen – ist mit Reliefs geschmückt. Eine Tür öffnet sich zum ersten kleinen Vorraum mit acht Papyrussäulen, hinter dem man einen zweiten Vorraum, die Tempelbibliothek, mit vier von ursprünglich acht Säulen betritt. Beide Räume zeigen großartige Reliefs und Malereien. Das dahinter liegende Allerheiligste mit seinen Nebenräumen ist völlig zerstört. An den Totentempel lehnt sich der kleine Tempel Sethos' I. an, den Ramses II. (1290–1224) in seine Anlage einfügte und vermutlich auch restaurierte.

Im Süden der Nekropole von Theben liegt der letzte große Tempelbau der Ramessiden: der *Totentempel Ramses' III.* Am Kai eines Nilkanals, den der Pharao für seine Tempelanlage ausschachten ließ, erhebt sich das sog. Hohe Tor, der Südeingang zum Heiligtum. Das Tor ist ein Teil der gewaltigen Lehmziegelmauer, die am Fuß 10 m dick ist und bis zu 18 m hoch aufragt. Hinter dem Tor erhob sich ein kleiner Amun-Tempel, den Hatschepsut um 1470 v. Chr. an der Stelle älterer Vorgängerbauten errichten ließ. Thutmosis III. vollendete den Tempel, der einen »seit Urbeginn heiligen Ort« einnahm, einen »Hügel, der beim Zurückgehen des Urwassers als erster auftauchte und Leben trug«. Dieser Tempel war den Ägyptern so heilig, daß er immer wieder erneuert und vergrößert wurde, schließlich die Mauer durchbrach und noch unter dem römischen Kaiser Antoninus Pius (138–161) ergänzt wurde.

Der Totentempel Ramses' III. entspricht weitgehend dem Ramesseum erreicht aber nicht dessen räumliche Ausdehnung. Die Tempelanlage nimmt eine Fläche von 150 x 48 m ein. Der erste

Pylon ist 66 m breit und 21 m (ursprünglich 24 m) hoch. Die Reliefs stellen u.a. eine Seeschlacht gegen die Seevölker dar. Der erste Hof ist 33 m lang und 42 m breit. Vor der Nordwand stehen Osirispfeiler. Die südliche Säulenhalle bildet den Eingang zum Palast des Königs. Der 42 x 38 m große zweite Hof ist von Osirispfeilern und Papyrussäulen umgeben. Durch einen Portikus betritt man den eigentlichen Tempel. Das Dach trugen 24 Papyrussäulen, acht hohe in der Mitte und je acht niedrigere an den Seiten. Türen in der Westwand führen zu den fünf Schatzkammern, zum Heiligtum der Barke Ramses' III. und zu einer Kapelle des Gottes Month. Im Osten liegen nebeneinander die Kultkammern für Ptah, Osiris und Ramses sowie ein Raum zum Schlachten der Opfertiere.

Vom zweiten Säulensaal erreicht man das Heiligtum des Re mit dem Altar des Sonnengottes und auf der gegenüberliegenden Seite den Kultraum des verstorbenen Königs. Der dritte Säulensaal führt in das Allerheiligste, einen Raum mit viereckigen Pfeilern. Die benachbarten Räume waren den Gottheiten Mut und Chons vorbehalten. Im Palast hielt sich der König nur während der Feierlichkeiten auf. Der restaurierte Bau bestand u.a. aus dem Audienzsaal, aus Schlafraum, Bad, Zimmer der Königin und drei Appartements für die Nebenfrauen.

Seit Beginn des Neuen Reiches ließen sich die Pharaonen in den Felsentälern von Theben-West bestatten. Da der Kult für die Verstorbenen in den Amun geweihten Totentempeln stattfand, brauchten die Gräber nur den Sarg und Beigaben beherbergen. Es waren Felsgräber, die mit bis zu 200 m tiefen Gängen und Kammern in den Kalkstein geschlagen wurden. Ihre heute zum Teil unerreichbaren Eingänge lagen mitunter an hohen, glatten Felswänden. Im *Tal der Könige* fanden die Ausgräber die Grabstätten fast aller Herrscher der 18., 19. und 20. Dynastie. Da den toten Pharaonen Schätze von unermeßlichem Wert mit ins Grab gegeben wurden, nahmen jeweils schon bald nach der Bestattung die Grabplünderer ihre Tätigkeit auf. Um wenigstens die Mumien zu schützen, bettete man diese immer wieder um, oft in großer Eile, verwechselte dabei die Särge, vertauschte Särge und Sargdeckel, so daß die Archäologen Mühe hatten, die Verstorbenen zu identifizieren. Von den 64 Gräbern, die bisher entdeckt und untersucht worden sind, waren nur zwei unangetastet geblieben: das Grab der Schwiegereltern Amenophis'III und das *Grab Tutanchamuns* (1347–1338). Letzteres ist wegen seiner einzigartigen, kostbaren Beigaben das berühmteste Grab im Tal der Könige. Die Gänge und Räume der Grabanlage sind schmucklos. Nur die 6,5 x 4 m große Grabkammer ist mit Darstellungen versehen. In ihr beließen die Ausgräber den geöffneten Steinsarkophag sowie den inneren Holzsarg mit der Mumie des jung verstorbenen Königs. Alle anderen Sarghüllen und die großartigen Schätze von unermeßlichem Wert, die H. Carter in den Nebenräumen C, D und F fand, befinden sich heute im Ägyptischen Museum in Kairo. Da Tutanchamun einer der unbedeutendsten ägyptischen Könige war, den seine Nachfolger sogar von der amtlichen Königliste gestrichen hatten, kann man ermessen, welche Schätze einst den großen Pharaonen mit ins Grab gegeben wurden.

In der Nekropole von T. haben die Ausgräber bisher rund 500 sog. *Privatgräber* geöffnet und untersucht. Es sind Gräber von hohen Würdenträgern des Neuen Reiches. Nur wenige Grabstätten reichen bis in die 11. Dynastie zurück oder wurden nach dem Neuen Reich angelegt.

Das *Tal der Königinnen* (Bibân el-Harim) umfaßt etwa 70 Gräber von Königinnen und Prinzen des Neuen Reiches. Die Gräber sind einfach und vorwiegend schmucklos. In den brüchigen Kalkstein ließen sich keine Reliefs meißeln, die Wände der Kammern und Gänge wurden daher verputzt und bemalt. Sehr eindrucksvolle Wandmalereien enthalten die Gräber der Königin Titi, des Amenherchopschef, Sohn Ramses' III., und der Königin Nofretere, einer Gemahlin Ramses' II.

Inmitten der Totenstadt T.-West stießen die Ausgräber auf eine *Siedlung der Nekropolenarbeiter*, einen eng mit schmalen Reihenhäusern bebauten und von einer Mauer umgebenen Ort. Gegründet wurde diese Siedlung wohl schon gegen 1500 v. Chr. unter Thutmosis I. Die anfangs ärmlichen Häuser wurden später immer komfortabler. Unter Ramses II. beherbergte die Siedlung rund 120 Steinmetzen, Bildhauer, Maler, Maurer, Mineure und Verwaltungsbeamte mit ihren Familien. Die Künstler, Handwerker und Beamten lebten hier im Ghetto, streng abgeschirmt von der Außenwelt, um ihr Wissen von den Gräbern der Großen nicht preisgeben zu können. Diese »Diener der Mâat« schufen sich außerhalb der Siedlung eigene Grabstätten, zwar klein und bescheiden, aber liebevoll ausgestattet.

Literatur: K. Michałowski: Theben. Wien, München 1974; I. Portman: Luxor. A Guide to the Temples and Tombs of Ancient Thebes. Kairo 1989; C.N. Reeves: Valley of the Kings. The Decline of a Royal Necropolis. London 1990; C.N. Reeves (Hrsg.): After Tut'anchamun. Research and Excavation in the Royal Necropolis at Thebes. Kolloquium Highclere Castle 1990. London 1992.

Theben-West. → Theben.

Thera (Santorin). Die südlichste Insel der Kykladen ist ein aus dem Meer ragender Rand eines gewaltigen Vulkankraters. Der furchtbare Ausbruch des Vulkans um 1500 v. Chr. trug wahrscheinlich zum Untergang der minoischen Kultur bei. Auf T. vermuten zahlreiche Forscher das sagenumwobene Atlantis, das Platon (427–347 v. Chr.) in seinen ›Dialogen‹ erstehen ließ. Der Vulkan ist heute noch tätig. Der letzte Ausbruch ereignete sich 1956.

Geschichte: Vermutlich war T. schon im 3. Jt. v. Chr. besiedelt. Im 16. Jh. v. Chr. bestand bei dem heutigen Ort Akrotiri eine kretische Handelsniederlassung, die unmittelbar vor dem großen Vulkanausbruch von ihren Bewohnern fluchtartig verlassen wurde. Ungefähr um 1500 v. Chr. explodierte der T.-Vulkan. 60 km^3 (!) Asche, Magma und Gestein schleuderte er empor. Das Einströmen des Meeres in die Caldera (Krater) löste eine unvorstellbare Flutwelle aus, die fast alle Hafenstädte der näheren Umgebung verheerte, also auch die Städte Kretas mit Ausnahme des höher gelegenen Knossos. Man hat dem Vulkanausbruch von 1500 v. Chr. die Zerstörung des kretischen Reiches, der minoischen Kultur angelastet, aber die Forschung neigt heute mehr zu der Annahme, daß eine Invasion der Achäer die Herrschaft der

Minoer beendete. Leider haben sich bisher keinerlei Aufzeichnungen über die große Katastrophe und ihre Folgen gefunden. Am Anfang des 1. Jt. v. Chr. ließen sich dorische Einwanderer auf der Insel nieder. Von T. aus gründeten sie um 631 v. Chr. das nordafrikanische Kyrene, das sich schnell zu einer bedeutenden Stadt entwickelte. 430 v. Chr. trat T. dem Attisch-Delischen Seebund bei. Im 3. Jh. v. Chr. hatten die Ptolemäer die Insel zu einem Flottenstützpunkt ausgebaut.

Forschungsgeschichte: Der deutsche Archäologe F. Hiller von Gaertringen grub Ende des 19. Jh. die antike Stadt T. aus. In den dreißiger Jahren begann der griechische Archäologe S. Marinatos, die Insel zu untersuchen. 1939 stellte er die Theorie auf, daß die gesamte minoische Kultur durch den Vulkanausbruch von T. um 1500 v. Chr. vernichtet worden sei. Diese Theorie wird heute in Frage gestellt, da weder der Ascheregen (auf Kreta fanden sich Ascheablagerungen von nur 1 bis 5 cm Stärke) noch die Flutwelle ausgereicht haben dürften, eine ganze Kultur zu vernichten. 1967 stieß Marinatos bei Akrotiri unter einer dicken Asche- und Bimssteinschicht auf eine minoische Siedlung, die er im Auftrag der Griechischen Archäologischen Gesellschaft ausgrub. 1974 erlitt er bei den Ausgrabungsarbeiten einen tödlichen Unfall.

Seit dem Zweiten Weltkrieg untersuchen Archäologen das Innere des Kraters, der bis zu einer Tiefe von 390 m unter den Meeresspiegel reicht. Dabei entdeckten sie eine Stadt, die einst zu den reichsten Städten des Mittelmeerraumes gehört haben muß. Die Untersuchungen dauern an.

Archäologische Stätte: Die Ausgrabungsstätte von *Akrotiri* im Süden der Insel zählt als »spätbronzezeitliches Pompeji« zu den größten archäologischen Entdeckungen unseres Jahrhunderts. Unter der bis zu 10 m dicken Bimssteinschicht kamen Häuser mit bis zu drei Stockwerken aus der Zeit vor dem großen Vulkanausbruch um 1500 v. Chr. zum Vorschein, die mit einzigartigen Wandmalereien geschmückt waren und kostbare Einrichtungsgegenstände enthielten (Gefäße, Möbel usw.). Ihre Mauern bestanden aus vulkanischem Gestein und Lehm, die flachen Dächer und Zwischenfußböden wurden aus Holzbohlen, deren Zwischenräume Zweige ausfüllten, und gestampfter Erde errichtet. Aufgrund der Fenstergröße kann angenommen werden, daß die Wohnräume in den oberen Geschossen lagen, Keller und Erdgeschoß mit überwiegend kleinen Fenstern als Lagerräume oder Werkstätten dienten. Die Häuser werden, soweit das noch möglich ist, restauriert. Bis jetzt konnten erst einige Straßenzüge und Plätze freigelegt werden.

Die *antike Stadt T.* an der Südostküste der Insel war in dorischer Zeit der Hauptort der Insel. Der Tempel des Apollon Karneios stammt aus dem 6. Jh. v. Chr.; er hat keinen Säulenumbau. Auf der ausgedehnten Terrasse vor dem Tempel tanzten einst nackte Jünglinge zu Ehren des Gottes. An die Terrasse schloß sich das Gymnasion der Epheben aus dem 2. Jh. v. Chr. an. In dieser Zeit entstand auch das Theater, dessen Bühnenhaus im 1. Jh. n. Chr. erneuert wurde. Römische Thermen, die Basilike Stoa aus augusteischer Zeit und hellenistische Wohnhäuser vervollständigen das Bild der antiken Stadt.

Literatur: F. Hiller von Gaertringen

(Hrsg.): Die Insel Thera. 4 Bde. Berlin 1899–1909; S. Marinatos: Excavations at Thera. 7 Bde. Athen 1967–1973; C. Doumas (Hrsg.): Thera and the Aegean World. 3 Bde. London 1978–1990; Ders.: Die Ausgrabungen von Akrotiri auf Thera. In: Antike Welt 11, 2 (1980). S. 41 ff.; Ders.: Thera. Pompeii of the Ancient Aegean. London 1983.

Thermen (griech.). Griechisch-römische Badeanlage. Private Bäder mit kaltem und warmem Wasser gab es bereits in der griechischen Vorzeit. Separate Reinigungsräume in Gymnasien, aber auch öffentliche Bäder können seit dem 4. Jh. v. Chr. nachgewiesen werden. Letztere bestanden in der Regel aus runden Baderäumen, deren einzelne Becken durch schmale Trennwände voneinander unterteilt waren. Weitere Nebenräume oder sogar ein Schwitzbad konnten sich anschließen. Seit dem 1. Jh. v. Chr. ist bei den T.anlagen die Abfolge von Heißbad, Laubad und Kaltbad bekannt: Im Umkleideraum (Apodyterium) legte der Badegast seine Kleider ab. In der Palästra konnte er bei Spiel und Sport seinen Körper trainieren. Dann passierte er die Warmlufträume (Sudationes) und nahm anschließend ein Schwitzbad (Laconicum), bevor er den Kern der T., das Warmwasserbad (Caldarium) erreichte. Von hier aus führte der Weg über einen Abkühlraum (Tepidarium) zum Kaltwasserbad (Frigidarium), oft noch zu einem Freibad (Natatio), und endete wieder im Apodyterium. Beheizt wurden die römischen T. ursprünglich durch große Feuerbecken und seit dem frühen 1. Jh. v. Chr. durch Fußbodenheizungen mit Hypokaustenanlagen. Im 1. Jh. n. Chr. kam die Beheizung durch Ziegelrohrleitungen in den Wänden und Decken auf. Im
2. und 3. Jh. n. Chr. traten zu den Bade- und Sportanlagen Massageräume, Unterhaltungsräume, Wandelhallen, Bibliotheken, Geschäfte, Gärten, Wasserspiele usw. Es können verschiedene Typen von T. unterschieden werden: die Räumlichkeiten konnten in einer Reihe hintereinander, als Ring, in Form von Doppelanlagen (getrennte Räume für Männer und Frauen) oder symmetrisch angeordnet sein. Der aufwendigste Typ war der sog. Kaisertyp mit verschiedenen Palästraanlagen und Kombinationsmöglichkeiten der Baderäume.

Literatur: H. Meusel: Die Verwaltung und Finanzierung der öffentlichen Bäder zur römischen Kaiserzeit. Diss. Universität Köln 1960; H. Manderscheid: Die Skulpturenausstattung der kaiserzeitlichen Thermenanlagen. Berlin 1981; W. Heinz: Römische Thermen. München 1983; H. Manderscheid: Bibliographie zum römischen Badewesen. München 1988; I. Nielsen: Thermae et Balnea. Århus 1990; F. Yegül: Baths and Bathing in Classical Antiquity. Cambridge, Mass. 1992.

Thermen, Augusta Treverorum. Die Anlage der Kaisert. umfaßt ein Geviert von 250 m Länge und 145 m Breite. Den westlichen Bereich nahm eine Palästra ein, den östlichen die Badeanlage. Der Eingang, ein dreitoriges Portal, lag an der Westseite. Ihrer Außenfront war eine Säulenhalle vorgelagert. Die 95 x 70 m messende Palästra rahmten an drei Seiten Portiken, hinter denen sich diverse Räume und Hallen öffneten. Die Badeanlage mit Frigidarium, Tepidarium und Caldarium war achsensymmetrisch angelegt. Durch zahlreiche Apsiden, zum Teil zweireihige Fensteröffnungen, eingestellte Säulen sowie reiche Marmorverkleidung des Fußbodens und der Wände wurde das große Gebäude innen, aber auch von außen reich gegliedert. Die Versorgungsanlagen, wie z.B. Beheizung, Bedienungsgänge und Abwasserleitungen, waren im Unter- und Kellergeschoß, d.h. für die Besucher weder zugänglich noch sichtbar, untergebracht. Der Baubeginn lag wahrscheinlich noch in diokletianischer Zeit und zog sich bis in konstantinische Zeit hin. Ab Mitte des 4. Jh. wurde der Bereich um Caldarium und Tepidarium mit neuer Nutzung in den angrenzenden Palastbezirk integriert, der Rest eingeebnet und als Hofanlage mit umlaufender Säulenhalle neu gestaltet. Ein kleineres Bad wurde als Ersatz nordwestlich des alten Caldariums errichtet. → Augusta Treverorum.

Literatur: D. Krencker u.a.: Die Trierer Kaiserthermen. Augsburg 1929; H. Cüppers: Die Kaiserthermen in Trier. Zerstörung, Konservierung und Restaurierung. Trier 1985.

Thermen, Colonia Ulpia Traiana (Xanten). Mit 106 x 107 m nimmt die T.anlage eine ganze Insula (Häuserblock) ein. Mit den hintereinanderliegenden Baderäumen gehört sie zum sog. Reihentyp. An die Eingangshalle schloß sich das Frigidarium an, gefolgt vom Tepidarium und dem Caldarium mit Öfen. Westlich der Baderäume befand sich die Palästra. Der Baukomplex war von Hallen gesäumt. Das verbrauchte Badewasser wurde zur Latrine in der südwestlichen Ecke der Anlage geleitet und anschließend weiter in den Rhein geführt. → Colonia Ulpia Traiana.

Thermen, Milet. Die große T.anlage südlich des Theaters ist wahrscheinlich eine Stiftung von Faustina minor, der Gattin Mark Aurels, die sich 164 n. Chr. in Ephesos aufhielt. Der unregelmäßige Aufbau und die Abweichung in der Ausrichtung zu den anderen Bauten der Stadt lassen vermuten, daß die T. in ein Stück unbebautetes Gelände eingegliedert wurden. An einen annähernd quadratischen Vorraum mit Apsis, in dem Statuen des Apollon und der neun Musen (heute im Archäologischen Museum, Istanbul) gefunden wurden, schließt ein etwa 80 m langer Raum an mit jeweils 13 Nischen an den Langseiten. Wahrscheinlich war es der Umkleideraum. Westlich davon öffnete sich eine große Palästra, östlich ballen sich die unterschiedlich beheizbaren Baderäume, wie Frigidarium, Tepidarium, Caldarium und Sudatorium, sowie die Heizräume, deren heiße Luft über Fußböden mit Hypokausten und durch Röhren innerhalb der Wände weitergeleitet wurde. → Milet.

Thermen, Pompeji. Mit dem Bau der Stabianer Thermen, benannt nach der Via Stabiana, wurde im 2. Jh. v. Chr. begonnen. Eine Inschrift berichtet von umfassenden Restaurierungen, die kurz vor 80 v. Chr. vorgenommen wurden. Der Eingang zu den T. befindet sich auf der Südseite. Die Badeanlagen und zahlreiche andere Räumlichkeiten gruppieren sich um eine Palästra. Auf der Westseite liegt das Schwimmbecken, gerahmt von zwei kleinen Räumen mit Wasserbecken, die wohl zur Reinigung dienten. An der Ostseite der Palästra befinden sich die eigentlichen Baderäume, wie Apodyterium, Tepidarium, Caldarium und Frigidarium, unterteilt in Männer- und Frauenbereich. An der Nordseite führt ein schmaler Gang zu kleinen Einzelbädern, die zu einer Thermenanlage des späten 6. Jh. v. Chr., einer der ältesten im italischen Raum, gehörten. → Pompeji.

Literatur: H. Eschebach: Die Stabianer Thermen in Pompeji. Berlin 1979.

Thermen, Rom. Der Bau der Caracalla-T. wurde 212 n. Chr. unter dem gleichnamigen Kaiser begonnen, bereits vier Jahre später fand die Einweihung statt. Trotz zahlreicher Wiederaufbau- und Reparaturarbeiten konnten sie über Jahrhunderte in Betrieb bleiben, bis 537 n. Chr. die Goten die Wasserzufuhr abschnitten. Danach waren sie dem Verfall überlassen. Sie veranschaulichen den sog. Kaisertyp (→ Thermen). Die eigentliche Badeanlage mißt 220 x 114 m. Vier Eingänge auf ihrer Nordostseite ermöglichten den Zugang. Die verschiedenen Räumlichkeiten sind symmetrisch um eine Mittelachse angelegt. In der Achse selbst liegen die wichtigsten Bereiche: Caldarium, Tepidarium, Frigidarium und Natatio.

Der Kernbau war von einer weiträumigen Gartenanlage umgeben, die von einer unter Severus Alexander (222–235 n. Chr.) errichteten Umfassung eingegrenzt wurde. Diese beherbergte Exedren, Bibliotheken und eine große Zisterne. Im Nordosten bildete sie einen großen Portikus, von dem

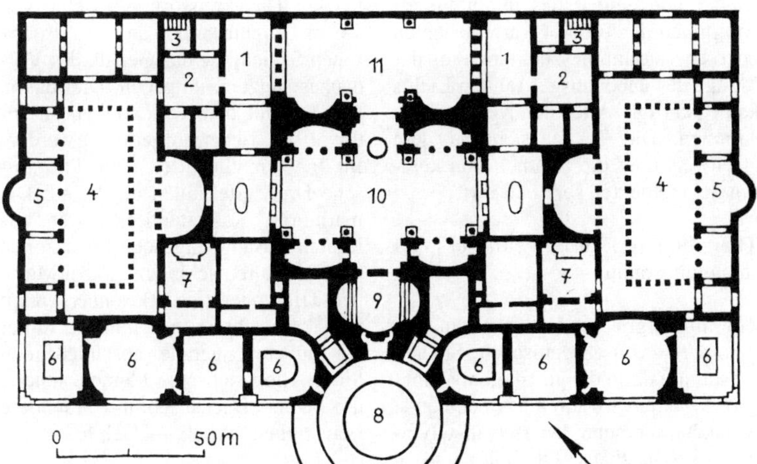

Rom: Caracalla-Thermen (Kernbau)
1 Eingang 2 Vorraum 3 Treppe zum Apodyterium (Umkleideraum) 4 Palästra (Sportanlage) 5 Aufenthaltsraum 6 Sudationes (Warmlufträume) 7 Laconicum (Schwitzbad) 8 Caldarium (Warmwasserbad) 9 Tepidarium (Abkühlraum) 10 Frigidarium (Kaltwasserbad) 11 Natatio (Schwimmbad)

heute nicht mehr viel erhalten ist. Dort waren Läden und mit großer Wahrscheinlichkeit auch Zimmer für das Dienstpersonal untergebracht. → Rom.
Literatur: E. Brödner: Untersuchungen an den Caracallathermen. Berlin 1951.

Thermolumineszenzdatierung. Die Thermolumineszenzmethode beschränkt sich auf die Datierung von Keramik. Sie beruht auf der Erkenntnis, daß sich in jeder Keramikmasse Spuren radioaktiven Materials befinden, die durch Aussendung von Gammastrahlen sowie Alpha- und Beta-Teilchenstrahlung eine Ionisation hervorrufen. Die freiwerdenden Elektronen verändern die Kristallstruktur der Keramik. Bei Erhitzung einer Keramikprobe auf etwa 500°C lösen sich die Elektronen wieder und zeigen das durch kurzes Aufglühen der Probe (Wärmeleuchten oder Thermolumineszenz) an. Aus der Menge des dabei ausgestrahlten Lichts kann man das Alter der Keramik bestimmen. Die T. hat sich bei dem Nachweis über die Echtheit von keramischen Objekten sehr bewährt.

Thersilion (griech.). Weltlicher Versammlungsraum.

Thesauros (griech.). Schatzhaus in Heiligtümern, von griechischen Städten erbaut, um darin die gestifteten Weihegaben aufzubewahren. Bedeutende Schatzhäuser befanden sich in Olympia (→ Schatzhaus, Olympia) und in Delphi (→ Schatzhaus, Delphi).

Tholos (griech.). Sakraler Rundbau mit oder ohne äußerem Säulenumgang. Ursprünglich war die T. die bauliche Umfassung einer Opfergabe oder eines Grabes, später diente sie kultischen Zwecken oder der Erinnerung an einen bedeutenden Verstorbenen (Heroon).

Tholos, Athen. Um 465 v. Chr. wurde die T. auf der Agora errichtet. Ihre Wände bestanden im unteren Bereich aus Porosquadern, im oberen aus Lehmziegeln. Sechs freistehende Säulen dienten dem konischen Dach als Stütze, das einen Raum von etwa 18 m im Durchmesser überdecken mußte. In augusteischer Zeit baute man vor den Eingang ein Propylon. Unter Hadrian wurden die Dachstützen entfernt und der Boden mit Marmorplatten ausgelegt. → Agora, Athen.

Tholos, Delphi. Der Rundbau in der Marmaria entstand Anfang des 4. Jh. v. Chr. Die kreisförmige Cella von 8,6 m Durchmesser war von 20 dorischen Säulen, die das Gebälk des Vordaches stützten, umgeben. Drei davon konnten mit dem zugehörigen Architrav 1938 wieder aufgerichtet werden. Im Inneren gliederten zehn korinthische Dreiviertelsäulen die Wand. Die marmorne Kassettendecke war aus Rauten zusammengesetzt; Amazonen und Kentauren schmückten den Metopen-Triglyphenfries. Besonders reich war der Dachrand geschmückt: hinter der äußeren, gerade abschließenden Sima erhob sich eine kleinere innere, die dem Dachabschluß besondere Leichtigkeit verlieh. → Delphi.

Tholos, Epidauros. Das Fundament der im 4. Jh. v. Chr. errichteten T. bildeten sechs konzentrische Mauern, von denen die drei inneren labyrinthartig durch Türen miteinander verbunden waren. Über einem dreistufigen Unterbau von ca. 20 m Durchmesser erhob sich die runde Cella mit einer Peristasis von 26 dorischen Säulen. Weitere 14 Säulen mit korinthischen Kapitellen bildeten im Inneren der Cella einen schmalen Umgang. Die reiche Ausstattung dieses ungewöhnlichen Baus, dessen Bedeutung nicht bekannt ist, manifestiert sich in der üppigen Marmorverkleidung, dem schwarzweißen Rautenmosaik des Fußbodens und der reich ornamentierten und bemalten Decke. Ihr Architekt war Polykleitos der Jüngere. → Asklepieion, Epidauros.

Tholos, Olympia. Das Philippeion wurde nach 338 v. Chr. von König Philipp II. in Auftrag gegeben, aber erst unter seinem Sohn Alexander vollendet. Über einem dreistufigen Unterbau erhob sich die Cella mit einer Peristasis von 18 ionischen Säulen. In ihrem Inneren gliederten neun korinthische Halbsäulen die Wände. Auf einer gekrümmten Basis standen fünf von Leochares gefertigte Goldelfenbeinbilder, die Alexander den Großen, seine Eltern, Philipp und Olympia, sowie seine Großeltern, Amynthas und Eurydike, darstellten. Überdacht war die Cella mit einer hölzernen Decke, die sich im äußeren Umgang als steinerne Kassettendecke fortsetzte. Darüber erhob sich ein Ziegeldach, dessen hölzerner Firstknauf die Gestalt einer Mohnkapsel hatte. → Olympia.

Thymele (griech.). Opferstätte, der Altar des Dionysos in der Mitte der Orchestra des griechischen Theaters.

Thymiaterion (griech.). Räuchergerät, meist auf hohem Fuß in Form eines Kandelabers, aus Bronze, seltener aus Terrakotta oder Stein. Verwendung bei Kulthandlungen, festlichen Umzügen oder beim Symposion.

Tibur (Tivoli). Die alte Latinerstadt liegt rund 30 km nordöstlich von Rom. Sie ist bekannt wegen der Villa Hadriana, dem größten und luxuriösesten Wohnsitz, den sich je ein römischer Kaiser geschaffen hat.

Geschichte: Wann das antike T. gegründet wurde, ist nicht bekannt. Es trat erst in die Geschichte ein, als der römische Diktator Marcus Furius Camillus 380 v. Chr. die Stadt besetzte. Camillus war der Eroberer der mächtigen Etruskerstadt Veii (396 v. Chr.). T. wurde zum Sommersitz bedeutender Römer, die hier ihre prächtigen Villen mit herrlichen Parkanlagen schufen, wie Marius, der Sieger über den Numidierkönig Jugurtha, über die Kimbern und die Teutonen (156–86 v. Chr.), der Historiker Sallust (87–35 v. Chr.), der römische Dichter Horaz (65–8 v. Chr.), der Feldherr Varus, der im Jahre 9 n. Chr. die Schlacht im Teutoburger Wald verlor, sowie die Kaiser Trajan (98–117) und Hadrian (117–138). Hadrian ließ sich in den Jahren 125 bis 135 etwa 2 km östlich von T. die Villa Hadriana, eine ausgedehnte Gebäude- und Parkanlage, als Alterssitz erstellen. Seine Nachfolger übernahmen die Villa und hielten sie sorgsam instand. Erst Konstantin der Große holte sich die wertvollsten Kunstwerke nach Konstantinopel, der neuen Hauptstadt des Römischen Reiches. Von da an verfiel die Villa. 410 wurde sie von den Westgoten geplündert und diente im Mittelalter als Steinbruch.

Forschungsgeschichte: Die Ausgrabungen auf dem Gelände der Villa Hadriana begannen unter Papst Alexander VI. (1492–1503). Es kamen zahlreiche Kunstschätze zum Vorschein, die heute über fast alle Antikenmuseen der Welt verstreut sind. 1870 erwarb der italienische Staat die Villa Hadriana und beauftragte Archäologen mit der systematischen Untersuchung des riesigen Terrains. Die Arbeiten sind noch nicht abgeschlossen.

Archäologische Stätte: Auf seinen ausgedehnten Reisen durch das römische Imperium hatte Kaiser Hadrian viele griechische und ägyptische Bauwerke kennengelernt, die ihm so sehr gefielen, daß er sie auf dem weitläufigen Gelände der Villa Hadriana wiedererstehen ließ. Da ist z.B. die *Pecile* (Poikile), ein großer, von Säulenhallen und hohen Mauern umgebener Hof mit einem Schwimmbecken in der Mitte. Der Hof ist 232 m lang und 97 m breit; das Becken mißt 106 x 26 m. Die 9 m hohe Nordmauer ist nahezu vollständig erhalten. Die Pecile ist eine freie Nachbildung der Stoa Poikile (bunte Halle) in Athen. Das sog. *Teatro Marittimo* (Seetheater), auch Portico rotondo genannt, ist ein Rundbau von 42 m Durchmesser mit umlaufendem marmornen Säulengang. Ein 4,8 m breiter Wassergraben trennt den Säulengang von der »Insel der Einsamkeit« in der Mitte der Anlage. Die Insel hatte einen Durchmesser von 24,5 m und war nur über einen einziehbaren Steg erreichbar. Auf der Insel stand ein kleiner Pavillon mit einigen Räumen, in denen der Kaiser ungestört arbeiten konnte.

Um den *Cortile delle Biblioteche* (Hof der Bibliotheken) lagen je eine griechische und lateinische Bibliothek und das Gästehaus. Die 60 x 51 m große *Piazza d'Oro* (Goldener Platz) war von einem Säulengang mit 60 Säulen umgeben. Der *Canopo* ist ein 120 m langes Wasserbecken, das den Nilkanal zwischen Alexandria und dem Luxusbadeort Kanopos (Canopus) imitiert. Das Becken wurde zum Teil in den Tuffstein gehauen. Es endet vor einem *Serapis-Tempel*, dessen Original in Ägypten ein vielbesuchter Wallfahrtsort war. Kleine und große Thermen mit eindrucksvollen Gewölbekonstruktionen, mehrere Nymphäen, ein Stadion, Kasernen für die Palastwache und die kaiserliche Garde, ein griechisches Theater für 500 Zuschauer sind weitere antike Bauwerke im Bereich der Villa Hadriana. Inzwischen wurden die Ruinen hervorragend restauriert, die Becken wieder mit Wasser gefüllt. Die heutige Kleinstadt Tivoli liegt genau über dem alten T. Römische Relikte sind kaum mehr vorhanden. Lediglich der *Vesta-Tempel*, ein Rundtempel aus dem 2. Jh. v. Chr., erhebt sich auf der Akropolis über der Schlucht des Fiume Aniene. Man nennt ihn auch Sibyllen-Tempel, weil hier einst die tiburtinische Sibylle verehrt wurde. Daneben steht ein älterer, rechteckiger Tempel ionischen Stils. Die beiden Tempel erinnern in ihrem Aussehen an die Heiligtümer auf dem Forum Boarium in Rom. Sie wurden im Mittelalter in Kirchen umgewandelt und sind daher gut erhalten.

Literatur: H. Kähler: Hadrian und seine Villa bei Tivoli. Berlin 1950; A. Hoffmann: Das Gartenstadion in der Villa Hadriana. Mainz 1980; J. Raeder: Die statuarische Ausstattung der Villa Hadriana bei Tivoli. Frankfurt a. M. 1983; M. Ueblacker: Das Teatro Marittimo in der Villa Hadriana. Mainz 1985; M. de Franceschini: Villa Adriana. Mosaici, pavimenti, edifici. Rom 1991; W.L. Macdonald u. J.A. Pinto: Hadrian's Villa and its Legacy. New Haven, London 1995.

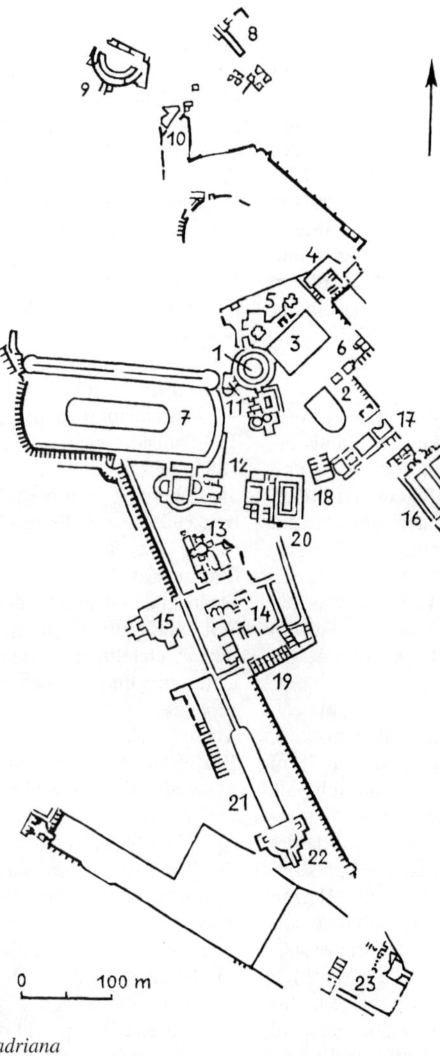

Tibur: Villa Hadriana
1 Teatro Marittimo 2 Kaiserpalast 3 Cortile delle Biblioteche 4 lateinische Bibliothek 5 griechische Bibliothek 6 Gästehaus 7 Pecile (Poikile) 8 Palästra 9 griechisches Theater 10 Nymphäum 11 Philosophensaal 12 Stadion 13 kleine Thermen 14 große Thermen 15 Vestibolo 16 Piazza d'Oro 17 Nymphäum 18 Kaserne der Palastwache 19 Kaserne der kaiserlichen Garde 20 Krytoportikus 21 Canopo 22 Serapis-Tempel 23 Accademia

Timgad. → Tamugadi.

Timotheos. Griechischer Bildhauer des 4. Jh. v. Chr. Seine Herkunft aus Epidauros ist nicht gesichert. Dort soll er die Akroterien der Westseite des Asklepios-Tempels und Typoi (Modelle der Giebelfiguren) angefertigt haben (→ Asklepieion, Epidauros). Neben → Bryaxis, → Leochares und → Skopas hat er auch am Mausoleum von Halikarnassos (→ Mausoleum, Halikarnassos) in Karien, Westkleinasien, mitgearbeitet.

Tiryns. Die wohl imposanteste vorgeschichtliche Burg Griechenlands erhebt sich 7 km östlich von Argos und 16 km südlich von Mykene auf einem nur 10 bis 18 m hohen Felsplateau. Den berühmten griechischen Geographen und Reiseschriftsteller → Pausanias (2. Jh. n. Chr.) beeindruckte die Kyklopenburg T. (Stadt der Türme) nicht weniger als die Pyramiden Ägyptens.

Geschichte: Das flache Felsplateau von T. war schon im späten 3. Jt. v. Chr. bewohnt. Ein Rundbau von 28 m Durchmesser diente vermutlich als Wehrturm und Fürstensitz. In der ersten Hälfte des 2. Jt. v. Chr. wurde die Siedlung auf dem Plateau befestigt. Um 1400 v. Chr. bauten die Herren von T. die Verteidigungsanlagen auf der Oberburg aus. Etwa 100 Jahre später befestigten sie auch die nördlich anschließende Unterburg als Fluchtburg. Ende des 13. Jh. v. Chr. entstand der Palast – so wie er heute sichtbar ist – mit Fresken, Badezimmer und Kanalisation. Bald danach – wohl noch vor 1200 v. Chr. – zerstörte ein starkes Erdbeben die Burg. Im Laufe der folgenden Jahrhunderte erholte sich T. wieder. Zusammen mit Mykene und anderen griechischen Städten nahm T. an der siegreichen Schlacht bei Platäa (479 v. Chr.) gegen die Perser teil. Argos, das sich neutral verhalten hatte, neidete seinen beiden Nachbarstädten den Triumph und begann einen langjährigen Streit, der 468 v. Chr. mit der Eroberung von T. und Mykene durch die argivischen Truppen endete. In hellenistischer Zeit war T. wieder eine respektable Siedlung. Die Unterburg wurde erst nach dem 13. Jh. n. Chr. aufgegeben.

Forschungsgeschichte: Nachdem H. → Schliemann im Jahre 1876 die Burg T. lokalisiert hatte, legte er 1884 bis 1885 zusammen mit W. → Dörpfeld die Oberburg mit dem Königspalast frei. 1905 setzten Dörpfeld und G. Karo die Arbeiten fort. 1926 bis 1929 führten Karo, E. Kunze und K. Müller ergänzende Untersuchungen durch. Seit 1962 gruben deutsche und griechische Archäologen in dem Bereich der Unterburg und der den Burgberg umgebenden Stadt.

Archäologische Stätte: Die etwa 300 m lange und bis zu 100 m breite *Akropolis*, die von Süden nach Norden von 18 m auf 10 m Höhe abfällt, ist von einer gewaltigen *Kyklopenmauer* (um 1400 v. Chr.) eingefaßt. Das 7 bis 10 m dicke Mauerwerk besteht aus mächtigen, kaum behauenen Steinblöcken, von denen die größten bis zu 13 Tonnen wiegen. Die Steinmauer war von Lehmziegeln gekrönt. Eine 4,6 m breite Rampe führt zum Haupttor (Osttor), von wo aus man die Unterburg im Norden sowie die Mittel- und Oberburg im Süden mit dem Königspalast erreicht. Beide Burganlagen sind durch eine Quermauer voneinander getrennt. Ein Tor aus Monolith-

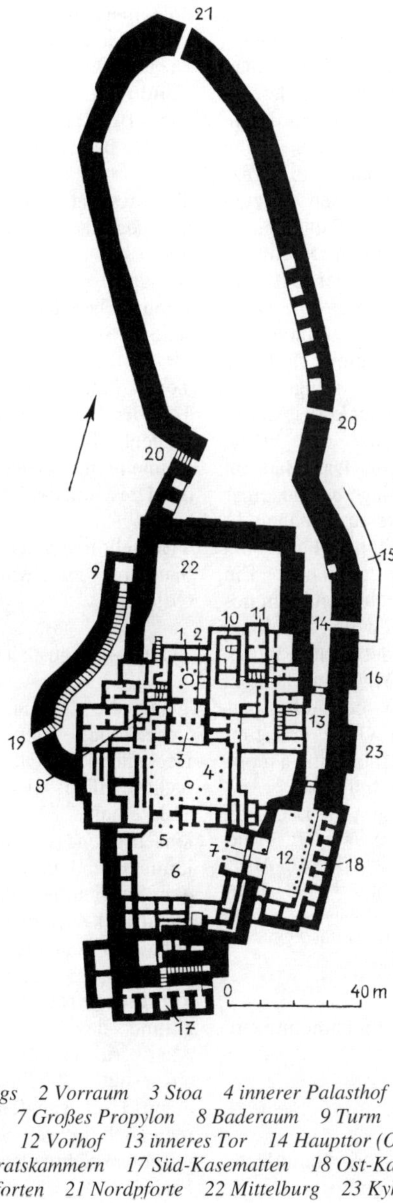

Tiryns
1 Megaron des Königs 2 Vorraum 3 Stoa 4 innerer Palasthof 5 Kleines Propylon 6 äußerer Palasthof 7 Großes Propylon 8 Baderaum 9 Turm 10 Frauen-Megaron 11 Kleines Megaron 12 Vorhof 13 inneres Tor 14 Haupttor (Osttor) 15 Rampe 16 Werkstätten, Vorratskammern 17 Süd-Kasematten 18 Ost-Kasematten 19 Westpforte 20 Ausfallpforten 21 Nordpforte 22 Mittelburg 23 Kyklopenmauer

blöcken, das dem Löwentor in Mykene gleicht, bildet den Eingang zur Oberburg. Durch ein Propylon betritt man den *Königspalast*, der in seiner letzten Gestalt um 1200 v. Chr. entstand. Sein bedeutendster Raum war das große Megaron, der Thronsaal. Vier Holzsäulen auf steinernen Basen stützten das Dach. Die Mitte des Saales nahm ein runder Herd mit einem Durchmesser von 3,3 m ein. Vor der Ostwand stand der Thron des Königs. Die Wände waren mit Fresken im minoischen Stil geschmückt. Berühmt sind die Darstellungen eines Stierspringers und einer Dame mit Schmuckkorb. An das große Megaron grenzt das kleine Megaron der Königin. Das Bad im Westen der Palastanlage ist an einer großen Kalksteinplatte zu erkennen. In die östliche und südliche Mauer sind die sog. *Kasematten* eingebaut. Ein 30 m langer, 1,9 m breiter und 4 m hoher Gang mit Kraggewölbe innerhalb der Ostmauer verbindet sechs Räume, die vermutlich als Magazin dienten. Die Süd-Kasematten bestanden aus einem 20 m langen Gang und fünf Räumen. Im Westen führt eine Treppe zu einer winzigen Ausfallpforte.

Literatur: Tiryns (hrsg. vom Deutschen Archäologischen Institut). Bd. 1 ff. Mainz 1912 ff.; W. Voigtländer: Tiryns. Athen 1972; U. Jantzen (Hrsg.): Führer durch Tiryns. Athen 1975; K. Kilian: Ausgrabungen in Tiryns, 1982/83. In: Archäologischer Anzeiger (1988). S. 105 ff.

Titusbogen. → Bogenmonument, Rom, 1.

Tivoli. → Tibur.

Toichobat (griech.). Die Standfläche für die → Cella des Tempels. Der T. liegt meist niedriger als der Stylobat (Standfläche für die Säulen).

Tondo (ital. rund). Antikes Medaillon, auch Bild auf kreisförmiger Fläche, z.B. bei der Trinkschale.

Torques (lat.). Halsreif aus spiralförmig gedrehten Metallbändern (Bronze oder Gold). Der T. war schon bei den Assyrern verbreitet, er war äußeres Kennzeichen der Thraker und der typische Halsschmuck der Kelten.

Torus (lat.). Wulstförmig gerundeter Teil der ionischen und korinthischen Säulenbasis, oft mit waagerechten Kanneluren, Kymation oder Flechtband geschmückt.

Trachelion (griech). Übergang vom Säulenhals zum Kapitell. → Dorische Ordnung.

Trier. → Augusta Treverorum.

Triglyphe (griech.). Steinplatte zur Verkleidung der Stirnseiten der Deckenbalken. Die T. hat drei senkrechte Rillen: zwei volle und zwei äußere halbe. Sie sitzen über der Säulenachse und der Mitte des Interkolumnien und bilden im Wechsel mit den → Metopen den Fries (Triglyphenfries) über dem → Architrav des dorischen Tempels.

Triklinium (lat.-griech.). Das Speisezimmer des römischen Wohnhauses, nach griechischer Sitte mit Liegen ausgestattet, die in Hufeisenform um einen Tisch standen. Triklinien legte man auch im Freien an, am Garten unter einem Schutzdach oder unter einer Pergola.

Trilithon (griech.). Vorgeschichtliche Steinsetzung aus drei Blöcken. Zwei aufrecht stehende Steine werden duch einen horizontal darüber liegenden Stein verbunden, so daß eine Art Tor entsteht.

Tripylon (griech.). Bauwerk mit drei nebeneinanderliegenden Durchgängen.

Triumphbogen. → Bogenmonument.

Trochilos (griech.). Hohlkehle im unteren Teil der ionischen Säulenbasis sowie im mittleren Teil der dreiteiligen attischen Säulenbasis (→ Basis).

Troja (Ilion). In der Troas (Kleinasien), etwa 5 km von den Dardanellen entfernt, auf einem niedrigen Felsplateau gelegen. Eine 3000jährige Geschichte und die Überlieferung, daß hier der von Homer besungene Trojanische Krieg stattgefunden haben könnte, tragen zur Bedeutung des Ortes bei.
Geschichte: Nach der Sage soll Tros, Sohn des Dardanos und Urenkel des Zeus, die Stadt gegründet und ihr seinen Namen gegeben haben.
Entsprechend neuester Erkenntnisse ließen sich bereits um die Mitte des 4. Jt. v. Chr. erste Siedler auf dem Hügel nieder. Die folgenden 46 Besiedlungsschichten lassen sich in neun Hauptperioden zusammenfassen: Troja I (3000–2500): Die etwa 4 m dicke Kulturschicht konnte bisher in zehn Bauhorizonte unterteilt werden. Dieses frühbronzezeitliche T. war eine kleine Siedlung mit megaronartigen Häusern, die von einer Befestigungsmauer aus Bruchsteinen umgeben war. Die zugehörige dunkle Keramik ist handgeformt.
Troja II (2500–2300): Das Burgplateau von etwa 9000 m² war durch zwei große Toranlagen und über eine Rampe im Südwesten der mächtigen Wehrmauer zugänglich. Parallel ausgerichtete und nach Südosten orientierte Megaronbauten erhoben sich im Inneren des Mauerrings. Sieben Bauphasen konnten in dieser 2–3 m dicken Schicht unterschieden werden. Die Funde, Kupfer- und Bronzekrüge, auf der Töpferscheibe hergestellte Keramik, Gewichtsteine, Siegel sowie unzählige Spinnwirtel, zeugen von stark entwickeltem Handwerk und Handel. Hier fand H. → Schliemann auch den sog. Schatz des Priamos (Gold- und Silbergeschirr sowie kostbarer Schmuck). Um 2300 wurde diese Siedlung von einer verheerenden Brandkatastrophe heimgesucht, weshalb Schliemann glaubte, in dieser Schicht das Ilion Homers entdeckt zu haben.
Troja III-V (2300–1700): Weiterentwicklung der Ansiedlung, die im Verlauf der Jahrhunderte eine Ausdehnung von 18 000 m² erreichte. 13 Bauphasen ließen sich während der amerikanischen Grabungen nachweisen (Troja III: 4, Troja IV: 5, Troja V: 4). Die Häuser waren durch enge Gassen in Quartiere unterteilt. Heute sind keine baulichen Reste mehr erkennbar. Die Keramik gleicht der der vorherigen Kulturschicht.
Troja VI (1700–1250): Entstehung einer völlig neuen Burganlage von etwa 20 000 m² mit einer 550 m langen Befestigungsmauer aus Quadersteinen mit mächtigen Türmen und Sägezahnvorsprüngen. Auf ringförmig angelegten Terrassen erhob sich die Innenbebauung. Acht Bauphasen lassen sich unterscheiden. Die zugehörige Nekro-

pole mit Brandbestattungen fand sich südlich der Burg. Eine Unterstadt für den größten Teil der Bevölkerung konnte bisher nicht ausgegraben werden. Die neuartige graue Keramik ist mit der des griechischen Festlands identisch. Ein steigender Import mykenischer Gefäße konnte ebenfalls nachgewiesen werden. Diese Besiedlungsschicht fand ihr Ende durch ein Erdbeben.

Troja VII (1250–1000): In dieser Schicht konnten drei Bauphasen aufgezeigt werden, wobei Troja VIIa mit Troja VI kulturhistorisch übereinstimmt. Häuser und die Wehrmauer wurden repariert, eine dichte und kleinteilige Bebauung folgte. Die mykenische Keramik bezeugt fortwährenden Kontakt zu Griechenland. Ein großer Brand zerstörte die Burg, was die amerikanischen Ausgräber vermuten ließ, bei dieser Schicht handele es sich um das von Homer beschriebene Ilion. Die Bauphase Troja VIIb1 setzte die Tradition fort, Teile der Befestigungsmauer wurden erneuert. In den oberen Schichtbereichen (Troja VIIb2) konnten jedoch neue Kulturelemente, wie z.B. die mit Buckeln verzierte handgeformte Keramik, nachgewiesen werden. Dies läßt auf eine friedliche Übernahme des Ortes, vielleicht durch Einwanderer aus Thrakien, schließen. Dieser Bauhorizont wurde durch Brand zerstört. In den folgenden 300 Jahren war der Hügel wohl nicht besiedelt.

Troja VIII (700–85 v. Chr.): Kleinasiatische Griechen (Äoler) ließen sich in Ilion nieder und bezogen Mauerreste aus Troja VI in ihre neuen Bauten mit ein. Zunächst war es eine bescheidene Siedlung, später, ab dem 3. Jh., gelangte sie durch ihre Kybele- und Athena-Heiligtümer zu größerer Bedeutung. Die Unterstadt im Süden der Burg wurde ausgebaut. 85 v. Chr. zerstörten die Römer Ilion.

Troja IX (85 v. Chr.–5. Jh. n. Chr.): Baldiger Wiederaufbau von Nea Ilion durch die Römer, die diese Stadt aufgrund der Aeneas-Sage als ihre Urheimat ansahen und sie in den folgenden Jahrhunderten mäzenatenhaft förderten. Das Burgplateau mit dem unter Augustus wieder aufgebauten Athena-Tempel wurde als heiliger Bezirk mit einer Mauer umgeben. Ausbau und Ummauerung der Unterstadt. Konstantin der Große plante, hier die Hauptstadt der östlichen Reichshälfte einzurichten, entschied sich dann aber doch für Byzanz.

Forschungsgeschichte: Auf dem über Jahrhunderte künstlich aufgeschichteten Hügel Hisarlik führte der Brite F. Calvert von 1865–1868 erste Probegrabungen durch. 1871–1890 übernahm der deutsche Kaufmann H. → Schliemann die Ausgrabung. 1873 fand er den sog. Schatz des Priamos, den er nach Berlin schaffte, wo die kostbaren Funde 1945 verlorengingen. Seit 1882 nahm der deutsche Archäologe W. → Dörpfeld an den Ausgrabungen teil und setzte sie nach dem Tode Schliemanns (1890) bis 1894 fort. Von 1932–1938 bestätigte der Amerikaner C.W. → Blegen die Forschungsergebnisse Dörpfelds und unterteilte die neun Hauptschichten von T., die von unten nach oben gezählt werden, in insgesamt 46 Besiedlungsphasen. Erst 50 Jahre später, 1988, wurden erneut die Arbeiten in T. aufgenommen, das Team aus deutschen, türkischen und amerikanischen Archäologen steht unter der Leitung von M. Korfmann (Universität Tübingen). Die Funde befinden sich in dem Muse-

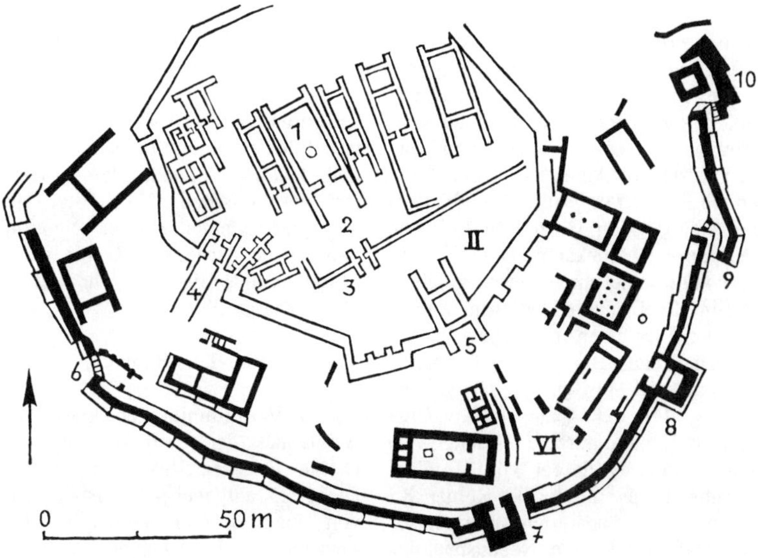

Troja
II Troja II VI Troja VI 1 Großes Megaron 2 Vorhof 3 Hoftor 4 Südwesttor mit Rampe 5 Südosttor 6 Westtor 7 Südtor 8 Südostturm 9 Osttor 10 Nordostbastion mit Zisterne

um für Vor- und Frühgeschichte, Berlin, im Nationalmuseum von Athen und in den Archäologischen Museen von Istanbul und Çanakkale. Zahlreiche Dubletten der Stücke in Berlin wurden zu Lehrzwecken an Universitätssammlungen und kleinere Museen weitergereicht.

Archäologische Stätte: Von *Troja I* sind nur ein Stück der Befestigungsmauer mit Turm und einige Hausmauern aus Bruchsteinen erhalten, deren Aufbauten vermutlich aus luftgetrockneten Lehmziegeln bestanden. *Troja II* war eine große Palastanlage, eventuell mit kultischer Bedeutung, deren Zugang durch die starke Befestigungsmauer über eine 5,55 m breite gepflasterte Rampe erfolgte. Die Mauer hatte einen Unterbau aus unbehauenen Steinen, auf dem sich eine 3 m hohe Schicht aus luftgetrockneten Lehmziegeln erhob. Im Inneren standen fünf parallel zueinander angeordnete große Megaronhäuser. Von diesem Haustyp leiten sich möglicherweise die griechischen Tempelbauten ab. Eine zugehörige Unterstadt konnte bisher nicht nachgewiesen werden. *Troja VI* ist durch den sorgfältig gearbeiteten 4,5–5 m starken Unterbau der Befestigungsmauer präsent. Auf ihm erhob sich ursprünglich ein etwa 3 m hoher Lehmziegelaufbau. Von den radial zur Mitte angeordneten Innenbauten sind mehrere Einraumhäuser sowie die

Stütz- und Grundmauern eines Palasthauses erhalten, die in ihrer sorgfältigen Bearbeitung mit Sägezahnvorsprüngen das Repräsentationsbedürfnis der Bewohner veranschaulichen. Vom griechisch-römischen Ilion zeugen Reste des Athena-Tempels. Über einem 36 x 16 m großen Unterbau erhob sich im 3. Jh. v. Chr. ein dorischer Peripteros. Die bekannte Helios-Metope von diesem Tempel befindet sich in Berlin. Zwei weitere Heiligtümer, vielleicht für Demeter und Kybele, liegen außerhalb der Burgmauer. Eventuell reichen sie bis ins 8. Jh. v. Chr. zurück, für das späte 4. Jh. v. Chr. können Reparaturarbeiten nachgewiesen werden. Nach der völligen Zerstörung Ilions durch die Römer 85 v. Chr. erfolgte spätestens unter Kaiser Augustus wieder ein Neuausbau der Stadt mit ihren Heiligtümern und einer Agora, von der bisher das Odeion und das Buleuterion ausgegraben sind.

Literatur: W. Dörpfeld: Troja und Ilion. Ergebnisse der Ausgrabungen in den vorhistorischen und historischen Schichten von Ilion 1870–1894. 2 Bde. Athen 1902; C.W. Blegen: Troy. Excavations 1932–1938. 8 Bde. Princeton, N.J. 1950–1958; Studia Troica (hrsg. vom Troia-Projekt, Universität Tübingen und Cincinnati). Bd. 1 ff. Mainz 1991 ff.; I. Gamer-Wallert (Hrsg.): Troia. Brücke zwischen Orient und Okzident. Tübingen 1992.

Tropaion (griech., lat. Tropaeum). Siegeszeichen, das ursprünglich an der Stelle, an der sich der Gegner zur Flucht wandte, errichtet wurde. Das erste T. stellten die Griechen in Marathon auf (490 v. Chr.). Später übernahmen die Römer und die Kelten diese Form des Triumphes.

Tschoga Zambil. → Dur Untasch.

Tumba (lat.). Sarkophagartiges Grabmal, oft auf Füßen stehend und von einem Baldachin beschirmt.

Tumulus (lat.). Vor- und frühgeschichtliches Grab mit einer Aufschüttung aus Erde, Sand, Steinen usw., meistens kreisrund. Die ältesten Hügelgräber stammen aus dem Neolithikum; in der Bronzezeit waren sie in Mittel- und Nordeuropa sehr verbreitet. → Kurgan.

Turm zu Babel. → Babylon.

Tušpa (Van). Inmitten des kurdischen Berglandes der Osttürkei liegt am Ostufer des Van-Sees die Stadt Van. Die 1925 aufgegebene Altstadt wird von einem Burgfelsen überragt, dem Zentrum von T., der alten Hauptstadt des Reiches Urartu.

Geschichte: Gegen Mitte des 9. Jh. v. Chr. schlossen sich mehrere Bergstämme im Gebiet des Ararat unter einem König namens Aramu zusammen, um die Angriffe des Assyrerkönigs Salmanassar III. (858–824) abzuwehren. Bald darauf begründete König Sarduri I. das Reich Biainili, das die Assyrer Urartu nannten. Hauptstadt dieses Reiches wurde T., wo die urartäischen Könige in einer mächtigen Burg am Van-Felsen (Van Kalesi) residierten. Im ständigen Kampf mit den Assyrern und anderen Nachbarvölkern vergrößerten die Könige Menua, Argišti I. und Sarduri II. (etwa 760–730) ihr Reich, bis es sich (nach heutigen geographischen Bezeichnungen) zwischen dem türkischen Malatya am Euphratknie und dem iranischen Ardebil am Kaspischen Meer erstreckte. Im Süden verlief die Grenze durch das irakische Kurdistan, im Norden bis zur armeni-

schen Stadt Eriwan. Ein System von Festungen sicherte die eroberten Gebiete und sorgte für eine straffe Verwaltung.
Tiglatpileser III. reorganisierte das assyrische Heer und schlug die Truppen Urartus 742 v. Chr. in Kommagene, einer Landschaft im Nordosten Syriens, um den Zugang zu den anatolischen Erzminen wieder zu öffnen. Auf diesem Feldzug sollen die Assyrer auch T. belagert haben, ohne aber die Hauptstadt einnehmen zu können. Die Besitzungen Urartus gingen bis auf das Kernland verloren. Rusa I. (etwa 730–714/3) verbündete sich mit anatolischen Herrschern wie Mita von Muski (identisch mit König Midas von Phrygien) und dehnte den Herrschaftsbereich Urartus wieder aus. Um die ständige Bedrohung aus dem Norden ein für allemal auszuschalten, begann der Assyrerkönig Sargon II. (721–705) im Jahre 714 einen großen Feldzug gegen Urartu. Am Berg Uauš bereitete er den Truppen König Rusas eine vernichtende Niederlage. Rusa mußte fliehen und beging später Selbstmord. Die Assyrer zogen sengend und plündernd durch das Reich. Aber Urartu behielt seine Unabhängigkeit und richtete sein Interesse nach Westen, Norden und Osten. Rusa II. erbaute die neue Königsburg auf dem Toprakkale bei Van. Er gründete Städte und errichtete gewaltige Festungen. Im späten 8. Jh. v. Chr. fielen die Kimmerer aus den Ländern nördlich des Schwarzen Meeres in Vorderasien ein. Rusa II. drängte sie geschickt nach Westen ab, wo sie 696/95 das Großreich der Phryger zerstörten. Die Urartäer verbündeten sich mit den Kimmerern und einigten sich auch mit den später nachfolgenden Skythen. Selbst zu ihren Erzfeinden, den Assyrern, unterhielten sie im 7. Jh. v. Chr. gute Beziehungen. Über den Untergang von Urartu weiß man nicht viel. Zwischen 594 und 590 dürfte das Reich von Skythen und Medern endgültig vernichtet worden sein. Als letzter König wird Rusa III. angesehen. Später gehörte Urartu zur persischen Satrapie Armina (Armenien). Alexander der Große verzichtete darauf, T. einzunehmen. Nach Alexanders Tod fielen die Gebiete zwischen Van-See und Ararat dem Königreich Pontos zu. Im 1. Jh. v. Chr. gehörte T. zum armenischen Reich.

Forschungsgeschichte: 1827 untersuchte der deutsche Archäologe F.E. Schulz im Auftrag der Asiatischen Gesellschaft Frankreichs Keilinschriften am Van-See und wurde dabei ermordet. 1879 begann der Engländer Clayton auf dem Toprakkale mit ersten Ausgrabungen für das Britische Museum, London, die einige Jahre darauf die Deutschen C.F. Lehmann-Haupt und W. Belck fortsetzten. Die freigelegten Steinquader des Haldi-Tempels wurden danach von den Einwohnern von Van als Baumaterial verwendet. 1959 bis 1961 arbeitete der Türke A. Erzen in dem Palast- und Tempelbezirk auf dem Toprakkale.

Archäologische Stätte: Am Nordwesthang des Van-Felsens legten die Archäologen das Kyklopenmauerwerk einer *Burg* frei, die König Sarduri I. von Urartu im 9. Jh. v. Chr. erbaut hatte. Die Burg war nur durch einen unterirdischen Gang erreichbar. Auf einer Felswand fand man eine Inschrift des Königs Argisti I. (etwa 785/78–760) in assyrischer Keilschrift, aber in urartäischer Sprache. Die Burg wird heute »Felsschloß der Semiramis« genannt. Aus der Zeit des Königs

Menua (etwa 810–785/780) stammt der »Kanal der Semiramis«, eine 70 km lange, großartige *Wasserleitung* zur Versorgung der Hauptstadt, die zum Teil noch heute in Betrieb ist. 4 km von T. entfernt erhebt sich der Hügel *Toprakkale* (Erdburg) mit einer urartäischen Stadt. Hierhin verlegten die Könige von Urartu Ende des 8. Jh. v. Chr. ihre Residenz, deren Name Rusahinili (von Rusa erbaut) war. Auf einer Terrasse stießen die Ausgräber auf die Ruine eines *Tempels*, der *der Gottheit Haldi* (Chaldi) geweiht war. Im Tempelbezirk entdeckten sie herrliche Skulpturen und Metallarbeiten, Bronzekessel, Greifen, Waffen usw. Die urartäischen Bronzen waren berühmt und kamen nach Assyrien, Griechenland und sogar in das etruskische Italien. Die interessantesten Stücke aus den Forschungs- und Raubgrabungen gehören heute zum Bestand des Britischen Museums in London, der Staatlichen Museen zu Berlin und der Eremitage in Leningrad.

Literatur: M. Noyan: Einführung in die Geschichte Vans. Istanbul 1941; M. Salvini: Tušpa, die Hauptstadt von Urartu. In: V. Haas (Hrsg.): Das Reich Urartu. Konstanz 1986. S. 31 ff.

Tympanon (griech. Pauke). Das Giebelfeld des antiken Tempels, meist mit Skulpturengruppen ausgefüllt.

Typologie (griech.). Methode zur Ordnung materieller Hinterlassenschaften entsprechend ihrer äußeren Erscheinung. Sie beruht auf der Beobachtung von Veränderung und Entwicklung von Typen und ermöglicht, unabhängig vom Fundzusammenhang, deren Einbindung in eine relative → Chronologie.

Tyros (Sur). Die Mutterstadt der großen Kolonie Karthago war zeitweise die bedeutendste Stadt Phönikiens.

Geschichte: Über die Gründung von T. gibt es keine Anhaltspunkte. Vermutlich bestand die Siedlung auf einer Felseninsel unmittelbar vor der Küste schon zur Zeit der kanaanäischen Invasion, also im 28. Jh. Seit der Regierungszeit des Pharaos Thutmosis I. (1506–1494) stand T. unter dem Schutz der Ägypter, die den tüchtigen phönikischen Kaufleuten den Seehandel überließen, dafür aber gewisse Tributzahlungen erhielten. Unter dem phönikischen Namen Sor wurde die Stadt in ägyptischen Texten und in den Amarnabriefen erwähnt. Dieses Schutzverhältnis währte bis ins 12. Jh. v. Chr. Um 1200 hatten die sog. Seevölker das Großreich der Hethiter zerschlagen und anschließend die Ägypter hart bedrängt. Nach der Eroberung von Sidon durch die Philister, einer Gruppe der Seevölker, übernahm T. die Führung der phönikischen Seestädte. Als die Truppen des Assyrerkönigs Tiglatpileser I. (etwa 1115–1077) bis ans Mittelmeer vorstießen, war T. so stark, daß es dem König Tributzahlungen verweigern konnte. Abibaal, ein Zeitgenosse Davids, machte sich zum König von T. Sein Sohn Hiram I. (etwa 969–936) unterhielt gute Beziehungen zu Salomo, dem er Zedernholz und Handwerker für den Bau des Tempels von Jerusalem zur Verfügung stellte. Salomo überließ T. dafür Getreide, Öl und 20 Ortschaften Galiläas. Hiram half Salomo beim Bau einer Handelsflotte und beteiligte sich an den Expeditionen nach Ophir, das vermutlich an der Südwestküste des Roten Meeres lag und Gold, Silber, Edelsteine und wertvolle Hölzer bot.

Hiram baute seine Residenz T. auf der Felseninsel zu einer uneinnehmbaren Festung aus. Schiffe aus T. und den anderen Hafenstädten Phönikiens beherrschten den Handel auf dem Mittelmeer bis in den Atlantik hinein. Die Epoche von 1150 bis 830 war die Zeit der höchsten Blüte für das Seefahrervolk, das niemals ein Reich gegründet hat, sondern nur aus Stadtstaaten wie T., Sidon und Byblos bestand. Vor 1200 v. Chr. gehörte auch Ugarit dazu.

T. gründete Kolonien auf Zypern (Kition), auf Sizilien (Panormos), auf Malta, Sardinien, in Nordafrika (Karthago und Utica) und in Spanien (Gades). Den Höhepunkt seiner wirtschaftlichen Machtentfaltung erreichte es unter seinem König Ittobaal I. (887–856), der seine Tochter Isebel mit dem König Ahab von Israel verheiratete. Im späten 8. und im 7. Jh. v. Chr. drängten die Assyrer abermals ans Mittelmeer. T. verlor die der Insel gegenüberliegende Festlandstadt Palaityros (T. auf dem Festland) und sein ganzes Hinterland. Auf der Felseninsel aber konnte die Stadt allen Angriffen trotzen. Tiglatpileser III. (744–727), Salmanassar V. (726–722), Sargon II. (721–705) und Sanherib (705–681), sie alle mußten wieder abziehen. Sogar der neubabylonische König Nebukadnezar II., der 587 v. Chr. Jerusalem erobert und die Juden in die babylonische Gefangenschaft geführt hatte, belagerte die Inselfestung 13 Jahre lang, von 587 bis 574, vergeblich. Aber die Macht von T. war gebrochen. Seine Kolonie Karthago hatte sich von der Mutterstadt gelöst, die phönikischen Kolonien übernommen und eigene Niederlassungen gegründet. T. blieben nur noch seine Schiffe, mit denen es nach wie vor Waren aus aller Welt transportierte. Um 600 v. Chr. umfuhren Schiffe aus T. im Auftrag des ägyptischen Pharaos Necho II. vom Roten Meer aus Afrika, fast 900 Jahre vor dem portugiesischen Seefahrer Bartholomäus Diaz.

332 v. Chr. griff Alexander der Große die Stadt an. Er baute einen gewaltigen Damm und konnte nach fünfmonatiger Belagerung die Stadt einnehmen. Die Bewohner wurden getötet oder in die Sklaverei verschleppt. Die große Zeit der Seefahrerstadt war endgültig vorbei. 313 v. Chr. eroberte Antigonos die Stadt. Später kamen die Seleukiden. 64 v. Chr. fiel T. mit ganz Syrien unter die Herrschaft Roms. Glasverarbeitung und Purpurgewinnung gaben der Stadt, die sich jetzt Tyrus schrieb, noch lange eine gewisse Bedeutung. Sie behielt sogar das Recht, eigene Münzen zu prägen. Um 200 n. Chr. wurde sie Hauptstadt der römischen Provinz Syria Phoenice.

Forschungsgeschichte: Die archäologischen Untersuchungen des alten Stadtgebietes von T. haben bislang keine nennenswerten Ergebnisse gebracht. Zwar kamen durch die Ausgrabungen unter Emir M. Chebab mehrere phönikische Bauwerke zum Vorschein, nicht aber die großen Bauten des Königspalastes und auch nicht der berühmte Tempel des Stadtgottes Melkart. Mit den Mitteln der modernen Archäologie (Luftaufnahmen und Unterwassererkundungen) erforschte P.A. Poidebard, ein Pionier der Luftbildarchäologie, 1935 bis 1936 die antiken Hafenanlagen.

Archäologische Stätte: T. hatte zwei Häfen: den *Sidonischen Hafen* im Norden und den *Ägyptischen Hafen* im Süden der heutigen Halbinsel. In beiden

Häfen sind unterhalb des Meeresspiegels noch alte Molen sowie Fundamente schwerer Verteidigungsanlagen zu erkennen. Die Außenmole des Südhafens war mehr als 750 m lang und etwa 8 m breit. Am Südhafen wurden zahlreiche Bauwerke aus hellenistischer und römischer Zeit freigelegt. Eine 10 m breite *Säulenhallenstraße* verband einst die beiden Häfen. Das hellenistische *Theater* hatte U-förmig angeordnete Sitzstufen, so daß es eher als Buleuterion (Sitz der Ratsversammlung) zu bezeichnen ist. Im 2. Jh. n. Chr. wurde der Südhafen teilweise zugeschüttet, um Platz für einen neuen Stadtteil zu schaffen. Hier bauten die Römer einen *Tempel*, der inzwischen restauriert wurde.

Etwa 7 km südlich von T. liegen nahe der Festlandsstadt Palaityros (heute Tell Rechidiye) die Quellen von Râs el-Ain. Vier riesige *Wasserbehälter* sammelten das Quellwasser und leiteten es in verschiedene Richtungen ab. Der größte Behälter ist 5 m hoch und sechseckig, seine Seitenlänge beträgt 8,5 m. Die Wände aus Kieselsteinen und einer zementartigen Bindung sind über 3 m dick. Eine der *Wasserleitungen* führte unterirdisch und über Aquädukte bis nach T. König Salomo (16. Jh. v. Chr.) soll das Wasserversorgungssystem den Tyriern als Dank für die Unterstützung beim Bau des Tempels von Jerusalem errichtet haben. Im 8. Jh. v. Chr. sperrte der Assyrerkönig Salmanassar V. die Wasserzufuhr, um die Felseninsel zur Kapitulation zu zwingen. T. hielt der Belagerung stand. Man weiß nicht, wie das Wasser damals zur Insel geführt wurde. Die heute sichtbaren Anlagen stammen größtenteils aus römischer Zeit. Lediglich die unterirdischen Leitungen sind phönikischen Ursprungs.

Literatur: A. Poidebard: Un grand port disparu: Tyros. 2 Bde. Paris 1939; N. Jidejian: Tyre through the Ages. Beirut 1969; H.J. Katzenstein: The History of Tyre. From the Beginning of the Second Millenium B.C.E. until the Fall of the Neo-Babylonian Empire in 538 B.C.E. Jerusalem 1973.

U

Ubaid-Kultur (Obeid-Kultur). Vorgeschichtliche Kulturperiode Mesopotamiens, etwa 4000–3400 v. Chr., benannt nach dem ersten Fundort Tall al-Ubaid (Tell el-Obeid) bei → Ur (Irak). Kennzeichnend für diese Epoche ist eine lederfarbene bis grünliche Keramik, verziert mit einfachen dunkelbraunen Mustern.

Ugarit (Ras Schamra, Fenchelkap). Die phönikische Handelsstadt liegt an der syrischen Mittelmeerküste etwa 15 km nördlich von Latakia (Al Ladhakijja). Hier wurde das berühmte »Alphabet von U.«, die älteste alphabetische Keilschrift, Ursprung des späteren griechischen und damit auch unseres Alphabets gefunden.

Geschichte: Die ältesten Siedlungsschichten des Tell Ras Schamra datieren aus dem 7. Jt. Damals bauten die Bewohner von U. einfache Häuser mit abgerundeten Ecken aus ungebrannten Lehmziegeln. Auch erste Wehranlagen aus dieser Zeit konnten ausgegraben werden. Keramik und Metalle waren noch unbekannt. In den Schichten des 5. und 4. Jt. treten Tongefäße auf, die auf mesopotamische Einflüsse schließen lassen. Auch im 3. Jt. v. Chr. haben die Feldzüge Sargons von Akkad (etwa 2350–2294) deutliche mesopotamische Spuren hinterlassen. Im 23. Jh. v. Chr. ließen sich die Phöniker, ein vermutlich mit den Kanaanäern identisches Volk, in U. nieder. Schon sehr früh unterhielten sie rege Handelsbeziehungen zu Ägypten und zu den mesopotamischen Stadtstaaten. Als im 19. Jh. v. Chr. die Hethiter ihr Reich bis Syrien ausdehnten, stellte sich U., inzwischen ein Stadtstaat mit rund 100 Ortschaften, unter den Schutz der ägyptischen Pharaonen. Im Grenzbereich der beiden Großmächte Hatti (Hethiterreich) und Ägypten entwickelte sich U. zu einer blühenden Handelsstadt. Hier trafen sich Karawanen aus Mesopotamien mit Kaufleuten aus Kreta, die seit dem 17. Jh. v. Chr. in U. eine Handelsniederlassung besaßen.

Im 17. Jh. v. Chr. drangen die Churriter in Syrien, Palästina und Ägypten ein. Fast zweihundert Jahre herrschten sie auch über U., dessen Handelstätigkeit dadurch aber kaum beeinträchtigt wurde. Als der Hethiterkönig Mursili I. Mitte des 16. Jh. v. Chr. mit seinen Truppen das churritische Reich (Mitanni) überrollte und bis Babylon vorstieß, gelang es den Ägyptern, die ebenfalls churritischen Hyksos vom ägyptischen Thron zu vertreiben. Die phönikischen Seestädte kamen wieder unter die Schutzherrschaft Ägyptens. In U. errichteten die Pharaonen eine Garnison; trotzdem schien die Stadt eine gewisse Selbständigkeit zu bewahren.

Im 15. und 14. Jh. erreichte U. seine größte Blüte. In dieser Zeit entstand hier die erste Alphabetschrift. Bronzewaren aus U. waren im ganzen Mittelmeerraum begehrt. Die Gewinnung

von Purpur gab den Phönikern sogar ihren Namen (Phönikien, Land des Purpur, aber auch Kanaan, Purpur). Die Handelsbeziehungen zu Zypern und zur Ägäis verdichteten sich. Seit dem 14. Jh. v. Chr. ließen sich immer mehr Achäer in der Stadt nieder. Und immer taktierte U. geschickt zwischen dem ägyptischen und dem hethitischen Reich.
1365 v. Chr. wurde die Stadt von einem Erdbeben und einer Brandkatastrophe heimgesucht. Davon erfuhr man aus einem in Amarna (Ägypten) gefundenen Brief des Königs Abimilki von Tyros an Pharao Amenophis IV. (Echnaton). Etwa um 1350 v. Chr. erweiterte der Hethiterkönig Suppiluliuma I. seinen Machtbereich bis weit nach Syrien hinein. Niqmadu II., König von U., schloß mit ihm einen Schutzvertrag. Als es 1286/85 v. Chr. zum Zusammenstoß der beiden Großmächte kam, beteiligte sich U. mit einer kleineren Truppeneinheit auf der Seite der Hethiter. Die Schlacht bei Kadesch endete unentschieden. Allerdings kam Syrien und damit auch U. wieder unter ägyptischen Einfluß. Mit dem Einfall der sog. Seevölker, die um 1190 v. Chr. das Hethiterreich auslöschten und auch Ägypten in große Bedrängnis brachten, endet die Geschichte von U., das seit seiner Besiedlung durch die Phöniker niemals zuvor von einer feindlichen Macht zerstört worden war. Von nun an war es nur noch eine unbedeutende Siedlung. Vom 6. bis 4. Jh. v. Chr. unterhielten griechische Kaufleute in U. eine kleine Faktorei.

Forschungsgeschichte: 1928 stieß ein pflügender Bauer auf dem Tell Ras Schamra auf Relikte aus dem 2. Jt. v. Chr. Daraufhin begannen französische Archäologen unter Leitung von C.F.A. → Schaeffer 1929 mit systematischen Ausgrabungen. Noch im selben Jahr gelang es H. Bauer und C. Virolleaud, die in den Archiven des Königspalastes entdeckte Alphabetschrift zu entziffern. 1933 konnte Schaeffer die alte Stadt als das altphönikische U. identifizieren, das bereits im 14. Jh. v. Chr. in den Amarnabriefen erwähnt worden war. Die 1939 unterbrochenen Ausgrabungen wurden bald nach Kriegsende wieder aufgenommen. In den 60er Jahren kamen u.a. auch zwei Fragmente einer Keilschrifttafel zum Vorschein, die als bisher älteste bekannte Notenschrift identifiziert werden konnte.
Die Fundstücke von Ras Schamra, darunter die zahlreichen Schrifttafeln, befinden sich im Nationalmuseum in Damaskus. Einige Funde sind auch in Aleppo untergebracht.

Archäologische Stätte: Der im Durchschnitt etwa 18 m hohe Tell von Ras Schamra trug die Oberstadt von U. mit dem festungsartig ausgebauten *Königspalast.* Die Anlage stammt aus dem 15. Jh. v. Chr. Ein mächtiger Turm mit 5 m dickem Mauerwerk und einem quadratischen Grundriß von 14 m Seitenlänge schützte ein Ausfalltor am Fuß der stark geneigten Glacis (künstliche Erdaufschüttung). Der Turm erinnert in seiner Bauweise an mykenische Verteidigungsanlagen. Zum Ausfalltor führte eine winklige Poterne (Gang mit Schlupfpforte). In der Nähe entdeckten die Archäologen ein Waffenarsenal mit Pfeilen, Kugeln für Schleuderwaffen und Teilen bronzener Schuppenpanzer. Der Königspalast bedeckte eine Fläche von etwa 10 000 m². Er hatte sieben Eingänge. Die zum Teil mehrstöckigen Bauwer-

ke enthielten 67 Räume: repräsentative Räume mit Mosaiken, Wohn- und Verwaltungstrakte, Archive und Werkstätten. In einem Raum am östlichen Haupteingang fanden die Ausgräber die Alphabettafel. Mittelpunkt des Palastes war ein großer, gepflasterter Hof mit einem Brunnen, der noch heute Trinkwasser führt. In einem weiteren Hof stand ein offener Steinofen, in dem die beschriebenen Tontafeln gebrannt wurden; im Ofen lagen weitere 75 Tafeln. Das Kellergeschoß des Palastes beherbergte fünf große Grabkammern mit Kraggewölben, die allerdings bei der Auffindung schon ausgeraubt waren. Der königliche Marstall ist eine 29 x 10 m große Halle mit zwei anschließenden kleinen Räumen.
Im Osten grenzte ein Stadtviertel mit vornehmen *Wohnhäusern* an den Palast. Die Räume der meist zweistöckigen Häuser gruppierten sich jeweils um einen Innenhof, der mit Brunnen und oft auch mit Backofen ausgestattet war. Bad und Kanalisation waren selbstverständlich. Unter einigen Wohnhäusern lagen Grabkammern mykenischer Bauweise, gefüllt mit Gebeinen und Grabbeigaben, die aus Ägypten, Kreta, Mykene und Zypern stammen. Die Hauptstraßen waren bis zu 3 m breit.
Der dem kanaanäischen Wettergott Dagan (Dagon) geweihte *Tempel* entstand bald nach 2000 v. Chr. Er war von einer dicken Mauer umgeben und hatte zwei Höfe. Im Nordhof stand ein aus behauenen Steinen errichteter Altar. Der *Bibliothek* war eine Schreiberschule angegliedert. Der internationale Charakter von U. stellte an die Schüler sehr hohe Anforderungen: Sie mußten neben Ugaritisch auch Ägyptisch, Hethitisch, Kretisch, Churritisch und Akkadisch in Sprache und Schrift beherrschen lernen. Hier fand man Tafeln mit Übungstexten, mehrsprachigen Wortlisten und Übersetzungen, die die Entzifferung der phönikischen Alphabetschrift ermöglichten. Nördlich der Oberstadt schloß sich die *Unterstadt* mit Wohn-, Geschäfts- und Handwerkervierteln an. Etwa 1,5 km westlich der Oberstadt lag der *Hafen* von U. Er wird heute Minet al-Baida (weißer Hafen) genannt. Hier gruben die französischen Archäologen mehrere Wohnhäuser aus dem 15. und 14. Jh. v. Chr. aus. Syrische Wissenschaftler entdeckten Reste von Warenlagern aus dem 6. Jh. v. Chr., als U. nur noch ein unbedeutender Hafenort war.

Literatur: C.F.A. Schaeffer (Hrsg.): Mission de Ras Schamra. 18 Bde. Paris 1936–1978; K. Bergerhof u.a. (Hrsg.): Ugarit-Forschungen. Bd. 1 ff. Kevelaer 1969 ff.; Ras Shamra-Ougarit (hrsg. von der Mission Archéologique Française). Bd. 1 ff. Paris 1982 ff.; S. von Reden: Ugarit und seine Welt. Die Entdeckung einer der ältesten Handelsmetropolen am Mittelmeer. Bergisch Gladbach 1992; M. Dietrich u. O. Loretz (Hrsg.): Ugarit. Ein ostmediterranes Kulturzentrum im Alten Orient. Kolloquium Münster 1993. Münster 1995.

Unterwasserarchäologie. Schon in frühester Zeit nutzte der Mensch Flüsse, Seen und Meere für den Austausch von Handelsgütern, denn das Schiff war jedem Landtransportmittel an Schnelligkeit und Fassungsvermögen weit überlegen, abgesehen davon, daß viele Länder nur über das Wasser zu erreichen waren. Wein, Getreide und Metalle waren die wichtigsten Güter, aber auch Salzfisch, Oliven und andere Lebensmittel, Tongefäße, Baumaterial, Werkzeuge, Mühlsteine, Papyrus, Tuche und Kunstwerke gehörten zu

den bevorzugten Schiffsladungen der alten Völker. Wer das Meer und die Flüsse beherrschte, beherrschte auch die angrenzenden Länder. Griechische Siedler ließen sich vorzugsweise an den Küsten nieder, denn Häfen bedeuteten Einfluß und Wohlstand.
Schwammtaucher und Fischer holten die ersten Ladungsteile versunkener Schiffe vom Merresgrund, antike Kunstwerke aus Bronze, wie den Zeus und den »kleinen Jockey« vor dem Kap Artemision (Nationalmuseum, Athen), die Büsten des Homer, des Aischylos und des Sophokles vor Livorno (Archäologisches Museum, Florenz) und den »Jüngling von Antikythera« (Nationalmuseum, Athen). 1954 veranlaßte der französische Tiefseeforscher J.-Y. Cousteau erstmals die archäologische Untersuchung eines römischen Schiffwracks vor der tunesischen Küste. Mit der Verbesserung der Atmungsgeräte und neuartiger technischer Methoden begann die systematische Erforschung aller georteten antiken Wracks, die wichtige Erkenntnisse über Schiffbau-Technik, Wirtschaftsbeziehungen, Kulturkontakte und Kolonisation vermittelte.
Mit der Untersuchung der Schiffswracks setzte auch die Ausgrabung versunkener Siedlungen und Hafenanlagen ein, die mit den üblichen archäologischen Methoden erfolgt, aber einen ungleich größeren technischen Aufwand und damit höhere Kosten erfordert. Der Amerikaner G. Bass entwickelte hierzu technische Hilfen und Verfahren, die eine systematische Unterwassergrabung überhaupt erst ermöglichten. Gerade vom Meeresgrund erhofft sich die Forschung noch viele neue Erkenntnisse, denn hier ruhen Kunstwerke, wertvolle Metalle und Architekturstücke seit Jahrtausenden geschützt vor dem Zugriff des Menschen.
Da antike Schiffswracks sehr schnell zusammenfallen und fast immer von einer dicken Sand- und Schlammschicht bedeckt sind, bleibt die → Prospektion meist dem Zufall überlassen. So entdecken noch immer Schwammsucher, Fischer und Sporttaucher die meisten Fundplätze. Versunkene Siedlungen und Hafenanlagen vermag bis zu 15 m Wassertiefe auch die Fotografie aus der Luft zu orten. Heute wird der Meeresboden, besonders in Küsten- und Hafennähe, mit Sonargeräten, Magnetometersonden und Metalldetektoren abgesucht und bei Ortung eines Wracks mit Unterwasser-Fernsehkameras und Tauchbooten näher in Augenschein genommen.
Der Fundplatz wird mit einem Koordinationsgitter (Meßnetz) aus Kunststoffrohren überspannt, das die zeichnerische und fotografische Aufnahme der Befunde erleichtert. Dabei gewinnt die Unterwasser-Stereofotografie zunehmend an Bedeutung. Die Sand- und Schlammassen werden mit dem Air-Lift, einem Sauggerät, weggeräumt oder mit dem Water-Jet fortgespült. Einzelfunde und lockere Wrackteile werden an Bord des Arbeitsschiffes gehievt. Hierbei bewähren sich luftgefüllte Ballons besser als Schiffswinden. Größere Wrackteile werden zersägt oder insgesamt geborgen. Taucher mit Atmungsgerät oder mit Schlauchverbindung besorgen das Registrieren, Zeichnen, Fotografieren und bedienen die Bergungsgeräte; sie können jeweils nur kurze Zeit auf dem Meeresgrund arbeiten. Geschrieben und gezeichnet wird mit Fettstift auf Plastikfolie oder Plexiglas.

Analyse, Konservierung und Restauration entsprechen den Methoden der Ausgrabung auf dem Lande. Tongefäße sind meist stark überwachsen und mit Kalksinter bedeckt; sie werden mechanisch gereinigt, kommen in ein Salzsäurebad und werden schließlich ausgiebig gewässert. Metallobjekte zeigen besonders starke Korrosionen, die vor der Konservierung behandelt werden müssen. Eisengeräte haben sich im Salzwasser oft vollständig aufgelöst, aber in den sie umgebenden Konkretionen aus Kalk, Sand und Muscheln eine Hohlform hinterlassen, die nach der Bergung geröntgt und mit flüssigem Kunststoff ausgegossen wird, wobei man einen genauen Abguß des ursprünglichen Gegenstandes erhält. Die hölzernen Wrackteile werden einem langwierigen Trocknungsprozeß ausgesetzt und gleichzeitig mit einem Konservierungsmittel, z.B. Polyäthylenglycol, getränkt. Sind nahezu alle Wrackteile erhalten, läßt sich das Schiff sogar in seinem ursprünglichen Zustand rekonstruieren, was sich allerdings wegen der enorm hohen Kosten nur bei sehr gut erhaltenen Wracks lohnt; zumindest aber ist eine zeichnerische Rekonstruktion möglich.

Ur (Tell el Muqaijar). U., im Süden des Irak gelegen, war mehrfach Hauptstadt des altorientalischen Reiches Sumer. Berühmt wurde U., der Geburtsort Abrahams (U. der Chaldäer), durch die einzigartigen Funde aus den Königsgräbern der ersten Dynastie.

Geschichte: Das Stadtgebiet von U. (Stadt) war schon im 5. Jt. v. Chr. bewohnt. Als Nachfolgerin der sumerischen Königsresidenzen Kisch und Uruk wurde U. um 2500 Hauptstadt des Reiches Sumer (erste Dynastie von U.). Die Hafenstadt am Unterlauf des Euphrat kontrollierte den Seehandel mit Tilmun (heute Bahrain) und Magan (heute Oman), wo Kupfer abgebaut wurde. Im 25. Jh. v. Chr. gelang es Urnansche, einem Vasallenfürsten in Lagasch, seine Stadt aus dem Reichsverband zu lösen. Sein Enkel Eannatum eroberte um 2440 U. und beendete damit die Vormachtstellung dieser Stadt. Nach langen Kämpfen der sumerischen Stadtstaaten um die Vorherrschaft in Sumer vereinigte Sargon von Akkade (etwa 2350–2294) fast den ganzen Nahen Osten in seinem Großreich, dem ersten der Geschichte. Es wurde um 2150 v. Chr. durch die Gutäer zerstört. Gegen 2068 v. Chr. brach Utuchengal, Fürst von Uruk, die Herrschaft der Gutäer. Vier Jahre später stürzte ihn Urnammu, sein Statthalter in U., der daraufhin den Titel »König von Sumer und Akkad« annahm.

Die dritte Dynastie von U. führte die Stadt zu höchster Blüte. In mehr oder weniger erfolgreichen Kriegen versuchten die Könige von U., ihr Herrschaftsgebiet auszuweiten. Zu Beginn des 2. Jt. eroberten die Elamiter U. und beendeten die dritte Dynastie, die bedeutendste Epoche dieser Stadt. Im 16. Jh. v. Chr. erneuerten die in Babylon herrschenden Kassiten unter ihrem König Kurigalzu die verwahrlosten Tempel von U., aber die Stadt erreichte nicht mehr ihre einstige politische und religiöse Bedeutung. Auch der neubabylonische König Nebukadnezar II. (605–562), der die Ziqqurrat von U. erneuerte, konnte den allmählichen Niedergang der Stadt nicht aufhalten. Als sich der Euphrat, an dem die Stadt lag, ein neues Flußbett suchte, verödete sie vollends.

Forschungsgeschichte: J.G. Taylor, der englische Konsul in Basra, konnte 1853 die Lage der Stadt U. auf dem Tell al-Muqajjar feststellen. Erste archäologische Untersuchungen führte noch im 19. Jh. die Universität von Pennsylvania durch. 1918 grub R.C. Thompson und 1919 H.R. Hall im Auftrag des Britischen Museums, London. Von 1922 bis 1934 wirkte der Engländer C.L. → Woolley in U. Er entdeckte die berühmten Königsgräber aus frühsumerischer Zeit und glaubte, in einer dicken Schlammablagerung zwischen zwei Siedlungsschichten des 4. Jt. den archäologischen Beweis für die altorientalischen und biblischen Sintflutmythen gefunden zu haben. Spätere Forschungen ergaben aber, daß diese »Sintflut«-Schicht lokal begrenzt war.

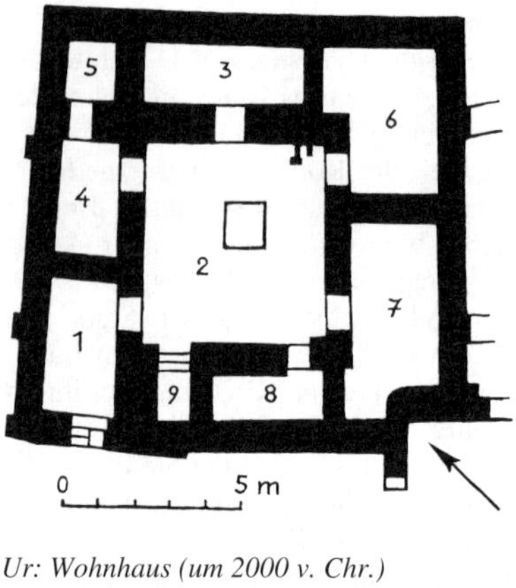

Ur: Wohnhaus (um 2000 v. Chr.)
1 Vorraum 2 Hof mit Entwässerung
3 Empfangsraum 4 Gästeraum
5 Gäste-WC 6 Vorratsraum
7 Küche 8 Bad und WC
9 Treppe zum Obergeschoß
mit den Wohn- und Schlafräumen
der Familie

Archäologische Stätte: Das Stadtgebiet von U. hatte die Form eines Ovals mit dem größten Durchmesser von 1300 m. Mittelpunkt der Stadtanlage war das *Heiligtum Egischnungal* mit der *Ziqqurrat Etemenniguru*. Das Heiligtum war dem sumerischen Mondgott Nanna und seiner Gemahlin Ningal geweiht. Nanna war zugleich Stadtgott von U. Die Ziqqurrat entstand vermutlich schon vor der ersten Dynastie von U. Im 27. Jh. wurde sie erneuert. Der jetzt stehende Bau stammt aus der dritten Dynastie (2070–1950) und wird den Königen Urnammu und Schulgi (Dungi) zugeschrieben. Nebukadnezar II. erhöhte den Stufenturm. Von den wahrscheinlich fünf bis sieben Stufen der letzten Bauphase – die ursprüngliche Anlage hatte drei – sind noch zwei erhalten. Die Grundfläche hat die Abmessungen 62,5 x 43 m. Drei Treppen führten zur ersten Stufe. Die Ziqqurrat von U. gilt als der besterhaltene sumerische Stufenturm. Der *Hof des Nanna* hatte eine Ausdehnung von 65,7 x 43,6 m und war an allen Seiten von Gebäuden eingefaßt. Ein Monumentaltor an der Ostseite war der Haupteingang zum Heiligtum. Der Hof stammt aus der dritten Dynastie, wurde im frühen 2. Jt. v. Chr. wieder aufgebaut, von den Kassiten erneuert und unter Nebukadnezar II. vergrößert. Im *Egiparku* wohnte die oberste Priesterin des Nanna. Hier wurde auch die Statue der Ningal aufgestellt, wenn das göttliche Paar in U. weilte.

Die Entdeckung der *Königsgräber* von U. war eine der größten Sensationen der Archäologie. In Schachtgräbern fand Woolley die sterblichen Überreste von Königen des 26. bis 22. Jh., also von der ersten Dynastie bis zum

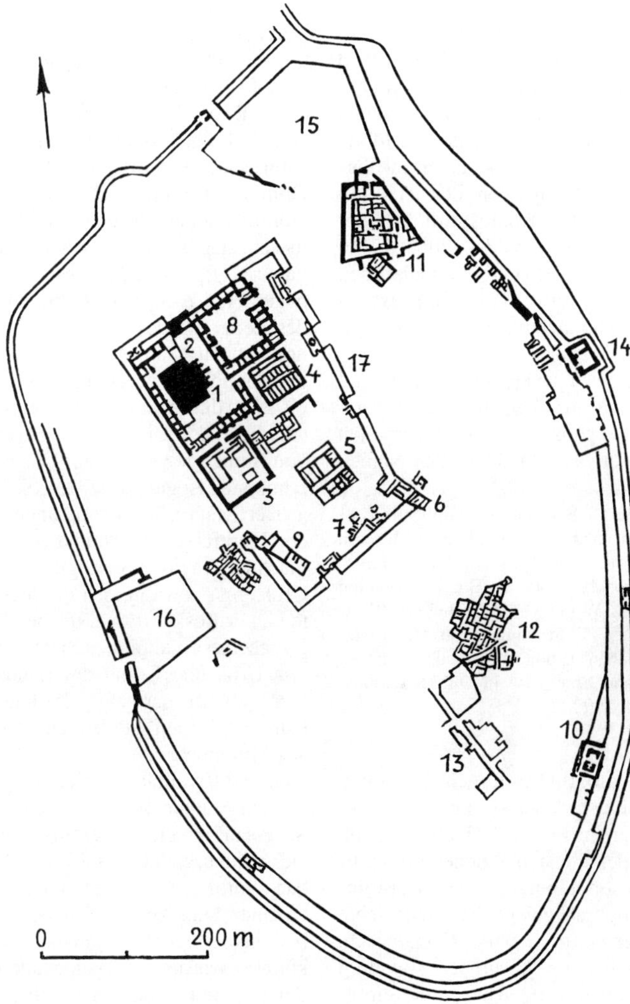

Ur
1 Ziqqurrat Etemenniguru 2 Nanna-Schrein 3 Egiparku (Ningal-Tempel und Wohnung der obersten Priesterin des Nanna) 4 Enunmach (Heiligtum des Mondgottes Nanna) 5 Echursag (Palast des Urnammu und des Schulgi) 6 Mausoleum des Schulgi 7 frühdynastische Königsgräber 8 Hof des Nanna 9 Tempel des Schulgi 10 Tempel des Enki 11 Palast des Nabonid 12 Wohnviertel 13 spätbabylonische Gebäude 14 kassitisches Fort 15 Nordhafen 16 Westhafen 17 Temenosmauer des Nebukadnezar II.

Ende der Akkad-Zeit, zum Teil umgeben von ihren Dienern, Höflingen und Soldaten, die dem König in den Tod gefolgt waren. Wagen mit Zugtieren und kostbare Grabbeigaben (Schmuck, Gefäße, Musikinstrumente, Möbel, Waffen) zeugen von außergewöhnlichen Beisetzungsriten der Zeit um 2450 v. Chr. Die Königsgrüfte aus der dritten Dynastie von U. (2060–1950) liegen in 8 m Tiefe unter tempelartigen Wohnbauten. Etwa 6 km nordwestlich von U. untersuchten die Archäologen Hall und Woolley den *Tell al-Ubaid*. Die dort gefundenen Gegenstände und Werkzeuge aus Stein und Kupfer gaben einer ganzen vorgeschichtlichen Epoche (etwa 4000–3400) den Namen Al-Ubaid.

Literatur: Ur Excavations. Publications of the Joint Expedition of the British Museum and of the University Museum, Philadelphia, to Mesopotamia. Bd. 1 ff. London 1927 ff.; L. Woolley: Ur in Chaldäa. Wiesbaden. [2]1957; E. Strommenger u. M. Hirmer: Ur. München 1964; M. van de Mieroop: Society and Enterprise in Old Babylonian Ur. Berlin 1992.

Uruk (Warka). Das Erech der Bibel, die größte prähistorische Stadt der Welt, war im 3. Jt. die Hauptstadt von Sumer, des ältesten Reiches im südlichen Mesopotamien. In dieser am unteren Euphrat gelegenen Stadt lebte der sagenhafte König Gilgamesch. Hier fanden die Ausgräber Tontafeln mit ersten Schriftzeichen, eine einfache Bilderschrift, aus der sich später die Keilschrift entwickelte.

Geschichte: Das Stadtgebiet von U. war schon im späten 5. Jt. besiedelt. Wer diese ersten Siedler waren, ist nicht bekannt. Im 4. Jt. erschienen die Sumerer, die vielleicht von jenseits des Kaspischen Meeres kamen. Um 3400 gründeten sie die ersten Stadtstaaten, gegen 3000 errichteten sie in U. die ersten Monumentalbauten. Eine mythische Dynastie von zwölf Königen soll in U. geherrscht haben, darunter Enmerkar, der Erfinder der Schrift, Dumuzi (Tammuz), der Geliebte der Göttin Inanna (Ischtar), und Gilgamesch, der berühmte Sagenheld (Gilgamesch-Epos). Gilgamesch kämpfte gegen Huwawa, den mächtigen Herrn des Zedernwaldes (Libanon, Antilibanon, Ananus), um Zugang zu wertvollen Bauhölzern zu erhalten. Von 3000 bis 2700 dürfte U. – die Sumerer nannten die Stadt Unug – die Hauptstadt von Sumer gewesen sein. Gegen 2375 erhob sich Lugalzagesi (Lugal, König, großer Mann), bis dahin unbedeutender Stadtfürst von Umma, gegen das mächtige Lagasch, besiegte den König Urukagina von Lagasch und bestimmte U. zur Residenz des Reiches Sumer. Lugalzagesi nahm den Titel »König von Uruk und König des Landes Sumer« an. Er herrschte 25 Jahre und kam auf seinen Feldzügen sogar bis ans Mittelmeer.

Aber die Rivalität zwischen den sumerischen Städten schwächte das Reich. So gelang es einem semitischen Offizier, Mundschenk des Königs Ur Zababa von Kisch, in Mittelmesopotamien einen Staat zu gründen. Akkad, das bis heute nicht lokalisiert werden konnte, wurde die Hauptstadt dieses Staates. Sein König war Sargon von Akkad (Sargon I.). Er stürzte um 2350 die Dynastie von U., nahm Lugalzagesi gefangen und herrschte damit auch über Sumer. Sargon I. war der Begründer des ersten Großreiches des Orients, das sich vom Persischen Golf bis zum Mittelmeer erstreckte. Nach dem Tode des Akkaderkönigs Naram-sin (2320–2284) gründete Umigin eine neue Dynastie von U. Im 22. Jh. fielen die Gutäer aus dem westiranischen Zagros in Mesopotamien ein. U. behielt für seinen Stadtbereich eine gewisse Selbständigkeit und konnte um 2068 unter König Utuchengal die Gutäer aus dem Lande treiben. Um 2064 ging die Herrschaft über Sumer an die Könige von Ur über. Urnammu war der große Wiedererwecker der sumerischen Kultur. Er baute den Tempelbezirk von U. wieder auf, prachtvoller und größer denn je. Die Dynastie von U. und die Geschichte Sumers endeten mit dem Einfall der Amoriter. Unter den babylonischen Königen spielte U. nur noch eine bescheidene Rolle. Doch seine Tempel wurden unter allen Herrschern, unter den Assyrern wie unter den Neubabyloniern, geachtet und instand gehalten. Sogar der persische Achämenidenkönig Kyros, der U. 539 v. Chr. besetzte, ließ den heiligen Bezirk unangetastet. Die Heiligtümer von U. behielten ihren Einfluß bis in die seleukidische und parthische Zeit. Als der Euphrat im 5. Jh. n. Chr. seinen Lauf änderte, wurde die Stadt von ihren Bewohnern aufgegeben.

Forschungsgeschichte: Erste Untersuchungen in U. führte 1850 der englische Archäologe W.K. Loftus durch. 1912 bis 1913 und 1928 bis 1939 gruben die Deutschen J. Jordan, A. Nöldeke und E. Heinrich; seit 1954 H.J. Lenzen und J. Schmidt. Lenzen und

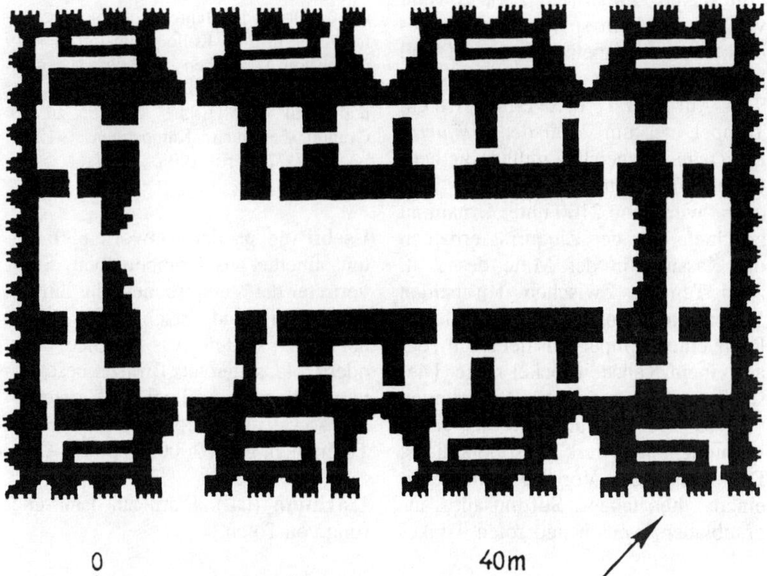

Uruk: Tempel D

Schmidt erforschten die Großtempel des Heiligtums Eanna, legten 1960/61 den Palast des Sinkaschid sowie eine Prinzengruft frei und entdeckten 1962 die altsumerische Pfeilerhalle des Eanna, deren 200 Nischen mit dreifarbigen Tonstiftmosaiken geschmückt waren.

Archäologische Stätte: U. ist das größte Ruinenfeld im südlichen Mesopotamien. Die nahezu kreisförmige Stadt hatte eine Ausdehnung von etwa 3 x 2,2 km. Sie war von einer 9 km langen *Mauer* umgeben, die um 2800 von dem sagenhaften König Gilgamesch erbaut worden sein soll. Diese Mauer aus Lehmziegeln ist übrigens die älteste Stadtmauer in Mesopotamien. Das *Heiligtum Eanna*, das der Himmelsgöttin Inanna (Ischtar), der Göttin des Venussterns, des Kampfes und der Liebe, der Tochter des Hauptgottes Anu (sumerisch: An), geweiht war, entstand im späten 4. Jt. Es bedeckte mit Tempeln, Ziqqurrats und Werkstätten eine Fläche von etwa 9 ha. Auf einer Terrasse erhob sich ein Tempel, der um 2800 der *Ziqqurrat Egipariminbi* weichen mußte, die heute noch zu sehen ist. Eine zweite Ziqqurrat wurde um 2100 unter Urnammu errichtet. Vor der Ziqqurrat erbauten die Kassiten in der Mitte des 2. Jt. zwei Tempel. Zwischen den beiden Stufentürmen fanden die Archäologen Reste eines Tempels aus dem 4. Jt., der auf einem Kalksteinsockel ruhte. Dieser Tempel D hatte eine Ausdehnung von 75 x 29 m und gilt als erstes Monumentalbauwerk Mesopotamiens. Die Wände des Vorhofes waren mit einem herrlichen Stiftmosaik aus graublauen, weißen und roten Tonkegeln geschmückt. Der *Weiße Tempel*, der sich über sechs vorangegangenen Tempeln auf einer 12 m hohen künstlichen Terrasse erhob, war dem Himmelsgott Anu geweiht. Der 18,70 x 4,85 m große Hauptraum war weiß angestrichen. Das *Heiligtum Bit Resch* (Bit Res) diente der Verehrung der Götter Anu und Antu. Die Anlage stammt aus dem 3. Jt. und war auf einer Lehmziegelterrasse des späten 4. Jt. erbaut. Den *Palast* im Westen der Stadt erbaute gegen 1800 v. Chr. der Amoriterkönig Sinkaschid. Außerhalb der Stadtmauern legten die Archäologen ein 140 x 140 m großes *Festhaus* mit 116 Räumen aus neubabylonischer Zeit frei, in dem die Bewohner von U. das Neujahrsfest feierten.

Literatur: J. Jordan u. C. Preusser: Uruk-Warka. Leipzig 1928; J. Schmidt: Uruk-Warka. Entstehung und Bedeutung einer Großstadt. In: 150 Jahre Deutsches Archäologisches Institut. Kolloquium Berlin 1979 (hrsg. vom Deutschen Archäologischen Institut). Mainz 1981. S. 58 ff.; U. Finkbeiner u.a.: Uruk. Analytisches Register zu den Grabungsberichten. Kampagnen 1912–13 bis 1976–77. Berlin 1993.

Ušebti (ägypt. der Antwortende). Totenstatuetten als Grabbeigaben; Stellvertreter der Verstorbenen, die ihm im Jenseits die landwirtschaftliche Arbeit abnehmen sollten. Aus Fayence, Stein oder Holz, selten aus Bronze, beschriftet mit Namen und Titel des Verstorbenen sowie mit einem Spruch aus dem Totenbuch. Etwa 2000 bis 300 v. Chr.

Ustrinum (lat.). Platz zur Einäscherung von Toten.

V

Vallum (lat.). Schutzwall des römischen Limes in Britannien und in Germanien.

Van. → Tušpa.

Vasen (von lat. vas, Gefäß). Bezeichnung für antike Tongefäße, die eine einzigartige kunstgeschichtliche Quelle darstellen und auch als wertvolle Datierungshilfen dienen. Nach ihrer Verwendung ordnet man die Gefäße in folgende Gruppen: Vorratsgefäße (→ Amphora, → Pelike, → Pithos, → Stamnos), Mischgefäße (→ Krater, → Lebes, → Psykter), Schöpf- und Gießgefäße (→ Hydria, → Kyathos, → Oinochoë, → Olpe), Kultgefäße (→ Kernos, → Lebes Gamikos, → Luthrophoros, → Omphalosschale), Trinkgefäße (→ Kantharos, → Kothon, → Kotyle, → Kylix, → Mastos, → Rython, → Skyphos), Salb- und sonstige Gefäße (→ Alabastron, → Amphoriskos, → Aryballos, → Askos, → Lekanis, → Lekythos, → Plemochoë, → Pyxis).

Veii (Veji). 19 km nordwestlich von Rom liegt die Ausgrabungsstätte der Etruskerstadt V. V. war vermutlich die größte Stadt der Etrusker – im 5. Jh. v. Chr. hatte es mehr als 100 000 Einwohner – und übertraf das benachbarte Rom an Glanz und Größe. Der berühmteste Fund ist die lebensgroße Terrakottastatue des »Apollon von Veji«.

Geschichte: Auf einem Tuffsteinplateau zwischen den beiden Quellbächen der Cremera (heute Valchetta) bestanden seit dem 9. Jh. v. Chr. mehrere Siedlungen der Villanova-Kultur mit runden Hütten aus Ästen und Lehm, ähnlich wie auf dem römischen Hügel Palatin. Im 8. Jh. v. Chr. erschienen Etrusker, die die Siedlungen zu einer Stadt zusammenfaßten und Häuser aus Stein bauten. Sie lebten hauptsächlich von der Landwirtschaft. Die äußerst fruchtbaren Ländereien im Osten der Stadt entwässerten sie durch ein kilometerlanges, unterirdisches Kanalsystem. Andererseits schufen sie im 6. Jh. v. Chr. mit dem Ponte Sodo eine Anlage zur Ableitung des Cremera, um die Äcker zu bewässern bzw. die Großstadt vor Überschwemmungen zu bewahren.
V. unterhielt gegenüber der Mündung des Cremera in den Tiber den Brückenkopf Fidenae. Damit kontrollierten die Etrusker die Schiffahrt auf dem größten Fluß Mittelitaliens. Das mußte zwangsläufig zu Auseinandersetzungen mit dem langsam erstarkenden Rom führen. 477 v. Chr. griffen die Römer V. an, aber die Etrusker lockten die Angreifer in einen Hinterhalt; dabei sollen 306 Angehörige des römischen Patriziergeschlechts der Fabier gefallen sein. Daraufhin sicherten die Veiianer ihre 2,7 x 1,6 km große Stadt durch eine Mauer. Sie konnten aber nicht verhindern, daß die Römer gegen Ende des 5. Jh. v. Chr. Fidenae

Veii

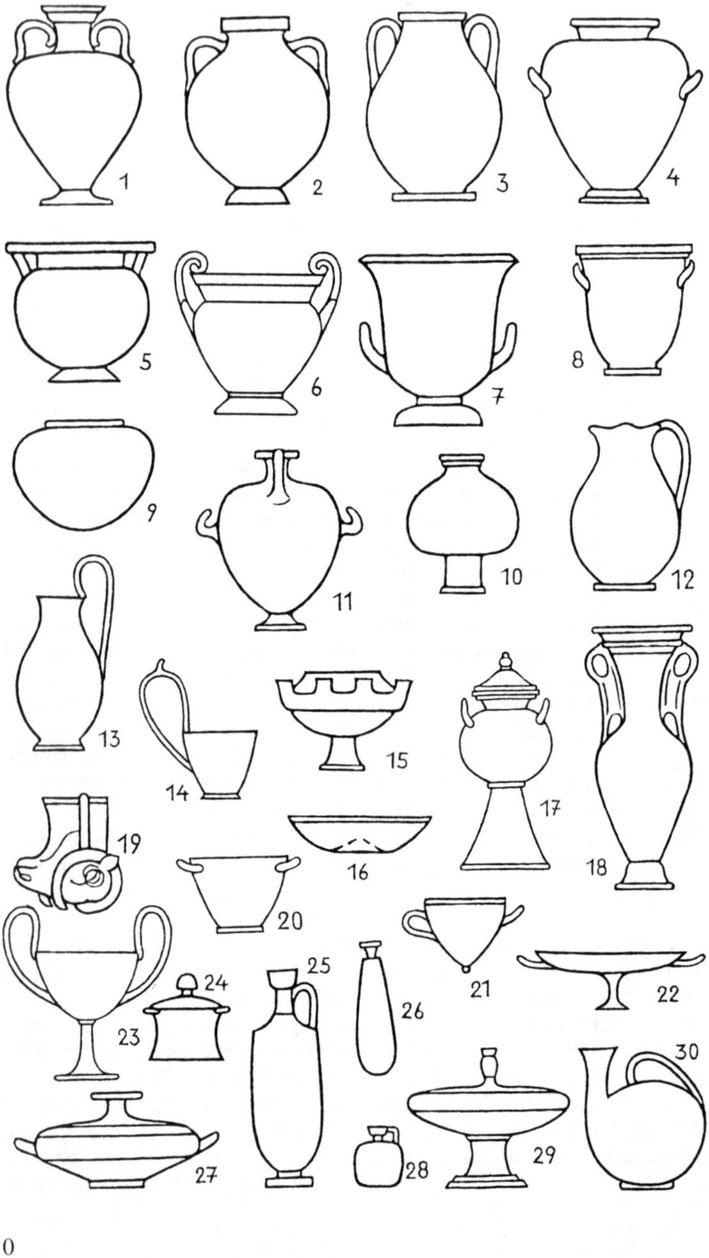
1
2
3
4
5
6
7
8
9
10
11
12
13
14
15
16
17
18
19
20
21
22
23
24
25
26
27
28
29
30

eroberten und damit die Herrschaft über den Unterlauf des Tiber gewannen. Erst 396 v. Chr. gelang es den Römern unter ihrem Heerführer M. Furius Camillus, V. nach zehnjähriger Belagerung einzunehmen. Sie zerstörten die Stadt und verkauften die Bewohner in die Sklaverei. Damit hatte Rom seinen ärgsten Rivalen ausgeschaltet. Der Weg für die Eroberung Etruriens war frei. Zu Beginn der Kaiserzeit wurde die Stadt als Munizipium neu gegründet; ihr offizieller Name lautete Municipium Augustum Veiens.

Forschungsgeschichte: 1843 entdeckte der Bankier und Sammler etruskischer Antiquitäten Marchese G. Campana (1808–1880) im Nordwesten von V. die nach ihm benannte Tomba Campana. Das Grab war bereits weitgehend ausgeraubt. Campana mußte später seine berühmte etruskische Sammlung verkaufen; die kostbaren Stücke kamen nach Paris (Louvre), London (Britisches Museum) und St. Petersburg (Eremitage). 1913 und 1914 gruben italienische Archäologen in der Nekropole und auch auf der Akropolis im Süden der Stadt. Zugleich suchte E. Gabrici, einer der Grabungsleiter, am Westrand der Stadt nach einem Tempel, den er nach dem Auftauchen von Weihgeschenken dort vermutete. 1916 stieß sein Nachfolger G.Q. Giglioli auf mehrere Terrakottastatuen, darunter auf einen 1,80 m großen Apollon. Die Römer hatten die Statuen nach der Zerstörung von V. in einem Depot aufbewahrt. Die Statuen (Apollon, Herakles, Hermes, vielleicht auch Artemis) schmückten einst als Akroterien den Dachfirst des Tempels von V. Die Gruppe zeigt Apollon im Streit mit Herakles um den Besitz der kerkynitischen Hirschkuh. Die Statuen sind bemalt. Sie entstanden am Ende des 6. Jh. v. Chr., in jener Zeit also, in der im nahen Rom der letzte Etruskerkönig herrschte. Man nimmt an, daß der Bildhauer Vulca aus V. diese Statuengruppe geschaffen hat. Vulca war auch der Schöpfer der berühmten Quadriga und der Jupiterstatue für den Tempel des Jupiter Capitolinus in Rom, der 509 v. Chr. geweiht wurde. 1939 kam noch die stark beschädigte Terrakottastatue einer Frau, die einen Knaben trägt, zum Vorschein. 1960 entdeckten Archäologen im Norden der Stadt eine Nekropole der Villanova-Zeit. Die italienisch-englischen Grabungen beschränkten sich in den folgenden zwei Jahrzehnten auf diese Nekropole.

Archäologische Stätte: Vor dem sog. *Portonaccio-Tempel* auf einer Terrasse in halber Höhe zwischen der Stadtmauer und dem Flüßchen Fosso del due Fossi wurde der berühmte Apollon (etruskisch: Aplu) von V. gefunden. Der Tempel, von dem nur noch die Fundamentmauern zu sehen sind, war vermutlich der Göttin Menrva (Minerva) geweiht. Auf der *Akropolis*, der

Vasen
1 Hals-Amphora 2 Bauch-Amphora 3 Pelike 4 Stamnos 5 Kolonnetten-Krater 6 Voluten-Krater 7 Kelch-Krater 8 Glocken-Krater 9 Lebes 10 Psykter 11 Hydria 12 Oinochoë 13 Olpe 14 Kyathos 15 Kernos 16 Omphalosschale 17 Lebes Gamikos 18 Lutrophoros 19 Rhyton 20 Skyphos 21 Mastos 22 Kylix 23 Kantharos 24 Pyxis 25 Lekythos 26 Alabastron 27 Lekanis 28 Aryballos 29 Plemochoë 30 Askos

Piazza d'Armi im Süden der Stadt, konnten die Reste eines weiteren Tempels, dessen Gottheit noch unbekannt ist, freigelegt werden. Die oberhalb der beiden Flüsse verlaufende *Stadtmauer* hatte eine Länge von rund 9 km. Das bis 5 m hohe Mauerwerk ist noch an mehreren Stellen zu sehen. Der *Ponte Sodo* ist ein 75 m langer, in den Tuffelsen gehauener Tunnel, mit dessen Hilfe Wasser aus dem Cremera zur Bewässerung der Ländereien bzw. zur Verhütung von Überschwemmungen abgeleitet werden konnte. Der Bau entstand im 6. Jh. v. Chr. Die *Nekropole Quattro Fontanili* enthielt zahlreiche Urnen und Grabbeigaben. Die *Tomba Campana* (Grotta Campana), ein Kammergrab aus der Zeit um 600 v. Chr., zeigt archaische Wandmalereien. Der Eingang zum Grab wird von Löwenskulpturen flankiert. Westlich der Stadt stießen die Ausgräber 1958 auf vier Kammergräber, darunter die *Tomba delle Anatre* (Grab der Enten) mit den ältesten bisher bekannten etruskischen Wandmalereien (675–650).

Literatur: J.B. Ward-Perkins: Veii. The Historical Topography of the Ancient City. In: Papers of the British School at Rome 29 (1961). S. 1 ff.; A. D'Aversa: Veio etrusca. Brescia 1991.

Velarium (lat.). Überdachung des Theaters und Amphitheaters aus Zeltplanen zum Schutz der Zuschauer gegen Sonne und Regen.

Velathri. → Volaterrae.

Ventris, Michael George Francis. Am 12.7.1922 in Wheathampstead, Grafschaft Hertfortshire, geboren. Schon als Kind zeigte V. ein starkes Interesse für die klassischen Sprachen und lernte eifriger als andere Jungen seines Alters Griechisch und Latein. Als Vierzehnjähriger besuchte er einen Vortrag des berühmten Archäologen Sir A.J. → Evans über die Linear B, die Evans 1900 auf Kreta entdeckt und die bislang jedem Entzifferungsversuch widerstanden hatte. Seit diesem Vortrag stand für den jungen V. fest, daß er das Rätsel der Linear B lösen müsse. Er beschäftigte sich fortan mit Dechiffrierungsproblemen und entwickelte dabei außergewöhnliche Fähigkeiten. Daneben befaßte er sich eingehend mit den geheimnisvollen Schriftzeichen auf Kreta. 18 Jahre alt, veröffentlichte V. in einer amerikanischen Fachzeitschrift einen Aufsatz, in dem er eine Beziehung zwischen der Linear B und der ebenfalls noch nicht lesbaren etruskischen Schrift für möglich hielt. Nach dem Schulbesuch wurde V. zum Kriegsdienst einberufen und aufgrund seiner weitreichenden Kenntnisse als Spezialist für die Dechiffrierung von Geheimcodes bei der Royal Air Force eingesetzt. Nach Kriegsende studierte er Architektur.

1949 konnte sich V. endlich ernsthaft mit der Entzifferung der Linear B befassen. Er wandte dabei die beim Militär gebräuchliche Methode an, die hauptsächlich auf statistischer Analyse beruhte. 1951 erhielt er Texte einer Linear B, die erstmals 1939 auf dem griechischen Festland (→ Pylos) gefunden worden waren. Seine Arbeit machte schnelle Fortschritte. Im Juni 1952 stellte er in einer Sendung des Britischen Rundfunks die sensationelle Behauptung auf, daß die Linear B eine alte Form der griechischen Schrift sei. Bald nach der Sendung kam V. mit dem Cambridger Gräzisten J. Chadwick zusammen, und beide konnten nun in kurzer Zeit beweisen, daß die Linear B tatsächlich einen archaisch griechischen, und zwar einen mykenischen Dialekt wiedergibt. Der endgültigen Entzifferung der Linear B stand nun nichts mehr im Wege. 1953 veröffentlichten V. und Chadwick ihre Forschungsergebnisse in dem berühmten Aufsatz ›Evidence for Greek Dialect in the Mycenaean Archives‹. V. kam am 6.9.1956 in Hatfield bei einem Autounfall ums Leben.

Hauptwerk: Documents in Mycenaean Greek (mit J. Chadwick). Cambridge ^{2}1973.

Vergina. Im westlichen Zentralmakedonien gelegen; vermutlich identisch mit Aigai, dem Sitz der makedonischen Königsdynastie.

Geschichte: Die Hügelnekropole östlich des heutigen Dorfes weist auf eine Besiedlung in der frühen Eisenzeit (1000–700 v. Chr.) hin. Später entwickelte es sich zu einer makedonischen Stadt, vermutlich zu der von Perdikkas im 7. Jh. v. Chr. gegründeten Hauptstadt des makedonischen Reiches, Aigai. Archelaos verlegte um 406 v. Chr. den Herrschersitz nach Pella, Aigai blieb jedoch weiterhin Begräbnisstätte der makedonischen Könige. Philipp II. (359–336 v. Chr), Vater von Alexander dem Großen, wurde während der Hochzeit seiner Tochter Kleopatra im Theater von Aigai ermordet. Die Blütezeit der Siedlung lag im 4. und 3. Jh. v. Chr.

Forschungsgeschichte: 1861 entdeckte eine französische Expedition unter der Leitung von L. Heuzey bei V. eine Palastanlage, die von griechischen Archäologen bis 1974 vollständig freigelegt wurde. 1977 stieß der griechische Archäologe M. Andronikos auf drei unversehrte Kammergräber außerhalb der antiken Stadt, deren reiche Beigaben auf Fürstenbestattungen schließen lassen. 1993 konnte der Große Tumulus für Besucher eröffnet werden. Grabungen in der Nekropole und im antiken Stadtgebiet werden bis heute fortgeführt.

Archäologische Stätte: Die *Palastanlage* aus den letzten Jahren des 4. Jh. v. Chr. umfaßt ein Geviert von etwa 104 x 88 m. Um einen Säulenhof sind Gelage- und Repräsentationsräume gruppiert. Der Palast ist eines der besten Beispiele für die neue repräsentative Bauauffassung des Hellenismus, die in der bewußt gewählten, exponierten Lage über der Ebene und dem nach außen gezeigten Bauschmuck (Terrassenanlage im Norden, zweistöckige Fassade mit Scheinfenstern) zum Ausdruck kommt. Die ummauerte *Stadt* erstreckte sich unterhalb des Palastes. Die Grabungen brachten die Reste eines Theaters, die Fundamente eines kleinen Tempels und mehrere Basen für Statuen zum Vorschein. Die Inschrift einer Basis spricht von der Weihung einer Eurydike, der Mutter Philipps II. (?), an Eukleia, die Herrin des Tempels. Sie wird als weiteres Argument für die Lokalisierung von Aigai bei V. verstanden.

Den *Großen Tumulus* deutete Andronikos als Grab Philipps II. Seine sensationelle Bedeutung erhält das Grab durch das höchst qualitätvolle Attikagemälde mit Jagdszenen. Dieses Wandgemälde ist die erste originale Hinterlassenschaft der leider sonst nicht mehr erhaltenen, aber hochberühmten Gemälde der Antike. Die reichen Gold-, Silber- und Bronzebeigaben wie auch die Elfenbeinbeschläge einer Kline aus dem Hauptraum des Grabes sind im Archäologischen Museum von

Thessaloniki ausgestellt. Das sog. *Grab der Persephone* war bereits vor seiner Auffindung beraubt, die rechteckige Grabkammer schmücken Wandmalereien mit der Darstellung des Raubes der Persephone durch den Unterweltgott Hades sowie der drei Schicksalsgöttinnen. Die Vorkammer des sog. *Prinzengrabes* ziert ein gemalter, umlaufender Fries mit Wagenrennen.

Literatur: M. Andronikos: Vergina. The Royal Tombs and the Ancient City. Athen 1984.

Vestibül (lat. vestibulum). Vorhalle des römischen Wohnhauses.

Viereckschanzen. Spätkeltische Wall-Grabenanlagen mit annähernd quadratischem Grundriß, die besonders in Frankreich, in der Schweiz, in Böhmen und in Süddeutschland Verbreitung fanden. Ihre Bedeutung konnte bisher nicht einhellig geklärt werden. Durch Funde, die sich eindeutig als Weihegaben interpretiert lassen, konnte für einige V. kultische Nutzung nachgewiesen werden, andererseits sind aber auch Anlagen mit mehreren Gebäuden und normalen Abfallresten bekannt, die wiederum keinen Hinweis auf kultischen Betrieb liefern.

Villa Hadriana. → Tibur.

Villanovakultur. Früheisenzeitliche Kultur Mittel- und Oberitaliens (10.–7. Jh. v. Chr.), benannt nach einem Gräberfeld bei Villanova in der Provinz Bologna. Die V. wurde bis gegen 600 v. Chr. von der etruskischen Kultur abgelöst.

Villa rustica (lat.). Römisches Landgut mit großem Wirtschaftstrakt.

Villa suburbana (lat.). Vorstadt- oder Landvilla. In ihrer Architektur, z.B. durch Terrassierung und Ausrichtung der Räume, stark auf die umgebende Landschaft bezogen.

Villa urbana (lat.). Städtische Villa. Zwischen Tablinum (Empfangs- und Wohnraum) und Hortus (Garten) ist häufig ein Peristyl (Hof mit Säulenhalle) mit weiteren Räumlichkeiten zwischengestellt. Je nach Größe der Villa kann es auch zur Verdoppelung von Atrium (zentraler Raum) und Peristylhof kommen.

Viridarium (lat.). Hausgarten des römischen Wohnhauses.

Vitruv (Vitruvius Pollio ?). Römischer Architekt und Ingenieur des 1. Jh. v. Chr. Im hohen Alter verfaßte V. ein zehnbändiges Werk über die Architektur (›De architectura‹), das um 25 v. Chr. erschienen ist und dem Kaiser Augustus gewidmet war. Es ist das einzige erhaltene antike Werk, das sich eingehend mit der Baukunst und dem Ingenieurswesen beschäftigt. Neben seinen eigenen technischen Erfahrungen hat er auch Fachschriften hellenistischer Architekten, wie z.B. von → Hermogenes, verarbeitet. Sein Werk umfaßt folgende Bücher: I. Stadtplanung, II. Baumaterialien, III. und IV. Tempel und Säulenordnungen, V. öffentliche Gebäude (Theater, Thermen usw.), VI. Privatbauten, VII. Innenausstattung, VIII. Wasserversorgung, IX. Meßverfahren, X. Maschinenbau.

Volaterrae (etrusk. Velathri). Die heutige Kleinstadt Volterra im toskanischen Hügelland beherbergte einst die bedeutende Etruskerstadt Velathri.

Geschichte: Das Gebiet von Velathri war seit etwa 1000 v. Chr. von Villanova-Leuten besiedelt, einer Volksgruppe unbekannter Herkunft, die Meister der Metallbearbeitung waren und die Asche ihrer Toten in aufgestockten Urnen bestatteten. Im 8. Jh. v. Chr. erweiterten die Etrusker die Siedlung zu einer Stadt, die sich im Zwölferbund mit anderen etruskischen Städten Mittelitaliens zusammenschloß. Seit 281 (oder 298) v. Chr. war Velathri mit Rom verbündet. Die Römer nannten die Stadt V. Im Bürgerkrieg stellte sich V. auf die Seite der etruskischen Popularen. Sulla nahm die Stadt daraufhin 79 v. Chr. ein, entzog ihr das Bürgerrecht und konfiszierte sämtliche Besitzungen.

Forschungsgeschichte: Von 1757 bis zu seinem Tode im Jahre 1785 erforschte der Geistliche M. Guarnacci die Nekropole vor den Mauern von V. Er fand zahlreiche Graburnen aus Terrakotta, Tuffstein und Alabaster, deren Vorderseiten mit Reliefs geschmückt sind. Die Reliefs zeigen Szenen aus der Mythologie und aus dem täglichen Leben. Guarnacci gründete für seine Graburnen in Volterra ein Museum, das heute seinen Namen trägt: Museo Etrusco Guarnacci. Die Urnen stammen aus dem 4. bis 1. Jh. v. Chr.

Archäologische Stätte: Die *Stadtmauer* von V. wurde in der zweiten Hälfte des 6. Jh. v. Chr. errichtet und in der ersten Hälfte des 4. Jh. v. Chr. erweitert. Sie war etwa 7 km lang, 12 m hoch und 4 m dick. Das mächtige Mauerwerk ist noch weitgehend erhalten. Das einzige noch vorhandene Stadttor, der *Arco Etrusco* (Porta all'Arco), stammt aus dem 4. oder 3. Jh. v. Chr. und wurde im 1. Jh. v. Chr. wieder hergestellt und mit drei steinernen Köpfen geschmückt. Diese Köpfe könnten die kapitolinische Göttertrias Jupiter, Juno und Minerva darstellen. Das *Theater* stiftete zwischen 35 und 25 v. Chr., also zu Beginn der römischen Kaiserzeit, die Patrizierfamilie Caecina. Die Volterraner mußten ihre Toten in Mergelerde bestatten. Die meisten Gräberkammern sind daher zusammengestürzt. Ganze Nekropolen, wie die Guerruccia, wurden vom Erdrutsch in die Tiefe gerissen. Die *Grotta Marmini* ist ein typisches Beispiel für die Urnengräber Volterras: kreisrund, sehr flach, mit umlaufender Bank für die Aschenurnen. Die größeren Gräber haben noch eine Mittelstütze.

Literatur: P. Ferrini: Volterra. Volterra 1954; E. Fiumi: Volterra etrusca e romana. Pisa 1976.

Volubilis. 30 km nördlich von Meknès (Marokko) unmittelbar neben der heiligen Stadt Moulay Idriss am Fuße des quellwasserreichen Zerhoun-Massivs auf einem Plateau gelegen.

Geschichte: V. war bereits im Neolithikum bewohnt und vor der Zerstörung Karthagos 146 v. Chr. eine bedeutende punisch-mauretanische Stadt. Seit dem Beginn der Römerzüge (40–45 n. Chr.) wurde V. eines der Hauptzentren der römischen Provinz Mauretania Tingitana und Residenz der römischen Provinz-Prokuratoren. Seine Blütezeit hatte V. im 2. und 3. Jh. n. Chr. Nach der Herrschaftszeit des Kaisers Probus (276–282) erlebte die Stadt ihren Niedergang, wurde aber bis Ende des 8. Jh. weiterhin bewohnt.

Forschungsgeschichte: 1721 verfaßte der Engländer J. Windus eine kurze Beschreibung der damals noch stehenden Bauten, die dann 1755 bei einem

Volubilis

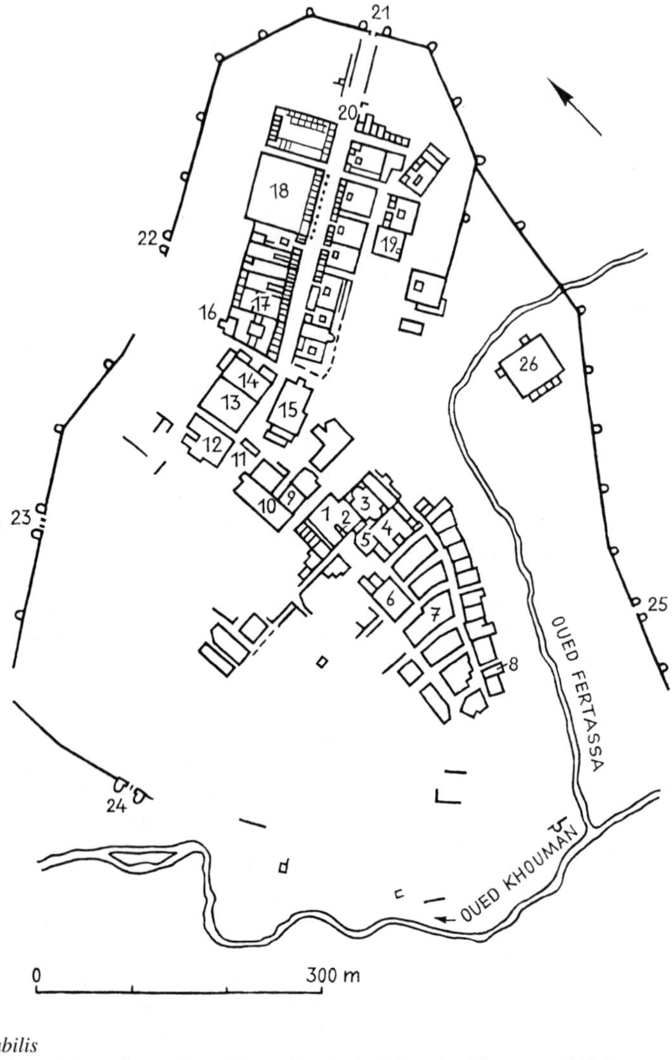

Volubilis
1 Forum 2 Macellum 3 Basilika 4 Kapitol 5 Forums-Thermen 6 Galienus-Thermen 7 Haus des Orpheus 8 Ölmühle 9 Haus des Desultors 10 Haus des Hundes 11 Triumphbogen des Caracalla 12 Haus des Epheben 13 Haus der Säulen 14 Haus des Reiters 15 Nordthermen 16 Thermen 17 Haus der Arbeiten des Herkules 18 Palast des Gordian 19 Haus der Venus 20 Decumanus maximus 21 Tanger-Tor 22 Nordtor 23 Tripylon 24 Westtor 25 Südosttor 26 Tempel B

Erdbeben teilweise einstürzten. 1874 erkannte C. Tissot, französischer Gesandter in Marokko, in dem Ruinenfeld von Ksar Pharaoun das antike V. 1887 bis 1892 begann M. de la Martinière mit ersten Grabungen. Größere archäologische Untersuchungen wurden 1915 unter L. Chatelain begonnen und seitdem ständig fortgesetzt, vor allem von R. Thouvenot und A. Luquet. Die in V. gefundenen Statuen und Kleinplastiken befinden sich heute im Archäologischen Museum, Rabat.

Archäologische Stätte: V. nahm im 2. und 3. Jh. eine Fläche von etwa 40 ha ein. Eine 2350 m lange *Mauer* schützte die Stadt, die oberhalb einer fruchtbaren Ebene lag, gegen Berberüberfälle. Rund 40 hufeisenförmige Basteien verstärkten die Mauer. Sechs Tore führten in die Stadt. Die wichtigsten Bauwerke sind die Callienus-Thermen, das Macellum (Markthalle), das Kapitol, eine fünfschiffige Basilika, der Palast des Gordian (Sitz des Prokurators) und der mächtige Triumphbogen des Caracalla aus dem Jahre 217. Zahlreiche prächtige *Villen* zeugen vom Reichtum der Stadt, z.B. das Haus des Epheben, das Haus der Arbeiten des Herkules (Mosaik mit zehn der zwölf Arbeiten des Herkules), das Haus der Venus (acht Säle und sieben Gänge mit Mosaiken), das Haus des Orpheus.

Literatur: R. Thouvenot: Volubilis. Paris 1949; M. Ponsich: Volubilis in Marokko. In: Antike Welt 1, 2 (1970). S. 3 ff.

Volute (lat. volutum, das Gerollte). Ornament in Form einer Spirale, eines Schneckenhauses. Seit griechischer Zeit vielfach verwendet bei Vasen (Volutenkrater) und Baufriesen, vor allem aber beim ionischen, äolischen und korinthischen Kapitell.

Votivgaben. Weihgaben, Geschenke an eine Gottheit, um ihr Dankbarkeit zu erweisen oder um von ihr Hilfe zu erbitten. Solche Gaben sind Statuen, Statuetten, Büsten, Schwerter, Wagen usw.

W

Warka. → Uruk.

Wash (engl.). Farbüberzug der Keramik ohne Beimischung von Ton.

Wiegand, Theodor. Am 30.10.1864 in Bendorf am Rhein geboren. Mit der Organisation der großangelegten Ausgrabungen in → Priene (1895–1899) erwarb er sich einen guten Ruf und wurde 1899 zum Direktor des neu gegründeten → Deutschen Archäologischen Instituts in Konstantinopel ernannt. Zwischen 1899 und 1911 leitete W. die Ausgrabungen in → Milet, → Didyma und auf → Samos. 1911 wurde er Direktor der Antikenabteilung der Berliner Museen. 1916–1918 war W. Generalinspekteur der Altertümer in Syrien, Palästina und Westarabien im Auftrag der türkischen Regierung. 1924 setzte er die Wiederaufnahme der Ausgrabungen in Didyma durch. 1927 führte er auch die Forschungen in → Pergamon fort. Seiner Tatkraft ist auch der 1930 zur Hundertjahrfeier der Berliner Museen geweihte Neubau des Pergamonmuseums zu danken. Von 1932 bis 1936 war W. Präsident des Deutschen Archäologischen Instituts. Er starb am 19.12.1936 in Berlin.

Hauptwerke: Die puteolanische Bauinschrift. Freiburg 1894; Die archaische Porosarchitektur der Akropolis zu Athen. Cassel, Leipzig 1904; Priene (Hrsg. u. Mitarb.). Berlin 1904; Milet (Hrsg. u. Mitarb.). 3 Bde. Berlin 1906–1935; Sinai (Hrsg. u. Mitarb.). Berlin 1920; Baalbek (Hrsg. u. Mitarb.). 3 Bde. Berlin, Leipzig 1921–1925; Petra (Hrsg. u. Mitarb.). Berlin, Leipzig 1921; Die Paläste der Hochburg. Altertümer von Pergamon. Bd. V, 1. (Hrsg. u. Mitarb.). Berlin 1930; Palmyra (Hrsg. u. Mitarb.). Berlin 1932; Die Kaiserpaläste von Konstantinopel. Berlin 1934; Didyma (Hrsg. u. Mitarb.). 3 Bde. Berlin 1941; Halbmond im letzten Viertel. Briefe und Reiseberichte 1895–1918. Mainz 1985.

Winckelmann, Johann Joachim. Am 9.12.1717 in Stendal als Sohn eines armen Flickschusters geboren. Schon früh fiel die ungewöhnliche Begabung des jungen W. auf. Er lernte in mehreren Schulen, zuletzt in einem Berliner Gymnasium, Latein und Griechisch. Anschließend studierte er in Halle evangelische Theologie und in Jena Naturwissenschaften und Philologie. Pfarrer zu werden, reizte ihn wenig. So schlug er sich kümmerlich als Hauslehrer durch, bis er eine Anstellung als Konrektor der Lateinschule zu Seehausen in der Nähe von Stendal erhielt. 1748 wurde W. Bibliothekar des Grafen Bünau in Nöthnitz bei Dresden. Mit dem Grafen verfaßte er eine Geschichte des Deutschen Reiches; das Manuskript ging im Siebenjährigen Krieg verloren. In Dresden lernte W. den päpstlichen Nuntius Graf Archinto kennen. Archinto versprach ihm eine Stellung in Rom, wenn er bereit wäre, zum katholischen Glauben überzutreten. 1754 konvertierte W. und begann zugleich ein Studium der Kunstge-

schichte. Schon seine erste Veröffentlichung ›Gedanken über die Nachahmung der griechischen Werke in der Malerey und Bildhauerkunst‹ fand starke Beachtung.
1755 ging W. mit einem königlichen Stipendium nach Rom. 1757 trat er die versprochene Stelle als Bibliothekar bei Archinto an. 1758 wurde er Kustos der Antikensammlung des Kardinals Albani. Noch im selben Jahr reiste W. nach Neapel, um die Ausgrabungen von → Herculaneum und → Pompeji zu besichtigen. 1762 brachte er über Herculaneum und die Schriftrollen der Villa der Papyri die ersten archäologischen Publikationen überhaupt heraus. 1763 avancierte W. zum Präsidenten der Altertümer und Scriptor der Vatikanischen Bibliothek. 1764 veröffentlichte er sein Hauptwerk ›Geschichte der Kunst des Altertums‹. Seine Fähigkeit, antike Kunstwerke zu interpretieren und sie zugleich in den geschichtlichen Zusammenhang einzuordnen, machte ihn zum Begründer der modernen vergleichenden Kunstgeschichte. Die griechische Kunst, deren Wesen er als »edle Einfalt und stille Größe« erfaßte, stellte W. weit über die römische Kunst und bestimmte damit das Schönheitsideal der deutschen Klassik (»Die reinsten Quellen der Kunst ... suchen, heißt, nach Athen reisen.«). W. hat jedoch niemals griechischen Boden betreten. Seine Arbeiten wurden ins Englische, Französische und Italienische übersetzt.
W. wurde Mitglied zahlreicher wissenschaftlicher Gesellschaften, so der Accademia di San Luca in Rom, der Society of Antiquity in London und der Göttinger Societät der Wissenschaften. Friedrich II. von Preußen versuchte, ihn nach Berlin zu holen. Aber W. blieb in Rom. Am 8.6.1768 fiel W. in Triest einem mysteriösen Mordanschlag zum Opfer. Er war auf der Rückreise von Wien, wo ihn Kaiserin Maria Theresia in Privataudienz empfangen und ihm mehrere wertvolle Münzen geschenkt hatte, in Triest in einem kleinen Hotel abgestiegen. Möglicherweise hatte es der Täter auf diese Münzen abgesehen. Noch kurz vor seinem tragischen Tod hatte W. geplant, nach Griechenland zu reisen und Olympia auszugraben.

Hauptwerke: Gedanken über die Nachahmung der griechischen Werke in Malerei und Bildhauerkunst. Leipzig 1755; Sendschreiben von den herkulanischen Entdeckungen. Dresden 1762; Anmerkungen über die Baukunst der alten Tempel zu Girgenti in Sizilien. Leipzig 1762; Nachrichten von den neuesten herkulanischen Entdeckungen. Dresden 1764; Geschichte der Kunst des Altertums. Wien 1776; Monumenti antichi inediti. 2 Bde. Rom 1767; Sämtliche Werke. 12 Bde. Osnabrück 1965 (Neudruck).

Winckler, Hugo. Am 4.7.1863 in Gräfenhainichen (Sachsen) geboren. 1904 erhielt er den Lehrstuhl für altorientalische Sprachen an der Berliner Universität. W. übersetzte die Amarnabriefe und den Codex Hammurabi. In den Jahren 1906, 1907, 1911 und 1912 führte er gemeinsam mit Theodor Macridi Ausgrabungen in Boğazköy (Türkei) durch und identifizierte 1907 die Ruinenstätte mit der Hethiterhauptstadt → Hattušas. Unter den zahlreichen Schrifttafeln, die er in Boğazköy entdeckte, befand sich eine Ausfertigung des Vertrags, den der ägyptische Pharao Ramses II. mit Hattušilis, Großkönig der Hethiter, 1270 v. Chr. geschlossen hatte. Tontafeltexte in hethitischer Sprache begründeten einen neuen Wissenschaftszweig, die Hethitologie. Winckler starb am 19.4.1913 in Berlin.

Hauptwerke: Altorientalische Forschungen. 3 Bde. Leipzig 1893–1905; Die Keilschrifttexte Sargons. 2 Bde. Leipzig 1889; Die Gesetze Hammurabis in Umschrift und Übersetzung. Leipzig 1904; Nach Boghazköi! Leipzig 1913.

Woolley, Sir Charles Leonard. Am 17.4.1880 als Sohn eines Geistlichen in London geboren. Er studierte am St. John's College in Teatherhead und am New College in Oxford Archäologie. Danach war er zwei Jahre Assistent am Oxforder Ashmolean Museum. Von 1907 an nahm er an mehreren Ausgrabungen in England (Corbridge), Italien, auf der Sinai-Halbinsel und in Nubien teil. 1911 ging er in die Türkei und arbeitete dort für das Britische Museum in → Karkemisch, einer späthethitischen Metropole. Im Ersten Weltkrieg war W. für die Military Intelligence, den britischen Nachrichtendienst, tätig und geriet 1916 in türkische Gefangenschaft, aus der er erst 1918 freikam. 1919 setzte er seine Ausgrabungen in Karkemisch fort.

Nach einem kürzeren Aufenthalt in Tell el-Amarna übernahm W. 1922 die Leitung der Ausgrabungsarbeiten am Tell el-Muqajjar im südlichen Mesopotamien (Irak), wobei er in zwölfjähriger Arbeit die 5000 Jahre alte Stadt → Ur, die Hauptstadt des Sumerreiches, zutage förderte. Die Aufdeckung der Königsgräber von Ur war eine archäologische Sensation: In den Grabkammern fand W. nicht nur die sterblichen Überreste der Könige und Königinnen, sondern auch Skelette von Dienerinnen, Soldaten, Höflingen, Musikanten, Wagenlenkern auf kostbar geschmückten Karren; sie alle waren dem Verstorbenen in den Tod gefolgt. Großartige Funde wie der Perückenschmuck einer sumerischen Königin und die »Mosaikstandarte von Ur« erweiterten die Kenntnis von der babylonischen Vorgeschichte. 1937–1939 grub W. am Tell Açana bei Antiochia, der alten Königsresidenz → Alalah. Im Zweiten Weltkrieg war er als archäologischer Berater beim Stab der alliierten Armeen in Italien für den Schutz historischer Denkmäler in den Kriegsgebieten verantwortlich. 1946 konnte er seine Arbeiten in Alalah wiederaufnehmen und bis 1949 abschließen.

W. starb am 20.2.1960 in London. Seine Grabungen gelten noch heute als ein Musterbeispiel moderner wissenschaftlicher Archäologie. Sein sorgsames, planvolles Vorgehen, die ausgefeilte Grabungstechnik, neuartige Konservierungsmethoden und letzthin auch der Erfolg machten ihn zu einem der bedeutendsten Archäologen des 20. Jahrhunderts.

Hauptwerke: Vor 5000 Jahren. Stuttgart 1929; Ur in Chaldäa. Wiesbaden 1956; Ein vergessenes Königreich. Wiesbaden 1954; Ausgrabungen – Lebendige Geschichte. Köln 1958.

Würfelhocker. Ägyptische Statuenform seit dem Mittleren Reich. Plastische Darstellung eines mit angezogenen Beinen am Boden sitzenden Menschen, wobei sein Körper auf die Form eines Würfels reduziert ist, aus dem nur sein Kopf emporragt. Die Würfelflächen tragen Inschriften oder Darstellungen.

X

Xanten. → Colonia Ulpia Traiana.

Xanthos. Die alte Hauptstadt Lykiens liegt unweit der türkischen Südwestküste am Ufer des gleichnamigen Flusses (heute Koca Çayi), der 12 km weiter in das Mittelmeer mündet. Lykien, ein Bund von 20 Städten mit einer Volksvertretung und einem Präsidenten, gilt als die »älteste Republik der Welt«. Berühmt sind die einzigartigen lykischen Grabdenkmäler in Haus- oder Pfeilerform.

Geschichte: Über die Gründung der Stadt X. durch die Lykier, ein vermutlich hethitischer Volksstamm mit eigener Sprache und Schrift, ist bis heute nichts bekannt. Im 7. Jh. v. Chr. gehörte die Stadt zum Herrschaftsbereich des lydischen Reiches. 545 v. Chr. zerstörten die Perser unter ihrem Heerführer Harpagos die Stadt. In den Perserkriegen (500–448) mußten die Bürger von X. als Vasallen der Perser gegen Athen kämpfen. 333 v. Chr. befreite Alexander der Große die Stadt vom persischen Joch. In den Diadochenkämpfen stritten sich Seleukiden und Ptolemäer um den Besitz von X. 188 v. Chr. kam die Stadt im Frieden von Apamea zu Rhodos. Mit Unterstützung Roms löste sich X. 167 v. Chr. von der Herrschaft der Rhodier. Es hielt Rom die Treue, als Mithridates VI., König von Pontos, 88 bis 84 vergeblich versuchte, die Römer aus Kleinasien zu vertreiben und ein griechisches Imperium aufzubauen. Von da an entwickelte sich X. zu einer kulturell und wirtschaftlich blühenden Stadt. Es überstand auch eine Plünderung durch Brutus im Jahre 42 v. Chr., der Geld für seine Privatarmee brauchte. Mit dem Verfall des Römischen Reiches begann auch der Niedergang von X.

Forschungsgeschichte: 1838 bis 1844 untersuchte der Engländer Sir C. Fellows die einzigartigen Hausgräber von X., vor allem das Nereiden- und das Harpyien-Denkmal. Die Reliefs und Skulpturen dieser Grabbauten befinden sich heute im Britischen Museum, London. Ab 1950 führten französische Archäologen unter P. Demargne und H. Metzger Ausgrabungen im Stadtgebiet von X. durch.

Archäologische Stätte: Die in römischer Zeit an der Stelle eines lykischen Marktplatzes neu errichtete *Agora* hat eine Größe von etwa 50 x 50 m und war von Säulenhallen umgeben. Neben der Agora steht die *Inschriftensäule*, ein Grabdenkmal aus dem späten 5. Jh. v. Chr. in Form eines 4 m hohen Monolithpfeilers, der einen 1,5 m hohen Sarkophag trug. Die vier Seiten des Monolithen tragen Inschriften in lykischer Sprache, denen zufolge hier ein lykischer Prinz ruhte, der im Peloponnesischen Krieg gefallen war. Das archaische *Harpyien-Monument*, im Stil dem 6. Jh. v. Chr. zugehörig, entstand wohl erst im frühen 5. Jh. v. Chr. Harpyien, geflügelte Geister, frauenköpfige Vogeldämonen, die die See-

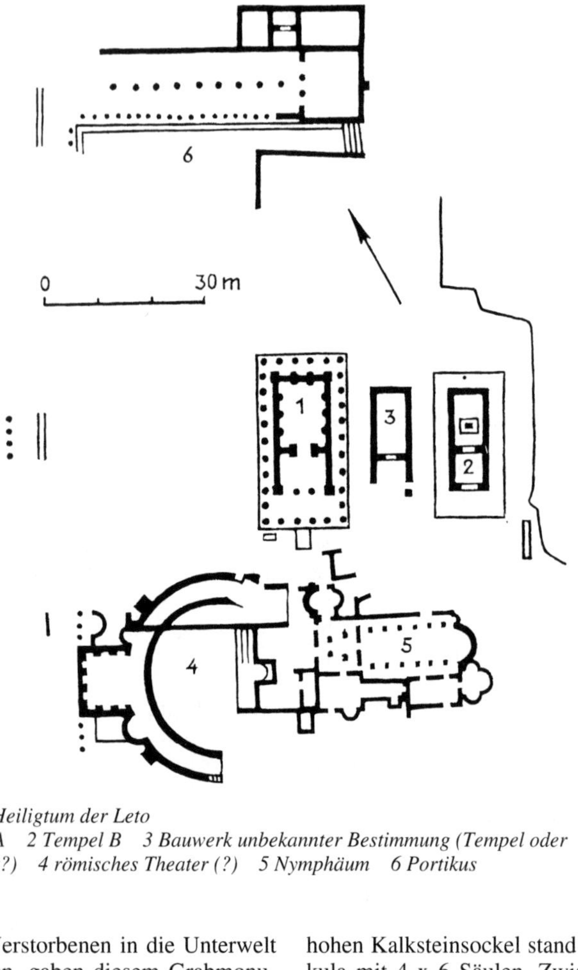

Xanthos: Heiligtum der Leto
1 Tempel A 2 Tempel B 3 Bauwerk unbekannter Bestimmung (Tempel oder Monument?) 4 römisches Theater (?) 5 Nymphäum 6 Portikus

len der Verstorbenen in die Unterwelt begleiteten, gaben diesem Grabmonument den Namen. Auf dem zweistufigen Unterbau erhebt sich ein 5 m hoher Monolithpfeiler. Der Sarkophag auf dem Pfeiler war mit Flachreliefs geschmückt, die an orientalische Kulte erinnern. Das *Nereiden-Monument* aus dem späten 5. Jh. v. Chr. gleicht einem kleinen ionischen Tempel. Auf einem hohen Kalksteinsockel stand eine Ädikula mit 4 x 6 Säulen. Zwischen den Säulen schwebten Nereiden (Meernymphen, Töchter des Meergottes Nereus). Der obere Teil des Sockels und der Architrav waren mit einem Relieffries versehen. In der kleinen Cella entdeckte man Spuren von Totenbetten.

Auf der *lykischen Akropolis* entdeckten die Ausgräber eine Burg aus der

Mitte des 6. Jh. v. Chr., die auf den Fundamenten einer Befestigungsanlage aus dem 7. Jh. v. Chr. errichtet worden war. Hier stand auch ein *Artemis-Tempel*. Etwa 10 km von X. entfernt entdeckten die Archäologen jenseits des Flusses das Bundesheiligtum der Lykier, das der Leto und ihren Kindern Apollon und Artemis geweiht war. Das *Heiligtum der Leto* (Letoon) bestand aus zwei Tempeln. Im älteren Tempel A, einem ionischen Peripteros mit je elf Säulen an den Langseiten und je sechs an den Schmalseiten, verehrten die Lykier Leto, eine der Geliebten des Zeus. Der dorische Tempel B war vermutlich für Apollon und Artemis bestimmt. Zwischen beiden Tempeln lag ein kleines Bauwerk aus dem 4. Jh. v. Chr., dessen Bedeutung noch unbekannt ist. Zum Heiligtum gehörten noch ein hellenistisch-römischer Portikus, der auf lykischen Fundamenten ruht, ein Nymphäum aus der Zeit Hadrians (117–138) und ein römisches Theater.

Literatur: P. Demagne u. H. Metzger (Hrsg.): Fouilles de Xanthos. Bd. 1 ff. Paris 1958 ff.; Dies.: Guide de Xanthos. Ankara 1966.

Xoanon (griech.). Pfahlartige Götterstatuen aus Holz, die ältesten Kultbilder überhaupt. Das berühmteste X. stellte Athena Polias dar; es war aus Ölbaumholz gefertigt und stand in ihrem Tempel auf der Akropolis.

Xystos (griech.). Überdachte Laufbahn im griechischen Gymnasion (seit dem 5. Jh. v. Chr.). – Das Xystum der Römer war ein offener Säulengang in den Gärten der Villen, Thermen usw. zum Wandeln und Diskutieren.

Y

Yadin, Yigael. Am 21.3.1917 in Jerusalem geboren. Er studierte an der Hebrew University von Jerusalem Archäologie und arbeitete nachts für die jüdische Widerstandsbewegung Haganah. Während des Kampfes um die Unabhängigkeit Israels leitete Y. die Planungsabteilung der Haganah. Im Befreiungskrieg 1948/49 war er Operationschef der israelischen Streitkräfte und 1949–1952 einer der Stabschefs der Armee. 1953 wandte sich der Generalleutnant Y. wieder der Archäologie zu, wurde 1953 Assistent an der Hebrew University, 1955 Dozent, 1959 außerordentlicher und 1963 ordentlicher Professor. 1955–1958 leitete er die Ausgrabungen in Hazor, 1960–1961 untersuchte er die Bar-Kochba-Höhlen in der judäischen Wüste, legte 1963–1965 die Festung → Masada frei und erforschte 1966/67 und 1971 den Palast des Salomo bei → Megiddo. 1977 gründete Y. eine neue Partei, die Demokratische Bewegung für den Wandel (DASH); 1977–1981 war er stellvertretender Ministerpräsident von Israel. Y. starb am 28.6.1984.

Hauptwerke: Hazor. 4 Bde. Jerusalem 1958–1961; The Art of Warfare in Biblical Lands. London 1963; Finds in the Bar-Kochba Caves. Jerusalem 1963; Masada. First Season of Excavations. Jerusalem 1965; Masada. Der letzte Kampf um die Festung des Herodes. Hamburg 1967; Bar-Kochba. Stuttgart 1971; Hazor. Hamburg 1976; The Tempel Scrolls. 3 Bde. Jerusalem 1977–1983.

Z

Zahnschnitt. Dichte Reihe vorstehender Gesimsglieder am Gebälk ionischer Tempel, vermutlich von den Balkenköpfen lykischer Holzdächer angeregt. → Ionische Ordnung.

Ziegel. Deckziegel (Kalyptere) aus Marmor oder Ton verbanden die nebeneinanderliegenden Flachziegel (Strotere). Die Kalyptere endeten am First und an den Traufen in Antefixa (Randziegel). Das korinthische Dach hatte flache Strotere und dachförmige Kalyptere, das lakonische Dach konkave Strotere und konvexe Kalyptere.

Zincirli. → Šam'al.

Ziqqurrat. Mesopotamischer Stufentempel (Tempelturm). Aus den Tempelterrassen des 4. Jt. (z.B. in Eridu und Uruk) entwickelten sich durch Aufsetzen weiterer Terrassen im 3. und 2.Jt. mehrstufige Anlagen, die von einem Hochtempel gekrönt waren. Treppenaufgänge führten von Stufe zu Stufe. Z. wurden u.a. in → Uruk, → Ur, → Assur, → Dur Scharrukin, Ninive, Borsippa und → Babylon (Turm zu Babel) erbaut. Die besterhaltene Z. befindet sich in → Dur Untasch (Elam).

Zyklopenmauer. → Kyklopenmauer.

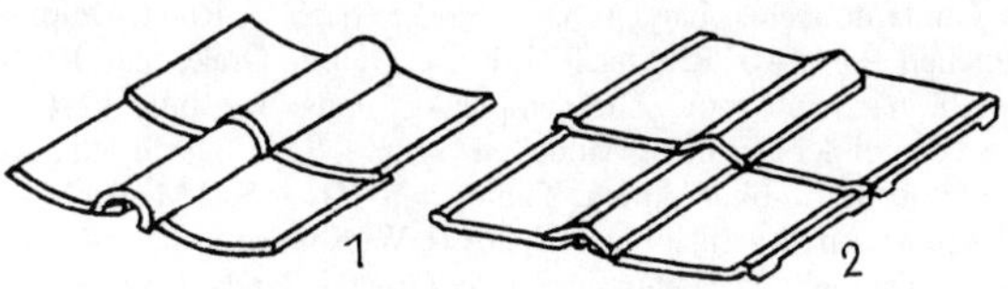

Ziegel:
1 lakonisch
2 korinthisch

Quellenverzeichnis zu den Grundrissen

S. 8: nach D. Arnold: Die Tempel Ägyptens. Augsburg 1996. – S. 10: nach R. Stadelmann: Die ägyptischen Pyramiden. Mainz [2]1991. – S. 11: nach L. Borchardt: Das Heiligtum des Königs Newoser-re. Bd. 1. Berlin 1905. – S. 13: nach D. Arnold: Die Tempel Ägyptens. Augsburg 1996. – S. 16: nach J. Travlos: Bildlexikon zur Topographie des antiken Athen. Tübingen 1971. – S. 18: nach H. Walter: Die archäologische Geschichte einer griechischen Insel. München 1993. – S. 20: nach G. Gruben: Die Tempel der Griechen. München [4]1986. – S. 23: nach J. Travlos: Bildlexikon zur Topographie des antiken Athen. Tübingen 1971. – S. 27: nach R. Naumann: Architektur Kleinasiens von ihren Anfängen bis zum Ende der hethitischen Zeit. Tübingen [2]1971. – S. 28: nach C.L. Wooley: ein vergessenes Königreich. Wiesbaden 1954. – S. 31: nach J.D.S. Pendleburry: The City of Akhenaten. Bd. 3. London 1951. – S. 41: nach K.T. Erim: Aphrodisias. City of Venus Aphrodite. London 1986. – S. 48: nach J. Travlos: Bildlexikon zur Topographie des antiken Athen. Tübingen 1971. – S. 49: nach R.A. Tomlinson: Epidauros. London 1983. – S. 51: nach A. Krug: Heilkunst und Heilkult. München 1985. – S. 52: nach R. Herzog in: Archäologischer Anzeiger. 1905. – S. 54: nach O. Deubner: Das Asklepieion von Pergamon. Berlin 1938; W. Radt: Pergamon. Köln 1988. – S. 55: nach M.E. Özgür: Aspendos. Istanbul 1988. – S. 57: nach W. Andrae: Das wiedererstandene Assur. Leipzig 1938. – S. 64: nach W. Reusch: Augusta Treverorum. Trier 1958. – S. 69: nach K.-H. Bernhardt: Der alte Libanon. Leipzig 1976. – S. 72: nach R. Koldewey: Das wieder erstehende Babylon. Leipzig 1913. – S. 73: nach R. Koldewey: Das wieder erstehende Babylon. Leipzig 1913. – S. 76: – S. 77: nach G. Gruben: Die Tempel der Griechen. München [4]1986. – S. 80: nach W. Alzinger: Die Ruinen von Ephesos. Berlin, Wien 1972. – S. 89: nach G. Kleiner: Die Ruinen von Milet. Berlin 1968. – S. 90: nach M. Schede: Die Ruinen von Priene. Berlin 1964. – S. 91: nach E.J. Wein, R. Opificius: 7000 Jahre Byblos. Nürnberg 1963. – S. 98: nach G. Ricci: Monumenti antichi 42 (1955). Tafel 1. – S. 102: nach J. Forde-Johnston: Hadrian's Wall. London 1978. – S. 103: nach d. Baatz: Der römische Limes. Berlin [2]1975. – S. 105: nach J. Mellaart: Çatal Hüyük. London 1967. – S. 111: nach U. Heinberg, A. Rieche: Colonia Ulpia Traiana. Die römische Stadt. Köln 1986. – S. 116: nach R. Stadelmann: Die ägyptischen Pyramiden. Mainz [2]1991. – S. 119: nach R. Bruneau, J. Ducat: Guide de Delos. Paris [3]1983. – S. 120: nach R. Bruneau, J. Ducat: Guide de Delos. Paris[3]1983. – S. 125: nach G. Roux: Delphi. Orakel und Kultstätten. München 1971. – S. 126: nach G. Roux: Delphi. Orakel und Kultstätten. München 1971 – S. 128: nach D. Arnold: Die Tempel Ägyptens. Augsburg 1996. – S. 132: nach G. Gruben: Die Tempel der Griechen. München [4]1986. – S. 133: nach J. Travlos: Bildlexikon zur Topographie des antiken Athen. Tübingen 1971. – S. 134: nach A. Bammer: Die Architektur des jüngeren Artemision von Ephesos. Wiesbaden 1972. – S. 137 nach: S.I. Dakaris in: E. Melas: Tempel und Stätten der Götter Griechenlands. Köln [9]1995. – S. 141: nach: The University of Chicago. Oriental Institute Publications 40 (1938). Tafel 69. – S. 144: nach D. Arnold: Die Tempel Ägyptens: Augsburg 1996. – S. 151: nach W. Alzinger: Die Ruinen von Ephesos. Berlin, Wien 1972. – S. 154: nach H. Frankfort: The Art and Architecture of the Ancient Orient. Harmondsworth, Baltymore 1954. – S. 158: nach F. Coarelli (Hrsg.): Pompeji. Bergisch Gladbach 1979. – S. 161: nach F. Coarelli: Rom. Ein archäologischer Führer. Freiburg 1975. – S. 163: nach F. Coarelli: Rom. Ein archäologischer Führer. Freiburg 1975. – S. 169: nach G.A. Reisner: History of the Giza Necropolis. Bd. I. Cambridge u.a. 1942. – S. 173: nach R.S.G. Young: Gordion. A Guide to the Excavations and the Museum. Ankara 1968. – S. 178: nach E. Strommenger: Habuba Kabira. Eine Stadt vor 5000 Jahren. Mainz 1980. – S. 182: nach Photo Deutsches Archäologisches Institut, Berlin. – S. 183: nach K. Bittel: Hattusha, the Capital of the Hittites. New York 1970. – S. 184: nach R. Naumann: Architektur Kleinasiens von ihren Anfängen bis zum Ende der hethitischen Zeit. Tübingen [2]1971. – S. 186: nach G. Gruben: Die Tempel der Griechen. München [4]1986. – S. 187: nach E. Buschor in: Mitteilungen des Deutschen Archäologischen Instituts, Athenische Abteilung 55 (1930). – S. 189: nach A. u. M. de Vos: Pompei, Ercolano, Stabia. Guide archeologiche Laterza. Rom 1988. – S. 195: nach K. Bittel u.a. (Hrsg.): Die Kelten in Baden-Württemberg. Stuttgart 1981. – S. 206: nach E. Gorys: Das Heilige Land. Köln [12]1995. – S. 214: nach G. Steindorff in: K. Baedeker: Ägypten und der Sudan. Leipzig [8]1928. - S. 216: nach M.E.L. Mallowan: Nimrud and its Remains. London 1966. – S. 219: nach T. Özgüc in: Anatolia 7 (1963). – S. 223: nach C.L. Wooley: The Excavations in the Inner Town. In: Carchemish, Report on the Excavations at Jerablus on behalf of the British Museum, III. London 1952. – S. 229: nach J. Biel in: Antiquity 55 (1981). – S. 233: nach E. Mackay: A Sumerian Palace. Chicago 1929. – S. 237: nach A.J. Evans: The Palace of Minos at Knossos. London 1921-1936. – S. 242: nach N. Papahatzis: Das antike Korinth. Athen 1984. – S. 247: nach R.G. Goodchild: Kyrene und Apollonia. Zürich 1971. – S. 261: nach G. Gruben: Die Tempel der Griechen. München [4]1986. – S. 265: nach A. Maiuri: Die Altertümer der Phlegräischen Felder. Rom 1938. – S. 269: nach J.D. Evans: Malta. London 1959. – S. 272: nach A. Parrot: Mari. München 1953. – S. 275: nach Y. Yadin: Masada. Herod's Fortress and the Zealots' Last Stand. London 1966. – S. 281: nach R. Stadelmann: Die ägyptischen Pyramiden. Mainz [2]1991. – S. 283: nach E. Gorys: Das Heilige Land. Köln [12]1995. – S. 288: nach G. Kleiner: Die Ruinen von Milet. Berlin 1968. – S. 293: A.J.B. Wace: Mycenae. An Archaeological History and Guide. New York 1964. – S. 294: nach A.J.B. Wace: Wace: Mycenae. An Archaeological History and Guide. New York 1964. – S. 297: nach R. Chevallier: Römische Provence. Feldmeilen 1979. – S. 307: nach U. Sinn in: Nikephoros 5 (1992). – S. 313: nach R. Meiggs: Roman Ostia. Oxford, New York [2]1974. – S. 314: nach R. Meiggs: Roman Ostia. Oxford, New York [2]1974. – S. 317: nach F. Krauss: Paestum. Berlin [2]1943. – S. 320: nach A. Schmidt-Colinet (Hrsg.): Palmyra. Kulturbegegnungen im Grenzbereich. Mainz 1995. – S. 323: nach F. Coarelli: Rom. Ein archäologischer Führer. Freiburg 1975. – S. 327: nach W. Radt: Pergamon. Köln 1988; u. Wulf in: Istanbuler Mitteilungen 44 (1994). – S. 329: nach U. Wulf in: Istanbuler Mitteilungen 44 (1994). – S. 331: nach W. Radt: Pergamon. Köln 1988. – S. 336: nach G. Gruben: Die Tempel der Griechen. München[4] 1986. – S. 336: nach G. Gruben: Die Tempel der Griechen. München [4]1986. – S. 336: nach G. Gruben: Die Tempel der Griechen. München[4] 1986. – S. 336: nach D. Mertens. Der Tempel von Segesta. Mainz 1984. – S. 337: nach F. Krauss: Paestum. Die griechischen Tempel. Berlin [5]1984. – S. 337: nach J. Travlos: Bildlexikon zur Topogrphie des antiken Athen. Tübingen 1971. – S. 337: nach G. Gruben: Die Tempel der Griechen. München [4]1986. – S. 337: nach F. Krauss: Paestum. Die griechischen Tempel. Berlin [5]1984. – S. 337: nach J. Travlos: Bildlexikon zur Topographie des antiken Athen. Tübingen 1971. – S. 337: nach D. Mertens: Der Tempel von Segesta. Mainz 1984. – S. 337: nach G. Gruben: Die Tempel der Griechen. München [4]1986. – S. 338: nach D. Mertens: Der Tempel von Segesta. Mainz 1984. – S. 338: nach G. Gruben: Die Tempel der Griechen. München [4]1986. – S. 338: nach J. de Waele in: Archäologischer Anzeiger 1980: – S. 343: nach L. Trümpelmann: Ein Weltwunder der Antike. Persepolis. Mainz 1988. – S. 349: nach G. Steindorff in: K. Baedeker: Ägypten und der Sudan. Leipzig [8]1928. – S. 359: nach H. Eschebach: Die städtebauliche Entwicklung des antiken Pompeji. Heidelberg 1970. – S. 362: nach P. Zanker: Pompeji. Stadtbild und Wohngeschmack. Mainz 1995. – S. 367: nach P. Romanelli: Palestrina. Neapel 1967. – S. 369: nach M. Schede: Die Ruinen von Priene. Berlin [2]1964. – S. 371: nach J. Travlos: Bildlexikon zur Topographie des antiken Athen. Tübingen 1971. – S. 373: nach G. Gruben: Die Tempel der Griechen. München [4]1986. – S. 376: nach C.W. Blegen in: American Journal of Archaeology 65 (1961). – S. 377: nach F. Coarelli: Rom. Ein archäologischer Führer. Freiburg 1975. – S. 389: nach F. Coarelli: Rom. Ein archäologischer Führer. Freiburg 1975. – S. 389: nach F. Coarelli: Rom. Ein archäologischer Führer. Freiburg 1975. – S: 393: nach F. Coarelli: Rom. Ein archäologischer Führer. Freiburg 1975. – S. 397: nach F. Coarelli: Rom. Ein archäologischer Führer. Freiburg 1975. – S. 398: nach F. Coarelli: Rom. Ein archäologischer Führer. Freiburg 1975. – S 403: nach J.P. Lauer: Sakkarah. Les monuments de Zoser. Kairo 1939. – S. 406: nach G. Steindorff in: K. Baedecker: Ägypten und der Sudan. Leipzig ^{8}1928. – S. 407: nach E. Brunner-Traut: Ägypten. Stuttgart ^{2}1966. – S. 408: nach P.R. Naumann. Die Architektur Kleinasiens von ihren Anfängen bis zum Ende der hethitischen Zeit. Tübingen ^{2}1971. – S. 412: nach H. Ehrhardt: Samothrake. Stuttgart 1985. – S. 416: nach W. Koenigs: Westtürkei. München, Zürich 1991. – S. 428: nach G.E. Bean: Turkey's Southern Shore. London 1968. – S. 441: nach V.G. Kallipolitis in: Antike Welt 2 (1973). – S. 443: nach R. Grishman: Iran. München 1964. – S. 447: nach I. Mauceri: Il Castello Eurialo nella Storia e nell' arte. – S. 453: nach Plan von: G. Gilbert, Departament de Cultura de la Generalitat de Catalunya. Museu Nacional Arqueologic, Tarragona. – S. 455. Nach G.E. Mylonas: Eleusis and the Eleusinian Mysteries. Princeton, N.J. 1961. – S. 459: nach Guide de Thasos. Paris 1967. – S. 462: nach R. Chevallier: Römische Provence. Feldmeilen 1979. – S. 463: nach A. von Gerkan, W. Müller-Wiener: Das Theater von Epidauros. Stuttgart 1961. – S. 469: nach G. Steindorff in: K. Baedecker : Ägypten und der Sudan. Leipzig ^{8}1928. – S. 472: nach H. Chevrier: Plan d'Ensemble de Karnak. Annales du Service des Antiquités de l'Egypte. Kairo 1936. – S. 475: nach E. Brunner-Traut: Ägypten. Stuttgart ^{2}1966. – S. 483: nach F. Coarelli: Rom. Ein archäologischer Führer. Freiburg 1975. – S. 487: nach S. Aurigemma: Villa Adriana. Tivoli 1955. – S. 489: nach U. Jantzen (Hrsg.): Führer durch Tiryns. Athen 1975. – S. 493: nach F. Matz: Kreta und frühes Griechenland. Baden-Baden 1962. – S. 504: nach. C.L. Wooley: Excavations at Ur. London 1954. – S. 505: nach C.L. Wooley: Excavations at Ur. London 1954. – S. 507: nach H.J. Lentzen in: Zeitschrift für Assyriologie 49 (1950). – S. 522: nach H. Metzger: Fouilles du Létoon de Xanthos. In: Revue archéologique. Paris 1974.